D1587575

B.A.C.

Agustín de Hipona

Agustín de Hipona

Maestro de la conversión cristiana

POR
VICTORINO CAPÁNAGA, O. R. S. A.

BIBLIOTECA DE AUTORES CRISTIANOS

MADRID · MCMLXXIV

INDICE GENERAL

PARTE TERCERA

LA ESPIRITUALIDAD DE LA CONVERSION CONTINUA

DOS PALABRAS

Entre los diversos retratos que se podrían imaginar de San Agustín, uno podría figurarle asomado a un río y sumido en ansiosa contemplación. Todo fluye, nada permanece. Ve a los hombres, que nacen, viven y se desviven en cuatro días y desaparecen de la escena del mundo; contempla los grandes imperios, como el de Roma, que se hunden delante de sus ojos sin que nadie pueda impedir su fracaso. Las familias más nobles se van sin dejar apenas huella de su paso; los parientes, los amigos y enemigos pasan a galope para sumirse en un piélago desconocido. Y el gran pensador cristiano, melancólicamente, se dice: «Todo este orden caduco de cosas es un río» [1].

Es la experiencia y meditación más universal y humana, en que Agustín se da la mano con Heráclito, el filósofo enigmático, y los pensadores griegos, que nos trajeron la sabiduría buscando un principio de unidad y permanencia en el proceso fluvial que arrebata las cosas sometidas a nuestra experiencia y convivencia.

Y la imagen de Grecia pensadora, con su lema *todo fluye,* es la misma de los judíos exiliados en Babilonia, llorando a orillas de sus ríos y recordando a Jerusalén, que significa *la ciudad de la paz.* Este episodio inspiró páginas elocuentes a San Agustín, que Pascal recortó e insertó en sus *Pensamientos:* «Los ríos de Babilonia son las cosas que aquí se aman y pasan. ¡Oh santa Sión, donde todo permanece y nada fluye! Sentémonos sobre los ríos de Babilonia, no dentro de los ríos de Babilonia» [2].

San Agustín y Pascal han sentido la inestabilidad, la movilidad del espíritu humano, que se hace fluido, vagaroso, temporal, identificándose, por el amor con las cosas temporales, con una inquietud acuátil, que sigue el ritmo de lo temporal y pasajero.

Frente a este espectáculo, que hacía llorar al filósofo de Efeso y a los desterrados judíos de Babilonia, San Agustín busca la orilla de lo permanente y firme. Levanta los ojos al cielo y piensa: «Se nos promete la resurrección; allí nuestro ser no será ya río; ahora es río, porque nos domina la mortalidad» [3].

Mirando al río y levantando los ojos a lo inmortal e imperecedero, pasó su vida el Obispo de Hipona.

Las dos dimensiones—lo temporal, lo eterno—constituyen la entraña misma de su vida espiritual, que se mantuvo en perpetua tensión. Tensión que en el vocabulario cristiano tiene un nombre lúcido y concreto: *conversión,* o un

[1] *Enarrat. in ps.* 65,11 (PL 36,974): «Flumen est omnis mortalitas saeculi... Et omnis iste ordo rerum labentium fluvius quidam est».
[2] Pascal, *Pensées* p.495.—*Enarrat. in ps.* 136,3 (PL 37,1672-73): «Flumina Babylonis sunt omnia quae hic amantur et transeunt... O sancta Sion, ubi totum stat et nihil fluit!»
[3] *Enarrat. in ps.* 65,12 (PL 36,795): «Vita aeterna promittitur, resurrectio promittitur; ibi caro nostra iam non erit flumen; flumen enim modo est quando mortalitas est».

continuo volverse de lo temporal a lo eterno; de la voracidad del río, a la quietud de la paz eterna; de las hermosuras visibles, a las invisibles, o, mejor, a la infinita hermosura de Dios, que siempre permanece invariable.

Pero ¿cómo es posible conseguir que el gran río del tiempo no nos arrastre con su furioso raudal y nos devore, como confiesa de sí mismo Agustín cuando vivía «devorando tiempos y siendo devorado por los tiempos?»[4] ¿Cómo los que somos temporales podemos transcender el tiempo y, atravesando la corriente, llegar a la orilla sólida y feliz para siempre?

Como todo hombre que piensa, San Agustín vivió intensamente este drama y lo resolvió tal como lo expresan estas palabras: «Para que tú seas (= tengas un ser sólido), transciende el tiempo para que te hagas eterno (no te hagas temporal con las cosas transitorias). Pero ¿quién es capaz de transcender el tiempo con sus propias fuerzas? (¿Quién es capaz de salirse de las corrientes mundanas?) Levántete Aquel que dijo al Padre: *Quiero que donde esté yo, ellos también estén»*[5].

Aquí se introduce a Cristo en el centro mismo del tiempo y de la historia para que nos salve de lo temporal y nos comunique su ser eterno. El Hijo de Dios se mete en el gran río humano para sacar de él a los que se ahogan en sus aguas.

Por eso la mediación de Cristo pertenece a la misma entraña de la espiritualidad cristiana y agustiniana, «porque Cristo se hizo temporal para que tú seas eterno»[6]. El ofrece la síntesis de lo temporal y eterno para que los hombres temporales, asidos a lo temporal de Cristo, suban a donde El está y se hagan partícipes de su eternidad.

El problema de los problemas humanos, el de la salvación eterna, o problema de la inmortalidad, que tan agudamente sintió la antigüedad pagana, lo resolvió Cristo con su venida al mundo para inmortalizar a los mortales.

El tiempo, la eternidad, la mediación de Cristo, son los datos fundamentales que nos dan la interpretación de la espiritualidad agustiniana, que en limitada síntesis pretenden exponer las páginas que siguen, donde estarán presentes siempre dos conceptos: dialéctica y agonía. Síntesis de ambas es la *conversión*. La espiritualidad agustiniana es una conversión constante que se realiza en dialéctica y agonía o en dialéctica agónica. Cierto que la palabra *dialéctica*, tal como la empleamos aquí, está ausente del vocabulario agustiniano; pero su contenido real inspira los mejores discursos y páginas de sus libros, porque lo positivo y lo negativo, lo blanco y lo negro, o las antítesis, no sólo dan forma peculiar a su estilo, sino también sustancia nutricia a su pensamiento; y así, E. Przywara define su mensaje como «un ritmo oscilante entre dos contrarios que informa tanto el contenido doctrinal como el modo de pensar de

---

[4] *Conf.* IX 11,10: «Nec volebam multiplicari terrenis bonis, devorans tempora et devoratus temporibus».

[5] *In Io. ev. tr.* 38,10 (PL 35,1680): «Ut ergo ut tu sis, transcende tempus ut fias aeternus. Sed quis transcendet viribus suis? Levet illuc qui Patri dixit: *Volo ut ubi ego sunt et ipsi sint»*.

[6] *In Io. ev. tr.* II 10 (PL 35,1994): «Propter te factus est temporalis ut tu fias aeternus; ... tu factus es temporalis propter peccatum, ille factus est temporalis per misericordiam dimittendi peccata».—*In Io. ev. tr.* 31,15 (PL 35,1638): «Amare debemus per quem facta sunt tempora ut liberemur a tempore et figamur in aeternitate, ubi iam nulla est mutabilitas temporum».

Agustín» [7]. El universo agustiniano está labrado por la ley de los contrastes: «Dios ha construido el orden de las edades con una serie de contrastes, como acabada poesía» [8].

La espiritualidad en San Agustín es vivida y conocida primariamente en estas conexiones metafísicas y en aspectos metafísicos.

La psicología de la conversión—en que se cifra y resume toda la vida espiritual—oscila siempre y se balancea entre los contrarios; entre lo perfecto y lo imperfecto, lo eterno y lo temporal, lo visible y lo invisible, lo bueno y lo malo, lo positivo y negativo, lo divino y lo humano, la estático y lo fluvial.

Pero la tensión dialéctica entre los contrarios—v.gr., entre lo carnal y lo espiritual, entre lo temporal y lo eterno, etc.—produce, como su chispa propia, la agonía. *Conversión, tensión dialéctica, agonía,* son conceptos y realidades que se abrazan y forman el tejido mismo de la vida espiritual en San Agustín. Y si la *dialéctica* como expresión verbal, en el sentido en que se toma aquí, no la emplea el Santo, aunque de su contenido está llena su obra, la palabra *agonía* fue consagrada por él para dar realce al carácter conflictivo y aflictivo que tiene la espiritualidad cristiana. En este aspecto, no parece sino que Miguel de Unamuno, al escribir su ensayo titulado *La agonía del cristianismo,* tradujo el título de la obrita agustiniana *De agone christiano,* donde se presenta la existencia cristiana con rasgos también bélicos. Y la palabra *agonía* no sólo expresa la lucha, sino también la ansiedad penosa con que todo fiel debe defender su fe, esperanza y caridad. Creer, esperar, amar, es agonizar, luchar con muchos enemigos de la fe, esperanza y caridad. Cada artículo de la fe, cada precepto del decálogo, cada consejo del Evangelio, es fruto de una o muchas agonías espirituales en una constante contienda martirial. Nuestro *Credo* está escrito con sangre de innumerables mártires en mil públicas y secretas agonías.

Nótese bien que el combate con sus contrarios de toda esta dialéctica agónica o agonismo dialéctico agustiniano, traduce la doctrina y la vida de San Pablo, siempre tenso por el ansia de comprender y resolver el problema del mal con una victoria definitiva en Cristo. La espiritualidad cristiana será el fruto del *bonum certamen certavi* paulino para dar a luz al hombre nuevo, que es el anhelo de todo el universo, que gime entre dolores de parto hasta lograr el triunfo de la gracia de Jesucristo, síntesis de todas las antítesis, solución de todas las dificultades, paz y coronador de todos los agonistas.

Madrid, 28 de agosto de 1973, festividad de San Agustín.

[7] E. Przywara, *San Agustín* p.13 (Madrid 1949).
[8] *De civ. Dei* XI 18 (PL 41,332): «... ita ordinem saeculorum, tanquam pulcherrimum carmen ex quibusdam quasi antithetis honestaret... ita quadam, non verborum sed rerum eloquentia, contrariorum oppositione saeculi pulchritudo componitur».

BIBLIOGRAFIA ESPIRITUAL AGUSTINIANA

Fuentes bibliográficas

Fichier Augustinien. Institud d'Études augustiniennes (Paris).
Fichier-Auteurs (Author catalog). 1 Textes: 2 Études vol.1 y 2, de XI 600 y V 693 folios (36 × 27). *Fichier-Matières (Subject Catalog):* Bibliographie, études générales, biographie, environnement, oeuvres de S. Augustin, sources et relations, philosophie, théologie, influence. Vol.1 y 2, de VIII 677 y V 705 folios (Boston, Massachussetts, G. H. Hall & Co., 1972). Es la más perfecta y completa bibliografía que poseemos actualmente.
NEBREDA, EULOGIUS, *Bibliographia augustiniana* (Roma 1928) 272 págs.
ANDRESEN, CARL, *Bibliographia augustiniana:* Wissenschfliche Buchgesellschaft (Darmstadt 1973) 317 págs.
MORÁN, JOSÉ, *Bibliografía sobre la espiritualidad de San Agustín:* Revista agustiniana de espiritualidad 2 (1961) 460-480; 3 (1962) 394-410; 4 (1963) 429-446; 6 (1965), 106-132; 7 (1966) 87-114. Este último ha sido preparado en colaboración con el P. Luis Estrada. La bibliografía, que pretende ser completa, comprende los años 1925-1960.
VAN BAVEL, DR. T. VAN DER ZANDE F., *Répertoire bibliographique de S. Augustin 1950-1960* (Steenbrugis in Abbatia Sancti Petri 1963) 991 págs.

Biografías y semblanzas

POSSIDIUS, *Vita S. Augustini,* en *Obras de San Agustín* I⁴ (BAC) p.295-393. Versión castellana de V. Capánaga.
PELLEGRINO, MICHELE, *Possidio, Vita di S. Agostino. Introduzione, testo critico, versione e note* (Roma 1955).
— *S. Agostino visto dal suo primo biografo:* Augustiniana 45-61 (Napoli 1955).
POUJOULAT, J. F., *Histoire de Saint Augustin. Sa vie, ses oeuvres, son siècle, influence de son génie* (Paris 1845). Versión española en la Biblioteca Universal de Autores Católicos IV (Madrid 1853).
VAN DER MEER, F., *San Agustín, pastor de almas* (Barcelona 1965).
CONCETTI, NICOLA, *Sancti Augustini Vita* (Tolentini 1929).
BARDY, GUSTAVO, *Saint Augustin. L'homme et l'oeuvre* (Paris 1940).
LEGEWIE, BERNHARD, *Augustinus. Eine Psichographie* (Bonn 1925).
PAPINI, GIOVANNI, *Sant'Agostino* (Firenze 1929). Hay versión castellana de M. A. Ramos de Zárraga (Madrid 1930).
COURCELLE, PIERRE et JEANNE, *Vita Sancti Augustini imaginibus adornata:* Études augustiniennes (Paris 1964).
BERTRAND, LOUIS, *Saint Augustin.* Fotographies de Fred Boissonas (Paris 1925).
— *San Agustín. La vida de un buen combatiente.* Trad. del francés por B. García de Quesada (Madrid 1961).
BROWN, PETER, *Augustine of Hippo. A Biography* (London 1967).
— *Biografía de Agustín de Hipona.* Trad. del inglés por S. Tovar y M. R. Tovar (Madrid 1969).
GUILLOUX, PIERRE, *El alma de San Agustín.* Versión del francés por I. Núñez (Barcelona 1947).
HUFTIER, MAURICE, *Augustin* (Paris 1964).
CAPÁNAGA, VICTORINO, *San Agustín. Semblanza biográfica* (Madrid 1954).
— *San Agustín:* Clásicos Labor XI (Barcelona 1951).
ROPS, DANIEL, *Saint Augustin le Saint de nos temp,* en *L'Église des temps barbares* 7-69 (Paris 1951).
JACQUIN, A. M., *S. Augustin, l'homme:* La vie spirituelle 24 (1950) 15-44.

BARDY, GUSTAVE, *La méthode du travail de S. Augustin,* en *Augustinus Magister* I 19-29.
MOIOLI, G., *Sulla spiritualità sacerdotale ed episcopale di S. Agostino:* La Scuola cattolica 93 (1965) 211-222.
RAIMONDI, G., *Il Sacerdote e la spiritualità agostiniana:* Il sacerdote e la spiritualità (Roma 1946) 25-65.
CAYRÉ, F., *La vie sacerdotale selon S. Augustin* (Paris 1943).
PINTARD, J., *Le sacerdoce selon S. Augustin.* Le prêtre dans la Cité de Dieu (Tours 1960).
BERROUARD, M. F., *S. Augustin et le ministère de la prédication. Le thème des Anges qui montent et qui descendent:* Recherches augustiniennes III (Paris 1962) 447-501.
PELLEGRINO, M., *Verus sacerdos. Il sacerdozio nell'esperienza e nel pensiero di S. Agostino* (Fossano 1965). Hay versión española de B. Bravo (Madrid 1966).
— *Sant' Agostino Pastore d'anime:* Recherches augustiniennes I (1958) 317-338.
RONDET, H.; JOURJON, M., *Saint Augustin parmi nous* (Paris 1954).

Introducciones generales

PORTALIÉ, EUGÈNE, *Saint Augustin:* DTC I col.2268-2472 (Paris 1931).
BOYER, CH., *Saint Augustin,* en *Dictionnaire de spiritualité ascétique et mystique, histoire et doctrine* I col.1101-1130 (Paris 1937).
TRAPÉ, A., *Biblioteca Sanctorum.* I: *Sant' Agostino* col.428-600 (Roma 1961).
GILSON, E., *Introduction a l'étude de S. Augustin* (Paris 1969).
CAYRÉ, F.-VAN STEENBERGHEN, *Les directrices doctrinelles de S. Augustin:* Bibliothèque augustinienne III (Paris 1939) 1-96.
MUÑOZ VEGA, P., *Introducción a la síntesis de San Agustín* (Roma 1946).
SCIACCA, M. F., *Sant' Agostino.* I: *La vita e l'opera* (Brescia 1949). Hay una versión española de 1955.
MORICCA, UMBERTO, *S. Agostino. L'uomo e lo scrittore* (Torino 1930).
PIEMONTESE, F., *La Verità agostiniana e l'agostinismo perenne* (Milano 1962).
PRZYWARA, E., *San Agustín. Trayectoria de su genio. Contextura de su espíritu.* Versión del alemán por L. Cilleruelo (Buenos Aires 1949).
CAPÁNAGA, VICTORINO, *Obras de San Agustín* I [4]: *Introducción general y primeros escritos* (BAC, Madrid 1969).
MANDOUZE, ANDRÉ, *Saint Augustin. L'aventure de la raison et de la grâce:* Études augustiniennes (Paris 1968).
CAYRÉ, F., *Initiation à la philosophia de S. Augustin* (Paris 1947).
PEGUEROLES, JUAN, *El pensamiento filosófico de San Agustín* (Barcelona 1972).
ANDRESEN, CARL, *Das Augustinus-Gespräch der Gegenwart* (Köln 1962).
MARROU, H. I.-LA BONNARDIÉRE, A. M., *Saint Augustin et l'augustinisme* (Paris 1962). Hay una versión castellana de L. Martín (Madrid 1960).
— *S. Augustin et la fin de la culture antique* (Paris 1938).
KOERNER, FRANZ, *Das Sein und der Mensch. Die existentielle Seinsdeckung des jungen Augustins* (Freiburg i. B. 1949).

Evolución religiosa y conversión

ADAM, KARL, *Die geistige Entwicklung des Hl. Augustinus* (Augsburgo 1930).
ALFARIC, P., *L'évolution intellectuelle de S. Augustin.* I: *Du Manichéisme au Néoplatonisme* (Paris 1918).
COURCELLE, P., *Recherches sur les Confessions de S. Augustin:* Nouvelle édition augmentée et illustrée (Paris 1968).
BOYER, CH., *Christianisme et Néoplatonisme dans la formation de S. Augustin* (Roma 1953).
— *La dialectique de la conversion de S. Augustin.* Essais sur de la doctrine de Saint Augustin (Paris 1930) 1-40.
LE BLOND, J. M., *Les conversions de S. Augustin* (Paris 1950).
GUARDINI, R., *Die Bekehrung des Hl. Augustinus* (Leipzig 1935).
O'MEARA, JOHN J., *The young Augustine. The growth of St. Augustine's mind to his conversion* (London 1954).
BOURKE, VERNON J., *Augustine's Quest of Wisdom* (Milwaukee 1949).
VEGA MUÑOZ, P., *Psicología de la conversión de San Agustín:* Gregorianum 22 (1941) 9-24; 325-352.
OGGIONI, G., *L'esperienza della fede nella conversione di S. Agostino:* Scrinium theologicum I (Milano 1953) 125-181.

SOMMERVILLE, J. M., *The Preludes to conversion in the Philosophy of St. Augustine:* The modern Schoolman 24 (1944) 191-203.

RUBIO, JOSÉ, *Hacia una teoría agustiniana de la conversión:* Avgvstinvs 9 (1964) 471-489.

DEL CAMPO ALONSO, U., *Proceso psicológico de la conversión religiosa de San Agustín* (Roma 1972).

SIZOO, ALEXANDER, *Augustinus bekeringsverhall als narratio:* Augustiniana 4 (1955) 240-257.

COURCELLE, P., *Recherches sur la scéne du jardin de Milan* (Confessions VIII). Actes du prémier Congrès de la Fédération Internationale des Associations d'études clasiques (1950) (Paris 1951).

CAYRÉ, F., *La conversion de S. Augustin.* Le «tolle lege» des «Confessions»: L'année théologique augustinienne 11 (1951) 144-151; 244-252.

BALTHASAR, N. J., *La vie intérieure de Saint Augustin à Cassiciacum.* Intériorité et intrinsecisme: Giornale di Metafisica 9 (1954) 407-430.

WUNDERLE, G., *Einführung in Augustins Konfessionen* (Augsburg 1930).

MASI, F., *Les conversions de S. Augustin et les débuts du spiritualisme en Occident:* Le Moyen Âge 67 (Brussel 1961) 1-40.

LA BONNARDIÈRE, A. M., *La parabole de l'Enfant prodigue dans les Confessions de saint Augustin:* Annuaire de l'École practique des Hautes Études V 73 (1965) 154-155.

BUSCH, B., *De initiatione christiana secundum doctrinam S. Augustini* (Roma 1939).

AUDET, THOMAS, *Notes sur les catéchèses baptismales de S. Augustin:* Augustinus Magister I p.151-160.

HENDRIKX, E., *Platonisches und biblisches Denken bei Augustin:* Augustinus Magister I p.285-292.

JOLIVET, R., *S. Augustin et le Néoplatonisme* (Paris 1932).

FORTIN, ERNEST, *Christianisme et culture philosophique au cinquième siècle* (Paris 1959).

SCIACCA, M. F., *S. Augustin et le Néoplatonisme. La possibilité d'une philosophie chrétienne* (Louvain 1958).

VERBEKE, G., *Augustin et le stoïcisme:* Recherches augustiniennes I (Paris 1958) 67-89.

BECKAERT, J. A., *Bases philosophiques de l'ascèse augustinienne:* Augustinus Magister II p.703-711.

Biblia y espiritualidad

AGAËSSE, PAUL, *Écriture sainte et vie spirituelle,* en *Dictionnaire de spiritualité.* IV: *S. Agustin* col.155-158 (Paris 1960).

STRAUSS, G., *Schriftgebrauch, Schriftauslegunt und Schriftbeweis bei Augustinus* (Tubingen 1959).

PENNA, ANGELO, *Lo studio della Bibbia nella spiritualità di S. Agostino:* S. Augustinus vitae spiritualis Magister I (Roma 1959) 147-168.

ROMÁN DE LA I., *La sagrada Escritura como fuente de una vida espiritual según San Agustín:* Revista de espiritualidad 14 (1955) 262-270.

CARROZZI, A., *De singulari suavitate quam S. Augustinus a Scriptura sacra degustaverit,* en *Studi sull'Oriente a la Bibbia offerti al P. Guerrazzi Rinaldi* (Genova 1967) p.257-26

PERLER, OTHMAR, *Augustinus und die Psalmen:* Anima 3 (1948) 289-294.

CALATI, BENEDETTO, *La «conversione» norma dell'intelligenza spirituale nella Scrittura: l'esperienza di Agostino:* Vita monastica 25 (1969) n.98 p.131-154.

GESSEL, WILHELM, *Gemeinschaft durch die Speise des Wortes nach Augustinus:* Revue des études augustiniennes 12 (1966) 241-245.

Magisterio espiritual

BARDY, G., *S. Augustin Maître d'ascétisme:* L'année théologique 3 (1942) 130-135.

VEGA, A. CUSTODIO, *San Agustín, Padre de la espiritualidad de Occidente:* Revista agustiniana de espiritualidad I (1960) 12-23; 55-106.

BARTHET TONNA, A., *Il Dottore de l'Ascetica:* Augustiniana (Napoli, nel XV della morte di S. Agostino, 1930) 103-111.

MERSCH, ÉMILE, *S. Augustin, Maître de vie intérieure* (Liège 1930).

CAYRÉ, F., *S. Augustin, Maître de la vie spirituelle:* La Documentation catholique 24 (1930) 280-282.

— *Saint Augustin et la spiritualité contemporaine:* La vie spirituelle 19 (1929) 214-217.

— *Spirituels et mystiques des prémiers temps:* Coll. «Je sais, je crois» (Paris 1956).

BOUYER, LOUIS, *Histoire de la spiritualité du N. Testament et des Pères. S. Augustin* (Paris 1960) p.555-586.

HAZELTON, ROGER, *God and the Soul: Augustine on the devotional Life:* Journal of Religion 27 (1947) 91-101.

TISSOT, A., *S. Augustin Maître de vie spirituelle. Texts traduits* (Le Puy 1960).

POURRAT, P., *La spiritualité chrétienne.* I: *Des origines de l'Église au Moyen Âge. S. Augustin* (Paris 1947) 261-344.

PORTALUPPI, ANGELO, *Dottrine spirituali. S. Agostino* (Alba 1943) p.32-39.

ROUSSEL, ROBERT, *An Introduction to augustinian spirituality:* The Tagastan 25 (Washington 1965) 14-24.

COJAZZI, ANTONIO, *L'Ascetica agostiniana:* Vita e Pensiero 21 (1930) 553-560 (número extraordinario dedicado al Centenario de San Agustín).

DE GHELLINCK, J., *Lectures spirituels dans les écrits des Pères:* S. Augustin (Paris 1935) 51-57.

VILLER, MARCEL, *La spiritualité des premiers siècles chrétiens* (Paris 1930).

LENAERTS, L., *De S. Augustino ut theologo ascetico notationes breves:* Miscellanea augustiniana (Rotterdam 1930) 70-81.

THONNARD, FRANÇOIS-JOSEPH, *Traité de vie spirituelle à l'école de Saint Augustin:* Bonne Presse (Paris 1959).

MARTIN, JULES, *Doctrine spirituele de Saint Augustin* (Paris 1902).

MAYR, FELIX, *S. Augustinus vitae spiritualis magister,* 2 vols. (Coloniae 1721). La Librería Religiosa de Barcelona los editó en dos volúmenes en 1895. Hay traducción castellana: *San Agustín. Doctrina de la vida espiritual.* Trad. de Jesús de la Torre en 2 vols., de 678 y 674 págs. (Buenos Aires 1944).

COMEAU, MARIE, *Saint Augustin exégète du quatrième Évangile* (Paris 1930).

PELLEGRINO, MICHELE MGR., *S. Agostino. Itinerario spirituale* (Fossano 1964).

PERL, CARL, *Aszese bei Augustin,* en *Formen und Führung Christlicher Aszesse* (Wien 1955) p.19-37.

ROUET DE JOURNEL, M. J., *Enchiridion asceticum. S. Augustinus* (Freiburg i. B. 1930) 304-360.

MERSCH, ÉMILE, *Deux traits de la doctrine spirituelle augustinienne:* Nouvelle rev. théol. 57 (1930) 391-410.

VAN DER KORNHUYSE, F., *Tractatus de vita spirituali ad mentem Sti. Thomae et Sti. Patris nostri Augustini* (Paris 1932).

GRAILLE, R., *La spiritualité de S. Augustin:* France franciscaine 14 (1934) 473-503.

KARRER, OTTO, *Augustinus. Das religiose Leben* (München 1925).

— *San Agustín. La vida religiosa.* Versión española de V. C. Editorial Avgvstinvs (Madrid 1962).

DE PLINVAL, G., *La spiritualité du «Speculum»:* Recherches augustiniennes 3 (Paris 1945) 207-218.

MARIANI, UGO, *La spiritualità agostiniana:* Le Scuole cattoliche di spiritualità (Milano 1945) 3-26.

Antropología religiosa

DINKLER, ERICH, *Anthropologie Augustins* (Stuttgart 1934).

RONDET, HENRI, *La Anthropologie religieuse de S. Augustin:* Recherches de science religieuse 2 (1939) 163-196.

ITURRIOZ, J., *El hombre y su metafísica. Ensayo escolástico de antropología* (Burgos 1953).

PEGUEROLES, JUAN, *Notas de antropología agustiniana:* Espíritu 19 (1970) 37-59.

GIANNINI, G., *Carattere teocentrico dell'antropologia agostiniana:* Humanitas 9 (1954) 1013-1029.

THEILER, W., *Die Seele als Mitte bei Augustin und Origenes:* Untersuchungen zur antiken Litteratur (Berlin 1970).

LOEWENICH, W. VON, *Menschsein und Christsein bei Augustin* (München 1947).

COUTURIER, CH., *La structure métaphysique de l'homme d'après S. Augustin:* Augustinus Magister I p.543-550.

FLOREZ, RAMIRO, *Las dos dimensiones del hombre agustiniano* (Madrid 1958).

— *La presencia de la verdad. De la experiencia a la doctrina en el pensamiento agustiniano* (Editorial Avgvstinvs, Madrid 1971).

MASXEIN, ANTON, *Philosophia cordis bei Augustin. Das Wesen der Personalität bei Augustinus* (Salzburg 1967).

MAERTENS, G., *Augustinus over de mens* (Brüssel 1965).

SCIACCA, M. F., *La persona umana secondo Agostino,* en *Umanesimo e mondo cristiano* II (Roma 1951) p.151-160.

— *Trinité et unité de l'esprit:* Augustinus Magister I p.521-523.

— *Il composto umano nella filosofia di S. Agostino:* Studia patavina I (1954) 211-226.

STROHM, M., *Der Begriff der «natura vitiata» bei Augustin:* Theol. Quartalschrift 135 (1955) 183-203.

BARRACHINA, J., *Hombre, mundo, redención. Concepto agustiniano del hombre bajo el signo de Adán o de Cristo* (Valencia 1954).

HUFTIER, M., *La tragique de la condition chrétienne chez S. Augustin* (Paris 1964).

SOLIGNAC, AIMÉ, *La condition de l'homme pécheur d'après S. Augustin:* Nouvelle revue théologique 88 (1956) 359-387.

REYPENS, L., *Ame, son fond, ses puissances et sa structure,* en *Dictionnaire de spiritualité.* I: *S. Augustin* col.436-441.

VERBEKE, G., *L'évolution de la doctrine du Pneuma du Stoïcisme à S. Augustin* (Louvain 1945).

— *Spiritualité et immortalité de l'âme chez S. Augustin:* Augustinus Magister I p.328-334.

CLARK, M., *San Agustín, filósofo de la libertad* (Editorial Avgvstinvs, Madrid 1961).

HUFTIER, M., *Libre arbitre, liberté et péché chez S. Augustin:* Recherches de Théologie ancienne et médiévale 33 (1966) 187-281.

THONNARD, F. J., *Les fonctions sensibles de l'âme humaine selon S. Augustin:* L'année théol. augustinienne 12 (1952) 335-345.

— *La vie affective de l'âme selon S. Augustin:* ibid., 13 (1953) 33-55.

SEGUNDO DE JESÚS, *Las pasiones en la concepción agustiniana de la vida espiritual:* Revista de espiritualidad 14 (1955) 251-280.

SCHWARTZ, RICHARD, *Die Leib-seelische Existenze bei Aurelius Augustinus:* Philosophische Jahrbuch der Görresgesellschaft 63 (1954) 323-360.

CAPÁNAGA, V., *El hombre-abismo en San Agustín.* Memorias del XIII Congreso Internacional de Filosofía de México, vol.III (México 1963) 97-111.

SCHURMACHER, WILLIAM A., *Spiritus and spiritualis. A study in the Sermons of S. Agustine* (Mundelein 1957).

TOCCAFONDI, EUGENIO, *Studio sull'uomo in S. Agostino et corrispondenti rilievi su alcune esigenze moderne del filosofare,* en *S. Agostino e le grandi correnti della filosofia contemporanea* p.327-334.

DI GIOVANNI, ALBERTO, *Autenticità e falsità nell'uomo. Temi agostiniani nelle Confessioni:* Rivista di Filosofia neo-scolastica 57 (1965) 206-223.

FLÓREZ, R., *La teoría de los dos amores en su dimensión antropológica:* Giornale di Metafisica 914 (1954) 505-515.

La dialéctica del corazón inquieto

RÜD, ANSELM, *Augustinus als Gottsucher:* Theologisch-praktische Quartalschrift 102 (1954) 314-319.

STEINBUCHEL, TH., *Augustinus auf der Suche nach dem Menschen und seinen Gott:* Die Grosse Gestalten des Abendlandes 71-113 (Trier 1955).

DEMP, ALOIS, *Christliche Philosophie. Der Mensch zwischen Gott und der Welt:* Augustinus (Bonn 1938) 78-92. Hay versión española de Ediciones Fax (Madrid 1956).

BOCHET, ISABELLE, *Le désir de Dieu chez S. Augustin* (Paris 1972).

CAYRÉ, F., *Les deux phases de l'inquiétude religieuse chez S. Augustin:* L'année théologique augustinienne 10 (1949) 116-132.

PEGUEROLES, JUAN, *La búsqueda de la verdad en la vida y en las obras de San Agustín:* Espíritu 11 (Barcelona 1962) 69-84.

ZOTTELE, G., *Ragione, intelletto e fede nel pensiero di S. Agostino:* Studia Patavina 20 (1973) 464-490.

DÍAZ DE LA TUESTA, V., *El programa vital de San Agustín:* Estudio agustiniano 5 (Valladolid 1970) 563-626.

HOLTE, RAGNAR, *Béatitude et Sagesse. S. Augustin et la fin de l'homme dans la philosophie ancienne:* Études augustiniennes (Paris 1962).

RATZINGER, J., *Der Weg der Gotteserkenntnis nach dem hl. Augustinus:* Kiriakón (Festschrift J. Quasten) vol.2 p.553-564 (Münster 1970).

CILLERUELO, L., *La «memoria sui»:* Giornale di metafisica 9 (1954) 457-492.

— *La «memoria Dei» según San Agustín:* Augustinus Magister I p.499-509.

De Mondadon, Louis, *De la connaissance de soi même à la connaissance de Dieu:* Recherches de science religieuse 4 (1913) 148-155.

Cayré, F., *Dieu présent dans la vie de l'esprit* (Paris 1951).

— *Les preuves courantes de l'existence de Dieu:* Revue de l'Université d'Ottawa 24 (1951) 57-87.

Antonelli, M. T., *La dialettica dell'uomo interiore in S. Agostino:* Humanitas 9 (Brescia 1954) 990-1012.

Boyer, Ch., *Come Sant Agostino à trovato Dio:* Augustiniana (Napoli 1955) 97-110.

Cristo, nuestra vida

Plagnieux, J., *Heil und Heiland:* Études augustiniennes (Paris 1969).

Bavel, Tarsicius, *Recherches sur la Christologie de S. Augustin. L'humain et le divin dans le Christ d'après S. Augustin* (Lovaina 1957).

Clarke, Thomas E., *St. Augustine and cosmic redemption:* Teological Studies 19 (1958) 133-164.

Gilson, Étienne, *Philosophie et Incarnation selon S. Augustin* (Montréal 1947).

Ovila, Brabant, *Le Christ centre et source de la vie morale chez S. Augustin. Étude sur la pastorale des Enarrationes in psalmos* (Gembloux 1971).

Rondet, Henri, *Le Christ nouvel Adam dans la théologie de S. Augustin:* Études mariales: La nouvelle Éve II (1955) 25-41.

Camelot, P. Thomas, *A l'éternel par le temporel «De Trin.» IV 23,24:* Rev. des études augustiniennes 2 (1956) 163-172.

Trape, Agostino, *Il temporale et l'eterno nella spiritualità di S. Agostino:* Rivista di vita spirituale 8 (1954) 432-452.

Comeau, Marie, *Le Christ chemin et terme de l'ascension spirituelle d'après S. Augustin:* Recherches de science religieuse 40 (1952) 80-89.

Boyer, Ch., *La dottrina sull'Incarnation nella spiritualità di S. Agostino:* S. Augustinus vitae spiritualis Magister I (Roma 1959) 103-112.

Vergés, Salvador, *La Encarnación del Verbo y la Iglesia en San Agustín.* Teología de símbolos bíblicos-eclesiales: Estudios eclesiásticos 42 (1967) 73-112.

De Romanis, Alfonso, *Gesù Cristo nell'insegnamento di S. Agostino:* Dottrina e metodo (Firenze 1940).

Agaësse, Paul, *La contemplation de l'Humanité du Christ. 3. S. Augustin,* en *Dictionnaire de spiritualité* 7 (1969) col.1049-1053.

Oddone, A., *La figura di Cristo nel pensiero di S. Agostino* (Torino 1930).

Rivière, Jean, *Notre vie dans le Christ selon S. Agustin:* La vie spir. 24 (1930) 112-134.

Planieux, Jean, *La binome «iustitia-potentia» dans la soteriologie augustinienne et anselmienne:* Spicilegium beccense I (Paris 1959) 141-154.

Mohan, Joseph, *De Nominibus Christi doctrinam divi Augustini christologicam exponentibus* (Mundelein, Illinois, 1936).

Galati, Licinio, *Cristo via nel pensiero di S. Agostino* (Roma 1956).

Scano, Efisio, *Il Cristocentrismo e i suoi fondamenti dogmatici in S. Agostino* (Torino 1951).

Arbesmann, Rudolph, *Christ the «Medicus humilis» in St. Augustine:* Augustinus Magister II 628-639.

Poque, Susanne, *Christus «mercator»:* Recherches de science relig. 48 (1960) 564-577.

De Bovis, André, *Le Christ et la prière selon S. Augustin dans les commentaires sur S. Jean:* Mélanges Marcel-Viller (Paris 1949) p.180-193.

Cayré, F., *Le Christ dans les Confessions:* L'année théol. augustinienne 13 (1953) 232-259.

Zameza, José, *Perspectivas agustinianas de la Cruz.* Luces de Redención (Madrid 1933).

Imizcoz, J. M., *La realeza sacerdotal de Jesucristo en San Agustín:* Scriptorium victoriense 5 (Vitoria 1958) 262-302.

Vaca, César, *Cristo en la vida de San Agustín:* Avgvstinvs 12 (1967) 423-432.

Hugues, Edward, *The participation of the faithful in the regal and prophetic Mission of Christ according to St. Augustine* (Mundelein 1956).

Bracci, Giustino, *Victima sancta* (Torino 1938).

Boyer, Ch., *La Eucharistie selon S. Augustin:* Avgvstinvs 45-48 (1967) 125-138.

Bertocchi, P., *Il simbolismo ecclesiologico dell'Eucaristia in S. Agostino* (Bergamo 1937).

Batiffol, P., *L'Eucharistie, Présence réelle et transsubstantiation:* Études d'histoire et de théologie positive (Paris 1930). Sobre el realismo eucarístico de San Agustín p.226-245.

SAGE, A., *L'Eucharistie dans la pensée de S. Augustin:* Revue des études augustiniennes 15 (1969) 209-240.

La Iglesia y la Virgen María

BATIFFOL, PIERRE, *Le catholicisme de S. Augustin* I-II (Paris 1929).

— *L'ecclesiologie de S. Augustin:* Revue biblique 24 (1915) 5-34.281-357.

GRABOWSKI, ST., *La Iglesia. Introducción a la teología de San Agustín.* Trad. de R. G. Aparisi (Madrid 1965).

HOFMANN, FRITZ, *Der Kirchenbegriff des Hl. Augustinus in seinen Grundlagen und in seiner Entwicklung* (München 1933).

VON BALTHASAR, U., *Augustinus. Der Antlitz der Kirche* (Einsiedeln 1955).

BORGOMEO, PASQUALE, *Ecclesia quae nunc est. L'Ecclésiologie de S. Augustin dans sa prédication:* Études augustiniennes (Paris 1970).

RATZINGER, J., *Volk und Haus Gottes,* en *Augustins Lehre von der Kirche* (München 1954).

PELLEGRINO, M., *Espíritu e institución en la eclesiología de San Agustín:* Ciudad de Dios 171 (1958) 444-469.

SCHNEIDER, R., *Welt und Kirche bei Augustin* (München 1949).

FAVARA, G., *La necessità della Chiesa secondo S. Agostino* (Acireale 1949).

BERROUARD, F., *L'Église communauté d'amour et de vie selon S. Augustin:* Lumière et vie 83 (1967) 6-64.

BAVAUD, G., *Le mystère de la sainteté de l'Église:* Recherches augustiniennes 3 (Paris 1965) 161-166.

RINETTI, P., *S. Agostino e «l'Ecclesia mater»:* Augustinus Magister II p.827-834.

ACHTERBERG, MARINUS, *L'Ecclesia virgo. Études sur la virginité de l'Église et des fidèles chez S. Augustin* (Héverlé-Louvain 1954).

— *«L'Ecclesia virgo» et les «sanctimoniales» chez S. Augustin:* Augustiniana 10 (1960) 3-35.

FLOREZ, F., *San Agustín y su Eclesiología mariana:* La Ciudad de Dios 176 (1963) 444-463.

CONGAR, IVES, *Marie et l'Église dans la pensée patristique:* Revue de sciences philosophiques et théologiques 36 (1954) 3-38.

LAMIRANDE, ÉMILIEN, *Études sur l'Ecclésiologie de S. Augustin* (Ottawa 1969).

CAPÁNAGA, V., *La Iglesia en la espiritualidad de San Agustín:* Ephemerides Carmeliticae 17 (Roma 1966) 88-133: «Mysterium Ecclesiae in conscientia Sanctorum» p.88-133 (Roma 1967).

— *La Virgen María según San Agustín* (Roma 1945).

PELLEGRINO, MICHELE, *Maria Santissima nel pensiero di S. Agostino* (Roma 1954).

PALMERO RAMOS, R., *«Ecclesia mater» en San Agustín* (Madrid 1970).

HANOUILLE, ROGER, M., *Mary in St. Augustine Ecclesiology:* The Tagastan 18 (1955) 25-34.

DIETZ, I. M., *Maria und die Kirche nach den Hl. Augustinus:* Maria et Ecclesia. Acta Congressus Mariologici-Mariani in civitate Lourdes anno 1958 celebrati III p.201-239 (Romae 1959).

GARCÍA GARCÉS, N., *El culto de la Virgen en la doctrina de San Agustín* (Madrid 1967).

La gracia divina

SAGE, ATHANASE, *La volonté salvifique universelle de Dieu dans la pensée de S. Augustin:* Recherches augustiniennes 3 (1965) 107-131.

CHÉNÉ, J., *La théologie de S. Augustin. Grâce et prédestination* (Le Puy 1962).

BAUMGARTNER, CHARLES, *Grâce,* en *Dictionnaire de Spirit.* VI col.701-726.1966.

— *La gracia de Cristo* (Barcelona 1969).

ARNAU, R., *La doctrina agustiniana de la ordenación del hombre a la visión beatífica* (Valencia 1962).

DE PLINVAL, G., *Pélage. Ses écrits, sa vie, et sa réforme* (Lausanne 1933).

HEDDE, M.-AMANN, A., *Pélagianisme:* DTC 12,1 (1933) col.675-715.

— *Semipélagiens:* ibid., 14,2 (1941) col.1796-1850.

CHÉNÉ, JEAN, *Que signifiaient «initium fidei» et «affectus credulitatis» pour les semipélagiens?:* Recherches de science relig. 36 (1948) 566-588.

— *Les origines de la controverse semipélagienne:* L'année théol. augustinienne 13 (1953) 56-109.

BAVAUD, GEORGE, *La doctrine de la justification d'après S. Augustin et la Réforme:* Revue des études august. 5 (1959) 21-32.

CAPÁNAGA, V., *La doctrina agustiniana de la gracia en los Salmos:* Studia patristica VI (Texte und Untersuchungen 81, Berlin 1962) 315-349.
— *La deificación en la soteriología agustiniana:* Augustinus Magister I p.745-754.
BARDY, G., *Divinisation,* en *Diction. de spiritualité* III fasc.XXII col.1395-1397.
— *Apatheia:* ibid., I (1937) fasc.III; VI: *L'apatheia et l'hérésie pélagienne* col.738-740.
BOYER, CH., *Le système de S. Augustin sur la grâce:* Essais anciens et nouveaux sur la doctrine de S. Augustin (Milano 1970) p.269-294.
PASTORE, A., *Il principio d'amore di S. Agostino nel problema dei rapporti fra la libertà e la grazia:* Rivista di Filos. neosc. 21 (Milano 1930) 345-368.
BONNEFOY, JOSEPH, *L'idée du chrétien dans la doctrine augustinienne de la grâce:* Recherches augustiniennes 5 (1968) 41-66.

Pecado, penitencia y combate cristiano

VANDERBERGHE, BRUNO, *S. Augustin et le sens du péché* (Montréal 1954).
SAGE, ATHANASIO, *Il peccato secondo S. Agostino:* Il Peccato (Roma 1959) 134-155.
HUFTIER, MAURICE, *Le péché actuel,* en *Théologie du péché par plusieurs auteurs* VI (Tournai 1960) p.293-362.
DURKIN, EUGÈNE, *The theological distinction of sins in the writings of St. Augustine* (Mundelein 1952).
ARMAS, GREGORIO, *Teología agustiniana del pecado:* Avgvstinvs I (1956) 167-186.
VACA, CÉSAR, *Puntos para una psicología del pecado en la Ciudad de Dios:* La Ciudad de Dios 167 (1958) 269-282.
SEYBOL, M., *Sozialtheologische Aspekte der Sünde bei Augustinus* (Regensburg 1964).
LA BONNARDIÈRE, A. M., *Pénitents et réconciliation des Pénitents d'après Saint Augustin:* Revue des études augustiniennes 13 (1967) 31-53.249-293.
AMANN, E., *Pénitence:* DTC 12,1 (1933) col.749-845.
BATIFFOL, PIERRE, *Augustin en la confession du Conte Marcellinus:* Revue du Clergé français 89 (1917) 481-504.
VERMEYLEN, J., *Le cheminement de la pénitence selon S. Augustin:* Collectanea Mechliniensia 51 (1966) 514-546.
HUNERMANN, F., *Die Busslehre des hl. Augustinus* (Paderborn 1913).
ADAM, KARL, *Die geheime Kirchenbusse nach dem hl. Augustinus* (Kempten 1921).
SCHWARZ, REINHARD, *Vorgeschichte der Reformatorsichen Busstheologie:* Augustin 16-58 (Berlin 1968).
BERROUARD, M. F., *Pénitence de tous jours selon S. Augustin:* Lumière et vie 13 (1964) n.70 p.51-74.
— *La thème de la tentation dans l'oeuvre de S. Augustin:* Lumière et vie 53 (1961) 52-85.
GOSSELIN, R. B., *Le combat chrétien selon S. Augustin:* Vie spirit. 24 (1930) 71-94.
LA BONNARDIÈRE, *Le combat chrétien. Exégèse augustinienne d'Ephes. 6,12:* Revue des études augustiniennes (1965) 235-238.
BOYER, CH., *Concupiscence et nature innocente:* Augustinus Magister III p.309-316.
WESSEL, JOSEF, *Bedeuntung und Wesen der sexuellen Erziehung in augustinische Gottesschau* (Münster 1938).
CAMELOT, TH., *Continentia,* en *Dictionnaire de spiritualité* IV (1960) col.365-370.
ARMAS, GREGORIO, *La continencia perfecta en la ética agustiniana:* Avgvstinvs I (1965) 559-571.
OBERSTAR, COLUMBANUS, *Sti. Augustini doctrina de vitio capitali superbiae* (Ljubljana 1940).
ARBESMANN, R., *Augustinus. Der Nutzen des Fastens.* Uebertragen und erleuchtet von R. A. Augustinus Verlag (Würzburg 1958).

Reforma y progreso espiritual

GIRKON, PAUL, *Augustinus. Die Schauende Liebe als Wurzel für sein Werden, Wesen und Verk* (Berlin 1932).
AUER, ALBERT, *Reformation aus dem Ewigen: Augustinus, Franz von Assisi, Bonaventura, Luther* (Salzburg 1955).
STRAUSS, RUDOLF, *Der Neue Mensch innerhalb der Theologie Augustins* (Zürich 1967).
LADNER, GERHART, *The Idea of Reform. Its Impact on christian Thought and Action in the Age of the Fathers* (Cambridge, Mass., 1959).
SAGE, A., *La vie de perfection et conseils évangéliques dans les controverses antipélagiennes:* Augustinus vitae spiritualis Magister I p.195-200.

BOYER, CH., *S. Augustin. Les degrés de la vie spirituelle,* en *Dictionnaire de spiritualité I* (Paris 1935) col.1101-1130.

CAYRÉ, F., *Les classifications de la vie spirituelle d'après S. Augustin:* L'année théologique augustinienne 6 (1945) 347-367.

CATURELLI, ALBERTO, *Los grados de la perfección del alma según San Agustín:* Sapientia (La Plata) 9 (1954) 254-271.

RONDET, H., *S. Augustin et les Psaumes des montées:* Revue d'Ascétique et Mystique 41 (1965) 3-18.

BIZOT, R., *Réflexions sur l'itinéraire spirituelle de S. Augustin d'après les Confessions:* Carmel (Le Petit Castelet-Tarascon) 39 (1956) 250-265.

PIGNATELLI, M., *L'ascesa à Dio nelle Confessioni:* Rivista di Filosofia neoscolastica 24 (1932) 241-247.

CAPELLE, BERNARD, *Le progrès de la connaissance religieuse d'après S. Augustin:* Recherches de théologie ancienne et médiévale 2 (1930) 410-419.

PELLEGRINO, MICHELE, *«Sursum cor» nelle opere di Sant' Agostino:* Recherches augustiniennes 3 (1965) 179-206.

LÓPEZ OLEA, R., *La elevación del corazón en San Agustín:* Manresa 38 (1966) 33-50.

GALTIER, P., *De quoi s'accusent les Saints?:* Revue d'Ascétique et Mystique 25 (1949) 168-179 (sobre las imperfecciones de los Santos con doctrina de San Agustín y San Gregorio).

Etica cristiana

MAUSBACH, J., *Die Ethik des hl. Augustinus,* 2 vols. (Freiburg i. B. 1930).

ARMAS, GREGORIO, *La moral de San Agustín* (Madrid 1955).

BOYER, CH., *Moralistes chrétiens. S. Augustin* (Paris 1932).

— *De fundamento moralitatis secundum S. Augustinum:* Acta Hebdomadae augustinianae thomisticae (Torino 1931) p.97-109.

VECCHI, A., *Il problema agostiniano dell'azione:* Augustinus Magister I p.559-562.

— *Filosofia e teologia nella morale agostiniana:* Giornale di Metafisica 9 (1954) 555-574.

ROEHMER, JEAN, *La finalité morale chez les théologiens de S. Augustin à Duns Scot* (Paris 1939).

KOERNER, F., *Sein und Sollen des Menschen. Die existentieltheologischen Grundlagen der Ethik in augustinischen Sicht* (Paris 1963).

DEMAN, TH., *Le traîtement scientifique de la morale chrétienne selon S. Augustin* (Paris 1957).

CUESTA, SALVADOR, *El equilibrio pastoral en la doctrina estoica y en la de San Agustín* (Madrid 1945).

HARTMANN, N., *Ordo Amoris. Zur augustinischen Wesensstimmung des Sittlichen:* Wissenschaft und Weisheit 18 (1955) 1-33.108-121.

GÓMEZ PÉREZ, R., *La ley eterna en la historia,* en *Sociedad y derecho según San Agustín* (Pamplona 1972).

STELZENBERGER, J., *Conscientia bei Augustinus* (Paderborn 1959).

BASSI DOMENICO, *Il discorso della montagna.* Testo, introduzione et note del P. D. B. XXXVI 380 (Torino 1955).

PRENDIVIELLE, JOHN, *The Development of the Idea of Habit in the Thougth of St. Augustine* -Traditio (U. S. A.) 28 (1972) 29-99.

Virtudes morales

REUL, A., *Die sittliche Ideale des hl. Augustinus* (Paderborn 1928).

CUADRADO, FRANCISCO, *Compendium tractatuum de virtutibus, donis, beatitudinibus et fructibus, tum in genere, tum in specie, ex praeclarorum Doctorum, praesertim Magni Patris Augustini et divi Thomae Aquinatis desumptum atque concinnatum* (Matriti 1877).

HÖK, GOSTA, *Augustin und die Antike Tugendlehre:* Kerigma und Dogma 6 (1960) 104-130.

AZCONA, J. LUIS, *La doctrina agustiniana de la humildad en los «Tractatus in Joannem»* (Editorial Augustinus, Madrid 1972).

DEMAN, TH., *Héritage antique et innovation chrétienne dans le «De moribus Ecclesiae catholicae»:* Augustinus Magister II p.713-726.

CAYRÉ, F., *Les forces spirituelles auxiliaires. Témoignage de S. Augustin:* L'année théologique augustinienne 11 (1950) 32-51.

ADNES, P., *La doctrine de l'humilité chez S. Augustin* (Toulouse 1953).

— *L'humilité, vertu spécifiquement chrétienne d'après S. Augustin:* Revue d'ascétique et mystique 28 (1952) 208-223.

SCHAFNER, OTTO, *Christliche Demut:* Des Hl. Augustinus Lehre von der humilitas (Würzburg 1959).

BORGHINI, B., *L'obedienza secondo S. Agostino:* Vita cristiana 23 (1954) 455-470.

GILSON, ÉTIENNE, *La vertu de la patience selon S. Thomas et S. Augustin:* Archives d'histoire doctrinale et littéraire du Moyen Âge 15 (1946) 93-104.

WANG, TCH'ANG TCHE, *S. Augustin et les vertues des païens* (Paris 1938).

ARMAS, G., *Las virtudes y la salvación de los infieles,* en *Contribución española a una misionología agustiniana* (Burgos 1955) 140-150.

Vida teologal

CAYRÉ, F., *La vie théologale, Les montées intérieures d'après S. Augustin* (Tournai 1959).

COMEAU, MARIE, *La vie intérieure du chrétien d'après le «Tractatus in Joannem»:* Recherches de science religieuse 20 (1930) 5-25; 125-149.

MOHRMANN, CH., *Credere in Deum. Sur l'interprétation théologique d'un fait de langue:* Mélanges Joseph Ghellinck I (Gembloux 1951) p.277-285.

PLAGNIEUX, J., *La foi purifiant chez S. Augustin:* S. Grégoire de Naziance, théologien. Excursus E (Paris 1952) p.413-424.

LÖHRER, MAGNUS, *Der Glaubenbegriff des hl. Augustinus in seinen ersten Schriften bis zu den Confessiones* (Einsiedeln 1955).

HUFTIER, M., *Les yeux de la foi chez S. Augustin:* Mélanges de science religieuse 25 (1968) 57-66; 105-114.

GUILLOUX, PIERRE, *Les conditions de la conquête de la foi chez S. Augustin:* Recherches de science religieuse 5 (1914) 489-506.

GAILLARD, J., *S. Augustin et les Sacrements de la foi:* Revue thomiste 59 (1959) 664-703.

HESBERT, RENÉ, *S. Augustin et la virginité de la foi:* Augustinus Magister II p.645-655.

B., B., *Testi agostiniani sulla speranza:* Vita cristiana 24 (1955) 153-188.

BALLAY, L., *Der Hoffnungbegriff bei Augustin* (München 1964).

OCCHIALINI, U., *La speranza della chiesa pellegrina,* en *Teologia della speranza nelle Enarrationes in psalmos di S. Agostino* (Assisi 1965).

SESSA, P., *Desiderio di eternità e della vita eterna secondo la dottrina di S. Agostino:* Rivista ascetica e mistica 11 (Florencia 1960) 161-171.

ARIAS, L., *La esperanza de San Agustín o el mensaje al hombre contemporáneo:* Avgvstinvs 12 (1967) 51-75.

LODS, M., *La espérance chrétienne d'Origène à S. Augustin:* Bulletin de la Faculté Théol. protestante de Paris 15 (1952) 18-39.

CAYRÉ, F., *Les sources de l'amour divin. La divine présence d'après S. Augustin* (Paris 1933).

HUFTIER, M., *La charité dans l'enseignement de S. Augustin* (Tournai 1959).

GRABOWSKI, ST., *The role of charity on the mystical Body of Christ according to St. Augustine:* Revue d'études augustiniennes 3 (1957) 23-63.

ROMEO, A., *L'antitesi delle due Città nella spiritualità di S. Agostino:* S. Augustinus vitae spiritualis Magister I p.113-146.

GALLAY, J., *La conscience de la charité fraternelle d'après les «Tractatus in Joannem» de S. Augustin:* Revue des études augustiniennes 1 (1955) 1-20.

COMEAU, M., *La prédication paschale de S. Augustin:* Recherches de science religieuse 22 (1933) 257-282.

BURNABY, J., *Amor Dei. A Study of Religion of St. Augustine* (London 1938).

HULTGREN, G., *Le commandement d'amour chez S. Augustin* (Paris 1939).

MELLET, M., *S. Augustin le prédicateur de la charité fraternelle dans les commentaires sur S. Jean:* La vie spirituelle 73 (1945) 304-325; 556-576; 74 (1946) 69-91.

COMBÈS, G., *La charité d'après S. Augustin* (Paris 1934).

DI GIOVANNI, ALBERTO, *L'inquietudine dell'anima. La dottrina dell'amore nelle Confessioni di S. Agostino* (Roma 1964).

VACA, C., *La doctrina agustiniana del amor y los postulados de la psicología moderna:* S. Augustinus vitae spiritualis Magister I p.169-193.

BRECHTKEN, J., *Fruitio und Agape. Die Liebesgedanke bei Augustin:* Theologie und Glaube 59 (1966) 446-463.

MAC KUGO, TH., *De relatione inter caritatem augustinianam et gratiam actualem* (Mundelein 1936).

BAUER, J. B., *Augustin und die Liebe. Die Funktion der Liebe in Leben und in der Lehre Augustins:* Der Seelsorger 24 (1954-1955) 241-248; 295-299.

BRUNET, ROBERT, *Charité et communion des Saints chez S. Augustin:* Revue d'Ascétique et Mystique 31 (1955) 386-398.

DE ROUX, EDUARDO, *El amor de Dios al hombre en San Agustín* (Bogotá 1962).

AGAËSSE, PAUL, *Commentaire de la première Épître de S. Jean.* Text, introduction, trad. et notes par P. A.: Sources chrétiennes 75 (Paris 1961).

PETRE, HÉLENE, *Caritas. Études sur le vocabulaire latin de la charité chrétienne* (Louvain 1948).

AGAËSSE, PAUL, *Fruitio Dei,* en *Dictionnaire de spiritualité* 5 col.1547-1552 (1964).

MAC NAMARA, M. A., *L'amitié chez S. Augustin* (Paris 1961).

NYGREN, ANDERE, *Eròs et Agapé. La notion chrétienne de l'amour et ses transformations,* 3 vols. (Paris 1952).

POULARAND, EPHREM, *Désintéressement,* en *Dictionnaire de spiritualité* III (1955) col.566-571.

CAPÁNAGA, V., *Interpretación agustiniana del amor. Eros y Agape.* Avgvstinvs 18 (1973) 213-278.

Oración y contemplación

NEBREDA, EULOGIUS, *De oratione secundum Divum Augustinum summosque Doctores Ecclesiae Joannem Chrysostomum et Thomam Aquinatensem* (Bilbao 1923).

CAYRÉ, F., *La méditation selon l'esprit de S. Augustin* (Paris 1934).

ENRIQUE DEL S. CORAZÓN, *Oración y contemplación en la teología espiritual de San Agustín:* Revista de espiritualidad 14 (1955) 205-226.

VAGAGGINI, CIPRIANO, *La preghiera nella Biblia e nella tradizione patristica e monastica. Teologia della lode secondo S. Agostino* (Roma 1962) p.399-467.

BELLANDI, ST., *Come pregaba Sto. Agostino* (Firenze 1930).

BRAMBILLA, F., *La necessità della preghiera. La dottrina cattolica a la luce di S. Agostino* (Roma 1943).

POPE, H., *The Teaching of St. Augustine on Prayer and the contemplative Life* (London 1935).

MOREL, CH., *La vie de prière de S. Augustin d'après la correspondance:* Revue d'Ascétique et Mystique 13-14 (1947) 48.222-258.

DELAMARE, D., *La prière à l'école de S. Augustin:* La vie spirituelle 86 (1958) 477-493.

BESNARD, A. M., *Les grandes lois de la prière. S. Augustin Maître de la prière:* La vie spirituelle 101 (1959) 237-280.

MONTAÑO GARCÍA, G., *La eficacia de la oración según la doctrina de San Agustín* (Editorial Avgvstinvs, Madrid 1966)

BUTLER, CUTHBERT, *Western mysticism. The Teaching of St. Augustine, Gregory and Bernard on contemplation and the contemplative Life* (London 1968).

CAYRÉ, F., *La contemplation augustinienne.* Nouvelle édition revue et complétée (Paris 1954).

— *Contemplation et raison d'après S. Augustin:* Revue de philosophie 30 (1930) 331-381; Mélanges augustiniens 1-51 (Paris 1931).

OLPHE GALLIARD, M., *Contemplation. La contemplation augustinienne,* en *Dictionnaire de spiritualité* II 2 col.1911-1921 (Paris 1952).

BERNHART, JOSEPH, *Die philosophische Mystik des Mittelalters von ihren antike Ursprungen bis zu Renaissance:* IV Die Mystik Augustins (München 1922) 48-62.

CAYRÉ, F., *Notion de la mystique d'après les grands traités de S. Augustin:* Augustinus Magister II p.609-622.

— *Mystique et sagesse dans les Confessions de S. Augustin:* Recherche de science religieuse 39 (1951) 443-460.

— *Théologie, sagesse et contemplation dans le De Trinitate:* L'année théologique augustinienne 13 (1953) 336-369.

HENRY, P., *La vision d'Ostie. Sa place dans la vie et l'oeuvre de S. Augustin* (Paris 1938).

MANDOUZE, ANDRÉ, *L'extase d'Ostie. Possibilité et limites de la méthode des parallèles textuels:* Augustinus Magister I p.67-84.

BOYER, CH., *La contemplation d'Ostie.* Essais anciens et nouveaux sur la doctrine de S. Augustin p.171-191. *La vie mystique de S. Augustin:* ibid., p.161-170.

CAPÁNAGA, V., *El silencio interior en la visión de Ostia:* Studia patristica 9 (Berlin 1966) 359-392.

KÖRGER, M.-VON BALTHASAR, U., *Psichologie und Mystik* (Einsiedeln 1960). (Comentarios al XII libro *De genesi ad litteram.*)

FALKENHANN, WILLY, *Zur Mystik Augustins:* Veritati (Festgabe für J. Hessen zu seiner 60 Geburtstag) (München 1949) 170-175.

MARÉCHAL, J., *La vision de Dieu au sommet de la contemplation d'après S. Augustin:* Nouvelle Revue théol. 57 (1930) 89-109; 191-214.

LANDSBERG, P. L., *Les sens spirituels chez S. Augustin:* Dieu Vivant 11 (1948) 83-115.

KOHLER, L.-KARRER, OTTO, *Gotteserfahrung und Gotteserlebnis bei Jeremia, Augustin und Eckart* (Zürich 1934).

BLANCHARD, PIERRE, *Connaissance religieuse et connaissance mystique chez S. Augustin dans les Confessions:* Recherches augustiniennes II (1962) 311-330.

La espiritualidad trinitaria

GARDEIL, A., *La structure de l'âme et l'expérience mystique* I-II (Paris 1927).

PELLEGRINO, M. MGR., *La spiritualità dell'imagine nei Padri della Chiesa:* Asprenas 5 (Napoli 1958) 324-347.

BOYER, CH., *L'image de la Trinité, synthèse de la pensée augustinienne:* Essais anciens et nouveaux sur la doctrine de S. Augustin (Milano 1970) 87-135.

SOMERS, H., *La gnose augustinienne: sens et valeur de la doctrine de l'image:* Revue des études augustiniennes 7 (1961) 3-15.

CAYRÉ, F., *L'image de la Trinité:* L'année théologique augustinienne 13 (1953) 363-365.

FUGIER, H., *L'image de Dieu-centre dans les Confessions de S. Augustin. Valeur historique et valeur psichologique d'une image augustinienne:* Revue des études augustiniennes I (1955) 379-395.

SOLIGNAC, A., *Image et ressemblance,* en *Dictionnaire de spiritualité* 7: *S. Augustin* col. 1518-1522.

ALCORTA ECHEVERRÍA, I., *La imagen de Dios en el hombre según San Agustín:* Avgvstinvs 12 (1967) 29-38.

SCHMAUS, M., *Die psichologische Trinitätslehre des Hl. Augustinus* (Münster 1967).

DU ROY, OLIVIER, *L'intelligence de la foi en la Trinité selon S. Augustin. Génèse de sa théologie trinitaire jusqu'en* 391 (Paris 1966).

HADOT, P., *L'image de la Trinité dans l'âme chez Victorinus et chez S. Augustin:* Studia patristica 6 (Texte und Untersuchungen 81) (Berlin 1962) 409-442.

SCHINDLER, A., *Wort und Analogie in Augustins Trinitätslehre* (Tübingen 1965).

STIGLMAIR, TH., *Trinitätspeculation und Trinitätsmystik:* Zeitschrif für Aszese und Mystik 4 (1929) 168-172.

MELLET, M., *Comment S. Augustin préchait la Trinité aux fidèles d'Hippone:* La vie spirituelle 64 (1941) 401-421.

CAYRÉ, F., *Les trois Persones. La dévotion fondamentale d'après S. Augustin.* Textes et introductions (Paris 1959).

GRABOWSKI, ST., *The All-Present God. A Study in St. Augustine* (Saint Louis 1954).

TURRADO, ARGIMIRO, *Dios en el hombre. Plenitud o tragedia* (BAC 325, Madrid 1971).

CARBONE, V., *L'inhabitazione dello Spirito Santo nelle anime dei giusti secondo la dottrina di S. Agostino* (Roma 1961).

VAN LIERDE, C., *Doctrina S. Augustini circa dona Spiritus sancti ex textu Is. 11,2* (Würzburg 1935).

DA CAGLIARI, F., *Cristo glorificato Datore di Spirito santo nel pensiero di S. Agostino e di Cirillo Alessandrino* (Grotaferrata-Roma 1961).

CORNUTESCU, *La doctrine de S. Augustin sur le Saint-Esprit:* Studii theologice II (Bukarest 1965) 334-344.

BLÁZQUEZ, N., *La inhabitación del Espíritu Santo en San Agustín:* Philippiniana sacra (University of Sto. Tomas) III 8 (Manila 1968) 263-309.

Vida religiosa

MELLET, M., *L'intinéraire et l'idéal monastique de S. Augustin* (Paris 1933).

— *La vie commune à Hippone:* La vie spirituelle 40 (1934) 196-202.

MANRIQUE, ANDRÉS, *Teología agustiniana de la vida religiosa* (El Escorial 1964).

— *A propósito de la espiritualidad monástica de San Agustín:* Revista agustiniana de espiritualidad 3 (1962) 355-362.

ZUMKELLER, A., *Das Mönchtum des hl. Augustinus* (Würzburg 1950).

GAVIGAN, J. J., *De vita monastica in Africa septentrionali inde a temporibus S. Augustini usque ad invasionem Arabum* (Torino 1952).

TRAPE, AGOSTINO, *S. Agostino. La regola.* Introduzione di P. A. T. (Milano 1971).

VACA, CÉSAR, *La vida religiosa en San Agustín* I-II (Avila 1948); III (Madrid 1955); IV (Madrid 1964).

VERHEIJEN, M., *Les maîtres de vie religieuse dans l'antiquité chrétienne:* VI S. Augustin-Forma gregis 8 (1956) 63-77.

— *La Règle de S. Augustin.* I: *Tradition manuscrite.* II: *Recherches historiques:* Études augustiniennes (Paris 1967).

VAN BAVEL, TARSICIUS, *La espiritualidad de la Regla de San Agustín:* Avgvstinvs 45-48 (1957) 433-448.

CILLERUELO, LOPE, *El monacato de San Agustín* (Valladolid 1966).

MORÁN, JOSÉ, *El equilibrio ideal de la vida monástica de San Agustín* (Valladolid 1964).

— *Sellados para la santidad.* Comentario teológico agustiniano al decreto *Perfectae caritatis* del C. Vaticano II (Valladolid 1967).

FERNÁNDEZ, JESÚS, *La pobreza en la espiritualidad agustiniana* (Madrid 1970).

— *Teología de la virginidad en San Agustín:* Revista agustiniana de espiritualidad 7 (1966) 231-248.

RICCARDI, DUILIO, *La verginità nelle opere di S. Agostino* (Viterbo 1952).

CRESPIN, RÉMI, *Le travail manuel de S. Paul vu par S. Augustin:* Lettre aux Communautés de la Mission de France 3 (15 juin 1964) 13-40.

CAPÁNAGA, V., *Para una teología agustiniana del trabajo:* Avgvstinvs 5 (1960) 477-489.

Vida litúrgica

ROETZER, WUNIBALD, *Des hl. Augustinus Schriften als liturgiegeschichtliche Quelle* (München 1930).

GREUBEL, N., *Augustinus en de Liturgie:* St. Augustin 430 (Würzburg 1930) 70-76.

BEAUDUIN, L., *La Liturgie chez S. Augustin:* Questions liturgiques et paroissiales 16 (1931) 210-217.

DE PUNIET, P., *S. Augustin et l'Alleluia pascal:* Questions liturgiques et paroissiales 15 (1930) 85-95.

GULDEN, JOSEF, *Religiose und liturgische Erneuerung bei J. Chrysostomus und Augustin:* Theologische Jahrbuch 3 (Leipzig 1960) 305-334.

ZELLINGER, J., *Augustin und die Volksfrömmigkeit. Blicke in den frühchristichen Alltag* (München 1933).

CASATI, G., *La liturgia della Messa al tempo di S. Agostino:* Augustinianum 9 (Roma 1969) 484.

DANIELOU, JEAN, *L'histoire du salut dans la cathéchèse:* Maison-Dieu 30 (1952) 19-35.

HUDON, GERMAIN, *Le mystère du Noël dans le temps de l'Église d'après S. Augustin:* Maison-Dieu 59 (1959) 60-84.

RUILLARD, PHILIPPE, *Les Sermons de Noël de S. Augustin:* La vie spirituelle 41 (1959) 479-492.

RODRÍGUEZ, ISACIO, *El catecumenado en la disciplina de Africa, según San Agustín,* en *Contribución española a una misionología agustiniana* (Burgos 1954) p.160-174.

CAPELLE, B., *Prédication et cathéchèse selon S. Augustin:* Questions liturgiques et paroissiales 33 (1952) 55-64.

RONDET, H., *La croix sur le front:* Recherches de science religieuse 42 (1954) 388-394.

ROUSSEU, OLIVIER, *S. Augustin et les sermons du carême:* Revue liturgique et monastique 15 (1930) 105-119.

FRANK, H., *Die Paschavigil als Ende der Quadragesima und ihr Festinhalt bei Augustinus:* Archiv für Liturgiewissenschaft 9 (1965) 1-27.

LAMBOT, C., *Les sermons de S. Augustin pour les fêtes de Pâques.* Liturgie et archéologie: Revue de science religieuse 30 (1956) 230-240.

POQUE, SUSANNE, *Les lectures liturgiques de l'octava pascale à Hippone d'après les Traités de S. Augustin sur la première épître de S. Jean:* Revue bénédictine 74 (1964) 217-241.

— *Spectacles et festins offerts par Augustin d'Hippone pour les fêtes des martyrs:* Annales publiés par la Faculté des lettres et sciences humaines de Toulouse 4 (1958) 103-126.

HERZOG, EDUARD, *Das Vaterunser in der Liturgie des hl. Augustinus:* Internazionale theologische Zeitschrift 14 (1906) 641-658.

MARREVEE, H. W., *The Ascension of Christ in the Works of S. Augustine* (Ottawa 1967).

REUL, AUGUSTIN, *Die sittliche Dert der Heiligenverehrung nach St. Augustin:* Theologie und Glaube 22 (1930) 438-455.
BARRE, H., *Le culte marial en Afrique d'après S. Augustin:* Revue des études augustiniennes 13 (1967) 285-317.
LAPOINTE, G., *Le culte des martyrs d'après les sermons de S. Augustin* (Paris 1968).
MONACHINO, V., *La cura pastorale a Milano, Cartagine et Roma nel secolo IV* (Roma 1947).
ZWINGGI, ANTON, *Die Wortgottesdienst bei Augustinus:* Liturgische Jahrbuch 20 (1970) 99-113.199-140.250-253.
QUASTEN, J., *Die Reform des Martyrerkultus durch Augustinus:* Theologie und Glaube 25 (1933) 318-331.

La paz eterna

EGER, H., *Eschatologie Augustins* (Greifswald 1933).
LAMIRANDE, ÉMILIEN, *L'Église céleste chez S. Augustin* (Paris 1963).
— *Le temps de l'Église:* Revue de l'Université d'Ottawa 32 (1962). Supplement 25-44. 73-87.
COUVEE, P. J., *Vita beata e vita eterna* (Baarn 1947).
BECKER, AIMÉ, *De l'instinct du bonheur à l'extase de la béatitude. Théologie et pédagogie du bonheur dans la prédication de S. Augustin* (Paris 1967).
GOÑI, PABLO, *La resurrección de la carne según San Agustín* (Washington 1961).
MARROU, H. I.-LA BONNARDIÈRE, A. M., *Le dogme de la résurrection du corps et la théologie des valeurs humaines selon l'enseignement de S. Augustin:* Revue des études augustiniennes 12 (1966) 111-136.
LEWALTER, ERNST, *Eschatologie und Weltgechichte in den Gedankewelt Augustins:* Zeitschrift fur Kirchengeschichte 53 (1934) 1-51.
DANIÉLOU, J., *La typologie de la semaine au IV siècle:* Recherches de science religieuse 35 (1948) 382-411.
FOLLIET, GEORGE, *La typologie du Sabbat chez S. Augustin:* Revue des études augustiniennes 2 (1956) 271-390.
LEHAY, D. J., *St. Augustine on eternal Life* (London 1939).

Influencia sobre la espiritualidad cristiana

NAZARIO, DE STA. TERESA, *San Agustín, manantial de Europa:* Revista de espiritualidad 14 (1955) 115-123.
CILLERUELO, LOPE, *Influencia de San Agustín en la espiritualidad cristiana hasta la Edad Media:* Revista de espiritualidad 14 (1955) 125-135.
PORTALIE, E., *Rôle doctrinal de S. Augustin:* DTC I col.2317-2325.2453-2456.
SCHULTZ, WALTER, *Der Einfluss Augustins in der Theologie und Christologie VIII und IX Jahrhundert* (Halle 1913).
ROBERT, THOMAS, *Lecture et études de nos Pères. S. Augustin et nos Pères* (Chambarand 1957). Sobre el agustinismo del Císter.
LONGPRE, E., *S. Augustin et la pensée franciscaine:* La France franciscaine 15 (1932) 5-75.
LIO, ERMENEGILDO, *S. Agostino et i primi maestri francescani di spiritualità:* S. Augustinus vitae spiritualis Magister I p.275-323.
SPIAZZI, RAIMONDO, *Sant'Agostino e le origini della scuola domenicana di spiritualità* 74 (1957) 154-182.
CAPÁNAGA, V., *San Agustín y la espiritualidad moderna:* Revista de espiritualidad 14 (1955) 156-169.
ALBERTO DE LA V. DEL CARMEN, *Presencia de San Agustín en Santa Teresa de Jesús y San Juan de la Cruz:* Revista de espiritualidad 14 (1955) 170-184.
ZAMEZA, JOSÉ, *Puntos principales de los Ejercicios de San Ignacio a la luz de la doctrina de San Agustín:* S. Augustinus vitae spiritualis Magister I p.325-355.
LIVIMA, A., *L'influence de S. Augustin chez S. François de Sales:* Bulletin de littérature ecclésiastique 9 (1959) 3-37.
COURCELLE, P., *S. François de Sales ami des Confessions augustiniennes:* Revue d'histoire de l'Église de France 48 (1962) 5-15.
BARBEDETTE, L., *L'influence augustinienne au XVII siècle, spécialement à l'Oratoire:* Revue d'histoire des religions 23 (1926) 279-293.

Revistas actuales de investigación agustiniana

Revue des études augustiniennes.—Revue trimestrielle (8, rue François Ier, Paris-VIII). Fue fundada en 1955 para suceder a *L'année théologique augustinienne* (1940-1954). Editan esta revista los PP. Agustinos de la Asunción, y también un suplemento titulado *Recherches augustiniennes,* que lleva publicados VIII volúmenes.

Augustiniana.—Revista trimestral agustiniana, fundada en 1951 y publicada por el Instituto Histórico Agustiniano: Pères Augustins, Pakenstraat 109 (Héverlé-Louvain, Belgique).

Augustinianum.—Periodicum quadrimestre Instituti Patristici «Augustinianum» PP. Agostiniani (Via S. Uffizio 25, Roma). Se publica desde el año 1960.

Augustinian Studies.—Annual Publication of the Augustinian Institute. Villanova University, Pa. 19085. Se publica desde 1970.

Augustinus.—Revista trimestral publicada por los PP. Agustinos Recoletos (General Dávila, 5, Madrid-3). Se publica desde el año 1965 y edita una colección titulada *Colección Augustinus.*

Revista agustiniana de espiritualidad.—Revista trimestral de los PP. Agustinos (Calahorra, Logroño). Apareció en 1959 y cultiva intensamente el ramo de la espiritualidad agustiniana.

Estudio agustiniano.—Revista trimestral de los PP. Agustinos (Valladolid, Paseo de los Filipinos, 7). Sucedió al *Archivo teológico agustiniano* desde 1966.

Ciudad de Dios.—Revista trimestral publicada por los PP. Agustinos del Real Monasterio de El Escorial, Madrid. Se fundó en 1887 y tiene en su colección completa un tesoro de estudios relativos a la espiritualidad agustiniana.

Religión y cultura.—Revista de los PP. Agustinos (Columela, 12, Madrid-1). Reanudó su publicación en 1956.

AGUSTIN DE HIPONA

PARTE PRIMERA

LA AGONIA ESPIRITUAL DE AGUSTIN

EN BUSCA DEL ESPIRITU

1. Tres tipos de hombres

Actualmente, la tendencia general para avanzar hacia la comprensión de los hombres y de las cosas es indagar el proceso de su formación. Más que por la esencia de las cosas, se pregunta por su historia; se averigua su origen, su evolución y su destino. Nos interesa saber cómo comienza una cosa, cómo se desenvuelve, cómo acaba. Conocer el principio, el medio y el fin nos da la sabiduría, y a ello se siente fuertemente estimulado el espíritu humano.

Con este mismo propósito conviene acceder al espíritu de San Agustín, «el único Padre de la Iglesia que ha quedado hasta hoy como una potencia en el campo espiritual» [1]. El tiene una historia que es a la vez un paradigma de la universal humana. Pasó por tres experiencias típicas en el hombre: la del alejamiento de Dios, la de la aproximación agónica a El y la de su posesión gozosa. Vivir lejos de Dios, buscar a Dios, gozar de la unión con Dios: he aquí la historia de San Agustín, con una amplísima experiencia, en cuyo ámbito se hallan todos los hombres en las tres posturas de lejanía, acercamiento y abrazo de Dios. Son posturas esenciales que hacen de la vida humana un itinerario espiritual, en el cual pueden tomarse tres direcciones, que dan materia para una tipología religiosa de valor perenne.

Nos ayuda para ello una doctrina de San Agustín que expuso en un sermón predicado en Cartago por los años 413-14, clasificando los hombres en tres grupos ideológicos, según las escuelas filosóficas predominantes en aquel tiempo y su doctrina acerca de la felicidad: epicúreos, estoicos y cristianos [2]. Para los primeros, el alma tiene una estructura atómica, que se disuelve con la muerte, y la vida, un sentido de goces materiales; para los segundos, la felicidad se halla en el disfrute del reposo del espíritu; para los terceros, la dicha verdadera es la posesión de Dios: *materialismo, espiritualismo, cristianismo;* en el ámbito inmenso de estas tres concepciones se agitan todavía los hombres de hoy.

La calidad del auditorio que tenía delante movió al Santo a comentar las palabras de los Hechos de los Apóstoles (Act 17,18-34) donde se presenta a San Pablo disputando con algunos estoicos y epicúreos de la capital de Grecia Tenemos allí el cristianismo frente a frente con las filosofías de aquel tiempo. El Apóstol discutía en Atenas, patria de los grandes filósofos de la antigüedad [3].

Ellos partían de un hecho común y evidente a todo el género humano: el deseo de ser felices. Filósofos y cristianos convienen en este punto [4]. Pero

---

[1] H. von Campenhausen, *I Patri della Chiesa latina* p.191 (Firenze 1969).
[2] *Sermo* 150: PL 38,807-14. Sobre la cronología de este sermón véase a A. Kunzelmann, *Die Chronologie des Sermones des Heiligen Augustinus:* Miscellanea Agostiniana II p.469 (Romae 1930); Perler Othmar, *Les voyages de S. Augustin* p.462 (Paris 1969). La *Miscellanea Agostiniana* la citaré así: MA.
[3] *Sermo* 150,2 (PL 38,808): «Ipsa est patria magnorum philosophorum».
[4] Ibid.: «Appetitio igitur beatae vitae philosophis christianisque communis est».

al indagar dónde se halla la verdadera felicidad vienen las divisiones, porque unos ponen el fin del hombre en el goce de los bienes sensibles. Tales son los epicúreos, que dicen: *Coronémonos de rosas antes que se marchiten; no haya prado que no huelle nuestra voluptuosidad; dejemos doquiera muestras de nuestros jolgorios, porque ésta es nuestra herencia y nuestra suerte* (Sab 2,18).

Los estoicos ponían la felicidad en disfrutar de los bienes del espíritu, que son la sabiduría, la virtud, la paz de la conciencia. El sabio estoico pretende dominar las pasiones, adquirir el equilibrio interior, la insensibilidad para la desgracia. No perturbarse por nada, ser indiferente a todo, tal es el camino de la sabiduría para hacerse iguales a los dioses y arrebatarles su dicha imperturbable.

A estas dos escuelas filosóficas corrige el cristianismo al predicar que la vida feliz es un don de Dios, no un logro de los esfuerzos humanos. Por eso el cristianismo es la filosofía de la humildad, como el estoicismo la del orgullo [5]. Por dichos caminos van los hombres en busca de su felicidad.

Esta tipología nos ayuda a comprender la evolución espiritual de San Agustín, que pasó por el materialismo, espiritualismo y cristianismo. Hubo, pues, en él un proceso continuado y largo, primero para conseguir la idea misma del espíritu y de la espiritualidad cristiana, y después lo que podíamos llamar, con él mismo, el *agon christianus;* la agonía para lograr la purificación, iluminación y perfección que le señaló el cristianismo.

A lo largo de este proceso, que es como decir a lo largo de toda la vida de San Agustín, nos interesan tanto la doctrina como la lucha cotidiana del hombre sincero que trabaja por romper las cadenas que le sujetan y conquistar el reino difícil de la libertad interior, pues, según Rademacher, «no hay cosa más bella como contemplar el crecimiento y desarrollo de las almas que buscan a Dios» [6].

2. Semillas cristianas

San Agustín fue hijo de un matrimonio mixto y nació el 13 de noviembre del año 354. Su padre, Patricio, era un modesto terrateniente y empleado municipal de Tagaste, en la Argelia actual, y un pagano hasta sus últimos días, en que recibió el bautismo [7] por los ejemplos y consejos de su mujer, que se distinguía por su piedad y buenas costumbres. Santa Mónica, madre de San Agustín, es el tipo de mujer prudente y fuerte cuya semblanza nos ha trazado la Biblia. También el hijo nos dejó de ella un magnífico retrato, que embellecen las *Confesiones* [8]. Madre e hijo forman una pareja inseparable tal como aparece en el cuadro de Ary Schefer de la pinacoteca del Louvre.

---

[5] *Sermo* 150,8: PL 38,812; ibid., 306,3-4: PL 38,1401-1402; Ph. SELLIER, *Pascal et Saint Augustin* p.80-103 (Paris 1970).

B. PASCAL resumió y aplicó esta doctrina a los materialistas del siglo XVII y a los seguidores de Montaigne: «Dicen los estoicos: 'Dentro de vosotros hallaréis la verdadera paz'. Y no es cierto. Dicen otros: 'Salid de vosotros y buscad la felicidad divirtiéndoos'. Y eso no es verdad. Los males llegan, y la felicidad no está ni dentro de nosotros ni fuera de nosotros, sino en Dios» *(Pensées* fr.465).

[6] *Die Gottessehnsucht der Seele* p.18 (München 1922).

[7] *Conf.* IX 9.   [8] *Conf.* IX 9-13.

Agustín reconoció siempre los méritos y privilegios de su madre en orden a su vida espiritual. Fue su primera maestra. De perlas viene a ella la definición de la buena esposa de fray Luis de León: «Una buena mujer no es una mujer, sino un montón de riquezas, y quien la posee es rico con ella sola, y sola ella le puede hacer bienaventurado y dichoso» [9].

Esta suerte cupo a San Agustín con tal madre, que comenzó a poner los tesoros de su fe y piedad en el alma de su hijito, y le enseñó a romper los nudos de su lengua con la invocación de Dios [10], y halagarle los oídos con la música del nombre de Jesús, «porque este nombre, según vuestra misericordia, Señor; este nombre de mi Salvador, Hijo vuestro, ya en la misma leche materna lo había mamado mi tierno corazón y lo guardaba en lo profundo, y todo lo escrito que se hallaba sin este nombre, aun cuando fuera de un estilo cultivado, pulido y veraz, no me arrebataba enteramente» [11].

Conviene señalar tres ideas madres que Santa Mónica inculcó en el corazón de Agustín; y se le grabaron tan profundamente, que después fueron semillas cristianas de un espléndido desarrollo y frondosidad. Ellas comprenden la ciencia de la cultura verdadera con el conocimiento del principio, del medio y del fin. Son las ideas de un Dios providente, de un Salvador y de la vida futura y juicio final, que descifrará el enigma de la historia [12]. El teólogo de la historia, el Doctor de la gracia y el escrutador de los destinos humanos en la *Ciudad de Dios* recibían ya los principios germinales de su futura misión.

El hijo nunca olvidó la deuda de gratitud para con su madre, como puede verse siguiendo el relato de las *Confesiones:* «Pues vuestras manos, Dios mío, desde lo secreto de vuestra providencia no desamparaban mi alma, y de la sangre de su corazón, por medio de sus lágrimas, mi madre os ofrecía por mí sacrificio día y noche; y Vos me guiabais con unos modos maravillosos» [13].

Pero, juntamente con los rudimentos de la fe cristiana, Agustín comenzó pronto a recibir la educación humanista y la cultura clásica. En su hogar se repetía lo que decían los padres a los hijos cuando los mandaban a la escuela: «Aprende las letras. —¿Para qué? —Para que te hagas hombre; es decir, para que sobresalgas entre los hombres» [14]. Por esta influencia que tienen las letras de la formación humana, se denominan *letras humanas* o *humanidades.* Ser hombres sobresalientes entre los demás era un ideal común en tiempo de San Agustín.

Patricio y Mónica, que ya conocían las disposiciones de su hijo de grandes promesas, lo encaminaron al estudio de las letras, que un paisano suyo, Apuleyo de Madaura, novelista muy conocido de San Agustín, lo comparaba con la bebida de tres copas: «La primera, escanciada por el *litterator,* o enseñante de letras, comienza a pulir la rudeza de nuestra alma. La segunda sírvela el *grammaticus,* el maestro de gramática, y nos enriquece con conoci-

---

[9] *La perfecta casada* c.1: BAC, *Obras completas* p.247.
[10] *Conf.* I 9.
[11] Ibid., III 4.
[12] Ibid., I 11; I 9; VI 5: «... semper tamen credidi et te esse et curam nostri gerere».
[13] Ibid., V 7.
[14] *De disc. christ.* XI 12 (PL 40,675-75): «Discite litteras. Quare? Ut sis homo, hoc est, ut sis eminens inter homines».

mientos varios. Después viene el profesor de retórica (*rhetor*), que pone en nuestras manos la antorcha de la elocuencia» [15].

Por esta escala graduada de la cultura clásica subió Agustín, comenzando desde muy niño a aprender las primeras letras y pasando después al estudio de la gramática con la lectura de los poetas y prosistas latinos [16].

Ya en esta edad, Agustín se aficionó a la poesía, y, sobre todo, al gran poema de Virgilio, la *Eneida,* que encierra un tesoro de poesía y sabiduría, que estimó siempre el Obispo de Hipona. Entonces ya aprendió a llorar sobre los libros, porque el argumento del libro cuarto, donde se describe la pasión de Dido por Eneas y su trágico desenlace, enterneció a Agustín hasta hacerle derramar lágrimas por la desventurada reina de Cartago [17].

El encanto de las tragedias pasionales le cautivo durante mucho tiempo, llevándole al teatro a llorar desventuras ajenas [18].

En el camino de las letras, Agustín aspiró a lo máximo a que podía aspirar un hombre culto de su tiempo: la profesión de la retórica.

Y así, sucesivamente, después de estudiar las primeras letras en su pueblo natal, amplió en Madaura, ciudad próxima a unos treinta kilómetros al sur de Tagaste, sus estudios, y después de unas vacaciones en Tagaste (269-70), con el favor de un bienhechor, Romaniano, que le costeó la carrera, se estableció en Cartago. Tenía diecisiete años y acababa de vestir la toga viril: «Llegué a Cartago, y por todas partes me aturdía el bullicio de los amores culpables». [19] Tal fue la primera impresión que le causó la gran ciudad. Agustín llegó allí con todo el hervor de sus ilusiones. Tenía talento, ambiciones, fuego interior, honradez no común y abundantes sueños de felicidad y de gloria. Y la felicidad se cifraba en una palabra mágica: el amor. «No amaba todavía, pero quería amar y ser amado» [20]. ¡Qué humano parece Agustín en este «amar y ser amado»! Y pronto cayó en los lazos que el amor le tendía doquiera [21].

Pero el hijo de Mónica, aun en medio de sus extravíos pasionales, conservó cierta grandeza ingénita. Un amigo maniqueo, Secundino, que fue compañero suyo en Africa durante los estudios, le decía en una carta: «Ya sé

[15] *La Florida.* Cit. por J. Carcopino, *La vida cotidiana en Roma* p.68 (Buenoa Aires 1944). «Todas las ciudades de Numidia y Africa proconsular—dice P. Monceaux—aparecen como singularmente despiertas y curiosas para la ciencia. Las inscripciones en honor de los maestros, los testimonios dispersos de los autores antiguos, el nombre de los oradores que hablaron en estas escuelas, atestiguan una enseñanza viva y una población entusiasta de estudiantes» (*Les Africains. Étude sur la littérature latine d'Afrique* p.6 [París 1894]; I. H. Marrou, *Storia dell'educazione nell'antichità,* Roma 1950).
[16] La educación elemental era bilingüe entonces, o sea, comprendía el latín y el griego.— *Conf.* I 13: «Quid autem erat causae, cur graecas litteras oderam, quibus *puerulus* imbuebar?... Adamaveram enim latinas, non quas primi magistri, sed quas docent qui grammatici vocantur». Distingue entre «primi magistri» y «grammatici». Los primeros enseñaban a escribir, leer y contar; los segundos daban ya una enseñanza que podía llamarse media.
[17] *Conf.* I 13.
[18] Ibid., III 1-2.
[19] Ibid., III 1: «Veni Carthaginem, et circumstrepebat me undique sartago flagitiosorum amorum». Nótese el juego de palabras: *Carthago... sartago,* que literalmente significa *sartén.*
[20] Ibid.: «Nondum amabam et amari amabam... Amare et amari dulce mihi erat magis, si etiam amantis corpore fruerer».
[21] Ibid.

que tú siempre tuviste ambición de grandes cosas» [22]. Sin duda, esta grandeza de ánimo preservó al joven de caer en ciertas cadenas de vileza de que es difícil salir.

Con todo, la cautividad pasional, en la que vivió durante largos años, le dio una experiencia fértil, de la que había de aprovecharse mucho el futuro Doctor de la gracia para formular su espiritualidad.

3. La lectura del «Hortensius»

La carrera de retórica le obligó a conocer las grandes obras de la literatura romana, sobre todo a Cicerón. Cayó, pues, en sus manos el libro que llevaba por título *Hortensius,* donde se contenía una exhortación a buscar la sabiduría; estaba inspirado en el *Protréptico,* de Aristóteles [23]. Se trata de un acontecimiento espiritual y cultural en el proceso de su vida y algunos lo consideran como una *primera conversión.* Lo es en cierto sentido, en cuanto que ya el espíritu de Agustín se volvió—se convirtió—hacia la sabiduría misma, que abrazó después con su conversión definitiva.

He aquí el texto de esta experiencia nueva: «Entre tales compañías, en edad todavía inmadura, yo estudiaba en los libros de elocuencia, en la que deseaba sobresalir, con intención reprobable y ligera de satisfacer la vanidad humana. Y, siguiendo el plan de los estudios, había llegado al libro de un cierto Cicerón, cuyo estilo casi todos admiran, aunque no tanto su pensar. Este libro tiene una exhortación a la sabiduría y se intitula *Hortensio.* Pues bien: este libro cambió mis afectos, y dio nuevo rumbo a mis súplicas, e hizo que fueran otras mis aspiraciones y ambiciones. De repente se me antojaron ruines todas las vanas espranzas, y con increíble ardor y entusiasmo anhelaba por la inmortalidad de la sabiduría y comencé a levantarme para volver a Vos. ¡Cómo me abrasaba, Dios! ¡Cómo me abrasaba con ansias de volar de lo terreno a Vos! Y no sabía yo lo que Vos estabais haciendo conmigo» [24].

---

[22] *Epist. Secundini* 3 (PL 33,575): «Novi ergo te semper magna amavisse».

[23] Cf. J. M. LE BLOND, *Les conversions de Saint Augustin* p.90-91 (Paris 1950); ANDRÉ MANDOUZE, *S. Augustin. L'aventure de la raison et de la grâce* p.92-95 (Paris 1968). San Agustín cita varios fragmentos del mencionado libro que han servido para la reconstrucción del mismo: *Contra acad.* I 3,7: PL 32,909; *De beata vita* I 4: PL 32,961; *De Trin.* XIII 4,7: PL 42,1019; ibid., XIV 19,26; ibid., 1056; *Contra Iul.* IV 14,72: PL 44,774; ibid., V 7: ibid., 29,803.

[24] *Conf.* III 4: «... perveneram in librum cuiusdam Ciceronis, cuius linguam fere omnes mirantur, pectus non ita... Ille vero liber mutavit affectum meum, et ad te ipsum, Domine, mutavit preces meas et vota et desideria mea fecit alia». La interpretación «cuiusdam Ciceronis», de un cierto Cicerón, no es uniforme. Cf. MANDOUZE, o.c., p.93 n.2; M. TESTARD, *Saint Augustin et Ciceron* p.11-19 (Paris 1958). También sobre la expresión «pectus non ita» varían las versiones. Mandouze, siguiendo a Labriolle, traduce «inspiration à coeur» (ibid., n.3). La reciente versión italiana de A. Marzullo traduce también «ispirazione» (*Le Confessioni* p.127, Zanichelli 1968). O. Tescari lo traduce «l'animo» (*Le Confessioni* p.65, Torino 1932). L. de Mondadon: «pour le choeur c'est autre chose» (*Saint Augustin. Confessions* p.66, Paris 1947). Lo mismo la versión de Solignac (*Les Confessions* p.1373, Paris 1962). La de G. von Hertling: «weniger seinen Geist» (*Die Bekenntnisse des Hl. Augustinus* p.100, Freiburg in B. 1928). La de E. B. Pusey dice «not so his heart» (*The Confessions of St. Augustine,* New York 1951). L. Riber dice: «Cuya lengua casi todos admiran, pero no su pecho, con pareja admiración» (*Confesiones* p.161, Madrid 1941). Lo mismo traduce Sánchez Ruiz (*Confesiones de San Agustín* p.56, Madrid 1951).

En realidad, la lectura del *Hortensius* le produjo una liberación interior, afectiva, de máxima importancia en su proceso espiritual. En los *Soliloquios* de Casiciaco, examinando su conciencia, hace esta confesión: «¿No deseas las riquezas? —No—responde Agustín—, y no es cosa de ahora. Porque son ya casi catorce años, y ahora tengo treinta y tres, desde que cesé de desearlas... Bastó un libro de Cicerón para persuadirme fácilmente que en las riquezas no hemos de poner nuestro corazón» [25]. Cuando tenía diecinueve años, se despertó ya en Agustín el nuevo *eros,* o aspiración hacia un nuevo mundo de valores, encarnados en la palabra *sabiduría,* como búsqueda del fin del hombre, la tarea más seria y esencial de las criaturas racionales. Investigar la verdad en sí misma como objeto supremo de la dicha: he aquí el nuevo plan de vida que debía seguir. Con razón lo considera como una elevación espiritual y como un principio de conversión a Dios o de retorno a la patria verdadera: «Y lo que sólo me deleitaba en aquella exhortación es que me animaba con su discurso a amar, y buscar, y conseguir, y conservar, y abrazar firmemente no tal o cual escuela de sabiduría, sino la sabiduría misma, fuera la que fuese, y vivía en un incendio y abrasamiento, y sólo entibiaba mi entusiasmo el no hallar escrito allí el nombre de Jesucristo» [26].

Este *eros* de la verdad fue ya para Agustín causa de un tormento interior que no le dejaba descansar: «¡Oh verdad, oh verdad! ¡Cuán entrañablemente suspiraban por ti los entresijos de mi alma cuando ellos—los maniqueos—hacían resonar vuestro nombre ora de viva voz, ora con sus libros muchos y grandes!» [27] Aunque estas exclamaciones se refieren a un tiempo posterior cuando entró en la secta de los maniqueos, reflejan todavía la emoción sufrida con el libro ciceroniano.

Y todo ello nos recuerda a otra pareja de jóvenes del siglo xx que también pasaron por una situación similar; la de Jacques y Raïsa Maritain: «Al solo nombre de la palabra *verdad,* mi corazón saltaba de entusiasmo. La belleza de esta palabra brillaba a nuestros ojos como un sol espiritual opuesto a todas las tinieblas de la ignorancia, del error y de la mentira. ¡Conocer la verdad! Pensar la palabra *verdad* es ya presuponer una facultad espiritul con que solamente se puede hallar la verdad. Esta filosofía de la verdad, esta verdad tan ardientemente buscada, era entonces para nosotros una especie de dios desconocido a quien teníamos reservado un altar en el corazón; nosotros la amábamos ardientemente sin conocerla» [28].

¡Cómo se dan la mano y el alma estos jóvenes del siglo xx y el joven africano del siglo iv!

El incendio interior provocado por Cicerón no dejó descansar al estudiante de retórica y le llevó a nuevos esfuerzos de búsqueda. Y primeramente quiso encontrar en la Biblia lo que deseaba; pero los libros santos no tenían el estilo ciceroniano, y quedó decepcionado con su lectura, porque no estaba dis-

[25] *Sol.* I 10: PL 32,878.
[26] *Conf.* III 4,7 (ibid.): «et vota et desideria mea fecit alia».
[27] Ibid., 6: «O veritas, veritas, quam intime etiam tunc medullae animi mei suspirabant tibi!» Con el cambio interior provocado por el *Hortensius* comienza en San Agustín lo que llama Körner «die begonnene Wendung von *Foris* zum *Intus*» (*Das Sein und der Mensch* p.77, Freiburg 1959).
[28] RAÏSA MARITAIN, *Les grands amitiés* p.93.95 (Paris 1949).

puesto para recibir su verdad vestida con el traje sencillo y humilde con que se ofrecía a sus ojos. A esta experiencia alude tal vez más tarde cuando decía en un sermón: «Os hablo yo, ya escarmentado cuando muy joven quise llevar al estudio de la divina Escritura la agudeza dialéctica más que la piedad en la investigación; yo mismo con mis malas costumbres me cerraba la puerta de mi Señor; debía llamar para que se me abriese, y yo la empujaba para cerrarla. Soberbiamente quería entender lo que sólo con humildad se halla. ¡Cuánto más felices sois vosotros ahora y con qué seguridad y resguardo, siendo todavía pequeñuelos, estáis en el nido de la fe recibiendo los alimentos espirituales! Yo, en cambio, desgraciado, creyéndome con arrestos para volar, abandoné el nido, y, antes de volar, di con el suelo. Pero el Señor, misericordioso, me levantó y me volvió al nido para que no me pisoteasen y matasen los transeúntes. Porque a mí me trastornaron estas mismas cosas que ahora seguro, en el nombre del Señor, os expongo y declaro» [29].

En pocas palabras, San Agustín exponía a sus fieles todo el drama de su alejamiento de la fe. Sin ninguna preparación y con mucha confianza en sí mismo, el joven quiso leer e interpretar la palabra divina, y ésta le ofuscó y le cegó. Era su puerta una entrada muy humilde o baja, y él quiso entrar con la cabeza erguida y muy alta: «Yo no quería empequeñecerme, e, hinchado de orgullo, me tenía por grande» [30]. El orgullo le impidió hallar la verdad donde estaba, y entonces vino a dar un tumbo mortal, cayendo en los errores maniqueos; esto es, en pleno materialismo.

4. En la secta de Mani

Con las debidas limitaciones, entraña su verdad esta afirmación de E. Buonaiuti: «Las inteligencias africanas, tan ricas en fantasía, experimentaban dificultad en concebir sustancias no materiales y tenían como axiomático que fuera de la materia no hay vida» [31]. Sin duda, alude a Tertuliano y a su afirmación: «Todo lo que es, es cuerpo de su género» [32]. No sólo los africanos, sino todos los hombres, experimentamos particular dificultad en concebir las sustancias espirituales, y así se comprende que San Agustín hasta los treinta años vivió en una concepción materialista del universo, a la que le empujaron los discípulos de Mani, fundador de la secta religiosa de los maniqueos [33].

[29] *Sermo* 51,6: PL 38,336-37. Las dificultades a que alude se refieren a las diferencias entre las dos genealogías de Cristo en San Mateo y San Lucas y algunos pormenores sobre el misterio de la encarnación.
[30] *Conf.* III 4,8: «Sed ego designabar esse parvulus et turgidus fastu, mihi grandis esse videbar».
[31] *Il Cristianesimo romano nell' Africa romana* p.356 (Bari 1928).
[32] TERTULIANO, *Ad Praxeam* 7: «Omne quod est corpus est sui generis». Cf. AUGUSTINUS, *De haeres.* p.86-87: PL 42,4647.
[33] Mani nació probablemente en Ctesifonte, en Babilonia, por los años 215-16 y murió en prisión en 276-77 después de haber dedicado su vida a la enseñanza de su doctrina, que le había revelado un ángel, según creía él. Fundó las *iglesias de la luz*, imitando la estructura de la Católica con sus obispos, sacerdotes, diáconos, elegidos y oyentes. Por orden del rey sasánida Bahram murió atravesado con una espada. Los maniqueos tuvieron mucha difusión en los siglos III y IV por Egipto, Palestina, norte de Africa, Roma, Asia Menor, Grecia, Italia, Francia, España. Existe copiosa literatura sobre el maniqueísmo. Cf. A. ADAM, *Texte zum Manichäismus* (Berlin ²1969); H. CH. PUECH, *Le manichéisme. Son fondateur. Sa doctrine* (Paris 1949). Hay una versión castellana de Medinabeitia (Ma-

Según ella, todo el universo es material, pues lo real sólo tiene una forma; desde las condensaciones más toscas, como son la de la carne, hasta las más sutiles y hermosas, como la de la luz, todo es materia. Aunque los maniqueos hablaban de realidades espirituales, ellas se reducían a cosa material al fin.

Lo luminoso y lo tenebroso definen los aspectos contrarios y esenciales del universo. En un principio, la luz y las tinieblas eran dos reinos independientes e incomunicados, dos principios y dos formas de ser; pero un día la materia caótica se enamoró de la hermosura de la luz, y le acometió el deseo de unirse a ella, invadiendo su reino. Así vino entre las dos la unión y mezcla de un universo luminoso y tenebroso a la vez, con seres compuestos de las partículas de los dos antagonistas eternos.

También el hombre se compone de ambas porciones, una luminosa y divina y otra tenebrosa y diabólica, que combaten entre sí, desgarrando su unidad.

Entre otras imágenes tomadas del Nuevo Testamento, los maniqueos empleaban la de los dos árboles del Evangelio: el árbol bueno produce los frutos buenos, y el malo, malos. Después de citar este pasaje (Mt 7,18) con aire de triunfo, decía Félix disputando con San Agustín: «He aquí las dos naturalezas» [34].

Hay, pues, dos principios antagonistas, dos señores que se dividen el imperio del mundo, sin excluir el del hombre. En el dominio del mal, lo mismo en la especulación gnóstica que en la maniquea, se daba una grande importancia a los impulsos sexuales, donde se manifiesta la influencia tiránica del mal. Por eso la unión del cuerpo y el alma es una dolorosa prisión.

Según esta gnosis, que hacen también suya los maniqueos, cuando Adán reparó en la situación que tenía en el mundo, comenzó a gritar, a llorar, a mesarse los cabellos, diciendo: « ¡Ay, ay de aquel que me ha dado este cuerpo y puesto en esta prisión mi alma! » [35]

Los maniqueos, para atrapar a los incautos, ponían sus trampas en la muy humana tentación del saber, que dio origen a la caída primera. Toda una enciclopedia científica era el reclamo seguro para seducir; ellos tenían los secretos para enseñar «una cosmografía y cosmología, una astronomía mezclada de astrología, nociones de meteorología y geología, una física, una química, una zoología, una antropología, una historia de la humanidad con una crítica minuciosa de textos, una moral y una casuística muy precisa, un apocalipsis; es decir, todo lo que se puede saber y algo más» [36].

drid 1957); G. WIDENGREN, *Mani und der Manichäismus* (Stuttgart 1961); F. DECRET, *Aspects du Manichéisme dans l'Afrique romaine:* Études Augustiniennes (Paris 1970); P. ALFARIC, *L'évolution intellectuelle de S. Augustin.* I. *Du manichéisme au Néoplatonisme* (Paris 1918); ID., *Les Écritures manichéennes* 2 vols. (Paris 1918); L. J. VAN DER LOF, *Der numidische Manichäismus in vierten Jahrhundert:* Studia Patristica 8 (Berlin 1966) p.1182-89; G. BARDY, *Manichéisme:* DTC 1841-95; F. DE CAPITANI, *Studi recenti sul Manicheismo:* Rivista di Filosofia Neo-scolastica 65 (1973) p.97-118. A Mani se le considera autor de cinco a siete libros, de los que San Agustín cita el llamado *Thesaurus* y la *Epistola quam vocant Fundamenti.*
    [34] *De actis cum Fel. man.* II 2: PL 42,536.
    [35] Cit. por EMIDIO D'ASCOLI, *Spiritualità precristiana* p.10 1 (Brescia 1962). Para los gnósticos y también para los maniqueos, «la concupiscencia es la raíz del mal, y la materia misma es sexualidad» (E. PETERSON, *L'uomo disincarnato:* Umanesimo e Cristianesimo p.119, Roma 1951).
    [36] P. ALFARIC, o.c., p.75.

Se presentaba, pues, como una secta científica y racional opuesta al cristianismo, cuya puerta de entrada es la fe y cuya profesión son los grandes misterios que enseña.

Con estos reclamos, el joven Agustín se dejó seducir de los sectarios de Mani. El retrato que de ellos hace no puede ser más hosco: «Así caí, por mi desgracia, en manos de unos hombres soberbiamente delirantes, demasiado carnales y locuaces, en cuya boca había lazos del diablo y una liga con las sílabas de vuestro nombre, y del nombre de nuestro Señor Jesucristo, y del Espíritu Santo Paráclito, consolador nuestro» [37].

Esta mezcla de creencias fue la primera astucia de los maniqueos para atraer a los cristianos y al hijo de Mónica. Ya el nombre de Jesucristo, pronunciado frecuentemente en sus conversaciones, era un señuelo para él. Según Courcelle, «el motivo fundamental por que Agustín abrazó el maniqueísmo fue su apetito racional» [38]. Es decir, su afán de una comprensión racional del universo tal como lo prometían los sectarios, teniendo siempre en su boca la palabra *verdad, verdad* [39]. Recibió, pues, la iluminación de la secta, leyó la *Carta fundamental* de Mani; algún obispo de la secta le impuso las manos, y celebró sus fiestas, y practicó la moral de los oyentes, pues nunca perteneció al grupo de los *elegidos*.

La promesa de la comprensión del principio, del medio y del fin de las cosas sedujo siempre a Agustín. Por eso les oyó durante nueve años: «Durante nueve años os escuché con grande cuidado y diligencia» [40]. Profesó el monismo materialista o el «materialismo dialéctico» que dice Plinval: «Yo no podía imaginarme sino realidades corpóreas cuando trataba de pensar en Dios, pues creía que no había cosa que no tuviera esa calidad, y ésta era la principal y casi la única causa de mi inevitable error» [41]. Este materialismo fue la gran rémora de su espíritu para hallar la verdad [42], y no sólo para concebir el ser de Dios, sino el de la misma alma, porque el hombre se halla compuesto de las dos porciones antagónicas, que se disputan su señorío en una lucha permanente. Pues en el hombre hay dos almas; una buena y otra mala, una luminosa

[37] *Conf.* III 6,10.
[38] *Recherches sur les Confessions de S. Augustin* p.65. A. Solignac dice: «El maniqueísmo atraía a San Agustín por la promesa de un cristianismo especulativo que, conservando en apariencia su aspecto dogmático, le dispensaba de la fe y le prometía el libre curso de la razón» (o.c., p.130). En este aspecto, las críticas dirigidas contra el cristianismo, sobre todo por sus representaciones antropomórficas de la divinidad del Antiguo Testamento, pudieron hacer mella en el ánimo de Agustín. La presentación de los libros maniqueos era también de un gran atractivo. «Las obras de Mani estaban adornadas de diseños y miniaturas, siguiendo una tradición cara a los gnósticos» (G. BARDY, o.c., 1861). «Tam multi et tam grandes et tam pretiosi codices vestri», les dice San Agustín (*Contra Faustum* XXIII 6: PL 42,285; ibid., XIII 18,42: ibid., 294). Su testimonio ha sido confirmado recientemente con los descubrimientos de la biblioteca de un maniqueo de Fayoum. Cf. F. CUMONT, *La bibliothèque d'un manichéen découverte en Egipte:* Revue d'Histoire des Religions 107 (1933) p.180-89. También el problema del origen del mal influyó mucho en su adhesión a la secta: «Unde male faciamus? Eam quaestionem moves, quae me admodum adulescentem vehementer exercuit et fatigatum in haereticos impulit et deiecit» (*De lib. arb.* I 2,4: PL 32,1224).
[39] *Conf.* III 6.
[40] *De mor. manich.* 18,68 (PL 32,1374): «Novem annos totos magna cura et diligentia os audivi».
[41] *Pour connaître la pensée de S. Augustin* p.22 (Paris 1954).
[42] *Conf.* V 10: «... cogitare nisi moles corporis non noveram».

y otra oscura, una que viene *de gente lucis* y otra procedente de *gente tenebrarum* [43]: «Yo no sabía que Dios es espíritu, que no tiene miembros a lo largo y a lo ancho y carece de masa, porque la masa en sus partes es menor que la totalidad» [44].

Tampoco podía concebir el alma en su espiritualidad, siendo como es la vida del cuerpo, como Dios es la vida de las vidas [45]. Por eso vivía entonces como el hijo pródigo, alimentándose de manjares terrestres [46].

El materialismo maniqueo implicaba igualmente el determinismo, es decir, la negación de la libertad moral para las acciones: «Nosotros decimos esto: que el alma es coaccionada a pecar por la naturaleza contraria» [47]. Esta convicción se la apropió Agustín: «Parecíame que no somos nosotros los que pecamos, sino no sé qué otra naturaleza, y halagaba mi soberbia el hallarme fuera de culpa. Y cuando confesaba algún mal, no lo hacía para que Vos sanaseis el alma que os ofendió, sino me complacía en excusarme y en acusar a no sé qué otra cosa que estaba en mí y no era yo» [48]. Todavía pensaba así cuando estaba en Roma en el año 383 enseñando la retórica, y el creer que no era pecador era su pecado más insanable; mas ya entonces iba enfriándose su entusiasmo sobre las fábulas maniqueas [49].

Sin duda, Agustín sintió la opresión en que le aherrojaba aquel sistema materialista. ¡Cuántas veces él se había hecho esta confesión, que obliga a hacer al alma maniquea ancarcelada en la carne!: «El alma acusada del pecado podía explicar: 'Yo estoy deprimida, estoy contaminada, estoy corrompida, estoy degradada; no se me ha respetado el libre albedrío. Tú sabes la necesidad que me oprime. ¿Por qué me imputas heridas que he recibido? ¿Por qué me obligas hacer penitencia, siendo tú la causa de mis heridas'?» [50] Sangra aquí el alma agustiniana en la cárcel en que le había metido el mito maniqueo que él vivió, sin duda, dolorosamente.

Pero no podemos negar que estas mismas vivencias hicieron a Agustín más realista y concreto en la reflexión sobre los males de la existencia y las dificultades morales o cadenas que sujetan al alma humana. En el pasaje anterior habla de las *heridas* del alma. Y esta metáfora pasará a su doctrina de la gracia sanante, con que se curan las llagas del hombre caído.

En el ejercicio de su reflexión era cada vez más rígido, o más científico si se quiere, porque él quería que la doctrina de la escuela o de la secta estuviera conforme con la realidad. Y por eso, cuando con las lecturas de mucho

---

[43] Ibid. Tanto Dios como el alma y la persona del Salvador resultaban desfigurada en el materialismo maniqueo, según se ve por este capítulo.

[44] *Conf.* III 6.

[45] Ibid.

[46] Ibid.

[47] *Contra Fort.* 1,17 (PL 42,119): «Hoc nos dicimus quod a contraria natura cogatı delinquere». Cf. *Conf.* VIII 22; *De duabus anim.* 10,12: PL 42,103; *De haer.* 46: PL 42,3

[48] *Conf.* V 10.

[49] Ibid.

[50] *Contra Fort.* I 17 (PL 42,119): «Depressa sum, permixta sum, corrupta sum, defecta sum, non mihi est servatum liberum arbitrium. Tu nosti necessitatem qua pres sum; cur mihi vulnera imputas quae suscepi? Quare me cogis ad paenitentiam, cum sis causa vulnerum meorum?» Tal vez, en vez de «defecta sum», habría que leer «decep sum», como sienten los Maurinos.

libros de filosofía, literatura y erudición comenzó a hallar contrastes con la enseñanza sectaria, empezó a producirse la crisis espiritual y la necesidad de apuntalar o dejar las convicciones profesadas. Y esta situación penosa le llevó a consultar al famoso doctor Fausto, «gran lazo del diablo, pues muchos quedaban presos en él por el encanto de su palabra» [51]. Agustín tenía a la sazón veintinueve años de edad; había meditado mucho sobre el problema del mal y asimilado muchas doctrinas de filósofos y sabios que tenía como ciertas y en contraste con las enseñanzas de Mani. Era ensayista brillante, habiendo dedicado su primer escrito sobre ideas estéticas a un orador romano. Y descargó todo el bagaje de su cultura, erudición y dudas sobre el obispo maniqueo, el cual le produjo una gran desilusión, porque no supo ayudarle en aquella coyuntura. Sencillamente le confesó su ineptitud e ignorancia de las cosas sobre las cuales le preguntaba Agustín: «De esta manera, Fausto, que para muchos fue lazo de muerte, sin quererlo ni saberlo, había empezado a desatar el mío, en que estaba yo apretado» [52].

5. Camino de la liberación

Por tres vías comenzó Agustín a liberarse de las convicciones maniqueas: por la vía científica, por la vía psicológica y la vía metafísica.

Primeramente, al ampliar las lecturas de los filósofos y de los físicos antiguos, advirtió que tenían una imagen diversa del universo y que su pensamiento era más racional y científico que el de los maniqueos por estar fundado en la misma experiencia y observación de los fenómenos naturales: «Como ya había leído muchas obras de filósofos y retenía muchos de sus preceptos en la memoria, comparaba algunos de éstos con aquellas fábulas extensas de los maniqueos, y me parecían más aceptables los principios enunciados por aquellos filósofos de tanta autoridad, que pudieron averiguar la naturaleza del mundo, si bien no hallaron al Señor del mismo» [53]. El pensar mítico de los maniqueos contradecía el pensar racional de los filósofos, y, puesto en la alternativa, daba razón a los filósofos y se la negaba a los sectarios de Mani.

Al mismo tiempo, con un método más sólido y racional de observación e investigación fue conquistando «la evidencia de la responsabilidad personal, que fue una de las convicciones más fecundas y prácticas del pensamiento agustiniano que le hizo ser el teólogo del arrepentimiento» [54].

En su polémica contra los maniqueos nos ha dado a conocer el procedimiento lógico de su refutación, que responde a un proceso íntimo de desvío del maniqueísmo. Uno de los principios que emplea es el testimonio de la propia conciencia, la intuición y observación de los movimientos interiores y de su origen. Se trata de una aplicación del método de la interioridad.

En el libro antimaniqueo acerca de las dos almas, escrito por el año 391,

[51] *Conf.* V 3. Fausto debió de ir a Cartago a fin del año 382 o al principio del 383, cuando San Agustín contaba veintinueve años de edad. Cf. F. Decret, o.c., p.36.
[52] *Ibid.*, V 7.
[53] *Conf.* V 3. Sobre las lecturas de Agustín en este tiempo véase a Solignac, l.c., p.92-93; Id., *Doxographies et manuels dans la formation philosophique de S. Agustín:* Recherches Augustiniennes I p.113-48 (Paris 1958).
[54] Le Blond, o.c., p.90.

recién nombrado sacerdote, nos da el tipo de argumento que Agustín empleó en su choque con el sistema maniqueo: «Quien examina los secretos de su conciencia y las leyes insertas en el ánimo, donde lucen con más evidencia y certidumbre, sabe que estas dos definiciones de la voluntad y del pecado son verdaderas, y da por refutada con pocas y brevísimas verdades, pero invulnerables y seguras razones, toda la herejía de los maniqueos» [55]. Es decir, nosotros tenemos intuición segura de que queremos y no queremos, y así lo atestigua la voz íntima de la conciencia; al hacer un acto de amor, v.gr., dar una limosna, no nos sentimos coaccionados, sino libres y espontáneos. La esencia, pues, de nuestra voluntad consiste en ser causa de sus propios actos; no es ninguna naturaleza extraña la que en ello interviene; ella desea, ella manda, ella impera hacer una u otra cosa, ella consiente... Lo cual tiene una aplicación inmediata a nuestros actos, sean buenos o malos. La experiencia íntima de lo malo y del remordimiento que por ello sentimos nos atestiguan que somos libres al hacerlo, que podíamos no haberlo hecho. Para San Agustín era axioma de sentido común y universal que el que peca no es forzado a hacer lo que hace [56].

Estos razonamientos se hizo, sin duda, muchas veces él cuando luchaba por conocer el enigma del mal y la naturaleza de los mismos actos voluntarios. La experiencia interna le ayudaba a salir de su gran error. Las palabras siguientes aluden a un período de profesorado en Milán (384-86): «Pero alábame algún tanto hacia vuestra luz el saber que tan seguro estaba de mi voluntad como de mi vida. Y así, cuando quería o no quería una cosa, tenía seguridad absoluta de que era yo quien quería y no quería, y ya desde entonces iba advirtiendo que allí estaba la causa de mi pecado. Y veía también que lo que hacía contra mi voluntad, más era padecer que hacer, y juzgaba que esta forma de coacción, más que culpa, era pena, con la cual, siendo Vos justo, bien reconocía yo que no era castigado injustamente» [57]

Es verdad que esto mismo le enredaba en nuevos problemas sobre el origen de nuestra mala voluntad; pero ya la certeza del propio querer y no querer sin intervención de ningún principio extraño le puso en el camino de descubrir la propia personalidad y la convicción de la autonomía interior, con lo cual todo el maniqueísmo se venía abajo.

Por ello, llevando esta experiencia más adelante, dirá más tarde: «Cuando yo andaba deliberando para consagrarme al servicio de Dios, del Señor, mi Dios, como lo tenía pensado desde hacía tiempo, era yo el que quería y yo el que no quería; era yo; sólo que ni quería plenamente ni dejaba de querer con entereza. Por eso andaba en conflicto conmigo mismo y en íntimo desgarramiento» [58].

Fue éste un paso importante en la conquista del espíritu, que esencial-

---

[55] *De duabus anim.* XII 16: PL 42,105.
[56] Ibid., X 14 (PL 42,104): «Nobis autem voluntas nostra notissima est; neque enim scirem me velle, si quid sit voluntas ipsa nescirem». Igualmente tenemos sentimiento íntimo de la libertad con todo el género humano, que vitupera lo malo y premia lo bueno: «Nonne ista cantant et in montibus pastores, et in theatris poetae, et indocti in circulis et docti in bibliothecis, et magistri in scholis, et antistites in sacratis locis, et in orbe terrarum genus humanum?» (ibid., XI 15: PL 42,105).
[57] *Conf.* VII 3: «... me velle ac nolle certissimus eram».
[58] *Conf.* VIII 10: «... ego eram qui volebam, ego eram qui nolebam. Ego, ego eram»..

mente es activo, y libre, y único, e individual, e indivisible. El dualismo maniqueo fallaba por su base ante el testimonio de la conciencia.

En esta reflexión seguramente le ayudó San Ambrosio, que en su predicación polemizaba con los maniqueos, lo mismo que contra los sabelianos, arrianos y fotinianos, mutiladores de la cristología católica [59].

6. Descubrimientos y rectificaciones

Milán fue la ciudad de los grandes descubrimientos y hallazgos de San Agustín. Allí realizó las etapas finales de su liberación. Nombrado profesor de la cátedra de retórica por mediación de Símaco, prefecto de Roma, allí se trasladó, haciendo el viaje oficial aprovechándose del correo público *(cursus publicus)* [60]. Tenía treinta años y llegó allí en el otoño del año 384. La situación en que se hallaba entonces la descubren estas palabras: «Andaba yo en tinieblas y terreno resbaladizo y te buscaba a ti fuera de mí y no hallaba al Dios de mi corazón. Y había llegado a lo profundo del mar y perdido la esperanza de hallar la verdad» [61]. Había perdido también toda esperanza de hallar la verdad en el maniqueísmo.

Después de algunos meses de permanencia en la ciudad, probablemente en la primavera del 385, llegó también su madre, Mónica, que tenía la firme persuasión de que Agustín se haría católico, aunque le halló en la situación desesperada que indican las anteriores palabras [62].

Cuando las escribió San Agustín, se acordaba del milagro del hijo de la viuda de Naím: él era el muerto y enferetrado joven, y su madre, la viuda que seguía detrás llorando al difunto hijo [63]. La santa viuda redobló entonces

[59] San Ambrosio, lo mismo que San Agustín después en su predicación, combatía a los que se excusaban en sus caídas, atribuyéndolas a una naturaleza ajena *(In Hexaëm.* I 8,30-33: PL 14,15):
Sobre la polémica ambrosiana contra los maniqueos pueden verse también estos lugares: *De fide* I 8,57: PL 16,564; ibid., II 5,44: PL 16,591; ibid., II 13,119: PL 16,608; ibid., III 6,42: PL 16,622; ibid., V 8,105: PL 16,697; *Epist.* 42,13: PL 16,1176; ibid., 50,14: PL 16,1208; *De officiis ministrorum* 25,117: PL 16,62; *Comment .in epist. II ad Timotheum* 310: PL 17,521.
Sobre algunos pasajes acerca del libre albedrío, véase a P. ALFARIC, o.c., p.370 n.5, donde remite a los *Comment. in Lucam* VIII 36.
Según P. Courcelle *(Recherches sur les Confessions* p.93-138), Agustín pudo asistir a algunos sermones de los comentarios al *Hexaëm.* sobre el libre albedrío *(In Hexaëm.* I 25-38) y sobre la naturaleza espiritual del alma (ibid., VI 8,46) y el sermón plotiniano *De Isaac et de bono mortis* (VI 61), donde define el mal como privación de bien y trata de la ascensión del alma a regiones superiores, utilizando la metáfora platónica de las alas del alma y mencionando el gran principio gnoseológico del ojo, que ha de hacerse semejante al objeto que contempla *(De Isaac* 8,78; PLOTINO, *Enn.* I 9).
«Escuchando los sermones de San Ambrosio, Agustín, ayudado por la gracia de Dios *(Conf.* VI 5,7), aceptó los dogmas de la espiritualidad y personalidad de Dios y de la libertad y responsabilidad del hombre» (CH. BOYER, *Essais anciens et noveaux sur la doctrine de S. Augustin* p.26, Milano 1970).
[60] O. PERLER, o.c., p.136-38. El recorrido de Roma a Milán era de unos 615 kilómetros y el viaje duraba unos veinte días, que se abreviaban haciéndolo en el *cursus publicus.* Se hacían 42 cambios *(mutationes)* y 24 paradas *(mansiones).*
[61] *Conf.* VI 1.
[62] Ibid.: «et invenit me periclitantem quidem graviter desperatione indagandae veritatis».
[63] Ibid.: «... flebat... ut diceres filio viduae: *Iuvenis, tibi dico: Surge* (Lc 7,22».

sus plegarias y lágrimas para que Dios acelerase el auxilio y lo devolviese a la vida de la fe [64].

Las primeras impresiones de Milán en el relato de las *Confesiones* están dedicadas a su obispo Ambrosio, a quien siempre veneró como a padre de su alma, mientras su madre lo amaba como a un ángel de Dios [65]. El tuvo el mérito de iniciar a San Agustín en la nueva ontología en que había de asentarse para siempre. Era figura de máximo relieve en Milán por su ascendiente intelectual y moral, que atraía también al hijo de Mónica. Y así quiso ponerse en comunicación con él, y su madre le ayudó a su acercamiento.

Desde el principio, sin duda, se hizo oyente de su predicación dominical. Todo le parecía grande en él; sólo su celibato le parecía duro [66]. Lo cierto es que la predicación del Obispo de Milán influyó notablemente en la elevación y mejora de sus ideas. Durante este tiempo se cumplió también lo que dice de la mano de Dios, que con tacto suavísimo y lleno de bondad fue curando su corazón y componiéndole [67].

P. Alfaric hace este balance negativo de las relaciones de San Ambrosio y San Agustín: «Las relaciones personales que tuvo con el Obispo de Milán fueron, en definitiva, muy lejanas y no pudieron influir en su evolución. Y tal vez, si hubiera podido tener con él un trato frecuente, le hubiera decepcionado... Porque Ambrosio en realidad era un guía de almas y no un filósofo» [68].

Ciertamente, aunque los contactos personales no fueron muchos al parecer, la comunicación de ideas fue suficiente para que se pueda hablar de un influjo real y de gran provecho en su progreso espiritual. Escuchar «todos los domingos» [69] a un guía de almas y «tan santo oráculo» [70] no fue vana curiosidad en el profesor nuevo de retórica. En la llegada a Milán ve en primera línea a Ambrosio: «Vine a Milán, al obispo Ambrosio... Tú me encaminabas allí sin darme yo cuenta para que, por mediación suya, conscientemente fuera llevado hasta ti» [71]. El fue, pues, un instrumento providencial del cambio que se obró en su alma para abrazar la verdad católica, contra lo que dice Alfaric. El autor de las *Confesiones* nos ha dejado explícitas noticias acerca de algunas ideas expuestas en la predicación ambrosiana y que más influyeron en el proceso de su liberación interior [72]. Le ayudó a descubrir el nuevo universo, en que

---

[64] Ibid.
[65] Ibid. Tal vez esta expresión refleja lo que cuenta Paulino de Milán (*Vita Ambrosii* XVII: PL 14,32). Un arriano muy terco en su error vio, según confesó, a un ángel que hablaba al obispo cuando predicaba: «Vidit... angelum ad aures episcopi tractantis loquentem».
[66] Ibid., III 3: «caelibatus tantum eius mihi laboriosius videbatur».
[67] Ibid., VI 5: «manu mitissima et misericordiosissima pertractans et componens cor meum».
[68] P. ALFARIC, o.c., p.371-72.
[69] *Conf.* VI 3,4: «omni die dominico audiebam».
[70] Ibid.
[71] Ibid., V 13,23.
[72] Sobre los sermones o materia de predicación que escuchó en Milán de labios de su obispo, subsiste una controversia que todavía no ha recibido una claridad total. Puede verse en P. Courcelle una excelente exposición sobre este tema, donde mantiene convicciones originales, en particular sobre el neoplatonismo del mismo Ambrosio, como lo muestra el análisis que hace de los sermones sobre el *Hexaëmeron* y los *de Isaac et de bono mortis* (*Recherches sur les Confessions de Saint Augustin* p.93-138). A. Solignac

no todo era una materia, sino también había seres espirituales. Porque, cuando Agustín llegó a Milán, el materialismo era todavía el peso de mayor impedimento para avanzar en su camino. El no poder concebir una sustancia «era la principal y la casi única de mi inevitable error»[73]. El también impedía el acceso a la fe en el Salvador que enseñaba la fe católica[74].

Con estas perplejidades y combates comenzó a escuchar los sermones de San Ambrosio, el cual le guió a la ontología del espiritualismo, orientándole en tres direcciones o rectificando tres imágenes adulteradas en el maniqueísmo: la imagen de Dios, la imagen del alma y la imagen de las divinas Escrituras. El cambio o la rectificación se produjo gradualmente. Ya su exégesis bíblica le impresionó mucho. Con el método alegórico de la escuela alejandrina, a un gran número de pasajes del Antiguo Testamento que habían sido para él causa de error, porque los interpretaba a la letra, San Ambrosio les daba un sentido espiritual, facilitando la concordia de ambos Testamentos[75]. Con esto, la Iglesia católica ganó a sus ojos en fuerza y verdad, porque contaba con defensores doctos y capaces de refutar las objeciones que se le hacían con elocuencia y lógica[76]. Este cambio de ideas le alejó más de los errores maniqueos y le hizo mirar la Iglesia católica como un refugio posible hasta que brillase a sus ojos una nueva estrella de orientación[77].

El espiritualismo alegórico de San Ambrosio, que daba un nuevo semblante a la Biblia como defendible contra las objeciones materialistas de los maniqueos, todavía le ayudó más a descubrir la imagen del alma y de Dios.

San Ambrosio daba un sentido espiritual a los pasajes antropomórficos del Antiguo Testamento, conforme a la enseñanza de la Iglesia católica, la cual creía que el hombre fue creado a imagen y semejanza de Dios: «Y esto no era interpretado por vuestros hijos espirituales, nacidos de la madre Católica y regenerados por vuestra gracia, en el sentido que creyesen o pensasen que Vos estabais encerrado en la forma del cuerpo humano (aunque yo no tenía ni la más leve y borrosa idea de lo que podía ser la sustancia espiritual); no obstante, con gozo me avergoncé de haber ladrado durante tantos años; no contra la fe católica, sino contra las ficciones de mis pensamientos carnales»[78]. En realidad hubo aquí una triple conquista: espiritualidad de Dios, espiritualidad del alma y prestigio nuevo para la Iglesia, contra la cual ladró durante muchos años.

distingue tres períodos o aspectos de influencia ambrosiana en Agustín: 1.º La doctrina católica defendida por Ambrosio le pareció mucho más razonable que antes y faltas de razón las objeciones de los maniqueos. 2.º Se engrandeció a sus ojos la figura moral y pastoral del Obispo de Milán en su lucha contra la emperatriz arriana Justina, que perseguía a los católicos. La autoridad de la Escritura le parecía cada vez más digna y venerable, porque no sólo ofrecía un sentido obvio y accesible a los lectores poco instruidos, sino también profundos misterios y sentidos espirituales a los doctos. 3.º Con el uso frecuente de pasajes de filósofos neoplatónicos, cristianizándolos, San Ambrosio facilitó a Agustín el acceso a la fe y a la filosofía, con lo cual la autoridad de la Iglesia se hacía más razonable *(Les Confessions* liv.1-7 p.138-149).
[73] *Conf.* V 10,19: «ea maxime et prope sola causa erat inevitabilis erroris mei».
[74] Ibid.
[75] Ibid., 13,14: «spiritaliter itaque plerisque illorum librorum locis expositis».
[76] Ibid.
[77] Ibid., 14,25.
[78] Ibid., VI 3,4.

Según confesión de San Agustín, el Obispo de Milán insistía en la espiritualidad pura del alma, y más aún en la incorporeidad absoluta de Dios [79].

Este fue un gozoso descubrimiento para el corazón atormentado de Agustín: «Y así, al mismo tiempo me avergonzaba, y me convertía, y me alborozaba, Dios mío» [80]. Aún no llegaba, ni con mucho, a donde quería ir, que era demasiado lejos, porque su espíritu racionalista aspiraba a una certeza matemática de las realidades del mundo invisible, «pues quería yo tener de aquellas cosas que no veía la misma certeza que tenía de que tres y siete son diez» [81].

Pero una grande esperanza le animaba: «La Iglesia católica no enseña lo que pensábamos y sin razón le censurábamos» [82].

El estado de su ánimo durante este período se halla eficazmente descrito en las *Confesiones* con la imagen de un oleaje que agitaba su corazón, ora lanzándole unas veces hacia la orilla de la desesperación, ora hacia la ribera de la esperanza [83]. Proyectó un ensayo de vida común para vivir con sus amigos, buscando la verdad en el sosiego, al estilo tal vez de la Platonópolis de que habla Porfirio en la *Vida de Platón,* o de las comunidades pitagóricas que describe Jámblico [84]; pero el proyecto fracasó por causa de las mujeres [85]. A pesar de ello, el intento mismo indicaba ya la gradual conversión que se iba operando en su ánimo, aunque al mismo tiempo sus pecados se multiplicaban con su tormento y miseria interior. Pero las *Confesiones* revelan en este mismo aspecto lo que podía llamarse la dialéctica de la miseria y de la misericordia, que iban hacia un encuentro final y resolutivo de la gran crisis de su conciencia: «Yo me iba haciendo cada vez más miserable y Vos os acercabais más a mí» [86].

Agustín se vio envuelto como en una noche oscura del espíritu, en que las ansiedades, las dudas, la inseguridad de la vida, el temor a la muerte y el juicio divino, el problema del mal y el de ser de Dios, a quien no podía concebir por impedírselo las categorías materialistas con que trabajaba, le sumieron en un estado febril, que le hacían, como a un enfermo, revolverse en la cama, sin poder hallar el descanso deseado [87].

La visita de un mendigo en las calles de Milán riéndose y chanceándose después de unos tragos de vino le hizo sentir más pesadamente «la carga de su infelicidad, que llevaba a rastras punzado por los aguijones de las concupiscencias» [88].

[79] *De beata vita* I 4: PL 32,961.
[80] *Conf.* VI 4,5: «Itaque confundebar et convertebar et gaudebam. Deus meus». Repetidas veces alude a este gozo libertador que sintió entonces: «Gaudens erubui non me tot annos adversus catholicam fidem, sed contra carnalium cogitationum figmenta latrasse» *(Conf.* VI 3,4). «Gaudebam Deus meus, quod Ecclesia unica... non saperet infantiles nugas» (ibid., VI 4,5). Sin duda, Agustín sintió un alivio al verse libre del peso de las falsedades y mentiras de la secta.
[81] *Conf.* VI 4,6.
[82] Ibid., VI 11,18: «Magna spes oborta est: non docet catholica fides quod putabamus et vani accusabamus».
[83] Ibid., VI 11,20.
[84] A. SOLIGNAC, o.c., p.567.
[85] *Conf.* V 14,1-2.
[86] Ibid., VI 16,1: «Ego fiebam miserior, et tu propinquior».
[87] Ibid., VI 16,26.
[88] Ibid., VI 6,9

Pero su espíritu analítico seguía trabajando, atento a todos los horizontes de su observación. «Es un hecho—dice Le Blond—que la reflexión de Agustín se hizo menos abstracta y más psicológica con la influencia de San Ambrosio, orientándose hacia las condiciones de la vida intelectual»[89].

Así, dentro de su racionalismo, que todavía le dominaba, comenzó a impresionarle el valor de la creencia en todos los aspectos de la vida humana. El hombre es un ser tan racional como creyente. Toda la vida está fundada sobre las creencias, lo mismo que la cultura. La historia, la geografía, la convivencia humana, descansan en las creencias, en la fe. Es, pues, razonable que la religión imponga a sus seguidores la obligación de creer; no sin razón la Biblia había adquirido tan alta eminencia de autoridad en todo el orbe[90].

La autoridad de los libros santos y la de la Iglesia iban juntas, sosteniéndose mutuamente, con admiración de Agustín. Y ambas le ofrecían a Cristo como camino para llegar a la salvación[91]. Se iba formando, pues, en su espíritu una inclinación a creer, a doblegarse a la autoridad que Dios había establecido para ayudar a los hombres en la investigación de la verdad. En medio de muchas vacilaciones y cavilaciones, «estaba firmemente arraigada en mi corazón la fe de vuestra Iglesia católica en vuestro Cristo, Señor y Salvador nuestro; todavía era informe y andaba fluctuando fuera de la regla de la doctrina; con todo, no la abandonaba mi alma, antes bien de día en día se iba embebiendo más y más en ella»[92].

El problema del mal le fatigaba aún, pero con la predicación de San Ambrosio se había abierto camino hacia la solución psicológica: «Y yo paraba mi atención para *ver lo que oía,* a saber, que el libre albedrío de la voluntad era la causa del mal que hacíamos, y tu recto juicio, la de nuestros sufrimientos; mas todavía no llegaba al meollo de esta verdad»[93]. Aun cuando, al parecer, con la propia instrospección vislumbraba que era él mismo quien quería o no quería lo que hacía, se embrollaba de nuevo en los problemas ontológicos que entraña la solución del origen del mal y exigía una nueva visión del mundo, al que le acercó la ontología platónica, y mejor después la cristiana. Y así «indagaba el origen del mal, pero no hallaba salida»[94].

No hallaba salida, pero no dejaba de buscarla, porque esta misma incomodidad problemática con que lidiaba era providencial y obra de misericordia de lo alto, «porque te plugo en tu presencia acabar con todas mis deformidades, y con aguijones íntimos me quinchoneabas para que no tuviese paz conmigo mismo hasta que por una vista interior no tuviese certidumbre de ti»[95].

[89] Le Blond, o.c., p.103.
[90] Ibid., VI 6,19: «Non vacat, non est inane, quod tam eminens culmen auctoritatis christianae fidei toto orbe diffunditur».
[91] Ibid., VII 7,11.
[92] Ibid., VII 5,6.
[93] *Conf.* VII 3,4: «Et intendebam ut cernerem quod audiebam liberum voluntatis arbitrium causam esse ut male faceremus». Véase la nt.59 sobre este mismo punto. Seguramente, San Ambrosio era a quien *oía* decir que la causa del mal está en el libre albedrío (Courcelle, *Recherches* p.99-100; P. Alfaric, o.c., p.370; J. Huhn, *Ursprung und Wesen des Bösen und der Sünde nach der Lehre des Kirchenvaters Ambrosius:* Forschungen zur christlichen Literatur- und Dogmengeschichte t.17,5 [Paderborn 1933] 33-39).
[94] Ibid., VII 7,11: «Et quaerebam unde malum, et non erat exitus».
[95] Ibid., VII 8,12.

Y efectivamente, en medio de estas agitaciones y esfuerzos llegó la hora de dar un nuevo paso adelante.

7. La visión de la luz interior

El impulso hacia la espiritualidad que le habían dado San Ambrosio y Manlio Teodoro con sus amonestaciones llegó a nuevos resultados con la lectura de los libros de Plotino (204-70), que leyó por el favor de un amigo suyo que se los prestó. No se sabe en realidad quién fue el bienhechor, a quien el autor de las *Confesiones* describe como poseído de un grande orgullo [96]. En Milán, la doctrina neoplatónica tenía su círculo de estudiosos entre los católicos. Lo fueron, entre otros, el mismo San Ambrosio, el citado Manlio Teodoro y el monje Simpliciano, adscrito a la administración pastoral y sucesor de San Ambrosio en la sede episcopal de la ciudad [97]. Corría en manos de los estudiosos una versión latina de las *Enéadas* de Plotino, y la creencia más general es que leyó por lo menos algunos de los tratados incluidos en aquella obra del filósofo africano [98]. Lo cierto es, como dice el P. Boyer, que «este encuentro del plotinismo y de la fe cristiana en la inteligencia de San Agustín es, sin duda, uno de los hechos más importantes de la historia de la filosofía cristiana y, por consecuencia, de la misma filosofía» [99]. Y también es uno de los hechos más fecundos para la historia de la espiritualidad, cuyos procesos serán expresados en categorías plotinianas.

He aquí, pues, una de las redacciones del hecho en las *Confesiones:* «Y por eso, advertido de que volviese a mí mismo, entré en lo íntimo de mi ser, siendo Vos mi guía; y púdelo hacer porque Vos me ayudasteis. Entré, y vi con el ojo de mi alma, sea de la naturaleza que sea, sobre el mismo ojo de mi alma, superior a la cima de mi mente, una luz inmutable; no esta ordinaria y visible a toda carne, ni tampoco de la misma naturaleza que ella, aun

---

[96] Ibid., VII 9,13. Para Courcelle fue Manlio Teodoro el intermediario y maestro de Agustín en esta iniciación neoplatónica *(Recherches* p.153-56). Mas la pintura que hace San Agustín del desconocido prestador de los libros neoplatónicos: «procurasti mihi perquemdam hominem immanissimo thypho turgidum quosdam Platonicorum libros ex graeca lingua in latinam versos» *(Conf.* VII 9,13), no concuerda con los elogios que hace de él en otros libros. Cf. *De beata vita* 1,4: PL 32,959-61. En *Retrac.* (I: PL 32,588) considera como exageradas estas alabanzas. Pero fue estudiosísimo de Platón: «cuius (Platonis) te esse studiosissimum accepi» *(De b. vita* I 4: PL 32,961). Para J. J. O'Meara fue Porfirio el platónico leído por Agustín *(La jeunesse d'Augustin* p.136-37), porque para él, Porfirio es el hombre por excelencia orgulloso.

[97] Cf. SOLIGNAC, o.c. II p.529-36: *Le cercle milanais.*

[98] Hay divergencias entre los autores sobre los tratados de la *Enéadas* que leyó San Agustín. Norregaard halla correspondencia entre San Agustín y Plotino en los temas relativos a la bienaventuranza, el bien soberano, la acción ética como medio de purificación, los bienes de la vida y los honores, riquezas, amistad y las virtudes cardinales *(Augustins Bekehrung* p.25ss, Tübingen 1923); P. Alfaric (o.c., p.376) cree que fueron seis las enéadas leídas, mientras P. Henry *(Plotin et l'Occident* p.104ss.141ss, Louvain 1934) cree que sólo dos. Según Courcelle, leyó los tratados *sobre lo bello, sobre el origen del mal* y *sobre las tres hipóstasis (Enn.* I 6; V 1). Cf. *Recherches* p.167. A. Solignac (o.c., I p.104-105) señala como fruto de su lectura el método del conocimiento de sí mismo y una toma de conciencia de la interioridad espiritual, donde descubre, a la manera de Descartes en el *cogito,* «los elementos válidos para una metafísica del espíritu, en que éste, por la reflexión, percibe el lazo que le une a Dios; la idea de Dios mismo y las relaciones de las criaturas con el Creador».

[99] CH. BOYER, *Essais anciens et nouveaux sur la doctrine de S. Augustin* p.26.

haciéndola mucho mayor y crecida en claridad y esplendor, ocupando todo lugar con su grandeza. No era esto aquella luz, sino otra cosa muy diferente de todo esto. No se estaba sobre mi mente, como está el aceite sobre el agua, ni como el cielo sobre la tierra; estaba sobre mí, porque ella me hizo, y yo debajo de ella, porque soy hechura suya. Quien conoce la verdad, conoce esta luz, y quien la conoce, conoce la eternidad. ¡Oh verdad eterna, oh verdadera caridad, oh cara eternidad! Vos sois mi Dios; a Vos suspiro día y noche.

»Y cuando os conocí por primera vez, Vos me tomasteis y me levantasteis para hacerme vislumbrar que había algo que ver y que no estaba yo habilitado para verlo. Y con la viveza de vuestros rayos deslumbrasteis la flaqueza de mi vista, y temblé de amor y de horror, y me vi alejado de Vos en una región de desemejanza, como si oyese vuestra voz de lo alto: 'Yo soy manjar para personas grandes; crece y me comerás; ni tú me mudarás en ti, como lo haces con los alimentos de tu cuerpo, sino serás transformado en mí'» [100].

Tal es una de las descripciones que hace el Santo del descubrimiento de la luz interior. En ella aparecen tres clases de luz: *la luz sensible* y ordinaria, en que vemos los cuerpos; *la luz espiritual,* o el ojo mismo del alma, que es la mente, que es también luz creada, y *la luz superior* e inmutable, que no debe confundirse con las anteriores. Estas luces aparecen en un orden jerárquico: la sensible, la intelectual, la iluminante superior, o «Dios-Verdad, en quien, de quien y en quien son verdaderas todas las cosas» [101].

San Agustín se esfuerza por dar realce a la trascendencia de esta Luz o Verdad, que tiene supremacía ontológica sobre todas las cosas, porque por ella fueron creadas todas. Sobre la exégesis de este difícil texto surgen cuestiones que aquí no podemos ni indicar; pero sí conviene decir con el P. Boyer «que una de las principales intuiciones de San Agustín es ésta: que el espíritu humano se halla en una relación actual y fecunda con la Verdad primera. Con todo, en el más humilde de nuestros juicios, que es enteramente nuestro y lo ha formado verdaderamente nuestro espíritu, resplandece en él un reflejo de la luz divina, a la que debe su consistencia. Así la prueba agustiniana de la existencia de Dios para nuestro espíritu humano y la imagen más perfecta que nosotros podemos hallar de la divinidad es realizada por la porción superior de nuestra alma» [102].

«Nosotros creemos—dice Olivier du Roy—que el descubrimiento de la interioridad espiritual ha sido el elemento decisivo en la conversión de San Agustín, liberándole al mismo tiempo de su materialismo y escepticismo. Esta doble liberación viene de una experiencia espiritual y aun mística y no de una dialéctica intelectual» [103].

Una redacción diversa y complementaria de este mismo hecho presenta más adelante con estas palabras: «Indagando, pues, cómo aprobaba yo la hermosura de los cuerpos terrestres o celestres y qué es lo que había en mí presente

[100] *Conf.* VII 10,16.
[101] *Sol.* I 2,3 (PL 32,870): «Te invoco, Deus veritas, in quo et a quo et per quem vera sunt quae vera sunt omnia».
[102] CH. BOYER, o.c., p.18.
[103] OLIVIER DU ROY, *L'intelligence de la foi en la Trinité selon S. Augustin* p.470.

cuando juzgaba con juicio seguro sobre las cosas mudables, diciendo: 'Esto debe ser así, y aquello, no'; indagando, digo, esto, cómo juzgaba así cuando emitía esta clase de juicios, había hallado la inmutable y verdadera eternidad de la verdad sobre mi mente mudable.

»Y así, gradualmente, del mundo de los cuerpos subí al alma, que siente por el cuerpo; y de allí, a su fuerza interior, a la que los sentidos corporales comunican sus noticias externas, y hasta aquí también llegan las bestias; pero de allí subí a la potencia racional, a cuyo juicio se somete todo lo que viene de la percepción sensible; y ella también, hallándose mudable, se irguió sobre su inteligencia y se apartó de sus representaciones habituales, sustrayéndose de ese modo de los rebaños de fantasmas que se contradicen para ver con qué luz era rociada cuando sin ninguna duda proclamaba que lo que tiene un ser inmudable es preferible a todo cuanto está sometido a mudanzas y de dónde le venía el conocimiento mismo de lo inmutable, porque, si no lo conocía de algún modo, tampoco podría anteponerlo seguramente a lo que es cambiante, y llegó a lo que es en un golpe de temblorosa intuición. Entonces en verdad llegué a ver lo invisible que hay en ti por la inteligencia de las cosas que creaste; pero no pude mirarlo de hito, y, deslumbrado por mi flaqueza y vuelto a los objetos acostumbrados, sólo traía conmigo el amoroso recuerdo, deseoso como de manjares sólidos que todavía no podía comer»[104].

En estas dos redacciones se trata de la misma experiencia de la luz interior; análisis minuciosos hechos sobre ellas han mostrado la presencia de inspiración neoplatónica. Según Courcelle, la experiencia fue provocada por la lectura de enéada *sobre lo bello,* de Plotino[105]. Si Agustín nos informa en el primer relato sobre el hallazgo de la presencia íntima de una luz superior a toda luz por sus propiedades, en el segundo esclarece el proceso dialéctico con que llegó al descubrimiento. Ordenando los diversos momentos, se pueden reducir a los siguientes: lectura de libros de Plotino, la introversión o retorno a sí mismo, el descubrimiento de las verdades axiomáticas que trascienden la inteligencia humana, la dialéctica de ascensión o de los grados del ser, su superioridad o trascendencia de la verdad, el reverbero ofuscante de su luz, el paso hacia atrás de la vista cobarde, la brevedad del contacto de lo que es. Todo ello, a pesar de estar expresado con enérgica concisión, deja en el lector la impresión de algo vivido y tenso que todavía deja sus huellas en las palabras[106].

[104] *Conf.* VII 17,23.
[105] COURCELLE, *Recherches* p.160. También P. Henry (*Plotin et l'Occident* p.78-119) se inclina a creer que este tratado es el que más seguramente influyó en Agustín durante este período (O. D UROY, o.c., *La lecture des «libri Platonicorum»* p.61-88; A. SOLIGNAC, o.c., I p.382-93).
[106] Von Ivanka Endre cree que las expresiones empleadas por San Agustín en la descripción de su experiencia indican la presencia de un fenómeno místico; si no en un sentido estricto, en el general de un conocimiento suprarracional y experimental de Dios (*Gottes- und Selbsterkenntnis,* en *Plato christianus* p.194-95, Einsiedeln 1964). Actualmente se admite la posibilidad de experiencias místicas auténticas en ambientes religiosos diversos entre los indios y los musulmanes. Los estudios de L. Gardet y de Olivier Lacombe han favorecido esta creencia, hasta admitir «una experiencia en la que el modo es natural, aunque cuesta arriba de la naturaleza y por encima de las fuerzas normales, y cuyo término alcanzado es natural también, aunque de suyo escape a los intentos habituales de la experiencia y del conocimiento humanos», como dice el citado Gardet

Agustín se planteó el problema del fundamento de los primeros principios, de los que se llaman *juicios de valor:* las leyes invariables de la moral, de la estética, de la matemática, que se ofrecen al espíritu con una evidencia luminosa e indubitable. Le impresionó cómo el espíritu, siendo temporal y mudable, está en conexión con lo eterno, y no se explicó este hecho sino por el ilapso e irradiación de una luz eterna. Este contacto con lo eterno hizo decir también a Spinoza: «Sentimos y experimentamos que nosotros somos eternos» [107].

En los primeros escritos volvió Agustín a meditar sobre esta experiencia, y sobre todo en sus libros *Del libre albedrío* esbozó una prueba de la existencia de Dios, que se llama *la de las verdades eternas,* que ha tenido un amplio eco en la historia de la filosofía [108]. Todos los espíritus están en comunión con una verdad eterna que ilumina a todo hombre: «Pues lo que se presenta como común a todos los hombres, ¿cómo puede ser cosa privada de uno de ellos? Es una luz secreta y pública por modos maravillosos que se pone al alcance y se da en común a todos los que razonan y entienden» [109].

Es *Dios-Luz,* presente, sobre todo, en los actos superiores del espíritu; *Dios-centro,* adonde convergen todas las fuerzas ponderales del hombre; *Dios íntimo,* que rompe todos los moldes del platonismo y afirma su señorío en el fondo más inexplorable de la persona humana.

M. Nédoncelle ha dado una definición de la filosofía que nos ayuda a vislumbrar un poco el pensamiento de San Agustín: «La filosofía es, evidentemente, otra cosa; ella es una conciencia de la comunión que existe entre la razón humana y la razón divina» [110].

Tal fue, en verdad, el encuentro de Agustín en esta experiencia materna y fundamental para todo su pensamiento posterior; tomó entonces conciencia de que el espíritu humano, al conocer la verdad, comulga en la verdad de Dios, religándose espíritu con espíritu con un contacto irrompible. Esta convicción mantúvola siempre en su vida, observándose muchas alusiones a ella en sus obras.

Otro fruto recogió también Agustín con la lectura de los platónicos; a saber, una admirable concordancia en el primer capítulo del evangelio de San Juan sobre la doctrina del Logos y el pensamiento de Plotino.

Pero Agustín seguía en esto, sin duda, elaboraciones anteriores que eran familiares en el círculo de los pensadores cristianos de Milán, entre los cuales se contaba el monje Simpliciano, muy imbuido en la filosofía. De sus

---

(*Thèmes et textes mystiques. Recherche de Critère en mystique comparée* p.32-33, París 1958). El mismo autor hace relación a la experiencia plotiniana del «recogimiento del alma en sí misma» con la interioridad de la yoga, siguiendo a O. Lacombe. Cf. L. GARDET, *Experiencias místicas en tierras no-cristianas* p.42-44 (Madrid 1970); O. LACOMBE, *Note sur Plotin et la pensée indienne:* Annuaire de l'École des Hautes Études (1950-51) 3-17. El autor remite a las *Enéadas* VI 9,1,17. Por esta vía se podría admitir que la experiencia agustiniana fue como un éxtasis natural, si bien admitiendo una ayuda singular de Dios en el proceso de la experiencia.
[107] B. SPINOZA: «Sentimus experimurque nos aeternos esse».
[108] *De lib. arb.* II 12,33: PL 32,1259. La prueba de Dios se desarrolla en el mismo libro (VI 12,13-34: PL 32,1248-60).
[109] *De lib. arb.* II 12,35: PL 32,1255.
[110] M. NÉDONCELLE: «Elle est une conscience de la communion qui existe entre la raison humaine et la raison divine» (*Exist-il-une philosophie chrétienne?* p.41, París 1956).

conversaciones con él nos conserva en la *Ciudad de Dios* el dicho de un filósofo platónico, según el cual «el principio del evangelio de San Juan debiera escribirse con letras de oro y mostrarlo en todas las iglesias en los lugares más eminentes» [111].

Hubo, pues, en aquellos tiempos, lo mismo de parte de los filósofos que de los cristianos, esfuerzos por armonizar la razón y la fe, la filosofía y la revelación; o más en concreto, la doctrina del Logos cristiano con la del Logos de la filosofía helénica. En esta labor había prestado un buen servicio el retórico converso Mario Victorino, cuyo recuerdo ha quedado vinculado a las *Confesiones* [112].

Sin duda, otros pensadores siguieron el mismo camino, pues San Agustín nos habla en su carta a Dióscoro (a.410-11) del florecimiento de la escuela de Plotino en Roma, que contó con muchos discípulos de notable agudeza e ingenio. Entre ellos se originó una doble vertiente; algunos cayeron en la superstición de las artes mágicas, mientras otros identificaron la persona de Jesús con la verdad y sabiduría inmutables que buscaban y pasaron a su servicio [113].

Se puede creer que estos condiscípulos de Plotino, para identificar la persona de Jesús con la verdad y la sabiduría inmutables de que nos habla San Juan, trazaron una calzada de acercamiento entre la revelación y la filosofía que facilitó el tránsito de Agustín.

Pero, aun quedando un poco en la sombra la facilidad con que concordó la doctrina de Plotino con la del cuarto evangelio, lo digno de mantenerse aquí son los dos impulsos que recibió el nuevo discípulo y lector de las *Enéadas*. El primero es el impulso triádico, la convicción de que el universo está formado según un modelo ternario, cuyas huellas aparecen estampadas en las criaturas y ayudan para subir del mundo visible al invisible [114]. Este impulso dará un constante dinamismo a la dialéctica de la espiritualidad agustiniana, hasta regalarnos su obra *De Trinitate,* el tratado más profundo sobre el alma como imagen de Dios. La ontología y teología agustinianas llevan este sello y timbre de gloria.

El segundo impulso que halló en Plotino y el cuarto evangelio es el principio de la comunión y participación, que son igualmente principios éticos

---

[111] *De civ. Dei* X 29,2 (PL 41,309): «... solebamus audire». Lo cual significa que le oyó varias veces. El neoplatónico a quien alude Simpliciano fue Mario Victorino, según opina A. DYROFF (*Zum Prolog des Johannes Evangelium:* Dölger Festschrift p.88-89, Münster 1939).

[112] Courcelle, contra el parecer de P. Alfaric, sostiene que Simpliciano le dio ya armonizados el prólogo del cuarto evangelio y la doctrina neoplatónica (*Recherches* p.168-174). Un cuadro comparativo de los textos plotinianos y evangélicos puede verse en Solignac (o.c., I p.682-86). Mas O. Du Roy pone algún reparo al valor de estas comparaciones de textos paralelos, minimizando la armonía entre ellos. Cf. o.c., 64. Seguramente, Mario Victorino fue el intermediario principal de la cristianización del neoplatonismo en los ambientes milaneses por medio de Simpliciano.

[113] *Epist.* 118,34: PL 33,448.

[114] Oliver du Roy ha abierto camino a la exploración de esta fértil materia del agustinismo en su monografía *L'intelligence de la foi en la Trinité selon saint Augustin,* donde expone la génesis de su teología trinitaria hasta el año 391, cuando se ordenó de sacerdote. La consecuencia es que el esquema ternario o vestigial constituye un motivo permanente de búsqueda o del *quaerere Deum,* imprimiendo un sello personal a la espiritualidad.

y espirituales. San Agustín hizo suya, y muy suya, una de las imágenes más favoritas del pensamiento antiguo, y también de los maniqueos: la de la luz, que, permaneciendo en sí, se extiende y reparte su claridad. En la plegaria de los *Soliloquios,* todo el ser de Dios y de las criaturas está expresado en términos de participación: «Es Dios-Verdad, en quien, de quien y por quien son verdaderas todas cosas que son verdaderas... Dios bueno y hermoso, en quien, de quien y por quien son buenas y hermosas todas las cosas buenas y hermosas. Dios-Luz inteligible, en quien, de quien y por quien resplandecen con claridad todas las cosas que inteligiblemente lucen» [115].

Tanto Plotino como Juan Evangelista estaban acordes, a su manera, en este punto, y Agustín leyó en los libros de aquél, no estas palabras, sino en cuanto a su sentido, «que el alma no es luz por sí misma, aunque da testimonio de la luz; sino el Verbo, Dios mismo, es la luz verdadera que ilumina a todo hombre que viene a este mundo» [116]. Este principio, que prepara ya la doctrina de la gracia, lo mantuvo siempre el Doctor hiponense, «porque ninguna criatura, sea racional o intelectual, se ilumina a sí misma, sino que se enciende con la participación de la luz eterna» [117]. Las almas están alumbradas por la luz de la sabiduría de Dios, como el aire es iluminado por la luz visible. Y así como el aire se oscurece faltándole la luz, así entendemos que queda a oscuras el alma privada de la luz de la sabiduría [118].

Esta metáfora pasará al orden sobrenatural, «donde la luz de la justicia es necesaria para vivir rectamente» [119].

Tales principios formarán parte de la dialéctica de la espiritualidad, de la comunión y participación para fortalecer, elevar y renovar el ser humano en su categoría de contingente. Al poner, pues, la fuente del ser y de la verdad por cima de toda pequeñez creada, en una plenitud de transcendencia, mas conservando al mismo tiempo su contacto e influencia entre ambos mundos, puso San Agustín las semillas para el desarrollo de su vida religiosa y espiritual.

8. La nueva ontología

«Desde el año 386—dice F. Körner—, ya no concibe Agustín al ser como antes, desde su caída en la multiplicidad mundana, sino desde su íntimo encuentro yo-tú con el ser de Dios. En él, el *esse incommutabile* no ha de bus-

---

[115] *Sol.* I 1,3: PL 32,870.
[116] *Conf.* VII 9,13: «et quia hominis anima, quamvis testimonium perhibeat de lumine non est tamen ipsa lumen, sed verbum, Deus ipse, est lumen verum quod illuminat omnem hominem venientem in hunc mundum». Solignac remite a *Enéadas* V 1,3,1-10; *Confessions* I 685. Pero es muy parcial la convergencia de los pensamientos entre ambos.
[117] *Enarrat. in ps.* 118 sermo 23,1 (PL 37,1568): «Nulla quippe creatura, quamvis rationalis et intellectualis, a seipsa illuminatur, sed participatione sempiternae veritatis accenditur». Por criatura intelectual seguramente entiende los ángeles, que también necesitan de la luz superior.—*De civi. Dei* XI 9 (PL 41,325): «... si recte in hac luce creatio intelligitur Angelorum, profecto facti sunt participes lucis aeternae»...
[118] *De civ. Dei* XI 10,2 (PL 41,326): «... Et sicut aër tenebrescit ista luce desertus... ita tenebrescere animam sapientiae luce privatam».
[119] *De nat. et gratia* 26,29 (PL 44,261): «Sicut enim oculus corporis etiam plenissime sanus, nisi candore lucis adiutus non potest cernere, sic et homo etiam perfectissime iustificatus, nisi aeterna luce iustitiae divinitus adiuvetur, recte non potest vivere».

carse fuera, sino íntimamente presente en el hombre interior, como lo sabemos por las *Confesiones;* así logró él una nueva intuición del ser, y con ello un fundamento enteramente nuevo para su ontología. Para él, ya no es la materia, sino Dios, el arquetipo del ser» [120]. Nace aquí no sólo una ontología nueva, sino también los fundamentos para una nueva espiritualidad, toda ella fundada en la doble naturaleza del ser de Dios y del ser humano. Agustín descubrió con esta experiencia a Dios-Verdad y a Dios-Luz, y al mismo tiempo, al espíritu como lugar de encuentro o de comunión con aquella verdad y luz. Es decir, aquí descubrió también el ser del espíritu, velado hasta entonces por la ficción materialista, que le impedía toda visión acertada. La participación de la verdad y de la luz divina anticipaba ya la definición del espíritu como *capax Dei,* como espacio divino, como apertura inmensa al nuevo ser que había de nacer de una posesión real de Dios [121]. Por esa vía se desembocaba igualmente en el alma como imagen de Dios, cuyo concepto venía elaborándose en Agustín después de los sermones de San Ambrosio.

Por la misma vía, al hallar ya el principio único del ser, surgió lógicamente la nueva ontología, que culmina en la idea del bien, ocupando todos los dominios del ser, sin dejar ningún rincón oscuro para un principio absoluto del mal. Y de este modo «se mostró que son buenas las cosas corruptibles, las cuales no se corromperían si fueran sumos bienes, ni tampoco si no fueran buenas. Si fueran el sumo Bien, serían incorruptibles, y, si de todo bien estuvieran privados, no podría la corrupción mellar en ellas, pues toda corrupción trae su daño o menoscabo, y no podrían menoscabarse si en ellas no hubiera ningún bien» [122]. Tales golpes iban contra la concepción del maniqueísmo, que dividía en dos imperios el reino del ser.

Con esta luz recibía también su solución, o se aclaraba en lo posible, el problema del mal. El pensamiento neoplatónico le ayudó, sin duda, a esto, descubriéndole la esencia privativa del mal, el cual no tiene una realidad positiva propia, sino depende de un sujeto al que mengua algún bien. Por darle naturaleza positiva fue por lo que costó tanto a Agustín concebir lo que es el mal.

El maniqueísmo había transferido el mal a la naturaleza o a las cosas, haciendo un catálogo de ellas: «El mal no tiene naturaleza, la privación del bien ha recibido este nombre» [123]. «No discurren con sano juicio los que miran con desagrado parte de la creación, como la miraba yo, condenando muchas cosas que Dios creó» [124].

Así aprendió por experiencia que no es extraño que al paladar de un enfermo no sepa bien el pan, que es tan sabroso para un sano, y que a los ojos enfermos es aborrecible la luz, que para los sanos es tan agradable [125]. El principio de la creación y participación ilustra esta nueva ontología, donde el conocimiento de las partes se ha de combinar con el del todo: «Así vi

---

[120] *Das Sein und der Mensch* p.14 (München 1959).
[121] *De Trin.* XIV 8,11 (PL 42,1944): «Eo quippe ipso imago eius est, quo eius capax est».
[122] *Conf.* VII 12,18
[123] *De civ. Dei* XI 9: PL 41,325.
[124] *Conf.* VII 14,20.
[125] IV. VII 16,22.

y se me mostró que Vos hicisteis buenas todas las cosas, y no hay ninguna substancia que no venga de Vos; y porque no las hicisteis todas iguales, por eso forman un conjunto total; y si buenas son cada una de ellas, todas juntas son muy buenas, porque nuestro Dios hizo las cosas muy buenas» [126].

Perdía todo su acierto la ontología del maniqueísmo, que impidió a Agustín conocer el universo en su realidad: «Todas las naturalezas, en cuanto tales, son buenas» [127]. Sin excluir la carne humana, para la cual tenían los discípulos de Mani particular aversión y censura: «La naturaleza de la carne, en su género y orden, es también buena» [128]. No obsta lo dicho para admitir un mal accidental o accidente en la naturaleza lapsa del hombre: «La naturaleza humana no es mala, pero algo de mal le es inherente» [129].

Al mismo tiempo que el universo externo, el mundo interior se le reveló con nuevas dimensiones y profundidad, sobre todo el alma, como sede de verdades eternas y religada de un modo misterioso a la eternidad; es decir, al Espíritu eterno, que a todas las criaturas da el ser, la verdad y la felicidad.

La interioridad humana adquiere con esto una grandeza y dignidad difíciles de comprender. Y con este sentimiento de presencia de lo divino y eterno en el hombre ha de juntarse el de la distancia, el de la fragilidad y contingencia del ser humano, manifiesto en su inquietud constante, en su *cor inquietum;* el corazón inquieto, que va devorando tiempos y es devorado por ellos [130].

Estos rasgos definen también la nueva ontología del alma asomada a los dos horizontes: lo temporal y lo eterno, con doble vista para abarcarlo todo e incorporarlo al dinamismo de su vida.

9. En la región de la desemejanza

A pesar del progreso realizado por Agustín con la experiencia anterior, surgieron pronto dificultades y etapas duras de recorrer para llegar al término de su deseo. Aquella experiencia la compara con un despertar del espíritu en los brazos de Dios infinito, no abarcado con los sentidos [130]. «Yo mismo me admiraba de que ya os amaba a Vos y no un fantasma en vuestro lugar, y carecía de estabilidad para gozar de mi Dios. Me arrebatabais con vuestra hermosura, pero luego me arrancaba de Vos mi pesadumbre, y volvía a caer al suelo con gemido. Y el peso que tiraba de mí era la costumbre de la car-

---

[126] Ibid., VII 12,18.

[127] *De civ. Dei* XIV 5: PL 41,408.

[128] Ibid., XIV 5 (PL 41,408): «Non igitur opus est in peccatis vitiisque nostris ad Creatoris iniuriam carnis accusare naturam, quae in genere atque ordine suo bona est».

[129] *De nupt. et conc.* II 21,36 (PL 44,457): «Natura humana, si malum esset, salvanda non esset; si ei mali nihil inesset, salvanda non esset».

[130] *Conf.* VII 14,20: «Et evigilavi in te, et vidi te infinitum aliter, et visus iste non a carne trahebatur». Es el nuevo espiritualismo que alcanzó con la lectura de los platónicos, superando el panteísmo estoico, a que alude en las *Confesiones* (VII 1,2): «Así pensaba yo que para Vos, no sólo el cuerpo del cielo y el del aire y el mar, sino también el de la tierra, era permeable, y en todas partes, grandes y pequeñas, penetrable, para recibir vuestra presencia, que con secreto aliento gobierna de dentro y de fuera todas las cosas que creasteis». G. Verbeke ve en estas palabras la concepción del universo de los estoicos. Cf. *Augustin et le stoïcisme:* Recherches Augustiniennes I p.78 (París 1958).

ne»[131]. Algunos enemigos habían caído en su lucha anterior; pero seguía de pie, retador y terco, el de la carne, cautivándole con sus cadenas.

Mas ya tenía asociada a su viaje espiritual una fuerza nueva, la que llama *memoria Dei;* la memoria de Dios, la presencia divina, consciente y sostenida ya, porque no podía dudar de ella, teniéndola por una meta ideal, por una cima escabrosa que le atraía. Pero este Dios era el Dios de los filósofos y no el de Abrahán y Jacob.

Repasando la historia del desarrollo agustiniano, parece haber escrito Pascal este pensamiento: «Aun cuando un hombre se haya persuadido de que hay verdades inmutables, eternas y dependientes de una verdad primera que se llama Dios, no creo que haya adelantado mucho en su salvación. El Dios de los cristianos no es simplemente un Dios de las verdades geométricas y del orden de los elementos, parte que corresponde a los epicúreos y paganos. No es sólo un Dios que interviene activamente en la vida de los hombres para dar largos años a los que le adoran, parte que corresponde a los judíos. Pero el Dios de Abrahán, de Isaac, de Jacob y de los cristianos es un Dios de amor y consuelo, que llena el alma y el corazón de los que lo poseen; que les hace sentir su miseria y la misericordia infinita unidas en el fondo del alma, a la que hinche de alegría, de humildad, de confianza, de amor, y les hace incapaces de otro fin que no es El»[132].

Tal es exactamente el caso de San Agustín; su anterior hallazgo fue el Dios de las verdades eternas y universales, que crean una comunión de espíritus para que vivan racionalmente. Pero este Dios-Verdad y fundamento de toda verdad debía mostrarse en forma nueva, como el *Dios que hace sentir la miseria,* según Pascal, para caer después sobre ella con su misericordia. Y por esta etapa tenía que pasar y pasó Agustín hasta lograr los sentimientos de humildad necesarios para toda salvación.

«Pensando bien, San Agustín no ha sido el primer pecador ni el primer penitente, pero sí parece haber sido el primero en dar al pecado tal importancia metafísica y psicológica y considerarlo como uno de los problemas fundamentales de su filosofía»[133]. El período que va desde la lectura de los libros de Plotino hasta su definitiva conversión le sirvió para ahondar en su miseria; se hizo profundamente introvertido para explorar y experimentar su pobreza radical y las cadenas de la cautividad de la carne.

La aspiración de Plotino de ver al Señor de la casa y no contentarse con ver sólo los muebles de su servicio, la hizo profundamente suya el lector de las *Enéadas,* no sin la experiencia de repetidos fracasos en su intento.

¡Qué providencial y conveniente fue que el futuro Doctor de la gracia apurase hasta las últimas honduras el cáliz amargo del alejamiento de Dios y de la desventura del pecado!

La situación de entonces está reflejada en las palabras que se han aducido: «Y hallé que estaba muy lejos de Vos en la región de la desemejanza, como si oyera vuestra voz de lo alto: 'Comida soy de adultos; desarróllate y me comerás, y no me convertirás a mí en ti, sino tú serás convertido en mí'»[134]. Según estas palabras, parece que hizo Dios con Agustín lo que un padre que

[131] Ibid., VII 17,23.
[132] PASCAL, *Pensées* p.556.
[133] LE BLOND, o.c., p.47.
[134] *Conf.* VII 10,16. Véase la nt.100.

lleva a un niño pequeño a ver un grande espectáculo o desfile, y de pronto lo sube a los hombros para que lo vea, mas luego lo vuelve al suelo, donde el pequeño se revuelve y esfuerza para erguirse y volver a ver lo que ha visto, y ya no puede ver, porque la multitud que tiene delante lo priva del espectáculo. Así, Dios levantó a Agustín a una altura inefable para que viera momentáneamente lo que hay que ver, y después lo soltó y dio con el suelo, viéndose en un alejamiento y región de desemejanza que le hacía suspirar y gemir.

Esta *región de la desemejanza* ha tenido un extenso y prolongado eco en la ascética del cristianismo [135] y es una versión del τόπος ἀνομιότητος de Plotino [136].

La lejanía y la disimilitud califican la situación que Agustín describe en las *Confesiones* como consecuencia de su visión anterior y preámbulo experimental de lo que sucedería más tarde.

Los conceptos de alejamiento, alienación, oscuridad, impureza, deformidad, desemejanza, definen una penosa situación espiritual, insinuada también por el «cieno oscuro»—βόρβορος σκοτεινὸς—de Plotino. Es un estado de arrojo, de estar tirado por el suelo, en pena y humillación, «pues el alma se empinó sobre sí misma y se acercó a Dios, y, por cierta nube y peso de la carne, cayó de nuevo en tierra; y, recordando dónde estuvo y dónde está ahora, dijo: He sido arrojado de la faz de tus ojos'» [137]. Este comentario del éxtasis del salmista parece una versión de la misma experiencia agustiniana. La oscuridad de la nube y el peso de la costumbre carnal, es decir, la problematicidad y tenebrosidad de la vida y el vicio de la sensualidad, mantuvieron a Agustín en la región de la desemejanza, que es una región de olvido de Dios. «La región lejana es el olvido de Dios» [138], dice comentando la parábola del hijo pródigo, que el Santo se aplicó a sí mismo como el retrato de su descarrío y su retorno a la casa paterna [139]. Aun después de convertirse sintió Agustín el mundo como región de desemejanza y exilio: «*Ahora paso mis años gimiendo* (Sal 30,11), y Vos, consuelo mío, Padre mío, sois eterno; mas yo me he dispersado en los tiempos, cuyo orden no conozco, y con tumultuosas variedades

---

[135] Sobre esta materia véase a Courcelle, *Recherches*. App.8: *La region de dissemblance dans la tradition néo-platonissante* p.405-40. Del mismo autor: *Les confessions de S. Augustin dans la tradition littéraire: antécédents et postérité* p.623-45 (Paris 1963); E. GILSON, *Regio dissimilitudinis de Platon a S. Bernard de Clairvaux:* Mediaeval Studies 9 (1947) 108-30; D. DUMEIGE, *Dissemblance,* en *Dictionnaire de Spiritualité* col.1330-46 (Paris 1956); F. CHATILLON, *Regio dissimilitudinis:* Mélanges F. Podéchard p. 85-102 (Lyon 1945).

[136] PLOTIN: *Ennéades* I 8,13: «El alma viciosa se halla completamente en la región de la desemejanza; metiéndose en ella, cae en un fangal oscuro». Alejamiento, impureza, oscuridad, son expresiones metafóricas muy usuales en Platón, Plotino y en los ascéticos del cristianismo para indicar los efectos que causa el vicio o el pecado en las almas. Aún sigue en vigor esta simbología espiritual.

[137] *Enarrat. in ps.* 34 sermo 6 (PL 36,338): «Effudit super se animam suam et propinquavit Deo; et per quandam nubem pondusque carnis rursus in terram proiectus, recordens ubi fuerit et videns ubi esset, dixit: *Proiectus sum a facie oculorum tuorum*».

[138] *Quest. evang.* II 33 (PL 34,1344): «Regio itaque longinqua oblivio Dei est».

[139] «La evolución de la conversión de San Agustín, tal como la ha narrado en el desarrollo de las *Confesiones*, está jalonada por la alusión a las etapas de la parábola del hijo pródigo» (A. M. LA BONNARDIÈRE, *Pénitence et reconciliation des pénitents d'après S. Augustin:* Revue d'Études Augustiniennes 13 [1967] 1-2,43 n.35). Cf. *Conf.* I 18,28; I 10,10: «et factus sum mihi regio egestatis». Ibid., III 4,7; VI 11: «Et longe peregrinabar abs te exclussus et a siliquis porcorum, quos de siliquis pascebam»: IV 16,31: sed profectus sum in regionen longinquam».

se desgarran mis pensamientos, las íntimas entrañas de mi alma, hasta que venga a fundirme en Vos purificado y derretido con el fuego de vuestro amor» [140].

Se describe aquí la personalidad como hecha pedazos por la variedad misma del tiempo que fluye, en combate por la pureza, la seguridad y la unidad del ser en el descanso de Dios. Este combate se agudizó en el período que estamos describiendo, porque las contradicciones de su existencia se hicieron más agudas y penosas, y, sobre todo, la cautividad de las pasiones le hizo sentir su peso más gravemente después de haber vislumbrado la hermosura de Dios, que le atraía desde las alturas sin poder alcanzarla.

Se trata de una *experiencia de cárcel* o de prisión con pérdida del señorío de la libertad, en lucha para quitarse los cepos que le sujetan. Por eso en las descripciones de esta experiencia, que llegó a su mayor tensión en el período anterior a la conversión, acuden a la pluma del Santo las palabras y verbos que significan servidumbre, esclavitud, prisión, encadenamiento, ataduras, vínculos, cadenas, hierros, y al fin le hacen exclamar después de su liberación, cuando comienza el libro nono de las *Confesiones,* con estas palabras triunfales: «Señor, rompiste mis cadenas; te sacrificaré por ello el sacrificio de alabanza» [141].

La idea de prisión y encadenamiento le había sido familiar a Agustín en su período de seguidor de los maniqueos, los cuales consideraban al alma como prisionera en la carne. Pero esta metáfora, despojada ya de su determinismo ontológico, seguía siendo válida para describir su real situación de ahora, cuando pretendía romper los hierros que le sujetaban. Pues, como dice él mismo, cuando uno se halla encadenado y sigue la dirección y el movimiento de la cadena, no siente apenas la contrariedad de su estado; mas, cuando se quieren romper las ataduras que le sujetan, experimenta dónde y cómo se halla. Así, cuando él seguía sin pena ni remordimiento la inclinación de sus pasiones y gustos, le parecía que era libre; mas, cuando descubrió el nuevo mundo de valores y hermosura y quiso dirigirse a él, llególe a lo vivo del alma la pesadumbre y amarramiento de su prisión [142].

Hubo, pues, tres componentes en este sentimiento: *impresión de cautiverio y esclavitud, sentimiento de impotencia para liberarse* y *un deseo y necesidad de un libertador,* o lo que llamaría el Santo *liberatore indigere;* es decir, la necesidad de una salvación de gracia que viniese de fuera.

Tales sentimientos se hallan descritos en las *Confesiones* con una riqueza pintoresca: «Vencido de la enfermedad de mi carne, arrastraba con mortífera suavidad mi cadena, temiendo ser desatado de ella y repeliendo, como si me tocasen en la llaga, las palabras de quien bien me aconsejaba cual si fuese

---

[140] *Conf.* XI 29,39.
[141] Ibid., IX 1: «Dirupisti vincula mea, tibi sacrificabo hostiam laudis (Sal 115,16)»
[142] Pascal comenta a este propósito: «Esto es certísimo: que nadie logra liberarse de sí sin sufrimiento, pues en verdad no se siente la propia cadena, mientras se va en pos de quien nos arrastra, como dice San Agustín; pero, cuando se comienza a resistir o a caminar en sentido contrario, ¡oh!, entonces ¡cómo se sufre! Antes de ser sacudidos no sentimos sino el peso de la concupiscencia, que nos inclina hacia la tierra; pero cuando Dios nos levanta en alto, las dos fuerzas producen en nosotros aquella violen cia que sólo Dios nos puede hacerla superar» (*Extraits des lettres à Mademoiselle de Roannez* p.589, ed. de E. Havet, Paris 1885).

la mano que me desataba»[143]. Alude en este pasaje a las palabras y buenos consejos que le daba su amigo Alipio sobre la necesidad de la continencia, que Agustín creía al alcance de sus fuerzas[144]. Y, refiriéndose a la costumbre de la libido, añade más abajo: «En gran parte y poderosamente, a mí me traía cautivo y atormentado el hábito de saciar la insaciable concupiscencia»[145].

En el libro octavo de las *Confesiones* ofrece la descripción de la esclavitud espiritual después de haber oído a Simpliciano el relato de la conversión de Mario Victorino: «Por la misma liberación suspiraba yo, sujetado no por cadena ajena, sino por mi propia férrea voluntad. Mi querer estaba en manos del enemigo, y con él había hecho una cadena para mí y me sojuzgaba con ella. Porque de la voluntad perversa se hizo pasión, y, al satisfacer a ésta, se hizo costumbre, y la costumbre, no contrariada, hízose necesidad. Y con estos, digámoslo así, eslabones trabados entre sí—y por esto lo llamé cadena—me tenía esclavizado en dura servidumbre»[146]. Aquí no sólo se ve la mano del literato, dueño de un lenguaje vivo y preciso para describir los fenómenos interiores, sino también la del terrible psicólogo de los hábitos que formula las leyes que rigen en ellos. Y así añade: «La ley del pecado es la violencia de la costumbre, con que es arrastrado y esclavizado el espíritu, aunque no quiera, por haberse deslizado hacia él voluntariamente»[147]. Y todavía conserva en el alma el suspiro del cautivo: « ¡Desdichado de mí! ¿Quién me libraría de este cuerpo de muerte sino vuestra gracia por Jesucristo, Señor nuestro?[148]

Aunque la esclavitud o cautiverio tiene un sentido genérico en el estilo agustiniano, porque todos los bienes terrenos pueden sujetar la voluntad, cuando habla en estos términos tiene la mira puesta, sobre todo, en la esclavitud de la carne y de los lazos del siglo[149].

Tenemos, pues, aquí toda la dialéctica del pecado y los diversos momentos hasta que se convierte en una dura necesidad o servidumbre: «Este es uno de los aspectos más penetrantes de la doctrina agustiniana del pecado, que pone en juego todo un dinamismo, una dialéctica interior, que lo transforma poco a poco, de acto libre, en esclavitud necesaria, pasando por los momentos psicológicos, que finamente ha definido San Agustín a propósito de sus luchas por la conversión»[150].

Voluntad perversa, deleite, repetición, hábito, servidumbre: por estas gradas desciende el hombre a la mazmorra de su miseria.

Agustín miró muy de cerca la monstruosidad del pecado, que le hizo sentir la necesidad de la redención. Porque en la esclavitud que entraña se incluye, como una sanción, el tormento que todo espíritu desordenado se inflige a sí mismo[151]: la debilidad y la impotencia de salir de su cárcel.

[143] Ibid., VI 12,21.
[144] Ibid., VI 11,20.
[145] Ibid., VII 12,22.
[146] Ibid., VIII 5,10.
[147] Ibid., VII 5,12.
[148] Ibid.
[149] Ibid., VIII 6,13.
[150] Solignac, o.c., I p.178-79.
[151] *Conf.* I 12,19: «Iussisti enim et sic est, ut poena sua sibi sit omnis inordinatus imus».

Es lo que le llenaba de asombro al Santo en la experiencia del *quiero* y *no puedo* de San Pablo: «¿De dónde viene esta monstruosidad? ¿Y por qué esto? Manda el alma al cuerpo, y luego le obedece; se manda el alma a sí misma, y halla resistencia. Manda el alma que se mueva la mano, y hácese con tanta facilidad, que apenas se distingue el mandato de la ejecución; y eso que el alma es alma, y cuerpo la mano. Manda el alma que quiera el alma, y, siendo ella misma, no se obedece. ¿Cómo se explica esta monstruosidad?» [152]

Con esta ocasión rebate la teoría maniquea de las dos naturalezas y dos voluntades contrarias, que se guerrean para sentar la doctrina de una sola personalidad, pero profundamente desgarrada, porque el vicio debilita la voluntad del bien, haciéndose fuerte con la costumbre. El Santo habla de dos voluntades contrarias; una que quiere elevarse, rompiendo la costumbre de pecar para servir a Dios, y otra contraria, llamada *voluntad nueva,* porque le había nacido con la visión del nuevo mundo de bienes o valores:

«Mi nueva voluntad de serviros libremente y de gozar de Vos, Dios mío, sola alegría cierta, no era aún bastante poderosa para superar la otra voluntad, robustecida por el hábito» [153]. Estamos aquí en los momentos primeros *del nacimiento del espíritu,* pues a esta *voluntad nueva* llama también *voluntad espiritual,* enfrentada con la otra, que llama carnal, y la lucha entre ambas disipaba y torturaba su alma: «De este modo, mis dos voluntades, una vieja y otra nueva, aquélla carnal y ésta espiritual, se batían entre sí, y con su contrariedad descuartizaban mi alma» [154].

Y para hacerse comprender mejor sobre este dualismo de voluntades sírvese de un hecho vulgar, el del hombre amodorrado por el sueño, en contienda con dos deseos contrarios: el de seguir en la cama y el de levantarse: «Así me sentía dulcemente oprimido por la carga del siglo, como en el sueño; y los pensamientos con que trataba de ir a Vos eran semejantes a los esfuerzos de los que quieren despertar, pero caen vencidos de su pesadumbre» [155].

Aunque sea la hora de levantarse y no quisiera continuar en el lecho, vuelve a hundirse con más gusto en él. Este ejemplo revela bien la situación agustiniana. No es ya la luz lo que le falta, sino la fuerza de la voluntad, o la necesidad de un socorro que fortaleciera su debilidad para tomar una decisión valiente. Agustín palpaba entonces el estado pecaminoso y frágil de su naturaleza encadenada y la dificultad de seguir la voluntad espiritual.

El no hubiera sido tan gran maestro de la antropología cristiana a no haber tocado con las manos estas situaciones tomando los pulsos a la naturaleza caída del hombre. Por eso la antropología agustiniana se abre a la cristología, a sentimiento de necesidad de un mediador.

Pascal hace suya esta experiencia agustiniana cuando dice: «Conviene estar fatigado por la búsqueda inútil del verdadero bien a fin de tender los brazos al Libertador» [156]. Llama inútil la búsqueda no porque en sí sea inútil, sin

---

[152] Ibid., VIII 5,10.
[153] Ibid.
[154] Ibid.: «Ita duae voluntates meae, una vetus, alia nova, illa spiritualis, illa carnal confligebant inter se, atque discordando dissipabant animam».
[155] Ibid.   [156] PASCAL, *Pensées* p.422.

mirando las sucesivas frustraciones por que ha pasado para llegar hasta los pies del Libertador. El sentimiento de la necesidad de un mediador» que interviniera en aquella difícil contienda con sus pasiones, fue el fruto de esta larga agonía espiritual.

10. La gracia del Mediador

También este otro pensamiento del mismo escritor francés nos ayuda a comprender el nuevo paso que dio Agustín: «El conocimiento de Dios sin el conocimiento de la propia miseria hace orgullosos. El conocimiento de la propia miseria sin el conocimiento de Dios hace desesperados. El conocimiento de Jesucristo es el medio, porque hallamos en El a Dios y nuestra miseria. Sin este Mediador está cortada toda comunicación con Dios. Nosotros conocemos a Dios por medio de Jesucristo, porque El es el verdadero Dios de los hombres. El conocimiento de Jesucristo nos libra del orgullo y de la desesperación, porque en El hallamos a Dios, nuestra miseria y el camino único de repararla»[157]. Conocer a Jesucristo es penetrar nuestra miseria, porque es encararnos con nuestra conciencia de asesinos de Dios; es decir, con la más profunda esencia del pecado y al mismo tiempo con la reconciliación con El para remediar nuestros males.

Agustín llegó a cierto grado de conocimiento de Dios con la lectura de los platónicos; pero esto mismo lo llenó de orgullo, porque estimó que con solas las fuerzas de su razón llegaría al pleno goce de la verdad. Se halló en la situación de los filósofos que describe aquí: «Aquellos eminentes filósofos de los gentiles, que pudieron ver las perfecciones invisibles de Dios, hechas visibles por el conocimiento que de ellas nos dan sus criaturas, sin embargo, como filosofaron sin el Mediador, esto es, sin el hombre Jesucristo; ni creyeron a los profetas, que había de venir, ni a los apóstoles, que había venido, tuvieron aprisionada injustamente la verdad»[158]. La alusión va dirigida a los neoplatónicos y seguramente a Porfirio; pero él mismo había pasado por aquella experiencia de *filosofar sin el Mediador,* pretendiendo comprender el misterio del mundo y de sí mismo con las solas fuerzas naturales, lleno de presunción y orgullo:

«Charlaba yo mucho como si fuera sabio, y, si no buscara vuestro camino en Cristo, no fuera sabio, sino me hubiera perdido. Pues entonces comenzaba a ostentar sabiduría, lleno de mi castigo, y andaba hinchado con mi ciencia. ¿En dónde estaba aquella caridad que edifica sobre el cimiento de la humildad, que es Cristo Jesús, ni cuándo me la enseñarían aquellos libros?»[159]

Agustín caminaba aquí entre los dos escollos que recuerda él con frecuencia: el orgullo y la desesperación. Entre ambos está el camino medio, que es Cristo,

---

[157] Ibid., 527-528.
[158] *De Trin.* XIII 19,24 (PL 42,1031): «... tamen quia sine Mediatore id est, sine homine Christo philosophati sunt..., veritatem detinuerunt in iniquitate». De aquí las tres clases de oscuridad que envolvieron a estos sabios: que enseñaron la falsa circulación de la bienaventuranza, la falsa suficiencia de los méritos presentes y la perpetua incolumnidad de las fuerzas interiores. Cayeron en estas tres tinieblas (SAN BUENAVENTURA, *Collat. Hexaem.* VII 12: BAC, *Obras de San Buenaventura* III p.327).
[159] *Conf.* VII 20,26. Cf. LE BLOND, o.c., p.131-38: *La présomption platonicienne.*

donde sólo entra la humildad. Los libros de los filósofos no le enseñaron este camino, que comenzó a vislumbrar con la lectura de las cartas de San Pablo, que le dieron una nueva luz que no se hallaba en los filósofos:

«Nada de esto traen los escritos platónicos. No se halla en aquellas páginas rastro de esta piedad, ni las lágrimas de la confesión, ni el sacrificio que es para Vos el espíritu atribulado y el corazón contrito y humillado (Sal 50,19); ni se menciona la salud del pueblo, ni la ciudad desposada con Vos (Ap 21,2), ni las arras del Espíritu Santo (2 Cor 1,22), ni el cáliz de nuestro rescate» [160].

Los filósofos con sus buenas palabras no pudieron dar a Agustín lo que necesitaba.

Le pareció que el problema de la patria del alma—el goce de la verdad— estaba resuelto; pero surgían otros dos problemas: el del camino y el de la fuerza. Se asemejaba al alpinista que ve de lejos la cima de la montaña adonde quisiera subir, mas no sabe por dónde se sube allí, ni le responde el vigor de su cuerpo para realizar su deseo: «Porque una cosa es vislumbrar desde un otero agreste la patria de la paz y no hallar el camino para ella, y esforzarse en vano por lugares intransitables, rodeados y acechados por los desertores fugitivos, con su príncipe el león y el dragón (Sal 90,13), y otra cosa es tomar el camino que conduce a ella protegido por el amparo del celeste Emperador, donde no hay salteadores, que huyen de él como de un castigo» [161].

Era el problema de la acción el que le urgía durante este tiempo: ¿Cómo puedo ser yo fuerte para realizar el ideal que me arrebata? ¿Cómo puedo conseguir el dominio de mi sensualidad, y la pureza de corazón, y la libertad de las bagatelas del siglo para llegar donde quiero?

Agustín palpaba la fragilidad, la impotencia de su naturaleza caída, y era necesario que pasara por esta prueba para conseguir la humildad; y arrojarse a los pies de Cristo y recibir de El la robustez de las fuerzas:

«Buscaba yo el medio de adquirir fuerzas que me hiciesen capaz para gozar de Vos, y no lo hallé hasta que me abracé con Jesucristo hombre, _Mediador de los hombres_ (1 Tim 2,5), _que es, sobre todas las cosas, Dios bendito por todos los siglos_ (Rom 9,5). El cual clama y dice: _Yo soy el camino, la verdad y la vida_ (Jn 14,6). El mezcló con la carne un manjar que yo no tenía fuerza para comer... Mas como yo no era humilde, ni podía poseer a mi Dios, al humilde Jesús; ni sabía qué quería enseñar con su flaqueza».

No es sólo el Dios de los filósofos, el Dios-Verdad, sino el Verbo hecho carne, el Dios humilde, el que necesitaba Agustín para cambiar su alma. El espiritualismo platónico debía completarse con el realismo cristiano «de la casita humilde de barro que se edificó para sí con el fin de humillar a los que querían sometérsele y atraerlos, curando su soberbia y alimentando su amor» [162].

Aún no conocía Agustín el misterio de Cristo ni tenía ideas sanas acerca de su persona, creyendo que El era un varón de excelente sabiduría, a quien ninguno podía compararse, sin poder vislumbrar lo que podía encerrarse en

[160] Ibid., VII 21,27.
[161] Ibid.
[162] Ibid. Es lo que enseñará después con fórmulas inolvidables en sus sermones.—_Serm._ 141,4 (PL 38,777): «Ambula per hominem et pervenies ad Deum».

las palabras *el Verbo se hizo carne* [163]. Es difícil precisar cuándo rectificó sus ideas y abrazó la doctrina católica sobre la divinidad del Señor [164].

11. Mediaciones personales

En este período de preámbulos de la conversión, particularmente agitado en el año 386, para describir el proceso de su retorno a Dios, juntamente con la mediación de Cristo, hay que realzar algunas que podemos llamar *mediaciones personales,* pues, como dice bien Le Blond, «es digno de notar que San Agustín ha poseído en grado eminente el sentimiento de la mediación de otros hombres en el desarrollo y la constitución misma de la vida del espíritu» [165].

Puede generalizarse esta observación y hablarse de una ley, como siente M. Nédoncelle: «La psicología nos revela una ley universal de mediación. Nunca nuestro espíritu se eleva hacia Dios más que a través de intermediarios, cosas, ideas o personas» [166].

Me parece muy útil a este propósito recordar una concepción que nos da el filósofo cristiano Gabriel Marcel cuando dice: «Hay una cosa que he descubierto después de la muerte de mis padres, y es que lo que llamamos sobrevivir, en realidad es subvivir, y aquellos a quienes no hemos dejado de amar con lo mejor de nosotros mismos, se convierten en una especie de bóveda palpitante, invisible, pero presentida e incluso rozada, bajo la cual avanzamos cada vez más encorvados, más arrancados a nosotros mismos, hacia el instante en que todo quedará sumido en el amor» [167].

En la estructura misma del espíritu cristiano—y, por la misma razón, en su espiritualidad—hay que colocar esta bóveda invisible, a semejanza de las que el arte cristiano ha pintado en las basílicas, poblándolas de innumerables ángeles y santos, compañeros invisibles de los peregrinos humanos. Es un maravilloso mundo de intermediarios que protegen la existencia cristiana, dándole luz, estímulos, ejemplos. De aquí el valor pedagógico y espiritual que la Iglesia ha dado siempre a la hagiografía como fuerza espiritual y defensa al mismo tiempo de los desvalidos seres humanos.

No puede faltar esta bóveda en el espíritu de Agustín, y en ella las figuras de los que le ayudaron en su formación, sin excluir las mediaciones personales de los filósofos clásicos, de los que también recibió sus impulsos. Pero aquí es el lugar de recordar las personas que actuaron para que diera el último

---

[163] Ibid., VII 19,25.

[164] Ibid.: «Ergo autem aliquando posterius didicisse me fateor, in eo quod Verbum caro factum est, quod catholica veritas a Photini falsitate dirimatur».

Es probable que San Ambrosio le ayudó a discernir entre la doctrina herética de Fotino y la católica. Cf. COURCELLE, *Recherches* p.213-14. San Agustín (*Epist.* 147,7,19: PL 33,605) nos informa cómo San Ambrosio refutaba a los fotinianos y arrianos. Oyéndole, seguramente rectificó sus ideas sobre Cristo. Véase también bién SOLIGNAC, o.c., I p.693-98: *La christologie d'Augustin au temps de la conversion.*

[165] LE BLOND, o.c., p.29.

[166] M. NÉDONCELLE, *Testimonios de la fe. Los hechos de conversión ante la reflexión cristiana* p.25 (Madrid 1953).

[167] G. MARCEL, *Vers un autre Royaume.*

paso. Estas mediaciones son parte episódica importante de la historia de su conversión.

Cierto que ésta, vista por dentro, tiene como principal actor a Dios con su auxilio particular. Esto lo sabía muy bien el Doctor de la gracia, pero también que la Providencia divina cuenta con muchos aliados para realizar sus planes. Y se ve tan señalada por él mismo la acción intermediaria de las personas en su retorno a Dios, que sería grave omisión no darle el debido realce.

Dejando, pues, por ahora la mediación principal de la gracia de Cristo, de la que reciben su eficacia todas las formas de mediación sobrenatural, y omitiendo igualmente la que corresponde al Obispo de Milán, San Ambrosio, a quien considera Agustín como padre de su espíritu [168], no se puede dejar en el silencio la obra de la madre, Mónica, que le asistió constantemente con sus palabras, sus ejemplos y oración. El hijo la consideraba como doblemente madre, «que con mayor ansia me daba a luz en el espíritu que cuando me dio a luz en la carne» [169]. Había ganado al marido pagano e infiel para la vida de la fe, «predicándole a Cristo con sus buenas obras, con las cuales le hacíais hermosa y reverencialmente amable y admirable al varón» [170]. Mónica acompañó siempre al hijo, como un ángel invisible, en todos sus ambages y descarríos.

Justamente fue llamado por un obispo desconocido «el hijo de las lágrimas» [171].

El testimonio del hijo es repetido y claro: «*Me enviasteis de lo alto vuestra mano y sacasteis mi alma de esta profunda oscuridad* (Sal 143,7.85.13). Pues entre tanto mi madre, fiel sierva vuestra, me lloraba delante de Vos más que las otras madres lloran la muerte del cuerpo... Y Vos, Señor, la oísteis; la oísteis y no despreciasteis sus lágrimas copiosas, que corrían de sus ojos y regaban la tierra dondequiera que oraba» [172].

Estas palabras, escritas a propósito de la visión que tuvo la madre viendo al hijo en la misma regla donde ella estaba, iluminan el itinerario, en que ella tuvo tanta parte. Ya en los primeros escritos había expresado esta convicción: «A tus oraciones—dice dirigiéndose a la madre—creo, sin duda, y certifico que me dio este propósito de no preferir nada, no querer nada, no hacer ni amar otra cosa que dedicarme a buscar la verdad» [173].

Así, la espiritualidad e historia de Agustín está trenzada a la influencia de su madre.

De otro aspecto que la influencia oculta e ininterrumpida de Mónica fue

---

[168] *Epist.* 147,23,52: PL 32,621.
[169] *Conf.* V 9,16.
[170] Ibid., IX 9,19.
[171] Ibid., III 12,21: «Fieri non potest ut filius istarum lacrymarum pereat». Mónica tuvo, sin duda, el don que se llama de lágrimas, es decir, una sensibilidad sobrenatural extraordinaria para sentir la miseria del pecado en todas sus manifestaciones.
[172] Ibid., III 11,19. Las *Confesiones* nos certifican de la intensa vida de oración de la madre de San Agustín: «Siempre orando» (V 9,17). «Dos veces al día asistía a la iglesia para celebrar la misa cotidiana y rezar las oraciones vespertinas» (ibid.). «No desistía en las horas de sus oraciones de llorar por mí» (III 11,20) «Las lágrimas de cada día» (ibid.). «Allí, mi madre, tu sierva..., vivía de oraciones» (IX 6,15). En este último pasaje alude a su vida en Milán durante el tiempo de la persecución de los arrianos contra los católicos (*Conf.* IX 7,15).
[173] *De ord.* II 52: PL 32,1019.

la del monje Simpliciano, adscrito a la Iglesia de Milán, a quien fue a consultar en verano de 386, cuando Agustín, ya en plena crisis espiritual, andaba con muchas perplejidades. El autor de las *Confesiones* le pone entre los que le ayudaron a romper las cadenas de su cautividad interior. Agustín se hallaba en posesión de las certidumbres más vitales: sobre Dios, sobre Cristo camino, sobre la vida eterna. Dios le bloqueaba por todas partes[174]; pero andaba indeciso, y le pareció bien ir a consultar al monje citado, que era hombre de mucha experiencia y de letras. Agustín veía diversas formas de vida en la Iglesia, y se sentía pusilánime para tomar una decisión y buscaba un consejo.

Le contó, pues, a Simpliciano su historia pasada y su situación, y, al recordarle que había leído algunos libros de los platónicos traducidos al latín por Mario Victorino, le dio pie para que le contase una historia de conversión que es una de las muchas joyas que guardan las *Confesiones*. Porque Simpliciano había tratado mucho al traductor de Plotino en Occidente y había sido actor y testigo de su conversión en Roma, donde Victorino tenía una estatua en el Foro romano por haber sido grande orador y maestro de muchos senadores nobles. Y ya en la ancianidad se convirtió, e hizo valiente profesión de fe en público, ante la comunidad cristiana de Roma, cuando le dieron opción para hacerla en secreto; todo lo cual produjo grande admiración y gozo en los católicos de la ciudad.

El relato no podía ser más oportuno; era un carbón encendido que le abrasaba. El efecto fue inmediato: «Me abrasé en deseo de imitarle»[175]. Pero todavía no era una voluntad robusta y victoriosa, porque había en él otra voluntad contraria que le arrastraba y contradecía para seguir viviendo como hasta entonces. Sentía un *querría* débil, pero también un *no puedo* poderoso. El conflicto que surgió entre el deseo del ideal y la impotencia y flaqueza de su voluntad para realizarlo le hizo sentir a Agustín aquel estado de cautividad de que hemos hablado antes[176].

Siguiendo en esta baraúnda de ansiedad y perplejidades, recibió también, no mucho después, otro empujón de mayor fuerza, aunque de la misma calidad. Fue también un contacto personal que llevó la crisis a su mayor agudez.

Esta vez fue un paisano suyo llamado Ponticiano, quien le visitó en casa cuando se hallaba con su amigo Alipio con las cartas de San Pablo sobre la mesa. Tenía un lucido cargo en la corte, pero era hombre de iglesia y de muchas y largas oraciones. Pronto la conversación tomó un rumbo sorprendente, de noticias nuevas e inauditas para los dos amigos. No parece sino que una pedagogía oculta y providencial movía los resortes del diálogo amistoso.

Sin duda como a africano, a nuestro visitante le agradaban las noticias de su tierra, que abundaban entonces con los milagros y ascetismo de San Antonio, monje y santificador de los desiertos de Egipto. Las había divulgado ya San Atanasio con una vida que pronto se hizo noticia en Occidente, aunque no llegó a los oídos de Agustín, el cual estaba asombrado de oír tantas maravillas de la Iglesia ocurridas en su mismo tiempo. El desierto estaba cubierto de

[174] *Conf*. VIII 1,1: «Et undique circumvalladar abs te».
[175] Ibid., VIII 5,10: «Exarsi ad imitandum».
[176] Ibid., VIII 5,10. Los textos relativos a este punto se hallarán en las nt.143-46.

flores, fragantes del suave olor de Cristo [177]. Ponticiano les habló de la multitud de monjes que se alistaron en la milicia religiosa en torno a San Antonio. Y el tema les llevó también a los monasterios que también en Milán gobernaba San Ambrosio, llenos de buenos hermanos.

Providencialmente salió también la leyenda áurea de dos conversiones de empleados palatinos, los cuales se hicieron monjes leyendo la vida de San Antonio. Dejando la casa amiga llena de estas buenas noticias, Ponticiano se volvió a la corte, dejando a Agustín profundamente impresionado y herido. Su narración fue como un espejo tremendo y delatador; ante él se vio feo, horrible, cubierto de llagas. Y comenzó a azotarse a sí mismo con improperios:

«Vos me poníais delante de mí mismo para que viese cuán feo era, qué contrahecho y sucio y lleno de úlceras. Me veía y me horrorizaba, y no hallaba a dónde huir de mí. Y si procuraba apartar los ojos de mí, Vos, con lo que Ponticiano iba contando, volvíais a ponerme delante de mí para que descubriese mi maldad y sintiese asco de mí. Ya antes la había conocido; mas disimulaba, me dominaba y olvidaba» [178].

La pintura de las emociones que despertó la narración es fresca y vivacísima. Parece que Agustín sentía todavía la contrición y vergüenza que entonces experimentara: «¡Qué cosas no me dije contra mí! ¡Con qué azotes de razones flagelé mi alma para que me siguiese en mis esfuerzos por ir a Vos! Pero ella se resistía, rehusaba, aunque no se excusaba; todos los argumentos estaban ya agotados y rebatidos; quedaba muda y temblando; temía a par de muerte que le cortasen la corriente de la costumbre, con que se iba mortalmente consumiendo» [179].

A esta eficacia ejemplar de las conversiones dio San Agustín verdadera importancia, sintiendo su fuerza en sus tiempos de permanencia en Casiciaco: «Habías flechado nuestro corazón con tu amor y llevaba tus palabras atravesadas en las entrañas; y *los ejemplos de tus siervos,* a quienes de negros habías hecho brillantes, y de muertos, vivos, recogidos en el seno de nuestros pensamientos, eran como brasas que consumían el grave torpor para que no nos fuésemos hacia abajo; y nos encendían tan poderosamente, que todo soplo de contradicción de lengua engañosa, en vez de apagar, más y más cebaba nuestro fuego interior» [180].

Estos ejemplos de los siervos de Dios eran los de los convertidos: Pablo, Mario Victorino, los empleados palatinos de la narración de Ponticiano y seguramente otros conocidos por él. Las metáforas que emplea para significar los efectos de su recuerdo están tomadas del fuego y son particularmente aptas para describir el estado incandescente de fervor que vivió entonces rumiando los sucesos pasados, tan presentes en su corazón. Así se comprende mejor el efecto que hicieron en él los relatos de Simpliciano y Ponticiano, llevándolo a una verdadera agonía espiritual.

Agustín se desdobló interioremnte, se rasgó en dos, uno inferior y otro

---

[177] Ibid., VIII 6,15. La vida de San Antonio escrita por San Atanasio se puede ver en PG 26,837ss y en PL 73,125ss (la versión latina).
[178] Ibid., VIII 7,16.
[179] Ibid., VIII 7,18.
[180] Ibid., IX 2,3.

superior. El yo superior estaba suficientemente iluminado para conocer dónde estaba, a dónde debía ir y el camino para llegar allí; pero el yo inferior, como una bestia de carga oprimida por la costumbre, no quería dar un paso a pesar de que Agustín multiplicaba los latigazos de sus palabras. Conoció entonces experimentalmente el conflicto de los dos hombres, uno viejo y otro nuevo, de las cartas paulinas [181].

El gran problema que se presentaba a su espíritu era, como se ha dicho, el de la acción o de la fuerza para cambiar su voluntad y salir de aquella indecisión y cobardía. Lo que le pedía el yo superior era urgente: «'Hágase ahora, hágase ahora'. Pero la bestia de carga seguía en su quietud» [182].

Después que se retiró Ponticiano, para desahogar su emoción se retiró al huertecillo de la casa, adonde también le siguió su amigo Alipio. Allí continuó la reyerta interior consigo mismo, descrita con un realismo conmovedor, que hace a Agustín uno de los mejores paisajistas del mundo espiritual [183]. Pinta un cuadro dramático, en que se enfrentaron las bagatelas con la continencia. Ya se sabe que el gran problema que se le planteaba a Agustín era el de la continencia:

«Reteníanme las bagatelas de las bagatelas y las vanidades de las vanidades, antiguas amigas mías, que tiraban de mi vestido de carne y cuchicheaban: '¿Ya nos dejas? ¿Ya desde este mismo momento no estaremos contigo jamás?' Y: '¿Desde este instante no podrás hacer esto y aquello?' ¡Y qué cosas me sugerían con la expresión 'u esto y aquello!'» [183] ...

»Pero del lado hacia donde yo quería ir, temblando de dar los pasos, envuelta en velos púdicos, se me mostraba la casta dignidad de la Continencia, serena y alegre, sin provocaciones lascivas, y con honesto halago me invitaba que fuese a donde estaba ella sin dudar; y para acogerme y abrazarme extendía las piadosas manos, llenas de multitud de buenos ejemplos. Había allí tantos niños y niñas, tanta juventud y toda clase de edades, viudas venerables y vírgenes ancianas; y en todos ellos no era estéril la Continencia, sino madre fecunda de hijos de gozo habidos de Vos, que sois su esposo. Y se reía de mí, como animándome y diciendo: *¿Y tú no podrás lo que pudieron éstos y éstas? ¿Por ventura éstos y éstas lo pudieron por sí mismos y no por su Dios y Señor? El Señor, su Dios, me regaló a ellos. ¿Por qué te apoyas en ti mismo, sin poder sostenerte? Arrójate en El, no tengas miedo. No retirará de ti su apoyo para que caigas. Arrójate seguro; El te recibirá y te sanará»* [184].

También aquí es la mediación ejemplar de muchas personas continentes que hay en la Iglesia, y el recuerdo de los monasterios, rebosantes de almas heroicas que se dedicaban a toda clase de obras buenas y de mortificación cristiana. Ellas también resplandecían en la bóveda mental de que se ha hablado

[181] Ibid., VIII 5,11.
[182] Ibid., VIII 5,12; ibid., 11,25: «Dicebam enim apud me intus: ecce modo fiat, modo fiat... et non faciebam».
[183] SOLIGNAC, o.c., II p.543: «Gracias a su estilo vivo, Agustín sabe dar alma a su exposición. Ideas abstractas, sentimientos íntimos, nos son presentados bajo formas concretas; un combate interior, librado en lo profundo del alma, se convierte en un cuadro dramático para nuestros ojos, con escenas vivas donde los personajes, de rasgos precisos, actúan o hablan».
[184] Ibid., VIII 11,26-27.

antes, invitándole a dar el último paso que se acercaba. Eran manos que querían levantarle a lo alto, pero él seguía hundiéndose en el lecho de su pereza. En este punto viene a la fantasía una imagen tierna de Dante en su *Divina comedia;* la de los cigoñinos, que ejercitan sus alas para elevarse: «Y como el cigoñino que levanta el ala con ganas de volar, mas no se atreve a abandonar el nido y la repliega, así estaba yo queriendo y no queriendo» [185]. Tal era la situación de Agustín con el *velle adiacet mihi* de San Pablo hasta que este *querría* o *veleidad* se convirtió en una robusta decisión de vuelo que le arrancó de la tierra para siempre.

12. «Revestíos de Nuestro Señor Jesucristo»

Aludo con esto a la última fase de su crisis, que se resolvió en una victoria. Llegó un momento en que toda compañía le estorbaba, y quería desahogarse en la soledad, y fue a sentarse bajo una higuera del huertecillo. Allí dio rienda suelta a su emoción interior, mesándose los cabellos, golpeándose la frente, abrazando las rodillas con las manos entrelazadas y admirándose del monstruo que llevaba dentro [186]: «Pero, cuando del bajío más secreto de mi alma, mi enérgica introspección dragó y amontonó toda la hediondez de mi miseria ante la vista de mi corazón, surgió una borrasca ingente, preñada de una ingente avenida de lágrimas» [187]. En el paroxismo de vergüenza y de dolor, decía poco más o menos: «Y Vos, Señor, ¿hasta cuándo? ¿Hasta cuándo, Señor, vuestro enojo? ¿Hasta el fin? No os acordéis de nuestras iniquidades antiguas». Sentía que todavía estaba dominado por ellas, y lanzaba ayes lastimeros: «¿Hasta cuándo estaré diciendo: 'Mañana, mañana'? ¿Por qué no ha de ser ahora? ¿Por qué no ha de ser esta hora el fin de mi desorden?»

«Decía esto con amarguísima contrición de mi corazón. Y he aquí que oigo de la casa vecina voz de niño o niña, no lo sé, que repetía en tono de canto: 'Toma y lee, toma y lee'. Al punto, cambiando la expresión de mi semblante, me puse a pensar con mucha atención si los niños en alguno de sus juegos ordinarios acostumbraban canturrear algo parecido, y no recordaba haberlo oído nunca. Y, reprimiendo mi llanto, me levanté, interpretando que era voluntad de Dios que abriese el libro y leyese el primer capítulo que saliera. Porque había oído decir de Antonio que, llegando casualmente cuando estaban leyendo el evangelio, se sintió avisado de que tomase para sí lo que se leía: *Vete, vende todas las cosas que tienes, dáselas a los pobres, y ven y sígueme* (Mt 19,31), y que con este oráculo se convirtió al punto a Dios.

»Yo, pues, volví a toda prisa a donde estaba sentado Alipio, pues allí había

---

[185] DANTE, *Purgatorio* XXV 10-13:
«E quale il cicognin che leva l'ala
per voglia di volare, e non s'attenta
d'abbandonar lo nido, e giula cala,
tal era io con voglia accesa e spenta».

[186] *Conf.* VIII 9,20. El literato ruso D. Merejkowski ha visto en este *monstrum* la *psyché nocturna o el inconsciente* (*I tre santi: Paolo, Agostino, Francesco d'Assisi* p.126, Milano 1937). Cf. V. CAPÁNAGA, *Obras de San Agustín* I 4.ª ed. p.203-204 (BAC, Madrid 1969).

[187] Ibid., VIII 12,20. La versión eficacísima de este pasaje es de L. Ríber (*Confesiones* p.378, Madrid 1941), como la de otros muchos que hemos utilizado.

dejado el volumen de las cartas del Apóstol al levantarme de allí; lo arrebaté, lo abrí y leí en silencio el primer capítulo que se me ofreció a la vista: *No andéis en comilonas ni embriagueces, no en alcobas e impurezas, no en rivalidad y envidias, sino vestíos de nuestro Señor Jesucristo y no satisfagáis los deseos de la carne* (Rom 13,13-14). No quise leer más ni era necesario, pues, al acabar de leer esta sentencia, al instante, como si hubiera sido derramada en mi corazón como una luz de seguridad, todas las tinieblas de la duda se disiparon... De allí nos fuimos a ver a mi madre y se lo indicamos; ella se regocija. Le contamos cómo ha sucedido todo; ella no cabe en sí de placer, celebra la victoria y te bendice a ti, que eres poderoso para hacer más de lo que te pedimos o cabe en nuestra imaginación, porque veía que me habías hecho a mí muy mayores favores que los que acostumbraba a pedirte con sus tristes y lastimeros gemidos... Porque me convertiste a mí de tal modo, que ya no busca mujer ni esperanza del siglo, colocándome sobre aquella regla de fe en la que tantos años antes me habíais mostrado a mi madre. *Y trocasteis su llanto en gozo* (Sal 29,12), mucho más copioso de lo que ella había deseado y mucho más intenso y casto que el que esperaba de los nietos de mi carne»[188].

Con estas palabras termina la odisea espiritual de San Agustín en el libro octavo de las *Confesiones,* para dar paso después a otra nueva etapa de su vida.

Este episodio se toma comúnmente como el punto culminante de la conversión; mas conviene hacer alguna aclaración sobre lo ocurrido en el huerto. La conversión agustiniana hay que tomarla como un proceso gradual que se realiza en diversas etapas, la última de las cuales se considera la escena mencionada. En ellas se distinguen diversos aspectos de adhesión o cambios interiores en Agustín, el cual, cuando llegó a esta última crisis, era ya un creyente en Dios, en su espiritualidad; en Cristo, camino, verdad y vida. Creía en la espiritualidad del alma, y en su condición de imagen de Dios, y en la autoridad de la Iglesia, como representante de la verdadera religión. Pues ¿qué cambio hubo en la escena del jardín? El habla de *tinieblas de duda* disipadas momentáneamente. Con esta expresión significa las vacilaciones y luchas que sostuvo antes sobre el género de vida que debía emprender. ¿Seguiría la vida conyugal y la esperanza del siglo con su carrera profesional tan prometedora, como escala para nuevos cargos políticos, o renunciaría al magisterio, al amor, a la riqueza, a la fama y aplauso de los hombres?

Este era el problema moral y espiritual que particularmente le agitó desde que escuchó a Simpliciano y Ponciano. No tiene otro significado la lucha interior entre las bagatelas de las bagatelas y la Continencia, que le quería atraer a sí. La victoria, pues, consistió en renunciar a las esperanzas del siglo y abrazar el ascetismo; es decir, la más alta expresión de la espiritualidad, de que le daban ejemplo San Antonio y los convertidos palatinos que abrazaron la vida continente.

Así se explica el gozo de Santa Mónica, que fue superior a sus esperanzas; suspiraba verle donde ella estaba, es decir, en la regla de la fe católica según

---

[188] Ibid., VIII 12,28-30. En esta misma ocasión se convirtió el amigo Alipio, apropiándose las palabras de San Pablo, que venían después de las que leyó Agustín: *Recibid al débil en la fe.*

la visión anticipada que tuvo, sin disgustarle que su hijo emprendiera el camino común de los cristianos en el matrimonio y en la vida civil.

Pero Dios le dio mucho más de lo que había pedido: ver a su hijo no sólo cristiano, sino también adscrito a un género de vida perfecta como continente [189]. Aunque tal vez no se le presentó entonces el ideal de abrazar una forma monástica concreta, sino de vivir retirado del mundo dedicado a la profesión de la sabiduría. Y así, el abandono de la carrera profesoral fue el paso importantísimo que dio para lograr sus deseos.

13. Descripciones de la conversión

La conversión es un fenómeno complejo a la que sólo se puede acceder con variadas descripciones y definiciones. En el aspecto filosófico y abstracto, M. Nédoncelle la define: «En términos filosóficos, decimos que la conversión realiza una síntesis de la continuidad y de la novedad en el seno de la conciencia humana» [190]. Esta definición nos llevaría a averiguar lo antiguo y lo nuevo en Agustín; problema difícil para ir a unas limitaciones precisas. Agustín tiró muchas cosas por la ventana, pero se quedó con otras muchas al volver a Dios. Ya se hablará más adelante de maravillosas novedades.

K. Rahner, como teólogo, nos dice: «Desde el punto de vista de la naturaleza formal de la libertad, la conversión es la decisión fundamental por Dios, mediante un uso religioso y moralmente bueno, de la elección, así como el compromiso con El, que abraza toda la vida» [191]. También esta definición se ajusta a la conversión agustiniana como decisión y compromiso total de una vida entregada al servicio de Dios.

Lo mismo digamos de esta descripción, en que se atiende al llamamiento divino: «Libre retorno del hombre a Dios, como una respuesta producida por la gracia divina a la llamada de Dios, que da al llamar aquello mismo para lo que llama» [192]. San Agustín conocía bien el misterio de la gracia de la conversión como don divino: «De ti nos apartamos nosotros, y, si tú no nos conviertes, no seremos convertidos» [193].

Para describir la conversión agustiniana parecen escritas estas palabras: «Una conversión supone tres etapas; primera, un estado anterior de dispersión y desorden; segunda, un tiempo intermedio de crisis; tercera, un estado de orden y unidad en el alma» [194]. Sobre los tres estados se podrían acumular una copiosa documentación tomada sólo de las *Confesiones*.

Si con G. Barra consideramos la conversión como una serie de descubrimientos espirituales cuales son «el descubrimiento de la razón, el descubrimiento de nuevos horizontes, el descubrimiento de una religión ideal, el descubrimiento de la libertad verdadera, el descubrimiento de la luz, de la vida,

---

[189] *Conf.* VIII 12.
[190] NÉDONCELLE, o.c., p.41-42.
[191] .K RAHNER, *Sacramentum mundi. Enciclopedia teológica,* art. «Conversión» col.997-99 (Barcelona 1972).
[192] Ibid.
[193] *Enarrat. in ps.* 79,4 (PL 36,1022): «Aversi enim summus a Te, et nisi Tu convertas, non convertemur».
[194] HELÈNE GROS, *La valeur documentaire des Confessions de S. Augustin* p.46 (Friburgo 1927).

de la brújula, de la paz en la tensión de drama, de la alegría» [195], todos estos descubrimientos podemos anotarlos puntualmente en la conversión agustiniana, que fue en realidad el descubrimiento de un nuevo mundo para su alma.

Pero, siendo San Agustín un gran psicólogo de la conversión, justo es que le preguntemos a él lo que pensó de la suya habiéndonos dejado innumerables apuntes y descripciones. Ya en la misma pintura que hace de sí en las *Confesiones* va incluida la teología, y la historia, y la psicología de la conversión. En Casiciaco él tenía ideas claras acerca de este fenómeno religioso que vivió él tan intensamente [196].

La conversión como liberación gratuita y sobrenatural está descrita en estas palabras: «Pero ¿dónde estaba en tan larga sucesión de años mi libre albedrío? ¿De qué bajo profundo y secreto fue evocado en un momento para que yo sujetase mi cuello a vuestro yugo suave, y mis hombros a vuestra carga ligera, ¡oh Cristo Jesús!, ayudador y redentor mío? ¡Cuán suave se me hizo de repente carecer del suave halago de aquellas bagatelas! Era ya para mí un gozo el haber dejado lo que temía perder. Tú las arrojabas fuera de mí por ser la suprema y verdadera delicia; las arrojabas y entrabas en vez de ellas, tú que eres más suave que todo deleite, aunque no a la carne y sangre; más claro que toda luz, más íntimo que todo secreto, más sublime que todo horror, pero no a los soberbios. Ya estaba libre mi alma de las mordaces ansias de ambicionar, de buscar riquezas, de revolverme en los placeres, de rascar la carne de mis apetitos; ya cantaba alegremente a Vos, claridad mía, riqueza mía, salvación mía, Señor Dios mío!» [197]

En este canto triunfal, la conversión aparece como una liberación de la esclavitud pasada, como un gozo nuevo, como la experiencia de una presencia íntima de Dios, como una gracia suave y deleitosa; la *gratia delectans,* que tendrá tanto relieve en su teología. La *interiorización* de Cristo como ayudador y redentor forma parte imprescindible de esta nueva experiencia agustiniana. ¡Cómo entendió muy pronto y muy íntimamente el sentido místico de las palabras paulinas: *Revestíos de Jesucristo,* que fueron las que decidieron su conversión!

En el libro *De beata vita* tenemos una descripción más abstracta con la imagen de un viaje marítimo o de tres clases de viajeros que por diversos modos son atraídos a la tierra firme de la vida feliz [198]. En su predicación hallamos también muchas alusiones a la gracia de la conversión: «¿Qué has hecho, ¡oh hombre!, para que te convirtieras a Dios y merecieras su misericordia?; y los que no se convirtieron incurrieron en la ira de Dios. ¿Qué podrías haber hecho para convertirte si no fueras llamado? ¿No es verdad que el que te llamó cuando estabas lejos, te ayudó con su gracia para convertirte? No te pongas, pues, arrogante con tu conversión; pues, si El no te hubiera llamado cuando huías de El, no te hubieras convertido» [199].

[195] G. Barra, *Psicologia dei convertiti* p.42-70 (Roma 1959).
[196] H. Gros, o.c., p.96. Cf. *De ord.* I 23 (PL 32,988): «... quid est aliud converti, nisi ab immoderatione vitiorum, virtute ac temperantia in sese attolli?».
[197] *Conf.* IX 1,1.
[198] *De beata vita* I 144: PL 32,959-61.
[199] *Enarrat. in ps.* 84,8 (PL 37,1073): «Noli tibi ergo arrogare nec ipsam conversionem, quia nisi te ille vocaret fugientem, non posses converti».

Quien así hablaba se apoyaba en una experiencia personal de su historia. Por eso, San Agustín no se saciaba de considerar las conversiones como maravillas divinas: «*Tú eres verdaderamente el que haces milagros*. Tú eres verdaderamente, gran Dios, que obras maravillas en los cuerpos y en las almas; tú solo las haces. Oyeron los sordos, vieron los ciegos, cobraron las fuerzas los enfermos, surgieron los muertos, las paralíticos quedaron sueltos de sus ligaduras: éstos son milagros corporales. He aquí los del alma: son sobrios los que antes eran beodos, fieles los que antes idólatras, limosneros los que antes ladrones. ¿Qué Dios hay tan grande como es nuestro Dios?» [200]

Todo esto rebosa de experiencia personal. Con profunda intimidad, el convertido africano se aplicó a sí mismo las grandes imágenes soteriológicas del Evangelio: el hijo pródigo, la oveja perdida, la dracma extraviada, la parábola del samaritano.

A propósito de la conversión de Mario Victorino (*Conf.* 8,3), funde tres de las imágenes anteriores en este pasaje: «Porque también Vos, Padre misericordioso, os alegráis más de un solo penitente que de noventa y nueve justos que no tiene necesidad de penitencia (Lc 15,24). Y nosotros oímos con grande alegría con cuánto regocijo lleva el Pastor sobre sus hombros la oveja que se había extraviado; y cómo la dracma es repuesta en vuestro tesoro entre los parabienes de las vecinas a la mujer que la halló (Lc 15,5-9); y lloramos al ver el júbilo de la fiesta en vuestra casa cuando en ella se lee del hijo menor que había muerto, y ha resucitado; había perecido, y ha sido hallado (Lc 15,24)». ¡Cuánto debió de llorar Agustín con la parábola del hijo pródigo!

Otras veces, con íntimo sentimiento personal, se apropia estas imágenes: «Anduve errante, como oveja perdida; pero espero ser llevado a ti sobre los hombros de mi Pastor, que es tu arquitecto» [201].

En estas parábolas halla San Agustín la doctrina de la gracia y de la misericordia divinas que en toda conversión resplandece: «Pues se da como don de gracia que sea justificado el impío y vuelva la oveja perdida; pero no con sus fuerzas, sino reportada en los hombros del Pastor (Lc 15,5); ella pudo perderse cuando andaba siguiendo sus caprichos, mas no pudo hallarse a sí misma ni hubiera sido hallada a no haberla buscado la misericordia del Pastor. Pues tampoco deja de pertenecer a esta oveja aquel hijo menor que, volviendo en sí, dijo: *Me levantaré e iré a mi padre*. Pues, por un oculto llamamiento e inspiración, fue también él buscado y resucitado por Aquel que todo lo vivifica, y hallado por Aquel que vino a buscar y hallar todo lo que había perecido. *Porque estaba muerto, y surgió a la vida; se había perdido, y fue hallado* (Lc 15,18.24)» [202].

[200] *Enarrat. in ps.* 86,16: PL 36,970. Cf. *Enarrat. in ps.* 88,6: PL 36,1123.
[201] *Conf.* XII 15,21. Dice «tu arquitecto o constructor», *structoris tui*, porque habla en apóstrofe al cielo, la casa de Dios y de los santos.—*Conf.* XII 10,10: «Erravi et recordatus sum tui, audivi vocem tuam post me ut redirem, et vix audivi propter tumultum peccatorum meorum».
[202] *Enarrat. in ps.* 77,24: PL 36,998-99. San Agustín se apropia frecuentemente la historia del hijo pródigo: «Pero me alejé de ti y me fui a una región lejana para disipar la buena parte de mi sustancia entre culpables codicias» (*Conf.* IV 16,30). La expresión «regio egestatis» (*Conf.* II 10,18), país de miseria, lleva el recuerdo de la misma parábola. Cf. B. BLUMENKRANZ, *La parabole de l'enfant prodige chez S. Augustin et S. Césaire d'Arlès: Vigiliae Christianae* 2 (1948) 102-105. El autor trata de la interpre-

14. Interpretación pascual de la conversión

San Agustín no se cansaba de meditar en el milagro de su conversión para expresarla de diversas maneras y estilos. He aquí una descripción alegórica que completa otras pinturas: «Avanza en tu confesión, ¡oh fe mía! Di a tu Señor: *Santo, Santo, Santo: en tu nombre fuimos bautizados,* Padre, Hijo y Espíritu Santo; en tu nombre bautizamos, Padre, Hijo y Espíritu Santo, porque también en medio de nosotros creó en su Cristo el cielo y la tierra, es decir, los espirituales y carnales de tu Iglesia; y nuestra tierra, antes de recibir la forma de tu doctrina, era invisible y caótica y las tinieblas de la ignorancia la recubrían... Pero como vuestro Espíritu se cernía sobre el agua, tu misericordia no abandonó nuestra miseria, y dijiste: *Hágase la luz; haced penitencia, porque se acerca el reino de Dios* (Mt 3,2). Haced penitencia, hágase la luz. Y como nuestra alma estaba conturbada dentro de nosotros, nos acordamos de ti desde la tierra del Jordán y desde el monte igual a ti (Sal 41,7), pero pequeño por amor nuestro (alude a Cristo); y nos desagradaron nuestras tinieblas y nos convertimos a ti, y *se hizo la luz.* Y ved cómo fuimos un tiempo tinieblas, mas ahora somos luz en el Señor (Ef 5,8)» [203].

No es fácil devanar esta madeja de ideas que el autor recoge aquí. Pero ellas nos llevan al término de la conversión, es decir, al bautismo, que recibió en la aurora de la Pascua, que en el año 387 cayó el 24 de abril, y durante la vigilia recibió de manos de San Ambrosio los sacramentos del bautismo, la confirmación y la eucaristía. Entonces se hizo realmente *espiritual* con la gracia del Espíritu Santo, porque se hizo cristiano, hombre nuevo, cambiado por la fe y el sacramento: «Vos me perdonasteis mis maldades pasadas, cubriéndolas con vuestra indulgencia para hacerme feliz en Vos, transformando mi alma con la fe y con vuestro sacramento» [204]. En su bautismo llegó a la última transformación por el perdón de los pecados y el revestimiento de la gracia divina.

Este cambio espiritual de los catecúmenos era la gran fiesta de la Pascua cristiana: «He aquí nuestra alegría, hermanos; la alegría de veros reunidos; la alegría de los salmos e himnos, la alegría en la memoria de la pasión y resurrección de Cristo, la alegría en la esperanza de la resurrección. Si tanto gozo nos trae la esperanza, ¿qué será la realidad?» [205]

Lo que se celebraba en la Pascua era la doble resurrección: la gloriosa de Cristo después de su muerte y la no menos gloriosa de las almas que triunfaban de la muerte del pecado y resucitaban para Dios. San Agustín tiene

---

tación de *siliquae porcorum.* Una muy sucinta explicación de la parábola del hijo pródigo hay en *Quaestionum Evangeliorum* q.33: PL 35,1344-48, y el sermón *De duobus filiis ex Evangelio* (CAILLAU y ST. IVES, II 11: MA I p.255-64).

[203] *Conf.* XIII 12,13: «Et displicuerunt nobis tenebrae nostrae et conversi sumus ad te, et facta est lux». El bautismo recibió también el nombre de iluminación, φωτισμός en griego. A esta iluminación, materialmente sugerida por la abundancia de luces en la ceremonia pascual, alude, sin duda, el Santo cuando dice en *Enarrat. in ps.* 25,11 (PL 36,133): «Conversus eras ut illuminareris, et conversione tua factus es lumincsus... Quare illuminatus es? Quia convertisti te ad aliud quod tu non eras. Quid est aliud quod tu non eras? Deus lumen est. Non enim tu lumen eras, quia peccator eras».

[204] Ibid., X 3,4: «... mutans animam meam fide et sacramento tuo».

[205] GÜELF., VIII 1; MA I p.565.

un célebre sermón sobre la resurrección de Lázaro, sermón que está lleno de luces de su propia experiencia.

Las tres resurrecciones que nos cuentan los evangelios: la de la hija de Jairo, realizada en la misma alcoba mortuoria; la del hijo de la viuda de Naím, resucitado en la vía pública camino del cementerio, y la de Lázaro, sepultado de cuatro días, representan para San Agustín tres clases de pecadores convertidos o resucitados espiritualmente. Son los que pecan *en lo secreto,* y llevan al muerto en su conciencia; los que pecan *en público,* con escándalo, y los habituados al pecado, a quienes *la costumbre* oprime como una losa grave.

Así, en el pecado de concupiscencia hay tres formas de cometerlo: con deseo grave y secreto en la misma conciencia; es la muerte en la alcoba del corazón. Pero quien comete adulterio, ya peca externamente por acción delictiva y pública; si a las dos formas anteriores se añade la costumbre o repetición del pecado grave, entonces hay hedor mortal y presión de lápida sepulcral que dificulta la resurrección. Pero aun entonces, Cristo es poderoso para darle vida y levantarlo del sepulcro [206].

Todos los que renacen a una vida nueva—pecadores ocultos, pecadores públicos, pecadores de costumbre—son hijos de una resurrección espiritual.

Sin duda, San Agustín se incluía a sí mismo en la tercera categoría, porque describe su conversión como de pecador de costumbre.

Ahora bien, la Pascua es precisamente la fiesta del tránsito de la muerte a la vida del espíritu por la fe y el sacramento: «Celebremos la Pascua de modo que no sólo revoquemos a la memoria lo que sucedió, o sea, que Cristo murió y resucitó, sino también no omitamos las demás cosas que se dicen de El. Pues, según el Apóstol, *murió por nuestros delitos, resucitó para nuestra justificación* (Rom 5,25); cierto tránsito de la muerte a la vida ha sido consagrado en aquella pasión y resurrección del Señor. Y así, el mismo nombre de Pascua no es griego, como vulgarmente se dice, sino dicen que viene del hebreo los que conocen ambas lenguas. No procede, pues, de *pasión,* que en griego es πάσχειν, sino del vocablo hebreo *phase,* que significa paso, es decir, tránsito de la muerte a la vida. Por eso se llamó tránsito a la Pascua. Lo cual quiso tocar el Señor cuando dijo: *El que cree en mí pasará de la muerte a la vida»* [207].

Con este *paso* se enlazaba no sólo el tránsito del ángel exterminador en la noche de la muerte de los primogénitos en Egipto, sino también el milagro del paso del mar Rojo, donde quedaban sepultados todos los enemigos que al hombre persiguen, es decir, todos los pecados, sumergidos bajo el agua del bautismo. En la instrucción catequística que recibió San Agustín escuchó seguramente la interpretación del simbolismo de este gran hecho de la historia de la salvación, que él también incluye en su manera de catequizar a los ignorantes: «Pues tampoco aquí faltó el misterio del leño, porque Moisés se sirvió de la vara para el milagro—de la división de las aguas—. Ambos son signos

---

[206] *De resurrectione Lazari:* MA I p.125.354.
[207] *Epist.* 45,1: PL 33,205. En la etimología del nombre de Pascua, San Agustín seguía a San Jerónimo y no al Ambrosiáster. Cf. RANIERO CANTALAMESSA, *Ratio Paschae. La controversia sul significato della Pascua nell' Ambrosiaster, in Girolamo e Agostino:* Aevum 44 (1970) 219-41.

del santo bautismo, por el que los fieles pasan a una vida nueva, siendo quitados y suprimidos sus enemigos los pecados» [208].

Tal es la significación de la Pascua, y así la vivió San Agustín, recibiendo el bautismo como sacramento de una vida nueva: «Pues así como la pasión significó nuestra vida vieja, la resurrección es el sacramento de la vida nueva» [209].

La vida cristiana comprende, pues, una muerte y una resurrección: la muerte al pecado y la resurrección espiritual o vida de la gracia. Tal es la esencia y el programa de la nueva espiritualidad: «Si vivimos bien, hemos muerto y resucitado» [210].

Con el bautismo sintió el neoconverso el alivio de la liberación de sus antiguos enemigos: «Recibimos el bautismo, y huyó de nosotros toda ansiedad de la vida pasada» [211]. Los enemigos quedaron sepultados bajo las aguas.

Durante la octava se dedicó a saborear el misterio de aquel acontecimiento, que le dejó para mucho tiempo una dulzura de su resurrección espiritual: «No me hartaba en aquellos días de considerar con admirable dulzura la magnificencia de vuestro plan para salvar al género humano. ¡Cuánto lloré con los himnos y cánticos tuyos, enternecido por las voces de vuestra Iglesia, que canta tan suavemente! Aquellas voces entraban en mis oídos, y vuestra verdad se derretía en mi corazón, y de ahí se encendía el afecto de mi piedad, y fluían las lágrimas y me bañaba de gozo» [212].

Antes, todavía siendo catecúmeno, San Agustín se prendó de la lectura de los Salmos, que habían de ser uno de sus manjares espirituales para sí mismo y para sus fieles. La doctrina de la gracia hallaba en ellos su más sólida firmeza.

15. Espiritualidad nueva

Con la conversión y el bautismo no llegó San Agustín a una estación de término, sino al comienzo de un camino que debía recorrer a lo largo de su vida: «Con aquella santa ablución se comienza la renovación del hombre nuevo» [213]. Es decir, nace *el nuevo peregrino de amor,* como diría Dante. La novedad de este peregrino es que recoge en sí todas las fuerzas sanas de la naturaleza que han sido liberadas en la conversión. Dice G. Bardy a propósito de los convertidos de los primeros siglos: «Deseo de la verdad, deseo de liberación y salvación, deseo de santidad: he aquí los tres grandes motivos de la con-

---

[208] *De catech. rud.* XX 34 (PL 40,335): «Utrumque signum est sancti baptismi quo fideles in novam vitam transeunt, peccata vero eorum tanquam inimici, dentur atque moriuntur».

El primer texto que tenemos sobre conversión en la plegaria de los *Soliloquios* implica esta idea de resurrección o renacimiento: «Deus, a quo averti, cadere; a quem converti, resurgere; in quo manere, consistere est» (*Sol.* I 1,3: PL 32,870).

[209] Güelf. IX 3 (MA I p.468): «Sicut enim passio significavit nostram veterem itam, sic eius resurrectio sacramentum est novae vitae».

[210] *Serm.* 231,3 (PL 38,1105): «Si bene vivimus, mortui sumus et resurreximus».

[211] *Conf.* IX 6,14: «Et baptizati sumus et fugit a nobis sollicitudo vitae praeteritae».

[212] Ibid., IX 6,14: «Nec satiabar illis diebus dulcedine mirabili considerare altudinem consilii tui super salutem generis humani»...

[213] *De mor. Eccles. cathol.* I 35,80 (PL 32,1344): «Et illo sacrosancto lavacro choatur innovatio novi hominis».

versión cristiana en el transcurso de los primeros siglos» [214]. Los tres se hallaron vivos y presentes en la historia de la conversión agustiniana; y, lejos de extinguirse su fuerza con la recepción del primer sacramento, se acendraron y acaloraron con nuevas energías para no dar reposo al neófito africano.

La espiritualidad es, ante todo, un deseo; es decir, un disgusto de lo que se es y un ansia de mejoración. *La verdad, la libertad, la santidad,* serán la meta, nunca alcanzada plenamente en este mundo, del peregrino de amor.

La vida de San Agustín se ha hecho ejemplar: «La vida del Padre de la Iglesia San Agustín es la historia de un hombre en la que ejemplarmente está mostrado el camino del hombre nuevo» [215].

El bautismo crea un hombre nuevo: «He aquí que el hombre bautizado recibió el sacramento del nacimiento; posee un sacramento grande, divino, santo, inefable. Ponderad lo que hace, pues innova al hombre con el perdón de los pecados; mire cada cual si se realiza en su corazón lo que en su cuerpo; mire si tiene caridad, y entonces diga: 'Yo he nacido de Dios'. Y, si ella le falta, ciertamente lleva impreso el carácter, pero anda como desertor» [216].

El sello y carácter de hijos de Dios es la gran novedad de la espiritualidad cristiana. Con equivalente expresión, podemos decir que los hombres han recibido la gracia de hacerse miembros de Jesucristo: «He aquí que habéis sido hechos miembros de Cristo. Si reflexionáis sobre lo que significa esto, todos vuestros huesos gritarán: *¿Señor, quién hay semejante a Vos?* (Sal 34,10). No hay pensamiento humano que pueda sondear bien esa dignación de Dios, y desfallece todo lenguaje y sentimiento humano ante este beneficio gratuito, sin ningún mérito precedente» [217].

Este sentimiento de asombro, de admiración, de humildad y reconocimiento por el misterio de la gracia de Dios va inherente a la espiritualidad agustiniana: «Desde que me convertí a Vos, renovado por Vos, yo que fui hecho por Vos; recreado, yo que fui creado; reformado, yo que fui formado; desde que me convertí, vi que no tenía ningún mérito anterior y que tu gracia me socorrió de balde para que me acordase de vuestra justicia solamente» [218].

Pero este sentimiento de vacío de sí mismo está colmado por la presencia de Cristo, a quien se incorpora el cristiano por la fe, que es principio de adhesión e inhesión: «Porque la fe es creer en el que justifica al impío; creer

---

[214] G. BARDY, *La conversion au Christianisme durant les premières siècles* p.15 (Paris 1959).

[215] RODOLF STRAUSS, *Der neue Mensch innerhald der Theologie Augustins* p.4 (Stuttgart 1967).

[216] *In Epist. Io ev. tr.* V 5: PL 35,2015. El nacimiento de Dios nos hace espíritus espirituales.—*In Io. ev. tr.* XII 5 (PL 35,1486): «Spiritualiter ergo nascimur et in spiritu nascimur verbo et sacramento. Adest Spiritus ut nascamur». Esta espiritualidad se d como un don o una creación celestial.—*Enarrat. in ps.* 6,2 (PL 36,91): «Qui etiam novu homo propter regenerationem dicitur morumque spiritualium innovationem». El bautism no sólo crea un ser nuevo, sino exige una innovación en las costumbres, es decir, un espiritualidad práctica que responda al hombre nuevo.

Adviértase también que en esta regeneración bautismal actúan dos principios Dios Padre y la Iglesia madre. Cf. *Sermo* 216,8: PL 38,1081.

[217] *Sermo* 224,1 (PL 38,1093-94): «Non enim digne cogitari potest illa dignati Dei et deficit omnis sermo sensusque humanus venisse nobis gratuitam gratia nullis meritis praecedentibus».

[218] *Enarrat. in ps.* 70 sermo II 2: PL 36,892.

en el Mediador, sin cuya intervención no nos reconciliamos con Dios; creer en el Salvador, que ha venido a buscar y salvar lo que había perecido; creer en el que dijo: *Sin mí, nada podéis hacer»* [219].

Es decir, creer es entrar en la esfera salvífica de Cristo con las disposiciones implícitas en la sumisión fiel del creyente.

Y aquí se divisan las grandes novedades que trae consigo esta forma de espiritualidad, que se diferencia esencialmente de toda la espiritualidad pagana y judaica. Su rasgo y peculiar semblante le viene de Cristo, contra el cual se ha estrellado el orgullo humano. La espiritualidad cristiana es humilde: de aquí su grande novedad. Y su humildad comienza por la adhesión fiel al Verbo hecho carne: «Es la humildad la que disgusta a los paganos, y por eso nos insultan, diciendo: '¿Qué es eso de adorar a un Dios que ha nacido? ¿Qué es eso de dar culto a un crucificado?' La humildad de Cristo da en rostro a los paganos» [220]. Esta es la novedad de novedades: el Dios humilde y los cristianos humildes. Y por ambos lados, la gracia, el don de Dios, el inmenso beneficio, sin méritos humanos.

He aquí la raya divisoria que San Agustín señala entre la arrogante espiritualidad neoplatónica y la humilde de los cristianos. El no logró convertirse con la reflexión filosófica, sino abrazando humildemente a Cristo humilde [221].

Un autor de nuestros días confirma el contraste que San Agustín había hecho resaltar: «Plotino prueba con violencia el deseo de la unión con Dios y la necesidad de la purificación que la prepara; pero no parece conocer el sentimiento agobiador de la ínfima criatura ante el Creador, ni el clamor de la confianza que dirige el alma oprimida al Redentor, ni la tierna piedad que se despliega con la fe en la paternidad de Dios, ni la oración sumisa que exige su infinita majestad, ni la confusión del alma ante la faz de la santidad ofendida.

»Para conocer estas actitudes esenciales de la plegaria le ha faltado a Epicteto el conocimiento de la impotencia del hombre; y como se ha dicho que nosotros nada somos sin el sostén de Dios, hay que confesar que nada podemos si El no nos ayuda y que la oración es una necesidad tanto como un deber. No conocía un Dios que escucha las plegarias de sus criaturas; y no sólo principio y fin de ellas, sino también su amante, íntimamente presente en el fondo de las almas; que recoge todos sus suspiros, sus esfuerzos, las agitaciones de su voluntad y desea su salvación. Esta concepción puede ser fácilmente deformada por elementos antropomórficos, pero es mucho más rica de sentimientos religiosos y, en última instancia, más digna de Dios» [222].

Señalamos aquí los rasgos diferenciales definitivos de ambas espiritualidades: la plotiniana y la cristiana. En Cristo se cumple la aspiración más sublime del hombre antiguo: la unión con Dios. Sólo que la manera de realizarse es totalmente diversa. Plotino exige un replegamiento de fuerzas espi-

---

[219] *In Io. ev. tr.* 53,10 (PL 35,1778): «Fides autem Christi est credere in eum qui ustificat impium: credere in Mediatorem, sine quo interposito non reconciliamur Deo: credere in Salvatorem, qui venit quod perierat quaerere et salvare: credere in eum qui lixit: *Sine me nihil potestis facere».*
[220] *Enarrat. in ps.* 93,15: PL 37,1204.
[221] *Conf.* VII 18,24. Véase nt.161.
[222] R. Arnou, *Le desir de Dieu dans la philosophie de Plotin* p.49 (Paris 1921).

rituales para subir hasta Dios con el propio esfuerzo. Por eso «la idea propia de salvación, que supone un mediador enviado por Dios, es extraña a Plotino» [223].

En la teología cristiana, la criatura se ha unido al Creador, no porque haya ascendido a El con sus propias alas, sino porque el Creador ha descendido hasta donde está ella, tomando la iniciativa de su misericordia: «Yo desciendo a ti porque tú no puedes ascender hasta mí» [224]. O como dice en otro lugar: «El Hijo de Dios, tomando el camino de la humildad, bajó para subir, visitando a los que yacían en lo profundo y levantando consigo a los que querían unírsele» [225]. «Por este Mediador fue renovado el hombre por la gracia de Dios para emprender una vida nueva, es decir, espiritual» [226].

La comparación con el judaísmo—o la espiritualidad del Antiguo Testamento—nos ayuda también a penetrar mejor en la gran novedad del cristianismo.

En última instancia, el enemigo principal de Cristo fue el orgullo, el no doblegarse a la humildad de la aparición de Dios en el mundo. Los judíos lo condenaron de blasfemo porque se hacía Dios, siendo hombre. Con lo cual se comprende la gran novedad de la humildad de Dios y de la humildad cristiana como expresión y rasgo fundamental de la espiritualidad. Mas, siguiendo otra vía, es decir, otra virtud, que es la caridad, llegamos a la misma conclusión. Milagro cristiano es la fe humilde, pero también la caridad que de ella nace.

Personalmente, la superioridad del Nuevo Testamento sobre el Antiguo está expresada por la persona de Jesús, superior a los patriarcas, superior a Moisés y a los profetas. Volvemos otra vez al misterio de la encarnación como novedad de novedades y a la gracia de la encarnación como fuente de la nueva psicología del hombre redimido por Cristo. Esta psicología se resume en la palabra *caridad,* que es la que hace a los hombres espirituales capaces de cumplir la ley por amor y no por miedo o por interés. Sólo los espirituales cumplen en verdad la ley, porque están movidos por la gracia [227].

Aunque el amor verdadero llegó a su perfección en muchos justos y profetas, la espiritualidad del Antiguo Testamento se mantuvo inferior a la del Nuevo: «Para los judíos, prácticamente, la piedad consistía en un pequeño comercio con Dios. Yahvé se ponía a disposición del egoísmo de los hombres. Las ideas de recompensa y punición, mérito y demérito, en un sentido puramente terrestre, regulaban las prácticas religiosas de los judíos. No era el corazón, la intención, sino la obra realizada, lo que le valía en la cuenta de Dios. Estas obras recibían una recompensa en moneda terrena: salud, riquezas, bendición de hijos» [228].

---

[223] E. Bréhier, *La philosophie de Plotin* p.114 (Paris 1928).
[224] *Enarrat. in ps.* 121,5 (PL 37,1622): «Ego descendo, quia tu venire non potes»
[225] Güelf., XXXII (MA I 566): «Humilitatis ille viam docuit: descendens ascensurus, visitans eos qui in imo iacebant et elevans eos qui sibi cohaerere volebant»
[226] *De cat. rud.* 40 (PL 40,339): «In quo renovatus homo per gratiam Dei, agere novam vitam, hoc est, vitam spiritualem».
[227] *De divers. quaest. ad Simplicianum* I 7 (PL 40,105): «Non posse impleri legem nisi a spiritualibus, qui non fiunt nisi per gratiam».
[228] Karl Adam, *Le Christ notre Frère* p.100.

Es lo mismo que dice San Agustín: «Porque con miras a los beneficios terrenos buscaban a Dios, en realidad no querían a Dios, sino aquéllos. Y no con miedo servil, sino con amor liberal se sirve a Dios, pues se rinde culto a lo que se ama. Luego como Dios es mayor y mejor que todas las cosas, más que a todas ha de amársele para servirle» [229]. En este aspecto, la espiritualidad de los judíos se igualaba a la de los paganos: «Bienes de la tierra pedían los paganos al diablo, bienes terrenos pedía el judío a Dios; una misma cosa pedían, aunque no al mismo» [230]. Cumplían, pues, el decálogo por interés y miedo, no por amor a Dios [231].

Cristo vino para elevar y purificar esta espiritualidad servil e interesada con otra generosa y heroica, para que obrasen bien los hombres por amor al mismo bien. El miedo es una sequedad y encogimiento del espíritu, mientras el amor lo dilata y lo engrandece. Y ésta fue la gracia de la pasión de Cristo: «Para que el temor fuera convertido en amor fue sacrificado el Justo en verdad» [232]. Fruto de este sacrificio fue el envío del Espíritu Santo a la tierra en la plenitud de su amor, no en la pena del temor, para cambiar a los hombres, quitándoles su miedo a Dios y a las fuerzas oscuras del mundo y dándoles la caridad, que sobrepuja todo entendimiento [233].

En este aspecto, pues, la gracia de Jesucristo significa una liberación de la esclavitud, del interés y del miedo, que tiene tanta parte en las religiones humanas. Cristo con su Espíritu despertó las mejores energías afectivas que hay en el corazón, y con ellas el hombre se hizo más rico y generoso, más libre y dinámico para el bien.

Cristo rompe las cadenas de la doble esclavitud que el pecado produce con *aversión a Dios y conversión a las criaturas*. Porque, al alejarse la criatura del Creador, incurre en el pavor de su ira y en el de los espíritus malignos, que son instrumento de su venganza; y, al unirse a las criaturas con amor o afecto desordenado, queda presa en su servidumbre. Y este miedo al Juez, de quien da testimonio la conciencia culpable, y el temor a los espíritus malos, en que han creído todas las religiones, sofocan las expansiones más generosas y libres del corazón.

La caridad rompe esas cadenas y hace al hombre libre, expansivo, gozoso en su bien. Por eso el alma recibió alas como las abejas, porque andan sobre la miel, que es pegajosa, y fácilmente se convierte en causa de prisión y muerte [234].

La nueva espiritualidad cristiana tiene estas dos propiedades, que llama San Agustín «libertad de caridad» y «espíritu de libertad» [235], que elevan al hombre y enriquecen su dinamismo para que obre por los motivos más puros la justicia. Aun psicológicamente, un estado afectivo puro supone una plenitud

---

[229] *Enarrat. in ps.* 77,19: PL 36,996.
[230] *Enarrat. in ps.* 84,14: PL 37,1077.
[231] Cf. *Sermo* IX 8: PL 38,81.
[232] *Enarrat. in ps.* 90 sermo 2,8 (PL 37,1167): «Ut timor converteretur in amorem, occisus est Iustus iam in veritate».
[233] Ibid.: «In plenitudine amoris, non in paena timoris».
[234] *Epist.* 15,1 (PL 33,81): «Nam et in mellis copia non frustra pennas habet apicula, necat enim haerentem».
[235] *Sermo* 156,14 (PL 38,857): «caritatis libertas»..., «spiritus libertatis».

rebosante de fuerza y de gozo que aventaja con mucho a todo estado de miedo y opresión. De aquí el valor de un principio que enuncia un filósofo moderno para juzgar a las religiones: «Aquella religión a que pertenecen las más elevadas y ricas actitudes emocionales respecto a Dios, posee también el mayor contenido de verdad» [236].

Por ser, pues, la espiritualidad cristiana y agustiniana una espiritualidad del amor, ha desplegado una inexhaurible riqueza de sentimientos con respecto a Dios, como lo muestra la historia de los místicos y santos.

Esta elevación emocional florece en un embeleso melódico o musical, porque el alma no sólo se hace amiga de la música, de la armonía, sino musical, o *spiritualiter sonora* [237]. Vive en la armonía de una música espiritual que fue extraña al hombre antiguo y honra al nuevo, que cantando cumple el decálogo. Así declara el Santo la diferencia de las dos Alianzas: «Recibió la ley del decálogo el pueblo israelita y no la cumplió. Y los que la cumplían obraban por temor, no por amor a la justicia. Llevaban, sin cantar, el salterio en las manos. Para el que canta, el salterio es un placer; para quien lo lleva, un peso. Por eso el hombre viejo o no practicó la ley, o lo hizo por miedo al castigo; no por amor a la justicia, no por el gusto de la castidad, de la templanza o caridad, sino por temor. Porque es hombre viejo, y puede cantar el cantar viejo; mas para cantar el nuevo debe renovarse, según el consejo del Apóstol: *Despojaos del hombre viejo y revestíos del nuevo*. Esto es, mudad las costumbres. ¿Amabais antes al mundo? Amad ahora a Dios. ¿Seguíais antes las bagatelas de la iniquidad y los deleites temporales? Amad al prójimo Si obráis por amor, cantáis el cántico nuevo; si por miedo, lleváis ciertamente el salterio, pero no cantáis; y, si no lo cumplís, lo arrojáis. Pero más vale llevar el salterio que arrojarlo, y todavía es mejor cantarlo con gusto que llevarlo con disgusto» [238].

Esta es la psicología del hombre nuevo. Era necesario el amor para cantar el salterio, es decir, para cumplir el decálogo con alegría. Por eso «el cántico nuevo es el mismo amor» [239]. De suyo, el temor es un afecto inferior al amor en calidad y eficacia transformante. El cántico del hombre nuevo supone la transformación por la gracia, que le hace órgano nuevo para entonar alabanzas y vivir una vida colmada de alegría y amor.

En última instancia, la gracia, como infusión de caridad por el Espíritu Santo, es la gran novedad de la espiritualidad cristiana; ella es la que crea un corazón y un espíritu nuevos: «Acordémonos de que el que nos dice: *Haceos un corazón nuevo y un espíritu nuevo,* añade también: *Os daré un corazón*

---

[236] OTTO GRÜNDLER, *Filosofía de la religión* p.69 (Madrid 1926). Santa Teresa del Niño Jesús dice: «Mi naturaleza es tal, que el temor me hace retroceder; en cambio, con el amor, no sólo adelanto, sino vuelo» (*Historia de un alma* p.8).

[237] *Enarrat. in ps.* 67,35: PL 36,834.

[238] *Sermo* 9,8: PL 38,81. El salterio, que tenía diez cuerdas, es para el Santo el símbolo del decálogo con sus diez mandamientos. Cumplir con gusto y alegría los diez mandamientos es cantar tocando el salterio. Es hacer con gusto las obras buenas, lo cual supone una espiritualidad muy elevada.

[239] *Enarrat. in ps.* 95,2 (PL 37,1227): «Ipsa dilectio canticum novum est».—*Enarrat. in ps.* 149,1 (PL 37,1949): «Ipsa dilectio nova est et aeterna; ideo semper nova quia nunquam veterascit».

nuevo y un espíritu nuevo. ¿Cómo, pues, el que dice haceos dice igualmente os daré? ¿Por qué manda, si El lo ha de dar? ¿Por qué da, si el hombre lo ha de hacer, sino porque da lo que manda al ayudar para que se haga lo que manda?» [240] La ayuda divina no quita la voluntad humana, sino la refuerza y mejora, pues con la gracia «no se quita la voluntad, sino se cambia de mala en buena, y para hacerse buena recibe la ayuda» [241].

De aquí se colige que la novedad y transcendencia califican a esa forma de espiritualidad, que tiene un origen celestial y un fin supraterreno. Ella no es fruto de ninguna cultura histórica ni de ningún proceso evolutivo del género humano. No se debe a méritos ni esfuerzos humanos ni está al alcance de ninguna criatura apoyada en sus propias fuerzas. Viene de Dios, nos lleva a Dios, y lo hace por un mediador que es Dios-Hombre.

16. El ideal de la nueva espiritualidad

Pueden darse diversas fórmulas para expresar la espiritualidad que aquí se describe. P. Pourrat, p.ej., dice: «Conocer, amar e imitar las perfecciones de Dios según el proceso atribuido a la filosofía platónica, tal fue la vida de San Agustín después de su conversión» [242]. Se admite esta fórmula, pero añadiendo que no sólo se apoyó para realizarla en el método de la filosofía, sino también en las enseñanzas de la Sagrada Escritura. En Casiciaco leía los libros santos y subía a Dios, a la contemplación de sus atributos, por el itinerario ardiente del salterio.

Una religiosa carmelita, muerta en olor de santidad en el convento de Hulst (Holanda), decía: «Jesús, yo quisiera amaros como criatura como Vos me habéis amado como Creador. Ser perfecta criatura. El Señor me ha hecho vivir en mi verdad total de criatura caída y rescatada. Estos pensamientos de San Agustín me son familiares» [243].

También puede formularse así el ideal que se quiere definir: vivir intensamente como criatura caída y redimida responde al mensaje de la espiritualidad agustiniana. Los tres sentimientos de *criatura indigente* y *pobre, de pecador* que vivió en la región de la lontananza y *de redimido* por la gracia de Cristo fueron sentimientos vivos y familiares a nuestro Santo. Pero justo es que en este punto demos vez y voz al mismo San Agustín, el cual dice: «Estamos llamados a conseguir el ideal de la perfecta naturaleza humana tal como salió de las manos del Creador antes de pecar nosotros, y a ello se opone lo que nosotros deformamos por nuestra culpa» [244].

Lo que se propone aquí es el logro del paraíso perdido. El concepto de

[240] *De gratia et lib. arb.* XV 31 (PL 44,699): «Quomodo ergo qui dicit: facite vobis, hoc dicit: dabo vobis? Quare iubet, si ipse daturus est? Quare dat si homo facturus est, nisi quia dat quod iubet cum adiuvat ut faciat cui iubet?»

[241] Ibid., XX 41 (PL 44,905): «Qua (gratia) voluntas humana non tollitur, sed ex mala mutatur in bonam, et cum bona fuerit adiuvatur».

[242] P. Pourrat, *Dictionnaire de spiritualité*, art. «Attributs divins» col.1093.

[243] A. Ple, O.P., *Dieu dans une vie:* Vie Spirituelle 75 (1946) 81. La religiosa carmelita se llamaba sor Mónica de Jesús.

[244] *De vera relig.* XLVI 88 (PL 34,161): «Vocamur autem ad pertectam naturam humanam qualem ante peccatum nostrum fecit Deus: revocamur autem ab eius dilectione quam peccando meruimus».

retorno, clásico en la espiritualidad cristiana, tiene aquí su plena vigencia y exigencia. En el pasaje anterior se alude a los estados históricos por los cuales ha pasado el hombre: inocencia, pecado, redención. He aquí un breve escorzo de esta historia: «Hiciste, Señor, al hombre, le diste el libre albedrío, le colocaste en el paraíso, le impusiste un precepto, le amenazaste con muerte justísima si lo quebrantaba; nada omitiste; nadie puede exigir más de ti. Pecó; se hizo el género humano como una masa de pecadores que procede de pecadores. ¿Qué? Si tú condenas a esta masa de iniquidad, ¿quién te dirá: 'Has obrado injustamente'? Aun haciendo eso, serías justo y todo redundaría en alabanza tuya; pero, pues tú has libertado al mismo pecador justificando al impío, añadiré alabanza sobre alabanza» [245].

Pascal pisa las huellas de San Agustín cuando hace pintura, poniendo las palabras en boca de Dios: «Yo soy quien os ha creado y sólo yo sé cómo sois. Pero no estáis ahora en el estado en que yo os creé. Creé al hombre santo, inocente, perfecto, pleno de luz e inteligencia, y le he comunicado mi gloria y mis maravillas. El hombre veía entonces la majestad de Dios. No estaba en las tinieblas que hoy le ciegan, ni la muerte le afligía, ni las miserias. Pero no pudo sostener tanta gloria sin caer en presunción. Quiso hacerse centro de sí mismo e independiente de mi socorro. Se sustrajo a mi dominación, y, queriendo igualarse a mí por el deseo de hallar la felicidad por sí mismo, le he abandonado a sus fuerzas, y he permitido que las criaturas, que le estaban sumisas, le sean enemigas, de modo que el hombre es parejo a las bestias, y tan alejado se halla de mí, que apenas le resta una idea de su Autor» [246].

En este cuadro aparecen los privilegios y pérdidas del hombre caído.

La santidad del ser, la larga vista contemplativa y familiaridad con el mundo invisible, la interioridad, el señorío de sí mismo y de las cosas, la tranquilidad en el orden, la sabiduría: he aquí las condiciones en que fue puesto en el paraíso. San Agustín realza la interioridad de aquel estado por la posesión de la sabiduría, cuyo secreto manantial era la verdad interior. El árbol de la vida lo interpreta, simbólicamente, como don de sabiduría, por la que el hombre entendía hallarse puesto en un espacio metafísico intermedio, donde tiene arriba, muy sobre sí, al Creador, que le dio el ser, y abajo la creación corporal, que debe mantenérsele sumisa; no debe inclinarse, pues, ni a la derecha, arrogándose prerrogativas que no tiene, ni a la izquierda, perdiendo lo que justamente le eleva sobre todo material. Este conocimiento de su puesto y mantenimiento en este orden es el leño de la vida. Debe dar a Dios lo que es de Dios; a su espíritu, lo que él pide, y a lo inferior, lo que razonablemente le corresponde. Mas si, apartándose, prefiere el disfrute de su libertad y el de las criaturas, dejando a Dios, entonces su espíritu se hincha y desvanece con la soberbia, que es principio de todo pecado.

El ideal en aquel estado era un equilibrio de sabiduría para conservar su puesto ontológico, colocado entre dos abismos: el de arriba y el de abajo sin que le envaneciese la soberbia ni el absorbiese o le embruteciese la sensua-

---

[245] *Enarrat. in ps. 70* sermo 1,15: PL 36,885.
[246] PASCAL, *Pensées* p.430. Véase la interpretación alegórica en *De gen. contra man.* II 9: PL 34,203.

lidad. Con el árbol de la vida podía mantenerse en su dichosa región de semejanza a Dios.

Dios regaba al hombre con una fuente interior de comunicaciones, saciándose de la misma verdad que manaba de lo íntimo [247]. Era un diálogo interior del hombre con su Criador, un sentimiento de presencia gozosa, una contemplación de la majestad divina, como dice Pascal.

Y la tragedia espiritual de entonces sigue el mismo proceso que la de ahora, «porque el alma humana, separándose del sol interior, es decir, de la contemplación de la Verdad inmutable, todas las energías las vierte hacia fuera, y con esto se oscurece más y más en las cosas interiores y superiores. Se degrada o empeora lanzándose a lo exterior y arrojando sus intimidades en la vida. Al contrario, se mejora lentamente cuando poco a poco aparta su intención y su gloria de las cosas terrenas y las dirige a lo superior e interior» [248].

Se trata, pues, de un fenómeno de empobrecimiento y alienación que redujo al hombre a la miseria y esclavitud. Por eso, para volver al antiguo estado tiene que dar hacia atrás los mismos pasos que dio para caer. Pero hay aquí notables diferencias. Allí el hombre vivía como de una conversión interior y coloquio con la Verdad, o el sol que ilumina a todo hombre. La sabiduría, o el árbol de la vida, significaba la comunicación familiar con Dios [249]. También el retorno a la sabiduría con su compleja significación espiritual es el ideal del hombre redimido. Aquí también «es la misma Verdad, que, llamándonos a la primigenia y perfecta naturaleza, nos manda que resistamos a las costumbres carnales y nos enseña que nadie es apto para el reino de los cielos sin esa condición (Lc 9,60; 14,26)» [250].

Pero aquí la Sabiduría o la Verdad, que dirigía al hombre primero, siendo su maestro interior, se presenta en forma nueva, porque aparece vestida de carne y se llama Cristo. El cual conserva su privilegio y dignidad de Maestro interior, como lo fue en Adán, y habla al espíritu humano, como Verbo de Dios, con palabras interiores; pero se ha hecho también Palabra exterior, Verbo-carne, pues el Verbo se hizo carne, voz exterior, teología de parábolas, sermón del Monte y ejemplo y paradigma universal de imitación.

---

[247] Ibid., II 4: PL 34,199.
[248] *Epist.* 55,8-9: PL 33,208.
[249] Para darnos una idea aproximada de lo que fue el estado inocente tal como lo describe San Agustín, me parece bastante propia esta visión de una mística moderna, Lucía Cristina. Una vez vio su alma: «Yo he visto mi alma bajo la imagen de un lago de agua muy limpia; y Dios se aparecía dentro de esta agua como un astro incomparable, cuya luz brillaba más que el sol y era más dulce que la de de luna. No sólo la luz irradiaba en toda la superficie del lago, sino que toda el agua era tan transparente, que los rayos del sol la penetraban hasta el fondo. Y el fondo aparecía constelado de piedras preciosas, que brillaban al través del agua con el resplandor del astro misterioso. Con qué ardor la luz penetraba en el agua y con qué amor el agua aspiraba la luz, yo no lo sabré decirlo nunca. Dios me hizo ver que la fusión de estos dos elementos no es más que una tosca e imperfecta figura de la unión que hay entre El y mi alma cuando, por su divino amor, ella se hace como un espíritu con El» (*Journal spirituel,* 8 octubre 1885, p.237-38). Cit. P. DE JAEGHER, *Antologie mystique* p.338 (París 1933).
La presencia viva del sol, la pureza e interioridad, la atención a las cosas superiores, la amistad con Dios que aparecen en esta visión de Lucía, fueron también privilegio del primer hombre tal como lo concibe San Agustín.
[250] *De ver. rel.* 46,88: PL 34,161.

Y éste es el camino del retorno, y la patria adonde vamos, y la fuerza que nos ayuda en el camino para que la fragilidad no derribe nuestros ánimos. El se hizo tres cosas para nosotros: magisterio, ejemplo y ayuda [251].

También ahora el Maestro interior es la misma Verdad inmutable, que tiene su sede en lo interior del hombre, pues Cristo habita por la fe en los que en El creen y aman [252].

[251] *Sermo* 101,6 (PL 38,608): «Exemplum verum et adiutorium».—*Epist.* 137,12 (PL 33,581): «In Christo... venit hominibus magisterium et adiutorium ad capessendam sempiternam salutem».

[252] *De mag.* XI 38 (PL 32,1216): «De omnibus autem quae intelligimus non loquentem qui personat foris, sed intus ipsi menti praesidentem consulimus veritatem, verbis fortasse ut consulamus admoniti».

1. Los combates de San Agustín

La conversión, esbozada en las líneas anteriores, fue en San Agustín el comienzo de un perpetuo combate y afán de superación. La teología se hizo vida en él, pero en una forma agónica y militante. El título del librito suyo *De agone christiano* es el mejor retrato de su espiritualidad. En él se trata de las tres virtudes teologales y se refutan los principales errores con que debían chocar los cristianos de su tiempo. El combate es doble: contra *los errores* que desfiguran nuestra fe y contra *los vicios* que nos hacen la guerra para apartarnos de nuestro verdadero fin.

La agonía cristiana en San Agustín tuvo por teatro primero su mismo corazón, y luego todo el campo de la Iglesia, minado por las herejías.

En este capítulo trataremos de la agonía personal del Santo en defensa de la fe, de la esperanza y caridad en su misma persona; y después, de las luchas que sostuvo con las herejías principales de su tiempo, en que fue definiendo no sólo la fe, sino también la espiritualidad cristiana.

El doble combate está ya patente en los primeros escritos y vida de Casiciaco, donde ya se revela el agonista futuro de la Iglesia, lo mismo que el doble afán por esclarecer el enigma de Dios y el alma para iluminar la existencia cristiana y al mismo tiempo liberarse de las cadenas de las pasiones. Comienza, pues, allí a realizarse un proceso que tendrá la gloria de hacerse paradigma de la espiritualidad en Occidente, como dice L. Landsberg: «La historia espiritual de Agustín constituye una parte esencial de la historia espiritual de Occidente» [1].

San Agustín no es un teórico de estrategias, sino un estratega de ásperos combates, un militar entre militares, un agonista entre agonistas. Con el bautismo, y antes de recibirlo, se impuso la tarea de buscar a Dios: «A Dios hay que buscarle e invocarle en el mismo santuario del alma racional que se llama el hombre interior» [2]. Con la expresión *quaerere Deum,* buscar a Dios, señala la tarea fundamental del cristiano. Y en el contexto del pasaje citado se advierte cómo la interioridad neoplatónica se va ungiendo con el carisma cristiano, pues en él se apela a tres pasajes bíblicos interioristas: sobre la oración en secreto (Mt 6,6), la doctrina sobre el templo de Dios que somos nosotros, en quienes habita su Espíritu (1 Cor 3,16), la morada de Cristo en lo interior del hombre (Ef 3,16-17), y el aviso del salmista: *Reflexionad y compugíos en el silencio de vuestro lecho; ofreced sacrificios de justicia y confiad en el Señor* (Sal 4,5-6) [3].

[1] L LANDSBERG, *Les sens spirituels chez S. Augustin* 86: Dieu Vivant 11 (1938); «L'histoire spirituelle d'Augustin constitue une parte essentielle de l'histoire spirituelle de l'Occident».

[2] *De magis* 1,2 (PL 32,195): «Deus autem in ipsis rationalis animae secretis, qui homo interior vocatur, et quaerendus et deprecandus est». Este libro fue escrito a raíz de la conversión en el año 388-90.

[3] Ibid.

Estos pasajes, que cita en el mismo lugar y dan contexto al sentido del *homo interior,* enriquecen, elevan y santifican el regreso al espíritu o a la introversión a que le convidó la filosofía de Plotino. El *quaerere Deum* se hace una exigencia compleja, que pide también la reflexión y compunción en lo secreto del alma.

Tal es el primer aspecto que conviene insinuar en la agonía espiritual del pensador de Casiciaco, que derramó muchas lágrimas de penitencia y contrición y se dedicó a medicinar sus dolencias, a cicatrizar las llagas de su alma: «Bastante trabajo me dan mis heridas, cuya curación imploro a Dios llorando casi todos los días, aunque bien me percato de que no me conviene sanar tan pronto como yo deseo» [4]. El lloro penitencial fue el antebaustismo de Agustín. Las lágrimas eran un sacrificio cotidiano.

En el mismo libro, escrito antes del bautismo, dice en otro lugar: «Se levantaron ellos (los discípulos), y *yo con lágrimas* recé muchas oraciones» [5].

A la misma época pertenecen las lágrimas y gemidos provocados por el canto de los salmos, que le conmovieron hondamente no sólo por la música, sino por la letra [6]. Entonces tuvo ya nuestro converso una experiencia de la gracia *como deleite* superior; el espíritu de penitencia daba frutos de dulzura. Era una sensibilidad nueva la que sintió despertarse en su corazón: «Pues allí mismo donde yo me había enojado contra mí, allí dentro, en la celda secreta donde me había compungido, donde había sacrificado inmolando mi vida antigua y, con la esperanza puesta en Ti, había comenzado a planear mi renovación, allí mismo tú habías comenzado a serme dulce y dar alegría a mi corazón» [7]. Nótese aquí la fusión de los diversos elementos que definen la nueva espiritualidad: el conocimiento o repaso con enojo y disgusto de la vida pasada, la contrición de los pecados, el propósito de la nueva vida y la experiencia de la gracia, como un regusto dulce de Dios perdonador. Estos elementos irán siempre juntos en la espiritualidad del Santo. Había experimentado el sabor nuevo de *lo interno eterno,* aunque no podía comunicarlo a los demás, como el sabor del almorí tampoco puede explicarse al que no lo ha gustado [8].

Estamos en los comienzos de la nueva espiritualidad, en que la tensión hacia lo interno y eterno es auténtica agonía, no sólo por la posesión personal, sino también por el celo con que quiere salir fuera de sí para descubrir a otros sus secretos, arrebatándoles de sus errores.

Tal es el sello inconfundible de la agonía cristiana de nuestro Santo, movido siempre por las razones eternas de las tres aspiraciones al ser, a la verdad y a la felicidad.

[4] *De ord.* I 10,29: PL 32,991.
[5] Ibid., I 8,22 (PL 32,987): «... ego illacrymans multa oravi».
[6] *Conf.* IX 6,14: «... et currebant lacrymae et bene mihi erat cum eis».
[7] Ibid., IX 4,10: «... ibi mihi dulcescere caeperas et dederas laetitiam in corde meo»
[8] Ibid.: «O si viderent internum aeternum, quod ego quia gustaveram, frendebam quoniam non eis poteram ostendere». El *frendere,* indignarse, rechinar de dientes, indica la vehemencia y fogosidad interior de Agustín, que hubiera querido convencer a los maniqueos de sus errores.

2. La mente, purgada

En el mismo programa agónico entra la exigencia fundamental de la *katharsis,* no sólo de la filosofía platónica, sino también de la revelación de la Biblia y del episodio de la conversión con la lectura de San Pablo (Rom 13,13-14): «*No andéis en comilonas y embriagueces, en torpezas y deshonestidades, en reyertas y envidias, sino revestíos al Señor Jesucristo, y no os deis a la carne para satisfacer sus apetitos*» [9]. He aquí la fórmula completa de la nueva espiritualidad cristiana con una doble pedagogía negativa y positiva, de vacío interior y de plenitud por la gracia de Jesucristo.

Expresa la misma idea en este lugar con lenguaje más figurado y bíblico, comparando su hambre interior con la saciedad del presente: «No quería ya enriquecerme en bienes terrenos devorando el tiempo y siendo devorado por los tiempos, pues en vuestra eterna simplicidad tenía otro trigo, vino y aceite» [10].

Con estos manjares clásicos y litúrgicos, propios, sobre todo, de los hombres del Mediterráneo, designa la nueva riqueza de que se hizo dueño.

El convertirse no es sólo vaciarse y quedarse interiormente hueco y famélico, sino llenarse de manjares eternos que nutren, iluminan y deleitan, como el fruto de la oliva, de la espiga y de la vid. La espiritualidad debe dar alimento, luz y alegría al espíritu.

Este principio de la doble pedagogía espiritual lo enunció en una de sus primeras cartas escritas a Nebridio: «Hay que resistir a la vida de los sentidos con todas las fuerzas del alma. Es necesario. —Pero ¿si las cosas sensibles atraen demasiado? —Hágase que pierdan su encanto. —¿Y cómo se logra esto? —Con la costumbre de carecer de ellas y de apetecer cosas mejores» [11].

No es ningún plan de vida tener vacíos las trojes y bodegas interiores; hay que llenarlas de la cosecha de Cristo. Hay que aspirar a la purificación o vacío interior de lo que se opone a la mejor vida del espíritu.

«Aquí toman parte las tres virtudes: fe, esperanza y caridad. Porque tres cosas se necesitan para conocer a Dios: tener ojos, mirar, ver. Lo primero, se requieren unos ojos sanos y limpios, que son la mente purificada de toda afección carnal, de toda codicia de bienes mortales. Con la fe se logra esta sanidad. Se ha de tener esperanza en la curación para someterse a las prescripciones del médico, y también es necesario el amor o el deseo de ver la luz. Sin las tres cosas, ninguna alma queda sana para que pueda contemplar a Dios» [12].

Toda la medicina del Médico que es Cristo ayuda al que aspira a la salud y pureza espiritual.

[9] Rom 13,13-14.
[10] *Conf.* IX 4,10.
[11] *Epist.* 3,4 (PL 33,65): «Resistendum ergo sensibus totis animi viribus. Liquet. Quid si sensibilia nimium delectent? Fiat ut non delectent. Unde fit? Consuetudine iis carendi appetendique meliora». La resistencia a los sentidos debe entenderse cuando incitan a lo prohibido por la razón o la ley de Dios.
En este tiempo, San Agustín guardaba los resabios de la posición o contraste entre el mundo de los sentidos y el inteligible.
En *Retract.* (I 4,3: PL 33,590) corrige el dicho de los *Soliloquios* (I 14,24: PL 32,882): «Penitus esse ista sensibilia fugienda». Lo mismo que el dicho de Porfirio: «Omme corpus esse fugiendum».   [12] *Sol.* I 6,12: PL 32,875-76.

Por eso ya en toda esta primera fase se reconoce la autoridad de Cristo [13], como se ha dicho anteriormente; la fe en su divinidad [14], la significación de su encarnación [15], juntamente con la trinidad de las virtudes teológicas [16].

Exigencia y postulado necesario de la interioridad fue la pureza de costumbres, pues el hombre tiene mucha necesidad de la costumbre de retirarse de los sentidos y recoger el ánimo en sí mismo y retenerlo dentro [17].

La dispersión exterior es óbice para conquistar el reino espiritual. La ética y la doctrina del conocimiento no deben separarse, aunque el conocimiento filosófico y la solución de los problemas no eran para él un fin, sino un medio.

Por eso San Agustín aplicó el método de la introspección en forma de examen de conciencia, que habían practicado también los filósofos.

Mirarse a sí mismo con ojos inquisitivos y fustigadores fue ejercicio agustiniano. Ya en los *Soliloquios,* escritos antes del bautismo, ofrece una exploración interior de su estado, de lo que ama, de los motivos de sus aficiones [18]. Años más tarde, cuando escribió las *Confesiones* siendo obispo, dejó también una muestra implacable de introversión, revelándonos su conciencia llagada y sangrante: «He considerado las enfermedades de mis pecados, que proceden de la triple concupiscencia, y he invocado tu diestra para salvarme» [19].

El examen frecuente de la propia conciencia con la aguda sensibilidad que tuvo Agustín, pertenece a su habitual agonía cristiana, que le mantuvo siempre vigilante, como hombre de frontera peligrosa, llena de enemigos; de enemigos que estaban dentro del hombre mismo y con los cuales no había hecho paces. San Agustín era exigente en este punto. Por eso, con el conocimiento propio se encuentra como arrojado ante la faz de Dios: «Porque con el corazón herido vi vuestro resplandor, y deslumbrado dije: *¿Quién podrá arribar allí? Y fui arrojado delante de vuestros ojos* (Sal 30,23)» [20].

3. Vértigo reverencial y temblor amoroso

Después del examen de conciencia, en que ha recorrido los ángulos más oscuros de su espíritu, Agustín se siente como despedido por la santidad de Dios, en una región remotísima de desemejanza y fealdad. Propiamente, un examen de conciencia es un careo de la verdad y de la mentira, *veritas-mendacium,* que es el contraste que hiere y derrumba en el suelo al que lo hace con la agudeza agustiniana [21]. Arriba brilla el ser de Dios, auténtico, verdadero, sin sombras; abajo, el ser humano, herido, mutilado, mentiroso en su lenguaje,

[13] *Contra acad.* III 20,43: PL 32,957.
[14] *De ord.* I 10,29: PL 32,991.
[15] Ibid., II 5,10: PL 32,1002.
[16] *De beata vita* 4,35 (PL 32,976): «Haec est nullo ambigente beata vita quae vita perfecta est, ad quam nos festinantes posse perduci, solida fide, alacri spe, flagrante caritate praesumendum est».—*Sol.* I 1,5 (PL 32,872): «Auge in me fidem, auge spem, auge caritatem». Cf. R. STRAUSS, *Der neue Mensch* p.20ss.
[17] Es la exigencia del principio de la interioridad. Cf. *De ver. rel.* 39,72: PL 34,154
[18] *Sol.* I 9-13,16-22: PL 32,877-81.
[19] *Conf.* X 41,66.
[20] Ibid.
[21] Ibid.: «Tu es veritas omnia praesidens... sed volui tecum possidere mendacium» Este careo de la verdad y del hombre-mentira es frecuente en San Agustín, porque para él, como para la Sagrada Escritura, es *omnis homo mendax.* Cf. PRZYWARA, *San Agustín* p.353-55.

a mil leguas de la grandeza del Creador. En esta contrariedad se ve arrojado Agustín: «Como son contrarios luz y tinieblas, piedad e impiedad, justicia e injusticia, maldad y obra buena, salud y debilidad, vida y muerte, así son contrarias la verdad y la mentira» [22].

En su concepto, el *mendacium* no sólo tiene dimensiones morales, sino ontológicas: «Busca lo que es propio del hombre, y verás que es el pecado. Busca lo que es propio del hombre, y hallarás la mentira» [23].

Esto nos descubre que la conciencia religiosa es paradójica, o, si se quiere, dialéctica, como agitada por dos tensiones de dos sentimientos opuestos: sentimiento de presencia y sentimiento de lejanía y desemejanza.

Un pasaje de las *Confesiones* lo expresa bien: «¿Qué es aquello que me deslumbra en mi interior y flecha mi corazón sin herirlo? Y me lleno de horror y de amor; me horrorizo por lo desemejante que le soy; me enardezco por cuanto le soy semejante. Es la Sabiduría, la misma Sabiduría, la que me ilumina, rasgando mi nublado, que de nuevo cae sobre mí, porque no soy capaz de impedirlo con la caliginosa pesadumbre de mis miserias» [24].

Idénticos sentimientos le producía la verdad de las revelaciones bíblicas, donde Dios habla a los hombres: «Admirable profundidad, Dios mío; admirable profundidad es la de vuestras palabras. Da horror fijar la mirada en ella; horror de reverencia y temblor de amor» [25]

San Agustín sentía sin duda vértigos frecuentes ante el abismo de la santidad divina y ante el otro, no menos pavoroso, de la conciencia humana, nublada con su calígine de culpas, penas y errores. Ambos sentimientos pertenecen a lo íntimo de su espiritualidad [26].

En las *Confesiones* hay un episodio que no es fácil determinarlo cronológicamente: «Aterrado por mis pecados y por la grandeza de mi miseria, había agonizado en mi corazón y meditado la huida a la soledad; pero Vos me quitasteis estos pensamientos y disteis seguridad con estas palabras: *Por eso murió Cristo por todos, para que los que viven, no vivan ya para sí, sino por el que murió por ellos* (2 Cor 5,15)» [27].

Hay quienes sitúan este episodio después de la conversión, mas no parece esto lo más probable [28]. Ningún documento de aquella época confirma el deseo de huir a la soledad. El *propósito de servir a Dios* lo cumpliría volviendo al África con sus amigos y viviendo juntos en su país natal [29].

Otros lo sitúan después de la ordenación sacerdotal o episcopal [30]. Según

[22] *Contra mend.* 3,4: PL 40,520-21.
[23] *Serm* 32,10 (PL 38,200): «Quaere quid sit hominis proprium, invenies peccatum. Quaere quid sit hominis proprium, invenies mendacium».
[24] *Conf.* XI 9,11: «... et inhorresco et inardesco; inhorresco in quantum dissimilis ei sum, inardesco in quantum similis ei sum».
[25] Ibid., XII 14,17: «Horror est intendere in eam, horror honoris, et tremor amoris».
[26] Sobre cierto *terrorismo divino* a propósito de sus obligaciones pastorales véase vol.1 de *Obras de San Agustín* p.32-33: BAC.—*Serm.* 40,5 (PL 38,245) «Territus terreo».
[27] *Conf.* X 43,70.
[28] P. LABRIOLLE, *Confessions* p.292 nt.2; P. COURCELLE, *Recherches sur les Confessions de S. Augustin* p.198. Pero no considera esta solución como definitiva. Cf. *Année théologique* (1951) p.256-57.
[29] POSSIDIUS, *Vita S. Augustin* II: PL 32,36. Cf. *Obras de San Agustín* I p.36-37: BAC.
[30] Cf. A. SOLIGNAC, *Les Confessions* VIII-XIII p.267 nt.1. F. Cayré y M. Pellegrino ponen esta crisis después de la ordenación sacerdotal.

éstos, sintió como un desmayo espiritual ante la magnitud de las responsabilidades pastorales, como la que describe en un comentario al salmo 54: *El temor y el temblor vinieron sobre mí y me cubrieron las tinieblas* (Sal 54,6): «Se ve esto, hermanos, y se levanta a veces en el ánimo del siervo de Dios el deseo de huir a la soledad por la muchedumbre de tribulaciones y escándalos, y dice: *¡Quién me diera alas de paloma!*... A veces pretende uno corregir a los hombres torcidos, malvados, que están bajo su cuidado, pero con ellos todo empeño y vigilancia se pierden en el vacío; son incorregibles, hay que aguantar. Y el que no puedes corregir es tuyo o por la hermandad del género humano o por la comunión eclesiástica; él está dentro. ¿Qué puedes hacer con él? ¿Adónde irás? ¿Dónde te puedes meter para no padecer por estas cosas?... Se ha hecho cuanto se puede, pero sin fruto alguno; se han agotado los trabajos; sólo queda el dolor. ¿Cómo va a descansar mi corazón en tales casos sino diciendo: '¡Quién me diera alas!'; pero como de paloma, no de cuervo?»[31]

Estos momentos de agonía interior los tuvo San Agustín frecuentes, sin duda, en su vida pastoral; pero su espiritualidad era de paloma, «que día y noche gime, porque está aquí en un lugar de gemidos»[32].

4.   «Yo pienso en mi precio»

El Obispo de Hipona no logró nunca el reposo de una soledad como la hubiera deseado, ni tampoco le faltó el hábito de retirarse a su interior, sobre todo por las noches. San Posidio nos da esta noticia: «Aun manteniéndose siempre unido y como suspendido de las cosas del espíritu, de más valor y transcendencia, apenas alguna vez se abatía y bajaba de la meditación de las cosas eternas a las temporales, y después de disponerlas y ordenarlas, apartándose como de cosas mordaces y pesadas, retornaba otra vez a las interiores y superiores, dedicándose ora a descubrir nuevas verdades divinas, ora a dictar las ya conocidas o bien a enmendar lo dictado y copiado. Tal era su ocupación, trabajando de día y meditando por la noche»[33].

Es todo un retrato del Pastor, que supo dar un gran equilibrio a la vida de acción y contemplación, poniendo en lo temporal y pasajero el sello de lo eterno. Su día era para los hombres, su noche para Dios. O mejor dicho, día y noche eran para el Señor.

Hábito preferente en él era meditar en las palabras de Dios, «porque no

---

[31] *Enarrat. in ps.* 54,8: PL 36,633. Aluden a este comentario para explicar el episodio a que nos referimos: O. Tescari, *Le Confessioni* p.393 nota con dos asteriscos (Torino 1932); A. Marzullo, *Le Confessioni* p.727 nt.15 (Bologna 1968); J. M. Llovera, *Confessions de Sant Agustí* p.385 nt. 1 (Barcelona 1931).

[32] *Enarrat. in ps.* 54,8 (PL 36,633): «Nihil tam amicum gemitibus quam columba: die noctuque gemit, tanquam hic posita ubi gemendum est».

[33] Possidius, *Vita Augustini* XXIV: PL 32,54. Sobre las velas nocturnas de San Agustín escribe Mandouze *(S. Augustin* p.156): «¿Quién describirá jamás la noche agustiniana, en que precisamente se prepara el día, y el sermón que se ha de predicar, y el juicio que hay que resolver, y el socorro que hay que prestar, y la carta que se ha de escribir, y el consuelo que se ha de repartir, y el reproche que se ha de formular, y el sí o el no que habrá que decir, y todo para servir a Dios? La lengua se declara incapaz de esto, y nada mejor para representar estas vigilias que el rayo deslumbrador, que, esclareciendo y transfigurando en el célebre cuadro de Ribera la noche de un Agustín, nos lo muestra todo vestido de negro y arrodillado con las manos juntas sobre un libro, buscando al mismo tiempo la inspiración de lo alto».

hay cosa mejor, no hay nada más dulce, que escudriñar en silencio el divino tesoro (Escrituras divinas); suave cosa, buena cosa es; pero predicar, argüir, corregir, sostener con el ejemplo, mirar por el bien de cada uno, es onerosa carga, peso grave, gran trabajo. ¿Quién no lo rehusará?»[34]

Estas tensiones forman la trama de la agonía agustiniana. En la cual se llevaba la parte principal su misma conciencia, pendiente entre los dos abismos de la grandeza y santidad de Dios y el abismo de la propia nada, en la frontera de todos los peligros.

El psicógrafo alemán B. Legewie presenta a nuestro Santo como encorvado por su idealismo, que le hace levantar siempre los ojos arriba, hacia el reino de las ideas puras, de los valores transcendentales, dejando atrás las realidades mundanas. Aquí está la grandeza y debilidad al mismo tiempo de San Agustín, porque el mundo real parece que pierde su viveza, encanto y colorido. Por otra parte, él está dominado por un fuerte sentimiento de culpa, por la pesadumbre de su miseria, por un sentimiento de distancia de la divinidad que lo carga de melancolía. Estos sentimientos contrarios no parece han llegado en Agustín a equilibrarse[35].

Al escribir esto, Legewie piensa en el platonismo de Agustín y en el abismo de separación entre el mundo inteligible y el mundo sensible, y, sobre todo, el mundo humano culpable. Pero hay que recordar también que entre ambos mundos, por muy alejados que estén uno del otro, está Cristo, que todo lo abraza. Aunque Agustín siente profundamente la distancia de Dios y el tremendo peso de su humanidad pecadora, con no menos viveza siente la hermandad y proximidad de Cristo, puente y mediador de ambos mundos. Aunque le escuecen las llagas de la culpa y le entran en la carne viva las zarzas de las liviandades—*vepres libidinum*—, está abonado al Médico de cabecera, que le cura todos los días. Por eso en el pasaje de la tentación de fuga a la soledad que se ha recordado anteriormente, sobre el terror de sus pecados aplica inmediatamente, como una pomada balsámica, el recuerdo de Cristo, muerto por todos para darnos vida: «Yo pienso en mi precio, y como, y bebo, y distribuyo»[36]. Es decir, la abundancia de la vida que tenemos en Cristo destierra o lenifica todos los sentimientos depresivos que amenazan con hundir las esperanzas humanas.

El terrorismo de la distancia de Dios, inmensamente abierta por la culpa, tiene un medicamento de infalible eficacia en Cristo.

Para estimar en su valor el espiritualismo agustiniano hay que mirarlo no en el espejo de la filosofía platónica, sino en el divino realismo de Cristo y de su Iglesia. No es ningún imperativo filosófico el que explica su transformación, su vida y su espiritualidad, sino la gracia de Cristo. Con ella se explica toda la agonía de San Agustín, puesto no sólo entre dos mundos, sino entre muchas almas singulares, a que se sentía ligado por la caridad cristiana. Con todo lo platónico que se le quiera suponer, a Agustín hay que imaginarlo encorvado siempre sobre el lecho del *grandis aegrotus,* del gran inválido, para asistirle y propinarle la medicina salvadora. Exigente con los demás, lo fue

---

[34] MA I; Frang., II 4 p.193.
[35] B. Legewie, *Augustinus. Eine Psichografie* (Bonn 1925).
[36] *Conf.* X 43,70: «... cogito pretium meum, et manduco, et bibo et erogo».

más todavía consigo mismo, porque vivía siempre de cara a la verdad; a una verdad tremendamente interior y superior, que le impedía la vida consuetudinaria y de bajo vuelo.

Cito para confirmación de lo dicho un testimonio vivo suyo, donde se muestra su delicadeza moral en materia de mentira. Se propone la cuestión sobre si se debe mentir engañando a los enfermos que están graves: «Mas como nos hallamos entre hombres y vivimos entre ellos, confieso que todavía no me cuento yo en el número de los que no se inquieten con los pecados compensatorios. Porque frecuentemente en las cosas humanas me vence el sentimiento humano, no puedo resistir cuando se me dice: 'Mirad, está muy grave el enfermo y no puede resistir la noticia de la defunción de su único y carísimo hijo'; y te preguntan si vive a ti, que sabes que ha muerto. ¿Qué les vas a responder? Sólo tres respuestas caben: ha muerto, o vive, o no lo sé... Dos de las respuestas son falsas: que vive y que no lo sabes; no la puedes dar sin decir mentira. Sólo es verdad que ha muerto; pero, si la dices y a consecuencia muere el enfermo, te dirán que tú has sido el asesino. ¿Y quién aguanta a los hombres cuando exageran qué mal es evitar una mentira saludable y amar la verdad que mata? Me conmueven fuertemente estos lances contrarios, pero gran cosa es si me mantengo en la sabiduría. Porque, cuando me represento y pongo ante los ojos de mi corazón, cualesquiera que fueren, la hermosura espiritual de Aquel de cuya boca ninguna falsedad procede (aunque donde más radiante luce la claridad de la verdad, allí mi flaqueza palpita y reverbera más) de tal modo me inflamo en el amor de tanta hermosura, que nada me importan las consideraciones con que tratan de impedirlo. Pero gran cosa es perseverar en este afecto para que con la tentación no se pierda el buen efecto. Ni hace mella en mí cuando contemplo esta luz del bien en que no hay ninguna oscuridad, que se llame asesina a la verdad, porque yo no quiero mentir, y los hombres se mueren por escuchar la verdad. Pues ¿qué? Si te solicita una mujer impúdica y, por no dar tu consentimiento, ella muere, en un acceso de amor, de su furiosa pasión, ¿por eso tu castidad será la homicida?

Y tal vez porque nosotros leemos: *Somos el buen olor de Cristo en todo lugar y en los que se salvan y en los que perecen; para unos, olor saludable, para que vivan; mas para otros, olor mortal, para que mueran* (2 Cor 2,15-16):

¿Acaso por esto llamaremos homicida el olor de Cristo? Mas porque somos hombres y en semejantes trances y contradicciones muchas veces nos vence o pone en aprieto el sentimiento humano, añade: Mas *¿quién es idóneo para esto?*» [37]

Se toca aquí la cumbre del espiritualismo y de la agonía moral en que vivió San Agustín. Frente a todo lo que es falso o mendaz, el amor de la *veritas* le imponía esta postura antitética, con un ritmo oscilante entre dos extremos contrarios.

---

[37] *Contra mend.* XVIII 36: PL 40,544. En este pasaje, el Santo habla de ceder a la turbación, conmoción, perplejidad, que traen semejantes casos, pero no de caer en la mentira. Aun en tales casos no permite la mentira ni él consentía en ella: «Sic amore tanti decoris accendor, ut cuncta quae inde me revocant humana contemnam». El idealismo moral de San Agustín alcanza aquí un grado sublime de pureza y de conciencia.

5. Gimiendo y llorando en este valle de lágrimas

La lucha de San Agustín contra los enemigos del alma tiene un sello de intimidad, que no se recataba él de revelar a los demás, como lo hizo en las *Confesiones:* «Tentados somos cada día, Señor, con estas tentaciones; tentados somos sin cesar. La lengua del hombre es un horno cada día. También en esto me ordenas que sea continente; concédeme lo que me mandas y mándame lo que quieras. Tú conoces el gemido de mi corazón en el raudal de mis ojos, pues no llego a comprender hasta qué punto estoy limpio de esta lepra y me dan miedo mis pecados ocultos» [38].

La expresión *gemitus cordis,* que ya conocemos, manifiesta la tensión agónica de su espiritualidad, siempre descontenta de sí misma y en pugna por una superación [39].

En otra ocasión memorable del año 401, hallándose en Cartago con motivo de una reunión conciliar de los obispos, habiendo impedido unas lluvias abundantes su regreso a Hipona, *le mandaron* que predicase comentando el salmo 36, y en el tercer sermón que pronunció hizo una defensa de sí mismo de los agravios de los donatistas, que se metían mucho con él: «Hablen lo que quieran contra nosotros; nosotros amémosles a pesar suyo. Conocemos, hermanos, conocemos sus lenguas; no os irritéis contra ellos, sino tened paciencia conmigo. Ven que no tienen razón en su causa, y vuelven sus lenguas contra mí y me maltratan de palabra, diciendo muchas cosas que saben y otras que no saben. Las que saben son ya pasadas, pues fui algún tiempo, como dice el Apóstol, *necio, incrédulo y ajeno a toda obra buena* (Tit 3,3). Yo viví en un error insano y perverso; no lo niego, y cuanto menos negamos lo pasado, tanto más alabamos la gracia de Dios que nos perdonó. ¿Por qué, ¡oh hereje!, dejas la causa y te metes con el hombre? Pues yo, ¿qué soy? ¿Soy acaso la Católica (Iglesia)? ¿Soy tal vez la heredad de Cristo repartida entre los gentiles? Me basta a mí con estar dentro de ella. ¿Repruebas los males que hice en tiempos pasados? ¡Vaya valentía! Más severo soy contra mis males que tú; lo que vituperaste, yo lo condené. ¡Ojalá quisieras imitarme, para que tu error fuera también cosa pretérita! Se vuelven contra mí por los males cometidos sobre todo en esta ciudad. Aquí viví mal, lo confieso; y cuanto es el gozo que siento de la gracia de Dios, tanto más siento tales maldades. ¿Diré que estoy de duelo? Lo estaría si aún permaneciese en ellas. Pues ¿qué diré entonces? ¿Que me alegro? Tampoco puedo decir esto. ¡Ojalá nunca hubiera sido lo que fui! Mas lo que fui, en el nombre de Cristo quedó cancelado. Lo que ahora me censuran lo ignoran. Aún hay muchas cosas que reprenden en mí; pero no las saben. Yo peleo mucho contra mis pensamientos, ando en guerra contra mis sugestiones, teniendo largos y casi continuos choques con las tentaciones de mis enemigos, que quieren acabar conmigo. Gimo ante Dios con mi flaqueza y conoce lo que mi corazón engendra el que conoce lo que procede de él» [40].

---

[38] *Conf.* X 37,70; ibid., X 30,42: «Lugens in eo quod inconsummatus sum».
[39] Ibid., X 2,2: «Mis gemidos son testigos del desacuerdo que siento conmigo mismo».
[40] *Enarrat. in ps. 36* sermo 3,19: PL 36,393-94.

Este es también capítulo de las *Confesiones* de San Agustín, es decir, capítulo de su más entrañable espiritualidad gemidora y agonista ante Dios en lo secreto. Cada día su batalla, cada día su estrategia, cada día sus gemidos de liberación, cada día la agonía cristiana de quien vive siempre con las armas al hombro.

¡Cómo debió de conocer el Santo lo que llama «sorberse y beberse los gemidos propios» dentro de sí, como lo hace la Iglesia ante la presencia de los malos y de los males! «Cuando la Iglesia ve que muchos van por malos caminos, se devora dentro de sí sus gemidos, diciendo a Dios: *No te son ocultos a ti, Señor, mis gemidos* (Sal 37,10)» [41].

Pero los gemidos no sólo brotaban en él al contacto con la propia miseria y orfandad, sino también de la caridad de los prójimos. Toda la Iglesia debe gemir por los que viven alejados de su gracia y unidad, sean paganos, herejes, judíos, cismáticos o malos cristianos. La oración y el ayuno son armas principales en la agonía cristiana.

En un sermón pronunciado en Cartago probablemente en el año 411, aludiendo a unas fiestas que habían celebrado los paganos, dice a los oyentes: «Si nos percatamos de los males en que se hallan (los paganos), porque de ellos estamos libres nosotros, tengamos compasión de ellos, y, si los compadecemos, roguemos por ellos; y para que nuestra oración sea escuchada, ayunemos por ellos... En estos días ayunamos por ellos, de suerte que, cuando se divierten con sus jolgorios, nosotros gimamos por ellos» [42].

6.   «Evangelium me terret»

Todos los años, en el aniversario de su ordenación sacerdotal, el Obispo de Hipona repasaba su vida, con examen especial del cumplimiento de sus deberes pastorales. Tenemos un documento precioso de este hecho en un sermón fragmentariamente ofrecido por la edición maurina e íntegro por la nueva colección del P. Germán Morin [43]. Oigamos cómo comienza: «Este día, hermanos, me obliga a una reflexión más pausada sobre mi carga sacerdotal, pues, aunque todos los días y noches hay que pensar en ella, no sé cómo, en este día del aniversario de la ordenación, se me pone más ante los sentidos, y no hay modo de alejarlo del pensamiento; y en la medida en que vienen los años, o más bien se van, acercándonos al último día, que sin falta ha de llegar, tanto más pungente y estimulante se hace la reflexión sobre la cuenta que deberé dar por vosotros al Señor» [44].

En el examen recordaba las severas palabras del profeta Ezequiel sobre

---

[41] *Enarrat. in ps.* 30 sermo 2,5 (PL 36-242): «Quando videt Ecclesia multos in perversum ire, gemitus suos devorat apud se».

[42] *Enarrat. in ps.* 98,5: PL 37,1261-62. Por estas palabras podemos conjeturar que los cristianos de África ayunaban durante las festividades paganas. Sobre los gemidos de la Iglesia véase Borgomeo Pascuale, *L'Église de ce temps dans la prédication de Saint Augustin* p.178-85 (Paris 1972).

[43] MA I; Frang, *Tractatus Sancti Augustini de proprio natali* II p.189-200. «Multas carnales faeditates et aegritudines quas africana Ecclesia in multis patitur». Y de su propia diócesis dice: «El pueblo de Hipona, cuyo servicio me ha encargado el Señor, en gran parte y casi totalmente es flaco» (*Epist.* 124,2: PL 33,473).

[44] Ibid., p.189.

los malos pastores de Israel (Ez 33,2-7) y las de la parábola evangélica de las minas (Lc 19,12-28). Dos veces repite: *Evangelium me terret, Sed terret Evangelium* [45]. Me aterroriza el Evangelio. Le hacía temblar y le quitaba muchos sueños la responsabilidad pastoral. Dios pide la sangre de las ovejas que se pierden por la incuria de los pastores, según Ezequiel. La meditación de estos documentos divinos infundía miedo en el Obispo de Hipona y a su luz gobernó siempre su rebaño.

Pero en este mismo examen anual reflexionaba sobre la situación de su diócesis. El sabía muy bien lo que había escrito en otra parte: «La Iglesia de Africa tiene en muchos muchas fealdades carnales y dolencias» [46].

Su rebaño andaba siempre entre dos abismos: la falsa esperanza y la desesperación. Decían muchos: «Dios es bueno y misericordioso. ¿Cómo va a permitir la condenación de tantos pecadores y salvar unos pocos?» Otros se iban por el camino contrario: «Estamos cargados de maldades. ¿Cómo vamos a vivir ya bien?» Y a estilo de gladiadores ya condenados a muerte, se entregaban a todos los placeres que les brindaba la vida. Otros decían: «Ya viviré mañana bien; dejadme hoy vivir un poco mal» [47].

Estos son tipos de cristianos que recuerda en su examen el Obispo de Hipona, y todos ellos le ponían en trance de peligro, que le obligaba a decir: «Ayudadme, ayudadme, hermanos, a llevar mi carga; llevadla conmigo vosotros; vivid bien» [48].

Una muestra de la sensibilidad y delicadeza de conciencia en el Santo se revela en su actitud frente a las alabanzas humanas. La tentación de las vanaglorias pertenece a su secreta agonía cristiana, porque las alabanzas le llovían de todas partes: «¿Qué queréis, pues, que haga yo sino avisaros de mi peligro para que seáis mi gozo? Mi peligro está en que me engolosine con vuestras alabanzas y disimule vuestro modo de vivir. Pero Aquel ante cuyos ojos hablo, o más bien ante cuyos ojos pienso también, sabe que yo no me deleito en las alabanzas populares, más bien me inquietan y preocupan cómo viven los que me alaban. No quiero ser alabado de los que viven mal; lo abomino, lo detesto; me causa dolor, no placer. Las alabanzas de los buenos, si les digo que no me gustan, miento; si digo que me placen, temo apetecer más la vaciedad que la solidez. ¿Qué os diré, pues? Ni me placen del todo ni me desplacen del todo. No las quiero del todo, para no peligrar en la humana alabanza; ni dejo de quererlas del todo, para no ser ingrato a los que predico» [49].

Siempre estuvo Agustín a la mira del estrago que hacen las alabanzas en los predicadores y no se consideró libre de cierta vana complacencia, que era el polvillo sucio de que nos lavan las manos del Salvador, como lo hizo en el lavatorio de los pies a los apóstoles [50].

[45] Ibid., p.193.
[46] *Epist.* 22,2: PL 33,91.
[47] MA I; FRANG., II p.191-92.
[48] Ibid., p.193.
[49] Ibid., p.190.
[50] Cf. *In Io. ev. tr.* 57,1-2: PL 35,1789-90. Para San Agustín, el oficio de la predicación está muy expuesto a la jactancia, «pues con más seguridad se oye que se predica la verdad; cuando se oye, se guarda la humildad; mas, cuando se predica, apenas hay

7. El combate espiritual

Este agonismo personal, que se ha descrito muy sucintamente, tiene una dimensión eclesiológica o universal, donde todos los hombres se sienten hermanos, y mucho más los cristianos, porque están mejor armados para la lucha. San Agustín, pues, tiene una concepción bélica de la existencia cristiana, porque el cristiano vive en un continuo conflicto con las fuerzas del mal, que le asedian por dentro y fuera: «La concupiscencia, como ley del pecado que permanece en los miembros de este cuerpo mortal, nace con los párvulos, y en los que son bautizados, se les perdona el reato, mas queda para el combate; y en los que han muerto antes de la edad de combatir, no tiene ninguna consecuencia de condenación; a los párvulos no bautizados los encadena como reos y como hijos de ira; aunque mueran en la infancia, los arrastra a la condenación» [51].

Conflictus ad eius agonem relictus est, repite en su obra última contra Juliano [52]. La guerra con la concupiscencia quedó para ejercicio de nuestro combate. Es como una ley militar que compromete a los bautizados e imprime tono o carácter beligerante en toda la vida cristiana, hecha de luz y de sombras, como un cuadro de acabada hermosura. Pues «así como el color negro en la pintura contribuye a la hermosura del cuadro, de igual modo la divina Providencia ordena decorosamente todo el combate del universo, dando su diverso papel a cada uno; uno a los vencidos, otro a los combatientes, otro a los vencedores, otro a los espectadores, otro a los que reposan en la contemplación de Dios. Y en todo esto no hay otro mal que el pecado y el castigo del pecado; es decir, el defecto voluntario de la suma esencia y el trabajo forzado en la última escala. Dicho de otra manera, la libertad de la justicia y la servidumbre bajo el pecado» [53].

Los agonistas forman parte del espectáculo de este mundo. Y el combate es muy diferente que el imaginado por los maniqueos entre los dos principios contrarios, uno del bien y otro del mal; y en él hasta el del bien capituló,

hombre en quien no se deslice alguna suerte de jactancia, con que ciertamente se le manchan los pies».

No se ha tocado aquí un punto muy importante que dio mucho que pensar y sufrir al Santo. Es lo que podía llamarse *la pastoral de la corrección,* sobre la cual hace esta confesión en *Epist.* 95,3 (PL 33,353): «Confieso que en esta lucha falto todos los días y no sé cuándo ni cómo he de guardar lo que está escrito: *Al que se porta mal, corrígele delante de todos para que teman los demás* (1 Tim 5,20); o lo que se dice en otra parte: *Corrígele a solas* (Mt 18,15); o lo que también está escrito: *No juzguéis antes de tiempo, para que no seáis juzgados* (1 Cor 4,5)».

Estas inquietudes y vacilaciones pertenecen a la agonía cristiana del Obispo de Hipona.

[51] *De peccat. mer. et rem.* II 4: PL 44,152. Nótese el rasgo agónico con que San Pablo presentó la espiritualidad cristiana. Como dice L. Bouyer, «ya en San Pablo el esfuerzo ascético nos es presentado como un combate perpetuo. O para ser más exactos, la ascesis es la gimnasia espiritual que adiestra y vigoriza para el combate espiritual. En este combate del hombre nuevo con el viejo para desbancarle y ocupar su puesto, como dice también San Pablo, *no es nuestra pelea solamente contra la carne y la sangre, sino contra los príncipes y potestades, contra los adalides de estas tinieblas del mundo, contra los espíritus malignos esparcidos por el aire* (Ef 6,12)» (*Introducción a la vida espiritual* p.236, Barcelona 1964).

[52] *Op. imp. contra Iul.* I 54: PL 45,1096.

[53] *De ver. rel.* XL 76: PL 34,156.

siendo cautivo de los enemigos, los príncipes de las tinieblas. Intrepretaban en este sentido las palabras de San Pablo: *No va nuestra lucha contra la carne y la sangre, sino contra los principados, contra las potestades, contra los poderes de este mundo en tinieblas, contra los espíritus malos, que tienen su morada en los aires. Estad, pues, ceñidos con las armas de Dios para resistir en el día malo y, venciendo todas las cosas, obtener victorias* (Ef 6,12-13). Estos príncipes de quienes habla San Pablo son los ángeles malos, que por las pasiones del placer, del dinero y del orgullo dominan en los hombres que se ponen a su servicio. Pero a todos se extiende el imperio regio de Cristo, que es el Rey de todas las victorias, porque El es la fuerza y la sabiduría de Dios, y debajo de su dominio están puestas todas las criaturas, los ángeles santos, y mucho más los rebeldes, cuyo príncipe es diablo [54].

Esta concepción dista mucho de la de los maniqueos, con su pesimismo y desesperación, porque aquí todo se halla reducido a la unidad de un salvador, y en su seguimiento está la victoria: «Imitemos a Cristo si queremos vencer al mundo» [55]. «El nos ciñe de las armas evangélicas de la verdad, de la continencia saludable, de la fe, esperanza y caridad» [56].

Estas virtudes forman al agonista cristiano para pelear en el doble frente de los errores y de los vicios; su guerra se desenvuelve en los tres tiempos que llama el Santo *conversio, praeliatio* y *coronatio,* o sea, en la conversión o incorporación en la milicia de Cristo, en la lucha constante contra los enemigos del alma y, por fin, en la corona de la victoria, lograda consu misma ayuda [57].

Porque nadie sale vencedor sino con la victoria que da la gracia de Jesucristo. Y la guerra continua tiene un carácter de intimidad, porque dentro del espíritu mismo se libran las grandes batallas, en que el libre albedrío y las fuerzas del mal chocan entre sí.

8. El conflicto interno

El estado del hombre actual es de una guerra intestina, de una «pugna interior» [58] donde se forma y se curte la personalidad cristiana. El militante de Cristo no puede dejar la vela de armas: «En el santo bautismo serán borrados vuestros pecados, pero quedarán en su vigor vuestras concupiscencias, con que habéis de pelear después de recibir la gracia regeneratriz. Sigue, pues, el combate dentro de vosotros mismos. No temáis a ningún enemigo externo; véncete a ti mismo, y el mundo será vencido. ¿Qué te puede hacer un tentador desde fuera, sea el diablo o algún ministro suyo? Te propone, por ejemplo, el disfrute de una hermosa mujer; tú interiormente sé casto, y quedará vencida toda torpeza. Para que no te cautive con la hermosura de una mujer ajena, lucha interiormente con la libido. No ves al enemigo, pero sientes la fuerza de tu deseo; no ves al diablo, pero sí lo que te atrae y deleita. Vence lo

[54] *De agon. christ.* I: PL 40,291
[55] Ibid., VI 6: PL 40,294.
[56] *Enarrat. in ps.* 45,13: PL 36,523.
[57] *De corrept. et gratia* XIII 40: PL 44,941.
[58] *Serm.* IX 13: PL 38,85.—*Sermo* 128,8 (PL 38,716): «Videte quale bellum proposuit, qualem pugnam, qualem rixam intus, intra te ipsum».

que sientes en tu interior: Combate, combate sin tregua. Tu Juez te dio la gracia de renacer, te ha puesto en una prueba y te propone la corona» [59].

San Agustín señala aquí el verdadero campo bélico que es lo interior. Los enemigos se ocultan entre el ramaje oscuro de nuestras propias pasiones, y desde allí inquietan, perturban y solivantan al hombre. Lo primero para salir con la victoria es quitar las armas al espíritu mismo con el señorío de sí mismo y el dominio de las pasiones: la soberbia, la envidia, la sensualidad, la pereza. Estas pasiones son las cabezas de facción en el combate cristiano, y mientras ellas levanten discordias y rebeliones no se logrará la paz. Si bien la paz y seguridad completa no es de este mundo, que es naturalmente belicoso y turbador: «Por eso, aun toda la vida de los santos está empeñada en esta batalla» [60].

Haciéndose eco de una experiencia personal y concreta, dice el gran luchador: «Nuestro corazón es continuo campo de batallas. Un solo hombre pelea con una multitud en su interior. Porque allí le molestan las sugestiones de la avaricia, los estímulos de la liviandad, las atracciones de la gula y las de la alegría popular; todo le atrae y a todo hace guerra; con todo, es difícil que no reciba alguna herida. ¿Dónde, pues, hallarás la seguridad? Aquí en ninguna parte, a no ser en la esperanza de las divinas promesas. Mas cuando lleguemos allí reinará la paz perfecta, porque serán cerradas y selladas las puertas de Jerusalén; allí el lugar de la victoria total y de gozo grande» [61].

Nadie se lisonjee de vivir en paz, en un reino seguro, libre de contradicciones. Por eso San Agustín continuamente levanta su voz para amonestarnos y tenernos con las armas al hombro, evitando una vida tibia y perezosa. No hay excepciones para nadie por razones de edad, sexo o buenas cualidades: «Mientras se vive aquí, hermanos, así es; nosotros que ya somos mayores de edad tenemos enemigos menores; pero los tenemos. Ya están ellos como fatigados por la edad; pero, aun con su fatiga, no cesan de turbar con ciertas molestias la quietud de nuestra vejez. Más aguda es la lucha de los jóvenes; la hemos conocido, hemos pasado por ella. La carne codicia contra el espíritu, y el espíritu contra la carne, de modo que no hagáis lo que queréis» [62].

Este sermón lo pronunció San Agustín siendo ya de buena edad y largamente ejercitado en la continencia cristiana, para animar a sus feligreses. Con el mismo propósito y en el mismo sermón les arenga: «Escuchadme, ¡oh santos!, quienesquiera que seáis: hablo con luchadores: los guerreros me entienden; no me entiende el que no guerrea. Pero el que lucha, no digo me entiende, sino se adelanta a mí en la inteligencia. ¿Qué desea el hombre casto? Que no se levante en él ninguno deseo contrario a la castidad en los miembros de su cuerpo. Quiere la paz, pero no la tiene aún. Cuando se llegue a aquel estado en que ninguna concupiscencia contraria turbe, no habrá ningún enemigo con quien luchar, ni hay que esperar allí victorias, porque ya se triunfa

---

[59] *Sermo* 57,9: PL 38,391.
[60] *Sermo* 151,7 (PL 38,818): «Et in isto bello est tota vita sanctorum».—La lucha es contra los tres enemigos. *Sermo* 158,4 (PL 38.864): «Restat tamen lucta cum carne, restat lucta cum mundo, restat lucta cum diabolo».
[61] *Enarrat. in ps.* 99,11 (PL 37,1063): «Pugnamus quotidie in corde nostro».
[62] *Sermo* 128,11: PL 38,719.

del enemigo vencido. Esta es la victoria que canta el Apóstol: *Conviene que esto corruptible se vista de incorrupción y que esto mortal se revista de inmortalidad. Cuando lo corruptible se vista de incorrupción y lo mortal goce de inmortalidad, se cumplirá lo que está escrito: 'La muerte ha sido absorbida en la victoria'»* [63].

En San Agustín se percibe el gemido profundo de la situación humana, aunque él estaba convencido de la necesidad de las tentaciones como escuela de progreso y adelanto espiritual: «Nuestra vida en esta peregrinación espiritual no puede estar sin tentaciones, porque nuestro progreso se realiza con nuestra tentación; quien no conoce la tentación no se conoce a sí mismo, ni puede ser coronado el que no venciere, ni vencer el que no peleare, ni pelear sin hostilidades ni pruebas» [64].

De aquí puede vislumbrarse el valor religioso de las tentaciones.

9. Sentido de las tentaciones

La espiritualidad cristiana está expresada por San Agustín en forma de una tensión continua entre el espíritu y la carne: «El espíritu nos impele hacia arriba, la carne nos tira hacia abajo; entre estos dos conatos de elevación y gravitación terrena hay cierta lucha, que pertenece a la presión del lugar» [65]. Las tentaciones pertenecen a esta tirantez, en que la tensión produce un aumento de energía, de vigilancia y defensa. Cuando una plaza se ve sitiada de enemigos, toda la guardia y defensa se pone alerta. Así, el espíritu, sin la presencia y urgencia de los enemigos, se haría pasivo y dormilón. Rige, pues, aquí también la dialéctica de los contrarios, según la cual lo blanco luce más a par de lo negro, y el candor de las palomas brilla con más gracia entre los cuervos, y la azucena está vestida de más intensa claridad y hermosura entre los pinchos de un matorral.

El espíritu se bruñe con el combate de las tentaciones de la carne y se aventaja más con su esplendor y señorío: «Por eso todo el cuerpo de Cristo es tentado hasta que llegue el fin» [66]. Es tentado como lo fue la Cabeza, y en la Cabeza se logran las victorias de los que le siguen: «Pues en Cristo tú eras tentado, pues El tuvo de ti para sí la carne, y de sí para ti la salvación; tomó de ti para sí la muerte y te dio de sí la vida; de ti para sí tomó la deshonra, de sí te dio los honores. Luego también tomó de ti para sí la tentación, para darte de sí la victoria. Si en El fuimos tentados nosotros, en El vencimos al tentador. Mírate a ti tentado en Cristo y reconócete también vencedor en El» [67].

La tentación nos ejercita en la pelea noble, nos ayuda a conocernos, nos hace clamar al ayudador: «No temas, pues, porque se consienta al tentador hacer algo contra ti, porque tú tienes un misericordiosísimo salvador. Tanto

[63] Ibid., 10: PL 38,718.
[64] *Enarrat. in ps.* 60,3: PL 36,724.
[65] *Enarrat. in ps.* 83,9 (PL 37,1063): «Spiritus sursum vocat, pondus carnis deorsum evocat; inter duos conatus suspensionis et ponderis colluctatio quaedam est, et ipsa colluctatio ad pressuram pertinet torcularis».
[66] *Enarrat. II in ps.* 30,10: PL 36,236.
[67] *Enarrat. in ps.* 60,3: PL 36,724.

se le permite molestarte cuanto te conviene a ti para que te ejercites, para que seas probado, para que te cónozcas a ti mismo, si eras desconocido»[68]. San Pedro, antes de ser tentado, presumió de sí; en la tentación palpó lo que era la debilidad de su espíritu. Así, también los cristianos son tentados para que se conozcan y toquen con el dedo la llaga de su flaqueza[69].

La lucha contra las tentaciones tiene como un aspecto espectacular frente a Dios, lo mismo que en los juegos agonísticos que conoció San Agustín:

«Los hijos de Dios combaten porque tienen a su favor un poderoso auxiliador. Dios no asiste como mero espectador al combate íntimo, al estilo de una multitud que presencia una cacería. Esa multitud puede estar a favor de un cazador; pero, si éste está en peligro, no le puede prestar ayuda»[70]. Al contrario, en este espectáculo interior, «el Espíritu de Dios es el que lucha por ti contra ti, contra lo que hay de contrario a tu propio bien dentro de ti»[71].

San Agustín suele comparar la vida humana con el mar turbulento y peligroso: «El mundo es un mar, pero también a él le hizo el Señor, y no permite que se encrespen sus olas sino hasta el cantil, donde su furia se deshace. No hay ninguna tentación que no haya recibido de Dios su medida. Y como de las tentaciones, lo mismo digamos de los trabajos y contrariedades: no se permiten para que acaben contigo, sino para que te hagas más fuerte»[72].

Siguiendo esta misma alegoría, el episodio milagroso de la calma de la tempestad en el lago de Tiberíades es uno de los símbolos más expresivos de la existencia cristiana. He aquí la exégesis que hace nuestro Santo:

«Se levanta contra ti una fuerte tempestad de malos ejemplos y consejos, y las olas llegan hasta tu alma, porque te seducen algunos embaucadores. Gran tempestad te sacude, tal vez no resistes al seductor, te dejas llevar de sus palabras. Después comienzan a agitarse las olas de la concupiscencia, y surgen los malos deseos que quieren llevarse tu corazón.

»¡Oh cristiano! Mira: Cristo está durmiendo en tu corazón; despiértalo para que impere a la tempestad y se apacigüe y retire, y para que vuelva la serenidad a tu conciencia alborotada. Los apóstoles luchaban contra la tormenta durante el sueño de Jesús para significar las luchas y fluctuaciones cristianas cuando la fe languidece en los corazones. Recuerda lo que te enseña el Apóstol: *Por la fe, Cristo habita dentro de nuestros corazones*. Según la presencia y hermosura de su divinidad, reposa en el seno del Padre, sentado a su mano derecha. Lo cual no impide que también se halle entre los cristianos. Por eso luchas tú, porque Cristo va dormido en tu alma. Las tentaciones se han levantado contra ti porque tu fe está dormida. ¿Qué significa 'tu fe está dormida'? Que te has olvidado de ella. ¿Qué significa, pues, despertar a Cristo? Avivar la fe; trayendo a la memoria lo que crees, despierta a Cristo. Tu fe mandará a las olas que te consternan, y la calma volverá a tu conciencia

---

[68] *Enarrat. in ps.* 61,20: PL 36,743.
[69] *Enarrat. in ps.* 36 sermo 1,1 (PL 36,355): «Petrus... in tentatione didicit se».
[70] *Sermo* 128,9: PL 38,718.
[71] *Ibid.*: PL 38,717.
[72] *Enarrat. in ps.* 94,9 (PL 37,1223): «Consummaris eis, non consumeris».

Y, aunque los malos consejeros y mundanos sigan con su propaganda, ya no zozobrará tu nave ni se irá al fondo»[73].

La fe viva y la confianza en Cristo llenan de fuerza y serenidad la espiritualidad de San Agustín. El experimentó en sí mismo las dos grandes fuerzas que mueven el mundo: el espíritu de la concupiscencia y el espíritu de la gracia de Dios, superior al anterior. Por eso su ética respira optimismo e infunde valor en los que luchan: «Si habéis muerto con Cristo, buscad las cosas de arriba. Viviendo en carne, no quieras estar en la carne, *porque toda carne es heno, y la palabra de Dios permanece eternamente* (Is 11,6). El Señor sea tu refugio. Te importuna la concupiscencia, te provoca con insistencia, grandes fuerzas tiene contra ti; con la prohibición de la ley se ha envalentonado, te hostiga con más fuerza; *Dios sea tu refugio y la torre de fortaleza contra el enemigo* (Sal 60,4). No quieras estar en la carne, mora en el espíritu. ¿Qué significa 'mora en el espíritu'? Deposita tu esperanza en Dios, pues si pones tu esperanza en el mismo espíritu por el que eres hombre, tu espíritu se resbala en la carne, porque no lo pusiste en Aquel que lo mantiene erguido»[74].

En resumen, la espiritualidad cristiana y agustiniana, en su aspecto especulativo y práctico, lleva un sello de pelea y agonía, que igualmente aparece en la producción literaria del Obispo de Hipona, toda ella elaborada agónicamente o en polémica con los grandes errores que conoció en su vida, sirviéndole de ayuda para perfilar mejor el mensaje cristiano. A esta agonía teológica van dedicados los siguientes estudios.

[73] *Sermo* 361,7: PL 38,1602.
[74] *Sermo* 153,9: PL 38,830.

LA ESPIRITUALIDAD AGUSTINIANA Y LA POLEMICA ANTIMANIQUEA

1. «Conozca el alma su condición»

No se puede comprender la espiritualidad agustiniana en su formación sin aludir a los diversos ambientes ideológicos y polémicos en medio de los cuales trató de ilustrar y comprender el cristianismo. Por eso vamos a considerar las tres polémicas que más empeñaron su vida: con los maniqueos, los pelagianos y donatistas. Ellas son episodios de la agonía cristiana de Agustín, quien profesó largo tiempo, como sabemos, el mito maniqueo de los dos principios y de los tres tiempos, al que renunció ya antes de su conversión.

El maniqueísmo y cristianismo se enfrentaron no sólo como dos religiones contrarias, sino también como dos metafísicas opuestas. «La lucha antimaniquea de San Agustín—dice F. Hoffman—era una lucha para salvar la sustancia misma del cristianismo; se trataba nada menos que del concepto monoteístico cristiano de Dios, de la persona de Cristo, de la naturaleza del mal, de la verdad de las Escrituras, de la unidad de la divina economía de la salvación en el Antiguo y Nuevo Testamento»[1]. Recién convertido, emprendió la lucha contra los errores que había profesado en su juventud. Por eso la primera producción literaria del Santo en gran parte tuvo la mira de combatirlos.

Ya he aludido antes a lo que podía llamarse la ontología maniquea, que escinde el mundo originario del ser en dos esferas contrarias: una del bien y otra del mal. Son dos reinos antagónicos e independientes que están en los orígenes mismos de los seres, por ser eternos. Todo el universo es un inmenso campo de lucha. La creación del mundo visible es hechura de un eón imperfecto, en que andan mezclados el bien y el mal, la luz y las tinieblas. La materia es el origen de todo desorden: «Con este nombre *materia*, vuestro teólogo designa el principio y la naturaleza del mal»[2]. Por eso el cosmos es fábrica del diablo y cárcel de Dios[3].

Esta ontología desfiguraba la naturaleza del hombre y del alma. Por eso uno de los esfuerzos especulativos de San Agustín fue ilustrar la naturaleza del alma. Y así formuló el principio fundamental de toda espiritualidad: el alma no es una porción de la sustancia de Dios: «Conozca el alma su condición; ella no es Dios. Cuando el alma piensa que es Dios, ofende a Dios; no halla al salvador, sino al justo sancionador»[4].

Con estos principios: no hay más que un solo Dios, creador de todas las cosas; todas las criaturas son buenas, las almas no son *pars Dei*, sino hechu-

[1] F. HOFFMAN, *Der Kirchenbegriff des Hl. Augustinus* p.124 (München 1938).
[2] *Contra Faustum* XX 4 (PL 42,380): «Hoc nomine Hyle mali principium ac naturam theologus vester appellat».—Ibid., XXI 1: PL 42,587; ibid., XXI 14: PL42,398
[3] *Contra Faustum* XX 15 (PL 42,381): «... machinamentum diaboli et ergastulum Dei»
[4] *Sermo* 182,4 (PL 38,986): «Agnoscat anima conditionem suam: non est Deus. Cum se anima putat Deum, offendit Deum».

ras de un principio esencialmente bueno, ponemos los cimientos de la espiritualidad. El error de los maniqueos tuvo su origen en la soberbia humana, que quiere alzarse con el poderío y excelencia de Dios: «Siendo madre de todas las herejías la soberbia humana, se atrevieron a decir que el alma es naturaleza de Dios» [5].

Pero ello no obstaba para suponer que la sustancia divina que hay en ella está mezclada con una porción diabólica o antidivina esencialmente malvada. Con lo cual se puede hablar de dos almas que se hostigan entre sí y desgarran la unidad del ser humano. Los maniqueos no supieron explicar el misterio del mal o la lucha interna del hombre, atraído a la vez por las cosas de arriba y las cosas de abajo, sino admitiendo dos almas contrarias: «Viéndose en la prisión de la carne, sin poder vencer sus malas sugestiones, creen que hay dos almas en un cuerpo» [6]. Aunque las dos almas forman una *commixtio atque miscella* [7], la unidad de la persona se halla gravemente quebrantada con esta concepción, así como amenazada toda forma de espiritualidad.

Por eso San Agustín defiende la unidad radical de la persona, de que es prueba el sentimiento íntimo que nos certifica de ella, a pesar de las diversas atracciones que puede experimentar en su interior: «Cuando me ocurre esto a mí, siento que soy uno que delibera sobre dos cosas y elige una de ellas; pero muchas veces nos atrae aquello, y no es lo que nos conviene, y andamos como fluctuando en medio» [8].

Este dualismo pertenece a la estructura misma de la persona, de modo que a la carne afecta lo que es voluptuoso, y al espíritu lo que es honesto o decoroso [9]. Así se explica mejor el ser del hombre admitiendo en la misma alma la facultad de ser afectada en sus diversas porciones, inferior y superior o exterior e interior [10].

Con esta misma luz ha de ilustrarse el cuerpo humano, desfigurado por los maniqueos: «Ellos dicen que nuestros cuerpos son hechura de la gente tenebrosa y cárceles en que está encerrado el Dios vivo» [11]. La fe católica contradice esta doctrina: «Nuestra fe reconoce a Dios bueno como Creador de las almas y cuerpos» [12]. Dios creó y formó al hombre, compuesto de alma y cuerpo, corruptible, terreno, sin ninguna intervención del diablo [13].

---

[5] *De Gen. contra man.* II 11: PL 34,205.—*De actis cum Felice Man.* II 18 (PL 42,547): «Augustinus dixit: 'Quia ego dico animam non naturam Dei, sed factam a Deo, per liberum arbitrium peccasse, et per Dei misericordiam in paenitentia liberatam'».

[6] *De vera rel.* IX 16 (PL 34,130): «... duas animas esse in uno corpore existimant: unam de Deo, quae naturaliter hoc sit quod ipse, alteram de gente tenebrarum».—*Conf.* VIII 10.

[7] Ibid. Cf. G. FOLLIET, *Miscella ou miseria* (AUGUSTINUS, *De vera religione* IX 16): REA XIV 1-2 (1968) 27-46.

[8] *De duabus anim.* XIII 19 (PL 42,108: «Nam mihi cum accidit, unum me esse sentio utrumque considerantem, alterutrum eligentem: sed plerumque illud libet, hoc decet quorum in medio fluctuamus positi».

[9] Ibid.

[10] Ibid.

[11] *Contra Faustum* XX 5 (PL 42,381): «Sed manichaei corpora humana dicunt esse gentis tenebrarum et carceres quibus vivus includitur Deus».

[12] *Opus imperf. contra Iul.* III 174 (PL 45,1319): «Fides nostra bonum Deum Creatorem et animarum et corporum novit».—*Contra Iul. pel.* III 9,18 (PL 45,711): «Deus, inquis, bonus per quem facta sunt omnia, ipse corporis nostri membra formavit. Hoc verissime se concedo». [13] *Contra Faustum* XXIV 2: PL 42,475.

No hay ninguna estimación pesimista de la carne en San Agustín: «La naturaleza de la carne, en su género y orden, es buena» [14].

De lo cual se deriva una conclusión importante aun para la misma espiritualidad: la creación divina del cuerpo humano implica la distinción sexual, que es esencialmente buena y decorosa. Sobre este punto erraban también mucho los maniqueos, dando por supuesto que la creación de los sexos es astucia y obra diabólica. En el origen del mismo mundo predomina una libido cósmica como potencia ligada a la misma materia [15].

La fe católica rechaza estas fábulas: «¿Qué católico ignora, si está instruido en la verdad católica, que, según el cuerpo, unos hombres son varones, y otros hembras, aunque no según el espíritu en que somos renovados?» [16]

Por lo mismo, la unión de ambos sexos está en la misma intención del Creador y es todo, menos obra diabólica [17]. También la mujer fue formada del varón, con la distinción sexual que la caracteriza [18], ordenada a la procreación de la prole [19]. Ni el cuerpo, ni los miembros sexuales, ni el vínculo sexual con fines procreativos tienen nada del mal intrínseco que veían en todo ello los maniqueos, y la misma concupiscencia carnal se hace instrumento de justicia en las nupcias de los fieles, ordenadas divinamente para la propagación del género humano [20]. En cambio, a los maniqueos les disgustaba el *creced y multiplicaos* del Génesis, porque el matrimonio servía para multiplicar las mazmorras de Dios [21]. Así se comprende su pregón en favor del celibato y cómo las vírgenes abundaban más que las mujeres casadas en las comunidades maniqueas [22].

2. El libre albedrío

La ontología de los maniqueos pervertía igualmente la concepción de la naturaleza humana en su origen, esencia y destino. Una consecuencia de la doctrina de los dos principios eternos y absolutos era la negación del libre

---

[14] *De civ. Dei* XIV 5: PL 41,408.

[15] Cf. nt.35 del c.1.

[16] *Contra Faustum* XXIV 2 (PL 42,476): «Nam quis catholicus veritate instructus ignorat, secundum corpus esse alios homines masculos, alios feminas, non secundum spiritum mentis, in quo renovamur secundum imaginem Dei?»
Para conocer la doctrina sobre el sexo y su finalidad, véase el excelente estudio de Covi Davide, *Valor y finalidad del sexo según San Agustín:* Augustinus 64 (1971) 357-76; 65 (1972) 47-66; 66 (1972) 165-84; 71-72 (1973) 303-15.

[17] Ibid., XIX 29 (PL 42,367): «... ipso Christo attestante, cognoscimus Deum fecisse et coniunxisse masculum et feminam, quod manichaei negando damnant... Christi evangelio resistentes».

[18] *De Gen. ad litt.* IX 11 (PL 34,400): «Factam itaque feminam viro de viro, in eo sexu, in ea forma et distinctione membrorum, qua feminae notae sunt».

[19] *De nupt. et conc.* II 21 (PL 44,427): «Ad hoc opus bonum (la generación) diversi sexus diversa membra sunt condita».—*Contra Iul. Pel.* III 9,18 (PL 44,711): «Fecit que causam coniunctionum dissimilitudo membrorum. Et hoc assentior».

[20] *De nupt. et conc.* I 4 (PL 44,416): «Eo modo ergo et illam concupiscentiam carnis, qua caro concupiscit adversus spiritum (Gal 5,17), in usum iustitiae convertun fidelium nuptiae».

[24] *Contra Secund.* XXI (PL 42,597): «Feminae quippe conceptus apud vos carcer es et vinculum Deo. Hinc displicet: *Crescite et multiplicamini* (Gen 1,28), ne dei vestr multiplicentur ergastula».—*De nat. boni* 46 (PL 42,570): «Per caetum masculorum e feminarum ligatur pars Dei».

[22] *Contra Faustum* XXX 4: PL 492.

albedrío y la necesidad del pecado: «Pecamos contra nuestra voluntad, y somos forzados a ello por la sustancia contraria, enemiga nuestra» [23].

Tal es la confesión del presbítero Fortunato con quien disputó San Agustín. Siendo la voluntariedad o responsabilidad de los actos condición necesaria para pecar, síguese la consecuencia de que en realidad no hay pecados entre los hombres. Todo es naturaleza y no espíritu en el verdadero sentido de la palabra. Este fatalismo crea un sentimiento de irresponsabilidad, como cuenta San Agustín le acaeció a él cuando profesaba la doctrina de Mani [24].

Por eso, «cuando se les dice: 'Has obrado mal', luego acuden a la defensa impía, peor y más sacrílega que todas las demás: 'No he pecado yo, sino la gente de las tinieblas'» [25].

San Agustín da una impresión dramática de la depresión y cautiverio en que debieron de sentirse las almas maniqueas [26].

Por eso él defendió con tanto tesón el libre albedrío contra el pesimismo de la doctrina de Mani, formulando los principios psicológicos sobre la esencia de la *voluntas,* que debe ser un movimiento espontáneo, exento de toda coacción. Así define el acto de la voluntad: «Es un movimiento del alma que se realiza sin coacción de ninguno para conservar algo o conseguirlo» [27]. En la lucha del libre albedrío aparece, en primera línea, la concupiscencia, sobre todo en su aspecto sexual. Ya se ha indicado que en los orígenes mismos del mundo aparece la contaminación sexual como el primer acto inicial de invasión del reino de la luz por el de las tinieblas. La concupiscencia es un vicio sustancial que estraga la naturaleza humana. No se trata de una flaqueza inherente a nosotros y que viene de la primera naturaleza del hombre caído, sino de una sustancia contraria amasada con nosotros [28].

Aquí se distingue la fe cristiana de la doctrina de los maniqueos: «Los maniqueos condenan la concupiscencia no como un vicio accidental, sino como una naturaleza eternamente mala» [29]. Sin aprobar los desórdenes que nos vienen de ella, San Agustín insiste en que es vicio, no una naturaleza: *vitium, non natura* [30]. «No es como otra naturaleza, según, delirando, dicen los maniqueos, sino es nuestra enfermedad, nuestro vicio» [31]. Una calentura o una enfermedad no es el cuerpo o el alma del hombre, sino algo accidental que va contra la salud, el bienestar, el buen temple del cuerpo. Por eso hay una gracia medicinal que no había ni podía haberla en el maniqueísmo: «Es vicio y no natura-

---

[23] *Contra Fort.* 20 (PL 42,122): «Nam quia inviti peccamus et cogimur a contraria et inimica nobis substantia, idcirco sequimur scientiam rerum».

[24] *Conf.* V 10.18: «Et delectabat me superbiam meam extra culpam esse».

[25] *Enarrat. in ps.* 140,10 (PL 37,1822): «Non ego peccavi, sed gens tenebrarum».

[26] *Contra Fort.* I 17: PL 42,119. Cf. nt.50 del c.1.—*Contra Faustum* XX 19 (PL 42,382): «Nos hic premimur, dilaniamur, inquinamur. Haec vox accusatoris, non depretoris»...

[27] *De duabus anim.* X 14 (PL 42,104): «Voluntas est animi motus, cogente nullo ad aliquid vel non amittendum, vel adipiscendum».

[28] *De haer.* 46 (PL 42,30: «... sed substantiam volunt esse contrariam, nobis adherentem».

[29] *Contra duas epist. Pel.* II 2 (PL 44,572): «Manichaei carnis concupiscentiam nonquam accidens vitium, sed tanquam naturam ad aeternitate malam vituperant».

[30] *De nat. et gratia* I 54,63: PL 44,278.

[31] *Sermo* 151,3 (PL 38,816). «Languor noster est, vitium nostrum est».—*De nupt. conc.* I 25 (PL 44,340): «Affectio malae qualitatis sicut languor»...

leza; búsquese, pues, una gracia medicinal y acábese la controversia» [32]. Aunque estas palabras se dirigen contra los pelagianos, hieren también a los maniqueos.

En la doctrina católica es posible y se da una sanación de la naturaleza caída, mientras en el maniqueísmo la *gens tenebrarum* que ha invadido al hombre lo hace intrínsecamente malo e incurable.

Estos principios preparan y tienen sus consecuencias para muchos aspectos de la vida moral y ascética. Por ejemplo, la oración y la penitencia pierden sus fundamentos. San Agustín oponía a las afirmaciones maniqueas la condición creada y libre del alma, que por su voluntad se apartó de la justicia y por la penitencia puede retornar a ella: «Yo digo que el alma no es naturaleza de Dios, sino hechura de Dios; y que por el libre albedrío pecó, y quedó mancillada con el pecado; y que es liberada, por la misericordia de Dios, en su penitencia» [33]. La penitencia o conversión del corazón es el principio y el alma de la espiritualidad cristiana, y sólo con la gracia de Dios puede dar tal paso el libre albedrío. Donde no hay sentimiento y responsabilidad de haber pecado voluntariamente, no puede haber arrepentimiento, según arguye bien San Agustín: «Pues Cristo vino a salvar a los pecadores, sana ciertamente a los que se confiesan de haber pecado y se arrepienten de ello; pero nadie se arrepiente de lo que hizo mal otro, si la penitencia es justa y verdadera; y por eso dice el Señor: *No vine a llamar a los justos, sino a los pecadores a penitencia* (Mt 9,13). El mismo arrepentimiento nos indica bien que el pecado no es obra de naturaleza extraña, sino de la voluntad propia» [34].

La argumentación que presenta en el libro *De duabus animabus* parte de este principio bíblico y católico: la necesidad y utilidad de la penitencia prueba que las almas son sanables y no intrínsecamente malas [35].

La vida de oración se ve igualmente amenazada por tales errores.

Los maniqueos oraban mirando al sol, ante el cual se arrodillaban [36].

«¿Dónde están vuestros sacrificios, vuestras oraciones sencillas y puras, que en realidad son engañosas y blasfemias indecentes?» [37] Los errores que profesaban viciaban todo su ascetismo.

3. El salvador y la salvación

De lo dicho puede colegirse que la doctrina de la salvación se hallaba radicalmente falseada. Cierto que entre los maniqueos se profesaba una piedad fervorosa hacia Cristo. Fue precisamente éste uno de los lazos que ponían en peligro la fe de los católicos. Su religión era salvífica, pero con un salvador que era producto de su fantasía.

No reconocían el dogma de la encarnación del Hijo de Dios, porque la

[32] *De nat. et grat.* LIV 63 (PL 44,278): «Gratia medicinalis quaeratur et controversia finiatur».
[33] *De actis cum Felice man.* II 8: PL 42,547. Cf. nt.5.
[34] Ibid., II 8; ibid., 540-41.
[35] *De duabus anim. contra man.* XIV 22-23: PL 42,109-10.
[36] *Contra Fort.* 3: PL 42,113.
[37] *Contra Faustum* XX 17 (PL 42,382): «Ubi sunt ergo sacrificia vestra, simplice ac purae orationes vestrae, cum sint fallaces et impurae blasphemiae?»—Ibid.,: «Unc vestrae etiam preces ad deum vestrum non possunt esse religiosae sed invidiosae».

carne, según ellos, es vitanda y perversa, y todo contacto con ella contamina y estraga. No nació de la Virgen, porque ya el nacer es una degradación y estrago. Dice Fausto a San Agustín: «Según tú confiesas, Cristo puede nacer de una virgen; pero según mi doctrina, ni de virgen»[33].

Esta falta de verdad y de esencia humana imprime un carácter y sello de falsedad a toda la cristología y doctrina de la salvación. Comentando las bodas de Caná, donde estaba la Madre de Jesús, carnal y purísima, arguye contra los que negaban que Jesús tuviese un origen terreno y carnal aludiendo a los maniqueos, que tenían por imposible una maternidad divina: «Si es falsa la Madre, es falsa la carne, falsa la muerte, falsas las heridas de la pasión, falsas las cicatrices de la resurrección; luego más bien la falsedad que la verdad salvará a los que en El creen»[39]. En Cristo hay que poner toda la verdad, porque El es la verdad y de El recibimos la verdad: «Ahora bien: cuando posee la falsedad, la serpiente es la que domina; cuando posee la verdad, Cristo el que posee. Porque El dijo: *Yo soy la verdad* (Jn 14,16); pero del demonio dijo: *No estuvo en la verdad, porque la verdad no estuvo con él* (Jn 8,44). Y de tal manera es verdad Cristo, que todo lo verdadero lo recibes de El; verdadero Verbo, Dios igual al Padre, verdadera alma, verdadera carne, verdadero hombre, verdadero Dios, verdadero nacimiento, verdadera pasión, verdadera muerte, verdadera resurrección. En cualquiera de estas cosas que se ponga falsedad, entra la gangrena; del veneno de la serpiente nacen gusanos de mentiras y todo se desintegra»[40].

Todo el cristianismo y aun toda espiritualidad se desintegra y gangrena con la concepción del Cristo espiritual y no carnal de los maniqueos. Ellos se complacían en apoyarse en la cristología espiritual de San Juan y confesaban que Cristo es el camino, la verdad y la vida[41]. Pero en realidad lo que abrazaban en El era un fantasma elaborado por su fantasía, aunque se adherían a El con fe tesonera. Así, Fortunato, en la controversia con San Agustín, se muestra devoto de Cristo: «Es muy notable que Fortunato no cita ni una sola vez el nombre de Mani y recurre constantemente a Cristo, quien es, en efecto, la columna central en torno a la cual gira toda su argumentación»[42]. Pero su Cristo es un Cristo desencarnado, opuesto al Cristo carnal y católico de San Agustín: «El no tenía por cosa digna creer en Dios nacido de mujer»[43]. Sus fórmulas suenan muchas veces a católicas: «Nosotros creemos que el salvador Cristo vino del cielo a hacer la voluntad del Padre, y esta voluntad era que librase nuestras almas de su enemistad acabando con ella»[44]. Pero no es un salvador humano nacido y muerto en la cruz para redimirnos. Es

[33] *Contra Faustum* II 1 (PL 42,209): «Hic secundum te ex virgine, secundum me vero nec ex virgine».
[39] *In Io. ev. tr.* VIII 5 (PL 35,1453): «Si enim falsa mater falsa caro, falsa mors, falsa vulnera passionis, falsae cicatrices Resurrectionis: non veritas credentes in eum, sed potius falsitas liberabit».—Mt. I MAI XCV nt.3 p.342: «Hoc manichaei putant spíritum fuisse Christum, non carnem».
[40] Ibid.: «Quando possidet falsitas, serpens possidet: quando possidet veritas, Christus possidet. Sic est autem veritas Christus ut totum verum accipias in Christo».
[41] *Contra Fort.* 3: PL 42,114.
[42] F. Decret, *Aspects du Manichéisme dans l'Afrique romaine* p.274.
[43] *Contra Fort.* I 19: PL 42,120.
[44] Ibid., I 17: PL 42,120.

un enviado celestial al mundo para predicar el retorno de las almas a su origen divino. La salvación la ha realizado por su magisterio, por su doctrina y avisos [45]. Aunque hablan de *Christus patibilis,* no hubo en realidad pasión, crucifixión ni muerte [46]. Metafóricamente, el Cristo crucificado es la *pars Dei,* la porción de Dios presa en la materia y que sufre la esclavitud de la parte contraria. Fausto habla de la *mystica passio* del Salvador como causa de nuestra salvación y de su ligadura en crucifixión mística en la cruz, que es el emblema de las heridas del alma [47]. El Cristo maniqueo está crucificado en todo el mundo y en toda alma [48], y con esta crucifixión se muestran nuestras llagas, la prisión en que nosotros gemimos [49]. Somos extranjeros en el mundo, arrojados de un reino celestial, y Cristo ha venido a refrescarnos la memoria de nuestro origen y de nuestra patria. Quien llega a convencerse de esta gran verdad es el hombre nuevo, el iluminado de Mani, el hombre espiritual y agónico que combate las fuerzas del mal.

De lo dicho puede concluirse la inmensa distancia entre la cristología y soteriología católica y la maniquea. Cosa que no dejaba de reconocer Fausto: «Yo venero a Cristo, pero con otro rito y otra fe que vosotros» [50].

Si ahora analizamos los principios morales, llegamos a las mismas conclusiones [51]. Después de recorrer los diversos preceptos del decálogo, San Agustín concluye: «Con razón te es adverso el decálogo, que contiene tan buenos mandamientos que contradicen a tu error» [52].

Todos estos contrastes irreconciliables vienen de una raíz que envenena la doctrina maniquea: la de poner un principio absoluto del mal que llaman materia, *hyle* [53].

Al contrario, para el cristianismo sólo hay un principio bueno, creador de todas las cosas, visibles e invisibles, materiales e inmateriales. La materia es buena, la carne es buena. El cristianismo tiene como su fundamento al Verbo hecho carne. Y la carne o la humanidad ha sido hecha principio o instrumento de nuestra salvación. La carne tiene suma importancia en la espiritualidad católica y agustiniana. La obra de Cristo ha sido precisamente borrar todo pecado, purificar al hombre, mejorando su misma carne y haciéndola apta para su última transformación con la resurrección. La carne no es enemi-

---

[45] Ibid.: «... et animam non posse reconciliari Deo, nisi per magistrum qui est Christus; ... auctore salvatore nostro, qui nos docet et bona exercere et mala fugere».— Ibid., II 20 (PL 42,124): «... post commonitionem salvatoris et sanam doctrinam eius».— Ibid., II 11 (PL 42,116): «... ex ipsius sancta praedicatione».

[46] F. DECRET, ibid., 264-85.

[47] *Contra Faustum* XXII 7: PL 42,501; ibid., XX 2: PL 42,369.—*Epistola ad Augustinum Secundini Manichaei* 3 (PL 42,574): «... patibilem Iesum qui est vita et salus hominum, omni suspensus est ligno». Cf. DECRET, p.285

[48] *Epist. ad Augustinum Secundini Man.* 3 (PL 42,574): «Vides enim illum (Salvatorem) et in omni mundo et in omni anima esse crucifixum».

[49] *Contra Faustum* XXII 7 (PL 501): «Credimus caetera, praeterea crucis eius mysticam fixionem, qua nostrae animae passionis vulnera mostrantur».

[50] *Contra Faustum* XX 4 (PL 42,370): «Quanvis Christum venerer et colam, qui alio enim ritu colo et alia fide quam vos».

[51] Sobre la moral de los maniqueos, véase *De moribus man:* PL 32,1345-78.

[52] Ibid., XV 7 (PL 42,311): «Merito tibi est inimicum diptychium continens tan bona mandata contraria erroribus tuis».

[53] Ibid., XX 3: PL 42,370.

ga del reino de Dios ni de la espiritualidad. No hay que exagerar, pues, las tintas negras cuando se habla en San Agustín—lo mismo que en San Pablo— de la oposición entre el espíritu y la carne. Oposición la hay, como presupuesto del necesario combate en que el hombre se acendra y purifica para hacerse digno de la última transformación: «La pasión de Cristo no proviene de ninguna necesidad, sino de la misericordia...; pero Cristo no se deterioró en aquella carne; antes bien, la carne se sublimó en El» [54].

Tal es el gran principio de la cristología y soteriología católicas: *Caro in illo melior facta est:* he aquí el choque más agudo entre el maniqueísmo y el catolicismo. La carne no es una categoría de perversión o de maldad, sino cosa noble tomada por el Hijo de Dios y sublimada como instrumento salvífico de los hombres. La naturaleza humana, sin excluir el cuerpo, ha sido ennoblecida y asumida para el reino de Dios y manifestación de su gloria.

4. La salvación de la carne

Aunque no puede negarse que «fue máxima la distancia entre los maniqueos y los católicos» [55] en lo que se refiere a la ontología, antropología, moral, soteriología y espiritualidad, con todo, los nueve años de profesión de fe maniquea no fueron totalmente estériles para Agustín. Sin duda se pueden señalar huellas bienhechoras en su paso por aquel sistema religioso, en que también se contenían doctrinas cristianas. «Directa o indirectamente—dice H. C. Puech—, el cristianismo tuvo una influencia esencial, si no decisiva, en la formación del mensaje de Mani» [56]. Aceptaban y utilizaban el Nuevo Testamento, y en él las epístolas de San Pablo, aunque interpretándolas según sus fines sectarios: «Los maniqueos, que en el Africa del Norte pretendían disimular su doctrina con apariencias cristianas, usaban frecuentemente textos del Nuevo Testamento, interpretándolos a su modo. Las epístolas de San Pablo eran muy citadas para probar el dualismo fundamental predicado por Mani. Por eso los polemistas cristianos tenían que restablecer el verdadero sentido de los textos y combatir a los maniqueos con sus propias armas» [57]. Ideas cristianas y sentimientos cristianos formaban parte en la amalgama religiosa de los seguidores de Mani. Puede señalarse como ejemplo la idea del destierro, caída y liberación del alma. Recuérdese la fábula maniquea sobre el alarido de Adán cuando se vio ligado a la carne [58]. El alma maniquea iluminada asimiló esta melancolía y sentimiento de prisión, de destierro y esclavitud y el deseo de liberación. Y San Agustín seguramente se penetró de estos sentimientos, que, depurados de sus elementos míticos, pueden cristianizarse. El sentimiento de nostalgia

---

[54] *De Actis cum Felice man.* II 9 (PL 42,542): «Non est ergo passio Christi ex indigentia, sed ex misericordia... non tamen in illa carne ipse deterior factus est: ed caro in illo melior fata est».
[55] *Opus imper. contra Iul.* I 24 (PL 45-1060): «Semper fuit maximum discrimen inter manichaeos et catholicos».
[56] «Manichéisme», en *Histoire général des Religions* III (1945) p.446-47.
[57] H. J. FELIERS, *L'utilisation de la Bible dans l'oeuvre d'Evodius:* Revue d'Études Augustiniennes XII 1-2 (1966) 42-43; F. DECRET, o.c., *Les Écritures chrétiennes* p.151-82.
[58] EMIDIO D'ASCOLI, *La spiritualità precristiana* p.101 (Brescia 1952). Sobre el mito de la formación del primer hombre véase a San Agustín, *De moribus manichaeorum* XIX 73: L 32,1375-76; F. DECRET, o.c., p.263-66.

y temple de peregrinación que distingue la espiritualidad agustiniana pudo recibir, sin duda, estímulos de su experiencia y vida maniquea. La imagen de cautiverio espiritual está expresada en nuestro Santo en términos que hacen pensar en las descripciones maniqueas. Así lo describe en un sermón: «Si El es nuestro redentor, es que estábamos cautivos. ¿Dónde estabamos prisioneros para que El bajara a redimirnos? ¿Dónde estábamos cautivos? ¿Tal vez entre los bárbaros? Peores que los bárbaros son el diablo y sus ángeles. Ellos tenían cautivo al género humano, y de ellos nos redimió el que dio no oro y plata, sino su sangre, por nuestro rescate»[59]. Esta imagen puede ser común en la doctrina soteriológica católica y maniquea, salvo lo último que dice sobre el precio de la compra, que no fue oro y plata, sino la misma sangre del Redentor, lo cual sería absurdo para los maniqueos.

Con tales imágenes u otras semejantes pueden surgir sentimientos comunes a dos tipos de espiritualidad, pero no se olvide que en el fondo hay irreconciliables divergencias, como las puede advertir quien sigue los textos agustinianos que he señalado anteriormente: «He aquí cómo nos hicimos cautivos, porque fuimos vendidos bajo el pecado. ¿Quién nos vendió? Nosotros mismos que consentimos al seductor»[60]. Aquí aparecen las diferencias sobre el origen y las causas de la esclavitud, que son totalmente diversas en la religión católica y la maniquea.

Y todavía, si seguimos al comentarista de los Salmos, surgen nuevas diferencias. Nuestro redentor es mucho más redentor que el Jesús fantástico de los maniqueos, y nuestra redención, más completa que la de ellos, porque afecta juntamente al cuerpo y al espíritu. El asceta maniqueo aspira a la liberación de la materia, de la prisión del cuerpo; pero el espiritual cristiano aspira a la total renovación del ser humano, espiritual y corporal. Porque añade San Agustín: «Ya la carne tomada por el Señor de nosotros está salva, no en esperanza, sino en la realidad. Nuestra carne salvada resucitó y subió en nuestra cabeza; en sus miembros todavía ha de ser salvada. Estén seguros los miembros, porque no están abandonados por la cabeza»[61].

Repugna todo esto a la concepción maniquea de la carne y de la materia, que no admite salvación, porque es intrínsecamente mala. Sólo admite la separación de la parte noble de la prisión de la carne. El asceta maniqueo no quiere vivir unido a la carne, porque de suyo la unión de las dos porciones de ambos principios es una obra maléfica. En cambio, en la espiritualidad cristiana, la unión del cuerpo y alma es obra del Artífice supremo y bueno creador de la materia y de los espíritus, y por eso una unión buena y siempre deseable[62].

En un sermón refuta al filósofo pagano Porfirio, según el cual era necesario alejarse de todo cuerpo. San Agustín había compartido la misma convicción en su juventud. En este aspecto, los neoplatónicos y los maniqueos se daban

[59] *Enarrat. in ps.* 125,1: PL 37,1657.
[60] Ibid., 2: PL 37,1658.
[61] Ibid.: «Iam caro sumpta de nobis in Domino, non spe, sed re salva facta est Resurrexit enim et ascendit in capite nostro caro nostra salva: in membris adhuc salvanda est. Secura gaudeant membra, quia a Capite suo non sunt deserta».
[62] Cf. *Sermo* 30,4: PL 38,189; *Serm.* 256,2: PL 38,1192; *Serm.* 277,3: PL 38,1259.

la mano, considerando la materia y el cuerpo humano como una prisión vergonzosa que era preciso dejar.

Con el cristianismo, San Agustín corrigió este modo de pensar; por eso dice en un sermón: «Porfirio dice: 'Se ha de huir de todo cuerpo'. Dijo de 'todo' como si todo cuerpo fuera una atadura penosa. Luego si de todo cuerpo, sea cualquiera, ha de huirse, no le hables de alabanza corporal ni le digas cómo nuestra fe, enseñada por Dios, ensalza el cuerpo; pues aun el cuerpo que ahora poseemos, aunque llevemos aquí el castigo del pecado, con todo, este cuerpo tiene su hermosura, su disposición de miembros, su distinción de sentidos, su estatura erguida y otras cualidades que producen asombro a quienes las consideran. ¿Qué es lo que decías: que de todo cuerpo hemos de huir? Yo digo que las almas bienaventuradas tendrán siempre cuerpos incorruptibles» [63].

Contra platónicos y maniqueos, San Agustín predicó la bondad, la hermosura, la nobleza del cuerpo humano, que en la resurrección alcazará su máximo esplendor y gloria.

Por eso no es justo hablar de residuos de pesimismo maniqueo en la valoración del cuerpo en San Agustín. El optimismo de su ontología no permite semejante estimación. El concepto bíblico del hombre le dio el criterio exacto para juzgar en esta materia. Hubo ciertamente una evolución en su pensamiento hasta que logró eliminar los resabios de su platonismo.

Compartió él con los platónicos, y con los maniqueos, y con San Pablo, y con todos los grandes espíritus del reino de la devoción en el cristianismo el sentimiento del destierro y peregrinación, lo que llama él *peregrinationem nostram in gemitu sentire* [64]; pero no era la prisión del cuerpo en el sentido ontológico, sino el alejamiento de la patria verdadera, la morada en un valle de lágrimas y miseria. Era el mismo sentimiento de San Pablo cuando habla de gemido universal de la creación: «El principalmente gime en esta cautividad, suspirando por la eterna Jerusalén, y nos enseñó a gemir en el mismo Espíritu, de que él se hallaba lleno y le hacía suspirar» [65].

Este gemido profundo pertenece a la esencia misma de la espiritualidad agustiniana, al temple de peregrinación que debe tener todo viador que camina hacia la patria.

[63] *Sermo* 242,7: PL 38,1137-38.
[64] *In Io. ev. tr.* 40,10: PL 35,1691.
[65] *Enarrat. in ps.* 125,2: PL 37,1657.

LA ESPIRITUALIDAD DE LA PALOMA

1. El dolor del cisma

La polémica antidonatista sirvió también para dar realce y afinar algunos aspectos de la espiritualidad agustiniana. Entrañó en ella vigorosamente lo que podemos llamar el *gemitus columbae,* el gemido y el arrullo de la paloma, que es el símbolo de la Iglesia y del Espíritu Santo. Al mismo tiempo abrió en su alma una profunda herida que nunca se le cerró y que sangraba continuamente: «Nosotros que hemos experimentado los dolores de la división, busquemos el lazo de la unidad», decía lleno de amargas experiencias [1].

Estos *dolores de la división o del cisma* enriquecen el tesoro de la espiritualidad y apostolado en el Santo. Sería curioso hacer un recuento de los pasajes en que se alude a los dolores, trabajos, penalidades, sacrificios, desengaños, que le ocasionó la defensa de la unidad de la Iglesia. Sírvanos de resumen esta confesión: «Pensad que Cristo hizo esto. Como dice en el Evangelio (Lc 19,12), al partir lejos para tomar posesión de su reino, encomendó su Esposa a un amigo suyo; y, sin embargo, está presente por su majestad. Pero no han faltado quienes han engañado al amigo de la Esposa, atribuyéndose a sí mismos la potestad de santificar a los hombres y quitándosela al Esposo. ¿Por qué te arrogas lo que no es tuyo? ¿Piensas que está ausente el Esposo que dejó aquí a la Esposa? ¿No sabes que está sentado a la derecha del Padre el que resucitó de entre los muertos? Si los judíos lo despreciaron al verlo pendiente en la cruz, tú lo desprecias cuando está a la diestra de Dios. Sepa vuestra caridad que yo tengo un grande dolor por esta causa; el resto lo dejo a vuestra consideración. Porque no digo si hablo todo el día, si lloro todo el día; no es bastante; no digo, como dice el profeta, si tengo una fuente de lágrimas (Jer 9,1), sino, si me convierto todo en lágrimas, y me hago todo lágrimas, y me hago lenguas y todo lenguas, es poco todavía» [2].

[1] *Sermo* 265,6 (PL 38,1221): «Nos experti dolores divisionis studiose coagulum quaeramus unitatis».
Para abreviar este tema sobre la controversia donatista en San Agustín, que exigiría mayor amplitud expositiva, lo sintetizamos en una de las imágenes bíblicas de más contenido espiritual y más frecuente uso en su polémica: la de la paloma. Su presencia en el relato del diluvio (Gén 8,8-12), en el Cantar de los Cantares (6,9) y en el bautismo de Cristo (Mt 3,16) ha hecho detener la reflexión de los espirituales y contemplativos sobre el misterio que encierra para incorporarla al simbolismo religioso de mayor pureza y expresión. San Agustín fue uno de sus más sagaces exploradores, y en esa imagen hizo brillar lo mejor de su eclesiología en el aspecto espiritual.
«Una vez más—dice Y. Congar—, Agustín ha sabido juntar, en una síntesis sencilla, vigorosa y coherente, no sólo las imágenes y las ideas, no sólo los temas bíblicos y sus categorías filosóficas, sino también los diferentes aspectos que tradicionalmente traía consigo el símbolo de la paloma: la paz, la comunidad, el Espíritu Santo, la pureza, los gemidos, la fidelidad desponsorial y aun la significación etimológica de Simón, hijo de Jonás, *filius columbae*» (Bibliothèque Augustinienne, 4ème. série, *Traité Anti-donatistes* I p.105, Paris 1963).
[2] *In Io. ev. tr.* 13,11 (PL 35,1498): «Noverit caritas vestra magnum dolorem m

Esta espada de dolor del cisma llevó atravesada San Agustín durante su vida de sacerdote y obispo, porque quería guardar libre de toda profanación a la Esposa de Cristo, en su virginidad, consistente «en la fe íntegra, en la esperanza firme, en la sincera caridad» [3].

El celo de la defensa de la Iglesia imprime rasgos peculiares en la fisonomía espiritual del Obispo de Hipona. El donatismo había hecho estragos en la Iglesia de Africa. Gran parte de la población de su diócesis seguía el cisma, que contaba con un clero numeroso y aguerrido y con brillantes oradores [7].

2. «Mi raíz es Cristo»

Literal o etimológicamente, *cisma* significa escisión, ruptura, separación de lo que debe estar unido. En este aspecto, y con particular referencia a los temas espirituales, el donatismo puede definirse por tres escisiones y desga-

pati de hac re... Si plangam tota die, non sufficio... sed si convertar in lacrymas et lacrymae fiam, in linguas et linguae fiam, parum est».
El mismo dolor expresan estas palabras *(Contra epist. Permeniani* 1,18,14: PL 43,43): «La mayor parte de los hombres tienen el corazón en los ojos, no en el corazón. Si sangra un cuerpo mortal, se le ve y se horroriza; en cambio, se despedazan las almas, se las separa de la paz de Cristo, mueren en el sacrilegio de la herejía o del cisma, y nadie llora, porque no se ve».
[3] Ibid., 12: ibid., 1499.
[4] El *donatismo* o cisma donatista nació a raíz de la persecución de Diocleciano (303-305), de las condiciones en que quedó la Iglesia de Africa, agitada por la cuestión de los *lapsos* o de los que habían entregado los libros divinos o habían incensado a los dioses protectores del Imperio. Surgió la escisión al ser ordenado obispo para la sede de Cartago su antiguo diácono Ceciliano, siendo su ordenador el obispo Félix de Aptunga. Llevaron mal lo actuado algunos obispos de la Numidia, que hubieran querido tomar parte en la provisión de la sede cartaginesa, y alegaron que Félix de Aptunga era un *traditor* (=entregador de los libros santos a los perseguidores). La oposición estaba fomentada por el resentimiento y el dinero de una señora rica, de origen español, Lucila, la cual había recibido una represión del diácono Ceceiliano por el culto a unas reliquias dudosas que llevaba.
Así, frente al obispo legítimamente ordenado, el grupo disidente puso en la misma sede a otro obispo llamado Mayorino, el cual murió no mucho después, sucediéndole *Donato,* que gobernó la diócesis desde el año 313 hasta el 347. El fue durante este tiempo el alma de la secta, que desgarró la Iglesia africana en dos, creando una situación de disidio y turbulencia, a la que tuvo que hacer frente San Agustín.
Para conocer al donatismo, su historia, sus personajes y la acción de San Agustín véase a Paul Monceaux, *Histoire littéraire de l'Afrique chrétienne depuis les origines jusqu'à l'invasion arabe* (Paris 1901-22, Bruxelles 1963): Culture et Civilisation (impression anastatique). T.7: *S. Augustin et le Donatisme;* Carlo Boyer, *Sant'Agostino e i problemi dell'Ecumenismo* (Roma 1969): Bibliotèque augustinienne. Oeuvres de S. Augustin. 4ème. série: *Traités antidonatistes* vol.1-5 (Paris 1963-65). La introducción en el primer volumen está escrita por el P. Ives Congar, O.P.; Rafael Palmero Ramos, *«Ecclesia Mater» en San Agustín* (Madrid 1970); Salvador Vergés, S.I., *La Iglesia, esposa de Cristo. La encarnación del Verbo y la Iglesia en San Agustín:* Biblioteca Balmes IV (Barcelona 1969).
Las obras principales de San Agustín sobre el donatismo se contienen en PL 43: *Psalmus contra partem Donati* 23-32; *Contra Epistolam Parmeniani libri tres* 35-108; *De Baptismo contra Donatistas libri septem* 107-244; *Contra litteras Petiliani libri tres* 245-388; *De unitate Ecclesiae liber unus* 392-446; *Contra Cresconium grammaticum partis Donati libri quatuor* 445-594; *De unico baptismo contra Petilianum liber unus* 595-614; *Breviculus collationis cum donatistis* 613-650; *Ad Donatistas post collationem* 551-690; *Sermo ad Caesareensis Ecclesiae plebem* 690-698; *De gestis cum Emerito liber*

rraduras: de Cristo, del Espíritu Santo, del Cuerpo de Cristo. Desfiguraban la naturaleza de los sacramentos y de la Iglesia, atribuyéndose a sí mismos la misión de comunicar la gracia y santificar a los hombres. Eran hombres que decían: «Yo perdono los pecados; yo justifico, yo santifico, yo doy la salud cuando bautizo» [5].

Se quitaba a la Fuente su gloria y se daba a los arroyos: «Se atiende a la conciencia del ministro que da santamente y purifica la del que recibe» [6].

Así se expresaba Petiliano, obispo de la secta. Con lo cual se embrollaba la cuestión de la validez de los sacramentos, como les argüía San Agustín, porque nadie puede cerciorarse de la verdadera santidad de los ministros que bautizan. ¿Quién puede sondear, sino Dios, lo que se esconde en el balsopeto de cada uno?

Por eso San Agustín puso toda su dialéctica en mostrar que Cristo es el que bautiza o borra el pecado o los pecados del que recibe el primer sacramento. La fuente de toda santidad está en Cristo. Toda la espiritualidad cristiana como tal se deriva de su fuente. Y así, el obispo católico oponía al donatista, que le objetaba que la cabeza de los católicos era Ceciliano, que no era el obispo Ceciliano la cabeza de los católicos: «Origo mea Christus est, radix mes Christus est, caput meum Christus est» [7]. Yo no tengo otro origen que Cristo, ni otra raíz que Cristo, ni otra cabeza que Cristo. Es decir, toda la vida espiritual en su principio, en su raíz y en su corona está en Cristo. Este purifica y santifica en el bautismo, fortalece en la confirmación, perdona los pecados en el sacramento de la penitencia, aumenta la vida espiritual en la comunión. Bautice Pablo, bautice Pedro o Bartolomé, Cristo es el que bautiza [8]. Dios está y actúa en los sacramentos y en sus palabras [9]. Los pecados de los ministros no comprometen la validez de los sacramentos, porque Dios no abandona a sus ovejas, y los malos pastores tendrán su castigo, y las ovejas recibirán las promesas [10].

La luz no se oscurece al pasar por lugares indecentes, el agua no se mancha al correr por atanores de piedra [18].

Se trata aquí de vincular la espiritualidad a su verdadera fuente que es Cristo, medio objetivo de santificación independiente de las condiciones de los ministros aun indignos. Cuando se trata de dar el don de Dios, da lo santo aun la conciencia no santa [12]. Por eso San Agustín repetía con gozo a su adversario: «De la conciencia de Cristo estamos seguros; pero de la concien-

unus 697-706; *Contra Gaudentium donatistarum episcopum libri duo* 707-758. A todas estas obras han de añadirse cartas, sermones y tratados diversos.

[5] *Sermo* 99,8 (PL 38,599): «Futuri erant homines qui dicerent: Ego peccata dimitto, ego iustifico, ego sanctifico, ego sano quemcumque baptizo».

[6] *Contra litt. Pet.* 2,3,6 (PL 43,260): «Conscientia sancte dantis attenditur, quae abluat accipientis».

[7] Ibid., I 7,8: ibid., 249.

[8] *In Io. ev. tr.* 6,7 (PL 35,1428): «Petrus baptizet, hic est qui baptizat; Paulus baptizet, hic est qui baptizat; Iudas baptizet, hic est qui baptizat».

[9] *De bapt. contra Donat.* 5,25 (PL 43,190): «Deus adest Sacramentis et verbis suis per qualeslibet administrentur, et Sacramenta ubique recta sunt».

[10] *Sermo* 46,2: PL 38,271.

[11] *De bapt. contra Donat.* 3,15: PL 43,144-45.

[12] *Contra litt. Pet.* 3,9: PL 43,533.

cia de cualquier otro hombre será inseguro el fruto del sacramento, porque no podemos fiarnos de la conciencia de los ministros»[13].

Los donatistas servíanse para sus fines de la sentencia evangélica: *El árbol bueno trae frutos buenos, y el árbol malo, malos* (Mt 7,17). También los maniqueos utilizaban la misma para probar los dos principios contrarios. Para los seguidores de Donato, el árbol bueno es el ministro santo que bautiza, y el fruto bueno es el bautizado que recibe su santificación; y, al contrario, el árbol malo, o ministro pecador, no produce el fruto bueno por falta de sus méritos[14]. Se atribuían, pues, el mérito de justicia por sí mismos a los hombres, robando esta grande gloria a Cristo. Pero San Agustín, contra ellos, y lo mismo contra los pelagianos, establece el gran principio de la doctrina católica de la justificación: «Cristo sana, Cristo purifica, Cristo justifica; el hombre no justifica. Pues ¿qué es justificar? Hacer justo a uno. Como mortificar es dar muerte, y vivificar dar la vida o hacer vivo, así también justificar es hacer justo»[15]. Con lo cual la vida cristiana queda sólidamente fundada sobre el cimiento eterno de Cristo. Pueden administrar los sacramentos hombres buenos y malos, «Pero la conciencia no la puede limpiar sino Aquel que es siempre bueno»[16].

De aquí viene la seguridad y gozo de los sacramentos cristianos, cuya acción viene de Cristo, y se comprende cómo pudo decir San Agustín después de purificarse en las aguas santas: «Recibimos el bautismo, y huyó de nosotros toda preocupación de la vida pasada»[17]. Cristo es el origen y la raíz del pueblo cristiano, en quien imprime «un carácter regio», un sello divino que lo distingue y ennoblece de todo otro pueblo, invitándolo a la vocación de la santidad de hijos de Dios, que es la forma típica de la espiritualidad cristiana.

3. El cisma y el Espíritu Santo

En realidad, al ser mediatizada por los ministros la obra santificadora del bautismo, no sólo se robaba a Cristo su gloria de santificador, sino también al Padre y al Espíritu Santo su íntima participación juntamente con el Hijo. Las relaciones que como hijo adoptivo de Dios nacen en el bautizado, con cada una de las personas divinas reciben un corte. Entre la Trinidad y el bautizado se interpone el ministro, eclipsando su obra. Toda la espiritualidad cristiana se resiente de esta mutilación; toda queda resquebrajada en sus coyunturas, porque la unidad misma del bautismo no se salva: «Si la potestad de santificar con el bautismo se transfiere del Señor al ministro, habría tantos bautismos como ministros y no quedaría en pie la unidad del bautismo»[18].

A los ojos de San Agustín, este rompimiento de la unidad constituye el

---

[13] Ibid., 2.7 (ibid., 260): De conscientia Christi ergo securi sumus. Nam si quemlibet hominem ponas, incerta erit accipientis mundatio, quia incerta conscientia est abluentis».
[14] *Sermo* 292,5: PL 38,1323.
[15] Ibid., 6 (ibid., 1323): «Christus sanat, Christus mundat, Christus iustificat: homo non iustificat».
[16] *Contra Cresc.* 2,2,21 (PL 43,842).—De peccat. mer. et remis. 1,14,18 (PL 44,119): «Quoniam possunt esse et sunt et fuerunt multi iusti homines et imitandi. Iustus autem et iustificans nemo nisi Christus».
[17] *Conf.* 9,6.
[18] *In Io. ev. tr.* 6,7: PL 35,1428.

máximo delito del cisma, porque va contra la caridad en su misma fuente. Con lo cual se hiere al Espíritu Santo, que tiene tanta parte en el primer sacramento juntamente con Cristo, que *bautiza en el Espíritu Santo*. Toda la Trinidad hizo una manifestación gloriosa en el bautismo de Jesús [19]. El Espíritu Santo se posó sobre el bautizando en forma corporal como de paloma. Por eso el símbolo de la paloma aparece en los bautisterios cristianos. El Espíritu Santo forma la «sociedad por la que nos hacemos un cuerpo del único Hijo de Dios» [20]. El vincular unos con otros, asociarlos entre sí, formando un organismo compacto, pertenece a la persona que también en el misterio de la Trinidad es lazo de unión entre el Padre y el Hijo: «Por eso la sociedad de la unidad de la Iglesia de Dios, fuera de la cual no se da el perdón de los pecados, es como la obra propia del Espíritu Santo, realizada ciertamente con la cooperación del Padre y del Hijo, porque el Espíritu Santo es, en cierto modo, la comunión *(societas)* del Padre y del Hijo» [21].

El Espíritu Santo, como amor personal, enlaza al Padre y al Hijo en unión y unidad perfecta, con un ímpetu, digámoslo así, de infinita fuerza y cohesión. Todo lo que es unitivo, cohesivo, enlazador, tiene en la tercera persona no sólo su fuente, sino también su expansión en el mundo creado. A ella le compete unir, unificar, ligar, reunir, vincular, estrechar, conformar, uniformar, concordar, pacificar, asociar, incorporar, eslabonar. Al Espíritu se atribuye la efusión del amor o de la caridad en los corazones de los fieles (Rom 5,5) para trabarlos todos entre sí y con su principio que es Dios. Esta sociedad de almas o de corazones es la Iglesia, siendo su vínculo orgánico de unidad el Espíritu Santo. El cisma de Donato rompía las relaciones del bautizado con el Espíritu Santo, suprimiendo el vínculo de unidad de los hijos de Dios y destruyendo la Iglesia, cuya formación se debe al Espíritu Santo y no a los ministros del primer sacramento. Así se comprende el lenguaje fuerte de San Agustín cuando acusa a los cismáticos de «despedazar la Iglesia», de hacerla fragmentos y añicos y de ser cuervos, que se alimentan de los cadáveres [22].

Tenían ciertamente el bautismo válido, pero no tenían el Espíritu Santo, que es espíritu de unidad y caridad: «Sabed que entonces tendréis el Espíritu Santo cuando, cambiando vuestra mente con una sincera caridad, consintáis en dar vuestra adhesión a la unidad» [23]. La caridad cristiana no puede guardarse fuera de la unidad cristiana, dice el Santo, y el que aborrece la unidad es enemigo de la caridad [24]. Donde no está el Espíritu Santo no hay verdadera caridad.

[19] Ibid., 5 (ibid., 1427): «Apparet manifestissima Trinitas, Pater in voce, Filius in homine, Spiritus in columba».
[20] *Sermo* 71,28 (PL 38,461): «Ad ipsum (Spiritum Sanctum) pertinet societas qua efficimur unum corpus unici Filii Dei».
[21] Ibid., 33 (ibid., 463): «Ideo societas unitatis Ecclesiae Dei, extra quam non fit ipsa remissio peccatorum, tanquam proprium est opus Spiritus Sancti, Patre sane et Filio cooperantibus, quia societas est quodammodo Patris et Filii ipse Spiritus Sanctus»
[22] *In Io. ev. tr.* 6,4 (PL 35,1427): «Qui laniaverunt Ecclesiam, de mortibus pascuntur».
[23] *Sermo* 269,4: PL 38,1237.
[24] *Contra litt. Pet.* 2,172 (PL 43,312): «Caritas enim christiana nisi in unitate christiana custodiri non potest».—*Epist.* 185,50 (PL 33,815): «Non est autem particeps divinae caritatis qui hostis est unitatis».

4. «Por el todo dio lo que dio»

El cisma donatista, desgarrando la unidad, originó graves mutilaciones, que afectaban a los vínculos vitales de los cristianos. Ya la sustitución de la santidad ministerial por la esencial y original de Dios alteró profundamente las relaciones de Cristo y de los cristianos, quitando eficacia y valor al misterio mismo de su redención. Podría decirse que el Cristo de los donatistas resultaba menos redentor que el Cristo de los católicos y de San Agustín. La redención católica se convertía en una redención parcial o reducida a la *pars Donati,* confinada en un ángulo del continente africano. Cristo había redimido el todo, y los donatistas querían que sólo fuera el redentor de una parte. Por este flanco acomete San Agustín a los donatistas, porque, al negar la catolicidad de la Iglesia, negaban igualmente la catolicidad de la redención: «Los hombres vivían bajo la esclavitud del diablo, pero fueron redimidos de la servidumbre. Vino el Redentor y dio su precio; derramó su sangre, compró el orbe de la tierra. ¿Preguntáis qué compró? Considerad lo que dio y hallaréis lo que compró. El precio es la sangre de Cristo. ¿Qué es lo que vale tanto precio? Todo el orbe de la tierra, todas las gentes del mundo. Muy ingratos son a su precio o muy soberbios los que dicen que o es tan escaso que sólo rescató a los africanos, o que ellos son tan grandes, que sólo la derramó para su redención. No se encumbren tanto, no se ensoberbezcan tanto; por el todo dio lo que dio»[25].

Los donatistas se gloriaban de ser pocos y de representar la Iglesia de Cristo[26]. Pero esta reducción geográfica y numérica es refutada por San Agustín con los innumerables testimonios bíblicos tomados de ambos Testamentos[27] y repercute gravemente en la espiritualidad católica, porque limita los horizontes de la caridad y en particular mermaban los frutos de la redención y la gloria del Redentor. Idénticas consecuencias afectan a la acción del Espíritu Santo, el cual tiene tanta mano en el origen, desarrollo y consumación de la Iglesia.

La presencia de la paloma en el bautismo de Cristo y en innumerables bautisterios cristianos indica la mucha parte que tiene en la santificación de los fieles. Su simbolismo comprende en primer lugar a la misma tercera persona de la Trinidad, porque «la paloma representa al Espíritu Santo»[28], e igualmente a la Iglesia, de la que se dice en el Cántico de los Cánticos: *Una es mi paloma.* Significa también el alma fiel, que debe revestirse de las condiciones de la paloma y amar la paz y la inocencia.

Este simbolismo, unido al de la aparición de las lenguas de fuego con que se mostró a los apóstoles en Pentecostés haciéndoles hablar diversos idiomas, utiliza San Agustín para mostrar que la Iglesia es *una, santa, católica.* El cisma donatista atentaba contra estas tres propiedades de la Iglesia:

[25] *Enarrat. in ps.* 95,6: PL 37,1231: «... Pro toto dedit, quantum dedit».
[26] *Contra litt. Pet.* 2,45,105: PL 43,296.—*De unit. Eccl.* 1,17 (PL 43,403): «De paucitate gloriamini».—*Contra Cresc.* 3,67,76: PL 43,537.
[27] En el libro *De unit. Eccl. liber unus:* PL 43,391-446 pueden verse los textos bíblicos que manejó San Agustín en su polémica para probar la unidad y catolicidad de la Iglesia.
[28] *Enarrat. in ps.* 130,5 (PL 37,170): «Columba autem Spiritum Sanctum significat».

«Tú no tienes la caridad, porque por puntillos de tu honor has dividido la unidad» [29]. Perdiendo la caridad, se pierden la unidad, la santidad y la catolicidad. Por eso la Iglesia de Cristo es una caridad universal que quiere unir y mejorar a los hombres todos. Y ésta es su espiritualidad, una, santa y católica. El Espíritu Santo en el bautismo es el creador de la nueva espiritualidad: «Os envío el Don, por el que os hagáis espirituales; esto es, el don del Espíritu Santo» [30]. Es una espiritualidad de amor que se dirige a todos los hombres para incorporarlos en Cristo con la más sublime unidad. La tarea de esta espiritualidad es unirse, santificarse y totalizarse, todo lo cual es obra de la paloma: «En la paloma está la unidad; en las lenguas diversas, la comunión. De muchas lenguas se hace una; no te admires; la caridad lo ha hecho. Porque, aun cuando sean diversos los sonidos lingüísticos, con el corazón se invoca a un solo Dios y se guarda una misma paz» [31].

5. El gemido de la paloma

Ingenioso manipulador de los símbolos bíblicos, San Agustín ha formulado una espiritualidad de la paloma de grande aplicación en todos los tiempos, porque hace participar a los cristianos en los intereses de la Iglesia, que, en última instancia, se reducen a tres: la unidad, santidad y catolicidad. Cuervos y palomas le dan materia para una simbología espiritual de alto valor. Los cuervos, roncos y pendencieros, representan el cisma y el error. Cuando graznan, dicen: *cras, cras;* mañana, mañana, que es la canción perezosa de los que no quieren convertirse [32]. En cambio, las palomas son sencillas, inocentes, sin hiel, sosegadas en sus ósculos, sin usar cruelmente de sus uñas [33].

Rasgo peculiar suyo es también el arrullo, el zureo amoroso: *Gemunt columbae in amore* [34]. Este *gemido de la paloma* es rasgo de la espiritualidad cristiana. «Si somos la paloma, gimamos», aconseja el Santo [35]. El zureo de la paloma, trasladado al corazón de la Iglesia y de los fieles, es un finísimo sentimiento sobrenatural del dolor producido por la división de la Iglesia, y de deseo de unión, de santidad, de universalidad del reino de Cristo. «Yo me llamo la Iglesia católica y sufro por vuestra muerte», dice la misma en el *Salmo contra los donatistas* [36]. El arrullo de la paloma es amor y dolor, y

---

[29] *In Io. ev. tr.* 6,14 (PL 35,1432): «Noli clamare: ostende mihi quomodo habeat caritatem qui dividit unitatem». La escisión donatista fue fruto de la injusticia y animosidad. «Ellos dicen: *El que tocare lo inmundo, quedará manchado* (Lev 22,5); separémonos para no ensuciarnos con los malos. Nosotros les decimos a ellos: 'Amad la paz, amad la unidad. No sabéis de cuántos buenos os separáis tachándolos de malos'. Se irritan, se enfurecen cuando les decimos esto, porque quieren mortificarnos» (*Enarrat. in ps.* 119,8: PL 37,1604).
El cisma en Africa tuvo carácter muy violento.
[30] *Sermo* 270,2 (PL 38,1238): «Mitto vobis donum quo spirituales efficiamini, donum scilicet Spiritus Sancti».
[31] *In Io. ev. tr.* 6,7: PL 35,1430.
[32] *Sermo* 82,11,14 (PL 38,512): «Cras, cras, corvi vox. Geme ut columbus, et tunde pectus».
[33] *In Io. ev. tr.* 6,10: PL 35,1430.
[34] Ibid., 2,1425.
[35] Ibid., 24,1436: «Sed si columba sumus, gemamus, toleremus, speremus. Non est desperandum: orate, praedicate, diligite: prorsus potens est Dominus».
[36] *Psalmus contra partem Donati*: PL 43,32.

su fruto, que es la plegaria, lleva siempre consigo el *gemitus desiderii,* el gemido del deseo, el suspiro de un mundo mejor donde reine la caridad.

San Agustín es de los espirituales cristianos que más vigorosamente sintieron la fuerza gemebunda del corazón y ésta fue una de las facetas más atrayentes de su genio religioso. Adviértase con qué vehemencia le nace del corazón este apóstrofe que hace a la Iglesia disidente de Africa: «Ven; la paloma te llama, y te llama arrullando... Hermanos míos, a vosotros me dirijo; llamad con vuestros gemidos, no con vuestras reyertas. Atraedlos por la plegaria, por la persuasión, por el ayuno. Si ellos ven la pena que nos produce su separación, reconociendo su yerro, volverán a nosotros... Ven, pues, y tu retorno te llenará de júbilo. Ven donde está la Paloma de la que se ha dicho: *Una es mi Paloma.* El Espíritu Santo se dio a todo el mundo, y vosotros os habéis separado para ir a graznar con los cuervos, no para gemir con la Paloma» [37].

San Agustín quería que el espíritu irénico penetrara totalmente en los cristianos de su diócesis. Con este motivo, cuando se preparó la conferencia de Cartago en el año 411 para la unión entre católicos y donatistas, él hizo una campaña entre los fieles para que tomasen parte en ella, propagando ideas de paz, de armonía y de táctica de pacificación común. Ningún fiel debía tenerse por extraño a la controversia sobre la paz. Con la acción de los obispos y sacerdotes debía juntarse la del pueblo cristiano: «A nosotros los obispos nos toca llevar el peso de la controversia; pero vosotros rogad por nosotros y fortaleced vuestra oración con el ayuno y la limosna. Que no falten a vuestras plegarias estas dos alas, con que se remontan hasta el trono de Dios. Obrando así, tal vez seréis más útiles para nosotros que nosotros para vosotros. Toda nuestra esperanza está puesta en Dios. Rezad, pues, al que es nuestra esperanza para que vosotros gocéis también de la alegría de nuestra victoria. Cumplid bien esto; os lo pedimos; por el nombre del mismo Dios, por el autor de la paz, por el sembrador de la paz, por el amdor de la paz, os pedimos que oréis pacíficamente; dirigidle súplicas de paz, recordando que sois hijos del que dijo: *Bienaventurados los pacíficos, porque ellos serán llamados hijos de Dios*» [38].

El amor a la Iglesia exige el interés por sus grandes intereses, como la conversión de los infieles, el retorno de las ovejas dispersas. En otro sermón pronunciado también con la misma ocasión les aconsejaba: «Os exhorto por la santidad de estas nupcias (de Cristo con la naturaleza humana); amad a esta Iglesia, vivid en esta Iglesia, sed esta Iglesia. Amad al Buen Pastor, que a nadie engaña y quiere que todos se salven. Orad también por las ovejas dispersas; vengan también ellas y le reconozcan y le amen para que haya un solo Pator y un solo rebaño» [39].

El pueblo cristiano quedaba engrandecido con estas participaciones a que le convidó el Obispo de Hipona.

---

[37] *In Io. ev. tr.* 6,15 (PL 35,1432): «Fratres mei, vobis dico: gemendo, vocate, non rixando; vocate orando, vocate invitando, vocate ieiunando: de caritate intelligant quia doletis illos... Veni ubi est columba»...
[38] *Sermo* 358,6 (PL 39,1589): «Sic agentes negotium, fortasse utiliores nobis eritis quam nos vobis».   [39] *Sermo* 138,10: PL 38,769.

6. El «Salmo de la paz»

A lo largo de toda la polémica antidonatista hay en San Agustín un suspiro y anhelo de paz, que es el ideal de todos los agonistas, sobre todo cuando
la misma vida se halla en constante peligro, como le ocurría al Obispo de
Hipona, pues en la secta contraria había un grupo de fanáticos que a sí mismos
se definían como *terribiles fustes Israel,* las terribles porras de Israel, con el
santo derecho de castigar con la violencia, el terror y la muerte a los católicos [40].

«Dejad tranquilos a nuestros fieles, si no queréis perder la vida», le escri-
bían al Santo algunos sectarios [41]. En ocasiones peligró su vida, que Dios guardó providencialmente, como ocurrió en una visita pastoral, en que, saliendo a
los alrededores de Hipona, en una encrucijada se equivocó de camino el cochero
que le llevaba, tomando el que no debía; y así, después de un rodeo, llegaron
al término de su destino; y allí se enteraron de que donatistas con armas
se habían apostado por donde debía pasar. Al saber lo ocurrido dieron gracias
a Dios, porque el error del cochero fue su salvación [42].

También cuenta el mismo Santo lo que sigue: «Pasando por Espaniano,
me salió al encuentro un presbítero donatista de la ciudad en medio del campo
de una señora católica y respetable, gritando con voces violentísimas detrás
de nosotros, motejándonos de traidores y perseguidores. Iguales injurias lanzaba también contra la respetable señora en cuya finca estábamos, y que pertenece a nuestra comunión. Cuando oí aquellas voces, no sólo me contuve a
mí, sino también frené y desbravé el enojo de los que me acompañaban» [43].

En este ambiente guerrero y turbulento pasó su vida el Obispo de Hipona.
Por eso se hizo propagandista de la unión y de la paz, que predicaba en todas
partes de palabra y por escrito. Y con este fin, ya siendo simple sacerdote,
a fines del año 393 compuso el que podía llamarse el *Salmo de la paz* o
Psalmus contra partem Donati, que presenta él mismo en sus *Retractaciones*
con estas palabras: «Yo, deseando que la causa de los donatistas llegase a
la conciencia del pueblo más humilde, de los ignorantes y de los iletrados,
y que se les grabase bien en la memoria, compuse en latín un salmo de los
que llaman abecedarios para que pudieran cantarlo, aunque no pasé de la letra V» [44].

Los donatistas estimaban mucho al canto popular, y reprochaban a los católicos de cantar poco en sus reuniones: «Nos censuran de no cantar en la
iglesia los cánticos divinos de los profetas, mientras ellos abusan de toda su
trompetería para inflamarse y vomitar sus entusiasmos de ebrios con compo-
siciones humanas hechas a imitación de los salmos» [45].

Rompiendo, pues, con todos los moldes de la composición poética clásica,

---

[40] *Enarrat. in ps.* 9,5: PL 36,134.—*Psalmus c. partem Donati* (PL 43,28): «Scelus
non putant in fuste».
[41] *Epist.* 105,1 (PL 33,396): «Recedite a plebibus nostris, si non vultis ut interfi-
ciamus vos».
[42] *Enchir.* 17: PL 40,239.
[43] *Epist.* 35,4: PL 33,135-36.
[44] *Retract.* I 20: PL 32,617.
[45] *Epist.* 55,18: PL 33,221.

en que se atiende a la cantidad silábica, en el salmo alfabético las estrofas, siguiendo el abecé, se suceden en pareados, terminando con un refrán o *byposalma* que dice el Santo: «Todos los que amáis la paz, juzgad ahora de la verdad» [46].

En él hace una breve historia del cisma, de su origen, de sus alegaciones; contradice a sus asertos; presenta a la Iglesia católica, según las parábolas del reino, como un campo de trigo y cizaña, como la red que se llena de peces buenos y malos, como la era con su grano y su paja hasta la separación final; constantemente exhorta a la unión, a la concordia, a la paz; «Nos amemus pacem Christi, gaudeamus in unitate». «Sic nos propter malos fratres non separemur a matre». «Dolor est cum vos videmus praecisos ita iacere» [47].

El dolor de la separación resuena sordamente en todos los versos agustinianos: «Yo me llamo la Católica, y me atormenta vuestra muerte» [48].

Los 293 versos, en veinte estrofas de tetrámetros trocaicos divididos por la cesura, cantan la unidad, la paz, la fraternidad de todos los que siguen a Cristo.

San Agustín conocía por experiencia el valor de las canciones para la educación popular, y con este poema didáctico quiso instruir a sus diocesanos sobre la Iglesia católica y darles argumentos contra el cisma donatista. Pero quería que en la Iglesia se cantase siempre con entusiasmo e inteligencia: que el pueblo entendiese bien lo que cantaba, para que la verdad empapara suavemente los ánimos y los apartase de los errores:

«Deberíamos entender lo que dice el salmo y cantarlo con la debida reflexión, no como los pájaros. Pues los tordos, las cotorras, los cuervos, urracas y otras aves son enseñados por los hombres a cantar lo que no entienden. Cantar sabiamente es don que hizo Dios a la naturaleza humana. Y nosotros sabemos y lamentamos lo mal que cantan muchas personas licenciosas y torpes, cosas dignas de sus oídos y corazones. Saben que cantan cosas indecentes, y cuanto más torpes son, más se deleitan... Nosotros que hemos aprendido en la Iglesia a entonar canciones divinas, debiéramos esforzarnos para entender lo que está escrito: *Bienaventurado el pueblo que sabe sentir el júbilo* (Sal 88,16)» [49].

Es decir, quería que sintiesen el gozo espiritual de la fraternidad, de la armonía coral de pensar y sentir todos lo mismo, de la paz individual y social, que es la suprema aspiración de la espiritualidad cristiana y agustiniana para descansar y amar en la verdad.

El esfuerzo por la comunión pacífica de todos los que siguen a Cristo es la expresión más alta de la vida espiritual cristiana.

[46] *Psalmus contra partem Donati*: PL 43,23-42. Cf. Bibliothèque Augustinienne 28, *Traités anti-donatistes* I p.135-247; F. VAN DER MEER, *San Agustín, pastor de almas* p.155-61; F. ERMINI, *Il Psalmus contra partem Donati*: Miscellanea Agostiniana II p.341-52 Roma 1933); H. VROOM, *Le psaume abécédaire de S. Augustin et la poésie latine rithmique* (Nimegue 1933); R. ANASTASI, *Psalmus contra partem Donati*. Introduzione, testo critico, traduzione e note (Padova 1957).
[47] *Psalmus contra partem Donati*: PL 43,28.29.30.32.
[48] Ibid., 32.
[49] *Enarrat. in ps.* 18,1: PL 36,157.

7. En defensa de la santidad de la Iglesia

La polémica antidonatista significó un llamamiento enérgico hecho a los católicos en defensa de la pureza de la Iglesia, es decir, una llamada al examen y condiciones de la espiritualidad personal. Tanto los católicos como los donatistas trabajaban por una misma causa: defender la santidad de la Esposa de Cristo. Los seguidores del cisma decían en la conferencia de junio del año 411: «Nosotros defendemos la pureza de la Iglesia» [50]. Querían una Iglesia de puros, de santos, sin claudicaciones ni hipocresías, identificando la suya con la que presenta San Pablo en su carta a los fieles de Efeso: gloriosa, sin mancilla ni arruga, santa e inmaculada (Ef 5,27). De este pasaje paulino hicieron uso y abuso frecuente los donatistas para fundar su doctrina, confundiendo los dos tiempos que San Agustín discriminó, o las dos Iglesias, que se desenvuelven en dos tiempos: la Iglesia tal cual es ahora y la Iglesia tal como será después [51].

Los donatistas postulaban para este tiempo una *Ecclesia sanctorum,* una Iglesia de santos y puros, masa de grano sin mezcla de bálago, tal como será después de la ventilación de la era [52]. Por eso, el mismo Ticonio, hombre realista y mejor conocedor de las Escrituras que sus compañeros, se separó de la secta, porque la Iglesia siempre es penitente, «negra y hermosa». Y San Agustín les decía a sus contrarios: «Cristo dijo: *Los segadores son los ángeles;* no dijo: 'Los segadores son los príncipes de los circunceliones'» [53]. Ninguno puede arrogarse el privilegio de aventar la era de Dios hasta que lleguen los últimos tiempos, en que El hará la separación.

La diferencia de ambos tiempos, aunque siempre debe aspirarse a la santidad para formar una Iglesia santa, impone diversidad de grados en la misma y nos afronta con el misterio de la presencia de los malos y de los males en el mismo Cuerpo místico de Cristo. Esta presencia ha sido siempre turbadora entre los hombres, y San Agustín trató innumerables veces en su predicación para preparar a los fieles a la reverencia y tolerancia de este misterio de la *Ecclesia permixta,* la Iglesia mezclada, campo a la vez de trigo y de cizaña.

Por eso en su polémica insiste tanto sobre la doble pertenencia de los hombres a la Iglesia que podíamos llamar material y espiritual. Se puede vivir en la Iglesia participando de sus sacramentos o ser los que llama el Santo «los participantes corporales de los sacramentos [54], pero sin percibir su virtud, que en última instancia se reduce a la caridad o a la comunión con el Espíritu Santo. Sin duda hay una masa de fieles que pertenecen a esta estructura corporal y visible de la Iglesia, pero sin vivir de su alma que es la gracia de

[50] *Collatio Carth.* (PL 43,83): «Nos qui Ecclesiae defendimus puritatem»...
[51] *Enarrat. in ps.* 9,12 (PL 36,122): «... imaginem Ecclesiae quae nunc est... imaginem Ecclesiae quae futura est»...—*De civ. Dei* XX 9,1 (PL 41,673): «Ecclesia... quali nunc est; ...Ecclesia... qualis erit tunc». Cf. Y. CONGAR, o.c., p.95-96.
[52] *Contra epist. Parmeniani* III 18: PL 43,96.
[53] *Epist.* 76,2: PL 33,265.
[54] *Contra litt. Petiliani* II 247 (PL 43,345): «Nec ideo putandi esse in corpore Christi quia Sacramentorum eius corporaliter participes fiunt». Habla de los bautizados que viven mal en la Iglesia.

Dios. Pero hay igualmente otra multitud que pertenecen a la Iglesia como *societas sanctorum,* o a la «comunión con el Espíritu por el vínculo de la paz» [55]. Y en este sentido, San Agustín hace esta afirmación: «La sociedad o comunidad de santos y fieles es solamente la madre Iglesia que está en los santos» [56].

La paloma del Espíritu Santo descansa sobre estos espirituales cristianos que poseen las tres cosas indispensables: «Si queréis vivir del Espíritu Santo, guardad la caridad, amad la verdad, buscad la unidad» [57]. Verdad, caridad y unidad: esta tríada define a los que son hijos de la Paloma, o *filius columbae,* según suele repetir el Santo. Vivir en la verdad, caridad y unidad es el ideal de la espiritualidad cristiana y lo que da a la Iglesia su auténtica pureza y fisonomía de Esposa de Cristo.

Mas este ideal de pureza con que todo fiel debe embellecer el semblante de la Iglesia a que pertenece no alcanza en la tierra todo su esplendor. En otras palabras, la espiritualidad cristiana en este mundo es imperfecta. En toda la polémica antidonatista—y también en la pelagiana—San Agustín recordó esta verdad. El campo de trigo y cizaña, la era de grano y de paja, la red donde entran los peces de todos los colores, no sólo es la Iglesia en su aspecto sociológico, sino también lo íntimo de todo hombre. Lo cual quiere decir que una espiritualidad pura como la que exigían los donatistas o una perfección cristiana sin máculas ni arrugas no es de este mundo.

La cristiandad tiene sus arrugas, de que no debe escandalizarse el cristiano, y el cristiano tiene también sus máculas, por las que dice a Dios todos los días: *Perdónanos nuestras deudas.*

De aquí la importancia de la caridad y unidad dentro de la Iglesia. No se puede romper la red con el pretexto de algunos peces turbulentos: no se puede dejar la era por el bálago que se hacina a vista de todos, mientras el trigo se oculta bajo él.

Tolerar las imperfecciones de la Iglesia y del prójimo es uno de los deberes y también uno de los mejores crisoles de la espiritualidad cristiana. Trabajar por la pureza de la Iglesia con el esfuerzo personal de la santidad y tolerar las imperfecciones de todos, es la gran lección de la polémica antidonatista de San Agustín.

[55] *In Io. ev. tr.* 26,17: PL 35,1614.—*Sermo* 71,19 (PL 38,462): «...societas Spiritus cum vinculo pacis».
[56] *Epist.* 98,5 (PL 33,362): «Societas sanctorum atque fidelium sola mater Ecclesia quae in sanctis est».
[57] *Sermo* 268,2: PL 38,1332.

LA ESPIRITUALIDAD DE LA GRACIA

1. Dos concepciones antropológicas

«Dos concepciones opuestas de antropología religiosa dividían a los cristianos instruidos del Occidente a principios del siglo v: el pelagianismo, que exaltaba al hombre y le atribuía un poder excesivo en la prosecución del bien, y el agustinianismo, que limitaba la potencia y el valor moral de la humanidad cuando ella no está ayudada por la gracia» [1]. Dos formas de espiritualidad de signo muy diverso eran las consecuencias de ambas concepciones. Pelagio era promotor de un ascetismo rígido, y su doctrina había penetrado en algunos círculos y familias aristocráticas, que eran preferentemente el campo de su propaganda ascética. Durante más de veinte años trabajó en la dirección de almas. Su personalidad era atrayente, no sólo por su aspecto físico, sino también por su talento, su desinterés y su austeridad moral. Cultivó la literatura exhortatoria y consolatoria por medio de cartas y de otros tratados, que forman un grupo de escritos notables por la erudición y el estilo, así como por el vigor dialéctico con que expuso sus ideas [2].

La ley de Dios, escrita en los corazones y completada por la revelación de la Biblia en el Antiguo y Nuevo Testamento; la obediencia total con que debe obedecerse a ella, la sanción o los premios y castigos que recibirán sus cumplidores o transgresores, son las bases de su moral. Añádanse los consejos evangélicos, «pues el llamamiento al estado de perfección en el pensamiento de Pelagio tiene una extensión universal» [3], así como los principios de que en Dios no hay acepción de personas y que no puede exigir lo imposible, y tenemos un cuerpo doctrinal ascético que, aun sin una sistematización rigurosa,

[1] P. POURRAT, La spiritualité chrétienne I p.269-270 (Paris 2947).
[2] Cf. GEORGES DE PLINVAL, Pélage. Ses écrits, sa vie et sa réforme (Lausanne 1943). Pelagio en Bretaña entre los años 350-54. Recibió una esmerada educación clásica y cristiana. Renunciando a la vida del mundo, abrazó la profesión de asceta, y se hizo propagandista de su ideal con una decisión y valentía ejemplares, porque era elocuente y entusiasta en sus discursos. Roma fue uno de los teatros de su acción. Y entre los que ganó para su causa se cuentan Celestio, el más decidido de sus partidarios; Juliano, hijo del obispo Memor y él también obispo de Eclana; Leporio, monje de las Galias; Agrícola, hijo del obispo Severiano. Con los dos primeros tuvo polémica San Agustín. Probablemente tuvo también entre sus oyentes a Sixto, que fue diácono de la Iglesia de Roma y después papa. El año 411 estuvo en Cartago, pero no se vio con San Agustín, y de allí pasó a Palestina, donde gozó de grande influencia sobre los muchos visitadores y peregrinos del Occidente que acudían para venerar los Santos Lugares. Pero su doctrina despertó graves sospechas, y después de muchas vicisitudes fue condenada por los concilios de Cartago y de Milevi en el año 416 y en enero del año siguiente, por el papa Inocencio. No se sabe apenas nada de los últimos años, que pasó en Oriente. Entre sus escritos, los principales son: Expositiones XIII Epistularum Pauli (ed. Souter, Cambridge 1926); Epistula ad Demetriadem: PL 33,1099-20; Liber de vita christiana, PL 40,1031-46; Liber de induratione cordis Pharaonis (ed. de G. Morin): Revue Bénédictine 26 (1909) 167-88. Se conservan también fragmentos de otros escritos perdidos (DE PLINVAL, l.c.; R. HEDDE y E. AMANN: DTC, art. «Pélagianisme» col.675-715.
[3] DE PLINVAL, o.c., p.193.

posee una coherencia suficiente para impresionar a las personas que buscan la perfección.

Al proclamar esta meta de un ascetismo puro y sublime no se descubrían fácilmente los fallos del sistema pelagiano, pero sí cuando se trataba de los medios de alcanzar el ideal propuesto, porque ponía todas las fuerzas de salvación y perfección en el libre albedrío humano. Pelagio sacudía la pereza y la indolencia de los imperfectos apelando a sus propias fuerzas y concebía la virtud al modo de la *vis animi* de los estoicos, suficiente para realizar el bien sin socorro de lo alto. Todo el arsenal de la perfección cristiana está depositada en la misma alma; sólo con los propios recursos y armas puede defenderse la fortaleza del espíritu de todos los asaltos de las tentaciones.

Esto implica, naturalmente, una visión particular del hombre, sano en sus fuerzas, vigoroso en su albedrío, capaz de todo heroísmo moral. El hombre alcanza por sí mismo una santidad natural, *sanctitas naturalis,* que es origen de toda perfección. «Yo digo que el hombre puede hallarse sin pecado», sentencia en su carta a Demetríades [4]. La verdadera oración exige que se pueda decir a Dios al levantar las manos: «Tú sabes, Señor, qué santas, qué inocentes, qué puras están de todo fraude, rapiña y engaño las manos que alzo a ti. ¡Qué justos, qué inmaculados son los labios, libres de toda mentira, con que derramo mis ruegos para que tengas misericordia! » [5]

Toda esta pureza de vida se logra con el esfuerzo que el espíritu posee para practicar el bien y está muy lejos de concordarse con nuestro dogma católico del pecado original. La situación del hombre pelagiano es la de inocencia y plenitud de poderes morales. Por eso Pelagio exigía a sus discípulos el heroísmo y buscaba para su círculo ascético personas generosas y aristocráticas, no a las mediocres. «Una espiritualidad rigorista y orgullosa era la inevitable consecuencia de ella», dice Pourrat [6].

Si la voluntad, pues, es tan poderosa, el cristiano podrá conseguir la *apatheia* para «mantenerse tan insensible como una roca y tan impasible como dios» [7]. Pelagio veía, y con razón, en la dignidad de hijos de Dios exigencias apremiantes para una vida pura: «No hay exhortación más empeñante que la que hace la Escritura llamándonos hijos de Dios. Pues ¿quién no se avergonzará y temerá portarse indignamente con tan gran Padre y hacerse el Hijo de Dios esclavo del vicio?» [8] Nada más cierto que esto. Pero Pelagio prescindía de la gracia divina para conseguir lo que exigía a sus discípulos. En efecto, «los pelagianos afirman de tal modo el arbitrio de la voluntad, que no dejan lugar a la gracia» [9]. Concebían imposible un libre albedrío que necesite la ayuda de otro, según el pensamiento de Celestio; la libertad debe concebirse con una autonomía y suficiencia totales: «Se destruye la voluntad de aquel que necesita la ayuda de otro» [10].

---

[4] *De gestis Pelagii* 6,16: PL 44,529; DE PLINVAL, o.c., p.233.
[5] Ibid.; DE PLINVAL, p.205.
[6] O.c., I p.273.
[7] HIERONYMUS, *Epist.* 133,3.
[8] *Epist. ad Demetr.* XVII: PL 33,1110; DE PLINVAL, o.c., p.203.
[9] *Retr.* I 9,3 (PL 32,395): «Pelagiani liberum sic asserunt voluntatis arbitrium at gratiae Dei non relinquant locum».
[10] *De gestis Pelagii* 18,42 (PL 44,345): «Non esse liberum arbitrium, si Dei indigeat

Fácilmente se comprende las consecuencias de estos principios, que alteran la antropología cristiana, y también la soteriología o doctrina de la salvación, porque aquí el hombre es el salvador de sí mismo. Cristo no es el salvador de los hombres, sino un modelo y un simple moralista que ha despertado en nosotros la vocación de hijos de Dios.

Las consecuencias son incalculables en todos los órdenes, y así se comprende el empuje con que se alzó San Agustín para combatir tales errores y formular los principios de la verdadera antropología y soteriología católicas.

2. En defensa de la gracia

San Agustín ha merecido el título de *Doctor de la gracia* por haber iluminado particularmente las condiciones del hombre caído, la necesidad y naturaleza de los auxilios con que Dios le ha socorrido para salvarle. En el año 411, en que se tuvo en Cartago la conferencia para lograr la unidad católica en la Iglesia africana, comenzó a moverse y hacer ruido la nueva herejía de Pelagio y a ocupar y empeñar a San Agustín en una nueva lucha difícil y larga, que le duró ya toda la vida. «También contra los pelagianos, nuevos herejes de nuestros tiempos, astutos para la controversia, dotados de arte más sutil y engañoso para la propaganda escrita y que difundían sus ideas donde podían, públicamente y en las casas, San Agustín luchó durante diez años, publicando multitud de libros y refutando con muchísima frecuencia sus errores en la iglesia ante el pueblo» [14]. En realidad duró más tiempo la lucha, porque San Posidio en el pasaje anterior computa, sin duda, el tiempo hasta la publicación de la *Tractoria* del papa Zósimo en el verano del 418; pero la polémica continuó con Juliano hasta el 429, en que publicó su *Obra inacabada* contra él [12].

Al principio, San Agustín impugnó la herejía con mucha suavidad y callando los nombres, pero pronto tuvo que declararse abiertamente, desenmas-

---

auxilio, quoniam in propria voluntate haber unusquisque facere aliquid aut non facere». «Destruitur enim voluntas quae alterius ope indiget (ibid., 274). Hans von Campenhausen explica la insistencia de los pelagianos en defender el libre albedrío como una reacción antimaniquea, «porque su fatalismo dualista indignaba al predicador moralista» (*I Padri della Chiesa latina* p.261, Firenze 1969). Sin duda hay que salvar las buenas intenciones de Pelagio en su propaganda, por lo menos en los principios. «Porque no se trata de hombres fácilmente menospreciables, pues viven en continencia y son laudables por sus buenas obras» (*Epist.* 140,83: PL 33,575).

[11] Posidio, *Vida de San Agustín* c.18: *Obras de San Agustín*: BAC I p.329. Los libros que publicó—los principales—son éstos: *De peccatorum meritis et remissione et de baptismo parvulorum*: PL 44,109-200, en el año 411; *De spiritu et littera*: PL 44-201-46, en el año 412; *De natura et gratia*: PL 44,247-290, en el año 413; *De bono viduitatis*: PL 40,429-50, del año 414; *De perfectione iustitiae hominis*: PL 44,291-318, del año 415; *De gratia Christi et de peccato originali contra Pelagium et Caelestium*: PL 44,359-410, del 418; *De nuptiis et concupiscentia*: PL 44,413-74, escrito en el año 418-419; *Contra duas epistolas Pelagianorum*: PL 44,550-38, del año 421; *Contra Iulianum*: PL 44, 611-874, en el año 421; *De gratia et libero arbitrio*: PL 44,881-912, escrito en el 426; *De correptione et gratia*: PL 44,915-46, del año 426-27; *Contra Iulianum opus imperfectum*: PL 45,1050-1608, del 428; *De praedestinatione sanctorum*: PL 44,959-92, del año 429-30; *De dono perseverantiae*: PL 45,993-1054, del año 429-30. No se mencionan aquí los sermones, cartas y otros tratados, que también forman el cuerpo doctrinal de la polémica antipelagiana. La mayor parte de estos libros pueden verse en la BAC, *Obras de San Agustín: Tratados sobre la gracia* vol.6 y 9.

[12] *Contra Iul. opus imperf.* Véase la nota anterior.

carando a los nuevos propagandistas. El mismo presidente de la conferencia de Cartago le pidió un escrito para responder a algunas cuestiones molestas sobre el bautismo de los niños con que algunos habían turbado la conciencia de los católicos. Y San Agustín le dirigió con este motivo la primera obra[13], donde expone los principios de la doctrina católica, opuestos totalmente a los de Pelagio, adelantando ya la que Plinval llama «la comprensión sintética de problema»[14]. San Agustín midió pronto con su mirada de águila la gravedad de los errores que se querían difundir en nombre del cristianismo.

El asceta bretón quería reducir el cristianismo a un cuerpo de enseñanzas o leyes morales, proponiendo un ideal heroico de santidad, pero dejando a Cristo en la sombra, o reduciéndole también a un moralista ejemplar que nos había dado las dos cosas: doctrina sana y ejemplo. Pero ésta era una teología deficiente que anulaba la obra de Cristo como salvador de los hombres.

La cristología y la teología sacramental recibían dos golpes mortales. Lo mismo digamos de la doctrina de la gracia, tan entrañablemente unida a su experiencia cristiana de primera hora: «Desde el principio mismo de mi fe, en que me renovaste, me enseñaste que yo no tenía méritos anteriores para decir que fue un débito lo que me diste... Desde que me convertí aprendí que no precedieron ningunos méritos, sino que tu gracia me vino de balde para que me acordase de tu justicia solamente»[15]. Es decir, San Agustín sintió su conversión como una mudanza espiritual totalmente inmerecida, como una gracia, como un don gratuito recibido de la misericordia de Dios.

Esta primera experiencia contradecía radicalmente el pelagianismo, que consiste en negar la gracia para engrandecer las fuerzas naturales del hombre. Conforme a este pensamiento, dice J. Guitton: «Pelagio atacaba lo que había de más vivo y presente en San Agustín: su experiencia y su pasado»[17]. En ella alternaban las fuerzas del mal y del bien y atesoraba tres aspectos que imprimen[16] sello a su espiritualidad: la experiencia de las fuerzas del mal, la experiencia del bien y la experiencia del tránsito del reino del mal al del bien. Este tránsito le puso en contacto con una fuerza divina con que podía renovar todo su ser: la gracia. Y mérito de San Agustín como Doctor de la Iglesia es haber puesto en claridad los problemas que atañen a esta fenomenología de la conversión. Tanto las fuerzas del bien como las del mal se pusieron en una luz nueva que se reflejaba en la vida espiritual cristiana.

«En el mundo oriental—dice Ch. Baumgartner—el hombre vivía bajo el

---

[13] Es la titulada *De peccatorum meritis et remissione et de baptismo parvulorum.* Cf. nt.11.

[14] *Pélage* p.261.

[15] *Enarrat. in ps.* 70 sermo 2,2 (PL 36,892): «Ex ipso fidei meae, quo me innovasti, docuisti me nihil in me praecessisse, unde mihi dicerem deberi quod dedisti... Ex quo conversus sum, didici merita mea nulla praecessisse; sed gratiam tuam mihi gratis venisse, ut memorarer iustitiae tuae solius».

[16] *Le temps et l'éternité* p.324. A. Mandouze enlaza también la experiencia y la espiritualidad personal de San Agustín con la doctrina de la gracia (*Saint Augustin. L'aventure de la raison et de la grâce* p.408). Y recuerda la frase de E. Gilson: «Ce qui domine toute l'histoire de la controverse, c'est que le pélagianisme était la négation radicale de l'expérience personnelle d'Augustin, ou si l'on préfère, l'expérience personnelle de S. Augustin était, dans son essence et jusqu'en ses particularités les plus intimes, la négation du pélagianisme» (*Introduction à l'étude de S. Augustin* p.206).

signo de la caída; desde San Agustín vive bajo el signo de un pecado de nacimiento, con una doble consecuencia: la sujeción del libre albedrío al pecado
y la necesidad de la gracia libertadora del salvador. Por primera vez el problema
de las relaciones entre gracia y libertad fue propuesto clara y resueltamente
en la teología. La natropología cristiana entró en una nueva fase» [17].

La espiritualidad ya será *cristiana,* es decir, fruto de la gracia de Cristo.
Este hecho es muy importante en la historia del monaquismo, pues en el Oriente
se notaba una tendencia a exagerar las fuerzas del libre albedrío, la confianza
en la naturaleza vigorosa del hombre. El pecado se consideraba, sobre todo,
como obra de una tentación diabólica y no se veía la profunda raíz humana
del mismo. En la pedagogía ascética de Pelagio domina esta persuasión; el
primer paso de su método era exaltar las fuerzas del libre albedrío: «Yo acos-
tumbro lo primero mostrar la potencia y la excelencia de la naturaleza y qué
es lo que puede» [18]. Daba base a este método la creencia en la naturaleza santa
y sana del hombre natural [19], es decir, la negación del pecado original y de la
necesidad del bautismo como sacramento de una vida nueva, *sacramentum nativitatis,* como le llama San Agustín [20].

El espíritu humano se halla suficientemente equipado de fuerzas para discernir el bien y el mal y obrar correctamente hasta lograr el ideal de la perfección.

San Agustín procedió al principio suavemente para atraerlos a la verdadera
doctrina. Pero el error iba cundiendo. En primavera del año 414 escribía a
Juliana, abuela de Demetríades, que se consagró a Dios por aquel tiempo, su
tratado, en forma de carta, acerca del bien de la viudez. Seguramente en su
casa se conocía la carta de Pelagio: «Es necesario prevenir y contrarrestar los
vanos discursos de algunos, que han comenzado a insinuar en los oídos de muchas almas, y que—hay que decirlo con lágrimas—son enemigos de la gracia
de Cristo y quieren persuadir que ni la misma oración al Señor es necesaria
para vencer las tentaciones. De tal modo se empeñan en defender el libre albedrío, que con él solo, sin contar con la gracia divina, podemos cumplir lo que
Dios nos manda» [21]. Y más adelante dice: «Os he querido decir esto por algunos
hermanos nuestros, que nos son muy queridos, que sin malicia se ha contagiado
con este error; sin malicia sin duda, pero se han contagiado» [22].

La espiritualidad cristiana se hallaba amenazada con este error, por muy
buenas intenciones que tuvieran sus propagandistas. La enemiga contra la gracia
de Cristo afectaba mucho a San Agustín. Se puede creer en las lágrimas que
le producían las noticias sobre la propagación de aquel error. Quedaba anulado
el misterio de la cruz y en eclipse la gloria del Salvador. Las controversias
agustinianas con el neoplatonismo, maniqueísmo, donatismo, pelagianismo y

---

[17] *Dictionnaire de Spiritualité,* art. «Concupiscence» fasc.12 col.1357.
[18] *Epistola ad Demetr.* 2 (PL 33,1100): «Soleo primo humanae naturae vim qualita-
temque monstrare, et quid efficere possit ostendere».
[19] *Epistola ad Demetr.* 4 (PL 33,1101): «Est enim, inquam, in animis nostris, naturalis quaedam, ut ita dixerim, sanctitas, quae velut in arce animi praesidens, exercet
mali bonique iudicium».
[20] *In Epist. Io. tr.* 5,6: PL 35,2015.
[21] *De bono viduit.* 17 (PL 40,443): «Quod cum lacryimis dicendum est».
[22] Ibid., 18: ibid., 444.

arrianismo tuvieron por fin defender la grandeza, la dignidad y la gloria del Hijo de Dios. Contra los neoplatónicos estableció la existencia del Mediador, contra los maniqueos consolidó la doctrina de la encarnación, contra los donatistas y pelagianos dio realce también a la obra del Mediador, haciendo a Cristo santificador universal, nuestro purificador, salvador y liberador» [23]. Así quedaron iluminadas misteriosas regiones de la antropología. Los dogmas del pecado, la redención y la gracia recibieron nueva luz, y con ellos la espiritualidad cristiana, porque según se considere al hombre, su situación y condición presente, sus necesidades y sus relaciones con Cristo, Medianero de la salvación, será el tipo de la vida espiritual que el hombre practique. Por su doctrina de la gracia estará siempre San Agustín dentro de las grandes corrientes de la espiritualidad cristiana, que es una espiritualidad de la gracia, la *gratia Dei bonos faciens nos* [24].

3. La gracia en el principio de la espiritualidad

«San Agustín—dice Baumgartner—considera la gracia como la acción de Dios en el hombre. Es una acción, una moción continua que no sólo da el poder de hacer el bien y de actuar de un modo salvífico, sino el acto mismo. Se requiere para el comienzo de las obras buenas y para llevarlas a cabo desde el más humilde comienzo de la caridad imperfecta hasta el acto supremo de la perfecta caridad; es necesaria para todos y cada uno de nuestros actos salvíficos y para que el justo persevere» [25].

En el principio, en el medio y en el fin de las obras se hace presente la ayuda de la gracia divina. Todo el proceso de la espiritualidad se halla bajo su influencia, que comienza quitando los obstáculos del pecado y dando vida al pecador que se halla muerto [26]. La perfección cristiana exige un hombre nuevo, regenerado por la gracia bautismal, cuya naturaleza desfiguraban los pelagianos negando el pecado de origen, que es la primera muerte. Tanto el maniqueísmo como el pelagianismo eran herejías antisacramentarias. Los primeros, como enemigos de la encarnación, destruían el elemento visible, y los segundos, el elemento invisible del primer sacramento, que es la remisión del pecado original y el renacimiento espiritual [27]. Contra todos, San Agustín estableció el principio: «La gracia es la que justifica para que el justificado pueda vivir justamente. La gracia, pues, es lo primero; luego vienen las obras» [28].

En la doctrina agustiniana de la gracia hay un gran principio teológico que sustenta todo el edificio: es el de la participación, que, como ya se ha indicado, se halla formulado en los filósofos, en particular en Platón y Plotino. Dios es la fuente universal de todo bien, de toda verdad, de toda felicidad, y el uni-

---

[23] *Contra duas epist. Pel.* 2,2,3: PL 44,573.
[24] Ibid., 4,15: ibid., 620.
[25] CH. BAUMGARTNER, *Teología del hombre y de la gracia* p.170 (Santander 1970).
[26] *Epist.* 117,11 (PL 33,982): «Opus est gratiae tollentis peccatum et vivificantis mortuum peccatorem».
[27] *Contra duas Epist. Pel.* 2,2,3 (PL 44,573): «Quantum ad remissionem attinet peccatorum, manichaei visibile destruunt elementum, pelagiani etiam invisibile sacramentum».
[28] *De div. quaest. ad Simplic.* 1 q.2.3 (PL 40,113): «Iustificat autem gratia ut iustificatus possit vivere iuste. Gratia est igitur prima, secunda bona opera».

verso entero es como un inmenso orden de mendicantes. De la plenitud del ser que es Dios se aprovisionan todos los seres. Los hombres, pues, para ser buenos, tenemos necesidad de Dios: *Ut ergo boni simus, indigemus Deo* [29].

«Todo lo que soy, de tu misericordia me viene. ¿Acaso te merecí invocándote? Para venir a la existencia, ¿yo qué hice? Para ser invocador tuyo, ¿qué hice yo? Porque si yo hice algo para existir, luego ya era antes de ser. Luego si nada era antes de ser, ningún mérito tuve ante ti para ser. Me hicisteis para que yo fuese, ¿y no me hicisteis para que fuese bueno? Si tú me diste el ser y otro me dio el ser bueno, mejor es el que me dio el ser bueno que el que simplemente me dio el ser. Ahora bien, como nadie es mejor que tú, nadie más poderoso, nadie más largo en misericordia que tú; de quien recibí el ser, del mismo recibí el ser bueno» [30].

En todo este proceso de concesiones y donaciones divinas que forman el tesoro de la gracia, naturalmente hay un comienzo, una piedra primera que se pone para levantar el edificio de la perfección cristiana. ¿Quién la pone? ¿El Creador o la criatura? En otros términos: ¿quién comienza realmente la obra completa de la espiritualidad cristiana?

Conviene aquí, dentro de la misma polémica pelagiana, aludir a los semipelagianos, con quienes tuvo que luchar en los últimos años de su vida. Ellos distinguían, por ejemplo, en el acto de la fe, de donde arranca toda espiritualidad cristiana, un comienzo o principio, un aumento y la consumación. En el principio o *initium fidei* pueden distinguirse tres cosas: la adhesión a la fe, el deseo de salvación que resulta de ella y la invocación de la asistencia divina. Y las tres cosas son obra del libre albedrío [31]. Los semipelagianos no negaban la acción de la gracia en lo íntimo del hombre, pero limitaban su influjo en el proceso total de su renovación, dándole a él la iniciativa en los primeros comienzos de la fe.

Uno de los maestros, el famoso autor de las *Collationes* o conferencias, Casiano, quien, por otra parte, ha tenido y tiene tantos méritos en la historia espiritual del cristianismo, mantuvo esta doctrina. Hay un mérito de credulidad—*meritum credulitatis*—que previene y mueve la misericordia divina en favor de los que se salvan. San Próspero, que conoció de cerca el error, dice

---

[29] *Enarrat. in ps. 70* sermo 2,6: PL 36,896.—*Enarrat. in ps. 32* sermo 2,4 (PL 36,287: «Omnia indigent Deo, et misera et felicia: sine Illo miser non sublevatur, sine Illo felix non regitur».

[30] *Enarrat. in ps. 58* sermo 2,11: PL 36,713: «A quo accepi ut essem, ab Illo accepi ut bonus essem».

[31] Sobre los semipelagianos véase a PORTALIÉ: DTC I 2398; E. AMANN, *Semipélagiens*: DTC XIV 1796-1850; RONDET, *Gratia Christi* p.144ss (Paris 1949); J. CHÉNÈ, *Origines de la controverse semi-pélagienne*: L'Année Théologique Augustinienne (1953-54) p.56-109. Pascal ha dado firme realce al valor de la gracia inicial con estas palabras: «Pero yo reconozco, Dios mío, que mi corazón se halla tan endurecido y lleno de ideas, de cuidados, de inquietudes y de apegos, que ni la enfermedad, ni la salud, ni los razonamientos, ni los libros, ni vuestras santas Escrituras, ni vuestro Evangelio, ni vuestros misterios, aun los más santos; ni las limosnas, ni los ayunos, ni las mortificaciones, ni los milagros, ni el uso de los sacramentos, ni el sacrificio de vuestro cuerpo, ni todos los esfuerzos, ni los del mundo entero, no pueden hacer nada para comenzar mi conversión si Vos no acompañáis todas estas cosas con la asistencia totalmente extraordinaria de vuestra gracia» (*Prière pour la maladie. Pensées*, ed. E. HAVET, p.499-500, Paris 1958).

exponiéndolo: «Dos principios obran en la salvación humana: la gracia de Dios y la obediencia del hombre; pero es anterior la obediencia que la gracia, de modo que el principio de la salvación se ha de creer que está de parte del que se salva, no de la parte del salvador, y la voluntad humana es la que produce para sí el socorro de la divina gracia, y no es la gracia la que somete a sí la voluntad del hombre» [32].

Con esto desfiguraban los semipelagianos el orden sobrenatural. Humanos serían los orígenes de la vida divina, terrestres los orígenes del hombre celestial. Deslucían igualmente la obra del Salvador. San Agustín también había creído algún tiempo que los primeros movimientos saludables para volverse a Dios y creer en El, es decir, los comienzos de la fe, provenían del mismo hombre, como producto de su libre albedrío; pero, profundizando en el texto de San Pablo (1 Cor 4,7): *¿Qué tienes que no hayas recibido?,* se convenció de su error, cambiando de opinión, y hasta la muerte defendió la doctrina siguiente: es un don gratuito de Dios no sólo la gracia que nos hace cumplir la ley de Dios, sino también la que nos hace dar los primeros pasos hacia la fe [33]. Con esta fe decía al Señor en sus *Confesiones:* «No desamparéis ahora a quien os invoca, pues que antes que os invocase me prevenisteis y frecuentemente insististeis con muchas maneras de voces para que os oyese de lejos, y me volviese a Vos, y llamase a mi vez a quien ya me llamaba» [34].

En las *Confesiones* se puede admirar la obra de la Providencia divina, que se anticipa con mil artes para ir doblegando la voluntad, para que se amanse y se rinda al designio salvador con que Dios obra en todo, respetando el albedrío humano, pero tomándole la delantera en mil ocasiones.

Y no sólo es lo que podríamos llamar la *providencia interior,* es decir, la acción íntima d Dios en el entendimiento y en la voluntad con que puede mover al espíritu, sino también la providencia exterior, o las circunstancias externas, que tanto influyen en la marcha de las acciones, y que real-

---

[32] *Epist.* 225,3: PL 33,1004. S. Próspero escribió en defensa de San Agustín el libro contra Casiano: *Liber contra Collatorem:* PL 45,1802-34. Juan Casiano fue abad del monasterio de San Víctor, en Marsella. En la *Collatio* XIII es donde principalmente expone su opinión. Cf. J. Tixeront, *Histoire de Théologie* p.264-301. Reduce a tres las afirmaciones de los semipelagianos: el hombre es capaz, sin la gracia, de desear y querer, pero no de hacer obras buenas sobrenaturales; puede empezar a creer, pero no puede lograr la fe por sí mismo. Dios quiere que todos los hombres se salven y les ofrece a todos la gracia de la salvación. No existe la predestinación. Contra la primera afirmación sobre el *initium fidei,* San Agustín había dicho: «Ac per hoc et desiderare auxilium gratiae, initium gratiae est». *(De cor. et gratia* 1,2: PL 44,917). El deseo mismo de la ayuda de la gracia es ya un comienzo de gracia. En defensa de la predestinación escribió el Santo sus libros *De praedestinatione sanctorum:* PL 44,959-92. Suárez da de ellos el siguiente juicio: «Estos libros son como el testamento de nuestro gran Doctor y tienen yo no sé qué autoridad superior, seguramente porque fueron elaborados después de una extraordinaria aplicación y larga meditación sobre esta materia, y, además, porque, siendo más sutil el error de los que combatían, fueron compuestos con más penetración» *(Proleg. VI de gratia* c.6 n.19 t.7 p.318, Paris 1867).

[33] En las *Diversas cuestiones,* dirigidas a Simpliciano en el año 397, San Agustín completó el sistema de la gracia, atribuyendo a la ayuda de la gracia el comienzo de a fe. «Este libro constituye la clave verdadera del sistema agustiniano de la gracia por su agudeza, su madurez y su claridad; especialmente por la explicación racional del dogma» (E. Portalié DTC col.2379). La mencionada obra pueda verse en la BAC; *Obras de San Agustín* IX 3-183 (Madrid 1952).

[34] *Conf.* 13,1.

mente pueden considerarse como medios de que Dios se vale para ganar las voluntades. Para cortar todo movimiento de vanidad y de alabanza propia en los adultos que se convertían a la fe, y que quizá en su interior atribuían a sus méritos el haber sido llamados a la fe, les apostrofa así en un sermón: «Uno cometió y se hizo deudor de muchos pecados; otro, por la providencia de Dios, cometió pocos. Aquél agradece lo que se le ha perdonado, éste le atribuye lo que no ha hecho. Tú no fuiste adúltero en aquella tu vida pasada llena de ignorancia, sin estar todavía iluminado, sin discernir el bien y el mal, sin creer en Aquel que, sin tú saberlo, te gobernaba. Esto es lo que te dice tu Dios: 'Es que te cuidaba para mí, te guardaba para mí. Para que no cometieses adulterio, te faltó un instigador; para que no hubiese un instigador, lo hice yo. Faltó lugar y tiempo; obra mía fue que te faltasen. No faltó un instigador, hubo lugar y tiempo; yo puse terror en ti para que no consintieras. Reconoce, pues, la gracia de Dios aun en aquello que no cometiste.

A mí se me debe el perdón de los pecados cometidos, a mí se me debe la gracia de los que tú no has cometido. Pues no hay pecado cometido por un hombre que no cometiera otro, si le falla el buen gobierno del que lo creó'» [35].

El pasaje es muy luminoso para conocer el influjo de la gracia preveniente en procesos secretos de la acción divina.

4. La gracia de la liberación

La primera gracia halla al hombre en una situación de cautiverio y condenación y actúa como un principio libertador. El concepto de esclavitud es psicológico y ontológico. El hombre, antes de la justificación, se halla en un estado de deformidad íntima y de sujeción a la tiranía de las pasiones. Por eso, al recibir la gracia, todo hombre puede clamar con el autor de las Confesiones ¡Oh Señor!, yo soy vuestro siervo e hijo de vuestra sierva. Rompisteis mis cadenas; a Vos sacrificaré sacrificio de alabanza» [36].

San Agustín se confesaba en esto con sinceridad, porque había gemido en largo cautiverio pasional. Por eso decía a los oyentes: «Nosotros primero debemos reconocer nuestra esclavitud, y luego nuestra liberación» [37].

Las que llama la liturgia vincula peccatorum, ataduras y sogas de pecados, pertenecen a la más elemental experiencia de la vida espiritual. Varios anillos de las cadenas interiores reconoce San Agustín particularmente: los pecados mismos, la muerte espiritual que producen, la muerte temporal y la fuerza de la cotsumbre de pecar que tiraniza el alma [38]. Todo el proceso de la vía purificativa tiene por fin lograr esta libertad de lo que llama el Santo «cadenas de las malas codicias y ataduras de los pecados. Con el perdón de los pecados se rompen las cadenas de la prisión» [39].

[35] Sermo 99,6: PL 38,598.
[36] Conf. 9,1.
[37] Enarrat. in ps. 64,1 (PL 36,772): «Debemus et nos nosse prius captivitatem nostram, deinde liberationem nostram».
[38] Enarrat. II in ps. 30 sermo 1,13: PL 36,237-238.—Sermo 27,2 (PL 38-179): «Si enim captivitate non teneremur, redemptore non indigeremus».
[39] Enarrat. in ps. 101 sermo 2,3 (PL 37,1306): «Solvitur unusquisque a vinculis cupiditatum malarum, vel a nodis peccatorum suorum. Remissio peccatorum solutio est».

Pelagio quiso desfigurar con sutiles razonamientos la naturaleza y efectos de los pecados para negar la necesidad de la gracia: «Ante todo hay que averiguar qué es el pecado: si es alguna sustancia o un nombre que carece totalmente de substancia, con que se designa no una cosa, una existencia o un cuerpo, sino la acción de una cosa mal hecha... Y así creo que es. Y siendo así, ¿cómo lo que no tiene sustancia puede dibilitar o alterar la naturaleza del hombre?» Pero San Agustín, filósofo y hombre de buen sentido y de humanidad doliente, le rebate de este modo: «Mirad cómo se empeña en anular los testimonios tan saludables y medicinales de la Verdad divina: *Señor, ten compasión de mí, sana mi alma, porque he pecado* (Sal 40,5). ¿Qué se sana, si nada está herido, nada llagado, nada debilitado, nada viciado? Oyes la confesión; ¿a qué le molestas con discusiones? *Sana mi alma,* dice él. Pregúntale cómo se ha viciado lo que ha de sanarse y oye lo que sigue: *Porque he pecado contra Ti.* Vete a ése con la cuestión que a ti interesa y dile: Oye, tú que clamas: *Sana mi alma, porque he pecado contra ti,* explícame: ¿qué es el pecado? ¿Es tal vez una substancia o un nombre vacío de realidad para expresar no ya la existencia de algo o la de un cuerpo, sino el acto de cometer un mal? Responderá el interpelado: 'Verdad dices; no es ninguna substancia el pecado'. Y el otro le replicará: '¿Por qué clamas, pues: *Sana mi alma, porque he pecado?* Si no es ninguna substancia, ¿cómo el pecado puede viciar tu alma?' ¿No es verdad que aquél, triste y dolorido con su herida, para no verse interrumpido en su plegaria, respondería secamente: 'Aléjate de mí, te ruego, y disputa, si quieres, con el que dijo: *No los sanos, sino los enfermos, son los que tienen necesidad de médico; no he venido a buscar justos, sino a pecadores,* donde llamó sanos a los justos y enfermos a los pecadores'» [40].

Con las mismas argucias andaba Juliano, empeñándose en que un accidente no puede pasar de un sujeto a otro; con la autoridad de Aristóteles, según el cual «lo que se halla en un sujeto no puede hallarse fuera de él, y por eso el mal que está en el generador no puede emigrar a la prole, que es diferente sujeto del padre» [41]. Para San Agustín, los accidentes no pasan emigrando, sino afectando. Así los etíopes, por ser negros, engendran hijos negros. No es que el color emigre de padres a hijos o que lo traspasen a ellos como se traspasa un vestido, pero afecta con el color negro al cuerpo que se propaga de ellos» [42].

La liberación de estos efectos del pecado—esclavitud, enfermedad, flaqueza—es lenta en la vida espiritual, pero es la primera etapa necesaria para conseguir la salud.

San Agustín enlaza la libertad y la sanidad: «La voluntad libre es tanto más libre cuanto más sana está y es tanto más sana cuanto más sometida vive la misericordia y gracia de Dios» [43].

Esta liberación y curación tiene dos aspectos: la remisión de los pecados la infusión de la caridad: «Porque una cosa es el perdón de los pecados,

[40] *De nat. et gratia* 20,22: PL 44,257.
[41] *Contra Iul.* 6,5,51: PL 44,812.
[42] Ibid.
[43] *Epist.* 147,2,8 (PL 33,676): «Haec enim voluntas libera tanto est liberior quanto sanior: tanto autem sanior quanto divinae misericordiae gratiaeque subiectior».

y otra la caridad, que hace libre para obrar el bien. Y de ambos modos nos libera Cristo, porque por el perdón quita la iniquidad y va infundiendo la caridad» [44]. El verdadero libertador de las almas es Cristo, y sin El las almas viven en la esclavitud de sus vicios y pasiones, según el dicho del mismo, que sirve a San Agustín para insistir en la esclavitud moral: *El que comete pecado, esclavo es del pecado* (Jn 8,34) [45].

5. La gracia como ayuda

Los favores divinos van adelante, tomando la iniciativa en la salvación, y nunca cesan a lo largo del proceso que termina con la glorificación de los hombres. La gracia, pues, no sólo libera al alma de la servidumbre del pecado y de las pasiones, sino también se le da como ayuda en todas las empresas que tienen el mismo fin. Hay una gracia libertadora, *gratia liberatrix,* y una gracia sanante o medicinal, que cura las llagas de la ignorancia y concupiscencia, y también una gracia de ayuda, *gratia adiuvans,* que se le da para cada uno de los actos buenos que realiza el hombre para lograr su destino [46].

«De dos modos ayuda, pues, la gracia: perdonando los males que hemos hecho y prestando ayuda para que nos apartemos de ellos y hagamos obras buenas» [47]. El efecto de esta ayuda es siempre formar la voluntad buena, es decir, el deseo de obrar bien, la *voluntas bona,* que en sus comienzos es escasa y débil tal vez, mas con el tiempo se hace grande y robusta [48].

La acción de Dios, en virtud de su altísimo señorío de sumo Bien, se introduce en los dominios de la misma voluntad humana para comunicarle una fuerza íntima que no tendría si le faltara la gracia de Dios. En rigor, ayudar es darle una mano para que sea capaz de hacer lo que intenta, socorrer la debilidad de otro para completar su fuerza, unir acción con acción para lograr un mismo efecto, que aquí siempre es la salvación.

De este modo, Dios no sólo prepara la voluntad con la gracia que hemos llamado preveniente o delantera, sino también «cooperando con ella da remate a lo que comenzó, obrando Dios solo. Porque El opera en el comienzo con su actuación para formar en nosotros la buena voluntad y coopera con nosotros en caso de consentir con El, para darle la perfección. Por lo cual dice el Apóstol: *Seguro estoy de que quien comenzó en nosotros la buena obra, la llevará a feliz término pra el día de Cristo* (Flp 1,6), Para excitar en nosotros el querer no cuenta con nosotros; mas, cuando nosotros consentimos y queremos obrar, El sigue con su ayuda para que lo llevemos a término; d

---

[44] *Opus imperf. contra Iul.* I 84 (PL 45,1104): «Alia est remissio peccatorum i eis quae male facta sunt: alia caritas quae facit liberum ad ea quae bona faciend sunt. Utroque modo liberat Christus, quia et iniquitatem ignoscendo aufert, et inspirand tribuit caritatem».

[45] «Qui facit peccatum, servus est peccati» (Jn 8,34).

[46] Cf. V. CAPÁNAGA, *La doctrina agustiniana de la gracia en los Salmos:* Texte un Untersuchungen zur Geschichte der altchristlichen Literatur, Band 81 p.315-49 (Be lin 1962).

[47] *Op. imperf. contra Iul.* II 127 (PL 45,1244): «Utroque enim modo adiuvat grat et dimittendo quae male egimus, et opitulando ut declinemus a malis et bona faciamus

[48] *De nat. et gratia* 17,33 (PL 44,901): «... voluntas bona parva et invalida... magr et robusta».

modo que, sin su ayuda para que se formen en nosotros la buena voluntad o sin su cooperación una vez que hemos dado nuestro sí, nada podemos hacer en orden a las obras salvíficas. De su actuación en nuestra voluntad se dijo: *Dios opera en nosotros el querer,* y de su cooperación cuando nos ponemos de su parte añade: *Dios coopera en todas las cosas para bien de los que le aman* (Rom 8,28) [49].

Hay, pues, una forma de gracia ayudante y otra de gracia coadyuvante o coadjutora, de suerte que la mano de Dios y la del hombre se juntan para producir un efecto único: la obra buena.

San Agustín se entusiasma invocando al Dios ayudador nuestro de los Salmos: «Digamos todos con una sola voz las palabras: *Dios, ven en mi socorro* (Sal 69,1), porque tenemos necesidad de su continua ayuda en este siglo» [50].

Como los pelagianos insistían tanto en decir que la ayuda de la gracia trae consigo el fatalismo y anula la acción personal del hombre y su libre albedrío, San Agustín hace hincapié en el concepto mismo de ayuda para combinar los dos hechos: la acción de Dios, de una parte, y, de otra, la respuesta del albedrío humano. Dice comentando el salmo 80,2: *Exsultate Deo, adiutori nostro:* «Ensalzad a Dios, nuestro ayudador». «Si tú lo hicieras todo por ti mismo, no sería necesario el auxiliador; pero, si tú no hicieras nada por tu cuenta, tampoco sería tu ayudador. Porque ayudar significa poner su esfuerzo en favor del que hace algo» [51].

Aun cuando el cristiano se halle libre de la tiranía del pecado, necesita de la ayuda de su Libertador, y ha de repetir: «Sé mi ayudador; no me desampares» [52]. «Por eso nadie puede decir: 'Yo no puedo dominar mi carne'; Dios te ayuda para que puedas» [53].

Toda la vida debe hallarse bajo la protección de Dios, que es nuestra fuerza [54]. Hay, pues, una gracia subsiguiente y concomitante en las buenas obras.

No basta, como decían los pelagianos, conocer el camino para andarlo. Se requiere la fuerza, el vigor que hace a los peregrinos de Dios.

Comentando las palabras del salmo 22,2: *Misericordia subsequetur me per omnes dies vitae meae,* dice: «Dios no sólo se adelanta, sino acompaña también las buenas acciones con su ayuda. Se adelanta para que sanemos; porque nos ayudará también para que, una vez lograda la salud, consigamos nuestro desarrollo; se adelanta para llamarnos, nos compaña para que vivamos siempre

[49] Ibid. Con los verbos *operari sine nobis, et nobiscum cooperari* designa los diversos momentos de la acción de la gracia en nosotros; una inicial e independiente, anterior a nuestro consentimiento; otra consecutiva y cooperante, en que la gracia y el libre albedrío andan juntos. Ambos momentos pueden distinguirse, v.gr., en la conversión de San Pablo, en que la *vocatio* del perseguidor de los cristianos, el llamamiento, fue obra anticipada y exclusiva de Dios; lo que siguió después de la sumisión de Pablo fue maravilla de cooperación.

[50] *Enarrat. in ps.* 69,1 (PL 36,867): «Opus enim habemus sempiterno adiutorio in to saeculo».

[51] *Enarrat. in ps.* 143,6 (PL 37,1859): «Adiutor enim aliquid agentem adiuvat».—*Sermo* 56,11 (PL 38,856): «Si non esses operator, Ille non esset cooperator».

[52] *De corrept. et gratia* 1,2 (Pl 44,917): «Nec ita ut cum quisque fuerit a peccati dominatione liberatus, iam non indigeat sui Liberatoris auxilio».

[53] *Enarrat. in ps.* 40,5 (PL 36,457): «Adiuvaris ut possis».

[54] *Enarrat. in ps.* 62,16: PL 36,857-858.—*Enarrat. in ps.* 53,8 (PL 36,625): «Omnes sancti adiuvantur a Deo, sed intus ubi nemo videt».

con El. Porque sin El nada podemos hacer. Ambas cosas se hallan escritas: *Dios mío, tu misericordia se adelantará a mí* (Sal 58,11); y también: *Su misericordia me seguirá a lo largo de todos los días de mi vida* (Sal 22,6)» [55]. ¡Con cuánta experiencia, reconocimiento y gozo íntimo dice el Santo: «Tú me acostumbras a guiarme, tú me sueles dirigir, tú me sueles acudir con larga mano a mi socorro! » [56]

6. La gracia como luz

Uno de los efectos de la gracia es también la iluminación interior, tan necesaria al hombre para sacarle de su ignorancia, que es una de las llagas que le afectan y dañan. Además de las ilustraciones externas que el cristiano recibe de los libros santos, de la predicación, de la liturgia, de la misma conversación humana, hay un Maestro interior que enseña palabras de vida eterna, destierra la ignorancia, saca de las dudas, esclarece los entendimientos con secreto magisterio.

La ignorancia es un grave obstáculo para el desarrollo de la espiritualidad: «Por dos motivos no quieren los hombres obrar con justicia, ora porque ignoran lo que es justo, ora porque no les apetece hacerlo. Pues con tanto mayor vehemencia deseamos una cosa cuanto mejor la conocemos y con más ardor nos deleitamos con ella. La ignorancia, pues, y la flaqueza son dos vicios que cortan los pasos a la voluntad para que no se mueva a hacer el bien o se aleje del mal. Ahora bien, el que se nos dé a conocer lo que estaba oculto y se nos haga atractivo lo que no nos gustaba, fruto es de la gracia de Dios, que ayuda a las voluntades humanas, y la causa de no recibir esa ayuda está en ellas mismas, no en Dios, ora estén previstas para la condenación por la iniquidad de su soberbia, ora hayan de ser juzgadas y enseñadas contra su misma soberbia, si son hijos de la misericordia» [57].

Contra la ignorancia humana está la gracia como luz interior; contra la inapetencia y desgana del bien está la gracia que deleita dando el gusto del bien.

La luz es necesaria para el desarrollo de la vida espiritual, como lo es la física para el desarrollo de las plantas. El alma humana es una región de tinieblas y de frío, y necesita la luz y calor de vida que le viene de la gracia del *Magister interior* que es Cristo: «Los maestros externos dan ciertas ayudas y amonestaciones. El que enseña en los corazones tiene su cátedra en el cielo. Por eso dice en el Evangelio: *Pero vosotros no os dejéis llamar maestros, porque uno es vuestro Maestro, Cristo* (Mt 23,8). El os enseñe dentro a vosotros; en vuestro recogimiento... Cristo esté en tu corazón; su unción esté en tu corazón; no sea en la soledad un corazón sediento, sin tener fuente para refrigerarse. Es, pues, interior el Maestro que enseña: Cristo es el que instruye, su inspiración es la que da sabiduría. Y donde falta su instrucción y educación, inútilmente suenan las palabras al exterior» [58].

[55] *De nat. et gratia* 31,35: PL 44,264.
[56] *Enarrat. in ps.* 43,5 (PL 36,484): «Tu me soles ducere, Tu me soles regere, T... mihi soles subvenire».
[57] *De peccat. mer. et remis.* 2,17,26: PL 44,167.
[58] *In Epist. Io. tr.* 3,13 (PL 35,2004): «Interior ergo magister est qui docet, Christu... docet, inspiratio ipsius docet».

Esta luz cae sobre las tinieblas de los pecados, mostrando su fealdad; por eso todo arrepentimiento se debe a una iluminación: «Cuando el hombre dice: 'Yo soy un pecador' es porque penetra alguna luz en la profundidad del pozo» [59].

La gracia, como la luz, va esclareciendo gradualmente la vía que se llama iluminativa, porque purifica los ojos para discernir cada vez mejor las realidades del mundo espiritual, el valor de las vivirtudes, las grandezas divinas, el misterio de Cristo. El progreso en la vida espiritual significa un progreso o aumento de la luz interior que viene de arriba. «*Porque el hombre es tierra, y a la tierra ha de volver*. Mas la tierra no se llueve a sí misma, ni se ilumina a sí misma. Como, pues, la tierra espera del cielo la humedad y la luz, así el hombre debe esperar del cielo la misericordia y la verdad» [60].

La indigencia de la luz fue sentida por San Agustín con larga experiencia, porque caminó mucho tiempo entre tinieblas. La confesión de esta menesterosidad y la invocación de la luz interior afluyen constantemente a sus labios: «Confiesa que tú no eres luz para ti. A lo mucho, eres ojo; no eres luz. Y ¿qué aprovecha a los ojos estar sanos y abiertos donde falta la luz? Confiesa, pues, que tú no eres luz para ti y repite lo que está escrito: *Tú encenderás mi lámpara, Señor; con tu luz, Señor, esclarecerás mis tinieblas* (Sal 17,29). Lo mío es sólo la oscuridad; túeres la luz que disipa las tinieblas, la luz que ilumina, la luz que por sí misma existe; luz no participada que no hay más que en ti» [61].

Con esta convicción se dirige siempre el Santo a la Sabiduría encarnada, que se ha adaptado a la debilidad de nuestros ojos para instruirnos con su verdad y con la luz de la revelación y la doctrina de la Iglesia.

San Agustín ha sido en la Iglesia el gran asertor de la iluminación interior de las almas, que constituye una de las jácenas de su pensamiento religioso y de su espiritualidad. Como el sol para el mundo visible, Dios es la luz del mundo invisible de los espíritus. El alma es el ojo, Dios es su luz.

El alma también es luz a su modo, pero una luz participada: «Porque una es la luz que ilumina, y otra la luz que es iluminada; porque también nuestros ojos se llaman luces, y, sin embargo, si están en la oscuridad, no ven aunque se abran. Pero la luz iluminante que por sí misma y para sí misma es luz, no necesita de otra luz para lucir, y todas las demás necesitan de ella» [62].

Pedir siempre esta luz para que nos ilumine es tarea constante en la espiritualidad.

---

[59] *Enarrat. in ps. 68* sermo 2,1 (PL 36,854): «Quando autem dicit homo, peccator sum, adiatur aliquo lumine etiam profunditas putei».—*Enarrat. in ps. 18* sermo 2,13 (PL 36, 62): «Quando nos delicti paenitet, in luce sumus».
[60] *Enarrat. in ps 46,13* (PL 36,532): «Non enim terra pluit sibi, aut lucet sibi; quomodo autem terra de caelo exspectat pluviam et lucem, sic homo de Deo debet exspectare misericordiam et veritatem».
[61] *Sermo 67,8* (PL 38,437): «... Ut multum oculus es, lumen non es».
[62] *In Io. ev. tr.* 14,1: PL 35,1502.

7. La gracia deleitante

No basta con la luz para el dinamismo completo del espíritu, que es intelectual, volitivo y afectivo. No basta conocer el bien para obrarlo, sino es menester que la voluntad sea movida y afectada por el gusto del mismo. El deleite o el gusto del bien es fruto de la que llama San Agustín *gratia delectans*.

Pero eso, fundándose, sin duda, en el salmo 20,4: *Quoniam praevenisti eum benedictionibus dulcedinis*, define la gracia: «Luego la gracia es una bendición de dulzura que hace que nos deleite y deseemos o amemos lo que nos ha mandado» [63].

Cumplir con gusto los mandamientos de Dios es la meta más alta de la espiritualidad; es lo que llama el Santo *dulcescere bonum, dulcescere Deum:* que el bien se nos haga amable, deleitable, agradable [64]. Que no obremos por interés ni miedo, sino atraídos por la misma excelencia y dignidad del bien o del valor.

Para explicar esta cualidad de la acción de Dios que obra en nosotros, aplica a la gracia los términos *suavis, pluvia, suavitas, lac, mel:* «Suave es para ti su gracia» [65]. Esta suavidad donde toda justicia prospera no es de nuestra tierra: «El Señor dará la suavidad y nuestra tierra dará el fruto. Porque, si El no da antes la suavidad, nuestra tierra será estéril» [66]. La gracia humedece, ablanda, fertiliza la tierra árida del corazón. Comentando el salmo 118,23: *Tu siervo se ejercitaba en tal cumplimiento de tus leyes,* muestra los grados o etapas por que se llaga a este nivel de espiritualidad: «Primero conoce y ve cuán útiles y honestas son estas leyes (de Dios); luego desea el deseo de su cumplimiento; por último, aumentándose su luz (mejor conocimiento) y sanidad del alma, se deleita en hacer lo que antes se le ofrecía como norma razonable» [67]. En términos concretos, hay un proceso de purificación e iluminación gradual del espíritu, cuya meta es obrar la justicia por sí misma y no por ningún motivo extraño. En última instancia es Dios mismo, el supremo bien, la razón o motivo de toda obra justa, haciendo el bien por él mismo y no por ningún motivo de temor carnal [68]. En este sentido, el Santo pide a Dios: «Suave eres, Señor, y en tu suavidad enséñame la justicia, para que con libre caridad me deleite en la ley, pues libremente cumple el mandado el que lo cumple a gusto» [69].

Pone en contraste la acción de la gracia deleitante, que es también un deleite victorioso, con la de la concupiscencia, que arrastra con impulsos que llevan al regalo y delicias corporales. Teniendo siempre una concupiscencia que vencer, nos es necesaria una fuerza contraria que nos haga victorioso sobre ella. No basta la simple contrariedad que pueda presentar contra la razón;

[63] *Contra duas epist. Pelag.* II 21 (PL 44,586): «Ergo benedictio dulcedinis est gratia Dei, qua fit in nobis ut nos delectet et cupiamus, hoc est, amemus quod praecepi nobis».
[64] Ibid.
[65] *Enarrat. in ps.* 103,19: PL 36,1389.—*Enarrat. in ps.* 104,7: PL 37,1394.
[66] *Sermo* 169,7 (PL 38,920): «Illi nisi prior det suavitatem, terra nostra non habebi nisi sterilitatem».
[67] *Enarrat. in ps.* 118 sermo 8,5: PL 37,1522.
[68] *Enarrat. in ps.* 118 sermo 22,7: PL 37,1565-66
[69] *De gratia Christi* 13,14 (PL 44,362): «Praeceptum quippe liber facit, qui libens facit»

es necesario que la voluntad esté afectada por la atracción de una hermosura superior, y este afecto o sentimiento lo produce la gracia deleitante, con que se debilitan las fuerzas contrarias de las pasiones para estar sujetas a la razón.

Las tentaciones las describe San Agustín a veces como la lucha de dos amores o dos deleites que atraen cada cual a su parte. Dos clases de bienes se ofrecen al hombre, y, como bienes, atraen con sus gustos y regalos: «Vencen estos bienes (superiores) si tanto atraen hasta detener al espíritu en las tentaciones para que no les dé consentimiento. Porque lo que nos produce más deleite es lógico que nos induzca a su consecución» [70].

Esta atracción de la gracia tiene una grande importancia en San Agustín para explicar el dinamismo del espíritu y le ha inspirado páginas célebres en la historia de las controversias sobre la gracia y el libre albedrío.

La gracia no fuerza a la voluntad, sino la engolosina, la persuade como con halagos, le pone una afición interior, hace amable lo que presenta, así como el imán atrae a sí el hierro que se le pone cerca. En este sentido, la caridad es como una imanación de las voluntades humanas por la gracia y hermosura de Dios. La tracción y atracción de la gracia se hace suave, pero con una suavidad que gana las aficiones y voluntades y hace fuerza a los corazones.

He aquí el pasaje clásico sobre esta materia: «No pienses que eres atraído contra tu voluntad porque el amor puede atraer al alma. Y no hay que temer las objeciones de los que se paran en la consideración de las palabras y están muy lejos de penetrar en las más divinas verdades, y tal vez, apoyándose en este pasaje de la Escritura, nos censuren y nos digan: '¿Cómo yo creo voluntariamente, si soy atraído?' Yo respondo: 'No sólo uno es atraído según su voluntad, sino también por gusto' '¿Qué es ser atraído por gusto?' *'Deléitate en el Señor, y cumplirá los deseos de tu corazón* (Sal 36,4). Hay un deleite para el corazón que se saborea con aquel pan del cielo. Pues si al poeta le plugo decir: 'A cada cual le arrastra su deleite' (VIRG., *Egloga* 2); no la necesidad, sino delite; no la obligación, sino el gusto, ¿con cuánta más razón debemos decir nosotros que es atraído a Cristo el que se deleita con la verdad, el que se recrea con la bienaventuranza, el que se complace con la justicia, el que pone sus delicias en la vida eterna, porque todo esto junto es Cristo?

Pues los sentidos tienen sus recreos, ¿no los tendrá el alma? Si no es así, ¿cómo se dice: *Los hijos de los hombres tendrán su amparo a la sombra de tus alas; se embriagarán con la abundancia de tu casa y los abrevarás con el torrente de tus delicias, porque en ti está la fuente de la vida y en tu luz veremos la luz?* (Sal 35,8-10). Tráeme a una persona que ame y entenderá lo que digo. Dame un varón de deseos, a uno que tiene hambre, a uno que va peregrinando, y tiene sed en este desierto, y suspira por la fuente de la patria eterna; tráeme a ese hombre, y entiende lo que digo. Pero si hablo a un hombre frío, no sabe lo que hablo'» [71].

Todos los atractivos que tienen la verdad, la justicia, la hermosura espiritual, la pureza de corazón, se centran en Cristo, y por ellos gana los ánimos,

---

[70] *Expos. ad Gal.* 49 (PL 35,2141): «Quod enim amplius nos delectat, secundum id peremur necesse est».

[71] *In Io. ev. tr.* 26,4: PL 35,1608.

con un reclamo de su manifestación: «La manifestación es la misma atracción. Pones delante a una oveja un ramo verde, y la atraes. Muestras a un niño un puñado de nueces, y corre hacia ti; corre porque es atraído, porque lo lleva el amor; sin ninguna lesión de cuerpo corre, porque lo arrebata una fuerza del corazón. Si, pues, estos atractivos, que se cuentan entre los cebos y deleites terrenos, así los arrastran, cuando se ofrecen a sus aficionados porque es verdadero el dicho: 'A cada cual cautiva su deleite', ¿no atraerá Cristo, manifestado por el Padre? Pues ¿qué hay que se ame con más pasión que la verdad? [72]

De este modo, el Padre atrae los hombres a Cristo manifestando su verdad, su justicia, su hermosura; los instruye y deleita, porque las dos cosas, que tanto agradan a los hombres, la luz de la verdad y la suavidad de la justicia y del bien, se unen en el Verbo encarnado. Así la gracia lleva dentro la fuerza íntima y superior de Jesucristo, que es el atractivo del Padre. En este aspecto, toda gracia es cristiana. Por todas las puertas humanas puede pasar Jesucristo a los hombres: por los sentidos, por la imaginación, por el sentimiento, por la razón, por la voz interior que se oye en el corazón y que viene del Padre.

La gracia no es fuerza extraña y violenta que derriba las puertas, sino bendición suave que se adueña del corazón tácita y sosegadamente, respetando el fuero de la libertad, que no es anulada, sino ayudada y fortalecida para obrar el bien por difícil que sea.

8. La gracia diviniza al hombre

Aunque San Agustín insistió en su polémica contra los pelagianos en los aspectos liberante y sanante de la gracia, no dejó de exponer el efecto más sublime de la misma: la deificación [73]. La gracia opera en el hombre una transformación interior que le hace hijo de Dios, templo del Espíritu Santo, miembro de Cristo. La unión de los cristianos con Cristo la ilustra con la imagen del Cuerpo místico y la parábola de la vid y de los sarmientos.

«En los Padres griegos—dice J. Mausbach—, la gracia es una maravillosa elevación, glorificación, divinización del hombre; en San Agustín es sanación, liberación, reconciliación del hombre enfermo, esclavo, alejado de Dios» [74].

Si con esta afirmación se quiere designar un matiz particular de la doctrina de los Padres griegos, matiz que resplandece tal vez menos en la de San Agustín, puede pasar; pero, como una oposición dialéctica entre el Oriente católico y el Occidente, carece de fundamento.

Cuando polemizaba con los enemigos de la gracia, San Agustín apelaba al aspecto medicinal, adyuvante y sanativo de la gracia para mostrar su necesidad; pero en sus sermones declaraba frecuentemente las riquezas de la redención, dando realce al aspecto positivo del misterio. El Doctor de la gracia admite dos aspectos o momentos en la obra de la justificación: el negativo

---

[72] Ibid., 5: ibid., 1609.
[73] Cf. V. Capánaga, *La deificación en la soteriología agustiniana*: Augustinus Magister II p.745-54.
[74] *Thomas von Aquin als Meister christlichen Sittenlehre* p.37-38 (München 1925) D. O. Rousseau repite esta opinión (*Incarnation et Anthropologie en Orient et Occident.* Irénikon 26 [1953] 363-75). Contra ellos dice Ch. Baumgartner: «Aunque San Agustín insiste contra los pelagianos sobre el aspecto medicinal y liberador de la gracia, no ignora el aspecto divinizante» (*Teología del hombre y de la gracia* p.167).

y el positivo, o lo que llama *remissio peccatorum* y la *iustificatio gratiae Dei*. Los dos elementos forman o hacen al hombre nuevo engendrado en el bautismo: «He aquí que el hombre bautizado ha recibido el sacramento del nacimiento. Tiene un sacramento; un sacramento grande, divino, santo, inefable. ¡Mirad cuál es: hace nuevo al hombre con el perdón de los pecados!»[75]

De la deformidad de la culpa pasa el hombre a una hermosura nueva: «Es justificado de la impiedad, y de la fealdad pasa a una gallarda hermosura»[76].

Los hombres terrenos se hacen celestiales y divinos. La antítesis entre lo divino y lo humano le dio pie para muchas fórmulas de su gusto: *Deos facturus qui homines erant, homo factus est qui Deus erat*[77]. Para divinizar a los que eran hombres se humanó el que era Dios. La deificación de los hombres es la obra maestra de Cristo, revelada en el Nuevo Testamento y vislumbrada en el Antiguo. El texto del salmo 81,6: *Ego dixi: Dii estis et filii excelsi omnes,* le sirve para formular su fe en este misterio, identificando la filiación adoptiva y la deificación o fundando ésta en aquélla. La comparación de la vid y los sarmientos, la doctrina de San Juan sobre la vida eterna y los efectos de la caridad, la de San Pablo sobre la elevación y renovación del hombre interior, guiaron a San Agustín a predicar esta verdad del cristianismo. La justificación está concebida por él en términos de participación: «Porque no se hace justa el alma sino por la participación del que es mejor y justifica el alma»[78].

A San Agustín le rebosaba el gozo de ser hijo de Dios: «Levanta el corazón, ¡oh raza humana! Respira las auras de la vida y de segurísima libertad. ¿Qué oyes? ¿Qué te promete?... *Les dio*—dice—*potestad para ser hijos de Dios.* Porque no eran hijos, y eran hechos hijos; porque Aquel por quien se hacen hijos, ya era Hijo de Dios y se hizo hijo de hombre; ... te elevó a lo que no eras, porque eras otra cosa»[79]. Por esta elevación, sin duda, a un nuevo ser superior a toda humana filiación, la teología católica habla de una *gracia elevante,* que también puede llamarse santificante y justificante. Ser cristiano es más que ser hombre, sobrehombre o superhombre en el verdadero sentido de la palabra: «Nosotros, por su gracia, fuimos hechos lo que no éramos, esto es, hijos de Dios; éramos ciertamente algo, pero mucho menos, es decir, hijos de hombres. Descendió, pues, El para que nosotros ascendiésemos; y, permaneciendo en su naturaleza, se hizo partícipe de la nuestra, para que nosotros, permaneciendo en la nuestra, fuéramos participantes de la suya; pero con esta condición: a El no le deterioró la participación de nuestra naturaleza, mientras a nosotros la participación de la suya nos hizo mejores»[80].

La justificación, filiación adoptiva y deificación se enlazan entre sí: «Es manifiesto que llamó dioses a los hombres divinizados por su gracia, no nacidos de su sustancia. Porque justifica Aquel que es justo por sí mismo, no por

---

[75] *In Epist. Io. tr.* 5,6: PL 34,2015.
[76] *De Trin.* 15,14 (PL 42,1068): «Ab impietate iustificatur, a deformi forma formosam transfertur in formam».
[77] *Sermo* 192,1: PL 38,1012.
[78] *Epist.* 140,52 (PL 33,559): «Quia non fit anima iusta, nisi participatione melioris, qui iustificat impium».
[79] *Sermo* 342,5 (PL 38,1504): «Levavit ad id quod non eras, quia alius eras».
[80] *Epist.* 140,10: PL 33,542.

otro; y diviniza Aquel que por sí mismo y no por participación de otro es Dios. El que justifica es el mismo que deifica, porque justificando hace los hijos de Dios, pues les dio poder para hacerse hijos de Dios; fuimos hechos hijos de Dios y fuimos hechos dioses; pero esto es por gracia del adoptante, no en virtud de la generación. Porque uno solo es el Hijo de Dios y con el Padre único Dios. Los demás que son divinizados, lo son por gracia, no nacen de su sustancia; de modo que no son lo que El, sino por favor se hacen semejantes a El y son coherederos con Cristo» [81].

Entre el Hijo de Dios y los hijos adoptivos, que son los que recibieron la gracia de serlo, hay una inmensa distancia. La participación de la divinidad es analógica y excluye toda deificación en sentido panteísta, al estilo de algunos místicos, y es más que una participación de semejanza por imitación moral, como quieren los semirracionalistas. Participamos, pues, de Dios, en su santidad y justicia, que nos hace ontológicamente semejantes a Dios. Participamos por un modo de ver divino, conociéndole como es en sí mismo, y por un modo de amar también divino, gozando de El en sí mismo, viviendo bajo El, viviendo de El, viviendo con El y siendo El mismo nuestra vida eterna [82].

Esta deificación eleva la espiritualidad cristiana a su más alto grado de perfección, porque el alma divinizada por la gracia hace obras divinas, merecedoras de un premio eterno.

9. El don de la perseverancia final

El semipelagianismo obligó a San Agustín a desarrollar la doctrina de la gracia hasta sus últimas consecuencias. Como se ha dicho ya, el proceso de la espiritualidad cristiana recorre un camino que tiene un principio, un medio y un fin; y a lo largo de él sigue la gracia influyendo hasta poner al hombre en su meta de salvación: «Entre el principio de la fe y la perfección de la perseverancia están de por medio todas aquellas cosas con que vivimos rectamente, las cuales ellos también abrazan (los semipelagianos) como dones conseguidos de Dios mediante la fe» [83].

He aquí claramente distinguidos los tres estadios, digámoslo así, en que se desenvuelve la gracia divina en el hombre. Ya se ha dicho que desde el año 397, en los comienzos del episcopado, escribiendo a San Simpliciano, obispo de Milán, rectificó una antigua opinión según la cual el hombre daría los primeros pasos de la conversión con los movimientos de su propio libre albedrío y afirmó que, aun el comienzo de la fe, o *initium fidei,* es un don gratuito de Dios, sin que se deba a ningún mérito precedente, a ninguna obra buena, a ningún deseo eficaz puramente humano [84]. En cambio, las gracias segundas pueden ser merecidas por actos de fe, de esperanza y de caridad, o por ejercicio de la oración, lo cual tampoco excluye la necesidad de la ayuda

---

[81] *Enarrat. in ps.* 49,2 (PL 36,565): «... et ille deificat, qui per semetipsum, non alterius participatione Deus est».
[82] *Sermo* 297,8: PL 38,1363.
[83] *De dono persev.* 21,56 (PL 45,1028): «Inter initium autem fidei et perfectionem perseverantiae media illa sunt quibus recte vivimus, quae ipsi etiam donari nobis a Deo mediante fide consentiunt».
[84] Ibid., 20,52: PL 45,1026.

de Dios para conseguirlas. Con la oración se pueden conseguir auxilios que nos habiliten para vencer las tentaciones, tener a raya a la concupiscencia o realizar alguna acción difícil.

Hay también una gracia final, que se llama *la perseverancia,* y que consiste en morir en condiciones de salvarse en un momento oportuno, cuando ningún obstáculo moral o ningún pecado grave impide la posesión del reino de Dios.

Este momento, de máxima importancia en la historia de la salvación personal, es también don gratuito de Dios. San Agustín lo llama «el gran bien de la perseverancia», *magnum bonum perseverantiae* [85].

A veces, para dar apoyo a sus afirmaciones, San Agustín echa mano de la experiencia, es decir, de la situación trágica y debilidad innata del hombre, que, puesto en medio de tantas tentaciones, no puede mantenerse en pie sin ceder y caer en el pecado. Pero lo más frecuente es que busque los fundamentos para su doctrina en la Sagrada Escritura y en las oraciones de la Iglesia.

Las peticiones cotidianas del *Padre nuestro* ofrecen un argumento a su convicción de la fragilidad humana y a la necesidad de la gracia de Dios. Porque la perseverancia, aunque su momento más grave es el que precede al tránsito de este mundo, va facilitada ordinariamente por la serie de victorias sucesivas o de perseverancias en la gracia que se suceden a lo largo de la vida y están sostenidas por los innumerables auxilios que Dios otorga a los que quieren combatir y vencer. Y así toda la vida cristiana debe ser una acción de gracias continua para alabar las bondades de Dios: «*Llénese mi boca de alabanza para que cante todo el día tu gloria y magnificencia* (Sal 70,10). ¿Qué significa *todo el día?* Sin interrupción. En las cosas que me salen bien, porque me consuelas; con las que me salen mal, porque me corriges; antes de existir, porque tú me creaste; cuando existía, porque me diste la salud; cuando pecaba, porque me diste el perdón; cuando me convertí, porque me ayudaste; cuando perseveré, porque me coronaste. Así, pues, *llénese mi boca de tu gloria y alabanza todo el día*» [86]. El agonista fiel que recibe la *corona de la perseverancia* se halla al amparo de la asistencia divina.

En la carta a Vidal, escrita, según los Maurinos, por el año 427, donde reafirma todos los principios antipelagianos de su doctrina, escribe: «¿Cómo no ha de ser don de la gracia no sólo la voluntad de creer desde el principio, sino también la de perseverar hasta el fin, siendo así que el mismo fin de la vida no está en el poder del hombre, sino de Dios, que puede El otorgar este beneficio aun al que no había de perseverar, arrebatándole de su existencia corporal para que la malicia no altere su entendimiento?» [87]

La oración de Cristo por San Pedro antes de la pasión le da también argumento: «Pues si decimos que esta perseverancia tan laudable y tan feliz es de tal modo cosa propia del hombre que no le viene de Dios, ponemos en tela de juicio lo que el Señor dijo a Pedro: *Yo he rogado por ti para que no se te desmaye la fe* (Lc 22,32). Luego ¿qué impidió para él sino la

---

[85] Cf. *De dono persev.* 2,4-9: PL 45,996-99. Movido por el ejemplo de San Cipriano, utiliza sus explicaciones ampliándolas, citando el libro *De dominica oratione.*
[86] *Enarrat. in ps.* 70 sermo 1,10: PL 36,881.
[87] *Epist.* 217,5,21: PL 33,936.

perseverancia hasta el fin? Si fuera cosa de hombre, no había de pedirse a Dios» [88].

Y más adelante, para armonizar la oración de Cristo y la libertad de Pedro, añade: «Cuando rogó para que la fe de Pedro no se viniera abajo, ¿qué otra cosa pidió para él sino una voluntad de creer libérrima, fortísima, invictísima y perseverantísima?» [89]

Y lo que pidió Cristo para su apóstol, el cristiano debe pedir para sí sobre todo con la oración dominical, que dio a San Agustín armas para combatir a pelagianos y semipelagianos: «Los pelagianos dicen también que la gracia de Dios que nos ha sido dada por Jesucristo y que no es la ley ni la naturaleza, sólo se limita al perdón de los pecados; de modo que nosotros no la necesitamos ni para evitar las caídas ni para triunfar de los obstáculos que hallamos para obrar el bien. Mas si esto fuera verdad, después de decir en la oración dominical: *Perdónanos nuestras deudas, así como nosotros perdonamos a nuestros deudores*, no añadiríamos: *No nos dejes caer en la tentación*. La primera petición es para pedir el perdón de nuestros pecados; la segunda, para evitarlos o vencerlos» [90]. Mas este evitar los pecados día tras día venciendo las tentaciones es la perseverancia andando para llegar a la etapa final. Es un gran don de Dios el practicar la justicia hasta llegar a la muerte.

Por eso, la oración tiene tanta parte en este don de la perseverancia; pero no se olvide que también la oración es un regalo de Dios: «Ellos—los pelagianos y semipelagianos—no quieren atender que es también regalo divino que oremos nosotros» [91]. Puede concluirse con el Santo: «Aseguramos, pues, que es don de Dios la perseverancia con que hasta el fin se vive unido a Cristo» [92].

10. El peligro del quietismo

La doctrina agustiniana que venimos exponiendo contra los semipelagianos levantó también otra objeción muy peligrosa: la del quietismo. Muchos se turbaron con la influencia que el Santo daba a la gracia o acción divina en las almas. «Los semipelagianos admitían la necesidad de la gracia para todos los actos salvíficos y la existencia del pecado original. Estaban en los cierto al afirmar la voluntad salvífica universal. Pero fueron demasiado lejos en su oposición a San Agustín, especialmente a su doctrina de la predestinación, en la que vieron una fuente de quietismo y desánimo. Pensaban poder eliminar o contrastar la teoría agustiniana, confundiendo la predestinación con la presciencia divina. No es Dios quien predestina a los hombres, sino los hombres se predestinan a sí mismos» [93].

Naturalmente, estas ideas introducían un laxismo peligroso en la espiritualidad monástica, y lo mismo en la seglar.

El mismo San Agustín cuenta este hecho: «Hubo en nuestro monasterio

---

[88] *De cor. et gratia* 6,10: PL 44,922.
[89] Ibid., 8,17: PL 44,926.
[90] *De gratia et lib. arb.* 13,26: PL 44,896-97.
[91] *De dono persev.* 23,64: PL 45,1032.
[92] Ibid., 1,1 (ibid., 993): «Asserimus ergo donum Dei esse perseverantiam qua usque in finem perseveratur in Christo».
[93] CH. BAUMGARTNER, o.c., p.203.

un tal que, al ser reprendido por otros porque hacía lo que no debía u omitía lo que debía hacer, respondía: 'Sea lo que fuere de mí, acabaré siendo lo que Dios tiene establecido en su presciencia'. Decía él la verdad, pero la convertía en nociva para sí. Y tanto avanzó en su mal, que, dejando la comunidad monástica, se hizo como perro que vuelve a su vómito. Con todo, no sabemos aún lo que será de él» [94]. Esta tentación hizo su daño en algunos monasterios. Muchos decían «que no debía predicarse que el comienzo de la fe y la perseverancia eran dones de Dios, porque entonces toda exhortación perdía su fuerza estimulante» [95].

Pero la pastoral de San Agustín no se arredraba con estos miedos y reparos. El anuncio de los dones de Dios al mundo no debe ser motivo de quietismo, sino de gratitud y deseo humilde de posesión. La Biblia nos habla de la continencia (Sab 8,21) y de la sabiduría (Prov 2,6) como de regalos que vienen de Dios y nos exhorta a pedirlos. ¿Por qué, pues, no se ha de predicar que el comienzo de la fe y la perseverancia son dones divinos?» [96]

Así conocemos mejor a Dios en sus comunicaciones, y mejor al hombre en su orfandad y menesterosidad.

Ciertamente, San Agustín quiere que se mida mucho el lenguaje pastoral cuando se habla de los misterios de la gracia y de la predestinación. Hay que predicar las verdades simultáneas de los beneficios de la gracia y de la facultad y cooperación del libre albedrío. Ambas cosas están contenidas en la Sagrada Escritura [97]. Lo cual no obsta para que la astucia humana ponga objeciones y malentendidos, como ocurrió en el monasterio de Hadrumeto, donde la doctrina de la gracia enseñada por San Agustín halló contradictores o malos entendedores que decían: «¿Para qué se nos manda que hagamos el bien o evitemos el mal, si Dios obra en nosotros el querer y el obrar? (Flp 2,13). Tampoco nos corrijan si no obramos bien, porque nos ha faltado la gracia. Si nos portamos mal, dejadnos en paz y rezad por nosotros» [98].

Estos argumentos de quienes entendían la obra de la gracia en un sentido fatalista perturbaron algún tanto a muchos monjes de entonces.

San Agustín les instruyó con sus libros acerca de la gracia y del libre albedrío, acerca de la corrección y de la gracia, acerca del don de la perseverancia [99]. Evitando los extremos de que le acusaban sus enemigos, el fatalismo y maniqueísmo, el autor sigue la misma línea del sistema que había ya esbozado en el año 397 en sus respuestas a la consulta de Simpliciano, y en parte remite a ellas para que conozcan su pensamiento [100]. El respeta siempre los tres grandes

---

[94] *De dono persev.* 16,39: PL 45,1017.
[95] Ibid., 17,42 (PL 45,1019): «Praedestinationis definitionem utilitati praedicationis adversam eo quod, hac audita, nemo possit correptionis stimulis excitari».
[96] Ibid., 17,43: ibid., 1019-20
[97] *De gratia et lib. arb.* 4,7: PL 44,886.
[98] *De cor. et gratia* 3,5: PL 44,918.
[99] Véanse *Obras de San Agustín*. VI: *Tratados sobre la gracia* I [2]: BAC.
[100] *Obras de San Agustín*. IX: *Tratados sobre la gracia* (2.ª): BAC (Madrid 1964) 3-163; *De praedest. sanctorum* 4,8: PL 44,966; E. PORTALIÉ: DTC col.2379. Según Loofs, sólo con las citas de esta segunda cuestión a Simpliciano se puede reproducir toda la doctrina específicamente agustiniana sobre la gracia tal como la defendió contra los pelagianos y semipelagianos. Y este trabajo de síntesis lo ha esbozado el mismo Loofs en su artículo (*Realencyclopedie* 3.ª ed. II p.279-280).

principios: la soberanía de Dios y la gratuidad de los dones de gracia; la afirmación del libre albedrío, que no queda coaccionado bajo la influencia de la aceción de Dios; la cooperación del hombre en sus respuestas a las llamadas divinas [102].

11. El misterio de la predestinación

El carácter gratuito de la vida sobrenatural en el hombre obligó al Doctor de la gracia a subir hasta su última fuente, hasta los profundísimos orígenes que se hallan en el misterio de la predestinación. La lógica del sistema o las nuevas cuestiones que fueron surgiendo le obligó a la arriesgada especulación religiosa. En realidad estamos subiendo aquí al principio mismo de la espiritualidad cristiana, que viene de arriba, del secretísimo manantial del consejo del Eterno Padre. Siguiendo las huellas de su maestro, San Pablo, que es igualmente el Apóstol de la Gracia, San Agustín se atrevió a sondear, siempre a la luz de la palabra de Dios, el arcano de la predestinación y predilección divina, que, adelantándose a todo merecimiento humano, escoge a muchas criaturas humanas y las dota de sus beneficios para que logren salvarse. Tal es el misterio de la predestinación de los santos, «que es la presciencia y predestinación de los beneficios de Dios con que certísimamente se salvan cuantos se salvan» [103]. Se da, pues, el nombre de santos a todos los que perseveran hasta el fin y consiguen la salvación. El proceso de la espiritualidad, que está comprendido en los términos del *climax* paulino (Rom 8,29-30): *vocación, justificación, glorificación,* sigue el orden de la divina predestinación. Dios llama, Dios justifica, Dios glorifica, correspondiéndole la soberanía y absoluta libertad en el reparto de sus dones.

Las dificultades que pusieron los semipelagianos galos a San Agustín en este punto venían, en parte, de confundir la presciencia y la predestinación, que no son lo mismo; puede darse la una sin la otra [104]. La predestinación significa *preparación de bienes,* mientras la presciencia significa el previo conocimiento del bien y el mal. En este concepto no hay predestinación para el infierno, aunque sí presciencia y permisión de una sanción merecida por la propia culpa. La palabra *precitos* como equivalente a *réprobos* o condenados es la versión de *praesciti,* con alusión a la simple presciencia divina, que todo lo abarca.

La presciencia es la sabiduría infinita y eterna de Dios; en ella se encuentran las noticias de todas cosas en su principio, en su curso y en sus fines.

[102] *De dono persev.* 14,35 (PL 45,1014): «Praescientia et praeparatio beneficiorum Dei, quibus certissime liberantur quicumque liberantur». Todo el plan salvífico personal se trazó y se guardó en el corazón de Dios desde la eternidad. «Ante mundi constitutionem vidit, nos fecit nos, emendavit nos, misit ad nos, redemit nos» (*Enarrat. in ps. 32* sermo 2,14: PL 36,292).

[103] *De praed. sanct.* 10,19 (PL 44,975): «Con la predestinación anteveió Dios lo que El había de hacer: pero puede prever o conocer de antemano lo que no hace El; v.gr., todos los pecados... Ni la predestinación es la gracia, sino su preparación; la gracia es efecto de la predestinación».

[104] Cf. E. Portalié: DTC col.2385-89. El autor esboza igualmente una teoría para conciliar el influjo de la gracia y el libre albedrío, sirviéndose de tres principios: teoría de la psicología de la voluntad, teoría de la psicología intelectual y teoría de la ciencia divina (ibid., col.2389-92).

Todo fue previsto y ordenado en el secreto de una providencia inescrutable. Y así, «Dios supo con anticipación todas las causas de las cosas, y ciertamente no pudo ignorar entre ellas también nuestras voluntades, que previó habían de ser las causas de nuestras acciones» [104].

Contra lo que pensaban los pelagianos y semipelagianos, la presciencia de Dios no destruye la responsabilidad libre de las voluntades humanas, ni la acción de otras causas segundas que colaboran para realizar el plan salvífico.

Nótese en este pasaje de las *Confesiones* cómo se combinan misteriosamente las causas que actuaron en la conversión de San Agustín: «Tus manos, Dios mío, en lo oculto de tu providencia no desamparaban mi alma, y mi madre con sus lágrimas día y noche no cesaba de ofreceros por mí el sacrificio de sangre de su corazón, y obraste conmigo de modos maravillosos» [105].

Aquí se ven los diversos momentos de este proceso espiritual, que tuvo como resultado una conversión, que San Agustín expresamente atribuye a su madre, Mónica; un momento profundo y secreto que se pierde en el abismo de la Providencia divina, que desde la eternidad previó y preparó los beneficios y fuerzas con que había de contar para cambiar el alma de San Agustín; la actuación del plan salvífico en el tiempo por medio de las causas segundas y libres, que fueron Santa Mónica y su mismo hijo; la primera, con sus oraciones y consejos para conseguir el retorno de Agustín a la fe, y éste con sus resistencias, y también con sus respuestas positivas a los estímulos interiores con que se sentía agitado para abandonar el género de vida que llevaba.

La mano de Dios la sintió él «como mansísima y misericordiosísima y que le iba arreglando y componiendo el corazón» [106]. El momento último de este proceso fue la conversión en el huerto de Milán, donde recibió de golpe el ímpetu del nuevo amor que le cambió radicalmente.

En todo lo cual no hay violencias ni extorsiones en el libre albedrío, pues el efecto de la gracia es precisamente hacer poderoso el querer que antes era débil. No se produce un movimiento contrario a la voluntad, sino muy conforme con su innata tendencia al bien.

Toda esta psicología es la que no entendían los adversarios de la gracia y de la predestinación, para los cuales con este nombre se introduce una necesidad fatal [107].

Ciertamente, la dificultad que sentían los semipelagianos atañe a una de los grandes problemas, que es la conciliación de la gracia y libre albedrío. Pero el Doctor de la gracia salvó las dos verdades, así como la cooperación de los dos principios operativos en las llamadas gracias segundas.

La presciencia divina no produce ni coacciona los hechos, ni la ayuda de la gracia suple la acción humana o la violenta, produciendo en ella movimientos contrarios a su ser. Precisamente la operación de la gracia consiste en

---

[104] *De civ. Dei* 5,9 (PL 41,150-51): «Atque ita qui omnes rerum causas praescivit profecto in eis causis etiam nostras voluntates ignorare non potuit, quas nostrorum operum causas esse praescivit».
[105] *Conf.* 5,7.
[106] Ibid.
[107] *Epist.* 225,3 (PL 33,1003) (inter augustinianas): «... fatalem quamdam induci necessitatem».

despertar y avivar las fuerzas de la cooperación humana: «Pues la gracia de
Dios no sólo obra la remisión de los pecados, sino también hace cooperador
el espíritu mismo del hombre en las buenas obras» [108]. De suyo, la cooperación
implica dos operadores, que combinan la acción de sus manos en una sola
obra: «Dios toma parte en tus obras, pero tú también, porque obra por medio
de ti. De Dios recibes el obrar bien, pero tú eres el que obras; las buenas
obras son tuyas y de Dios, porque El te ha dado el gusto de obrar bien;
mas la alabanza debe ser para El. El sea alabado en ti, porque ha obrado
en ti» [109].

En otro lugar enumera las diversas modalidades de la acción de Dios en
la conciencia, pero juntamente salva la parte del agente humano: «Dios edifica,
Dios amonesta; El atemoriza, El abre la inteligencia, El aplica vuestro sentido
a la fe; con todo, nosotros también hacemos nuestra obra como operarios» [110].
El mismo sentido tiene el dicho famoso: «El que te hizo a ti sin ti, no te
justifica sin tu colaboración» [111].

Cómo han de compaginarse ambas cosas o ambas acciones, la de Dios y
la del hombre, es tarea delicada que no nos compete tratar aquí. Mas puede
decirse que San Agustín apela, más que al raciocinio frío, a la experiencia
de la caridad, porque la gracia en realidad es el encuentro de dos amores.
Por eso dice de él: *Da mentem et sintit quod dico:* «Dame una persona que
ame y entenderá lo que digo»; no verá en la atracción divina de la gracia
una violencia o fraude al libre albedrío, sino una suavidad poderosa que cambia el afecto y lo sana y fortalece para amar lo que debe amarse y evitar
lo que ha de evitarse. «Pero si hablo con una persona fría, racionalista, no
entenderá lo que digo» [112].

Aludo para terminar a una gran imagen agustiniana: la de la cortina o
el velo. La abundancia de las cortinas revela grandeza de los grandes y de
sus moradas. Ellas hacen honor a los secretos y tesoros de las casas nobles.
El velo cubre también el ser de Dios y de sus obras, con lo que crece a nuestros
ojos su majestad y grandeza impenetrable. San Agustín pondera la utilidad
y secreto de las cortinas a propósito de los misterios de la Biblia. Cuanto
más honor se hace o se respetan los misterios de Dios, más se habilitan los
hombres para conocerlos; así como a los que se burlan de ellos, la soberbia
los aleja de la verdad. Lo cual tiene una aplicación en la veneración del velo
de la predestinación divina. Ya el no escandalizarse de ella, sin tomarla como
pretexto para desviarse del camino recto, es una actitud honorífica que basta
para un cristiano. El universo está lleno de velos, porque es obra de Dios:
«Los velos hacen honor al secreto y pregonan la gloria de Dios» [113]. Y al mismo

---

[108] *Enarrat. in ps.* 77,8 (PL 36,988): «Gratia Dei non solum operatur remissionem
peccatorum, sed etiam cooperatorem facit hominis spiritum in opere bonorum factorum».
[109] *In Io. ev. tr.* 8,2 (PL 35,2036): «A Deo habes bene agere. Ille in te laudetur, qui
per te operatur».
[110] *Enarrat. in ps.* 126,2 (PL 37,1668): «Ipse aedificat, ipse monet, ipse terret, ipse
intellectum aperit, ipse ad fidem applicat vestrum sensum: et tamen laboramus et nos
tanquam operarii».
[111] *Sermo* 169,13 (PL 38,923): «Qui ergo fecit te sine te, non te iustificat sine te»
[112] *In Io. ev. tr.* 26,4 (PL 35,1608): «Si autem frigido loquor, nescit quid loquor»
[113] *Sermo* 51,4,5 (PL 38,338): «Quanto quisque honoratior est, tanto plura vela pen-
dent in domo eius. Vela faciunt honorem secreti; sed honorantibus levantur vela».

tiempo sirven al ejercicio de la humildad cristiana, porque el gran secreto de la predestinación era necesario para mantener humildes a los elegidos: «Pues ¿quién entre la multitud de los fieles, mientras vive en esta mortalidad, puede presumir de hallarse entre los predestinados? Es necesario ocultar este secreto en el mundo, donde hay que guardarse tanto de la soberbia, que aun el mismo Apóstol, con lo grande que fue, convino que experimentara el azote de Satanás (2 Cor 12,7)» [114].

¡Tanto vale la humildad cristiana para no alzarse con los dones de Dios!

[114] *De cor. et gratia* XIII 40: PL 44,940-41.

PARTE SEGUNDA

ORIGENES DE LA ESPIRITUALIDAD NUEVA

LA HUMANIDAD DE CRISTO

1. Moneda de Cristo es el hombre

Una bella metáfora de San Agustín nos sirve para buscar una altura o panorama de luz y abarcar el mundo espiritual suyo: «Moneda de Cristo es el hombre; allí está la imagen de Cristo, allí el nombre de Cristo, allí la función y los oficios de Cristo» [1]. El divino Platero ha estampado sobre el decoro del metal humano sus rasgos, su nombre, sus oficios y los donaires de su hermosura. Ser portador de la imagen de Cristo es la suprema hidalguía de la criatura racional. La mejor tarea cristiana consiste en mirar y remirar la medalla de Cristo que es el hombre espiritual agustiniano, haciendo nuestra la definición de Newman: «El cristiano es el hombre que mira mucho en Cristo». ¿Y cómo se puede mirar a Cristo? Los ojos pueden hacer botín de muchas excelencias y hermosuras suyas, sin abarcarlo nunca en su plenitud. Mirando a El, pueden nacer diversos tipos de espiritualidad.

Se puede abrazar en El al Hijo de Dios, Palabra del Padre que resuena en la profundidad de los divinos pensamientos; al Rey de la gloria, al Maestro que tiene palabras de vida eterna, al Dios paciente y enclavado en la cruz, al Cordero de Dios que quita los pecados del mundo, al Esposo virginal de las almas, al Dios-Hostia, al Dios-Víctima, al Sumo Sacerdote que se inmola por nosotros, al Amigo de nuestros sagrarios... El realce de cualquiera de estos aspectos puede matizar una espiritualidad en un alma, en un grupo o en una comunidad. De aquí pueden originarse diversas formas, o mejor, aspectos, de la espiritualidad.

¿Cómo San Agustín ha contemplado a Cristo? Sin duda, la definición de Newman le viene de perlas a él, pues miró morosa y amorosamente a Cristo, dibujando en su alma sus múltiples hermosuras. Sería muy prolijo seguir todas las miradas de San Agustín a Cristo; pero, en términos generales, puede aifrmarse que en su contemplación se han fundido todos los elementos objetivos que nos presenta la fe. El *Christus totus in plenitudine Ecclesiae, id est, Caput et Corpus* [2], alimenta el fuego central de su espíritu.

Se le ha considerado como iniciador de una mística del Logos, *Logosmystik* [3]. Siguiendo, tal vez, esta orientación, en el *Christus*, o Manual de una historia de las religiones, redactado bajo la dirección del J. Huby, se ha estampado esta afirmación: «San Agustín había considerado la lucha por la verdad y la santidad como un negocio personal entre Dios y el alma: El Santo había

---

[1] *Sermo* 90,10 (PL 38,566): «Moneta Christi homo est. Ibi imago Christi, ibi nomen hristi, ibi munus Christi et officia Christi».
[2] *Sermo* 341,1: PL 38,1493.
[3] J. BERNHARD, *Die Philosophische Mystik des Mittelalters* p.57 (München 1922).

interiorizado, por decirlo así, a Dios en el alma, pero no a Jesús. La humanidad de Jesús queda un poco en lontananza»[4].

En otras palabras, San Agustín habría contemplado a Cristo, sobre todo, como *Logos,* como la Palabra que eternamente se dice y en ella eternamente se expresan todas las cosas[5], como la Luz eterna interna de las almas[6], o como la forma no formada y formadora de todas las formas[7]. Su espiritualidad sería preferentemente logocéntrica, al estilo de un Eckhart, por ejemplo.

Pero esta interpretación minimiza la cristología agustiniana, introduciendo una desgarradura en el Cristo de San Agustín, que sería un Cristo mutilado o abstracto, no un Cristo objetivo, plenario y total: carne inmaculada, espíritu humano y Verbo de Dios en unidad de persona, el *Christus totus, verbum anima et caro*[8]. El Cristo completo abarca la plenitud de Dios y del hombre. El Verbo hecho carne es Verbo superior a nosotros, carne entre nosotros y Verbo carne entre Dios y nosotros[9]. La humanidad es medianera entre Dios y nosotros. La interioridad agustiniana no es neoplatónica o monofisita ni puramente espiritual, sino cristológica, adherida al Cristo total en su integridad inescindible y teándrica o divino-humana. La humanidad de Jesús en su aspecto ontológico, soteriológico y ascético está al principio, al medio y al fin de la vida espiritual agustiniana.

2. El Cristo total

Se ha visto ya cómo San Agustín en sus principios tuvo que superar la postura de aquellos «filósofos del siglo, quienes vieron que Dios es una vida eterna, inmutable, inteligible, inteligente, sabio y formador de las almas sabias. Realmente, ellos percibieron una verdad fija, estable, imperecedera, donde se hallan las razones de todas las cosas creadas; mas la vieron de lejos encorvados por el error, por lo cual no descubrieron por qué camino se llega a tamaña, inefable y beatífica posesión»[10]. Estos sabios, muy insignes entre los gentiles, filosofaron sin el Cristo mediador, como se ha dicho[11].

San Agustín tuvo ya la misma experiencia o pasó por el mismo estadio para llegar a la verdad plena; pero el Mediador le salió al encuentro con su luz y descubrió lo que más tarde había de proclamar.

«¿Queréis saber quién es Cristo? No le miréis sólo a la carne, que yació en el sepulcro; no miréis sólo el alma, que dijo: *Triste está mi alma hasta la muerte;* no miréis al Verbo sólo, porque Dios era el Verbo; sino considerad

---

[4] *Christus. Manuel d'histoire des Religions* (Paris 1923) p.1124. El P. Eulogio Nebreda, al citar con elogio este libro, critica justamente la afirmación anterior, aduciendo entre otros, un texto de *In Io. ev. tr.* 2,3: PL 35,1390, que se aducirá también aquí (*Bibliographia augustiniana* p.222, Romae 1928). También M. D. Chenu asegura, echando por tierra semejante opinión: «Todas las expansiones de los místicos medievales y su familiaridad con la humanidad de Cristo se inspiraron en la religión de San Agustín» (*Pour lire Augustin* p.139, Paris 1930).

[5] *Conf.* XI 7.

[6] *Conf.* IX 10: «Lumen internum aeternum».

[7] *Sermo* 117,3 (PL 38,662): «Forma non formata omnium formatorum».

[8] MA I; DENIS, 5,28.

[9] *Sermo* 110,3: PL 38,640.

[10] *Sermo* 141,1: PL 38,776.

[11] *De Trin.* XIII 24: PL 42,1031.

que el Cristo total es Verbo, y alma, y carne»[12]. Y a continuación polemiza con los arrianos, negadores de la divinidad del Señor, y con los apolinaristas, negadores de su alma racional. La contemplación agustiniana abarca al Cristo total, porque todo él crea, alimenta, sostiene, fortalece la vida espiritual de los cristianos. No se puede hablar de una mística del Logos o de un logocentrismo agustiniano.

Cristo es el venero universal de donde salen los tres caudalosos ríos de agua espiritual y salvífica para los hombres. Me refiero a los tres títulos que San Agustín se complacía tanto en comentar en sus sermones: *Yo soy el camino, la verdad y la vida*. Por ser las tres cosas, Cristo está en el principio, en medio y en la meta de la espiritualidad cristiana; y no como Dios sólo, sino como Dios hecho hombre.

San Agustín vivió la tragedia del hombre que se ha descarriado y anda buscando un camino; es decir, un orden moral encarnado en una persona viva que le arrebate con su contacto y le rompa las ataduras de las pasiones. Este camino humilde, terreno, andadero, carne de nuestra carne y vida de nuestra vida, es Cristo. Ser cristiano es andar «el camino que nos trazó con su humanidad la divinidad del Unigénito»[13]. En Cristo se resuelven los tres enigmas del caminante humano: de dónde vengo, a dónde voy, por dónde tengo que ir: «El hombre Cristo es tu camino; Dios Cristo es tu patria. Nuestra patria es la verdad y la vida; nuestro camino, el Verbo hecho carne que mora entre nosotros»[14]. Salirse de este camino es entrar en un campo de insidias, de lazos y zancadillas: «Jamás me separe de Cristo, para que, al dejar el camino, no caiga en el cepo. Porque todo el mundo está sembrado de lazos para coger las almas. Lazos hay a un lado y a otro del camino de Cristo; lazos a la derecha, lazos a la izquierda; lazo de la derecha es la prosperidad del mundo; lazo de la izquierda, la adversidad del mundo. Tú vete por medio de los lazos, no te apartes del camino»[15].

No faltan otros cepos junto al camino de Cristo, particularmente los de los herejes y cismáticos, que son funestos para los hombres carnales[16]. También el diablo y sus ángeles, como cazadores, tienden sus lazos; mas los que caminan en Cristo están libres de ellos, porque en Cristo no osan poner los cepos. Sea, pues, tu camino Cristo, y no caerás en los cepos del diablo[17].

[12] MA I (DENIS, 5,28): «Vultis autem nosse quid est Christus? Nolite adtendere carnem solam... Nolite adtendere animam solam... Nolite adtendere Verbum solum, sed adtendite quia Christus totus Verbum et anima et caro est».
[13] *De Trin.* IV 1 (PL 42,887): «... per viam quam stravit humanitate divinitas Unigeniti».
[14] MA I (WILMART XI 2,695): «Vía Christus humilis».
[15] MA I (MAI XCV 5,344): «Patria nostra veritas et vita: via nostra Verbum caro factum est et habitavit in nobis».
[16] *De bapt. contra Donat.* III 15: PL 43,148.
[17] *Enarrat. in ps.* 90,3 (PL 37,1151: «Via autem tua Christus sit, et tu non cades in muscipulam diaboli. Inter laqueos ambulas».

3. Imitación de Cristo

Cristo, como camino seguro de los cristianos, donde no hay trampa de ningún género, significa que El es nuestro modelo. Todo el cristianismo se reduce a la imitación de Cristo, que en San Agustín tiene dos sentidos, uno moral y otro místico o sacramental. Este consiste en apropiarse y asimilarse los misterios de la vida y de la muerte de Jesús juntamente con los estados interiores del Verbo: «Todo lo que se realizó en la cruz de Cristo, en la sepultura, en la resurrección al día tercero, en la ascensión al cielo, en la sesión a la derecha del Padre, todo se realizó para la vida cristiana, de suerte que ella consuene con estos misterios, no sólo místicamente figurados, sino también realizados» [18]. Los misterios de Cristo conforman y configuran nuestro espíritu y nuestra vida, sobrenaturalizándola; nos imprimen el carácter, el sello del hombre Dios, siendo el bautismo el sacramento de nuestra incorporación con El. Los hechos de la vida de Jesús son igualmente los grandes acontecimientos de nuestra historia sagrada. El cristiano nace a una vida nueva imitando simbólica y realmente la muerte, la sepultura, la resurrección del Señor. El cristiano es un muerto, un sepultado, un resucitado y un morador en los cielos con sus aspiraciones.

No se trata de metáforas, sino de realidades objetivas por parte de Cristo y de la nuestra. Hay una verdadera muerte física por parte de El y una verdadera muerte espiritual al pecado por la nuestra. Nosotros nos erguimos del sepulcro de nuestro pecado y le seguimos en espíritu al cielo conformándonos con sus ejemplos.

A esta conformación mística que nos hace verdaderos hijos adoptivos de Dios, ha de acompañar la imitación moral de Cristo, siguiendo las virtudes que practicó en el mundo, sobre todo la humildad y la pureza. La nueva vida de fe, esperanza y caridad da un carácter especial a los cristianos, y por esta imitación se interioriza profundamente la humanidad de Jesús, pues todos sus ejemplos en tanto son visibles e imitables en cuanto se manifiestan en su humanidad y son meditados, contemplados e imitados a la luz de ella.

Esta interiorización se asemeja a la que se hace con los alimentos corporales, que, siendo externos al hombre, se convierten en sustancia propia, en vida y fuerza, en movimiento y trabajo.

4. Cristo, manjar lácteo

En la predicación agustiniana es muy familiar el doble mantenimiento que admite y considera en Cristo, como leche y como pan, según los grados espirituales de la edad. Sabido es que la leche ha entrado en las ofrendas religiosas de los pueblos antiguos a los dioses [19]. Lo mismo que la miel, el aceite, el vino. El paraíso se representaba como un lugar donde manaban arroyos de leche y miel, igual que la tierra prometida a los israelitas.

En San Agustín, la imagen del doble alimento se apoya principalmente

---

[18] *Ench.* 53: PL 40,257.
[19] Cf. K. Wyss, *Die Milch in Kultus der Griechen und Römer* (Giessen 1914); J. von Fritze, *De libatione veterum Graecorum* (Berlin 1893).

en la doctrina paulina (1 Cor 3,2), y de ella se derivan sus especulaciones sobre el doble conocimiento de Cristo, digámoslo así, elemental y superior, que también responden a la simple fe y a la sabiduría.

La leche es la «humanidad de la fe histórica» [20], que abraza los misterios de la vida temporal de Jesús, pues a las almas infantiles las lleva Dios por halagos y blanduras; mientras el pan significa las verdades sublimes relativas a la divinidad, sus relaciones con el Padre, sus atributos divinos [21]. Los mismos artículos de la fe son a la vez leche y manjar sólido según la asimilación de cada fiel [22]. Más aún: los misterios temporales o acontecimientos de la historia de la salvación admiten mayor o menor penetración y se convierten en régimen lácteo o comida sustanciosa de fuertes: «El mismo hombre Cristo, por su verdadera carne, verdadera cruz, verdadera muerte, verdadera resurrección, se llama leche pura de los párvulos; cuando es conocido bien por los espirituales, se halla que es el Señor de los ángeles» [23].

Cristo hombre es manjar universal de los espíritus. Siendo pan de ángeles, se hizo comestible a los hombres: «Para que el hombre comiera pan de ángeles, el Creador de los ángeles se hizo hombre. Así el Verbo encarnado se hizo receptible para nosotros, lo que no hubiera sido posible si el Hijo de Dios no se hubiera anonadado, tomando forma de siervo, haciéndose semejante a los hombres y conversando con ellos. Para que pudiéramos, pues, abrazar al que no puede ser abrazado por los mortales, el inmortal se hizo mortal con el fin de que su muerte nos inmortalizara y nos diera algo para mirarle, algo para creer, reservando algo para la visión posterior. Ofreció su forma de siervo a los presentes; no sólo a los ojos para mirarla, sino también a las manos, para tocarle. Cuando subió al cielo aún como hombre, nos mandó creer lo que a ellos les dio a ver. Pero también nosotros tenemos algo que ver. Ellos vieron la Vara que salía de Sión, nosotros vemos que domina en medio de sus enemigos. Todo esto pertenece a la dispensación de su forma de esclavo, que con dificultad es comprendido por los siervos y amado por los que en lo futuro serán libres» [24].

Emplea San Agustín en este pasaje tres verbos: *inspicere, credere, videre,* que corresponden a tres formas de conocimiento: el sensible y externo, el de la fe y el de la última visión fruitiva, reservada para el tiempo futuro. Hay también otra forma intermedia, que podemos llamar *sapiencial,* superior a la fe simple y muy inferior a la visión beatífica. El primer grado, pues, y el segundo responden a la lactancia de los creyentes.

Cristo ofrece a todos en primer lugar las realidades de su perfecta humanidad, para que por ellas se eleven a su ser divino, como ocurrió en el incrédulo Tomás: «*Porque viste, creíste;* no creyó lo que vio, sino una cosa vio y creyó otra. Vio al hombre, creyó en Dios. Porque veía y tocaba la

---

[20] *Enarrat. in ps.* 8,7 (PL 36,112): «per humilitatem historicae fidei».
[21] *In epist. Io. tr.* 3,1 (PL 35,1998): «Lac nostrum Christus humilis; cibus noster, idem ipse Christus aequalis Patri».
[22] *Ench.* 14,30: PL 40,285.
[23] *In Io. ev. tr.* 98,6: PL 35,1883.
[24] *Enarrat. in ps.* 109,12 (PL 37,1455): «Ut panem angelorum manducaret homo, Creator angelorum factus est homo. Ita nobis Verbum incarnatum factum est receptibile»...

carne viviente, que vio muerta, y creía a Dios, oculto en la misma carne. Creía, pues, con la mente lo que no veía por lo que aparecía a los sentidos del cuerpo. Y aunque se dice que también se creen las cosas que se ven, como cuando asegura uno que ha creído a sus propios ojos; mas no es ésta la fe que se forma en nosotros; sino por las cosas que vemos se logra en nosotros que se crean las que no se ven» [25].

Pues todo este mundo de realidades sensibles que nos ofreció la vida temporal del Salvador es la leche suave con que se forman y sustentan los creyentes sencillos, todavía incapaces para subir a otras formas de conocimiento más difícil. Así «ha mirado la divina Providencia por el bien del género humano para que los que no son hábiles para elevarse al conocimiento de las cosas espirituales y eternas, se alimenten con la fe de la historia temporal, que después de los patriarcas y profetas ha sido dispensada también, por la sublime potencia y sabiduría de Dios, con el sacramento de la encarnación» [26]. En la educación de la fe y vida cristiana tiene mucha parte la historia, en que Dios se ha manifestado a lo largo de los siglos en el Antiguo y Nuevo Testamento, y en particular con la aparición del Hijo de Dios, su vida terrena, su pasión, su muerte y su resurrección.

Esta historia sagrada, revelada y explicada por el magisterio de la Iglesia, es luz y alimento de los fieles, aun de los más sencillos y rudos. Así la humanidad de Jesús se ha hecho lámpara de la fe para subir por su luz a la divinidad, escondida con el velo de la carne: «Se manifestó la misma vida en la carne; fue puesta en luz para que la realidad, que sólo puede verse con el corazón, se viese también con los ojos y sanase los corazones. Pues sólo con el corazón se ve el Verbo, pero la carne se pone también al alcance de los ojos corporales. Teníamos facultad para ver la carne, pero no la teníamos para ver al Verbo. Y el Verbo se hizo carne, que pudiéramos ver para que nos sanase en nosotros la facultad de ver al Verbo» [27].

En este mismo sentido de sanar los ojos interiores para habilitarlos a la visión de las cosas visibles, es familiar al Santo la metáfora del *colirio* aplicado a su humanidad [28].

5. Crecimiento espiritual

El régimen lácteo ofrecido por Cristo como hombre ayuda al crecimiento o el progreso moral de los cristianos. Así enuncia uno de sus principios del desarrollo, que es difícil de traducir literalmente: *Suge quod pro te factus est, ut crescas ad id quod est* [29].

Literalmente debiera traducirse así: «Mama lo que por ti se hizo para que crezcas y habilites para llegar a lo que es». También puede traducirse así:

---

[25] *In Io. ev. tr.* 79,1: PL 35,1837.
[26] *Enarrat. in ps.* 8,5 (PL 36,110): «... illi quoque nondum capaces cognitionis rerum spiritualium et aeternarum, nutriuntur fide temporalis historiae»...
[27] *In Io. ev. tr.* 1,1: PL 35,1979.
[28] *In Io. ev. tr.* 2,16 (PL 35,1396: «Verbum caro factum est; medicus iste tibi facit collyrium».—Colirios también para curar los ojos son los preceptos de la justicia. Cf. *In Io. ev. tr.* 29,11: PL 35,1543.
[29] *Enarrat. in ps.* 119,2: PL 37,1599.

«Asimila, medita, contempla los hechos y manifestaciones de su humanidad para que te fortalezcas y adiestres en el conocimiento de su divina persona».

Por su humanidad se ha de subir siempre hasta su ser divino, que es el objeto y meta sublime de la contemplación. Cristo como hombre, con todas sus acciones y pasiones, con todas sus palabras y milagros, debe ser asimilado e interiorizado por el cristiano.

San Agustín no es ningún gnóstico que divida al pueblo fiel en dos grupos separados e irreductibles: los carnales y los espirituales. Esta división subsiste en sus escritos como constancia de un hecho palpable; pero todo hombre carnal puede ascender a los grados más altos de la espiritualidad. Por eso él mezclaba en su educación popular los manjares suaves y los fuertes, porque tenía una confianza ilimitada en la gracia iluminante de la palabra divina, que enseña a las almas por rudas que sean. Todas están llamadas al crecimiento, a una vida iluminada y sapiencial: «Toma leche para que te nutras; aliméntate de modo que crezcas; crece para que comas pan» [30]. Si la leche es la cultura religiosa elemental que asimila los hechos de la vida de Jesucristo o los milagros de la historia sagrada, la cultura superior está representada por el pan de los fuertes, por el conocimiento de los grandes misterios del Señor, igual al Padre. La cultura completa comprende ambas cosas, de tal modo que tampoco debe dejarse el régimen lácteo ni en la ancianidad del espíritu: «Por esta causa, ni los párvulos se han de alimentar con leche de tal modo, que nunca se les exponga la divinidad de Jesús; ni tampoco se han de destetar de tal modo, que prescindan del Hombre-Cristo. Lo cual admite también otra forma de expresión: «No han de alimentarse de leche hasta el punto de no conocer a Cristo como Creador, ni han de abandonar el alimento lácteo de suerte que se separen de su Mediador. Aunque para expresar esta idea nos favorece más la metáfora del cimiento que la de la leche materna y del alimento sólido: porque el niño, cuando lo desmaman y deja los alimentos infantiles, avezado a los platos fuertes, no vuelve ya al pecho materno; pero Cristo crucificado es leche para los que maman y manjar mayor para los aprovechados. He aquí por qué viene mejor aquí la comparación del fundamento, pues, cuando se acaba y remata la fábrica de una obra, va surgiendo el edificio nuevo sin quitarse el fundamento» [31].

Este principio de la necesidad de apoyarse en Cristo humano a lo largo de toda la vida espiritual lo repetirá más tarde Santa Teresa de Jesús con palabras lúcidas: «No hay alma en este camino tan gigante que no haya menester muchas veces tornar a ser niño y a mamar» [32]. Ambos Santos coinciden en este punto tan importante de la espiritualidad cristiana.

---

[30] *Enarrat. in ps.* 130,12 (PL 37,1795): «Lactare ut nutriaris; sic nutrire ut crescas; sic cresce ut panem manduces».
[31] *In Io. ev. tr.* 98,6 (PL 35,1883): «Proinde nec sic parvuli sunt lactandi, ut semper non intelligant Deum Christum: nec sic ablactandi ut deserant hominem Christum».
[32] *Vida* XIII 15.

6. Por el valle, al monte

Ya se ha indicado cómo Cristo paciente es un manjar suave y necesario para todos en esta alimentación espiritual. En este aspecto, San Agustín ha interiorizado también al Dios paciente y crucificado, que no queda como en lontananza, sino muy dentro de su espiritualidad, la cual está concebida como la subida desde el fondo de un valle a una excelsa montaña, pero de tal modo que el valle y la altura forman una y misma persona: Cristo. Toda la tarea de la perfección cristiana consiste en subir y unirse con Dios, mas comenzando por la hondonada de su humildad: «¿Y cuál es el monte adonde subimos sino Jesucristo, Nuestro Señor?

»Pero quien se hizo con su pasión valle del llanto es el mismo que, permaneciendo (en su divinidad), se te hizo monte de la ascensión.

»¿Por qué es Cristo valle del llanto? *Porque el Verbo se hizo carne y habitó entre nosotros.* Porque ofreció su mejilla a los que le golpeaban y fue colmado de oprobios, azotado, escupido, coronado de espinas, crucificado. Tal es el valle del lloro desde donde has de ascender. —¿Y adónde hay que subir? —Hasta *el Verbo, que era en el principio y reposaba en el seno de Dios y era Dios.* Pero *se hizo carne y moró entre nosotros;* y de tal modo descendió hasta ti, que permaneció en sí mismo (siguió siendo Dios) para ser monte de ascensión para ti... Desde aquí has de subir hasta aquella cumbre del ejemplo que nos dio: hasta su divinidad, pues se hizo ejemplo, abatiéndose hasta la muerte, y la muerte de cruz» [33].

Tal es el itinerario de la espiritualidad cristiana; en su principio está la humildad de su pasión y muerte, la sepultura del bautismo, que es sacramento de la pasión del Señor, paso del mar Rojo, que está bermejo de su sangre.

Por eso la vida espiritual es un progreso de descenso y ascenso en Cristo: «Pues progresando en Cristo, como subiendo, los carnales se hacen espirituales, así como los espirituales descienden a ellos para alimentarlos con leche cuando no pueden hablar con ellos como espirituales, sino como carnales. De este modo se asciende y desciende sobre el Hijo del hombre. Se asciende cuando se progresa en el conocimiento de su grandeza, se desciende cuando se quiere alimentar a los párvulos que pertenecen a sus miembros» [34].

Pero tanto los carnales como los espirituales no pueden dejar el valle del llanto, el recuerdo y contemplación de Cristo, humilde y hecho obediente hasta la muerte de cruz. A quien no le agrada esta humildad del Hijo de Dios, le domina la soberbia; esos tales no quieren descender y no se curan.

«—Pero ¿yo voy a creer—objetan—en un Dios encarnado, nacido de mujer, crucificado, azotado, muerto, herido, sepultado? Lejos de mí creer en tales cosas; eso es indigno de Dios.

»—Deja hablar a tu corazón, no a tu cerebro. Al soberbio parécele indigna la humildad de Dios; por eso no hay en él sanidad. No te exaltes;

---

[33] *Enarrat. in ps.* 119,1: PL 37,1597.
[34] *Contra Faustum man.* 12,26 (PL 42,268): «In illo carnales proficiendo, velut ascendendo, spirituales fiunt».

si quieres curarte, hazte humilde» [35]. El *Christus humilis* está entrañablemente unido a la piedad de San Agustín, porque es la única medicina eficaz para curar la soberbia del hombre. Lo cual significa que la humanidad de Cristo es el instrumento de nuestra salud. Por eso la carne y la sangre de Cristo obran nuestra curación como partes unidas al Verbo de Dios, que es nuestra justicia: *In corpore et sanguine suo voluit esse salutem nostram* [36]. La carne de Cristo es pura y purificadora, porque vino El por mediación de la Virgen, tomando una carne limpia y que obra limpieza [37]. Es menester recibir su carne como una medicina y antídoto de toda enfermedad, como lo exige la doctrina eucarística del Santo, a la que se aludirá después, aunque es siempre el mismo principio de la necesidad de nuestra unión con el Verbo encarnado el que domina su especulación: «Si queréis vivir piadosa y cristianamente, uníos a Cristo según aquello que se hizo por nosotros para que lleguéis a El según lo que es y lo que era» [38].

La humanidad es el camino que nos lleva a Dios, y es necesario recorrerlo siempre a lo largo de la vida espiritual cristiana. Las fórmulas agustinianas sobre este aspecto se multiplican en las manos del orador: «Este es el camino; camina por la humildad para que llegues a la eternidad. Dios Cristo es la patria adonde vamos, el Hombre-Cristo es el camino por donde vamos. Vamos a El y El es el camino por donde vamos» [39].

7. El camino de la cruz

La pasión del Señor va enjaulada en la idea del camino: «Excelsa es la patria, humilde el camino. La patria es la vida con Cristo, el camino es la muerte de Cristo; la patria es la mansión de Cristo; el camino, la pasión de Cristo; el que evita el camino, ¿a qué busca la patria?» [40] Como en la vida humana tiene tanta parte el sufrimiento, el camino para mitigarlo y santificarlo es la pasión del Señor. San Agustín meditó mucho sobre estos misterios de los sufrimientos y trabajos de Jesús. El se hizo deforme para formar-

---

[35] *Sermo* 124,3: PL 38,688.

[36] *Enarrat. in ps.* 33,6: PL 36,303.

[37] *Enarrat. in ps.* 142,8 (PL 37,1850): «Venit autem ille per Virginem... assumens carnem mundam mundatricem».

[38] *In Io. ev. tr.* 2,3 (PL 35,1390): «Si vultis pie et christiane vivere, haerete Christo secundum id quod pro nobis factus est, ut perveniatis ad eum secundum id quod est et secundum id quod erat».—Después de citar estas palabras, dice J. Rivière: «Este tema fundamental vuelve frecuentemente a la pluma de San Agustín, que lo varía según la inspiración del momento; ora se trata de traer hasta nosotros el conocimiento del Dios escondido (*Epist.* 147,22: PL 33,606.620) o de acercar a nosotros un Dios lejano (*Sermo* 171,3: PL 38,934; *In Io. ev. tr.* 21,9: PL 35,1569), ora de reparar nuestra decadencia y de ponernos ante los ojos los ejemplos necesarios para nuestra elevación (*Ench.* 107-108: PL 40,282-83), es siempre la encarnación el medio providencial, la gracia de las gracias, que hace el precio incomparable de la revelación cristiana» (*Notre vie dans le Christ selon Saint Augustin:* Vie Spirituelle 24 [1930] 116).

[39] *Sermo* 124,3: PL 38,685: «Ista est via: ambula per humilitatem ut pervenias ad aeternitatem. Deus Christus patria est quo imus: Homo Christus via est qua imus. Ad illum imus, per illum imus».—MA I, MAI XCV 5,344: «Surge, ambula: Homo Christus via tua est, Deus Christus Patria tua est. Patria nostra Veritas et vita: via nostra, Verbum caro factum est et habitavit in nobis».

[40] *In Io. ev. tr.* 28,7 (PL 35,1624): «Excelsa est Patria, humilis via. Patria est vita Christi, via est mors Christi. Patria est mansio Christi, via est passio Christi.»

nos a nosotros y darnos su hermosura: «Pendía en la cruz deforme; pero su deformidad era nuestra hermosura. Así, pues, en esta vida unámonos a Cristo deforme. ¿Qué es *Cristo deforme? Lejos de nosotros gloriarnos en ninguna otra cosa que no sea la cruz de nuestro Señor Jesuscristo, por quien el mundo fue crucificada para mí, y yo para el mundo* (Gál 6,14)... Este es el camino: creer en el Crucificado. En la frente llevamos estampada la señal de su conformidad; no nos avergoncemos de la cruz. Sigamos este camino y llegaremos a la felicidad»⁴¹. La cruz fue glorificada en la pasión del Señor y se hizo instrumento salvífico. San Agustín la considera como la nave que transporta a los peregrinos del mundo a la eternidad a través del amor de este siglo: «Es como si viera uno de lejos la patria separada por la distancia del mar interpuesto; ve dónde debe ir, pero no tiene con qué vehículo llegar hasta allí. Así nosotros suspiramos por llegar a aquella estabilidad donde lo que es, es, porque nosotros deseamos lo permanente; mas se interpone el mar de este mundo por donde vamos, aunque viendo la patria adonde vamos, si bien muchos ni la ven siquiera. Mas para que no nos faltase dónde ir vino a nosotros el mismo a quien queremos ir. ¿Y qué hizo? Puso el leño para la travesía del mar. Pues nadie puede atravesar el mar de este siglo si no es llevado por la cruz de Cristo. Esta cruz la abrazan también algunas veces quienes tienen poca vista; y el que no logra ver el lugar lejano a donde va, no se aparte de ella, y ella le conducirá»⁴².

Difícil encarecer con más fuerza y claridad la necesidad de la cruz para salvarnos. El sentido de esta metáfora indica bien los peligros de la salvación, las agitaciones del mundo en que vivimos, la inseguridad de nuestra existencia, la falta de todo medio humano, la humildad del vehículo que Dios ha puesto en nuestro alcance para la travesía del siglo. Así la cruz es familiar a los cristianos, que en todas partes la ven reproducida para recordarles el camino del cielo.

Lo mismo los cristianos de vista gorda como lo espirituales, que la tienen más aguda, deben familiarizarse con la devoción al crucificado. Por eso en el libro acerca de la virginidad, dedicado a las religiosas de su diócesis, tiene el Obispo de Hipona un desahogo espiritual, que muestra bien su devoción a Cristo paciente: «Contemplad con los ojos del espíritu las llagas del crucificado, las cicatrices del resucitado, la sangre del que murió por vosotras, precio de nuestro rescate, tesoro de nuestra redención. Ponderad el valor de estas cosas, meditadlas en vuestro corazón, y todo el fuego e ímpetu amoroso que había de ir a las nupcias terrenas guardadlo para El. Enclavad en vuestro corazón al que está clavado en la cruz por vosotras. Para El sea todo el afecto de vuestro corazón que renunciasteis en el matrimonio»⁴³.

---

⁴¹ *Sermo* 27,6 (PL 38,181): «Pendebat ergo in cruce deformis: sed deformitas illius pulchritudo nostra erat, in hac ergo via deformem Christum teneamus... Haec est via credere in Crucifixum».
⁴² *In Io. ev. tr.* 2,2: PL 35,1389.—Ibid., 4: PL 35,1391: «Sed tu, qui quomodo ipse ambulare in mari non potes, navi portare, ligno portare: crede in Crucifixum et poteris pervenire».
⁴³ *De sancta virg.* 56 (PL 40,428): «Totus vobis figatur in corde, qui pro vobis fixus est in cruce: totaum teneat in animo vestro quidquid noluistis occupari connubio». Un documento también de la devoción de San Agustín a la Pasión lo contiene la *Epist. XXIX*

8. Entre dos abismos

El que sigue a Cristo no se extravía, porque lleva el camino medio entre dos abismos que ha evitado siempre la Iglesia: el de la presunción pelagiana, o la ilusión de una naturaleza incorrupta y pura, y el de la desesperación maniquea, o el sentimiento fatalista de un mal irreparable. Contra ambos peligros nos previene San Agustín: «Las divinas Escrituras—dice—levantan nuestro ánimo para que no nos quebrante la desesperación; por otra parte, nos amedrentan para que no nos agite el viento de la soberbia. Seguir el camino medio, verdadero, recto, que va, digámoslo así, entre la izquierda de la desesperación y la derecha de la presunción, nos sería muy difícil si no nos dijera Cristo: *Yo soy el camino, la verdad y la vida*. Como si dijera: '¿Por dónde quieres ir? Yo soy el camino. ¿Adónde quieres ir? Yo soy la verdad. ¿Dónde quieres permanecer? Yo soy la vida.' Caminemos, pues, con seguridad por esta vía, pero temamos las asechanzas que la amenazan» [44].

Pascal, pisando huellas agustinianas, tiene una página admirable en sus *Pensamientos* sobre estos dos abismos, que precipitan al hombre en el orgullo y la desesperación por no conocer la naturaleza real del hombre en la luz de la redención en Cristo: «Unos consideran la naturaleza humana como incorrupta, otros como irremediable o insanable, y por eso no han podido evadirse o del orgullo o de la pereza, que son dos fuentes de vicios. No hay vía de escape: o se entregan a la cobardía o salen de ella por sentimientos de orgullo. Si conocen, en efecto, la excelencia del hombre, ignoran su corrupción, de suerte que, evitando la pereza, daban en el escollo de la soberbia; y, si reconocían la enfermedad de la naturaleza, desconocían su dignidad, de modo que podían evitar la vanidad, pero cayendo en la desesperación... Unicamente la religión cristiana ha podido curar estos vicios, no ya arrojando al uno por el otro con la sabiduría terrena, sino extirpando a los dos con la sencillez del Evangelio. Porque ella enseña a los justos, a quienes eleva hasta la participación de la divinidad, que, aun en este estado sublime, llevan consigo la raíz de toda corrupción, que durante toda su vida los sujeta al error, a la miseria y al pecado; y ella grita a los más impíos que son capaces de recibir la gracia de la redención. Así, haciendo temblar a los justos y consolando a los que condena con esta doble capacidad común de gracia y de

---

ad Alypium: PL 33,111-120. En ella describe lo que hizo siendo simple sacerdote para suprimir la *fiesta de la alegría,* que en honor del mártir San Leoncio se celebraba con abusos de comida y bebida en su iglesia. El suceso ocurrió en los días 2, 3 y 4 de mayo del año 395. He aquí un fragmento de la carta: «Después, devuelto el códice, con la obligada peroración, según mis fuerzas y la urgencia del peligro, y según también los ánimos que me dio el Señor, me dirigí a ellos, y les puse ante los ojos el común peligro; el de ellos, porque estaban confiados a mí, y el mío, porque yo respondería de ellos ante el Príncipe de los pastores; y por la humildad de Cristo, por sus insignes contumelias, bofetadas, salivazos en el rostro, golpes, corona, cruz y sangre, les rogué que, si ellos se habían molestado algo entre sí, a lo menos se compadeciesen de mí, y pensasen en la indecible caridad de Valerio para conmigo al resolverse a ponerme tan peligrosa carga de predicar la verdad para bien de ellos, a quienes tantas veces había recordado sus oraciones habían sido escuchadas del cielo por causa de mi venida» (*Epist.* 29,7: PL 33,117). La versión castellana de esta carta puede verse en V. CAPÁNAGA, *San Agustín*. VI: «Una jornada sacerdotal de San Agustín» (Barcelona 1951).
[44] *Sermo* 156,1: PL 38,778; MA I; WILMART, XI 695.

pecado, ella templa tan justamente el temor con la esperanza, que humilla mucho más de lo que puede la razón sola, pero sin arrojar en la desesperación, y eleva más infinitamente que el orgullo natural, pero sin ensoberbecer, y así, estando ella sola sin error ni vicio, le pertenece instruir y corregir a los hombres» [45].

La doctrina es de una actualidad indiscutible, pues al hombre de hoy le aquejan ambas enfermedades: la presunción pelagiana y el entusiasmo de la naturaleza sana y el abatimiento maniqueo o la *desperatio sanitatis,* la desesperación de la salud, como dice el Santo [46]. Abundan por doquiera los que no creen en el pecado original ni en sus consecuencias y los que desesperadamente han entregado las riendas a la soberanía de los instintos. Los unos hacen del hombre un ídolo que suplanta a Dios; los otros lo envilecen y lo reducen a puro animal, incapaz de redención. La historia se repite con los pelagianos y maniqueos de nuestro tiempo.

Cristo, el Maestro de la humildad

1. «Conócete a ti mismo»

«Antes de venir nuestro Señor Jesucristo, los hombres se gloriaban de sí; vino aquel Hombre para que menguase la gloria del hombre y subiese la gloria de Dios. Porque vino El sin ningún pecado, y halló a todos los hombres bajo la servidumbre del pecado» [1]. Tal fue la misión del Hijo de Dios: aumentar la gloria de Dios y disminuir la de los hombres, que estaban envanecidos con sus pensamientos y su justicia. Les descubrió sus ocultas enfermedades, su radical impotencia, la vanidad de sus sueños. Con su humildad curó la soberbia humana, señalando el camino medio entre los dos escollos del pesimismo y de la presunción; y este camino es el de la humildad cristiana, que mantiene al hombre en su verdadera dimensión de criatura. Ya los paganos conocieron el peligro que tiene el ser humano de salirse de sus límites, y justamente estaba escrito en el templo de Delfos el aforismo «conócete a ti mismo» [2].

Este espíritu de la antigüedad pasó al cristianismo, el cual completó la fórmula délfica con San Agustín: *Deus semper idem, noverim Te, noverim me* [3].

«Dios que eres siempre el mismo, conózcate a ti, conózcame a mí». La humildad cristiana camina entre los dos abismos del conocimiento propio y del conocimiento de Dios. No basta descender a la profundidad del propio ser, y descubrir la selva de sus instintos y deseos, y sacar a flor de tierra las raíces de las pasiones más soterrañas. La experiencia enseña cómo la visión desnuda del hombre puede originar un incurable pesimismo que envenena toda la existencia. El hombre se siente como un Prometeo encadenado a las pasiones de

---

[45] PASCAL, *Pensées* XII 13 (Havet) p.213-14.
[46] *Enarrat. in ps.* 3,10 (PL 36,77): «Coacervatione vitiorum subrepit desperatio sanitatis».
[1] *In Io. ev. tr.* 14,5 (PL 35,1504): «Antequam veniret Dominus Iesus, homines gloriabantur de se; venit ille homo ut minueretur hominis gloria, et augeretur gloria Dei. Etenim venit Ille sine peccato, et invenit omnes cum peccato».
[2] Cf. W. JAEGER, *Paideia* I 189.
[3] *Sol.* II 1: PL 32,885.

la carne y de la sangre, y quiere volar, y no puede; va en pos de un alto ideal de justicia, y no lo alcanza.

Por eso el cristianismo añade al conocimiento propio el conocimiento de Dios, que ha descendido de lo alto para levantarnos, no para yacer en tierra juntamente con nosotros [4]. El cristianismo no niega el encadenamiento del hombre, pero le envía un Libertador, que le rompe las ataduras que le aprisionan. Aquí interviene Cristo como el verdadero fundador y mantenedor de la espiritualidad cristiana.

2. La llaga de la soberbia

La venida de Cristo aguzó la conciencia del pecado y el conocimiento de la miseria originaria del hombre: «Porque si El vino para perdonar al hombre sus pecados, reconozca el hombre su condición humana y Dios haga su misericordia» [5]. El conocimiento real del hombre va ligado a la mediación de Cristo, como el conocimiento del enfermo se vincula al médico y a las medicinas.

El Hijo de Dios puso el dedo en la llaga más profunda del espíritu humano con la humildad de su encarnación: «Porque la soberbia nos había herido, nos sana la humildad. Vino Dios humilde para curar al hombre de la tan grave herida de la soberbia» [6]. En otro lugar dice: «Vino el Hijo de Dios en figura de hombre y se hizo humilde. Se te manda, pues, que seas humilde. No que de hombre te hagas bestia; El, siendo Dios, se hizo hombre; tú, siendo hombre, reconoce que eres hombre; toda tu humildad consiste en conocerte a ti mismo» [7].

¿Por qué se manda tanto al hombre que guarde su puesto de tal? Porque la soberbia le hace salirse de sus límites, levantarse a mayores, igualarse a Dios mismo, como lo hacían los maniqueos, teniéndose por una porción divina en el alma. La tentación de la serpiente sigue siempre susurrando en el oído de los hombres: *Seréis como dioses.* El hombre quiere ser independiente, no rendir cuentas a nadie, dominar; es una perversa imitación de Dios: «Perversamente os imitan todos cuantos de Vos se alejan y se levantan contra Vos». Hay cosas que pueden imitarse en Dios y las hay que no admiten ninguna imitación por ser únicamente pertenecientes a El: «¿Pues no nos invita Dios a semejarnos a El? ¿No es El quien dice: *Amad a vuestros enemigos, orad por los que os persiguen, haced bien a los que os aborrecen?* Invitándonos a esto, nos exhorta a la semejanza de Dios, porque luego añade: *Para que seáis hijos de vuestro Padre, que está en los cielos, el cual hace salir el sol para buenos y malos y envía su lluvia a justos e injustos* (Mt 5,44-45). Luego el que hace bien al enemigo, se hace semejante a Dios; lo cual no es soberbia, sino obediencia. ¿Por qué? Porque hemos sido hechos a semejanza suya; no es, pues, cosa ajena a nosotros el tener su imagen; y ¡ojalá que nunca la per-

---

[4] *In Io. ev. tr.* 107,6 (PL 35,1914): «Verbum caro factum descendit ut levaret, non cidit ut iaceret».
[5] *In Io. ev. tr.* 14,5 (PL 35,1504): «Si ergo venit Ille dimittere homini peccata, conoscat homo humanitatem suam, et Deus faciat misericordiam suam».
[6] *Enarrat. in ps.* 36,17: PL 37,353.
[7] *In Io. ev. tr.* 25,16 (PL 34,1604): «Tu homo cognosce, quia es homo; tota humili-s tua ut cognoscas te».

diésemos por la soberbia!»[8] Santa y noble es esta imitación, porque traslada al retrato humano excelencias y hermosuras del ejemplar divino. Pero hay otra imitación, *perversa similitudo,* que produce efectos contrarios y oscurece la hermosura de la imagen divina: «Mas, si se propone imitar perversamente a Dios, de modo que, así como El no tiene un principio que le haya formado ni un superior que le rija, quiera vivir con independencia, al estilo de Dios, sin que nadie modere su espíritu ni le gobierne, ¿cuál será el resultado sino que, apartándose de su calor, se embote, y, retirándose de su verdad, pierda el juicio, y, desarrimándose del ser sólido e inmutable, padezca mengua y desfallecimiento en el suyo?»[9]

De aquí viene el contraste entre Dios y el hombre: «Tú, siendo hombre, quisiste hacerte Dios para perecer; El, siendo Dios, quiso hacerse hombre para buscar lo que había perecido»[10]. Era un apetito desordenado de divinidad, un afán de omnipotencia y dominación[11]. Todo pecador, de suyo, incluye esta ambición y repite en sus obras en el fondo del corazón: «Dejando a Dios, quise ser como Dios»[12]. Es decir, endiosarme, ser feliz, libre de todo, saboreándome en la libertad e independencia de mi persona.

De aquí se concluye la importancia que tiene la humildad en la espiritualidad cristiana, hasta identificarla con la perfección: *Ipsa est perfectio nostra humilitas*[13]. El humilde es el perfecto cristiano.

3. Cristo, el Doctor de la humildad

La doctrina de la humildad en San Agustín se alimenta de dos fuentes; por una parte, de la experiencia viva y reflexión sobre la miseria humana, que no tiene fondo; por otra, del conocimiento del Verbo encarnado, quien trajo del cielo esta virtud, que es específicamente cristiana. La desconocían los paganos, a quienes daba en rostro la humildad de un Dios hecho carne: «Es la humildad la que desagrada a los paganos. Por eso nos insultan, diciendo: '¿Qué linaje de Dios es ese a quien adoráis nacido? ¿Qué es eso de adorar a un Dios crucificado?' La humildad de Cristo míranla de reojo los paganos; pero tú, cristiano, imítala, si te place»[14].

También para los judíos fue piedra de escándalo, porque esperaban un Mesías glorioso. La humildad es hija del cielo: «En ningún libro de extraños se halla la humildad; ella viene de Cristo; de Aquel que, siendo tan alto, se hizo tan bajito con nosotros[15]. El vino a sanar la grande hinchazón de nuestro orgullo, que nos cerraba el paraíso. Como los grandes oradores, al dirigirse

[8] *Conf.* II 6.
[9] *Enarrat. in ps.* 70,6: PL 36,895.—*De civ. Dei* XIX 12,2 (PL 41,639): «Sic superbi perverse imitatur Deum».
[10] *Sermo* 188,3 (PL 38,1004): «Tu cum esses homo, Deus esse voluisti ut perires Ille cum esset Deus, homo esse voluit, ut quod perierat inveniret».
[11] *Epist.* 137,12 (PL 33,521): «Homines plerique divinitatis avidi».—*De vera reli* 45,84 (PL 34,160): «Habet ergo et superbia quemdam appetitum unitatis et omnipote tiae, sed in rerum temporalium principatu».
[12] *Enarrat. in ps.* 24,2 (PL 36,184): «Deserto Deo, sicut Deus esse volui».
[13] *Enarrat. in ps.* 130,14: PL 37,1714.
[14] *Enarrat. in ps.* 95,15: PL 37,1203-1204.
[15] *Enarrat. in ps.* 31 II 18: PL 36,270.

a sus hijitos pequeños, humillan y abaten la grandilocuencia de su discurso y se ponen a balbucear las palabras, haciéndose infantiles con los niños, así el Verbo de Dios, la Palabra de la infinita sabiduría, se hizo carne, balbuceo infantil para la infancia humana. El es, por sus palabras y obras, el Doctor de la humildad» [16].

San Agustín meditó mucho sobre la humillación del Verbo hecho hombre. He aquí el resumen de su meditación cristológica en este punto: Cabeza de todas las enfermedades es la soberbia, porque ella es el principio de todos los pecados. El médico, cuando acomete una enfermedad, pero sin ir a su causa o raíz, cura temporalmente, mas la enfermedad reaparece. Por ejemplo, se le cubre a uno el cuerpo de erupciones de granos o de úlceras, con fiebre y no poco dolor; aplica algún remedio para combatir el sarpullido o calmar el ardor de las llagas y se ve que le hace bien. El que poco antes parecía un sarnoso, está limpio y sano; pero no se fue a la raíz del mal, y la dolencia vuelve. Cae en la cuenta el médico, y entonces purga el humor, y quitada la causa no se repite el mal [17].

»¿De dónde viene la iniquidad? De la soberbia. Cura, pues, la soberbia, y desaparecerá toda maldad. Y para quitar de cuajo la causa de todos nuestros males y dolencias que es la soberbia, descendió y se hizo humilde el Hijo de Dios. ¡Oh hombre! ¿Cómo tienes cara para ensoberbecerte? Dios se hizo humilde por ti. Tal vez te tendrías a menos de imitar a un hombre humilde; pues por lo menos imita al Dios humilde. Se te manda, pues, que seas humilde, no que te degrades en bestia... Pues para enseñar la humildad dice: 'Humilde vine, a enseñar la humildad vine, Maestro de la humildad vine'» [18].

San Agustín ve en la encarnación un misterio de humildad que se predica del Hijo de Dios como un estado ontológico, como un modo de ser con una forma de existencia que no había tenido antes de humanarse, y al mismo tiempo como ejemplar y estimulante para todo hombre. El abatimiento de Cristo es una exaltación para los hombres, que ya desde entonces podemos imitar a un Dios. Hay un descenso y ascenso maravilloso en este grande misterio: «El nos enseñó el camino de la humildad bajando para subir, visitando a los que yacían en lo bajo y elevando a los que querían unirse a El» [19].

«¿De dónde viene la iniquidad? De la soberbia. Cura, pues, la soberbia, (1,14), y el de San Pablo a los filipenses (2,6-7), donde se habla del anonadamiento del Señor, alimentaron en este punto la reflexión del Obispo de Hipona. La encarnación no significa ninguna pérdida de atributos divinos en la persona de Cristo, sino una ocultación temporal de sus prerrogativas de gloria: «*El cual, siendo de naturaleza divina, no consideró como hurto el hacerse igual a Dios. ¿Qué significa que no consideró como hurto el igualarse a Dios?* No usurpó la igualdad de Dios, sino que estaba en la que tenía de nacimiento. *Y nosotros, ¿cómo llegaremos a la igualdad de Dios? Se anonadó a sí mismo,*

[16] MA I; GUELF., XXXII 567: «Venit sanare tumorem nostrum magnus Medicus».
[17] Cf. R. ARBESMANN, *Christ the Medicus humilis in Saint Augustine:* Augustinus Maister II 623-29 (Paris 1955).
[18] *In Io. ev. tr.* 26,16 (PL 35,1606): «... Magister humilitatis veni.»—*Enarrat. in ps.* 3,7 (PL 36,696): «Doctor autem humilitatis, particeps nostrae infirmitatis».
[19] MA I; GUELF., XXXII 566: «Humilitatis ille viam docuit; descendens ascensus, visitans eos qui in imo iacebant, et elevans eos qui sibi cohaerere volebant».

tomando forma de siervo (Flp 2,2-7). No se anonadó, pues, perdiendo lo que era, sino recibiendo lo que no era» [20].

La economía de la encarnación está expresada, paradójicamente, por conceptos de grandeza y humildad, de abatimiento y elevación: «El que era el excelso, hízose humilde para que los humildes se hicieran excelsos» [21].

En este aspecto, la humildad de Cristo se hizo la medianera de salvación: «Cristo se hizo mediador para con su humildad reconciliarnos con Dios a los que por soberbia nos habíamos alejado mucho» [22].

La humildad de la encarnación, como estado ontológico de Cristo, imprime un sello propio a todas las manifestaciones de su vida. La forma de siervo fue un principio habitual de actos humildes y salvíficos: «La soberbia humana fue ya vencida por la humilde encarnación de Cristo, por serle ésta totalmente contraria» [23]. Sin embargo de ello, Cristo multiplicó los actos y las virtudes para una victoria más plena. A la *humilitas carnis* hay que añadir la *humilitas passionis,* y a las dos la *humilitas mortis.* Su obediencia hasta la muerte de cruz le hizo bajar por todos estos escalones de humildad que ya pondera San Pablo (Flp 2,8): «Pues, cuando el Apóstol quiso encomendar su obediencia hasta la muerte, no le bastó decir: *Hecho obediente hasta la muerte,* pues no era una muerte cualquiera, sino añadió: *hasta la muerte de cruz.* Tan humilde se hizo, que llegó hasta la cruz, dejando para más tarde la manifestación de su potencia, pero dando a conocer su misericordia» [24].

En esto también se hizo Maestro de humildad: «Maestro de la humildad es Cristo, que se abatió hasta la muerte, y muerte de cruz. No perdió, pues, su divinidad cuando nos enseñó la humildad; por aquélla es igual al Padre; por ésta, semejante a nosotros» [25].

La humildad de Cristo nos trajo la purificación por su sangre, porque, de no ser humilde, no se hubiera entregado a la muerte, y muerte de cruz [26].

Por eso la cruz, que fue el instrumento de su ignominia, se hizo nave portadora de los hombres por el mar del siglo. A los filósofos del mundo se les ha escapado esta profunda sabiduría. La gloria de los platónicos estuvo en vislumbrar el ser divino, aunque de lejos; pero no les cupo en la cabeza la humildad de un Dios hecho carne y muerto en la cruz: «Aunque remotamente, pudieron ver lo que es; pero no quisieron reconocer la humildad de Cristo, que era la nave en que con seguridad pudieran llegar hasta lo que vieron de lejos; pero se les atravesó la cruz de Cristo. Hay que pasar el mar ¿y temes el leño? ¡Oh sabiduría soberbia! Te burlas de Cristo crucificado. El es el que vislumbraste de lejos: *En el principio era el Verbo, y el Verbo*

[20] *In Io. ev. tr.* 17,16: PL 35,1535.
[21] *In Io. ev. tr.* 21,7 (PL 35,1568): «Ipse enim excelsus qui humilis, ut nos humile faceret excelsos».
[22] *Epist.* 140,68: PL 33,568. En el mismo sentido, San Agustín, para quien la misión del Hijo de Dios se identifica con su humillación. *In Io. ev. tr.* 26,19 (PL 35,1615) «Missio quippe eius exinanitio suimetipsius est».
[23] *In Io. ev. tr.* 25,16: PL 35,1604.
[24] *In Io. ev. tr.* 36,4: PL 35,1664-65.
[25] *In Io. ev. tr.* 51,3: PL 35,1765.
[26] *In Io. ev. tr.* 119,4: PL 35,1952. Sobre este tema véase a J. L. Azcona, *La doctrina de la humildad en los «Tractatus in Ioannem»:* Augustinus 17 (1972) 65ss.

estaba en el seno de Dios. Mas ¿para qué fue crucificado? Porque el madero de su humildad te era a ti necesario... Pero tú que no puedes caminar por el mar como El, déjate llevar en la nave, déjate transportar en el madero. Cree en el crucificado y podrás llegar. Por ti fue crucificado, para enseñarte la humildad» [27]. No es la filosofía la que salva, sino la humilde sabiduría cristiana, que se abraza al madero de la cruz de Cristo. Sin duda, San Agustín alude a los platónicos de su tiempo, o anteriores, como Plotino y Porfirio.

4. La humildad y la interioridad cristiana

Cristo, como *Doctor de la humildad,* según se complace San Agustín en llamarlo, quiso que ella fuera el fundamento del ejercicio de la perfección cristiana. Sobre este aspecto hay un texto famoso que se ha repetido innumerables veces por los autores ascéticos, y es un comentario a las palabras de Cristo: *Aprended de mí, que soy manso y humilde de corazón:* «¿Tú quieres ser grande? Comienza desde abajo. ¿Quieres construir un palacio de mucha altura? Zanja primero el fundamento de la humildad. Y según sea la mole del edificio que se pretende y se dispone a levantar, cuanto más alto sea el edificio, tanto más profundos cimientos se labran. Así el palacio grande va subiendo a lo alto mientras se edifica; pero el que cava los cimientos desciende hasta abajo. Luego el edificio, antes de erguirse, se abate, y después de haberse humillado alcanza la elevación de su frontón» [28].

¿Qué significa esta metáfora o alegoría? Lo profundo califica, en primer lugar, al conocimiento. Y se ha visto cómo la humildad anda hermanada con el conocimiento de sí mismo, con la verdad del ser humano sondeado sin halagos y medido en su propia indigencia y menesterosidad. Los cimientos de la humildad los zanja el propio conocimiento: «A ti no se te manda: 'Sé menos de lo que eres'; sino: 'Conoce lo que eres'; conócete flaco, conócete hombre, conócete pecador; conoce que El es quien justifica, conoce que estás mancillado. Aparezca en tu confesión la mancha de tu corazón, y pertenecerás al rebaño de Cristo» [29].

Esta es la ciencia de la humildad, «que es la grande ciencia del hombre: saber que él por sí mismo es nada y que todo cuanto es le viene de Dios y es de Dios» [30].

Pero no sólo en el cimiento, sino también en la fábrica del edificio, tiene mucha parte la humildad: «A todos nos gusta la altura, la elevación, pues la humildad es la escala para ello» [31]. Las virtudes que llamaríamos *elevadoras,* como la oración, se fundan en la humildad y son parte muy activa en el desarrollo de la vida cristiana.

Lo mismo digamos de la interioridad. Así como la soberbia exterioriza

[27] *In Io. ev. tr.* 2,4: PL 35,1390-91.
[28] *Sermo* 69,2: PL 38,441.
[29] *Sermo* 137,4: PL 48,756. El Santo alude a la marca de pegunte, que ostentan las ovejas como signo de pertenencia a un dueño. También la humildad de la confesión de la culpa, que es la mancha del alma, es la señal de la pertenencia al rebaño de Cristo.
[30] *Enarrat. in ps.* 70,1 (PL 36,874): «Haec est ergo tota scientia magna, scire hominem quia ipse per se nihil est, et quoniam quidquid est a Deo est et propter Deum est».
[31] *Sermo* 96,3 (PL 38,856): «Omnes delectat celsitudo, sed humilitas gradus est».

y significa despilfarro de los tesoros íntimos, la humildad protege, ayuda y enriquece la vida interior. Tanto la soberbia como la sensualidad arrojan la casa por la ventana, mientras la humildad la llena de alhajas y riquezas divinas, que dan anchura y profundidad al espíritu. La parábola del hijo pródigo la repiten los hombres cada día. En un sentido íntimo, la herencia que despilfarró está formada de las facultades interiores y de las virtudes: «La sustancia que recibió del padre es la mente, el entendimiento, la memoria, el ingenio y todo lo que Dios nos otorgó para conocer y amar a Dios»[32]. Las riquezas verdaderas se poseen con la memoria, la inteligencia y la voluntad, en las cuales se actúa y brilla la imagen de Dios. La tragedia del hijo pródigo consistió en apartarse del padre y disipar el patrimonio fuera de la casa.

«Apartóse de él y no permaneció en sí; por eso es arrojado de sí y se desploma en las cosas exteriores. Ama el mundo, le cautivan las realidades temporales, se le va el corazón en pos de lo terreno... Arrojado de sí mismo, en cierto modo se perdió, sin saber estimar el valor de sus actos y justificando sus desatinos. Lo llevan y traen los vientos de la soberbia, lujuria, honores, ambición de mando, riquezas, tentaciones de la vanidad»[33].

Al contrario de la soberbia, que esquilma el espíritu y lo agota y fatiga en las vanidades y naderías, la humildad lleva hacia dentro, hacia los valores espirituales y eternos, que sólo enriquecen al hombre. Cristo, mediante la humildad, frena toda disipación grave en lo exterior: «El que viene a mí queda incorporado en mí, el que viene a mí se hace humilde; quien se me une será humilde, porque no hace su voluntad, sino la de Dios; por eso no será arrojado fuera, como, cuando era soberbio, fue lanzado a las cosas externas»[34]. El ser arrojado fuera es perder toda verdadera interioridad. Por eso la humildad convierte el alma en morada de Dios y tesorera de nuevas riquezas: «¡Tan grande sois, Señor, y ponéis vuestra morada en los humildes de corazón!»[35]

Consecuencia de ello es el trato de intimidad y contacto con Dios, que se deja tocar de los humildes: «Alto es Dios, y se deja tocar de los humildes»[36]. Este tacto afectivo, lleno de confianza filial en Dios, es una de las metas más deseadas de la espiritualidad. Los toques a Dios constituyen también en la mística un fenómeno especial. Y San Agustín repite: *Deus humilitate contingitur*[37].

Cristo es el verdadero creador de la interioridad. Comentando las palabras del mismo: *Al que viene a mí no lo arrojaré fuera* (Jn 6,37), explica la naturaleza de la interioridad cristiana, contraponiendo la obra de la soberbia y de la humildad: «Dice el Eclesiástico: *Porque en su vida echó fuera sus cosas íntimas*[38]. ¿Qué significa *echó fuera* sino arrojó? Esto es lanzarse fuera. Pues

[32] MA I; CAILLAU et S. YVES, II 256: «Substantia a Patre accepta mens, intellectus memoria, ingenium, et quidquid nobis Deus ad se intelligendum et colendum dedit».
[33] MA I; WILMART, XI 697.
[34] *In Io. ev. tr.* 26,16: PL 35,1604.
[35] *Conf.* XI 31: «O quam excelsus es, et humiles corde sunt domus tua!»
[36] *Enarrat. in ps.* 74,2 (PL 36,948): «Altus est Deus et ab humilibus contingitur»
[37] *Sermo* 351,1: PL 38,1536.
[38] Damos aquí la traducción del texto usado por San Agustín: *Proiecit intima sua* donde se alude a los bienes interiores derrochados. La traducción actual dice: «¿D qué te ensoberbeces, polvo y ceniza? Ya en vida vomitas las entrañas» (Eclo 10,9, vers de Nácar-Colunga de la BAC).

entrar adentro es desear las cosas íntimas; arrojar las cosas íntimas es salir afuera. El soberbio arroja las cosas íntimas, el humilde las apetece. Si con la soberbia somos arrojados fuera, con la humildad volvemos adentro»[39]. Esta interioridad que origina la humildad incluye como su mejor tesoro lo que llama también *magnum penetrale, dulce secretum:* «El refugio ancho, el secreto dulce, donde no hay tedio, ni amargura de malos pensamientos, ni molestias de tentaciones y dolores»[40]. Es decir, las cosas íntimas que apetece y trae la humildad son la presencia de Dios, más íntimo que todo lo íntimo; la gracia de su amistad, la ocupación de las facultades en lo eterno, el gozo interior... En resumen, donde está la humildad, allí está Cristo: *Ubi humilitas, ibi Christus*[41]. O empleando otra imagen: donde está Cristo, allí está el vergel; donde está la soberbia, allí está el desierto.

Por la soberbia y humildad explica San Agustín la reprobación de los judíos y la vocación de los gentiles. En un tiempo lució el pueblo de Israel como el jardín de Dios, fertilizado con tantas aguas de milagros, profecías y revelaciones, mientras el paganismo era el desierto escuálido y salitroso. Con la venida de Cristo se trocaron los papeles: el jardín se mudó en desierto y el desierto floreció en jardín: «Oíd estas dos cosas, cómo Dios resiste a los soberbios y da gracia a los humildes. *Convirtió los ríos en desierto.* Corrían allí (en el pueblo hebreo) las aguas, pasaban las profecías; busca ahora aquello; no hay nada. Convirtió los ríos en desierto, y los manantiales en secano. ¿Buscas sacerdote? No lo hay. ¿Buscas sacrificio? No lo hay. ¿Buscas el templo? No lo tiene. ¿Por qué? Porque *convirtió los ríos en desierto, y en sed los manantiales, y en salitre la tierra fértil.* ¿Cuál fue la causa? La malicia de sus habitantes; he aquí cómo Dios resiste a los soberbios. Veamos ahora cómo da la gracia a los humildes. Convirtió el yermo en remanso de aguas, y el salitral en arroyos vivos. Y allí puso moradores que tenían hambre. Porque a El se dijo: *Tú eres sacerdote eterno según el orden de Melquisedec.* No hay sacrificio eterno entre los judíos y se celebra por todo el mundo en la Iglesia. Y se alaba el nombre de Dios desde el orto hasta el ocaso del sol. Donde todo fueron sacrificios inmundos cuando eran desierto, cuando eran tierra escuálida, cuando eran salinas los gentiles, abundan ahora fuentes, ríos, estanques y manantiales de aguas vivas. Luego Dios resiste a los soberbios y da la gracia a los humildes»[42]. He aquí la obra del orgullo: el desierto; he aquí la obra de la humildad: el jardín de Dios. Todas las gracias y virtudes—fe, esperanza, caridad, oración, fortaleza, castidad, etc.—crecen en torno a la humildad, mientras la soberbia cría miseria, porque grande miseria es el hombre soberbio[43].

---

[39] *In Io. ev. tr.* 25,15 (PL 35,1604): «Etenim intrare intro appetere intima; proiicere intima, foras exire. Intima proiicit superbus, intima appetit humilis. Si superbia eiicimur, humilitate regredimur».
[40] Ibid., 14: PL 35,1603.
[41] *In Epist. Io., Prol.:* PL 35,1977-78.
[42] *Enarrat. in ps.* 106,13: PL 37,1426-27.
[43] *De catech. rud.,* IV 8 (PL 40,316): «Magna est enim miseria superbus homo; sed maior misericordia humilis Deus».

5. La humildad y la perfección cristiana

No es extraño, pues, que San Agustín llegue a identificar la perfección cristiana con la humildad [44].

Los dones más altos de la contemplación escóndelos Dios para los pobres de espíritu, porque en ellos no sufre ninguna mengua la gloria del bienhechor. Ni la aspiración a las alturas halla frenos en la verdadera humildad. San Agustín combate la falsa humildad de los que renuncian a la sabiduría por evitar las tentaciones del orgullo: «Cuando se les exhorta a mantenerse en humildad, rehuyen de pasar adelante, creyendo que con la instrucción se volverán soberbios, y así sólo se quedan en los rudimentos de la leche.

A estos tales reprende la Escritura cuando dice: *Os habéis vuelto tales, que necesitáis tomar leche, no alimento sólido* (Heb 5,12). Ciertamente, Dios quiere que nos alimentemos de leche; pero no para que sigamos siendo siempre niños de teta, sino para que, robustecidos con la leche, pasemos a manjares fuertes» [45].

Es decir, la verdadera humildad debe impulsar al crecimiento espiritual, a la posesión de los grandes dones de Dios. Una humildad que retrocede ante el ruego del amor que nos llama así, no sería virtud, sino pusilanimidad, y cobardía, y desacato contra «aquella regla de derecho divino según la cual todo el que se exalta será abatido, y todo el que se humilla, ensalzado» [46]. Un buen retrato de estas almas humildes, dotadas de altos dones contemplativos, nos lo muestra María Magdalena sentada a los pies del divino Maestro: «Sentada estaba ella a los pies de nuestra Cabeza. Y cuanto más humildemente estaba sentada, comprendía mejor su doctrina. Porque el agua se recoge en la humildad del valle y se escurre de los tumores de los collados» [47].

Tal es la economía divina en el reparto de los divinos favores: «Sé humilde para evitar la soberbia, pero vuela alto por la región de la sabiduría» [48].

Con esta valoración de la humildad cristiana se comprende la respuesta que dio a Dióscoro, muy ocupado y curioso en cuestiones literarias y gramaticales: «Quisiera yo, querido Dióscoro, que te sometieras a este Verbo encarnado con toda piedad, sin labrar otro camino para buscar y hallar la verdad que el que ha sido trazado por El, que, como Dios, conoce nuestros pasos vacilantes. Y te digo que el primer camino es la humildad, y el segundo, la humildad, y el tercero, la humildad; y cuantas veces me preguntares, te repetiré lo mismo; y no porque no haya otros preceptos que se pueden enunciar, sino porque, si la humildad no precede y sigue a cuanto hacemos, poniéndola delante para que la miremos, y junto a nosotros para que nos unamos a ella, y sobre nosotros para que nos sirva de freno; si hacemos algo bueno en que prenda nuestra vana complacencia, todo se lo lleva el orgullo. Pues si son temibles los vicios

---

[44] *Enarrat. in ps.* 130,14: PL 37,1714: «Ipsa est perfectio nostra, humilitas».
[45] Ibid., 12: PL 37,1712.
[46] *Enarrat. in ps.* 31,11: PL 36,266.
[47] *Sermo* 104,5: PL 38,617: «Quanto humilius sedebat, tanto amplius capiebat. Confluit enim aqua ad humilitatem convallis, denatat de tumoribus collis».
[48] *Enarrat. in ps.* 130,12 (PL 37,1713): «Humilis esto propter superbiam; altus esto propter sapientiam».

en los demás pecados, en las buenas obras hay que andar alerta contra el orgullo para no perder el mérito de las acciones bien hechas.

Por eso, como el otro famosísimo orador (Demóstenes) a quien le preguntaron cuál era la primera regla de la elocuencia, respondió: «La dicción»; y como se le preguntara después cuál era la segunda, respondió: «La dicción»; e, insistiendo todavía cuál era la tercera, respondió: «La dicción»; de la misma manera, si me preguntas acerca de los preceptos de la religión cristiana, no responderé sino: «La humildad», aunque también fuera necesario mencionar otras cosas [49]. También este texto es clásico en la ascética de la humildad.

Cristo, Pan de vida

1. El hambre interior

Sin duda, una vía de acceso a Cristo es la gran metáfora del pan, de múltiples aspectos, como se verá en este capítulo. Y correlativo al pan es el hambre, que fatiga a todos los espíritus por muy llenos de víveres que tengan sus almacenes. San Agustín define su primera época de búsqueda de Dios como un tiempo de hambre: «Tenía dentro hambre de un alimento interior» [1] Y toda la región en que se movió buscando alimentos era un país escuálido de miseria, *regio egestatis,* como lo define en sus *Confesiones* [2]. Así se comprende el movilismo de su espíritu errante, que en ninguna parte podía instalar su corazón.

En su profundo sentido, esta hambre se refiere a las primeras necesidades espirituales, cuales son la verdad, la vida, el bien, la santidad: «Con la comida y bebida apetecen los hombres quitar el hambre y la sed; pero en realidad eso sólo lo consigue este pan y bebida, que hace a los que lo toman inmortales e incorruptibles; es decir, la misma sociedad de los santos, donde habrá paz y unidad plena y perfecta» [3]. Mas para llegar a esta última han de preceder otras formas de posesión.

Ya se ha repetido aquí varias veces que en el año 386, residiendo en Milán, Agustín comenzó una nueva experiencia, que podría calificarse como el *descubrimiento del pan interior;* entonces comenzó a pensar que el verdadero ser no está en lo exterior, sino reside en lo íntimo, porque allí está la verdad que coincide con Dios. Entonces descubrió el mundo interior; pero no como un hueco, sino como morada de la verdad, más íntima a nosotros que nuestra misma intimidad. Y la verdad interior le habló en estos términos: «Manjar soy de personas mayores; crece y me comerás, y no me mudarás tú en mí, como lo haces con la comida de tu cuerpo, sino tú te transformarás en mí» [4]. La verdad se le mostró como un manjar interior que tenía la facultad de cambiarle. El quería precisamente transformar su espíritu, hacerlo más rollizo, más firme, más intuitivo o contemplativo de la verdad.

---

[49] *Epist.* 118,22: PL 32,442.
[1] *Conf.* III 1: «Quoniam fames mihi intus erat ab interiori cibo, te ipso, Deus meus».
[2] Ibid.
[3] *In Io. ev. tr.* 26,17: PL 35,1613.
[4] *Conf.* VII 10.

Esta intuición de entonces la mantendrá siempre San Agustín: «Es la Verdad sin cambio ninguno. La Verdad es Pan; da sustento a las almas, sin menguarse; renueva al que lo come; ella no sufre transformación»[5]. Ella misma es el Verbo, Dios en el seno de Dios, el Hijo unigénito. Esta verdad se vistió de carne por nosotros para nacer de una virgen y cumplirse la profecía: *La Verdad salió de la tierra* (Sal 84,14)».

Aquí se condensa toda esta bromatología espiritual de la experiencia en San Agustín, porque aquel manjar que se le descubrió en el año 386 lo identificó con Dios, con el Verbo, que se hizo carne y moró entre nosotros. El hambre interior no se satisface sino con el mismo Dios: «Dios mismo es el Pan. Y el Pan, para hacerse leche, descendió a la tierra y dijo a los suyos: *Yo soy el Pan vivo que he bajado del cielo* (Jn 6,41)»[6]. Junta San Agustín aquí dos grandes metáforas cristológicas: el pan y la leche. Ya se ha hablado del misterio de la conversión del Pan en leche suave, muy digerible y sano para los pequeños.

Dios es el Pan de los ángeles y de los hombres, alimento eterno, santificador y endiosador. El da saciedad a los ángeles y bienaventurados. Pero en su inmutable y eterno ser, Dios es un manjar fuerte para los hombres, débiles, carnales, siervos de los sentidos, pobres cachorrillos, para los cuales está muy alta la mesa de Dios. Por eso el Pan *bajó* del cielo hasta ponerse debajo de la gran mesa. Tal es el misterio de la humillación del Verbo.

«Dios se hizo hombre para que, siguiendo al hombre, cosa que puedes hacer, llegaras a Dios, cosa que no estaba a tu alcance. El es el Mediador; por eso se hizo suave. ¿Qué manjar más suave que el manjar de los ángeles? ¿Cómo no ha de ser suave Dios, cuando el hombre ha comido Pan de ángeles? (Sal 77,25).

Pues de lo mismo viven los ángeles que los hombres; su vida es la verdad, la sabiduría, la virtud de Dios. Sólo que tú no puedes gozar de ella como los ángeles. Porque ellos lo ven tal como es: *En el principio era el Verbo, y Dios estaba en el seno de Dios, y Dios era el Verbo...* Pero tú, ¿cómo te llegas a El? *Porque el Verbo se hizo carne y habitó entre nosotros* (Jn 1,3.14). Pues para que el hombre comiera el Pan de los ángeles, el Creador de los ángeles se hizo hombre»[7].

Verdad, sabiduría, justicia, son los grandes nombres de las eternas aspiraciones humanas, o de las hambres humanas, que se sacian comiendo el Pan de Cristo, el cual satisface las más limpias aspiraciones del corazón humano que en El encuentran su llenura y descanso.

---

[5] *In Io. ev. tr.* 41,1 (PL 35,1692): «Veritas panis est; mentes reficit, nec deficit; mutat vescentem, non ipsa in vescentem mutatur».
[6] *Enarrat. in ps.* 131,24: PL 37,1726.
[7] *Enarrat. in ps.* 134,5 (PL 37,1741-42): «... Ut enim panem Angelorum manducaret homo, Creator Angelorum factus est homo».

2. El pan y la palabra

Verbo, luz, pan, palabra, son metáforas que nos enlazan con el misterio de Dios: «Si no fuera pan el Verbo de Dios, por quien fueron hechas todas las cosas, El no diría: *Yo soy el Pan vivo que he bajado del cielo* (Jn 6,41)» [8]. Como Pan vivo, el Verbo de Dios es también palabra vivificante, porque da vida al espíritu. El seno materno del espíritu es la palabra. Los animales carecen de ella, porque no son seres espirituales. El espíritu nace y se hace con la palabra. Los niños se despiertan y avivan el seso en la medida en que se hacen capaces de expresiones verbales. Por aquí subimos al Verbo como fuente del ser y de los espíritus, que se encienden en su luz eterna. Por la Palabra fueron hechas todas las cosas, sobre todo las que pueden expresarse con palabras.

Los medievales decían: *Solum verbogeniti verbum habent.* Los que son engendrados por la palabra tienen palabra, lenguaje de razón: «Habló el Verbo, hablemos también nosotros. El porque es la Palabra, nosotros porque venimos de la Palabra. Pues de alguna manera nosotros procedemos de la Palabra, porque fuimos hechos a semejanza del Verbo por el mismo Verbo. En la medida, pues, en que lo entendemos, en la medida en que somos partícipes de su ser inefable, hablemos también nosotros» [9].

Esta capacidad expresiva del espíritu que es la vivificación por el Verbo logra su mayor perfección cuando se hace capaz de hablar de Dios y entenderlo de algún modo. Y también aquí el Verbo hecho carne nos ha traído este privilegio: «Porque Cristo se hizo tal con su nacimiento y pasión, que los hombres pudieran hablar de Dios, ya que de un hombre fácilmente habla otro hombre. Pero de Dios, ¿cuándo habla el hombre como es El?» [10] Por la gracia de Cristo podemos hablar los hombres palabras divinas, porque El nos habló de las cosas inefables con idioma humano, «pues no hubiera sido liberado el género humano si el lenguaje de Dios no se hubiera hecho humano» [11].

Aquí se toca uno de los aspectos profundos de la humillación de la Palabra de Dios, que no sólo se hizo carne pasible y débil, sino también discurso humanísimo para acomodarse a la flaqueza mental de los hombres. El misterio del ser divino condescendió hasta dejarse expresar y apresar con las palabras más vulgares. ¿No es un misterio de humildad que Cristo haya querido presentarse bajo la figura de la gallina que quiere recoger sus pollitos y mantenerlos unidos bajo el amparo de sus alas? Compararse con una gallina es una figura de la ternura de Dios, pero una figura humildísima con que ha querido acomodarse con nuestra escasa comprensión y afasia espiritual.

Mas, gracias a esta humillación de la Palabra divina o a «esta humildad de la fe histórica que temporalmente se ha realizado, los que están bien nutridos y robustos se yerguen hasta la sublime inteligencia de las verdades eternas» [12]. Y así topamos siempre, en estos caminos de la vida espiritual, con

[8] *Enarrat. in ps.* 90,6: PL 37,1165.
[9] *Sermo* 126,7: PL 38,701.
[10] *Enarrat. in ps.* 119,2: PL 37,1598.
[11] *Sermo* 174,1 (PL 38,940): «Non liberaretur humanum genus, nisi sermo Dei dignaetur esse humanus». [12] *Enarrat. in ps.* 8,8: PL 36,112.

la dialéctica del descenso y del ascenso, del movimiento de lo humano a lo divino, de lo visible a lo invisible, de lo temporal a lo eterno, en alas de la palabra de Dios que resuena en este espacio vivo del espíritu. Es la doble alimentación láctea y sobresubstancial del Pan, o de la ciencia y sabiduría, que abarcan el conjunto de las realidades temporales y eternas que se cifran en Cristo: «Porque San Juan Evangelista comienza así el evangelio: *En el principio era el Verbo, y el Verbo reposaba en el seno de Dios, y Dios era el Verbo... Y el Verbo se hizo carne*»... En la primera parte dice que el Verbo es eterno, inmutable y que nos beatifica con su contemplación. Y en la segunda aparece lo eterno trabado con lo temporal. Por eso algunas de esas verdades pertenecen a la ciencia, y otras a la sabiduría» [13]. Son otra vez la leche y pan de nuestro régimen alimenticio.

Por eso se ha de notar aquí una especie de humildad de la revelación del estilo bíblico, con que se nos da la verdad de Dios en la palabra de los hombres, y es indicio de humildad, pues abre los secretos de la revelación divina o de la «sabiduría, que es el manjar invariable de las almas» [14]. Cristo se nos da como alimento nutricio en todas las revelaciones y formas de la palabra de Dios, «porque su corazón es la Escritura, es decir, la sabiduría divina que está en la Escritura» [15]. Ese corazón quedó patente con la muerte, pasión y resurrección del Señor, porque entonces toda la Biblia quedó iluminada por su luz y las almas que siguen a Cristo recibieron la llave para entrar en la profundidad de sus secretos.

San Agustín no se cansa de ponderar la profundidad de la palabra divina, que nos lleva a los misterios de Dios. «Es tal la profundidad de las divinas letras, que, aun cuando yo me hubiera dedicado a escudriñarlas, desde mi infancia hasta la decrepitud, siempre en pleno ocio, con el máximo afán y con grandísimo ingenio, no hubiera progresado de día en día; y no es que ofrezcan particular dificultad las verdades necesarias para nuestra salvación; mas, cuando uno se dedica a ellas con la fe que es necesaria para vivir piadosa y rectamente, a los que quieren avanzar en la inteligencia se presentan tantas cosas y tan sombreadas por multitud de misterios, y se esconde tal profundidad de sabiduría no sólo en las palabras con que se han dicho, sino también en las cosas que se han de entender, que, aun los avanzados en años y agudos y deseosos de aprender, les ocurre lo que dice la misma Escritura: *El hombre, cuando termina, entonces comienza*» [16].

Esta humilde confesión hace San Agustín a su amigo Volusiano para desacreditar un elogio desmesurado que le había hecho de su sabiduría. Por eso la Escritura fue para San Agustín objeto de asiduas exploraciones y causa de muchas y de muy castas delicias.

Juntamente con el sustento material de cada día, ella nos suministra el sustento diario de nuestra alma: «Hay un pan de cada día que piden los hijo

[13] *De Trin.* XIII 1: PL 42,1013.
[14] *Contra adver. leg. et prophet.* I 15,26 (PL 42,616): «Ipsa Sapientia beatarum cibu immutabilis animarum».
[15] *Enarrat. in ps.* 21 sermo 2,15 (PL 36,175): «Cor ipsius Scriptura ipsius, id es Sapientia ipsius quae erat in Scripturis».
[16] *Epist.* 137,3: PL 33,516.

de Dios. Es la palabra divina que todos los días se nos reparte a nosotros...
Pues el manjar nuestro de cada día en la tierra es la doctrina de Dios que
diariamente se da en la Iglesia» [17].

Se comprende cómo en la espiritualidad cristiana tiene tanta parte la meditación de la palabra de Dios, que sustenta y engruesa las almas; y sin ella
se enflaquecen y desmedran, como ovejas sin pastos, muriendo al fin de hambre. En los dos Testamentos hay dos formas de sustento, las que hemos mencionado: leche y pan para las dos clases de fieles, unos principiantes y débiles, y otros más gordos y adelantados, como era el mismo San Agustín:
«Pero de tal modo quiere Dios que nos sustentemos de leche, que no siempre seamos mamantes, sino que, robustecidos por la leche, lleguemos a los
manjares fuertes» [18].

Pero estos manjares, en su doble forma, se reducen siempre a Cristo en
su ser humano y divino. Los párvulos andan con El sobre la tierra, contem-
plándole en sus misterios y manifestaciones temporales: nacimiento, circun-
cisión, infancia, vida oculta, milagros, doctrina..., mientras los robustos se
agarran al manto de su ascensión para subir a contemplar la excelencia de
su majestad.

3. El pan de la eucaristía

San Agustín en su catequesis no separaba los tres alimentos o panes que
eran necesarios al hombre viador: el *pan material,* sustento del cuerpo; el
Pan de la verdad o de la Palabra de Dios, que se contiene en los dos Testamentos y en la predicación de la Iglesia, y el *Pan eucarístico,* que resume
y supera las excelencias y eficacia de los dos manjares anteriores. Cristo en
su vida terrena se hizo todo; sustentó a las multitudes famélicas con el pan
multiplicado en el desierto, tomando pie de ahí para elevarles a otros alimentos, como el de fe en su palabra y el de su cuerpo en el sacrificio de la
cruz y de los altares. En sus designios estuvo encerrado todo; para que el
Pan de los ángeles lo comiese el hombre, el Pan de los ángeles se hizo hombre. Pues, si no se hubiera hecho hombre, no podríamos alimentarnos de su
carne; y, si no tuviéramos su carne, no comeríamos el Pan del altar [19].

La suavidad de Dios y de Cristo se ha hecho altísimo misterio de misericordia y de bondad en este sacramento. Al tratar de él, el realismo y el espiritualismo se enlazan constantemente en la predicación agustiniana. Y aún se
puede decir que el espiritualismo prevalece sobre el realismo, porque San Agustín parte de la fe de la Iglesia universal en el misterio de la presencia real
del Señor en las especies sacramentales. No separa él, pues, tres aspectos, a saber: la fe en el sacramento que se alimenta de la palabra de Dios, la comunión
eucarística o recepción del cuerpo de Cristo y la unión con el Cuerpo místico o Cristo total que es la Iglesia; de modo que toda unión con la Cabeza

---

[17] *Sermo* 56,10: PL 38,381.
[18] *Enarrat. in ps.* 130,12: PL 37,1712.
[19] *Sermo* 130,2 (PL 38,726): «... Si carnem ipsius non haberemus, Panem altaris non
comederemus».

debe llevar a la unión con el Cuerpo, y también toda unión de miembros—o ejercicio de la caridad—lleva a la Cabeza, que es el mismo Cristo [20].

Fundamento, pues, después de la encarnación de este misterio, es la realidad de Cristo vista o creída al través de las especies visibles: «Ese pan que veis en el altar, santificado por la palabra de Dios, es el cuerpo de Cristo. El cáliz, o, mejor dicho, lo que él contiene, santificado por la palabra de Dios, es la sangre de Cristo. Con estas cosas quiso el Señor recomendarnos su cuerpo y su sangre, que derramó para perdón de nuestros pecados. Si los recibís bien, vosotros sois lo mismo que recibís» [21].

Las palabras de la consagración obran el milagro de la conversión del pan y el vino en el cuerpo y sangre de Cristo. Explicando la misa en un domingo de Pascua, les decía: «Esto que veis, carísimos hermanos, en la mesa del Señor es pan y vino; pero este pan y vino, por mediación de la palabra, se hacen cuerpo y sangre del Verbo... Porque, si no se dicen las palabras, lo que hay es pan y vino; añade las palabras, y ya son otra cosa. ¿Y qué otra cosa son? El cuerpo de Cristo y la sangre de Cristo; suprime la palabra, y sólo es pan y vino; añade la palabra, y será hecho sacramento. Por eso decís *amén*. Decir *amén* es dar asentimiento a lo que se dice. *Amén* quiere decir, en latín, es verdad» [22].

Este realismo eucarístico identifica lo que hay y se recibe en el altar con la misma víctima de la cruz: «Cristo nuestro Señor, que ofreció en el sacrificio de su pasión lo que recibió de nosotros, hecho príncipe de los sacerdotes para siempre, dio el mandato de sacrificar lo que veis, su cuerpo y sangre. Pues, traspasado por la lanza, su cuerpo derramó agua y sangre, con que perdonó nuestros pecados... Por eso acercaos con temor y temblor a la participación de este altar. Reconoced en el pan lo mismo que estuvo pendiente en la cruz, reconoced en el cáliz lo que brotó de su costado. Porque todos aquellos antiguos sacrificios del pueblo de Dios con su múltiple variedad figuraban sólo a este que había de venir» [23].

San Agustín quería que el fruto de la eucaristía fuese la caridad, la unión de los miembros de Cristo. Su predicación eucarística miraba a este hito: que toda la Iglesia sea verdadero cuerpo unido en la fe, esperanza y caridad de Cristo: «Por eso Cristo quiso encomendarnos su cuerpo y sangre por medio de elementos que, siendo muchos, se reducen a la unidad de masa; porque de muchos granos está formada la masa única del pan y de muchos racimos y granos se forma la unidad del vino» [24].

He aquí la lección suprema del sacrificio eucarístico: la unión de la comu-

---

[20] Cf. María Comeau, *Le Christ, chemin et terme de l'ascension spirituelle d'après S. Augustin:* Recherches des Science Religieuse 40 (1952) 87.

[21] *Sermo* 237 (PL 38,1099): «Panis ille quem videtis in altari, sanctificatus per verbum Dei, corpus est Christi. Calix ille, imo quod habet, sanctificatum per verbum Christi, sanguis est Christi».

[22] Denis, VI; MA I 29-31.

[23] Denis, III; MA I 19: «Hoc agnoscite in pane, quod pependit in cruce; hoc in calice quod manavit ex latere».

[24] *In Io. ev. tr.* 26,17: PL 35,1614. Desde la era apostólica, éste era un lugar común en la catequesis eucarística.

nidad cristiana. Sin unión y unidad de granos de trigo, no hay pan; sin unión de corazones en la fe, esperanza y caridad de Cristo, no hay verdaderamente eucaristía.

4. Espiritualidad eucarística

San Agustín en su predicación sobre el evangelio de San Juan resume la espiritualidad cristiana en la eucaristía. El ha puesto los cimientos para la doctrina de la comunión espiritual, que es un hambre interior del Pan vivo. El que cree en este Pan y tiene hambre de El, está recibiendo continuamente el fruto de un alimento espiritual que le sostiene y perfecciona. «Porque este Pan requiere el hambre del hombre interior, según dice en otro lugar: *Felices los que tienen hambre y sed de justicia, porque ellos serán hartos* (Mt 5,6). Mas el Apóstol nos dice que Cristo es la justicia para nosotros (1 Cor 1,30)»[25].

El llamamiento hacia el hombre interior indica bien lo que significa la comunión con Cristo, que es nuestra justicia, nuestra verdad, nuestra beatitud, nuestra vida eterna[26]. El espíritu es llamado a esta participación con sus exigencias más puras. En otras palabras, el cristiano es llamado a la participación del Espíritu de Jesucristo por la comunión de su cuerpo y sangre. No hay que detenerse en la parte sensible del sacramento. La unión con los miembros—o la caridad cristiana—sólo puede lograrse por la unión con el Espíritu de Cristo: «¿Quieres, pues, tú vivir del Espíritu de Cristo? Permanece en el Cuerpo de Cristo. ¿Acaso mi cuerpo vive de tu espíritu? Mi cuerpo vive de mi espíritu, y el tuyo de tu espíritu. No puede vivir el Cuerpo de Cristo sino del Espíritu de Cristo. Por eso San Pablo, exponiendo el misterio de este Pan, dice: *Muchos somos un pan, un cuerpo* (1 Cor 10,17); ¡oh sacramento de piedad, oh signo de unidad, oh vínculo de caridad! El que quiera vivir tiene dónde y de qué ha de vivir. Acérquese, tenga fe, incorpórese para que sea vivificado. No tenga inquina con los demás miembros, no sea miembro estiomenado que merezca amputarse, no sea miembro tuerto que cause vergüenza; sea hermoso, sea adaptado, esté unido al cuerpo, viva de la vida de Dios en honor de Dios; ahora trabaje en el mundo para que después reine en el cielo»[27].

Hay aquí todo un programa de espiritualidad cristiana vinculado a la comunión eucarística con Cristo. El opera una transformación de los hombres que viven de su Espíritu dándoles la santidad de miembros suyos, todos tributarios a la vida divina que reciben del sacramento de su cuerpo y sangre. La moral de los miembros o las condiciones que deben poseer los cristianos para serlo de veras están bien expresadas en los calificativos que San Agustín acumula, y que son los calificativos que hacen fructuosa la comunión eucarística. Creer, acercarse, incorporarse y vivificarse; a esto se invita a los seguidores de Jesús. La comunión exige y realiza la preparación y perfección de los miembros para unirse provechosamente a la Cabeza y formar un Cuerpo hermoso y digno de tal.

[25] Ibid., 26,1: PL 35,1606-7.
[26] Ibid., 26,5: PL 35,1609.
[27] Ibid., 26,13 (PL 35,1606): «O sacramentums pietatis! o signum unitatis! o vinculum caritatis! »

Por eso San Agustín insiste tanto en el *manducare intus,* en la interioridad, aunque se trata de recibir un sacramento visible[28]. Es decir, volvemos otra vez al sentido robusto de *Christus Panis;* ha de irse a la substancia misma del manjar fuerte que es la divinidad con todas sus excelencias. He aquí el meollo sobresubstancial que se ha de tomar como manjar del alma; esto es lo que exige al miembro cristiano; viva de la vida de Dios para Dios. Vivir de Dios es asimilar la substancia de Dios, lo que alimenta y sacia, lo que quita las hambres de las cosas exteriores y transitorias. Vivir de Dios es vivir de la caridad, porque Dios es caridad, y así se alcanza la forma superior de vida a que puede aspirar el cristiano, vinculándonos a la Iglesia verdadera, es decir, incorporándonos al Cuerpo vivo que es El mismo en su integridad: «Pues por este manjar y bebida quiere se entienda la sociedad de su cuerpo y sus miembros, que es la Iglesia santa en los predestinados, en los llamados y glorificados, santos y fieles suyos»[29].

Estas palabras apuntan a una circunstancia grave de la Iglesia de su tiempo, dividida por el cisma, en que ambas partes, la donatista y la católica, recibían los mismos sacramentos, la misma eucaristía. De aquí la extrema cautela para recibir bien este sacramento, inseparable de la unión de caridad, que es a la vez condición previa y fruto, pues sólo quien vive en la caridad de los miembros puede acercarse a él, y una unión más íntima y viva ha de ser la consecuencia de toda comunión.

Por este aspecto se observa la naturaleza social y sociológica de la eucaristía en el concepto de San Agustín, y, por lo mismo, de toda espiritualidad, que es espiritualidad de miembros de Cristo vivificados por el Espíritu de Cristo en el cuerpo de Cristo.

Cristo, nuestro Médico

1. «No escondo mis heridas»

La situación del hombre caído sirvió de argumento a San Agustín contra los pelagianos para defender la necesidad de una gracia que cure en él los efectos causados por el pecado de origen. A esta gracia se llama medicinal. El mismo se presenta en sus *Confesiones* como un enfermo universal para expresar al género humano enfermo: «No escondo mis heridas; Vos sois e Médico, yo el enfermo»[1]. Y en otro lugar, comentando un salmo, dice: «A Vos me dirijo como enfermo, reconozco al Médico, no me lisonjeo de esta sano»[2]. Habla el Santo, y parece que asume la responsabilidad y los sentimientos del género humano, necesitado de un médico y de una curación de la heridas del espíritu.

---

[28] Ibid., 26,1: PL 35,1606.
[29] Ibid., 26,15 (PL 35,1614): «Hunc itaque cibum societatem vult intelligi corpor et membrorum suorum quod est sancta Ecclesia...»

[1] *Conf.* VIII 3: «Ecce vulnera mea non abscondo, medicus es, aeger sum; miserico es, miser sum».
[2] *Enarrat. in ps.* 42,7 (PL 36,482): «Aeger ad Te loquor, agnosco Medicum, non n iacto sanum».

En términos generales, he aquí cómo representa la situación humana: «Originariamente, la naturaleza humana fue creada inocente y sin ningún vicio; pero esta naturaleza del hombre con la que cada cual nace de Adán necesita un médico, porque no está sana, pues ciertamente todos los bienes que tiene en su formación—la vida, los sentidos, la mente—los tiene del sumo Dios, artífice y creador suyo. Mas el vicio, que estos bienes naturales enturbia y enflaquece para que se le ilustren y sanen, no le viene de su Artífice, inculpable, sino del pecado original, que cometió libremente»[3].

La idea de salvación y salvador descansa sobre este sentimiento de enfermedad.

El que niega al Salvador, niega la medicina de la salvación: «Quien ama al Salvador, confiesa que ha sido sanado»[4]. Cristo, que vino a sanar a dolientes, halló enfermos a todos; no con enfermedades corporales, sino con las del alma.

Nadie haga alarde de estar sano. «Yace en todo el orbe de la tierra el gran inválido. Para sanarle vino el Médico omnipotente. Se humilló hasta tomar carne mortal; como quien dice, bajó al lecho del enfermo para dar recetas de salvación, y los que las ponen en práctica se libran»[5].

El mismo calificativo de grandeza emplea San Agustín para designar al médico y al enfermo: *grande* enfermo, *grande* Médico. Como quien dice: grande miseria y mayor misericordia[6].

También le es familiar un verbo para significar la postración y el abatimiento del hombre: yacer. *Yacer* por estar echado, postrado en cama, tendido en el suelo, es el verbo de los epitafios sepulcrales, es decir, el verbo de los muertos y de los enfermos, y así lo aplica San Agustín a la naturaleza humana, caída, tendida en tierra, postrada en la impotencia para levantarse.

El concepto mismo de mediación implica un descenso o bajada del Médico celestial al lecho del enfermo: «*Porque uno es Dios, uno también el Mediador entre Dios y los hombres: el hombre Cristo Jesús* (1 Tim 2,5). Si no yacieras, no tendrías necesidad de mediador; pero como yaces y no puedes levantarte, Dios te extendió como brazo suyo al Mediador... Nadie, pues, diga: 'Como ya no estamos bajo la ley, sino bajo la gracia, pequemos, hagamos lo que nos dé la gana'. Quien dice esto, ama la enfermedad, no busca la salvación. La gracia es la medicina. El que quiere estar siempre enfermo, es ingrato a la medicina»[7].

---

[3] *De nat. et gratia* III 3 (PL 44,249): «Iam Medico indiget, quia sana non est».

[4] *Sermo* 69,6 (PL 38,871): «Qui diligit Salvatorem, confitetur se sanatum».

[5] *Sermo* 80,4 (PL 38,495): «Ad aegrotos venit Christus, omnes aegrotos invenit».

[6] *Sermo* 87,13 (PL 83,537): «Aegrotat genus humanum non morbis corporis, sed peccatis. Iacet toto orbe terrarum ab oriente usque ad occidentem grandis aegrotus. Humiliavit se usque ad mortalem carnem, tanquam usque ad lectum aegrotantis». El sentido del verbo *iacere* lo concreta con estas palabras: «Quid est autem aliud *iacere* nisi in terra quiescere, quod est in terrenis voluptatibus beatitudinem quaerere?» (*Enarrat. in ps. 5,5*: PL 36,84).

[7] *Sermo* 156,5 (PL 38,852): «Si non iaceres, Mediatorem necessarium non haberes. Quia vero iaces, et surgere non potes, Mediatorem quodam modo Deus tibi porrexit brachium suum... Gratia medicina est». Este sermón contra los pelagianos fue pronunciado en Cartago el día 17 de octubre del año 419, en la *Basilica Gratiani*. Cf. O. PERLER, o.c., 470.

La cual se inventó para extirpar el vicio y curar la naturaleza: «Vino el Salvador al género humano y a nadie halló sano. Por eso vino como excelente Médico»[8]. La gracia nos va dando la salud cuando quita los pecados, y los vicios van cediendo al esfuerzo y lucha contra ellos, pero con la ayuda de lo alto, porque el hombre pudo herirse y enfermar por sí mismo, pero no darse la salud, ni tiene en su mano el remedio de la dolencia[9].

La razón misma de la venida del Señor al mundo es la curación del género humano: «No fue otra la causa de venir el Señor sino la salvación de los pecadores. Quita las enfermedades, suprime las heridas, y no hay razón alguna para la medicina. Si del cielo vino el gran Médico, es porque yacía en todo el mundo el gran enfermo. El enfermo es el género humano»[10].

Aun el bautismo de los infantes, que son llevados por los padres para que los purifique la gracia de Cristo, indica su enfermedad hereditaria: «No hay ni un solo hombre procedente de Adán que no se halle enfermo, ninguno que no sea sanado sino por la gracia de Cristo. ¿Y qué haremos también de los párvulos, si están enfermos por Adán? También ellos son llevados a la iglesia; y, si no pueden ir por su pie, corren con pies ajenos en busca de curación. La madre Iglesia quiere que también ellos vengan con pies ajenos, que crean con el corazón de otros y confiesen la fe con la lengua de otros... Nadie os engañe con doctrinas extrañas. La Iglesia ha guardado y mantenido siempre esto; lo recibió de los antepasados y lo conserva hasta el fin fielmente. Porque no tienen necesidad de médico los sanos, sino los enfermos. ¿Qué necesidad tiene el infante de buscar a Cristo, si no está enfermo? Si está sano, ¿por qué los que le aman lo presentan al Médico? Si, cuando son llevados a la iglesia, se dice de ellos que no tienen ningún pecado de herencia y vienen a Cristo, ¿por qué en la iglesia no se les dice a los que los llevan: 'Quitad a estos inocentes de aquí; no tienen necesidad de médico los sanos, sino los enfermos; no vino Cristo a buscar a justos, sino a pecadores?' (Mt 9,12). Nunca se les habla así, ni se les hablará. Con mucho empeño se recomiendan a los obispos los bienes de los pupilos; pues ¿cuánto más la gracia de los párvulos?»[11]

¿En qué consiste esta enfermedad o enfermedades? En términos generales, San Agustín la define y califica por el pecado, el vicio, el alejamiento de Dios, que produce ceguera, debilidad, pérdida de vigor y energía: «Nuestra naturaleza no enferma sino por el pecado»[12].

Al enumerar las diversas enfermedades humanas, San Agustín tiene presentes las curaciones milagrosas de Cristo, médico omnipotente. Las almas están ciegas, paralíticas, tullidas, hidrópicas, leprosas, calenturientas, posesas de las pasiones, porque el espíritu del mal sujeta y domina a los hombres por las

---

[8] *Sermo* 155,10 (PL 38,846-47): «Medicina autem ideo inventa est ut pellatur vitium et sanetur natura. Venit ergo Salvator ad genus humanum, nullum sanum invenit, ideo magnus medicus venit».
[9] *Sermo* 278,3: PL 38,1269.
[10] *Sermo* 175,1 (PL 38,945): «Tolle morbos, tolle vulnera et nulla est causa medicinae. Si venit de caelo magnus medicus, magnus per totum orbem terrae iacebat aegrotus».
[11] *Sermo* 176,2: PL 38,950-51.
[12] *De agone christ.* X 11 (PL 40,297): «Fateantur naturam nostram non infirmari nisi peccando».

codicias desordenadas. El conoce las causas de las dolencias, y a cada una sabe aplicar el remedio conveniente. Como en su vida terrena, pasa ahora haciendo bien a todos, igual que pasó por el alma de San Agustín, tratando sus heridas con mano suavísima.

El bautismo, aun siendo una resurrección espiritual, borra la iniquidad, pero deja la enfermedad [13]. Enfermedad que hay que definirla como un enflaquecimiento y debilidad del amor, que debe sujetarse a la norma de estimar más lo que debe estimarse más, y menos lo que merece menos aprecio, porque pertenece a un orden inferior de ser. El amor excesivo a lo temporal quita bríos y aun impide el amor a las cosas superiores, y por eso se requiere también una cirugía temporal que guíe a los fieles a la salud, y se recomienda no por su naturaleza y excelencia, sino por el mismo orden temporal [14].

Los dos pesos del alma—a que se ha aludido anteriormente—tienen aquí su aplicación. Si la voluntad se inclina con exceso a las cosas terrenas, queda impedida de subir a las cosas celestiales.

Una muestra de este apegamiento excesivo a la criatura y no al Creador es lo que se llama la soberbia o apetito exagerado de la propia excelencia, y es la primera y más peligrosa enfermedad del espíritu humano.

La primera caída fue de soberbia, como se ha dicho ya, y de su raíz brotan todos los vicios: «Cabeza de todas las enfermedades es la soberbia, porque ella es la cabeza de todos los pecados... Sana la soberbia y no habrá injusticia» [15].

La compara frecuentemente con un tumor o hinchazón: «Vino a curar nuestra hinchazón el gran Médico» [16].

Llama igualmente herida a este vicio capital: «Por la soberbia caímos y llegamos a este valle de mortalidad. Y porque la soberbia nos había herido, la humildad nos hizo sanos. Vino Dios humilde para que nos curase de tan grande herida de la soberbia. Vino porque *el Verbo se hizo carne y habitó entre nosotros* (Jn 1,14)» [17].

De este vicio capital nos vino la otra grave enfermedad que se llama la concupiscencia, que es un apetito excesivo de los deleites sensibles que corta el vuelo a las cosas superiores: «Por eso nada hay tan flaco como nuestra alma, puesta en medio de las tentaciones del mundo, entre gemidos y partos de molestias; nada tan débil que no se abrace a la solidez de Dios y viva en el templo del Señor, donde es imposible caer» [18].

[13] MA I; GUELFERT, XXXIII 578: «In baptismo deletur iniquitas, sed manet infirmitas»...
[14] *De vera relig.* XIV 45: PL 34,141.
[15] *In Io. ev. tr.* 26,16 (PL 25,1604): «Caput omnium morborum superbia est, quia caput omnium peccatorum superbia. Cura superbiam et nulla erit iniquitas».
[16] MA I; GUELFERT, XXII 567: *Sermo* 123,1 (PL 38,684): «Unde sanaretur tumor superbiae, nisi Deus dignatus esset humilis fieri?».—*Enarrat. in ps.* 97,9 (PL 37,1257): «Ergo sunt montes boni, sunt montes mali; montes magni magnitudo spiritualis, montes mali tumor superbiae».—*De Trin.* VIII 8 (PL 42,957-58): «Quanto igitur saniores sumus a tumore superbiae, tanto sumus dilectione pleniores: et quo nisi Deo plenus est, qui plenus est dilectione?»
[17] *Enarrat. in ps.* 35,17 (PL 36,353): «Venit humilis Deus ut a tanto superbiae vulnere curaret hominem».
[18] *Enarrat. in ps.* 122,6: PL 37,1634.

2. El buen samaritano

El proceso de curación de nuestras enfermedades es lento y gradual. Aun desaparecida la causa de una enfermedad, quedan sus resabios: «Pues no es lo mismo despedir una calentura que quedar libre de toda debilidad que afecta al cuerpo; ni es lo mismo arrancar la flecha clavada en la carne que el cicatrizarse la herida abierta. De un modo semejante, viniendo al alma, lo primero es acabar con la causa de la enfermedad, lo cual se consigue con la remisión de los pecados; sigue después el curar la debilidad, lo cual se consigue gradualmente renovando la imagen del hombre interior [19].

En todo este proceso de sanación, Cristo es en realidad el médico sabio y omnipotente. El perdona los pecados, quitando la causa de las dolencias, y El cura lentamente la debilidad del alma con sus remedios. El da realidad perenne a la parábola del buen samaritano: «Nosotros yacíamos heridos en el camino, y, pasando el buen Samaritano por allí, se compadeció, nos curó las heridas, nos levantó y sentó en su carne; y después nos llevó al mesón de la Iglesia, poniéndonos al cuidado del hostelero, conviene a saber, de los apóstoles, entregándoles dos denarios—el amor de Dios y el de los hombres—, porque en ellos se resume la doctrina de la ley y los profetas» [20]. Con sus muchos milagros de curaciones corporales en su vida pública, quiso ganar nuestra fe y nuestra confianza en su poder y misericordia para que le entregásemos nuestras almas: «Quiso sanar las enfermedades del cuerpo para manifestarse como salvador de las almas, porque de cuerpos y almas es él creador. Creó las almas, creó los cuerpos, así como con sus curaciones corporales quiso animarnos a buscar la salud en El. Sanó a toda clase de enfermos para que las almas, atendiendo a lo que obraba en los cuerpos, deseasen para el espíritu lo que realizaba en lo externo. ¿Cuántas maravillas obró? Sanó del flujo de sangre, curó a leprosos, al paralítico; enfermedades del alma son todas éstas. Sanó al cojo y al ciego; cojea todo el que no va por el camino recto de la vida; ciego es quien no cree en Dios; flujo de sangre padece el lascivo, y cubierto de lepra se halla el mendaz y el inconstante. Aquí es necesaria la mano de Cristo, que curó tantas dolencias corporales para que las almas deseen y logren también la salud espiritual» [21].

Cristo no es un especialista, sino Médico omnipotente y completo. Donde El pone la mano, pone la salud [22]: «Todos los días abre los ojos del ciego de nacimiento» [23]. Su gracia es la medicina: *Gratia medicina est,* suele repetir San Agustín [24]. «Pero esta misma medicina del alma que la divina Providencia va dispensando con inefable generosidad en sus grados y distinción, luce con mucha hermosura. Se distribuye en dos remedios: la autoridad y la razón. La autoridad pide fe y prepara al hombre a la comprensión. La razón lo guía a la inteligencia y conocimiento» [25].

[19] *De Trin.* XIV 23: PL 42,1054.
[20] *Enarrat. in ps.* 125,15: PL 37,1667.
[21] MA I; MAI XV 318-19.
[22] *In Io. ev. tr.* 131,3 (PL 35,1397): «Ipse est totus medicus noster, ipse plane».
[23] MA I; MAI CXXX 397: «Cotidie aperit oculos generis humani et ipsius caeci nati».
[24] *Sermo* 156,6: PL 38,852.
[25] *De vera relig.* XXIV 45: PL 34,141.

Con la fe y el buen uso de la razón se cura el hombre y se pone en el camino de la salud eterna. Pero en Cristo se reúnen la autoridad y la fuerza de la razón, porque El es la verdad divina hecha carne, y es forzoso adherirnos a El. Y la adhesión comienza por la fe; comienza en la carne y sube y acaba en la verdad. La encarnación es la medicina de todas las enfermedades: «Remedio de todas las heridas del alma y única propiciación por los delitos humanos es la fe en Cristo, y nadie puede ser purificado, ora del pecado original, derivado de Adán, en quien todos pecaron, haciéndose hijos de ira, ora de nuestros pecados con nuestras malas acciones, cuya suma ha crecido por el desorden de nuestros deseos, si no se incorpora por la fe y la unión al Cuerpo de Aquel que fue concebido sin concupiscencia carnal. Pues, creyendo en El, se hacen hijos de adopción, que está en la fe de Jesucristo, nuestro Señor»[26].

Esta es la adhesión de fe que nos acoge con la autoridad de Cristo, el apoyo con que el hombre ha de levantarse de su caída, pues, como profundamente enseña San Agustín, «en el lugar mismo en que uno ha caído, debe hacer hincapié para levantarse de allí. Luego en las mismas formas carnales que a nosotros nos aprisionan, es forzoso que nos apoyemos para llegar al conocimiento de las cosas a que no alcanza la noticia de los sentidos»[27]. Este es el principio de la filosofía de la encarnación o forma carnal en que Dios se apareció a los hombres para que con la hermosura carnal del Hijo de Dios se salvasen por haberse hecho carnales, y era menester que la carne fuera el principio de su bien. Así la humanidad de Cristo adquiere una singularísima importancia. Por ella nos ponemos en contacto salvífico con Dios. Por eso, San Agustín compara a la humanidad de Jesús con un colirio que nos ha curado la ceguera, dándonos unos ojos nuevos: «Porque el Verbo se hizo carne y moró con nosotros, con su mismo nacimiento hizo un colirio para purificar los ojos de tu corazón, y así pudieras ver la majestad de Dios por su humildad. Por eso se hizo carne; sanó nuestros ojos, y *vimos su gloria*. Nadie podía ver su gloria sin antes ser curado por la humildad de su carne... Le había caído al hombre tierra en los ojos y se le habían puesto enfermos, y no podía ver la luz; pero le fueron ungidos los ojos; con la tierra se cegó, con la tierra se le hizo el colirio para sanarlo. La carne te había cegado, la carne te sana»[28].

La encarnación es el verdadero colirio para curar los ojos del espíritu.

Son muchas, sin duda, las operaciones salvíficas y medicinales que Cristo realiza con las almas, pero San Agustín las reduce a tres: «En esta escuela, una cosa se aprende con los preceptos, otra con los ejemplos, otra con los sacramentos. Tales son los medicamentos de nuestras heridas y los excitantes de nuestros esfuerzos»[29]. Es decir, con la doctrina moral, con los ejemplos de su vida y con los sacramentos, Cristo realiza la curación total del género humano.

---

[26] *Sermo* 143,1 (PL 38,784-85): «Medicina omnium animae vulnerum et una propitiatio ro delictis hominum est credere in Christum».

[27] *De vera relig.* XXIV 45 (PL 34,141): «Nam in quem locum quisque ceciderit, ibi ebet incumbere ut surgat. Ergo ipsis carnalibus formis quibus detinemur, nitendum est l eas cognoscendas quas caro non potest».

[28] *In Io. ev. tr.* 2,16: PL 35,1395-96.

[29] MA I; DENIS, XX 112.

Palabras, acciones y *palabras-acciones* resumen su terapéutica infalible. El conjunto de estos medios y remedios introduce una gran complejidad en la espiritualidad cristiana y obran de diversa manera. Así los sacramentos ofrecen toda una apoteca de remedios, porque son los que producen la gracia o medicina universal. Lo mismo digamos de los ejemplos de la vida de Cristo, que son tan estimulantes para la acción, y de las palabras divinas, que se contienen en la Escritura, de la que hace San Agustín este elogio: «Toda enfermedad de ánimo tiene en la Escritura su medicamento. El que enferma de este modo, tome la poción de este salmo»[30]. Es decir, medite y asimile las palabras que dice Dios hablando de los malos que florecen en este mundo, y que son como flor de heno, que hoy campea y mañana se ve en el suelo.

Así se explica el optimismo espiritual del Santo, que confiaba en la eficacia de la medicina del Señor: «Con mucha razón tengo yo grande esperanza que, por este Medianero y Señor mío que está sentado a vuestra diestra e intercede por nosotros, Vos sanaréis todas dolencias; que, si esto no fuera así, yo me desesperaría. Bien sé que son muchas y muy grandes mis enfermedades; muchas son y muy grandes, lo confieso. Pero mucho mayor y más copiosa es la medicina de vuestra misericordia. Si este vuestro Verbo no se hubiera hecho carne y habitara entre nosotros, le tuviéramos por ajeno y desvinculado de nuestra humanidad, y con esto desesperaríamos»[31].

Por eso, ¡con qué lenguaje tan enfático levanta el ánimo de los muchos cobardes que debió de conocer en su vida pastoral para que no se hundiesen en la desesperación!

«Sanarás de todas tus enfermedades. —Pero es que son muy grandes, me dices. —Pues mayor es el Médico. Para el Médico omnipotente no hay enfermedad incurable; únicamente ponte en sus manos, déjate curar de El»[32].

LA IGLESIA, NUESTRA MADRE ESPIRITUAL

1. Una escena en la basílica de la Paz

Imaginemos una escena en la basílica de la Paz, de Hipona. Es la fiesta mayor del cristianismo, en que se conmemora la resurrección del Señor, y uno de los «ocho días de los neófitos», que son la cosecha pascual después de las labores de cuaresma[1]. El obispo tiene delante de sí a los penitentes que se han reconciliado con Dios; pero los que atraen las miradas de todos son los recién bautizados, los nuevos hijos de la casta madre, los recién nacidos de la madre virgen[2]. Con sus túnicas blancas, resplandecientes en cuerpo y alma —*exterius dealbati interiusque mundati*—, recién nacidos a una vida nueva —*infantes*—, alimentados con el Cuerpo de Cristo y después con unos sorbos de leche y miel, están respirando alegría y felicidad. Han pasado el mar Rojo

---

[30] *Enarrat. in ps. 36* sermo 1,3 (PL 36,357): «Omnis morbus animi habet in Scripturis medicamentum suum».
[31] *Conf.* X 43.
[32] *Enarrat. in ps.* 102,5 (PL 37,1319): «Omnipotenti Medico nullus languor insanabilis occurrit».

[1] *Epist.* 55,32: PL 33,220.
[2] *Sermo* 223,1 (PL 38,1092): «Novelli filii castae matris, filii virginis matris».

donde todos sus enemigos—los pecados—quedaron sepultados bajo las aguas, y se sienten libres, gozosos y fuertes en Cristo [3]. Y ahora esperan la exhortación pastoral, que será breve y enjundiosa, porque ha sido muy pesada la vigilia pascual. Escuchemos lo que les dice el obispo:

«El *aleluya* es el cántico nuevo. El hombre nuevo entona el cántico nuevo. Lo hemos cantado nosotros; lo habéis cantado igualmente vosotros, infantes, que poco ha habéis sido renovados; nosotros os hemos acompañado en el cántico gozoso, pues por el mismo precio hemos sido redimidos. Os voy a hacer la exhortación que me inspira la caridad cristiana; no sólo a vosotros, sino a todos cuantos me escuchan, amonestándoles como a hermanos e hijos; hermanos, porque una misma Madre que es la Iglesia nos ha engendrado; hijos, porque por el Evangelio os he engendrado yo.

»Vivid bien, carísimos hijos, para que consigáis el fruto del gran sacramento que habéis recibido; corregid los vicios, enmendad las costumbres, amad las virtudes; no falte en cada uno de vosotros la piedad, la santidad, la castidad, la humildad y la templanza, para que, ofreciendo a Dios tales frutos, se deleite en vosotros, y vosotros os deleitéis en El. Gocémonos también nosotros de vuestro adelanto en la esperanza viendo el fruto de la recompensa que esperábamos; amad al Señor, porque El os ama; vivid unidos a esta Madre que os ha engendrado. No seáis ingratos a tantos beneficios suyos como son el haberos unido, siendo criaturas, a vuestro Creador; el haberos hecho, de siervos, hijos de Dios; de esclavos del demonio, hermanos de Cristo. Seréis agradecidos a estos beneficios si le obsequiáis con vuestra presencia. Pues nadie puede tener como propicio al Padre si menosprecia a la Iglesia madre. Esta, pues, santa y espiritual Madre os prepara todos los días manjares espirituales para sustentar no vuestros cuerpos, sino vuestras almas; os da el pan celestial, os propina el cáliz saludable, pues no quiere que ningún hijo suyo pase tal hambre.

»Ea, pues, queridísimos; mirad, no abandonéis a tal Madre, para que os saciéis de la abundancia de su casa y ella os embriague con el torrente de sus delicias entregándoos a Dios como dignos hijos, a los que, fortaleciéndolos con su piedad, los presenta incolumes y libres para la vida eterna» [4].

Este sermón pascual, de los primeros que se conservan de su sacerdocio, resume bien el pensamiento agustiniano sobre uno de los aspectos fundamentales de la espiritualidad cristiana y agustiniana: la maternidad de la Iglesia, en cuyo nombre presenta el programa de vida que debían desarrollar los nuevos cristianos: la corrección de los vicios, la fuga del pecado, la práctica de las virtudes, la frecuencia de los sacramentos, la asistencia a la iglesia, el espíritu filial con respecto a Dios Padre y a la Iglesia Madre.

Los cristianos, además de los padres según la carne, tenemos progenitores según el espíritu: «Dios es Padre, la Iglesia, Madre; ellos nos engendran de muy diversa manera que los padres carnales; éstos son autores de una lastimera generación, aquéllos nos engendran a una vida dichosa» [5].

[3] *Sermo* 352,3 (PL 39,1551): «Per mare transitus baptismus est».—*Sermo* 213,8 PL 38,1064): «Peccata vestra hostes sunt, sequuntur usque ad mare».—*Enarrat. in ps.* *2,3: PL 36,915-16.
[4] MA I; MAI XCII 94,332-33.
[5] *Sermo* 216,8 (PL 38,1081): «Per illos lamentabilis generatio, per hos optanda generatio».

En otro sermón dice: «Creo que es cosa notoria a vuestra fe que como de los padres hemos nacido carnalmente, como hombres, así espiritualmente renacemos de Dios Padre y de la Iglesia Madre» [6].

2. Espiritualidad eclesial

He aquí uno de los rasgos más inconfundibles de nuestra espiritualidad católica, que es eclesial; es decir, engendrada, robustecida y perfeccionada dentro de la Iglesia y por la Iglesia. Nos hallamos, pues, muy distantes de una espiritualidad puramente individual e interior, como la predicada por el protestantismo, el cual excluye de nuestras relaciones con Dios todos los medianeros, excepto Cristo. Nosotros admitimos y bendecimos la mediación universal de la Iglesia, la cual no hace sombra, sino revela las riquezas de la mediación de Cristo, de la que participa su Cuerpo místico.

En nuestros oídos suena como música dulce el consejo agustiniano: «Ama a la Iglesia, que te ha engendrado para la vida eterna» [7].

Indaguemos, pues, este misterio de nuestra fe siguiendo el pensamiento de San Agustín, quien en el sermón reproducido al principio nos enuncia y esclarece tres clases de beneficios hechos a los recién nacidos. Los primeros son los beneficios iniciales recibidos con el bautismo, cuales son el nuevo nacimiento o regeneración, el perdón de los pecados, la unión con Dios, la liberación del cautiverio diabólico, la incorporación a Cristo. Estos beneficios, de donde se originan todos los bienes para la espiritualidad, se vinculan con el *nascendi principium,* con el sacramento, mientras otros van anejos al *vivendi alimentum* y comprenden el régimen alimenticio y sostenimiento de la vida cristiana, fortaleciéndola y perfeccionándola hasta llevarla y ponerla en su último fin, que es la vida eterna [8]. Comprende los que llama el Santo «manjares espirituales», que se reducen a la doctrina de la fe, la moral y los sacramentos, en particular la divina eucaristía. Alude también el Santo a *los torrentes de delicias* con que la Iglesia regala a los que fielmente la siguen en su doctrina, y por tales pueden, sin duda, entenderse los frutos y consolaciones, que no faltan en los que se le mantienen fieles. Y pueden entenderse también los dones místicos o gracias muy elevadas que Dios reserva para sus amigos.

Las tres clases de beneficios se refieren a la vida inicial, progresiva y perfecta, en que se expresa la espiritualidad de los bautizados, la cual en su principio, y en su medio, y en su fin se halla vinculada a la maternidad eclesial.

Aun cuando se trate de verdades elementales, tal vez conviene declararlas brevemente, porque aquí se halla el nacedero mismo del espíritu y de la espiritualidad cristiana. En el seno maternal de la Iglesia se forma lo que llama San Agustín *semen Christi,* el germen de Cristo, que es el bautizado, cuya vocación es formar en su interior la imagen perfecta del mismo para ser otro Cristo. Por eso el catecumenado era como el período de una gestación materna: «Los *competentes* recibían este nombre porque con sus suspiros y deseos

---

[6] MA I; MAI 94,333: «... ita nos ex Deo Patre et Matre ecclesia nasci».
[7] *Sermo* 244,1 (PL 38,1512): «Ama Ecclesiam quae te genuit ad vitam aeternam».
[8] *Sermo* 71,19: PL 38,455.

de nacer pulsaban con sus peticiones las entrañas maternales; se llaman *infantes* porque acaban de nacer para Cristo los que ya habían nacido para el siglo» [9].

El tiempo de gestación correspondía, sobre todo, al de cuaresma, durante la cual la Iglesia con sus instrucciones, ayunos, oraciones y ceremonias, como la entrega del símbolo, la apertura de los oídos, los exorcismos, los iba concibiendo entrañablemente para darlos a luz en la Pascua con la gloria de la resurrección. La liturgia de la cuaresma está aún llena de alusiones a los que hacían penitencia y a los que se preparaban para recibir el bautismo.

3. La caridad de los fieles

Durante esta labor de gestación, toda la Iglesia de los fieles tomaba parte con el deseo de dar a luz a los que ya estaban en sus entrañas maternales y esperaban *ver el agua* bautismal para lavarse en ella [10]. San Agustín menciona la caridad de los fieles—*caritas fidelium*—como una fuerza de regeneración en virtud de la cual también los fieles tenían su parte en el nuevo nacimiento de los catecúmenos, o nuevos cristianos. Tal es el sentido de la expresión del Santo cuando, refiriéndose a los que se preparaban para recibir el bautismo, dice: «Los niños también necesitan de los beneficios del Mediador, para que, purificados por el sacramento y la caridad de los fieles e incorporados al Cuerpo de Cristo, se reconcilien con Dios, y en El sean vivificados, salvos, rescatados, iluminados. ¿De qué sino de la muerte, del reato, de la esclavitud y de las tinieblas de los pecados?» [11] El texto alude a los pelagianos, que no admitían la necesidad del bautismo para los niños, y nos certifica que al nacimiento de los hijos de Dios no sólo contribuye el rito bautismal, sino también la caridad del pueblo de Dios, pues toda la Iglesia se interesaba y se interesa aún por la conversión de los infieles y el aumento de los miembros de Cristo. Todo el Cuerpo de Cristo engendra los miembros de Cristo y coopera con sus oraciones y obras buenas a lo que llama el Santo *sacramentum nativitatis:*

[9] *Sermo* 228,1 (PL 38,1101): «Competentes dicebantur, quoniam materna viscera, ut nascerentur petendo pulsabant; infantes dicuntur, quoniam modo nati sunt Christo, qui prius nati fuerant saeculo».—*Sermo* 216,1 (PL 38,1077): «Competentium vocabulum non aliunde quam de simul petendo atque unum aliquod appetendo compositum est».

[10] La pedagogía maternal de la Iglesia en la formación y preparación de los catecúmenos para el bautismo consistía en avivar el deseo de llegar a la fuente de aguas vivas que significaba la Pascua para los cristianos. San Agustín ha dejado una de las páginas más bellas de la literatura religiosa cantando al ciervo espiritual que se dirige a las fuentes. Había en toda la Iglesia un ansia de llegar al agua, de verla, de tocarla, de lavarse en ella. Nosotros no llegamos a comprender el desbordante río de júbilo que corría por la Iglesia cuando en el alba de la Pascua lanzaba ella el cántico de la victoria con las palabras proféticas que todavía resuenan en el rito pascual de la aspersión dominical: *Vidi aquam!...* «¡He visto el agua!» Habían llegado a ver el agua los ciervos sedientos después de haber pasado el desierto cuaresmal. No sólo era el goce franciscano del agua hermosa, casta y limpia, sino también el gozo agustiniano, profundo y reverencial del *agua-madre,* portadora del misterio y de la gracia de Dios: *Vulva matris aqua baptismatis (Sermo* 119,4: PL 38,674). Cf. V. CAPÁNAGA, *El milagro de las lámparas.* «¡He visto el agua!» p.295-302 (Madrid 1958).

[11] *De peccat. merit. et remis.* I,XXV :931 PL 44,131.
De este modo, toda la Iglesia es madre, porque toda ella coopera el nacimiento de los hijos de Dios.—*De virgin.* V: PL 40,399: «Mater eius tota Ecclesia, quia membra eius, id est, fideles eius per Dei gratiam ipsa utique parit».

«He aquí que el bautizado recibió el sacramento del nacimiento, que en verdad es grande, divino, santo, inefable. Pondera qué tal será, que hace nuevo al hombre con el perdón de los pecados» [12]. La Iglesia comunica a los hijos nuevos la misma vida de Dios, y el alma, que es el Espíritu Santo. La espiritualidad católica es una espiritualidad trinitaria: «Tu vida es Dios, tu vida es Cristo, tu vida es el Espíritu Santo» [13]. A los recién bautizados les exhorta el Santo: «El Espíritu Santo ha comenzado a morar en vosotros; no le dejéis alejarse. Es un Huésped bueno que os enriquece, que os alimenta, que os embriaga» [14]. En otro sermón recuerda a los fieles: «La vida del cuerpo es el alma, la vida del alma es Dios» [15].

Tanto la unción bautismal como la de la confirmación que se recibía después indicaban la presencia del Espíritu Santo en los fieles. El óleo, por la conexión que tiene con el fuego, es el sacramento del Espíritu Santo: «El óleo es el sacramento de nuestro fuego, que es el Espíritu Santo. Se acerca, pues, el Espíritu Santo; después del agua, el fuego, y os hacéis el pan, que es el cuerpo de Cristo» [16]. Agua, fuego, pan; la ablución bautismal y la santificación del alma, la comunicación y presencia del Espíritu Santo y el pan divino, la eucaristía, que mantiene la nueva vida. Con tales principios se inicia la espiritualidad, la comunicación y presencia del Espíritu Santo y el pan divino, la eucaristía, que mantiene la nueva vida. Con tales principios se inicia la espiritualidad de los hijos de Dios.

Los tres sacramentos, que se recibían juntamente en tiempos de San Agustín, crean el espíritu nuevo, animado por las tres fuerzas que se llaman las virtudes teologales: fe, esperanza y caridad, de que se hablará pronto. Por ellas se distingue la vida cristiana de toda otra forma de vivir; la espiritualidad cristiana de toda otra espiritualidad: «Se ha de tener cuenta lo que se cree, se espera y se ama. Pues nadie puede vivir en cualquier género de vida sin cada una de estas afecciones que son creer, esperar, amar. Si no crees lo que creen los gentiles, no esperas lo que esperan los gentiles, no amas lo que aman los gentiles, eres segregado de ellos. Pues no hay cosas más separadas entre sí como la creencia en la divinidad de los demonios y la fe en el único y verdadero Dios que profesas tú, y la esperanza en las naderías del mundo que ellos tienen y tu esperanza en la vida eterna con Cristo, y el amor con que ellos se entregan al mundo y el amor que tienes tú al Creador del mundo [17]. Los hombres movidos por la fe, esperanza y caridad cristianas constituyen una novedad en el mundo, es decir, un espectáculo extraño. Los paganos no comprendían la conducta de los seguidores de Jesús, el vigor de sus creencias difíciles, la firmeza de su esperanza, que iba más allá del mundo visible; la potencia de la caridad con que se amaban unos a otros y aun a los enemigos: «¿Qué es lo que hay de oculto a los ojos de los paganos y no público en la Iglesia? El sacramento del bautismo, el sacramento de la eucaristía. Nues-

[12] *In epist. Io. tr.* 6,6: PL 35,2015.
[13] *Sermo* 161,7: PL 38,881.
[14] *Sermo* 225,3 (PL 38,1090): «Bonus Hospes implet vos, pascit vos, inebriat vos».
[15] *Sermo* 161,6: PL 38,881.
[16] *Sermo* 227 (PL 38,1100): «Accedit ergo Spiritus Sanctus, post aquam ignis et efficimini Panis qui est Corpus Christi».
[17] *Sermo* 198,2: PL 38,1025.

tras obras las ven los paganos, pero los sacramentos les están velados; mas de lo que está oculto a su vista proceden las obras que ven» [18].

4. Plan de desarrollo

La vida que comunica la Iglesia a sus hijos no es estática e inerte, sino de continuo crecimiento. Los cristianos son semillas de Dios que nacen, florecen y fructifican: «Oíd, semillas... No faltará la lluvia de la palabra de Dios. No sea estéril en vosotros el campo divino. Reverdeced, pues; granad, madurad» [19]. Esta gradación: *reverdeced, granad, madurad,* apunta todo un ciclo vital, cuyo término son los frutos de vida eterna. El progreso espiritual, como veremos todavía mejor, es una ley de vida cristiana. Por eso San Agustín proponía a los catecúmenos y neófitos el plan de desarrollo espiritual que habían de realizar a lo largo de su vida, figurándolo en las edades de la vida espiritual, a lo largo de las cuales se va renovando el hombre interior.

«Pasando por estos grados de edad, tú no te degeneras, sino te consolidas y remozas. Cada edad tiene y conserva lo que se ha adquirido en la anterior. La infancia se distingue por su inocencia; la puericia, por el respeto; la adolescencia, por la paciencia; la juventud, por la virtud; la virilidad por los méritos, y la ancianidad es un entendimiento encanecido y sabio» [20]. Por el desarrollo espiritual de estas virtudes alcanza el hombre el descanso y la paz de la séptima edad, que corresponde al día séptimo, que es el del reposo. Con esto San Agustín, o, mejor dicho, la Iglesia por medio de él, imponía a los candidatos para el bautismo un programa de crecimiento y desarrollo que culmina en las obras de apostolado, cual es anunciar y publicar apaciblemente las maravillas de Dios, porque es grande su nombre, ya que su sabiduría no está sujeta a número.

San Agustín se mantuvo siempre fiel a esta doctrina, que constantemente aparece predicada en sus homilías al pueblo.

Lo que se llama ahora la vocación de los seglares a la santidad, la Iglesia la ha promovido siempre, como lo muestran las enseñanzas de sus doctores, como San Juan Crisóstomo, San Agustín y otros. En este aspecto, nada hay nuevo en la cristiandad.

5. Manjares de desarrollo

El progreso en la vida espiritual, lo mismo que el crecimiento físico, pide buenos alimentos, que la Iglesia no cesa de distribuir entre sus hijos. Por eso San Agustín exhorta a los neófitos: *Frequentate hanc matrem quae genuit vos.* Venid con frecuencia a esta Madre que os ha dado la vida. Porque esta santa espiritual Madre os prepara todos los días comidas espirituales para engordar vuestras almas. Os reparte el pan celestial, os convida con el cáliz saludable,

---

[18] *Enarrat. in ps. 103* sermo I 14: PL 37,1348.
[19] *Sermo* 223,2 (PL 38,1093): «Ergo revirescite, granascite, maturescite».
[20] *Sermo* 216,8 (PL 38,1081): «Infantia vestra innocentia erit, pueritia reverentia, adolescentia patientia, iuventus virtus, senium meritum, senectus nihil aliud quam canus sapiensque intellectus. Per hos articulos vel gradus aetatis, non tu evolveris, sed permanens innovaris».—La doctrina de las edades puede verse también en *De vera relig.* 26,48: PL 34,443.

pues no quiere que ninguno de los suyos padezca hambre de tales cosas»[21]. Los alimentos del alma son los sacramentos y la palabra de Dios.

Entre los primeros, la sagrada eucaristía se lleva la palma. El desarrollo espiritual se vincula a estos dos alimentos, que los antiguos comparaban entre sí, teniéndolos como el pan por excelencia, que conforta, robustece y deleita: «Cuando venís a la iglesia, atended a las Escrituras. Nosotros somos vuestros libros»[22].

El estudio de la Biblia debe ser la refección de los cristianos, que no deben contentarse con una fe rudimentaria, sino esclarecida y brillante para dar testimonio de la verdad y de la esperanza cristiana: «Nadie renace del agua y del Espíritu Santo sino porque quiere. Luego, si quiere, crece; si le da la gana, mengua. ¿Qué es crecer? Progresar, mejorarse. ¿Qué es decrecer? Desfallecer. Todo renacido sepa que es un párvulo y un infante; arrójese, pues, ávidamente a los pechos de la Madre, y pronto comenzará su desarrollo y crecimiento. La Madre es la Iglesia, y las dos fuentes lácteas son los dos Testamentos. Tome allí la leche de todos los sacramentos temporales realizados para nuestra salud eterna, para que, alimentado y fortalecido con ellos, pueda comer el manjar sólido; es decir, entender la doctrina de la divinidad de Cristo cuando se dice: *En el principio era el Verbo, y el Verbo estaba en el seno de Dios, y Dios era el Verbo* (Jn 1,1)»[23].

Este bello pasaje resume toda la pedagogía maternal de la Iglesia en la formación de los hijos con una espiritualidad dogmática, porque vive de la verdad y se alimenta de las ubres mellizas de los dos Testamentos.

La Iglesia tiene cargado su pecho con la divina sustancia de la revelación de Dios, donde se contiene la fuerza de todo desarrollo. También el Antiguo Testamento se halla lleno de luces y de manjares y contiene una pedagogía sacramental de gran valor para comprender el misterio de Cristo, que es en definitiva quien da la verdadera enjundia y grosura a la cultura de los hijos de Dios. En la formación catequística de la primitiva Iglesia, los acontecimientos de la historia sagrada o de la salvación servían de marco para exponer el misterio del Nuevo Testamento. La revelación patriarcal, mosaica y profética están llenas de esos que llama nuestro Santo *sacramentos temporales,* que son también el manjar substancioso que alimenta y ha alimentado la fe de los cristianos en todo tiempo. A lo largo del año litúrgico, la Iglesia reparte todos estos manjares para la robusta crianza de sus hijos, ora sean carnales, ora espirituales, porque tiene en la leche y en el pan lo que exige el buen régimen alimenticio de todos[24].

---

[21] MA I; MAI XCII 333: «Haec ergo sancta et spiritalis mater cotidie vobis spirituales escas praeparat, per quas non corpora vestra, sed animas vestras reficiat».

[22] *Sermo* 227 (PL 38,1100): «Codices vestri nos sumus».

[23] *In epist. Io. tr.* III 1 (PL 35,1997-98): «Est autem mater Ecclesia; et duo ubera eius duo Testamenta Scripturarum divinarum».

[24] *Contra Faustum* XIV 3 (PL 42,305): «Veritatem sola tu habes et in lacte et in pane tuo».

6. «La hormiga de Dios» o el alma eclesial

La palabra divina que reparte la Iglesia alimenta las almas sobre todo en tiempo de tribulación y de angustia. En este aspecto desarrolla San Agustín una imagen bíblica muy expresiva de los libros sapienciales, que nos remiten al ejemplo de la hormiga para que no nos falten víveres cuando nos son más necesarios: «Despiértate, vigila, ten la previsión de la hormiga. Tiempo veraniego es; recoge lo que te servirá para el invierno. El verano es tu prosperidad; no seas, pues, perezoso; recoge los granos de la era del Señor, las palabras divinas en la Iglesia de Dios, y guárdalas dentro del corazón. Ahora andas próspero y sin revés; pero ya cambiarán las cosas» [25].

El hombre mundano vive lejos de la Iglesia, sin recoger el grano de su doctrina, y no imita a la hormiga: «Imitaría a la hormiga si oyese la palabra de Dios recogiendo el grano y escondiéndolo dentro de su alma. Porque viene el tiempo de la tribulación, el invierno de la tibieza, la tempestad del temor, el frío de la tristeza; será una desgracia, un daño, un peligro para la salud, la pérdida de algún pariente; será una deshonra o humillación. He aquí el invierno. La hormiga vuelve a los víveres recogidos en el buen tiempo, y dentro, en lo secreto, se deleita con los frutos de su recolección. Todos la veían cuando ella se afanaba por recoger; nadie la ve cuando goza a solas de los frutos recogidos. Contempla a la hormiga de Dios; todos los días se levanta y acude a la iglesia, ora, escucha las lecturas, canta himnos, carga la consideración sobre lo que oye, se dedica a la meditación y deposita dentro los víveres recogidos en la era. Vosotros mismos que oís lo que estoy diciendo, hacéis ahora esto; os ven todos venir a la iglesia, volver a casa, escuchar sermones y lecturas, manejar el libro; todo esto se halla patente a los ojos. Es la pequeña hormiga que pisa el camino y va engrosando el granero a la vista de los demás. Pero viene el invierno alguna vez. ¿A quién no le llega? Es decir, le sobreviene una calamidad, un perjuicio, una muerte de los suyos; los más la compadecen, porque no saben el tesoro que ha guardado esa hormiga de Dios, y dicen: '¡Oh qué desgracia más grande le ha herido a Fulano! Imposible que la soporte; no tendrá ánimos para tanto. ¡Qué abatido se le ve! ¡Qué habrá hecho para que Dios le trate así! Así vea yo a mis enemigos'.

»Le aplican a él la misma medida que a sí mismos, y se engañan. Eres un ignorante, ¡oh hombre! Tú sí que eres enemigo de ti mismo, porque no coges ahora en estío lo que él almacenó. Ahora la hormiga se alimenta con los desvelos del verano; pero tú no la ves alimentarse de aquellos frutos ocultos» [26].

En otro sermón confirma estas ideas con un ejemplo impresionante que le sucedió a él mismo: «Me vino una vez un donatista acusado y excomulgado por los suyos, y buscaba en la Iglesia católica lo que allí había perdido.

»Pero no podía ser admitido sino a condición de ocupar el puesto que debía, ya que, al parecer, no dejó la secta voluntariamente, sino por fuerza; y por no hallar lo que quería, esto es, la vana ostentación y el honor, viéndose pri-

[25] *Sermo* 38,6: PL 38,238.
[26] *Enarrat. in ps.* 66,3: PL 805.

vado entre nosotros de lo que perdió entre ellos, no logró salvarse. Estaba profundamente herido, y no había manera de consolarlo, porque le atormentaban, silenciosos y terribles, los aguijones de la conciencia. Yo quise calmarle y serenarle con la palabra de Dios; pero no era él de las hormigas que durante el verano se proveen de lo necesario para el tiempo de desventura. Cuando uno vive tranquilo y sosegado, debe abastecerse de la palabra de Dios, depositándola en su corazón al estilo de la hormiga, que soterra el grano en sus nidos. En buen tiempo se puede hacer esto; pero viene la mala estación, viene el infortunio, y, en faltando este alimento interior, sobreviene la ruina y desfallecimiento. Aquel hombre estaba desprovisto del fruto de la palabra divina; vínole el invierno, y no halló entre nosotros lo que buscaba; su pasto era la ambición, no la palabra divina. Interiormente estaba vacío; fuera no halló lo que quería. Y ardía de indignación; siendo tan violentamente agitado, que le hacía prorrumpir en tales quejidos, que llegaban a oídos de nuestros hermanos pensando él que nadie le oía. Me daba pena verlo en tanta agitación, tanto dolor y tormento» [27].

He aquí dos tipos de almas: un alma litúrgica y sabia, que en el regazo de la madre Iglesia forma una robusta espiritualidad que le ampara de todo contratiempo. Las lecturas de la Iglesia, la predicación, los cánticos, los sacramentos, las festividades, la aprovisionaron de luz y fortaleza para el tiempo de la desventura. En la era de trigo—la Iglesia—se enriqueció interiormente.

San Agustín, como educador cristiano, quería que sus fieles acumulasen los tesoros de las verdades divinas, porque en ellas descansa toda sana espiritualidad: «Reunid todos en común los tesoros de vuestro corazón» [28].

7. La virginidad mental de los fieles

La educación integral de la Iglesia comprende las ideas, las costumbres, los sentimientos y las relaciones sociales de sus hijos. Lo primero es la buena formación en la fe, porque la verdad debe regir y dirigir a los hombres, y se comprende con el nombre de *traditio symboli,* la entrega del símbolo, «como un breve resumen de la regla de la fe que instruya la mente sin cargar la memoria» [29]. Los artículos de la fe explicados constituían la primera iniciación cristiana, que debía después continuarse a lo largo de toda la vida cristiana en las celebraciones litúrgicas a las que asistía la *formica Dei.* Así se formaba en los fieles lo que llama San Agustín la *virginidad de la mente,* porque la Iglesia virgen es escuela de vírgenes.

¿En qué consiste esta virginidad? En la pureza incontaminada de la fe: «La virginidad del cuerpo es la carne intacta, la virginidad de la mente es la fe incorrupta» [30]. La Iglesia continuamente produce en el mundo estos dos milagros: la virginidad corporal y la espiritual. «Toda la Iglesia es llamada

---

[27] *Enarrat. in ps.* 36,11: PL 36,369-70.
[28] *Sermo* 216,3 (PL 38,1078): «Thesauros cordis vestri unanimiter congregate».
[29] *Sermo* 213,1 (PL 38,1060): «... breviter complexa regula fidei, ut mentem instruat, nec oneret memoriam».
[30] *Enarrat. in ps.* 147,10 (PL 37,1920): «Virginitas carnis, corpus intactum; virginitas mentis, fides incorrupta».

con el único nombre de virgen» [31], dice comentando el pasaje paulino (2 Cor 2,3): *Os he desposado a un solo marido para presentaros a Cristo como casta virgen.* «En la Iglesia, como virgen, hay diversos grados de virginidad. Muchos fieles la guardan en la carne, y ocupan un puesto alto de honor y santidad» [32]. Pero además de la carnal está la virginidad de la mente o incorrupción de la fe, y ésta deben guardarla todos los miembros del Cuerpo místico [33].

Por eso en toda la acción pastoral agustiniana hay un empeño sostenido de mantener incorrupta la fe de los cristianos. En sus instrucciones catequísticas exhorta a los bautizados a la vigilancia contra las herejías. En el sermón a los catecúmenos que se intitula *De Cantico novo,* que, aunque es atribuido al obispo de Cartago, Quodvultdeus, en su contenido y espíritu es de inspiración agustiniana, se dice a los candidatos para el bautismo: «Vosotros, gérmenes fieles de la santa madre Iglesia difundida en todo el mundo, huid de todas las herejías. *Si alguno os enseñare otro evangelio diverso, sea anatema* (Gal 1,9). Caminad por un sendero recto, sin desviaros ni a la derecha de la presunción ni a la izquierda de la desesperación» [34]. Y luego expone las herejías que han de evitar: la de los maniqueos, arrianos y pelagianos, que corrompían la fe en Cristo; los maniqueos negaban la encarnación del Hijo de Dios, porque la carne es intrínsecamente vitanda; los arrianos negaban la divinidad de Cristo, y los pelagianos mutilaban su obra de redención negando la gracia divina [35].

Esta corrupción de la fe es un fenómeno en que influyen diversos factores, como el error y el orgullo, que no se somete a la palabra divina, o la lesión de la caridad, con que se rompen los lazos con los demás creyentes que forman la comunidad de la Iglesia. Por eso las tres virtudes—fe, esperanza y caridad— pertenecen a la integridad virginal del alma: «La Iglesia misma es la Esposa, que con la integridad de la fe, esperanza y caridad se mantiene virgen» [36].

Los consejos agustinianos para conservar la integridad de la fe tienen en nuestro tiempo la misma actualidad que en el suyo, porque son muchos los errores y herejías que contaminan la atmósfera de hoy, amenazando en sus fundamentos la espiritualidad cristiana, que exige la virginidad de la fe como primer fundamento para su existencia y desarrollo.

Por eso el símbolo es como una armadura espiritual para defensa de los cristianos. San Agustín aconseja a los competentes: «Recuerda lo que crees; mírate en tu fe; el símbolo sea para ti como un espejo. Contémplate allí, si crees todo lo que confiesas que crees, y alégrate todos los días en tu fe. Sean tus riquezas, en cierto modo, como los vestidos de tu mente. Cuando te levantas por la mañana, ¿no te pones los vestidos? Así también, recordando tu *Credo,* viste tu alma para que no se quede desnuda con el olvido, y se cumpla

---

[31] *Sermo* 93,3 (PL 38,575): «Tota Ecclesia uno nomine virgo est appellata».
[32] *In Io. ev. tr.* XIII 12: PL 35,1499.
[33] *Sermo* 341,5: PL 38,1496.
[34] *De Cantico novo* X 10 (PL 40,686): «Vos autem fidelia germina sanctae matris catholicae per universum mundum diffusae, fugite omnes haereses».
[35] *Ibid.,* 6-10: PL 40,682-86.
[36] *De bono vid.* X 13 (PL 40,438): «Ecclesia ipsa coniux est, quae fidei, spei et caritatis integritate... tota virgo est».

lo que dice el Apóstol, lo cual no permita Dios: *Aunque despojados, no nos veamos desnudos* (2 Cor 5,3)».

Estaremos vestidos con nuestra fe, y ella será nuestra túnica y nuestra coraza; nuestra túnica contra la vergüenza, nuestra coraza contra el adversario. Y, cuando lleguemos al lugar de nuestro reino, ya no nos será necesario repetir el *Credo;* veremos a Dios. El será nuestra visión; y la contemplación de Dios será el premio de nuestra fe [37].

8. Escuela de la santidad cristiana

La fe es el fundamento de la vida cristiana, pero toda ella está ordenada a la práctica o a las obras. Una fe sin obras no es el ideal cristiano.

Por eso la Iglesia no sólo educaba a la virginidad del espíritu, sino también para la pureza moral, que le es inseparable. En textos anteriores se han mencionado normas prácticas para ilustración de los competentes. También son estos «manjares espirituales» para los nuevos cristianos: «Conviene, pues, que recibamos el pan cotidiano, esto es, los preceptos divinos, que diariamente hay que recordar y meditar. Pues de ellos dice el Señor: *Buscad una comida que no se acaba.* Alimento cotidiano se llama éste mientras dura esta vida temporal, formada por la sucesión de días que se vienen y se van. Y en verdad, mientras nuestra atención se reparte, alternativamente, ora a las cosas superiores, ora a las inferiores, es decir, las espirituales y carnales, asemejándose al que ora toma alimentos, ora padece hambre, todos los días es necesario este alimento, con que se refocile el hambriento y se levante el que ha decaído. Pues así como el cuerpo en esta vida, antes de su definitiva transformación, se fortalece con alimentos, porque padece desgaste, así nuestro ánimo, ya que por su dedicación a las cosas temporales sufre menoscabo en su atención a Dios, aliméntese con el manjar de los preceptos» [38].

La renuncia al diablo y a sus pompas contenía ya parte del programa moral de los nuevos cristianos, que con el bautismo entraban en el combate espiritual. El neófito, por su buena conducta, «debía alegrar el rostro de su Padre, progresando en la sabiduría, y no entristecer el rostro de la madre Iglesia con sus desvíos» [39].

Dios es el Padre; la Iglesia, la Madre [40]. El hijo de Dios y de la Iglesia debe vivir en el recuerdo y veneración de su Padre y Madre para no perder nunca su amistad y la posesión de su gracia, que está garantizada por la presencia del Espíritu Santo, «que ha comenzado a morar en vuestros corazones; ya nunca se vaya de ellos; no queráis echarlo de vuestros corazones» [41].

También en esta pedagogía de formación cristiana entraba el adiestramiento en la plegaria, «pues como hemos de vivir en este mundo, donde nadie está libre de caer, por eso el perdón de los pecados no está sólo en la ablución bautismal, sino también en la oración dominical cotidiana que habéis de reci-

---

[37] *Sermo* 58,13 (PL 38,399): «... Nunquid non quando surgis, vestis te? Si et commemorando Symbolum, vesti animam tuam, ne forte eam nudet oblivio».
[38] *De serm. Dom. in monte* II 27: PL 34,1281.
[39] *Sermo* 216,7: PL 38,1080.
[40] Ibid., 8: PL 38,1081.
[41] *Sermo* 224,4: PL 38,1098.

bir después de ocho días. En ella encontraréis como un bautismo diario para vosotros, para que deis gracias a Dios, que ha hecho a la Iglesia este regalo que confesamos en el símbolo, de modo que después de decir: 'Creemos en la santa Iglesia', añadamos el perdón de los pecados» [42].

San Agustín, siguiendo el buen espíritu de la antigüedad cristiana, dio la máxima importancia a la oración, como se verá después.

9. Maternidad espiritual de los cristianos

Se colige de lo dicho que la Iglesia, al formar a sus hijos, imprime en ellos sus propios rasgos virginales y maternales. Por eso ella educa para la maternidad, o digamos celo por la salvación de los prójimos.

El Evangelio nos ha abierto los ojos para ver cierta maternidad, que es la mayor gloria de los seguidores de Cristo. Se pueden lograr las más inverosímiles formas de parentesco con El: desposorio, hermandad, maternidad. Las almas pueden ser esposas, hermanas y madres de Cristo.

San Agustín difundió en su catequesis este privilegio de los cristianos: el de ser madre de Cristo o madre de las almas: «Madre suya es toda la Iglesia, porque ella da a luz, por la gracia de Dios, a sus miembros que son los fieles. Madre suya es también toda alma piadosa que hace la voluntad del Padre con fecundísima caridad en los que ha dado a luz hasta que en ellos se forme Cristo» [43]. La idea es totalmente cristiana o de Cristo en el Evangelio [44].

Por la fe se concibe a Cristo y por las obras y la predicación se le engendra en las almas: «La Iglesia, en espíritu, da a luz a los miembros de Cristo, como María virgen lo dio según la carne. Procread, pues, vosotrs con la mente a los miembros de Cristo de la misma manera que la Virgen María y seréis madres de Cristo. Os hicisteis hijos suyos; haceos también madres. Al recibir el bautismo, os hicisteis hijos, nacisteis como miembros de Cristo. Atraed, pues, al bautismo a cuantos podáis, para que así como os hicisteis al nacer hijos por la gracia, os hagáis madres de Cristo, cooperando a su nacimiento espiritual por el bautismo» [45].

Tenemos aquí uno de los aspectos amables de la espiritualidad católica, esencialmente misionera o cooperadora en la obra de la dilatación del reino de Dios. Las misiones católicas nos han dado una conciencia más clara de esta prerrogativa cristiana.

0. La santa infancia

Quiero por último aludir a otro carácter de la espiritualidad agustiniana: cierto rasgo infantil. Para amar a la Iglesia como madre hay que sentirse un poco niños. San Agustín, con haber sido un intelectual de tanta potencia,

---

[42] *Sermo* 213,8 (PL 38,1064-65): «In illa invenietis quasi quotidianum baptismum vesum, ut agatis Deo gratias qui donavit hoc munus Ecclesiae suae, quod confitemur in ymbolo; ut cum dixerimus *Sanctam Ecclesiam*, adiungamus *remissionem peccatorum*».— éase este sermón en G. Morin: MA I; GUELFERT, I 441-450.

[43] *De sancta virgin.* 5: PL 40,399.

[44] Lc 11,27-28.

[45] *Sermo* 25,8: PL 45,939-940; G. MORIN: MA I; DENIS, XX V 164.

vivió siempre humilde y afectuosamente unido a la Iglesia madre. El epíteto *Mater Ecclesia* le fluye de los labios con frecuencia. Quien abriga sentimientos de orgullo, de autonomía, de suficiencia pelagiana, difícilmente puede tener los delicados sentimientos agustinianos para con la Iglesia. Hay que ser párvulos en el espíritu para sentir y buscar el calor de la maternidad eclesial. Santa Teresa del Niño Jesús nos ha abierto los ojos para esta forma fina de espiritualidad; pero se trata de una doctrina antigua vivida siempre en la Iglesia. San Agustín la llama *santa infancia* y la enlaza con la humildad. El reino de los cielos es para los humildes, para los que son espiritualmente párvulos, *spiritualiter parvuli*[46]. Uno se empequeñece íntimamente al dirigirse a Dios y a la Madre. Está muy en las entrañas de la espiritualidad este empequeñecimiento o humildad en la confianza y abandono filial en Dios: «Alborózome con mis obras buenas, porque sobre mí anda aleteando la protección de tus alas. Si tú no me proteges a mí que soy un polluelo, me cogerá el gavilán. Pues dice en cierto lugar el Señor a Jerusalén, ciudad donde fue crucificado: *¡Cuántas veces he querido recoger a tus hijitos como la gallina a los polluelos y no quisiste!* Pequeñuelos somos; luego defiéndanos Dios con el amparo de sus alas. ¿Y cuando nos hagamos mayores? Bueno será que también entonces nos proteja, para que debajo de El, que es siempre mayor, seamos nosotros siempre pequeños. Porque siempre El es mayor por mucho que nosotros crezcamos. No diga pues, nadie: 'Protéjame el Señor cuando soy pequeño', como si hubiera de llegar a una mayoría en que hubiera de bastarse a sí mismo. Nada eres sin la protección divina. Queramos siempre ser amparados por El, porque entonces podremos ser siempre grandes en El si siempre nos sentimos pequeñuelos junto a El. *Y me gozaré en el amparo de tus alas*»[47]. Toda la gracia de la espiritualidad agustiniana respira en esta página que nos invita a la infancia espiritual con Dios y con la Iglesia[48].

MARIA VIRGEN, MADRE DE DIOS

1. La humilde puerta

También en la espiritualidad católica tiene un lugar preeminente María Madre de Dios. Sobre todo en los tiempos y en la predicación de San Agustín el misterio de Navidad es el lugar propio de su recuerdo y exaltación. El Hijo de Dios descansando en el regazo materno es la estampa más familiar de la piedad cristiana. Allí el fruto está en su propio árbol, que lo ha dado al mundo. Puede hablarse, pues, de piedad mariana en San Agustín; su discurso teológico y pastoral está lleno de admiración y devoción a la Madre de Dios, en la que ve el punto de enlace del cielo y de la tierra. Es también

[46] *Sermo* 353,2: PL 38,1561.
[47] *Enarrat. in ps.* 62,16 (PL 36,557-58): «Semper ab Illo protegi velimus; tunc ser per in Illo magni esse poterimus, si semper sub ipso parvuli sumus».
[48] Para un desarrollo más amplio de este tema véase a V. CAPÁNAGA, *La Iglesia* la espiritualidad de San Agustín: Ephemerides Carmeliticae 17 (Roma 1966) 88-13. R. PALMERO RAMOS, *«Ecclesia Mater» en San Agustín* (Madrid 1970); S. VERGÉS, *La Iglesia, esposa de Cristo* (Barcelona 1959).

la puerta de la humildad por donde entramos en el misterio de Cristo. Mariología y cristología son inseparables.

En las *Confesiones* tiene este comentario a las palabras de Isaías (46,8): *Entrad, pecadores, en el corazón y uníos al que os ha creado:* «Nuestra misma vida descendió acá y tomó nuestra muerte sobre sí, y gritó con voz de trueno que volviésemos de aquí a El; a aquella secreta morada de donde El vino a nosotros, descendiendo primero al seno de la Virgen, donde se desposó con la criatura humana, la carne mortal, para que no fuese mortal... De allí, semejante al Esposo que sale del tálamo, saltó como gigante a hacer su carrera» [1].

En el retorno a Dios por el trámite de la propia interioridad pone San Agustín el hecho fundamental de la encarnación del Verbo, comparada en la Biblia al desposorio con la naturaleza humana en el seno de la Madre virgen. María es anillo de conjunción entre Dios y el hombre, y por él debe pasar éste en su unión a Dios. Es decir, en el mismo proceso de la conversión o retorno del hombre a Dios aparece María como el lugar santo o santuario donde es preciso entrar para encontrarse con Dios. El seno materno de María es el regazo de las almas: «El Verbo es el Esposo, Esposa la carne, y el tálamo es el seno de la Virgen» [2]. La Esposa, pues, que es la humanidad de Jesús, y como tal cabeza del Cuerpo místico, se une en María, y por María al Hijo de Dios.

Las miradas contemplativas de San Agustín se posaban frecuentemente en la humilde doncella de Nazaret: «Contempla aquella sierva casta, virgen y madre; allí tomó (el Verbo) la forma de esclavo, allí se despojó de sus riquezas, allí nos enriqueció» [3]. Dios y ayuda costó a Agustín penetrar en este misterio de humildad, y hasta que no entró en él estuvo distante de la fe y la conversión. Hasta que no abrazó humilde a Cristo humilde, el cristianismo fue siempre castillo cerrado. El cual tiene una puerta baja de entrada [4]. Puerta que se llama humildad, y sus dos hojas están formadas también por dos humildades: la de la Madre y la del Hijo. La humildad de la esclava María le abrió y extendió los brazos a la humildad de Dios, que se desposaba con los hombres en su seno virginal. Al anonadamiento divino respondió la bajeza de la esclava. Anonadándose el Hijo de Dios, entró en el mundo, y anonadándose fue recibida la esclava en el consorcio de la divina maternidad. Con Ma-

---

[1] *Conf.* IV 12,19. Cf. *Enarrat. in ps.* 18,6: PL 36,161.

[2] *Enarrat. in ps.* 90,5 (PL 37,1163): «Verbum Sponsus, caro sponsa, et thalamus uterus Virginis».

[3] *Enarrat. in ps.* 101 sermo 1,1 (PL 37,1294): «Attende ancillam illam castam, et virginem et matrem; ibi accepit formam servi, ibi se pauperavit, ibi nos ditavit».—J. B. Bossuet tiene un bellísimo comentario a este pasaje en sus *Sermones,* trad. del francés por D. Domingo Morico, VI p.135ss (Valencia 1776).

[4] *Conf.* VII 18: «Mas como yo no era humilde, no abrazaba a nuestro Dios, Jesús humilde; ni sabía qué era lo que con su flaqueza nos quería enseñar. Porque vuestro Verbo y eterna Verdad, que está encumbrado sobre las más altas criaturas, levanta a los que se humillan, al mismo tiempo que en la región inferior edificó para sí una humilde casa de nuestro barro, por la cual abatiese a los que se han de rendir, vaciándolos de sí mismos, y los atrajese a sí, curando su orgullo y alimentando su amor a fin de que con la demasiada confianza en sí misma no se alejasen ya de El».
Este es el abatimiento de la *kenosis* paulina con que vino Dios al mundo y la exigencia de la humildad como condición de entrada en su misterio de su anonadamiento. La importancia ascética de la humildad se hace patente en la encarnación.

ría descendemos al abismo insondable de la humildad de Dios que se hizo hombre.

Tal es el principio de la interioridad cristiana o de la humildad de la fe. Esta humildad cristiana y mariana nos introduce y nos lleva a Dios. Es también la puerta que nos da acceso a la interioridad de María y al secreto de sus prerrogativas. María se pone delante a las primeras miradas de la fe. Cuando se abraza a Cristo, se toca a la Madre. Y la espiritualidad cristiana se hace mariana.

¿Y qué es lo que brilla en María a los ojos de San Agustín? Las grandes prerrogativas que ha anunciado en el texto citado: contempla a aquella esclava casta, virgen y madre. Pureza inmaculada, virginidad, maternidad divina; sobre estos pilares se alza la dignidad de María.

2. Santidad de María

Ella representa todo lo digno, puro e inocente que pudo ofrecer la tierra a Dios para que se dignase bajar a ella. En este sentido la llama *dignitas terrae,* aplicándole una alegoría del Antiguo Testamento: *Una fuente subía de la tierra y regaba la faz de la misma* (Gén 2,6). La faz de la tierra, esto es, la dignidad de la tierra, se entiende la Madre del Señor, la Virgen María, a quien regó el Espíritu Santo, llamado en el Evangelio fuente y agua (Jn 4,14), para que, como del limo, fuese formado aquel hombre colocado en el paraíso con el fin de trabajarlo y guardarlo, esto es, en la voluntad del Padre para que la cumpliese y guardase» [5]. En la persona de María se reunían tres cosas: la *dignitas terrae,* con prerrogativas singulares de nobleza, gracia y hermosura; el *limus terrae,* el *humus* humano, la masa flaca de la carne, que venía del pecado y debía ser redimida, y la *fuente del Espíritu Santo,* que regaba su persona para darle la incomparable dignidad de Madre de Dios. Ella fue una tierra santa donde Dios puso su tienda de campaña; tierra de flores, perfumes y belleza sin igual.. Por eso San Agustín no quería que, cuando se hablaba de la Virgen, se mencionase el pecado, de tanta importancia en su controversia contra Pelagio. Durante ella, por el año 415 pronunció la célebre sentencia que ha tenido inmensa resonancia en toda la mariología posterior: Todos los hombres, aun los santos, han de repetir lo de San Juan: *Si dijésemos que no tenemos pecado, nos engañamos y la verdad no está con nosotros* (1 Jn 1,8).

Sólo hay una excepción para María, porque ella es «miembro santo, miembro excelente, miembro sobresaliente de toda la Iglesia» [6]. Por eso sentencia el Santo: «Exceptuada, pues, la santa Virgen María, sobre la cual, por el honor debido al Señor, cuando se trata de pecado, no quiero tener absolutamente ninguna discusión—pues sabemos que a ella le fueron concedidos más privilegios de gracia para vencer de todo flanco el pecado, pues mereció engendrar y dar a luz al que nos consta que no tuvo ningún pecado—; exceptuada

---

[5] *De Gen. contra man.* II 24,37: PL 34,216. Cf. V. Capánaga, *La Virgen María según San Agustín* (Roma 1946).
[6] Denis, XXV; MA I 163: «Sanctum membrum, excellens membrum, supereminens membrum totius Ecclesiae».

digo, esta Virgen, si pudiésemos reunir a todos los santos y santas cuando aquí vivían, y preguntarles si estaban sin pecado, ¿qué creemos que nos habían de responder?»[7]

Sentencia tan enfática y solemne ha movido a muchos a creer que San Agustín profesa aquí una inmunidad total de pecado en la Virgen, sin excluir el original. Como dice J. M. Scheeben, «aunque se trata aquí, sobre todo, de la inmunidad de los pecados personales, ello no obliga de ningún modo a limitar a ellos el dicho de San Agustín, pues, por una parte, en la controversia pelagiana subyacía siempre la cuestión del pecado original; por otra, tanto el fundamento como la forma de exención de todo pecado hecha en favor de María están expresadas tan general y vigorosamente, que cada especie de pecado está incluido, y por eso la cuestión especial ha de ser resuelta por un principio general»[8].

Aun prescindiendo de la cuestión del privilegio de la concepción inmaculada, San Agustín atribuye a María una supereminente santidad, superior a la de todos los demás santos, exigida por su dignidad de Madre de Cristo. Esta es la plenitud de gracia que celebró en ella el arcángel cuando la saludó llena de gracia[9].

3. María, Virgen perpetua

En la plenitud de su gracia se incluye también la virginidad perpetua de María. El mundo antiguo vislumbró algo del misterio de la sagrada hermosura de la virginidad, enlazando etimológicamente la palabra «virgen» (*parthenos*) con uno de los fenómenos más admirables de la naturaleza: la floración. La virginidad es la florescencia del ser humano que resume en sí la energía vital creadora, la hermosura, la exuberancia de las fuerzas del espíritu cuando se abre a los horizontes de la vida. Por eso a los seres virginales se les consideraba dignos de vivir y ponerse en relación y proximidad con los dioses.

Estas ideas—floración del ser, gracia, hermosura, proximidad a Dios—derraman su luz sobre el misterio virginal de María. Ella es la más estupenda floración del ser femenino, rebosante de frescura, de inocencia y lozanía en medio del desierto del mundo. «El custodio de la virginidad—dice San Agustín—es el amor, y el lugar de este custodio es la humildad. Porque allí habita el que dijo que sobre el humilde, y el sosegado, y el temeroso de sus palabras descansa su Espíritu»[10].

María ofreció su virginidad con voto a Dios, y así, cuando se desposó con San José, estaba consagrada con un vínculo que tampoco se rompió con el matrimonio. Esta virginidad perpetua la predicó muchas veces San Agustín como un artículo de fe[11], poniendo en la Madre y el Hijo un sello de singula-

[7] *De nat. et gratia* 37,47: PL 44,267.
[8] *Handbuch der Katholischen Dogmatik* III p.543 (Freiburg i. B. 1933). Sobre la interpretación de este pasaje como favorable a la inmaculada concepción reina diversidad de pareceres. Cf. V. CAPÁNAGA, l.c., p.20-30.
[9] *Sermo* 291,6: PL 38,1319.
[10] *De sancta virg.* 52: PL 40,426.
[11] *Ench.* 34: PL 40,249.

ridad: «El nació singularmente de Padre sin Madre, de Madre sin Padre; Dios sin madre, hombre sin padre; sin madre antes de todos los tiempos, sin padre en el fin de los tiempos»[12].

La virginidad de María singulariza al Hijo y a la Madre; es decir, los sella con un honor sublime y único, los hace ejemplares eternos de hermosura.

La defensa de la virginidad de María no es tanto en privilegio y honra de la Madre como del Hijo. Por eso San Agustín no se cansa de repetir: «Ella concibió siendo virgen, le dio a luz quedando virgen, virgen permaneció»[13].

4. Madre de Dios

Por eso fue virgen madre y madre virgen: «La Virgen María era de nuestra masa; en ella tomó Cristo carne de nosotros, es decir, del género humano»[14].

Por María y con María, nosotros dimos nuestra naturaleza al Hijo de Dios. Nosotros, pues, «creemos en Jesucristo, Señor nuestro; nacido, por obra del Espíritu Santo, de María virgen»[15]. Toda la Trinidad contribuyó en esta humanación del Hijo de Dios, y María cooperó en ella de un modo físico y espiritual. Hay que considerar un principio espiritual activo en la cooperación mariana. En la Madre de Dios podemos distinguir como dos senos: uno espiritual y otro corporal.

Es propio de la fe y de la caridad formar un profundo seno de alojamiento interior al que se ama y contemplarlo y tenerlo presente y abrazarlo. A estos dos senos corresponde una doble concepción, en que se reproducen los dos aspectos de Cristo como verdad y como carne: «María mejor guardó la verdad en la mente que la carne en el seno. Porque Cristo es verdad; Cristo es carne; la verdad-Cristo en la mente de María; carne-Cristo en el vientre de María»[16]. Por la fe al mensaje del ángel, María abrazó al Hijo de Dios en su espíritu con los tres actos que San Agustín atribuye a esta virtud: *retentio, contemplatio, delectatio*[17]. Es propio de la fe interiorizar, imprimir en el espíritu, guardar dentro y traer dentro de las niñas de los ojos lo que se ha recibido por la revelación como verdad íntima por la que debe estarse dispuesto a morir. Cuando el objeto de la revelación es una persona divina que es la misma verdad, como en la manifestación del ángel a María, ya se puede suponer qué profundamente quedó sellada el alma de María con la imagen y el ser de Cristo, que se hizo Hijo en sus entrañas. Todo su corazón se volvió a El para abrazarlo en su destino, en su gloria, en su majestad. El *Verbum Dei* que reposaba en el corazón del Padre se hizo *verbum mentis et cordis* en el corazón de la Madre.

Esto es lo que parece significar la expresión agustiniana *fide concipere*, concebir por fe a Cristo verdad en la mente de María: «María concibió la

---

[12] *In Io. ev. tr.* 8,8: PL 35,1455.
[13] *Sermo* 51,18 (PL 38,343): «Illa enim virgo concepit, virgo peperit, virgo permansit»
[14] DENIS, V; MA I 127.
[15] *Sermo* 215,4: PL 38,1074.
[16] DENIS, XXV; MA I 163: «Maria plus mente custodivit veritatem quam utero carnem Veritas Christus, caro Christus; Veritas Christus in mente Mariae, caro Christus in ventre Mariae».
[17] *De Trin.* XIV 4: PL 42,1038.

carne de Cristo por la fe»[18]. No fue la pasión de la carne, sino el ardor de la caridad y de la fe, lo que engendró a Cristo: «Por esta santa concepción en el útero de la Virgen, lograda no por el ardor pasional de la concupiscencia, sino por la caridad ferviente de la fe, se dice que nació del Espíritu Santo y de la Virgen María»[19].

Esta *caridad ferviente de la fe* fue la cooperación mariana en la encarnación del Verbo. Primero lo acogió en las entrañas de la fe ardorosa, y luego en las entrañas maternales. Todo fue limpio y sublime en esta concepción, definida por San Agustín como *grande miraculum*[20], grande maravilla, porque se juntaron dos cosas de imposible convivencia en el orden natural: la integridad virginal y la fecundidad. Cristo regaló a su Madre la fecundidad materna sin quitarle la virginidad: «Trajo a la Madre la fecundidad, no le quitó la integridad»[21].

Por eso María fue virgen antes de ser madre, virgen siendo madre, virgen después de la maternidad. Estas fórmulas se harán clásicas en la teología y predicación posterior.

San Agustín se asombraba de este misterio que afecta a Cristo y a su Madre: «¿Quién comprenderá este nuevo nacimiento inusitado, único en el mundo, increíble, pero hecho creíble y creído increíblemente en todo el mundo, que la Virgen concibiese, la Virgen pariese, quedando virgen en el parto?»[22]

5. La dignidad virginal

De aquí le viene a María otro privilegio insigne; el de ser Virgen de las vírgenes, porque de ella procede el decoro y la estima de la virginidad en la tierra. Ella inició una nueva era espiritual en nuestro mundo, elevando la vida y atrayendo a sí un coro de bellísimas criaturas que siguieron su ejemplo: «Mas cuando nació el rey de las naciones, por la Madre de Dios comenzó la dignidad virginal, pues ella mereció tener Hijo sin desflorar su honestidad»[23].

La *dignitas virginalis* fue como un nuevo vergel de hermosura en la tierra, siendo su jardinera la Madre de Dios. Toda la Iglesia se enfloreció con esta belleza; toda ella se hizo virgen al abrazarse al Hijo de Dios, pues «la virginidad de la carne es el cuerpo intacto, la virginidad del corazón es la fe incorrupta. Luego se llama virgen toda la Iglesia, que en género masculino se llama pueblo de Dios; ambos sexos forman el pueblo de Dios; un pueblo y único pueblo y una Iglesia y única paloma, miles de santos participan de esta virginidad»[24].

María reunió en sí el pleno privilegio de la virginidad en cuerpo inmaculado y corazón fiel. Y la Iglesia imita estas dos prerrogativas marianas. Hay grupos numerosos de fieles que imitan su pureza corporal con voto sagrado

---

[18] *Contra Faustum* XXIX 4: PL 42,490. Cf. V. Capánaga, l.c., p.13. nt.10.
[19] *Sermo* 214,6: PL 38,1069.
[20] *Sermo* 184,1: PL 38,996.
[21] *Sermo* 69,4 (PL 38,442): «Attulit virgini fecunditatem, non abstulit integritatem».
[22] *Sermo* 190,2: PL 38,1008. La catequesis antigua comparó este *paso* virginal del nacimiento de Jesús con su entrada *per clausa ostia* en la morada de los apóstoles después de la resurrección (*Sermo* 215,4: PL 38,1074).
[23] *Sermo* 51,16 (PL 38,348): «... caepit dignitas virginalis a Matre Domini»...
[24] *Enarrat. in ps.* 147,10 (PL 37,1920): «Ergo dicitur virgo tota Ecclesia»...

o con firme voluntad; y todos participan de su virginidad espiritual o fe incontaminada viviendo en la verdad de Cristo. San Agustín contemplaba la Iglesia en el espejo de María: «Toda la Iglesia, imitando a la Madre de su Señor, aunque no corporalmente, en su espíritu es madre y es virgen» [25].

Estas dos imágenes—María y la Iglesia—están inseparablemente unidas en los ojos y el corazón de San Agustín. «De todos los Padres de la Iglesia—escribe Terrien—, nadie ha descrito esta semejanza entre las dos vírgenes y madres con tanta insistencia como San Agustín. A ella vuelve frecuentemente en sus comentarios a los Salmos, en los sermones al pueblo y en los escritos catequísticos y dogmáticos» [26].

Por la conexión entre ambas vírgenes y madres podemos vislumbrar sus relaciones mutuas. En María, lo mismo la virginidad del corazón—*fides incorrupta*—como la virginidad física actúan en la Iglesia como causas ejemplares por lo menos. Es decir, María contribuye, con su ejemplaridad y con su poder intercesor y medianero, a mantener en los fieles la fe y la pureza del pueblo cristiano. «En la Iglesia—dice en una parte—, que no es virgen toda entera en el cuerpo, pero sí toda entera virgen en el espíritu, nacen los que son espiritual y corporalmente vírgenes» [27]. En el mismo lugar, poco antes ha escrito esta sentencia: «*Non parit virgines sacras nisi virgo sacra*. No da a luz vírgenes sagradas sino la Virgen sagrada, aquella que está desposada con Cristo como con el único varón para presentarse a El como virgen casta (2 Cor 11,2)» [28]. Esta sentencia tiene un alcance eclesiológico, pero en el contexto de otros pasajes ilumina también la mariología. Porque María es la Virgen sagrada que engendra vírgenes sagradas. El primero y gran propósito de la virginidad floreció en María, que es Virgen de las vírgenes, porque todas siguen su ejemplo y su ayuda espiritual. Tanto la Virgen como la Iglesia cultivan y guardan el vergel de la virginidad en el mundo cristiano.

Y su fundamento es la unión desponsorial de la fe que los fieles mantienen con Cristo. La *virginitas cordis* vivifica y alimenta la virginidad corporal. María tiene una acción secreta en los corazones, realizando siempre lo propio de su maternidad virginal: unir los hombres con Dios.

Esta parte que tiene María con la Iglesia en la generación de la doble virginidad le confiere un título de maternidad espiritual para con los cristianos.

6. Madre de los miembros

María no sólo ha engendrado a nuestra Cabeza, sino también a los miembros que forman su Cuerpo místico. Así ha enunciado uno de los principios más fecundos en la mariología, que ha gozado en la literatura mariana de una fortuna sin precedentes, dice P. Dillenschneider [29]. «Y por eso aquella Mujer, no sólo en espíritu, sino corporalmente, es virgen y madre. Y Madre ciertamente en el espíritu, no de nuestra Cabeza, de la que ella nació también espiritual-

[25] *Sermo* 191,3: PL 38,1010.
[26] J. B. TERRIEN, *La Mère de Dieu et la Mère des hommes d'après les Pères et la théologie* IV p.9 (Paris 1927).
[27] *De sancta virg.* 12: PL 40,401.
[28] Ibid.
[29] *Maria, Corredentrice* p.262 (Roma 1955).

mente—pues todos los que en El creyeron, y entre ellos ha de contarse a María, muy bien se llaman hijos del Esposo—, sino en verdad Madre de sus miembros que somos nosotros, porque cooperó con su caridad para que naciesen en la Iglesia los fieles, que son miembros de aquella cabeza; mas corporalmente es también Madre de la misma Cabeza» [30].

El texto no expresa la naturaleza y acción de la maternidad espiritual de María: si fue por vía de adquisición de méritos o por vía de mediación o de intercesión, o por ambas vías a la vez; pero está claramente expresado su título de *Madre de los miembros* o de los cristianos y de su forma de cooperación por amor o caridad. San Agustín relacionó los conceptos de maternidad y nacimiento de los hijos, que lo mismo en lo físico que en lo espiritual van unidos. Y esto nos hace pensar que María ha contribuido también a engendrarnos en el bautismo, que es el nacimiento de los cristianos. Lo cual parece significar que ella nos ha merecido nuestra incorporación a Cristo por participación de las gracias redentoras [31].

Mas adviértase que la distinción entre adquisición de gracias y distribución de las mismas no se presentó a la mente de San Agustín, sino que viene de la teología posterior.

María se relaciona maternalmente con la plenitud de Cristo, que es Cabeza y Cuerpo, «pues el Verbo se hizo carne para ser cabeza de la Iglesia» [32], ya desde el principio de su existencia terrena, en el seno mismo de María, donde fue tomada la humanidad, que sería suya, «pues en aquel Hombre fue tomada la Iglesia por el Verbo, que se hizo carne y habitó entre nosotros» [33]. El misterio de la encarnación es el punto de encuentro de Cristo, María y la Iglesia.

Por eso nosotros salimos del seno materno de María, lugar del desposorio de Dios con los hombres.

La maternidad divina de María adquiere una dimensión espiritual que se extiende a los miembros de Cristo, contribuyendo a comunicarles la vida sobrenatural de la gracia con una regeneración espiritual que la hace Madre de los cristianos y Madre de la divina gracia. Pertenece este privilegio mariano a la misma ley de compensación o de recirculación que aparece en la caída y reparación: «Pues por el sexo femenino cayó el hombre, por el sexo femenino fue reparado; porque la Virgen dio a luz a Cristo, la mujer anunció la resurrección. Por la mujer vino la muerte, por la mujer vino la vida» [34].

El contraste entre ambas madres del género humano, Eva y María, pone a ésta en lugar eminente de cooperación para salvar a los hombres. Ambas cooperaciones fueron reales y eficaces; la una catastrófica, la otra salvífica.

---

[30] *De sancta virg.* 6 (PL 40,399): «... sed plane mater membrorum eius, quod nos summus, quia cooperata est caritate ut fideles in Ecclesia nascerentur qui illius capitis membra sunt».

[31] Cf. V. CAPÁNAGA, l.c., p.17.

[32] *Enarrat. in ps.* 148,8 (PL 37,1942): «Verbum caro factum est ut fieret caput Ecclesiae».

[33] *Enarrat. in ps.* 3,9: PL 36,77. Sobre la dimensión eclesiológica de la humanidad de Jesús véase a J. A. GOENAGA, *La humanidad de Cristo, figura de la Iglesia* (Ed. Augustinus, Madrid 1963).

[34] *Sermo* 232,3: PL 38,1108.

María es también madre de los vivientes o de los que participan de la vida espiritual de la gracia de Dios. Así la espiritualidad cristiana tiene también sus orígenes en la Madre de Dios.

7. María, la Iglesia y el alma cristiana

La piedad agustiniana enlaza íntimamente a María y la Iglesia en sus privilegios y excelencias, tales como la integridad perpetua y la fecundidad incorrupta: «Adorna a la Iglesia, como a María, la integridad perpetua y la incorrupta fecundidad» [35]. Por eso la Iglesia es semejantísima a María por las dos mentadas prerrogativas: «Virgen es la Iglesia, virgen sea. Pero me dirás tal vez: 'Siendo virgen, ¿cómo engendra hijos? Y si no engendra hijos, ¿por qué nosotros le dimos los nombres para que naciésemos de sus entrañas?' Respondo a esto: La Iglesia es virgen y madre. Imita a María, que dio a luz al Señor. También la Iglesia da a luz y es virgen. Y si lo miras bien, da a luz a Cristo, porque miembros suyos son los que se bautizan. *Vosotros sois*—dice el Apóstol—*cuerpo de Cristo y miembros*. Luego si da a luz los miembros de Cristo, muy semejante es a María» [36].

La Iglesia es muy semejante a María, y María muy semejante a la Iglesia, en quien resplandecen idénticos rasgos virginales y maternales. En el arte cristiano de Africa se representaban la Iglesia y la Virgen en la única figura de la orante. De una de ellas descubierta en Cartago, y perteneciente al siglo IV o V, dice J. B. Rossi: «Aquella mujer es la personificación de la Iglesia, virgen y madre, pero simbolizada en la real Virgen y Madre del Evangelio, María» [37].

San Agustín tenía experiencia de que la contemplación de ambas madres y vírgenes es manjar suave para la espiritualidad cristiana. Para conocer a María hay que mirar a la Iglesia, y para conocer a ésta contemplar a aquélla.

Estas tres miradas han de alimentar la piedad cristiana: miradas a Cristo, a la Virgen y a la Iglesia. Son los tres vergeles de la contemplación para subir a Dios y penetrar en el misterio de nuestra salvación.

Tanto la función de la virginidad como de la maternidad tienen un solo fin: recibir a Cristo y darlo al mundo. La pureza y santidad disponen para recibir a Cristo; la caridad, para darlo a los demás. Recibirlo es acto desponsorial de la fe, entregarlo es obra del amor a Dios y a los hombres [38].

Hay unión indisoluble en el Verbo encarnado con la Iglesia, su esposa y Madre, lo mismo que con la Madre de Dios, y, al mismo tiempo, comunicación de sus singulares prerrogativas. Cristo, María y la Iglesia forman una trinidad y al mismo tiempo una escala del paraíso que es necesario subir. Dentro de esta trinidad ha de moverse el alma cristiana.

---

[35] *Sermo* 195,2 (PL 38,1018): «Est ergo Ecclesiae sicut Mariae, perpetua integritas et incorrupta fecunditas».

[36] *Sermo* 213,12 (PL 38,1061): «Si ergo membra Christi parit, Mariae simillima est».

[37] Cit. por DELATRE, *Le culte de la Sainte Vierge en Afrique d'après les monuments archéologiques* p.22 (Paris 1907).

[38] Sobre estos dos temas de la virginidad y maternidad de María véanse S. VERGÉS, *La Iglesia, esposa de Cristo* (Barcelona 1969), y R. PALMERO-RAMOS, *«Ecclesia Mater»* en *San Agustín* (Madrid 1970).

Se ha hablado antes de la biosfera espiritual de la Trinidad increada donde es preciso desarrollarse, porque «tu vida es Dios, tu vida es Cristo, tu vida es el Espíritu Santo» [39]. De esta trinidad creadora es obra la otra trinidad que forman la Virgen, la Iglesia y el alma cristiana, la cual debe reproducir asimismo la fisonomía de la Madre de Dios y de la Iglesia para hacerse conforme a la imagen del Hijo de Dios.

La suprema ventura para las tres es lo que llama San Agustín *suscipere et custodire Verbum Dei,* recibir y guardar la palabra de Dios. De Santa María dice el Santo que mayor felicidad fue para ella llevar a Cristo en el corazón que en la carne [40]. La gestación íntima de Cristo es lo que nos cristiana por la fe y la caridad. Mas nadie piense que se iguala o aventaja a María pues también supo recibir y guardar en el seno de su espíritu a Cristo, creyendo en El y amándole sobre todo, porque la Madre de Dios es la que se adelanta a todos y lleva la palma de la primacía en la fe y caridad. Más que nadie, ella abrazó al Hijo de Dios, que es Hijo suyo, en sus entrañas con más vigor y plenitud. Tal es la primera bienaventuranza de María, pues «más dichosa fue recibiendo la fe de Cristo que concibiendo la carne de Cristo» [41].

San Agustín puso por encima de los otros valores la maternidad espiritual de María al comentar el episodio evangélico (Mt 12,47-50) que dio pretexto a los maniqueos para negársela a la Virgen, dando a Cristo un origen celestial: «Tú niegas que Cristo tuvo madre, y quieres apoyarte en lo que El dice: *¿Quién es mi madre y quiénes son mis hermanos?*» [42] Cristo no negó ni menospreció a su Madre con tales palabras. Quería iluminar las mentes ciegas, formar hombres interiores, labrarse para sí un templo espiritual [43].

Es decir, nos invitó a todos a penetrar en la grandeza espiritual de su Madre, que es toda interior, «porque ella oyó la palabra de Dios y la guardó; mejor guardó la verdad en la mente que la carne en el útero» [44]. Su mérito está más en ser discípula o creyente de Cristo que en ser madre suya.

En esta grande dicha de concebir a Cristo en nuestras almas y darlo a luz participamos los fieles cristianos también del gran privilegio de la Madre de Dios.

No tenemos el privilegio de encarnar en nuestras entrañas la carne de Cristo, pero sí el de concebirle en nuestro espíritu y alumbrarlo al mundo: «Pues la verdad, la paz y la justicia es Cristo, concebidle en la fe, dadle a luz en las obras, de suerte que lo que hizo el seno de la Virgen en la carne de Cristo, haga vuestro corazón en la ley de Cristo» [45]. No sólo las vírgenes consagradas a Dios, grande ornamento de la Iglesia, porque practican lo que aman en Cristo [46], sino también todos los fieles cristianos, participan de ambas pre-

---

[39] *Sermo* 161,7: PL 38,881.
[40] *De sancta virg.* 3 (PL 40,398): «... felicius Christum corde quam carne gestare».
[41] Ibid. (PL 40,397): «Beatior ergo Maria percipiendo fidem Christi, quam concipiendo carnem Christi».
[42] Denis, XXV 5; MA I 160.
[43] Ibid.: «... interiores homines faciebat»...
[44] Ibid.: «... plus mente custodivit veritatem quam utero carnem».
[45] *Sermo* 192,2 (PL 38,1012): «Ut quod egit uterus Mariae in carne Christi, agat cor vestrum in lege Christi».
[46] *Sermo* 191,3: PL 38,1011.

rrogativas marianas: «Finalmente, me dirijo a todos, a todos hablo; lo que admiráis en la carne de María—la virginidad—, obradlo en lo íntimo de vuestras almas.

»El que cree en su corazón para hacerse bueno, concibe a Cristo; el que lo confiesa o manifiesta con palabras buscando la salvación, da a luz a Cristo.

»Así, en vuestras almas sea rebosante la fecundidad, y perseverante la virginidad» [47]. Volvemos siempre a las virtudes, de las que tampoco puede separarse la hermana gemela: fe, esperanza y caridad.

En última instancia, la espiritualidad cristiana es una imitación de María que imprime en nosotros sus rasgos de virgen y madre. Nos hacemos vírgenes de Cristo y madres de Cristo, «pues todos cuantos hacen la voluntad del Padre son espiritualmente madres de Cristo» [48]. María se presenta a los ojos de San Agustín como el ideal perfecto de la vida cristiana, a quien han de imitar todos cuantos quieren seguir el camino de la salud.

Por eso la Virgen y Madre de Dios se entraña profundamente en la piedad y devoción de los fieles. No puede darse una auténtica espiritualidad cristiana que margine a la Virgen o la considere como una persona de poca monta en la historia de nuestra salvación.

8. Culto y devoción a María

¿Tuvo San Agustín devoción a María y le honró con algún culto? La pregunta pudiera parecer ociosa, pero nos la hemos hecho para completar esta materia. El Santo distingue un culto divino diferente de todo otro culto: «Hay un culto que se debe propiamente a Dios, y que en griego recibe el nombre de *latreía,* y significa el servicio que se refiere al culto divino» [49]. Esta *latreía* (= servicio) implica una sumisión a Dios como Señor de todo lo creado; el reconocimiento—interno y externo—de este señorío es el culto latréutico.

Al creador y Señor de todo no se le puede igualar con ninguna criatura y se debe un honor peculiar. En este sentido, el *colere,* dar culto, sólo se aplica al que se da a Dios, y así podía decir el mártir San Eulogio, diácono de San Fructuoso, cuando le preguntaba el juez: «Numquid et tu Fructuosum colis? —Ego non colo Fructuosum, sed Deum colo quem colit et Fructuosus» [50]. En este texto, el *colere* significa el culto dado al supremo Hacedor, y que no se puede atribuir a ninguna criatura por digna y santa que sea.

Mas en un sentido menos estricto o más analógico, se llama también culto el que se da a los ángeles, a los santos, a los hombres insignes: «También se dice que damos culto (*colere*) a los hombres a quienes honramos con el recuerdo o la presencia» [51]. Lo que llama aquí el Santo *presencia honorífica* alude, sin duda, a ciertas muestras o ritos de veneración; v. gr., inclinaciones de cabeza o del cuerpo, postraciones, genuflexiones, de uso frecuente en el mundo en que él vivió.

[47] Ibid.
[48] *De sancta virg.* 6: PL 40,399.
[49] *De civ. Dei* X 1,1-2: PL 41,277-78.
[50] *Sermo* 273,3: PL 38,1249.
[51] *De civ. Dei* X 1,2 (PL 41,278): «Dicimur enim colere etiam homines quos honorifica vel recordatione vel praesentia frequentamus».

Podemos hablar, pues, del culto de los ángeles, a quienes «honramos con nuestra caridad, pero no con culto de servicio» (latría)[52]. En tiempo de San Agustín se tenía devoción a los ángeles, «a los cuales, como dichosísimos ciudadanos, veneramos y amamos en esta peregrinación mortal»[35]. A propósito de los cuales formula esta doctrina: «Cualquiera de los ángeles que ama a este Dios, estoy seguro de que me ama también a mí. Quienquiera que en El permanece y es capaz de oír nuestras oraciones, me escucha en El. Quienquiera que le tiene a El por sumo Bien, me ayuda en El, ni puede envidiarme a mí que participe de El»[54].

Estos principios nos introducen en el tema del culto mariano, porque ningún bienaventurado ama más a Dios que su bienaventurada Madre. Ninguno mejor que ella permanece en Dios y es capaz de oír y escuchar nuestras oraciones. Nadie como ella ama el sumo Bien y nos ayuda para que todos los hombres participen del que ella dio al mundo para que lo abrazara y poseyera.

Un estudioso de gran autoridad mariana como el P. N. García Garcés, que ha estudiado este punto, dice concluyendo su estudio: «En los escritos de San Agustín encontramos el concepto de culto y devoción, con sus varios elementos, como casi los tenemos hoy día: reconocimiento de las excelencias superiores, veneración, alabanza, imitación»[55].

En realidad, María para San Agustín pertenece al misterio de Cristo; y por eso los encuentros con María están iluminados por la presencia de Cristo. Es decir, los misterios marianos más entrañables a la devoción del Santo fueron la encarnación y la natividad del Señor. San Agustín contempla en ellos, admira, venera, ama, imita y suplica a la Madre de Dios. Y ésta fue su devoción mariana.

Los ojos se le iban en pos de la doncella de Nazaret que nos dio a Cristo: «Este es el más hermoso entre los hijos de los hombres (Sal 44,3); es el Hijo de Santa María, el Esposo de la santa Iglesia, a la que hizo semejante a su madre»[56]. Dentro de esta trinidad vive y arde el corazón de San Agustín.

«Contempla aquella doncella casta, al mismo tiempo virgen y madre»[57].

No se cansaba de mirar la hermosura casta, virginal y maternal de María. En su predicación volverá mil veces a repetir sus admiraciones por este motivo. También se le paraban los ojos viendo a la Madre lactante: «¡Oh Madre!, alimenta con tu leche al que un día será nuestro alimento; da de comer al

---

[52] *De ver. rel.* 55,110 (PL 34,170): «Quare honoramus eos caritate, non servitute». *Servitus* en este pasaje equivale a *latreía.*
[53] *De civ. Dei* XIX 23,4 (PL 41,654): «Quos (= angelos) beatissimos tanquam cives in hac peregrinatione mortali veneramur et amamus». *Venerar y amar* es la esencia del culto cristiano.
[54] *De ver. rel.* 55,112: PL 34,171.
[55] N. GARCÍA GARCÉS, *El culto a la Virgen en la doctrina de San Agustín* p.43 (Madrid 1967): «En la doctrina del Santo se afirman e inculcan los privilegios, grandezas y oficios que fundan el culto que la Iglesia rinde a la Virgen y la verdadera e integral devoción mariana incluso con su carácter de singularidad e hiperdulía y con el matiz de piedad filial que ha consagrado el concilio Vaticano II precisamente tras haber citado a San Agustín» (ibid., p.45).
[56] *Sermo* 195,2: PL 38,1018.
[57] *Enarrat. in ps.* 101,1: PL 37,1294.

Pan que ha bajado del cielo y está en el pesebre como manjar de animales espirituales. Amamanta a quien te hizo digna de que El fuera formado de ti; lacta a quien, concebido de ti, te regaló el don de la fecundidad y al nacer de ti no te quitó la gloria de la virginidad» [58].

Esta prerrogativa le arrebataba de asombro y maravilla: «Siendo virgen, concibió; admiraos: sin perder la virginidad, dio a luz; admiraos más todavía: permaneció virgen después del parto» [59]. Sin duda, el Santo se sentía corto de ingenio para ensalzar debidamente estos prodigios, y daba riendas a sus admiraciones cantando su singularidad, su gloria y resplandor de «miembro supereminente en la Iglesia» [60].

Y subía a la fuente de donde le venía tanto bien, que es la gracia, la generosidad libérrima de Dios: «¿De dónde te viene a ti tan soberano don? Eres virgen, eres santa. Mucho es lo que mereciste y mucho más lo que recibiste de gracia» [61]. En este mundo maravilloso de la gracia divina, San Agustín se hallaba como en su centro y tomaba luz contra los maniqueos y pelagianos.

9. Imitación de María

El culto cristiano significa la captación de un valor que nos afecta o impresiona y una respuesta a él, vinculándonos con la persona que lo posee. Así la santidad de Cristo de tal modo nos admira, atrae y afecta, que nos sentimos arrebatados y deseosos de hacernos semejantes a El. Y el esfuerzo por serlo es lo que se llama la imitación de los modelos, de tanta significación en la ética y espiritualidad cristianas.

La imagen de María ha impresionado siempre a los cristianos por su hermosura, su pureza virginal; por su fe, humildad y dulzura; por su entrega total a Dios, por su dignidad de Madre de Dios. Estas perfecciones y prerrogativas han mirado siempre innumerables cristianos con admiración, respeto y deseo de imitación. Por eso la historia de la espiritualidad cristiana lleva escrito en cada una de sus páginas el nombre de María o el de los que se han santificado en las escuelas de sus ejemplos y virtudes.

De lo escrito aquí mismo puede colegirse que el mismo San Agustín admiró, exaltó e imitó a la Madre de Dios. La contemplación de María le ayudó a descubrir los semblantes de la Iglesia y del alma cristiana. Las dos imitan y son muy semejantes a María; y, cuanto más se asemejan a ella, son mejores y más perfectas. Ambas llevan impreso su sello o carácter mariano. Imitar a María comprende dos cosas: hacerse virgen y madre por la fe y la confesión de Cristo y la práctica de sus enseñanzas.

Objeto, pues, de imitación son las dos prerrogativas: la virginidad y maternidad, con el fin de hacerse vírgenes de Cristo y madres de Cristo. Por la fe se recibe a Cristo, se le interioriza, se le hace verbo mental y cordial, objeto de contemplación y al mismo tiempo principio de las acciones más nobles. Por la fe, que es la virginidad de la mente, Cristo habita en nosotros

[58] *Sermo* 369,1: PL 39,1655.
[59] *Sermo* 196,1: PL 38,1019.
[60] Denis, XXV 7; MA I 163.
[61] *Sermo* 291,6: PL 38,1319.

y nos asemeja a María, porque decimos «Sí» a la revelación del Padre, que entrega su Hijo al mundo para que crean en él, lo amen y lo adoren. Y cuando el cristiano da a este mismo Hijo al mundo por la palabra, por los buenos ejemplos, por la confesión de la fe, entonces el cristiano se hace madre de Cristo. Tal es el sentido de los textos agustinianos que se han propuesto y el que éste tiene: «Aquella, pues, cuyos pasos seguís, ni para concebir tuvo concurso de varón ni para dar a luz dejó de permanecer virgen. Imitadla en cuanto os es posible... Lo que os admira en la carne de María, obradlo en lo íntimo de vuestras almas. Pues el que profesa una fe que justifica, concibe a Cristo; y el que confiesa con su boca para salvarse (Rom 10,10), da a luz a Cristo» [62]. Concebir y dar a luz a Cristo con la fe y las obras: he aquí la buena imitación de María participada por los cristianos. Ser cristiano, pues, es imitar a María, e imitar a María es recibir a Cristo y darlo a los demás. Todo el cristianismo está en estas dos cosas; en lo que llama San Agustín *fide concipere, operibus edere Christum* [63]. Así interpretó el pasaje del evangelio de San Marcos cuando, señalando a los apóstoles y discípulos, dijo: *Estos son mi madre y mis hermanos, y todo el que hiciere la voluntad de mi Padre celestial es mi hermano, mi hermana y mi madre* (Mc 3,31-37). Y San Agustín comenta: «También es madre suya toda alma piadosa que hace la voluntad de su Padre» [64].

Esta maternidad espiritual tiene consecuencias misionales, como lo dice este pasaje: «La Iglesia espiritualmente da a luz a los miembros de Cristo, como la Virgen María según la carne. Procread, pues, vosotros en espíritu miembros de Cristo imitando a María, y seréis madres de Cristo. Os hicisteis hijos suyos; sed también madres. Al recibir el bautismo os hicisteis hijos, nacisteis como miembros de Cristo. Atraed al bautismo a cuantos podáis, para que así como os hicisteis hijos al nacer a la gracia, os hagáis madres de Cristo cooperando a su nacimiento espiritual por el bautismo» [65].

He aquí uno de los rasgos más amables de la espiritualidad cristiana. Por todo lo dicho, ya se puede concluir con un autor: «La interioridad agustiniana, que tiene una importancia histórica mundial y de la cual se ha alimentado una vez aun todo un milenio, y, sobre todo, ha vivido la mística del Medievo, es mariológica» [66].

---

[62] *Sermo* 191,4: PL 38,1011.
[63] *Sermo* 292,2: PL 38,1012.
[64] *De sancta virg.* 5: PL 40,399. Cf. V. Capánaga, *El milagro de las lámparas.—Las almas-madres* p.183-88 (ed. Augustinus, Madrid 1958).
[65] Denis, XXV 8; MA I 164.
[66] H. Rahner, *La Mariologia nella patristica latina* p.160. Mariologia, a cura di Paolo Sträter (Roma 1952): «L'interiorità agostiniana che ha una importanza storica mondiale e della quale ancora una volta si è nutrito un millennio e sopratutto è vissuta la mistica del Medievo, è mariologica».

PARTE TERCERA

LA ESPIRITUALIDAD DE LA CONVERSION CONTINUA

LA DIALECTICA DE LA CONVERSION

1. Corazón inquieto

San Agustín se ha convertido ya; pero convertirse no significa llegar a una estación de término, como ya se ha indicado. El admitiría las palabras de una convertida contemporánea: «Una conversión va generalmente precedida de un período de preparación. La entrada en la Iglesia nunca es un final, sino un principio. Es el primer paso hacia un conocimiento más claro en amplitud y en profundidad de lo que se había entrevisto entre grandes rasgos para dejar que la realidad penetre cada vez más íntimamente en el ser y en la vida» [1].

Así entró también San Agustín en la Iglesia. Expresamente afirma él que la recepción del bautismo es el principio de una renovación del hombre para que avanzando se perfeccione o acabe, lo cual en unos se logra más prontamente; en otros, más lentamente; pero son muchos los que hacen esto, si de veras lo intentan» [2].

La renovación constante es como una continua conversión. Y por eso la espiritualidad cristiana, si responde a su más profunda esencia, es un proceso de conversión incesante a Dios, porque la gracia es un principio dinámico que no descansa, sino mueve al hombre a llegar a una meta cuyos límites nunca se divisan, y lo que se alcanza es un *plus ultra* que invita a seguir más adelante. El primer artículo de la teología de la conversión en San Agustín es que Dios ha intervenido con su gracia para cambiarle el corazón y que se ha instalado más profundamente en éste para continuar su obra de restauración interior. El convertido se pone en manos de este operador secreto que va componiendo y desenrudeciendo el espíritu para hacer de él una imagen perfecta del ejemplar eterno.

Antes y después de la conversión sigue vigente la misma ley que formula el autor de las *Confesiones* aludiendo a su primera época: «Con aguijones internos me espoleabas para que no estuviese tranquilo hasta llegar a la certeza de tu existencia» [3]. La espuela de Dios no descansa nunca de pinchar e incitar, despertar y mover a toda obra buena, obligando a una conversión que no tiene fin.

En parte, la espuela divina es la misma inquietud del corazón humano, principio dinámico interior que no le deja descansar hasta que repose en Dios.

A. Maxzein considera el *corazón inquieto* como «el órgano de la dinámica personal» del hombre [4]. Y mérito del autor de las *Confesiones* es no sólo el

---

[1] Elsa Steinmann, *Yo había entrado en el reino de la Iglesia,* en *Testimonios de la fe. Relatos de conversiones* p.222 (Madrid 1953).

[2] *De mor. Eccl. cathol.* I 35,80 (PL 32,1344): «Et illo sacrosancto lavacro inchoatur innovatio novi hominis, in aliis citius, in aliis tardius; a multis tamen proceditur in novam vitam, si quisquam non inimice, sed diligenter intendat».

[3] *Conf.* VII 8.

[4] A. Maxzein, *Philosophia cordis* p.46 (Salzburg 1966).

haber sentido y declarado el fenómeno universal de la inquietud como un hecho fundamental de la existencia humana, sino también el haber descubierto su origen y sentido. En lo secreto de la inquietud maniobra la divina Providencia para mover a los hombres y llevarlos por caminos saludables. A propósito de ciertos reveses e infortunios que experimentó su protector de Tagaste, Romaniano, hombre generoso y magnánimo, San Agustín le escribió para levantar sus ánimos: «La secreta Providencia, con varias y duras sacudidas, ha querido despertar en ti aquel no sé qué divino que está envuelto y amodorrado por el suelo de esta vida. Despiértate» [5]. Los filósofos antiguos admitían cierta cualidad divina que elevaba a los hombres sobre las cosas mundanas. San Agustín emplea el verbo *excitare,* estimular, romper el sueño y la paz, inquietar, desasosegar, soltar tábanos, abrir los ojos. Con él designa la acción de Dios para adelantarse con su gracia a la salvación del hombre sumido en la soñolencia.

Por eso la inquietud con su misterio es una sombra favorable para ocultarse la mano superior y agitar los corazones: «Pues, aun en la misma mísera inquietud de los espíritus caídos y que muestran sus tinieblas desnudas de la veste de vuestra luz, mostráis bastante cuán grande hicisteis la criatura racional, a la cual no basta para su dichoso descanso cuanto es inferior a Vos, y, por tanto, ni ella se basta a sí misma» [6]. Por eso, según Pascal, «todas las miserias prueban la grandeza humana. Son miserias de gran señor, miserias de rey destronado» [7]. Debajo de estas inquietudes suena un despertador para los espíritus nobles como el de San Agustín. La misma inquietud sirve de enlace con el mundo superior a que aspira. Cuando la inquietud se esclarece, asoma Dios a la vista, no sólo como el faro que ilumina lo secreto del hombre, sino también como puerto donde se halla el descanso.

En la historia del pueblo hebreo peregrinando por el desierto y aun después de establecerse en su tierra de promisión, ve San Agustín un paradigma existencial del cristiano. Las agitaciones, inquietudes, tentaciones y tribulaciones de los hombres del Antiguo Testamento iluminan nuestra existencia, atravesada por los mismos males. Paso a paso sigue el Santo el proceso de una conversión, por donde se ve que es la experiencia personal la que vierte su luz en estas reflexiones sobre los pecados, caídas y elevaciones del pueblo de Dios. Imagina primero a un hombre que ha vivido descuidado en sus deberes de religión, que no cree en la vida futura y se halla muy satisfecho y bien plantado en la vida terrenal. ¿Cómo este hombre puede despertarse de su soñolencia y alienación? Para que se despierte a pedir el socorro necesario, para que deje su modorra y se haga diligente, ¿no es la mano de Dios que le despierta? Pero no se da cuenta de quién le ha desperezado. Comenzará a saberlo cuando abrace la verdad de la fe. Porque se halla en una región de error; mas se le abre la gana de conocer la verdad, llama donde puede, va y viene de aquí para allá, padece hambre de verdad. La *primera tentación,* pues, *es de error y de hambre* [8]. Este andar cansado y hambriento es la forma más penosa de la inquietud humana. Pero al fin da con el camino: «Es llevado al camino

[5] *Contra acad.* I 1,3: PL 32,907.
[6] *Conf.* XIII 8,9.
[7] PASCAL, *Pensées* p.398.
[8] *Enarrat. in ps.* 106,4 (PL 47,1421): «Prima ergo tentatio est erroris et famis».

de la fe para que llegue a la ciudad del descanso» [9]. El Santo pone en todos estos tanteos para ir hacia la verdad una gracia *excitante* o que despierta, como le despertó a él en aquel pesado hundimiento de sueño de que nos habla en sus *Confesiones* [10].

Puesto en el camino de la verdad que es Cristo y conociendo las exigencias de su Evangelio, pero con mucha confianza en sus propias fuerzas, atribuyéndose demasiado a sí mismo, comienza a luchar contra las pasiones y a ser derrotado por la soberbia. Se halla prisionero en las dificultades de sus deseos, y no puede caminar, porque siente que lleva grillos en los pies. Se esfuerza, y no puede; quiere andar, y le impiden las cadenas; clama al Señor.

He aquí la segunda *tentación de impotencia y dificultad* para obrar bien [11]. Pero el Señor escucha su clamor y rompe las ligaduras de su espíritu, y comienza a caminar, a obrar el bien.

Mas no acaban aquí las tentaciones e inquietudes; pudiera creerse que ya con la práctica del bien ha de venir la bonanza y el reposo; pero no es así; ahora es el tedio mismo de la vida que le desasosiega, la monotonía de la existencia cristiana que le hastía y atormenta; es la *tentación del fastidio, contraria a la de hambre.* Ya no tiene hambre de pan, sino fastidio de él. No es para no temerse esta nueva tentación, que prueba a los que ya viven en la verdad y la justicia. Ha de buscar, pues, el socorro divino para remediar la náusea de las cosas buenas, de la monotonía de la virtud.

Mas supongamos que también ha vencido esta tentación; todavía se presenta *una cuarta causa de zozobras y de riesgos;* las tempestades que sacuden a la Iglesia, particularmente a los gobernantes, pero que igualmente afectan a todos, porque, cuando la nave zozobra, el peligro es común para pilotos y viajeros [12].

Tal es el cuadro de la existencia cristiana que ofrece San Agustín; todo tiene viveza y colorido de experiencia personal; pero su realismo es indudable. Todo el proceso de la espiritualidad cristiana está sometido a estas tentaciones e inquietudes que agitan al hombre más sentado en la justicia.

2.   La vida feliz

En el corazón inquieto anida un deseo que mueve todo el dinamismo humano: el de la vida feliz. Todos los hombres quieren ser felices, y hacen cuanto pueden para conseguirlo. El axioma antiguo que San Agustín leyó en el *Hortensio,* de Cicerón, y también en su propio corazón de hombre, fue el resorte de toda su dialéctica, sin excluir la de la conversión. Su vida comenzó a girar en torno a este principio, que también fue el tema o aspiración central de la antigua filosofía. Epicúreos, estoicos, platónicos, aristotélicos, académicos, se dedicaron con ardor a investigar el problema ético fundamental que es el fin del hombre— τέλος —, al que deben referirse todas las acciones

---

[9] Ibid.: «Perducitur ad viam fidei unde incipiat pergere ad civitatem quietis».
[10] Repite aquí San Agustín las mismas imágenes de su conversión: «Obrutum cor habentem illecebris mundi, et mortiferis delectationibus consopitum; ut excitetur iste et ut tanquam de somno evigilet»... (*Enarrat. in ps.* 106,4: PL 37,1421; *Conf.* VIII 5,11).
[11] Ibid.: «Secunda ergo tentatio est difficultatis in bene operando».
[12] Ibid., 7-8: ibid., 1422-23.

humanas. La idea de τέλος se relaciona con la del centro, o la del bien que se ha de buscar y apetecer por sí mismo como suficiente para saciar los deseos y acabar con la inquietud.

En realidad, el incansable buscador de Dios que aparece en Casiciaco y muere en Hipona el 28 de agosto del año 430, estuvo movido siempre por el mismo resorte.

Sólo que con la conversión se clarificó el fin adonde debía ir y el camino por donde debía ir. Pero no se cambió en nada el espíritu de peregrino de Dios ni la fatiga de la peregrinación. La vida feliz se le presentó siempre en relación con la posesión de la verdad: «Sólo hace bienaventurados la verdad, por la que son verdaderas todas las cosas» [13]. Y define la bienaventuranza como «el gozo de la verdad». Esta vida feliz la quieren todos; esta vida, que es la única bienaventurada, todos la desean; todos anhelan por el gozo de la verdad [14]. San Agustín hubiera suscrito esta plegaria que un convertido francés, Ernesto Psichari, dirigía a Dios desde los desiertos de Africa, famélico de Dios como el antiguo africano: «He aquí mi corazón, Señor, que quiere vuestra paz, y he aquí mi espíritu, que no quiere esta paz si no es la verdadera» [15]. San Agustín enlaza la felicidad y la verdad, porque no quería una felicidad falsa y aparente, sino sólida y real.

Por eso, ya en su primera polémica contra los académicos quiso cerciorarse, ante todo, de la posibilidad o facultad de alcanzar la verdad y la sabiduría para ser feliz. No hay ni puede haber felicidad en el error. Los partidarios de la Academia decían que el hombre no puede hallar la verdad y que debe contentarse con buscarla o con una probable posesión de la misma. Toda la espiritualidad quedaba viciada en su raíz con esta filosofía; sin verdad y certeza no hay vida espiritual posible, no hay determinación de una meta final y de un camino seguro. El que no conoce la patria, no se dirigirá hacia ella, y el que no sabe el camino que lleva allí, tampoco.

Ambas cosas, patria y camino, se pusieron al alcance de los ojos de San Agustín en su conversión. El aprendió a dónde iba y por dónde tenía que ir.

Estas dos certezas, juntamente con el viático para el camino, eran necesarias para emprender el nuevo rumbo de la existencia.

Y ésta era la verdadera sabiduría cristiana, que es una sabiduría de navegantes: «Tenemos un guía que nos lleve hasta los secretos de la misma verdad con la luz de la revelación divina» [16]. Con semejante guía, el puerto de la bienaventuranza estaba asegurado. Ya se sabe que el guía es Cristo. Por eso, ya el ideal de la bienaventuranza se cristianiza en la primera especulación del buscador de Dios.

Se ha indicado que la filosofía antigua meditó apasionadamente sobre el fin del hombre. Epicúreos, estoicos, platónicos, aristotélicos y académicos daban sus soluciones. San Agustín heredaba una filosofía tradicional, pero era necesario purificarla. Así, aunque heredó y asimiló verdades de la filosofía

---

[13] *Enarrat. in ps.* 4,3: PL 36,79.
[14] *Conf.* X 23,33: «Beata quippe vita est gaudium de veritate»...
[15] E. PSICHARI, *Le voyage du centurion* p.113 (Paris 1922).
[16] *Contra acad.* III 20,44 (PL 32,958): «Habemus ducem qui nos in ipsa veritatis arcana secreta, Deo eam monstrante, perducat».

estoica, no le fue posible instalarse en su concepción de la vida feliz. Según los estoicos, al hombre le basta desarrollar su particular esencia para llegar al estado mejor posible, que es la *areté,* la virtud, a la que va entrañada la *eudaimonía* [17] o el estado de felicidad. El hombre mismo con su razón es el artífice de la vida feliz.

Pero de este modo de concebir el fin del hombre se apartó San Agustín. Dios sólo es la felicidad del alma, con lo que se separaba del estoicismo en un tema fundamental [18]. La convicción que conquistó el pensador de Casiciaco la llevó a la propaganda catequística y a los sermones [19].

Platón dio un tinte más religioso a la especulación sobre la *eudaimonía.* Su doctrina se hizo doctrina de salvación, apropiándose el lenguaje de las religiones mistéricas para describir la purificación del alma y la liberación de la esclavitud de los sentidos. Su pensamiento sobre lo bello, sobre la vida feliz, sobre el bien, dejó huellas imborrables en la historia de la espiritualidad cristiana y agustiniana. Pero también el *eros* sube en su doctrina, por sus propias alas, a la contemplación a que aspira. La idea de ascensión es común a Platón, Plotino y San Agustín; y aun los escalones de la subida se respetan en el último, para ir de lo inanimado a lo animado, de lo animado a lo intelectual, o de la región de los espíritus creados, al sumo Bien [20].

Pero la virtud de la ascensión procede de un principio nuevo superior a las fuerzas propias del espíritu. El logro del fin trasciende a todas las virtudes naturales y es fruto de una ayuda y socorro celestial. «San Agustín ha roto la unidad *(fysis = dynamis = telos)* de la especulación teológica clásica, que descansaba enteramente en la idea que el fin estaba ya incluido en el concepto de la naturaleza y que debía ser logrado o realizado por la potencia natural del hombre. Agustín pretende que este fin sólo puede ser logrado por un auxilio divino» [21]. Así en el más profundo deseo humano—el de la vida feliz—late la necesidad y aspiración a un socorro divino que lo haga capaz de conseguirlo. Estos dos deseos de felicidad y de ayuda preparan ya el suelo para la futura teología de la gracia [22].

Lo que sí conservó San Agustín de las antiguas escuelas filosóficas fue la relación entre la bienaventuranza y el bien moral que debe realizarse para llegar a conseguirlo. Los estoicos identificaron la virtud y la *eudaimonía* [23].

Para los platónicos, la sabiduría consiste en conocer la justicia y practicarla, porque éste es el camino que lleva a la contemplación del mundo inte-

---

[17] Cf. MAX POHLENZ, *La Stoa. Storia di un movimento spirituale* I p.223ss (Firenze 1967); A. FESTUGIÈRE, *Contemplation et vie contemplative selon Platon* p.268ss (Paris 1950).
[18] R. HOLTE, o.c., p.66.
[19] Véase *Sermo* 150: PL 38,807-15. Fue pronunciado en Cartago en el año 412-13, según O. PERLER, o.c., p.462. La versión castellana puede verse en V. CAPÁNAGA, *San Agustín:* Clásicos Labor XI p.207-19 (Barcelona 1951).
[20] PLOTINO, *Ennead.* I 7,2; *Conf.* VII 17,23.
[21] R. HOLTE, o.c., p.94.
[22] Al parecer, también Platón defiende la necesidad de un concurso divino para el logro de la felicidad. Cf. FESTUGIÈRE, o.c., p.308. Pero aun con esto, nos hallamos muy lejos de la doctrina de la gracia.
[23] M. POHLENZ, o.c., p.223ss. Es proverbial el rigorismo de la moral estoica.

ligible o de las formas eternas que beatifican al espíritu. Pero éste ha de purificarse antes no sólo con una dialéctica del conocimiento, sino también del *eros,* con que se habilite para la visión del Bien absoluto. El recorrido de este camino es un proceso continuo de conversión [24].

Igualmente, Aristóteles, que tuvo el mérito de sistematizar la moral con el concepto del fin como primer principio, en su *Etica* puso juntos lo bueno y el fin [25]. Esta visión común de la antigua sabiduría recuerda el dicho de Clemente Alejandrino, según el cual los filósofos griegos «tuvieron algunas centellas del *logos* divino» [26]. San Agustín recoge y acendra esta exigencia, enlazando fuertemente la ética y la vida feliz, tal como lo exigía la doctrina de la Sagrada Escritura: «No son las riquezas ni la eminencia de las dignidades y las demás cosas de este género, con que se tienen por felices los que en verdad no lo son, las que aportan la dicha, y por eso es mejor no necesitar de ellas que sobresalir en poseerlas, pues más tormento da el miedo de perderlas que gozo su disfrute. Los hombres no se hacen buenos por esas cosas, sino siendo buenos por otras; con el buen uso que de ellas hacen ellos las hacen buenas. No está, pues, en ellas el descanso, sino donde está la verdadera vida. Pues es necesario que el hombre se haga feliz con lo que le hace bueno» [27].

Todo el sentido de la tendencia a la felicidad—peso profundo del alma, cuya meta es Dios, felicidad en quien, de quien y por quien son felices todas las cosas felices— [28] se concreta en términos de purificación, conversión y participación. Lo mismo que en Platón, pero salvando las diferencias que introduce la fe cristiana en cada una de estas palabras tan complejas. La orientación al último fin es lo que justifica todo movimiento de la voluntad en busca de su verdadero descanso.

3. Autoridad y razón

El socorro de la gracia a que hemos aludido anteriormente como necesario para lograr la vida se encarna en un nombre amable y reverencial: Cristo. El cual entra ya en la primeriza especulación agustiniana para ser la raíz nutricia de toda su espiritualidad, que al fin se convierte en un árbol de dominante frondosidad y donosura.

En las conversaciones que tuvo en Casiciaco sobre la filosofía académica con el fin de acabar con «la desesperación de hallar la verdad», que le había hecho sufrir tanto anteriormente, trató de esclarecer la situación del espíritu

---

[24] FESTUGIÈRE, o.c., p.332: «En el principio de la vida hay una *conversión* no sólo del espíritu, sino también del corazón; no sólo intelectual, sino moral. Convertirse significa volverse hacia un fin, hacia un objeto exterior, hacia un modelo. La *metánoia* paulina llevará hasta su término la aspiración del *nous* al Bien, el retorno a Dios por la imitación de su excelencia que nos proponen la *República* y el *Theéteto*».
[25] ARISTÓTELES, *Ética a Nicómaco* I 1,1. Cf. R. HOLTE, o.c., p.23.
[26] A. CLEMENTE, *Protreptikós* 7,74,7; HOLTE, ibid., p.156-57.
[27] *Epist.* 130,3 (PL 33,495): «Nam inde necesse est ut fiat homo beatus unde fit bonus».
[28] *Sol.* I 1,3: PL 32,870.

humano en este terreno de la posibilidad de alcanzar la sabiduría, sin la cual es imposible llegar a la vida feliz. Verdad, sabiduría, vida feliz, forman una hermandad trinitaria de la que ninguna puede ausentarse.

Los filósofos antiguos acertaron en considerar la bienaventuranza como el fin último a que aspira todo hombre. Pero los académicos hicieron una dura crítica del problema del conocimiento, teniendo por imposible un saber riguroso. Tal era la posición del escepticismo medio o académico, cuyos principales representantes fueron Arcesilao († 241) y Carnéades († 129)[29]. El hombre no puede poseer seguramente ninguna certeza.

San Agustín refuta este escepticismo, y concluye que el hombre puede llegar a la certeza de muchas verdades: «Por errado que sea el escepticismo, no se le puede negar cierta importancia para el desarrollo espiritual del individuo y de la humanidad. Es, en cierto modo, un fuego purificador de nuestro espíritu, porque le limpia de prejuicios y errores y le empuja a la continua comprobación de sus juicios»[30]. En este sentido fue también crisol de purificación para el espíritu agustiniano, porque le arrimó más al apoyo de la experiencia interior y le ayudó a proceder con más cautela y circunspección en sus investigaciones sobre los fundamentos de la certeza. Y todo esto redundó en bien para su vida espiritual y conversión. Pero seguía siendo verdad que las dificultades para conseguirla, ponderadas por los académicos, le hicieron sentir la situación de indigencia, la necesidad de un socorro que le viniese de fuera, ayudándole con una autoridad firme a conocer y seguir el camino de la vida feliz.

Así, en la discusión contra los escépticos, salvaba, por una parte, la dignidad y potencia de la razón como capaz de hallar la verdad, y, por otra, proponía el amparo de una autoridad que se ha hecho camino, verdad y vida para el hombre. Aquí, en los primeros esbozos de la espiritualidad, entran las dos fuerzas que mueven al hombre sin contradecirse ni anularse: la autoridad y la razón. El hombre es un ser movido por la razón propia, y también por razones ajenas.

Las discusiones anteriores en torno al sentido cristiano de los diálogos de Casiciaco o sobre la conversión cristiana de San Agustín en aquella época, van inclinando la balanza en favor de ésta. El pensamiento del neoconverso era cristiano, es decir, estaba adherido a Cristo como camino, verdad y vida. En este punto ha formulado su doctrina famosa sobre los dos pesos, atracciones o inclinaciones que mueven a los hombres en su logro de la vida feliz: «No es dudoso para nadie que el hombre va movido por dos fuerzas cuando indaga la verdad: la de la autoridad y la de la razón. Yo estoy ya firmemente decidido a no apartarme de ningún modo de la autoridad de Cristo, pues no

---

[29] Los académicos reciben este nombre como fundadores de la «Nueva Academia», que, en oposición a los estoicos, presentaron una doctrina propia sobre el problema del conocimiento, que sólo debe contentarse con opiniones probables. No era, pues, éste un escepticismo tan radical como el de Pirrón de Elis. Cicerón, en sus libros *De finibus,* y seguramente también en el *Hortensius,* sostuvo este escepticismo moderado. Cf. Hole, o.c., p.29-44. «Parece que Cicerón fue un escéptico aparente por prudencia, por servir la verdad, y ello habría favorecido la reviviscencia de Platón en Plotino» (M. Testard, *Saint Augustin et Cicéron* I p.173).

[30] J. Hessen, *Teoría del conocimiento* p.57 (Madrid 1929). Según Mandouze, «el escepticismo de San Agustín fue 'provisoir et accommodant'» (o.c., p.516).

hallo otra más poderosa. En lo que atañe a las investigaciones que sutilmente debo realizar con la razón—pues mi índole me lleva a desear impacientemente no sólo la fe en la verdad, sino también su conocimiento racional—, espero hallar entre tanto en los platónicos lo que no esté en contra de lo que nos enseñan nuestros misterios»[31].

Más tarde confirmará esta misma doctrina trazando el itinerario para la verdadera religión, considerando la autoridad y la razón como dos partes de la sabia pedagogía medicinal con que Dios ha curado al espíritu humano para salvarle: «Pues la misma medicina con que la divina Providencia y la inefable misericordia nos aplican a nosotros, muestra una gran hermosura en sus grados y distinción. Se nos ofrece en dos remedios: autoridad y razón. La autoridad exige fe y dispone al hombre para el empleo de la razón. La razón guía al conocimiento y comprensión. Aunque la adhesión a la autoridad no está falta de toda razón cuando se considera a quién se debe dar crédito, en realidad es la suprema autoridad de la verdad conocida y esclarecida»[32].

La autoridad y la razón están aquí concebidas como dos fuerzas saludables que mutuamente se ayudan; la autoridad ayuda al hombre a ser razonable, porque le lleva a la verdad, y la razón da luz a las creencias, fundamento a las enseñanzas que nos vienen de una autoridad.

San Agustín aplicará constantemente este lema para ser cada vez más fiel y más razonable, más espiritual y más humano.

¿Y cómo concibe el Santo esta autoridad de Cristo? Ante todo, como magisterio y fuerza divina de atracción. Las meditaciones de Casiciaco nos muestran ya al contemplativo del misterio de la encarnación. He aquí un pasaje importante que nos ilustra este punto: «Se ha revelado, como creo, una verdaderísima disciplina de filosofía—y no la filosofía de este mundo, que nuestros misterios detestan, sino la del mundo ininteligible—, a la cual raras veces la sutileza del ingenio había llevado las almas, cegadas con tinieblas de múltiples errores y olvidadas de su patria por un cúmulo de manchas corporales, si el sumo Dios, usando de su clemencia con los pueblos, no hubiera abatido y sujetado hasta el cuerpo mismo a la autoridad del entendimiento divino, de tal suerte que, despertadas, no sólo por sus preceptos, sino también por sus obras, las almas pudiesen, sin luchas de discusiones, entrar en sí mismas y levantar los ojos a la patria»[33].

---

[31] Contra Acad. III 20,43: PL 32,957.
[32] De vera rel. XXIV 45: PL 34,141. El libro De vera religione fue compuesto en el año 390, poco antes de ser ordenado de sacerdote en el 391.
En el libro De ordine expone las mismas ideas, pero matizándolas de otra forma (II 5,16; II 9,26: PL 32,1002.1007).
Cf. R. Holte, L'autorité et la raison d'après le De Ordine, o.c., p.321-27; K. Heinrich Lutcke, «Auctoritas» bei Augustin (Stuttgart 1968); H. Hohensee, The augustinian concept of Authority: Folya, supp.2, noviembre 1954 (Worcester Mass.).
[33] Contra Acad. III 19,42: PL 33,956.—R. Holte, o.c., p.95: «Este pasaje constituye sin duda, la cumbre de toda la obra, y por eso sin reserva doy la razón a O'Meara cuando afirma que la idea de la encarnación es el argumento fundamental de la obra (O'Meara, Neo-Platonisme in the conversion of Saint Augustine: Dominican Studies [1950] 339). Cf. A. Mandouze, o.c., p.507. Para Holte, la verdadera filosofía no es la neoplatónica, sino la cristiana, que ya comenzaba a asimilar verdades de los filósofos antiguos para formar una sabiduría en conformidad con los misterios de la fe. «Por eso la expresión una verissima philosophiae disciplina, aplicada a la sabiduría cristiana, tiene cierta

Comprende este pasaje una gran densidad de ideas, en que sobresalen los pensamientos platónicos. Tres cosas aparécen claramente expresadas: el fin del hombre, hecho para la contemplación de la verdad, que no es de este mundo de los sentidos, sino de otro superior; la impotencia para lograr este fin por causa de las tinieblas y ceguera del espíritu y la intervención divina para socorrer a los pueblos con su gracia y convertirlos a la fe, y por ella al retorno de su patria [34].

Esta intervención, debida a la clemencia infinita de Dios por los pueblos extraviados de la religión verdadera, se atribuye a *la autoridad del entendimiento divino,* que se ha manifestado humillándose hasta hacerse carne. Es decir, es una forma un poco platónica de expresar el misterio de la encarnación del Hijo de Dios, que responde al *nous* de la filosofía platónica.

La autoridad de este Verbo encarnado está en sus palabras y en sus hechos, en su doctrina y en sus milagros, que tuvieron la virtud de despertar a las almas. Nótese de nuevo el uso del verbo *excitare,* que San Agustín aplica a los primeros movimientos de la gracia o ayuda de Dios para desperezar a las almas amodorradas por el sueño e inercia para obrar el bien.

Cristo, pues, vino al mundo y agitó, sacudió, meneó a los hombres, les despabiló los ojos para que vieran dónde estaban y a dónde tenían que ir, dándoles preceptos de vida moral y despertando su interés con las grandes maravillas que obró con toda clase de enfermos.

La doctrina moral tan pura y las obras prodigiosas que Cristo obró, le granjearon la autoridad de un maestro y taumaturgo cual no se había visto nunca. Este proceso apologético y psicológico está bien expresado en este pasaje de su libro sobre el *valor de la creencia:* «Cristo, pues, que trajo la medicina para sanar las estragadísimas costumbres de los hombres, con sus milagros se granjeó la autoridad, con su autoridad se ganó la fe, con la fe reunió a la multitud, con la adhesión de la multitud consiguió larga duración, y con la duración larga dio robusto cimiento a la religión, firmemente inconmovible no sólo a las inepcias y novedades fraudulentas de los herejes, sino también a los soñolientos errores y violencias de los paganos» [35].

En realidad estamos aquí ante el proceso mismo creador de la espiritualidad cristiana en vida de Cristo, porque, en última instancia, la espiritualidad cristiana es la adhesión a Cristo con la mente y el corazón, como lo hicieron las muchedumbres que durante su vida terrena le oyeron, le admiraron, le siguieron haciéndose cristianos.

Pero en el pasaje, tomado del tercer libro *Contra los académicos,* se habla también de la verdadera filosofía, es decir, de la razón ilustrada por la reflexión filosófica. Y entonces esta filosofía verdadera la identificaba San Agustín *parcialmente*—nótese bien—con la de Platón. Este es el filósofo que se acomodaba mejor con su índole espiritual y religiosa y con el espiritualismo cris-

---

mente intención de constituir un grado superior en relación con los elogios tributados a Platón y Plotino» (o.c., p.103).

[34] R. Holte, o.c. p.9496.

[35] *De util. cred.* XIV 32 (PL 42,88): «Ergo ille afferens medicinam quae corruptissimos mores sanatura esset, miraculis conciliavit auctoritatem, auctoritate meruit fidem, fide contraxit multitudinem, multitudine obtinuit vetustatem, vetustate roboravit religionem».

tiano, y no las otras escuelas reinantes, como la de los epicúreos y estoicos [36]. San Agustín halló una ayuda para su misma espiritualidad con su método y con algunos aspectos de su especulación sobre Dios, el alma y el mundo. Los grandes temas de la conversión, de la necesidad de la *catharsis,* o purificación de los ojos interiores para conocer la verdad; el retorno a la interioridad, el doble mundo del conocimiento, el que está patente a los sentidos y el ininteligible, que es objeto de una inteligencia espiritual, y la doctrina de las virtudes cardinales se ajustaban a su espíritu y a la fe cristiana que profesaba.

Por otra parte, el conocimiento de Dios y del alma, la dialéctica de los grados para subir hasta el supremo Ser, la doctrina del sumo Bien como meta última de todas las aspiraciones y la de Dios como Sol que ilumina todas las cosas, con la consiguiente doctrina de la iluminación interior; la teoría de las verdades eternas y universales, que son lazo de unión espiritual con lo eterno, con el mundo invisible; ciertos vestigios de la Trinidad en las criaturas que comenzó a vislumbrar con el auxilio de la especulación platónica, el triple aspecto de la causalidad divina como *causa constitutae universitatis, et lux percipiendae veritatis et fons bibendae felicitatis* [37], la doctrina de la inmortalidad del alma y la del orden universal, mantenido con una providencia inefable, en que hasta el mal tiene su puesto en el universo, estos y otros aspectos del platonismo le hacían preferirlo a todos los demás sistemas de la antigüedad, sin excluir a Aristóteles [38].

Tales eran los fundamentos de la reflexión filosófica donde San Agustín veía la obra de la razón aliándose con la autoridad de Cristo.

Naturalmente, hay que añadir a esto la pedagogía de las artes liberales, que también son obra de la razón y que dan al cristiano *un orden de erudición* que es muy conveniente para subir a la sabiduría [39].

[36] Cuando San Agustín prefiere los platónicos a otros filósofos, tiene la mirada puesta, sobre todo, en el materialismo ontológico de los estoicos y epicúreos. Cf. *Epist.* 118,20: PL 33,441-42; HOLTE, o.c., p.98-99.

[37] *De civ. Dei* VIII 10,2: PL 41,235. Otras fórmulas del mismo sentido son: «principium nostrum, lumen nostrum, bonum nostrum» (ibid., X 1: ibid., 234). En este capítulo formula el principio de la compatibilidad del cristianismo con los verdaderos sabios que han enseñado la verdad, «sean libios, egipcios, indios, persas, caldeos, escitas, galos, hispanos y otros cualesquiera que han enseñado esto (que Dios es el Creador y la luz y la fuente de felicidad para los hombres), considerándolos como cercanos a nosotros» (ibid., VIII 9: ibid., 233).

Por platónicos entiende particularmente a Plotino, cuyas *Enéadas* conoció a lo menos parcialmente *(Epist.* 118,33: PL 32,448).

Mas no se olvide el lector de que San Agustín, al fin de su vida, se enfrió en su entusiasmo por los filósofos y mitigó los elogios que hizo de ellos *(Retract.* I 1,4: PL 32,587; ibid., 3,3: ibid., 589).

[38] Cf. E. PORTALIÉ: DTC I 2325-31. El autor divide en cuatro grupos las doctrinas platónicas.

1.º Teorías cristianas que, sin fundamento, creyó se hallaban entre los platónicos; v.gr., la doctrina sobre el Verbo.

2.º Teorías platónicas que aprobó siempre e incorporó a sus aplicaciones teológicas, como las indicadas arriba.

3.º Teorías que siempre rechazó: existencia de los demiurgos, el origen del mundo por emanación, su existencia eterna, la metempsicosis, la atribución al cuerpo de todos los vicios.

4.º Teorías que admitió y rechazó: v.gr., la posibilidad de llegar en este mundo a la bienaventuranza, la doctrina de la reminiscencia, la del alma universal.

[39] Cf. *De ord.* II.VIII-XX 25-24: PL 32,1006-20. La rectitud de la vida moral es indis-

Pero tanto la autoridad como la razón de Cristo se manifiestan y están guardadas para los hombres en la Iglesia. Ella está revestida de la autoridad de Cristo y guarda las buenas razones para creer y esperar. Ha resistido siempre a la temeraria ambición que ha tentado a todos los herejes de echar abajo su autoridad para poner encima su razón: «Pero aquel clementísimo ordenador de la fe, con famosísimas comunidades de creyentes de pueblos y naciones y con la sucesión de las sillas apostólicas, forneció la Iglesia con el castillo de la autoridad, y, sirviéndose de algunos hombres piadosamente doctos y verdaderamente espirituales, la armó también con batería numerosísima de la razón invictísima. Pero la disciplina más recta consiste en meter en el castillo de la fe a los que son más débiles, para que también con razones muy fuertes se luche en favor de los que están en seguro lugar» [40]. El texto tiene una vigorosa intensidad. La Iglesia es un castillo inexpugnable de verdades, certezas y remedios; es lugar seguro para toda clase de personas, aun las más menesterosas y humildes, las más desprovistas de razones; pero tiene en su defensa un cuerpo aguerrido de hombres sabios y defensores de los humildes. Ellos pregonan en el mundo las razones de creer.

Ninguna escuela de sabiduría logró reunir ambas cosas con tan buena armonía y arte: «Por eso toda la fuerza de la autoridad y luz de la razón están guardadas en aquel nombre saludable—Cristo—y en su Iglesia, única para alivio y reformación del género humano» [41].

Tanto la autoridad como la razón tienen un fin de servicio espiritual, es decir, de formar y alimentar la espiritualidad cristiana.

4. «Conózcame a mí, conózcate a Ti»

Con los dos apoyos de la autoridad y de la razón, de la fe y de la filosofía, San Agustín comienza su itinerario espiritual con la doble meta prefijada: conocimiento de Dios y conocimiento de sí mismo. La plegaria que dirige a Dios en sus reflexiones nocturnas de Casiciaco es ésta « ¡Oh Dios que nunca te mudas! , conózcame a mí, conózcate a Ti» [42]. Tenía deseos de entrar en sí mismo, en la tenebrosa oscuridad de su propio yo, y al mismo tiempo quería mirar a Dios, conocer su semblante, descubrir sus maravillas: « ¡Oh Dios, Padre nuestro, que nos exhortas a la oración y al mismo tiempo nos concedes lo que se te pide, puesto que, cuando te rogamos, vivimos mejor y somos mejores! , escúchame a mí, que ando agitado en estas tinieblas, y alárgame tu mano. Ayúdame con tu luz, líbrame de los errores, para que, guiándome tú, haga mi retorno en mí y en ti» [43].

pensable para poseer la sabiduría; por eso da primero reglas o normas de vivir, y después, normas intelectuales con la doctrina de las artes liberales, cuya función consiste en elevar al espíritu del mundo sensible al ininteligible. Toda la cultura, pues, se pone al servicio de este último fin. En sus *Retractationes* se lamenta de haber exagerado el valor de las artes literales (*Retract.* I 3,2: PL 32,588).

[40] *Epist.* 180,32: PL 32,448. San Agustín supone y sabe que existe una poliorcética para la Iglesia, que es la apologética o ciencia de las razones de creer, con que defiende el castillo de la fe, lugar seguro de los creyentes.
[41] Ibid., 33.
[42] *Sol.* II 1,1 (PL 32,885): «Deus semper idem, noverim me, noverim Te».
[43] Ibid., II 6,9: ibid., 889.

San Agustín había descubierto muchas luces, pero todavía se sentía rodeado de oscuridades que quería deshacer; su alma misma se presentaba a sus ojos como un mundo opaco y sin explorar, cuya exploración no era tan fácil. El paso del materialismo al espiritualismo cristiano exigía tino y adecuada pedagogía. El conocimiento propio es un proceso de conversión a sí mismo que recuerda el *reversus in semetipsum* de la parábola del hijo pródigo (Lc 15,17) [44].

Lo cual supone como primer paso el percatarse de la condición trágica del pecado, que también se halla revelada en la mencionada parábola.

San Agustín tenía el hábito de la introversión. Ya bastantes años antes, en la muerte de un amigo suyo, se había tocado a sí mismo en la carne dolorosa de su ser contingente y moribundo. En la soledad, en la tribulación, en la angustia, flotando en la nada de la muerte, recibió una revelación ontológica, una angustia mortal que nunca se borrará de su espíritu.

En la conversión tuvo una experiencia nueva, que no sólo le enfrentó consigo mismo y con el monstruo que llevamos dentro, sino también se puso frente a Dios en un tremendo careo de la majestad divina y de la miseria humana.

Por eso con la conversión se inicia una etapa nueva de conocimiento de sí mismo, porque comenzó también una nueva etapa del conocimiento de Dios, y mediador de este conocimiento fue Cristo, pues ya se ha indicado que el conocimiento de Dios a secas le llevó a la presunción, y el conocimiento del alma a secas le empujó a la desesperación, y de ambos abismos lo liberó el conocimiento de Jesucristo, en quien se revelan las profundidades de la miseria humana y las sublimidades de la misericordia de Dios.

El careo de ambas cosas mantendrá siempre la espiritualidad agustiniana en su justo equilibrio. Es decir, en la humildad cristiana. Más tarde formula así esta dialéctica: «Hazme, Señor, conocer el número de mis días para que sepa lo que me falta, porque todavía no estoy allí (en la bienaventuranza), para que no me enorgullezca de lo que tengo, hallándome ante él sin mi justicia. Pues, en comparación de aquello que es, considerando estas cosas que no son y viendo yo que a mí más es lo que me falta que lo que poseo, seré más humilde por lo que me falta que soberbio por lo que tengo. Pues los que piensan que tienen algo mientras aquí viven, por su orgullo no reciben lo que les falta, porque creen que es mucho lo que tienen, pues quien se cree ser algo no siendo nada, a sí mismo se engaña (Gál 6,3). No por eso son más grandes ellos, pues la hinchazón y el tumor aparentan grandeza, pero les falta la sanidad» [45].

De estas dos miradas se alimenta la espiritualidad cristiana; hay que mirar abajo y hay que mirar arriba; hay que mirarse a sí mismo en su poquedad e indigencia o en su región de desemejanza, y esto se llama humildad, y hay que levantar los ojos a Dios, y esto se llama fe y confianza en su bondad,

---

[44] En las *Retractationes* aprueba esta pedagogía de la interioridad con el ejemplo del mismo hijo pródigo (*Retract.* I 8,3: PL 32,594). Lo mismo que en la parábola, en la conversión de San Agustín hay una conexión o relación entre la dialéctica de la interioridad y la elevación o entre el conocimiento de sí mismo y el conocimiento de Dios.

[45] *Enarrat. in ps.* 38,8: PL 36,419-20

para que nuestra miseria no nos derribe en el desaliento y la visita de Dios nos conforte y nos levante de nuestro polvo.

Blondel ha visto muy bien esta relación que guardan entre sí ambos conocimientos: «Para conocerse y mirarse a sí mismo, el hombre tiene necesidad de pasar por Dios: *noverim me, sed ideo noverim te*. Porque Agustín había sentido que toda la experiencia, toda la ciencia del mundo exterior o del interior, da origen a una dispersión y fragmentación—*distentus in omnibus et in phantasmatibus meis dilaceror*—, mientras que, elevándose *ad superiora*, hallamos la unidad sólida, que no sólo nos pone en condiciones de alcanzar el fin supremo, sino también nos da fuerzas para mantener a raya y dominar todo lo demás: *extentus per omnia solidabor in te*[46]. En el *conózcame a mí y conózcate a ti* hay un intercambio saludable de luz: lo humano ayuda a conocer lo divino y lo divino ayuda a esclarecer lo humano. Porque en nuestro mundo interior hallamos dos vínculos que nos ligan a lo divino; uno es el vínculo de la necesidad, que nace de nuestra penuria, de nuestra sed, haciéndonos pensar en la Fuente; otro es el vínculo de la presencia, la conciencia de nuestra dignidad, de nuestra grandeza de imágenes de Dios, que no hallan descanso en ninguna criatura y buscan siempre el divino original.

En San Agustín, el conocimiento propio tiene estos dos polos nutritivos, estas dos profundidades de la ausencia y presencia de Dios en el espíritu. Ambas son insondables, porque es insondable la miseria del hombre sin Dios, e insondable la grandeza del hombre, que lleva dentro a Dios aunque sea en los gritos famélicos de su inquietud.

Una comprobación de esta doble dialéctica ausencial y presencial puede comprobarse en las *Confesiones*. Y también en los *Soliloquios* hay un ejemplo de examen de conciencia, donde Agustín se encara consigo mismo para conocer su estado de salud. Es un médico sutil que toma los pulsos a la naturaleza propia en lo que se refiere al amor de sí mismo, de los amigos, las preocupaciones de salud, las riquezas, los goces de la vida conyugal, los placeres de los sentidos, honra y dignidades, bienestar familiar, incomodidades corporales[47].

Es menester tener los ojos limpios para ver a Dios; mas el conocimiento de la real situación de la conciencia y los recuerdos de la vida pasada eran espuelas que picaban su espíritu para llevarlo a Dios como salvador y libertador de sus servidumbres interiores.

Pues si el conocimiento de la miseria propia y la lejanía de la casa paterna hacen levantarse al hijo pródigo para ir a su padre, el vínculo de presencia divina que el hombre vislumbra en sí le obliga también a elevarse a El.

Así el espíritu, como sede de verdades universales y eternas, fue lo primero que hizo sentir a San Agustín el sentimiento de la presencia de Dios en la propia intimidad[48]. La luz inmutable que descubrió en sí mismo es un reflejo de la luz eterna, y por ella vislumbró a Dios, inmutable y eterno, y

---

[46] M. BLONDEL, *La pensée* I p.157 (Paris 1954).
[47] *Sol.* I.VII-XIII 15-23: PL 32,877-84. Cf. E. KÖNIG, *Augustinus Philosophus* p.51-59 München 1970).
[48] *Conf.* VII 10,16: PL 17,23. Cf. G. VERBEKE, *Connaissance de soit et connaissance de Dieu chez S. Augustin:* Augustiniana 4 (1954) 495-515.497-500.

formuló el itinerario para conocer su existencia [49]. Itinerario que pasaba del mundo exterior al interior, y de éste al superior.

En el conocimiento de Dios hay que dar un salto para salir de la esfera subjetiva o egoísta y alcanzar de algún modo a Dios. Tal es el principio de la trascendencia, «el trasciéndete a ti mismo» [50], sube más arriba de ti, porque mucho más arriba está tu Señor. Concretamente, la aplicación de este principio, necesario en el conocimiento de Dios, exige la de otros dos: el de la creación o causalidad universal de Dios y el de la participación. El primero eleva la especulación cristiana a una altura y eminencia sobre todo pensamiento pagano, pues ni Zenón, ni Platón, ni Aristóteles y Plotino llegaron a vislumbrar que el mundo procede de la nada absoluta por obra de un creador omnipotente. Por su obra creadora, Dios se eleva sobre todo el universo a inmensa altura, muy lejos de toda nuestra vista. Esta lejanía es la trascendencia de Dios, que está siempre presente en la dialéctica agustiniana. Pero la lejanía no es tal que se hurte a toda mirada en un embozo tenebroso. Porque la creación es al mismo tiempo una impresión de huellas divinas por donde ha pasado su mano de artista. Y así, en virtud del principio de la participación, las cualidades de las criaturas proclaman el paso del Creador. Tienen un clamor y una voz que dice: «Nosotros existimos, porque hemos sido hechos. Porque antes de ser no existíamos, para que pudiésemos darnos el ser. Y la voz de las cosas que así hablan es la misma evidencia. Tú, pues, Señor, las hiciste; tú que eres el hermoso, las hiciste hermosas; tú que eres bueno, las hiciste buenas; tú que eres, les diste también el ser» [51].

He aquí la participación o posesión parcial de los mismos atributos de Dios: hermosura, bondad, ser. Por eso, de las hermosuras creadas se asciende a la hermosura del Creador, y de las bondades creadas, a la bondad del mismo, y del simple ser de las cosas hechas, al ser mismo del Hacedor.

Ambos principios—de la causalidad divina y de la participación—están muy presentes en la gran plegaria del filósofo de Casiciaco, que comienza de este modo: «Dios, Creador del universo, dame primeramente que te haga buena plegaria; después, que me hagas digno de ser escuchado, y, por fin, que me libres» [52].

El Dios creador, iluminador, salvador y ayudador está revestido con un traje variopinto de atributos y epítetos, que muestran en el orante de Casiciaco una riqueza de conocimientos, cuyo desarrollo será el fin de toda su vida, y que lleva desde el principio tres direcciones, patentes ya en la plegaria.

La primera es la que lleva al conocimiento y definición del ser divino, insondable en sus atributos y perfecciones: Dios-verdad, Dios-vida, Dios-bienaventuranza, Dios-sabiduría, Dios-creador y autor de todas las cosas...

La segunda lleva al Dios de la gracia, al Dios-libertador de las almas [53],

---

[49] *De lib. arb.* II,XII-XVII 33-44: PL 32,1259-65.

[50] *De vera rel.* XXIX 72 (PL 34,154): «... et si tuam naturam mutabilem inveneris, transcende et teipsum».

[51] *Conf.* XI 4,6.

[52] *Sol.* I 1,2: PL 32,869. Esta es la que llama Marrou «prière du philosophe» (*Saint Augustin et l'augustinisme* p.8, Paris 1955). Sobre esta plegaria, cf. MANDOUZE, o.c., p.529-36.

[53] *De beata vita* IV 36 (PL 32,976): «... gratias ago summo et vero Deo Patri Domino, Liberatori animarum».

que tiene en su haber una maravillosa historia salvífica que comprende todos los siglos. Ella descubre las mayores profundidades de la sabiduría, justicia y misericordia de Dios que no se divisan en el Dios creador. La tercera dirección nos introduce en el misterio de la Trinidad divina.

En las reuniones de Casiciaco se invocaba y veneraba este misterio con el himno ambrosiano: *Fove precantes, Trinitas* [54].

En la especulación religiosa de aquellos días de preparación para el bautismo, Agustín se inquietaba ya con deseos de balbucir el gran misterio. Sus ideas tienden a organizarse en estructuras triádicas. Ya la fórmula tan repetida de la plegaria: *Deus in quo, et a quo per quem,* repetida en seis invocaciones seguidas e inspiradas seguramente en San Pablo (Rom 9,36), insinúa las intervenciones de cada persona en la obra de la creación [55].

Cada una de ellas imprime su sello personal en cuanto hacen comúnmente. Por eso, «la primera teología trinitaria de San Agustín halló ya en el libro *De beata vita* su expresión más acabada y completa», según Olivier du Roy [56], que ha estudiado minuciosamente este aspecto en la especulación primeriza de nuestro Santo, pues ya intentó entonces explicar y comprender la metafísica de la criatura y la metafísica del espíritu según una estructura trinitaria, aplicando el principio de la participación, que no sólo afecta a la esencia espiritual del hombre, sino también a toda la creación, cuyas obras insinúan la presencia vestigial de la Trinidad [57].

El problema de la similitud del alma a Dios interesó a San Agustín desde el principio de la conversión, y así dice en la plegaria mencionada: «Tú hiciste al hombre a tu imagen y semejanza, cosa que reconoce en sí mismo quien a sí mismo se conoce» [58].

Esta orientación filosófico-religiosa del conocimiento de Dios, exigida por un artículo de nuestra fe que es de primera necesidad para iluminar el misterio

---

[54] Ibid., II 35: PL 32,976.

[55] OLIVIER DU ROY, o.c., p.196: «El plan del conjunto de la plegaria es trinitario; Agustín se dirige sucesivamente al Padre, al Hijo y al Espíritu Santo, y después a toda la Trinidad». Contra Cavallera Ferdinand *(Premières formules trinitaires de Saint Augustin:* Bulletin de Littérature ecclésiastique [Toulouse 1930] 97-123), el autor defiende que se trata de verdaderas fórmulas trinitarias con que Agustín quiso expresar su *intellectus fidei.* Cf. o.c., VIII: *La Création trinitaire* p.269-308. Y el índ.5: *Tables de triades* p.537-40.

[56] OLIVIER DU ROY, o.c., p.171. Alude a la fórmula del libro citado: «Illa est igitur plena satietas animarum, hoc est, beata vita, pie perfecteque cognoscere a quo inducaris in Veritatem, qua Veritate perfruaris, per quid connectaris summo Modo. Quae tria unum Deum intelligentibus unamque substantiam exclusis vanitatibus variae superstitionis ostendunt» *(De beata vita* IV 35: PL 32,976).

[57] La concepción de San Agustín implica una metafísica trinitaria no limitada al espíritu como imagen de Dios, sino a todo el universo creado, donde se insinúa la Trinidad en todas sus obras. «Se trata para San Agustín de analogías metafísicas más que de una psicología trinitaria. La misma obra *De Trinitate,* con su rico análisis psicológico, está encuadrada en textos que buscan las huellas de la Trinidad en la estructura triádica del ser creado. Por consecuencia, la verdadera intención de esta obra, sirviéndose de analogías psicológicas, es llevar de la mano a los fieles a descubrir esta estructura trinitaria del ser creado en esta suprema imagen hecha por Dios que es la porción superior del espíritu, transparente a sí mismo e iluminado por Dios» (P. SMULDERS, *L'Esprit Saint chez les Pères latins:* Diction. de Spirit. IV 2 [1279]; OLIVIER DU ROY, o.c., p.420).

[58] *Sol.* I 1,4 (PL 32,871): «Qui fecisti hominem ad imaginem et similitudinem tuam, quod qui se ipse novit, agnoscit».

de Dios y de nuestro ser íntimo, ha sido fértil en consecuencias y derivaciones para toda la historia de la espiritualidad cristiana y agustiniana, que es profundamente trinitaria, pues la concepción del espíritu como imagen de Dios ayuda a vislumbrar la espiritualidad y a formular el dinamismo de la vida religiosa, movido por la tríada de las fuerzas del *ser,* del *conocer* y del *querer,* o de la *mente, noticia y amor,* que forman la única substancia en el espíritu humano y expresan las manifestaciones de su interioridad [59]. Y el espíritu no es imagen de Dios porque se recuerda, se piensa y se quiere a sí mismo, sino porque vive en su memoria, en su conocimiento y en su querer, y cuando ocurre esto vive en la sabiduría [60]. Y este recordar a Dios, vivir en El y amarle es la expresión más cabal de la espiritualidad cristiana y aun de la vida feliz.

5. La confesión y la alabanza

El conocer a Dios y a sí mismo da vida a un sentimiento religioso que se desdobla en la *confesión* y *alabanza.* San Agustín ha contribuido a divulgar la palabra *confesión,* no sólo por ser el título de su más bello libro, sino también por la parte que ella tiene en la vida espiritual como un ejercicio continuo de diálogo y apertura ante Dios y de celebración de sus grandezas: «Pues en dos sentidos se entiende la confesión: en nuestros pecados y en la alabanza de Dios. Conocida es nuestra confesión de los pecados y tan sabida del pueblo, que, cuando suena esta palabra en la lectura, ora se refiera a la divina alabanza, ora se refiera a los pecados, en seguida los puños corren a golpear el pecho» [61]. Entre ambas hay una íntima relación, siendo como inseparable, «porque no hay ninguna confesión pía y saludable de los pecados que no lleve consigo la alabanza de Dios, sea dentro del corazón, sea en las palabras de la boca» [62].

Aunque la confesión parece una cosa exterior, nace de la más profunda interioridad, donde está su secreto. Pues, como dice Mandouze, «la interiorización agustiniana halla sus etapas distintas en tres niveles: por la confesión de la vida, la confesión de la fe, la confesión de la alabanza de Dios» [63]. Del *noverim me, noverim te,* sale a luz esta triple confesión, en que toda la vida espiritual se desahoga y declara.

San Agustín habla de los *surcos del alma* abiertos por la contrición, donde caen las semillas de las palabras divinas para que fructifiquen en obras gloriosas [64]. La luz y la palabra de Dios es la que remueve toda la tierra del alma y la humedece, ablanda y fertiliza para que responda con abundante cosecha de frutos.

---

[59] *De Trin.* IX 44 (PL 42,963): «Igitur ipsa mens, et amor et notitia eius, tria quaedam sunt et haec tria unum sunt, et cum perfecta sunt, aequalia sunt».

[60] Ibid., XIV 12,15: PL 42,1048.

[61] *Enarrat. in ps.* 141,19 (PL 37,1844): «Duobus modis confessio intelligitur, et in peccatis nostris et in laude Dei».

[62] *Enarrat. in ps.* 105,2 (PL 37,1406): «Nulla est autem peccatorum confessio pia et utilis ubi non laudatur Deus, sive corde, sive etiam ore atque sermone».

[63] MANDOUZE, o.c., p.47. D. C. Vagaggini habla de «dos polos de la confesión» (*La preghiera nella Bibbia e nella tradizione patristica e monastica* p.436, Roma 1964).

[64] *Enarrat. in ps.* 84,15: «Ecce loquuti sumus vobis verbum Dei, semen sparsimus devotis cordibus, tanquam sulcata invenientes pectora vestra aratro confessionis».

La gracia de Dios hace estas labores. Porque «tanto el confesar como el alabar son actos despertados por la gracia de Dios» [65].

Y la gracia en la confesión obra de los dos modos con que ordinariamente actúa: como luz y santidad, o alumbrando y moviendo a obras buenas: «Confiesa tus pecados, y brotará de ti la verdad... La justicia es la que se halla en la confesión de los pecados, y ella es también verdad. Debes, pues, ser justo en ti para castigarte; ésta es la primera justicia: que te sanciones a ti como culpable y Dios te haga bueno. Tal es el camino para que Dios venga a ti» [66].

La confesión pone al hombre en la verdad de Dios, en la luz de sus palabras y en la trágica situación de su alejamiento y ruina. Sin esta luz y verdad no hay ninguna espiritualidad sana, ninguna vía de apertura a Dios, ninguna virtud provechosa, porque ella nos lleva al verdadero conocimiento de nosotros mismos. En la estructura de la confesión hay una experiencia y careo de contrastes; frente a frente se ponen y miran la majestad del Creador y la ruindad de la criatura humana, la grandeza del que es y la insignificancia del que no es, la santa belleza de la santidad infinita y la oscura fealdad del pecado confesado. Este careo constante rocía de amargura las palabras mismas de la confesión, que se hace con «el amargo repaso de las vías pasadas» [67].

Por eso dice muy bellamente Lorenzo Ríber: «Plugo a Dios darle —a Agustín— anchura de corazón como la de las arenas que ciñen la inmensidad del mar. Sus *Confesiones* son la odisea por este mar amargo de un corazón sin fin y sin suelo; maravilla de profunda introspección; oceanografía insondable, medición estupenda del abismo, desde cuyas profundidades el alma eleva a Dios la voz de sus clamores temblorosos» [68]. Pero la amargura de este mar está neutralizada por la dulzura de la alabanza divina, por la contemplación del semblante misericordioso de Dios: «Confiesa tu pecado, confiesa la gracia de Dios; acúsate a ti mismo, glorifícale a El» [69]. Cuando se juntan la confesión y la alabanza, la miseria y la misericordia, se logra la síntesis viva de la espiritualidad cristiana: «Para que le alabes, acúsate a ti, porque suya es la misericordia que perdona tus pecados. —¿Y acaso no pertenece esto a la alabanza divina? ¿No es alabar a Dios confesar tus pecados? —Ya lo creo; es lo princi-

---

[65] A. MAXZEIN, *Philosophia cordis: Cor confitens als Organ der personalen Offenheit* p.282. El autor considera aquí los diversos aspectos de la confesión como acto personal, acto despertado por Dios, acto de amor, acto de conversación con Dios, como expresión de la vocación humana, como acto de entrega en Dios, como acto purificador, como expresión del propio conocimiento, como expresión del orden personal y como intérprete de la creación que confiesa a Dios (p.273-91).

[66] *Enarrat. in ps.* 84,14,16 (PL 37,1079-80): «Confitere peccata tua et orietur de te veritas... Iustitia illa est quae est in confessione peccatorum; veritas enim ipsa est. Iustus enim debes esse in te ut punias te; ipsa est prima hominis iustitia, ut punias te malum, et faciat te Deus bonum». «Este tener la conciencia en la verdad de Dios, examinado en el contexto agustiniano de la doctrina del hombre, es lo máximo de la vida espiritual. Según San Agustín, lo que es superior no puede ser derivado de lo que es más bajo, sino lo inferior debe ser iluminado de lo superior». (R. GUARDINI, *La conversione di S. Agostino* p.19, Brescia 1957).

[67] *Conf.* II 1,1: «Recolens vias meas in amaritudine animae meae».

[68] LORENZO RÍBER, *San Agustín: Confesiones* p.10 (Madrid 1941).

[69] *Enarrat. in ps.* 66,6 (PL 36,808): «Tuam iniquitatem confitere, gratiam Dei confitere; te accusa, illum glorifica».

pal de la alabanza divina. —¿Y por qué es lo principal de la alabanza? —Porque tanto más encumbrado es el médico cuanto más se desesperaba del enfermo» [70].

Por eso la confesión es un estímulo continuo de conversión: «Confiésate siempre, pues nunca te falta materia de confesión. Es difícil que el hombre se mejore tanto, que no halle en sí nada reprensible; es necesario que tú te reprendas, no sea que te saque los colores al rostro el que te ha de condenar. Luego tú, cuando entras en los templos, confiésate. ¿Cuándo no habrá confesión de pecados? En aquel descanso eterno, cuando seremos iguales a los ángeles» [71].

San Agustín consideraba el tiempo pascual—es decir, el tiempo de la conversión y resurrección espiritual—como el más propio para la alabanza, porque durante él el canto del *aleluya* llenaba de gozo el corazón de la Iglesia. Para San Agustín, toda alabanza es pascual, o rebosante de la gracia de la Pascua, por la reconciliación con Dios y por la esperanza del descanso eterno.

Si la confesión nos sumerge en el tiempo, la alabanza nos lleva a la eternidad, es mirada al reposo futuro [72].

6. Forma y reforma

«San Agustín inspira la vida íntima de la Iglesia, es el alma de las grandes reformas realizadas en ella» [73]. Estas palabras de Portalié tienen su confirmación en la historia. En él hay una pedagogía de la reforma interior que ha tenido vigencia en la historia de la espiritualidad. Prescindo aquí de algunos aspectos históricos de reforma que se han realizado fuera de la Iglesia, para referirme a los principios de reforma individual, a los impulsos de renovación constante que se sienten en su vida y escritos.

Le debemos un rico vocabulario reformista o de verbos y expresiones que aluden a la reforma interior, y que ha explorado G. B. Ladner [74]. Es muy copioso el grupo de palabras compuestas de *forma: formare, informare, reformare, transformare, conformare, deformare.*

[70] *Enarrat. in ps.* 94,4 (PL 37,1219).
[71] *Enarrat. in ps.* 99,16 (PL 37,1281): «Semper confitere, semper habes quod confitearis».
[72] *Enarrat. in ps.* 148,1 (PL 37,1937): «Por estos dos tiempos, uno de tentación y tribulación, que es el de esta vida, y otro que esperamos de seguridad y gozo, se ha instituido la celebración de dos tiempos, antes de Pascua y después de ella. El tiempo antepascual es de la tribulación presente; el tiempo pascual que ahora celebramos significa la bienaventuranza que después lograremos». Cf. VAGAGGINI, o.c., p.446. San Agustín hace a este propósito observaciones muy profundas acerca del *iubilus,* que es la prolongación del canto gozoso en alguna vocal del *aleluya (Enarrat. in ps.* 94,3: PL 37,1218).
[73] E. PORTALIÉ, *Augustin:* DTC I 2456. A. Harnack ha escrito igualmente:«La larga serie de reformadores católicos desde Agobardo y Claudio de Turín en el siglo IX hasta los jansenistas del siglo XVII y XVIII han sido agustinianos. Y si puede llamarse el concilio de Trento un concilio de reforma en muchos aspectos, si el dogma del pecado, de la penitencia y de la gracia fueron formulados de un modo más profundo y más interior de lo que podía esperarse, fue debido a la influencia, siempre más creciente, de San Agustín» *(L'essence du Christianisme* p.275, Paris 1902).
[74] G. B. LADNER, *The Idea of Reform. Its Impact on Christian Thought and Action in the Age of the Fathers* (Cambridge, Mass., 1959). Cf. JEAN LECLERCQ, *Espiritualidad occidental. Testigos* p.188-91, Salamanca 1967).

Toda obra de espiritualización es de formación, reformación y transformación [75]. La vida cristiana debe reducirse a un constante empeño de renovación hasta lograr la total transformación por el esclarecimiento de la verdad y la purificación del amor, con que el alma adquiere, como imagen de Dios, su mayor brillo y hermosura. Por eso abundan tanto en el vocabulario agustiniano las expresiones alusivas a este cambio: *conversio, mutatio, mutare vitam, renovatio, renovare vitam.*

O las que significan corrección, curación, enmienda, purificación, rectificación: *corrigere, corripere, emundare, purificare, mundare, sanare.* O las que aluden a la renovación y rejuvenecimiento: *innovare, instaurare, recreare, reficere, reflorescere, reparare, restaurare, restituere, resurgere, resuscitare, reverti, reviviscere, revivere, transfigurari, transire...*

«En torno a este lenguaje cristiano de la reforma ha tomado cuerpo una doctrina completa, y San Agustín ha sido su intérprete más genial y explícito. Porque las circunstancias mismas en que debió reflexionar sobre el cristianismo, las herejías contrarias—el naturalismo, el maniqueísmo, el pelagianismo—que tuvo que combatir, le obligaron a proclamar estas afirmaciones fundamentales: el hombre debe reformar su persona y la sociedad; y puede hacerlo, pero no por sí mismo, sino con el apoyo de Dios para comenzar, continuar y acabar la obra. La conciliación misteriosa de la gracia de Dios y el querer y la acción del hombre, del don gratuito y del esfuerzo moral, es el fundamento teológico de toda obra reformadora en la Iglesia. Tenemos un divino Reformador, que es Cristo, y todo cristiano debe convertirse, en El y con El, en reformador; debe convertirse en su propio reformador y en el reformador del mundo, participando así en la obra de redención realizada por El, único Salvador» [76].

A estas conclusiones llega Ladner después de un análisis detenido de la doctrina agustiniana. Hay en el Santo un vocabulario riquísimo, expresivo de la reforma interior, pero también una teología de la misma que dista del optimismo pelagiano, que hace al hombre autor suficiente para todo cambio y renovación, y el pesimismo maniqueo, según el cual lleva el hombre dentro un principio absoluto de mal que anula su libertad. Tanto el optimismo pelagiano como el pesimismo maniqueo se oponían a un auténtico espíritu de reforma en el sentido cristiano. Por eso los dos grandes principios de la reforma espiritual, supuesto el de la caída del hombre primitivo, son el de la gracia y el de la libre cooperación del hombre.

En todo este proceso de renovación hay una dialéctica de *forma* y *reforma,* cuyo centro mismo es Cristo: «Porque El mismo es tu reformador, el que fue tu formador» [77]. Formador y forma se identifican en Dios, y de un modo más particular en la segunda persona de la Trinidad. En torno a estos vocablos derivados de *forma* se organiza todo el proceso de la renovación: forma y

---

[75] *De Trin.* XV 8,14 (PL 42,1068): «...in formam lucidam... Quae natura in rebus creatis excellentissima, cum a suo Creatore ab impietate iustificatur, a deformi forma formosam transfertur in formam».

[76] LADNER, o.c.; LECLERCQ, o.c., p.198-99.

[77] *Enarrat. in ps.* 103,1,4 (PL 36,1938): «Ipse erit reformator tuus qui fuit formator tuus».

formación, deforma y deformación, reformación, conformación y transformación. Los principales momentos dialécticos de la espiritualidad están expresados con esos vocablos.

«Cristo es, pues, el formador y reformador del hombre, el creador y recreador, el hacedor y el rehacedor» [78]. El vino en la sexta edad del mundo e impuso al hombre la tarea de su reformación interior: «En esta sexta edad del mundo renuévese la mente humana conforme a la imagen de Dios, como en el sexto día fue creado a su imagen y semejanza» [79].

A Cristo como Verbo, o Palabra, o Idea ejemplar de Dios le corresponde la gloria de hacedor del hombre. La conveniencia de la encarnación se funda en esto: «Ya tú fuiste hecho por el Verbo, pues conviene que seas rehecho por el Verbo» [80]. El Verbo divino, como formador del hombre, es igualmente la forma absoluta y perfecta que ha formado todas las cosas; El «es cierta Forma no formada y formadora de todo lo que tiene forma; Forma inalterable, sin menguante, sin eclipse, sin tiempo ni lugar, superior a todo y que está en todas las cosas como cierto fundamento en que se apoyan y cima que las domina a todas» [81].

«Es la misma Sabiduría de Dios, no formada, por la que todas las cosas se forman» [82]. San Agustín emplea en toda esta doctrina de la reforma un término que es esencial y esclarecedor para toda la espiritualidad cristiana; es la *similitud*, o semejanza o conformidad con la Forma increada o ejemplar eterno según el cual ha sido formado el espíritu humano. La historia del hombre en su creación, caída y redención es un proceso de similitud y disimilitud, pues toda la gloria del hombre está en su semejanza con Dios, y toda su ruina y decadencia es perderse en una *región de disimilitud*, de desdoro de su ser original. Así el espíritu humano tiene una conexión ontológica con la Palabra eterna, que es la forma y ejemplar de todas las cosas, y él a su vez, como semejante a ella, tiene la maravillosa facilidad de decir palabras interiores y exteriores y de ponerse al habla con el mismo formador suyo. Por eso, la *palabra* o *verbum* tiene un relieve singularísimo en el pensamiento religioso de San Agustín.

Lo propio y más personal del Verbo de Dios es ser semejante al Padre, su expresión y semblante igual a El, y, por lo mismo, ser el arquetipo y forma ejemplar de toda semejanza o *similitud*: «No tiene con su principio ningún rasgo de disimilitud, de donde resulta que, siendo llamado el Hijo el retrato o semejanza del Padre, porque con su participación son semejantes cuantas cosas son semejantes entre sí o semejantes a Dios—pues ella es la primera con que han sido modeladas todas las especies y la forma con que se han

---

[78] *In Io. ev. tr.* 38,8 (PL 35,1679): «Nisi credideritis quia ego sum hominis formator et reformator, creator et recreator, factor et refactor».
[79] *Sermo* 125,4 (PL 38,962): «Ergo reformemur ad imaginem Dei, quia sexto die factus est homo ad imaginem Dei. Quod ibi fecit formatio, hoc in nobis reformatio».
[80] *In Io. ev. tr.* 1,12: PL 35,1385.
[81] *Sermo* 117,3 (PL 38,662): «Est enim Forma non formata, sed Forma omnium formatorum, Forma incommutabilis»...
[82] *De ver. rel.* XII 24 (PL 34,132): «... reformata per Sapientiam non formatam, sed per quam formantur universa».

formado todas las formas—, de ningún modo puede ser desemejante al Padre» [83].

Siendo, pues, el Hijo prototipo o forma primera y ejemplar de la semejanza con el Padre y estando formado el espíritu humano según El, ontológicamente es una similitud, o una potencia de asimilar todas las cosas, incorporándolas a sí mediante semejanzas, o especies, o palabras, con que a sí mismo se expresa y habla todo lo que es susceptible de asimilación y expresión.

Y por esta vía, no sólo se determina el orden sobrenatural como participación de una semejanza superior con Dios, en la semejanza y conformidad con su Hijo, o, en otras palabras, con la filiación divina en Cristo, sino también se define la esencia del espíritu humano como inmensa capacidad de asimilarse todas las cosas mediante el conocimiento y el amor, porque el espíritu es similitud de una similitud, semejanza participada de una semejanza arquetípica, imagen de una imagen y resonancia temporal de una Palabra eterna, «sólo que El es el único semejante por nacimiento, y nosotros semejantes porque le veremos a El» [84]. El Hijo de Dios es la Palabra eterna, y los hombres tienen igualmente la capacidad expresiva y verbal, con que abarcan todas las cosas.

Viniendo más concretamente a la espiritualidad, el hombre actual tiene que partir de una *deformación* o desemejanza con Dios, que hace más trágica la dialéctica de la conversión o «imagen de Dios convertida al Creador» [85] después de haber vivido en sus idolatrías paganas.

Mas el hombre no podía salir por sí mismo del estado de su profunda deformación, y por eso vino el formador para reformarnos y restituirnos a la antigua semejanza con Dios. Así Cristo, en su doble forma de Hijo de Dios y de Hijo de hombre, se hizo protagonista de toda reforma humana: «Los hombres somos la moneda de Dios que salió del divino tesoro y se extravió. Con el error quedó deslucido lo que había sido impreso en ella. Vino el reformador porque El la había formado; busca El mismo su moneda, como el César la suya. Por eso dijo: *Devolved al César lo que es del César, y a Dios lo que es de Dios* (Mt 22,21); al César, las monedas; a Dios, vosotros mismos. Entonces quedará impresa la verdad en vosotros» [86]. Como un lino muy ensuciado ha de pasar por el jabón, y las manos para recobrar su propia blancura, así el alma, afeada y manchada por el pecado, tuvo que pasar por las manos del purificador universal que es Cristo. La moneda deslustrada y oxidada por su contacto con la tierra tuvo que recibir su antiguo lucimiento y resplandor de las manos de divino Monedero para que volviera al tesoro de Dios. Era necesario volverse al molde para que recobrara su primitiva gracia y donaire. Y Cristo era el molde, y El le restituyó su hermosura con el perdón

---

[83] *De div. quaest. 83* q.23: PL 40,16; *De ver. rel.* 43,81: PL 34,159.
[84] *Enarrat. in ps.* 49,2 (PL 36,505): «Unicus similis nascendo, nos similes videndo».
[85] *Enarrat. in ps.* 65,21 (PL 36,800): «Iam imago Dei conversa est ad Creatorem suum».
[86] *In Io. ev.* 40,9: PL 35,1691. Un texto parecido véase en C. LAMBOT, *Une série pascale des Sermons de S. Augustin sur les jours de la création:* Mélanges offerts a mademoiselle Christine Mohrmann, p.220 (Utrecht 1963). Este fragmento está tomado de *Monumenta Germaniae Historica*, de una carta dirigida por Adriano I a Carlomagno en 791 (*Epist.* V 36,41): «Obtrivit ipsam imaginem per peccatum et ipsa reformatur per gratiam, quae per libidinem obsolefacta est... Venit autem Monetarius Christus qui repercutit nummos. Et quomodo repercutit nummos? Donando peccata gratia et ostendet tibi quia Deus quaerit imaginem suam»...

de los pecados y la gracia de la justificación: «Porque Cristo es formado en el creyente por la fe en el hombre interior, llamado a la libertad de la gracia. Cristo es formado en el que recibe la forma de Cristo, el que se adhiere a El por el amor espiritual. Cuyo fruto es imitarle para ser lo que es El según su beneplácito» [87]. La gracia, el perdón de los pecados, la fe, la caridad, imprimen la nueva semejanza con Cristo, la forma de hijo de Dios.

Entra igualmente la imitación de Cristo para seguir sus ejemplos y reesculpir su imagen en nosotros con la máxima perfección. San Agustín utiliza el verbo *resculpere* para significar esta doble labor de reformación espiritual. Cada uno es escultor de su alma. «Fuimos creados a esta semejanza de Dios, que corrompimos con el pecado y recobramos con el perdón, y se renueva en lo interior de la mente para que sea reesculpida en la moneda, esto es, en nuestra alma, la imagen de Dios y seamos devueltos a su tesoro» [88].

Pero en esta misma labor escultórica se enciende un ardor o tensión dialéctica en que no descansa el hombre; porque cada logro de hermosura le pone en descubrimiento de las deformidades que hay en él y en deseo de nueva labor de arte: «Todavía no estoy restaurado conforme a la imagen de mi Creador; he comenzado mi labor de recincelarme, y por la parte que me reformo, volviéndome al molde, cobro disgusto de las deformidades que aún quedan. Mientras soy así, ¿qué salida me queda? *Hombre infeliz, ¿quién me librará de este cuerpo de muerte? La gracia de Dios por Jesucristo, nuestro Señor* (Rom 7,22-25). La gracia de Dios ya comenzó a reesculpirme; la gracia de Dios, que infunde suavidad para que te deleites ya en la ley según el hombre interior; por ella quedará sano lo restante, porque a ella se debe lo que hay de sano. Gime, pues, todavía con tus heridas, haz penitencia, siente disgusto de ti» [89].

He aquí la fisonomía interior de este escultor de sí mismo que es Agustín, siempre, con el martillo y el cincel en las manos, inclinado sobre el mármol duro de la naturaleza caída del hombre. Corta, desbasta y labra a mazo y escoplo para dejar perfecta su alma según el modelo de Cristo. Pero siempre al ideal resplandece a sus ojos a una altura inalcanzable, y nunca logra domar la piedra y darle la deseada perfección.

7. Ser y no-ser

La lucha por la reforma interior, comparada por San Agustín al arte del escultor o del orífice, es en realidad un combate por la perfección del ser humano, por la hermosura ideal del hombre. M. Blondel habla justamente

---

[87] *Epist. ad Gal. expos.* 38: PL 35,2132.

[88] *Enarrat. in ps.* 92,2 (PL 37,1217-18: «... quae in nobis renovatur intus in mente, ut tanquam resculpatur in nummo, id est in anima nostra imago Dei nostri et redeamus ad thesauros eius».

[89] *Enarrat. in ps.* 140,15 (PL 37,1824): «Adhuc bellum adversus me gero; caepi resculpi et ex parte qua reformor, displicet mihi quod deforme est». Entre los griegos, «la educación, la poesía y el arte escultórico se hallan en la más estrecha relación. La educación y la poesía hallan su modelo en el esfuerzo de la plástica para llegar a la creación de una forma humana, y toman el mismo camino para llegar a la «idea del hombre» (W. JAEGER, *Paideia* I p.296).

de una ontogenia espiritual, cuya meta es una teogonía, o una deificación. «Lo que dice San Agustín del tiempo para interpretarlo menos como una realidad física que como una expresión simbólica de nuestro devenir interior y de nuestra génesis espiritual, puede aplicarse no sólo a la ontogenia de cada espíritu, sino también al conjunto espiritual de los seres, a esta cosmogonía moral y religiosa cuyo verdadero nombre al fin sería, en el aspecto agustiniano, una teogonía con doble salida hacia la ciudad de Dios o hacia el fracaso irremediable» [90].

La palabra *teogonía* indica un proceso de asimilación o conformación de la imagen creada a Dios, su original, mediante la gracia. Conformación que equivale a una continua conversión a Dios, a un ser hecho o efectuado por la acción divina: «Porque no es el hombre de tal condición que, una vez que ha sido hecho, abandonándolo su Hacedor, pueda hacer algo bueno por sí mismo; antes bien, toda su acción buena consiste en convertirse a su Hacedor y ser hecho siempre por El, justo, piadoso, sabio y dichoso... No debe, pues, convertirse al Señor de modo que, una vez que haya sido justificado, se retire de El, sino que siempre sea hecho por El» [91].

El hombre debe convertirse a Dios en todo momento y ser renovado o rehecho por El. El *semper fieri* significa que en todo momento es necesario recibir de las manos de Dios el ser justo, bueno, sabio; y que, cuando el hombre deja las manos de Dios, pierde su verdadero ser o tiende a la nada.

Todo el universo es bueno, como un modo de participación del sumo Bien, y el bien está repartido en gradaciones que forman una escala jerárquica, que desde los seres inanimados sube hasta la vida suprema, que es la fuente del ser. Y toda la creación está sometida a un ritmo de crecimiento y decadencia: «Las cosas hermosas no tendrían ser si no lo tuvieran de Vos. Nacen ellas y mueren, y naciendo, en cierto modo comienzan a ser y crecen para perfeccionarse; y ya perfectas, envejecen y mueren... Luego cuando nacen y tienden a ser, cuanto más de prisa crecen para ser, tanto más se aceleran para no-ser; tal es su condición de ser» [92].

El hombre está sometido a este ritmo de crecimiento y decadencia en su cuerpo y en su alma, teniendo sobre sí al Ser inmutable y eterno, al que puede acercarse y conformarse, pero con el peligro al mismo tiempo de irse al extremo contrario, hacia la nada o hacia el no-ser. Como libre, puede separarse del Ser e ir hacia el no-ser, o hacia la mengua de su ser por el pecado.

La aversión de Dios y la conversión se oponen entre sí, pues mientras ésta aumenta el caudal del ser, aquélla lo menoscaba y apoca. Toda la espiritualidad sigue esta dialéctica del ser y no-ser; por el pecado tiende al no-ser, y por la conversión, al enriquecimiento del ser: «Pues en cuanto nos hacemos malos, en tanto menguamos en el ser» [93]. En la terminología agustiniana abundan las expresiones *minus esse, magis magisque esse, defici, tendere ad nibil, nanescere.* «No desfalleció el hombre de modo que se redujese a la nada total;

---

[90] M. Blondel, *L'être et les êtres* III, p.289 (Paris 1963).
[91] *De Gen. ad litt.* XII 25: PL 34,382-83.
[92] *Conf.* IV 10,15.
[93] *De doct. christ.* I 32,35 (PL 34,32): «...et in quantum mali sumus, minus sumus».

pero, encorvándose hacia sí mismo, se aminoró en lo que era, cuando estaba unido al que es el sumo Ser» [94].

En polémica contra los maniqueos desarrolló San Agustín esta metafísica del pecado o de la disminución o privación de ser, pues toda privación lleva consigo una disminución ontológica, un *minus esse*. Lo que llama *defici* es decaer, debilitarse, venir a menos, menoscabarse, caer de un estado más fuerte, empeorarse: «El decaer no significa caer en la nada, pero es tender a la nada. Pues, cuando las cosas que son más declinan a las que son menos, decaen y comienzan a ser menos de lo que eran; no se convierten en las mismas cosas a que se adhieren, pero se aminoran en su género. Cuando el espíritu desciende a lo que es corpóreo, no es que se haga cuerpo, pero en cierto modo se hace corporal» [95].

Uno de los ejemplos típicos de los estragos del pecado, que gastan y consumen las energías nobles del espíritu, es el del hijo pródigo, que, yéndose de la casa de su padre a una región lejana, allí *disipó toda su hacienda viviendo fastuosamente* (Lc 15,13). En esta parábola, San Agustín vio su propio retrato y el de todo hombre que se aleja de Dios para vivir a sus anchas gozando de su libertad. Habla del *retorno del alma en sí* que tuvo el hijo pródigo, y comenta: «Es revocada a sí la que iba lejos de sí. Pues como se había apartado de sí, se distanció igualmente del Señor. Se miró, pues, a sí misma, y se agradó en sí, y se hizo amante de su libertad. Se apartó de El; mas, no permaneció en sí, fue como arrojada de sí misma, expulsada de sí, para caer en las cosas exteriores. Ama el mundo, ama lo temporal, lo terreno. Si ella se amase a sí, despreciando a su Creador, ya sería menos; declinaría de su ser, amando lo que vale menos. Porque ella es menos que Dios. Había que amar a Dios; y de tal modo, que, a ser posible, nos olvidásemos de nosotros mismos. ¿Cómo se verificó, pues, el cambio? El alma se olvidó de sí misma, para amar el mundo; olvídese, pues, de sí misma, amando a Dios, artífice del mundo. Arrojada, pues, de sí, en cierto modo se perdió a sí misma, sin querer reflexionar sobre lo que hacía; y, defendiendo sus maldades, se ensoberbeció con la petulancia, con la lujuria, con las honras, con las influencias, con las riquezas, con el poder vano» [96].

Tal es la tragedia del pecado y la alienación que padece lejos de Dios, perdiendo toda la hacienda espiritual, es decir, los bienes más sólidos del espíritu, cuales son la libertad, el vigor de la razón, la nobleza de los sentimientos, la caridad, la justicia, la hermosura interior del alma. Todo ello cons

[94] *De civ. Dei* XIV 13,1 (PL 41,421): «Nec sic defecit homo ut omnino nihil esset sed ut inclinatus ad seipsum minus esset quam erat cum ei qui summe est inhaerebat»
[95] *Contra Secund. manich.* XI (PL 42,586-87): «Deficere autem non iam nihil est, sed ad nihilum tendere... Non enim cum animus ad corpus declinat, corpus efficitur, sed tamen defectivo appetitu quodammodo corporascit». Ibid., XV: PL 42,590. Una profundización de la doctrina agustiniana sobre esta metafísica del pecado en San Buenaventura puede verse en MAURITS DE WACHTER, *Le péché actuel selon Saint Bonaventure* p.71-9 (Paris 1967). Trata de la corrupción de las tres dimensiones del ser: *modus, species, ordo,* en sentido agustiniano.
[96] *Sermo* 142,3: PL 38,779. Sobre este texto véase a A. SOLIGNAC, *L'existentialisme d' S. Augustin:* Nouvelle Revue Théologique VII (Louvain 1948) 1-19: «Se creería estar leyendo a Kierkegaard» (p.5).

tituye lo que podría llamarse participación de la sabiduría de Dios, que es la riqueza que dilapida el pecador y recobra después por la conversión[97].

En este proceso de depauperación interior tiene acción principal el pecado capital que se llama la soberbia: «La hinchazón de la soberbia consiste en avanzar hacia las cosas externas y, en cierto modo, en vaciarse, yendo a menos y menos. Mas proyectarse a lo externo es arrojar los bienes interiores, es decir, abandonar a Dios, alejarse de El, no por espacios de lugares, sino por el afecto de la mente»[98]. La pérdida de Dios es la máxima desventura espiritual del que le abandona, arrojando el alma por la ventana, porque, cuando El se va, todo se va. En los primeros análisis del pecado, San Agustín ya insistió en este punto de los efectos negativos de toda maldad, que se traduce justamente por *nequitia*, palabra que alude a su tendencia aniquiladora[99].

Por el contrario, la conversión significa un enriquecimiento creciente en el ser. Ya hemos indicado que el ser creado es mirado por San Agustín en una perspectiva de participación del sumo Ser. Todas las cosas que de algún modo son, vienen de aquella Esencia que es suma y principal»[100].

El hombre tiene un hambre de verdad y de ser, de ser en verdad: «El deseo de la verdad es, fundamentalmente, un deseo de ser», dice Körner[101]. Lo mismo los convertidos que los contrarios tienen una misma aspiración al ser, aunque van por opuestos caminos. Pero esta misma hambre de ser le viene al hombre del sumo Ser, y sólo con su posesión puede saciarse.

Y así como en el proceso de la aversión, diversión y perversión se va minando la naturaleza, aunque sin acabarla de destruir, la conversión, al contrario, es una edificación ontológica y moral con que el hombre va adquiriendo cada vez una más rica personalidad[102].

Hay, pues, una inmensa tarea tanto en ahondar los cimientos como en elevar la fábrica del edificio, que debe llegar hasta el cielo, según el famoso símil agustiniano, en que da precisamente a la virtud de la humildad la función de ahondar en el fundamento. Con tres verbos expresa San Agustín toda esta tectónica de la persona: *facere, reficere, perficere*[103]. Creación, redención y glorificación se llaman estos grandes jalones de la conversión. Es inmenso el espacio que va desde la creación hasta la última filigrana de su gloria; y toca a la espiritualidad llenarlo con el esfuerzo de una continua conversión[104].

---

[97] *De immort. anim.* XI 18: PL 32,1030. Cf. EMILIE ZUM BRAUN, *Le dilemme de l'être et du néant Saint Augustin:* Recherches Augustiniennes VI (Paris 1969) 17-34.
[98] *De mus.* VI 13,40 (PL 32,1186): «Quare superbia intumescere, hoc illi est in extima progredi et, ut ita dicam, inanescere, quod est minus minusque esse. Progredi autem in extima quid est aliud quam intima proicere, id est, longe a se facere Deum, non locorum spatio, sed mentis affectu?»
[99] *De beata vita* II 8: PL 32,964; ibid., IV 31: PL 32,974. Cf. ZUM BRUNN, o.c., p.19-24.
[100] *De immort. anim.* XI 18 (PL 32,1030): «... illa omnia quae quoquo modo sunt, ab essentia sunt quae summe maximeque est».
[101] F. KÖRNER, *Das Sein und der Mensch* p.105 (Freiburg 1955).
[102] *De lib. arb.* III 7,21 (PL 32,1281): «Hoc enim exordio quo esse vis, si adicias magis magisque esse, consurgis atque exstrueris in id quod summe est».
[103] *Conf.* V. 2,2: «Qui fecisti, reficis et consolaris».
[104] Cf. E. ZUM BRUNN, o.c., II 5: *Création et conversion* p.55-56.

8.   El hombre interior y exterior

«La doctrina y la experiencia espiritual de San Agustín está dominada por el persistente reclamo a la interioridad. El hombre vale por lo que es en su intimidad delante de Dios, que lee en los corazones; en el hombre interior habita la verdad, que lo ilumina, y el Espíritu Santo, que allí edifica el templo de Dios. Es necesario que el hombre entre en sí mismo para después elevarse sobre sí y hallarse con Dios» [105].

Este tema se relaciona con el anterior del ser o no-ser del hombre, porque el hombre se enriquece en ser en la medida en que aumenta el caudal del espíritu. El razonamiento sobre la parábola del hijo pródigo, a que se ha aludido en el artículo anterior para diseñar la tragedia del pecador, que se vacía de sí mismo y se pone a oscuras y en vergonzosa desnudez e interiormente queda hueco de lo mejor de sí mismo, puede proseguirse aquí para tomar nueva luz sobre este argumento. En la parábola de Cristo está puesta en mucha luz la doble dialéctica del hombre exterior e interior. El hijo pródigo anticipó con intensidad la tragedia del pecador, que San Agustín no se cansaba de comentar con aplicaciones muy realistas a su propia experiencia. He aquí un comentario en que se interpreta la psicología de la aversión y conversión religiosa.

Explica el pasaje del Apóstol en su carta a Timoteo: *Serán los hombres amadores de sí mismos* (2 Tim 3,2): «Abandonando a Dios, comienzan a poner todo su amor en sí mismos; pero son arrojados de sí mismos para amar las cosas que están fuera de sí; y por eso añade a continuación: *y serán codiciosos del dinero.* Ya ves que has sido arrojado fuera. Comenzaste por amarte a ti mismo; si te es posible, permanece en ti mismo. ¿Por qué te precipitas fuera? ¿Acaso te has hecho rico tú, avaro del dinero? Comenzaste a amar cosas exteriores, y te perdiste a ti mismo; cuando, pues, el amor se lanza fuera para abrazar las cosas exteriores, se agua en las cosas y en cierto modo comienza a malbaratar pródigamente sus energías. Se anula, se derrama, se empobrece, apacienta puercos; y, reventando en este vil pastoreo, algunas veces se acuerda y dice: *¡Cuántos trabajadores de mi padre tienen pan en abundancia, y yo muero aquí de hambre!*

»Mas cuando rompe a hablar así, ¿qué dice sino que todo lo disipó con malas mujeres y que quería tener lo que estaba bien guardado en la casa de su padre? Añoraba lo mismo que había arrojado para quedarse en la miseria. ¿Y qué añade? *Y volviendo en sí mismo.* Si entró en sí, es porque antes había salido de sí. Porque había caído de sí, perdiéndose en las cosas externas, antes retorna en sí para volver al estado del que había caído. Pues así como cayendo en sí, no quedó en sí, así, entrando en sí, no debe estancarse allí, no sea que otra vez se precipite desde sí a lo exterior. Para no quedarse, pues, en sí, añade: *Me levantaré y volveré a mi padre* (Lc 15,12-18). He aquí desde dónde se había derrumbado: desde la casa de su padre. Se arrojó de sí mismo y cayó en las cosas forasteras. Ahora vuelve en sí y retorna a su padre para guardarse allí como en segurísimo refugio. Si, pues, se había

[105] MICHELE PELLEGRINO, *S. Agostino. Itinerario spirituale* p.1 (Cuneo 1964).

alejado de sí y de su padre, volviendo en sí, niéguese a sí mismo, no presuma de sí, reconozca que es hombre y no olvide lo que dice el profeta: *Maldito todo el que pone su confianza en el hombre* (Jer 17,5)»[106]. En estos pasajes, psicológicamente tan densos y penetrantes, en que San Agustín exprime toda su experiencia de hijo pródigo, se contiene la dialéctica de la exterioridad e interioridad con sus tres momentos: *abandono de Dios,* en cuya casa toda abundancia y riqueza tiene su asiento; *caída y hundimiento en sí mismo,* con presunción de la propia valía e independencia para gozar libremente del mundo y ser feliz; *caída en las cosas externas:* dinero, placeres, dulce vida, con la consiguiente alienación del espíritu, que se olvida de sí mismo y se vuelve tocho y rudo para la estima de los valores superiores, haciéndose pastor de un inmenso rebaño de deseos inconfesables. Como consecuencia de todo, caída en toda miseria y lamento de infelicidad.

A esta dialéctica se contrapone la del retorno e interioridad; el pródigo, golpeado por los infortunios, se hace reflexivo y serio, y deja de ser el molondro de antes. Los aguijones del arrepentimiento le muerden la conciencia. Reconoce su fracaso y desvarío, y el recuerdo se le va y lo empuja hacia la casa de su padre. La mano de Dios anda secretamente en todo este proceso de interioridad y conversión: «Entra, pues, en ti mismo, y entonces, cuando, siguiendo una dirección que te lleva a lo superior, estuvieres allí, no te pares. Lo primero retírate de las cosas de fuera y entra en ti, y luego entrégate al que te hizo, y te buscó cuando estabas perdido, y te halló cuando ibas en fuga, y te convirtió a sí cuando andabas apartado. Vuélvete, pues, a ti y sube al que te hizo a ti. Sigue el ejemplo de aquel hijo menor, pues por ventura tú lo eres»[107].

Están claros los tres momentos de esta conversión: «No quieras ir afuera, entra en ti mismo; en el hombre interior mora la verdad; y, cuando vieres que tu naturaleza es mudable, trasciéndete a ti mismo»[108].

Con esta prosa precisa e imperativa, San Agustín hace historia, ética y ascética al mismo tiempo; recuerda el paradigma del hijo pródigo y el suyo propio personal, y lo hace imperativo categórico para todos los hombres que deben seguir este camino de interioridad y transcendencia.

Cierto que el pasaje anterior tiene sus implicaciones gnoseológicas, pero también morales y espirituales, de una gran transcendencia[109].

---

[106] *Sermo* 96,2: PL 38,585.

[107] *Sermo* 33,3 (PL 38,1457): «Prius ab his quae foris sunt redi ad te, et deinde redde te ei qui fecit te, et perditum quaesivit te, et fugitivum invenit te, et aversum convertit te ad se. Redi ergo ad te, et vade ad illum qui fecit te. Imitare filium illum iuniorem; quia forte tu es».

[108] *De vera rel.* 72 (PL 34,154): «Noli foras ire; in teipsum redi; in interiore homine habitat veritas; et si tuam naturam mutabilem inveneris, transcende et teipsum».

[109] En el contexto del pasaje anterior, la verdad tiene un triple contenido: *la verdad de los hechos interiores de la conciencia:* yo pienso, yo existo, yo recuerdo, yo dudo, yo entiendo; es un conjunto de vivencias ciertas en que no tiene parte la duda; *la verdad de los axiomas o principios éticos, metafísicos, estéticos, matemáticos,* que son patrimonio común de todos los espíritus que tienen razón o piensan; *como instancia superior de todo, un Espíritu o Verdad absoluta y eterna,* cuya luz se difunde por las inteligencias creadas. La presencia actuante de esta primera Verdad en la conciencia del hombre es afirmada por San Agustín con la doctrina de la iluminación.

Cuando San Agustín entró por vez primera dentro de sí mismo, se percató de un hecho que después le hizo pensar tanto: de la presencia de la verdad en su interior. Era una luz *sui generis* que no sufría alteraciones ni cambios, superior a su mismo espíritu, variable como la superficie de las aguas del mar. Esta es la Verdad que habita en el hombre interior [110].

En toda conversión profunda hay un descubrimiento de la verdad.

Cuando el hijo pródigo comenzó a volver en sí, sus ojos se iban en pos de una verdad nueva; de una vida de ilusiones comenzó a pasar a una vida más sensata; descubrió la condición trágica de su existencia, que le lavó el cerebro de antiguos errores e ilusiones; se reconoció como una criatura desvalida, huérfana, menesterosa y famélica. En esta vivencia había mucha más verdad que en las que le arrancaron de la casa paterna; mozo arrogante, libre de sumisiones, soñador de mil quimeras. En la situación trágica comenzó a conocer la verdad de sí mismo, y que no era nada por sí, y que la felicidad del dinero es engañosa y fatídica, y que su buena ventura estaba en la casa de su padre. He aquí el primer paso hacia el hombre interior; paso que tenía un peligro: el de hundirse en el pesimismo de su propia desventura, desesperando de toda salvación, la cual no está en volverse y entrar el hombre en sí mismo, sino en salirse de sí mismo, o, mejor, internarse en una más honda intimidad donde se oculta la Verdad que descubrió San Agustín. Este es el *transcendente te ipsum* agustiniano; el trasciéndete a ti mismo, llégate hasta Dios, más interior que los meollos de tu misma intimidad.

Con esto diseñamos el espacio vital de la interioridad agustiniana.

Pero cada vez conviene mirar más despacio lo que aquí ocurre, siguiendo el pensamiento del Santo, el cual en el tránsito del hombre exterior al hombre interior da un particular realce a la abnegación y la humildad [111].

Pues el orgullo y la sensualidad fueron los pasos por los que el hombre se perdió y se hizo exterior, sólo por los contrarios se puede realizar el retorno al hombre interior.

Recuérdense los tres momentos de la extraversión humana: apartamiento de Dios *(aversio a Deo, impietas)*, conversión y caída en sí mismo (orgullo y presunción), conversión a las criaturas (sensualidad, amor al dinero). Tal es la dialéctica del hombre exterior. De lo superior cae el hombre en sí mismo, y de sí mismo, o rebotando en sí mismo, salta y cae en las cosas inferiores, como el pez fuera del agua. La dialéctica del retorno o conversión al hombre interior es inversa, y está expresada en la famosa fórmula que hemos enunciado, y que también declara el Santo con otras palabras también célebres en la ascética de la interioridad. Pasa de las cosas exteriores a las interiores, de las interiores a las superiores [112]. Hay que apartarse de las cosas sensibles o externas y volver a la razón; es decir, hacerse razonable con la justa ordenación y estima de los bienes, sometiendo la carne al espíritu, y el espíritu a Dios. Y aquí entran dos sacrificios notables: la abnegación

---

[110] *Conf.* VII 10,16; ibid., 17,23.
[111] *Serm.* 92,2 (PL 38,585): «... redeundo ad se, ut eat ad patrem, neget se. Quid est neget se? Non praesumat de se, sentiat se hominem».
[112] Cf. n.t.108.

y la humildad. La negación o abnegación, para señorear las pasiones, que llevan al disfrute desordenado de los bienes externos, y el sacrificio de la humildad, para rendir también el espíritu propio al señorío de Dios. Ambas inmolaciones son extremadamente valiosas y necesarias para la verdadera interioridad. Por que, libre el espíritu del peso de las cosas materiales y del visco propio de su orgullo, suba a Dios, Verdad primera, como un globo libre y antes cautivo y amarrado a la tierra y a su propio peso de plomo.

Y entonces el interior del hombre se enriquece con las mejores posesiones: «Esté sano el interior del hombre que se llama conciencia, y volará allí y hallará a Dios» [113]. El hombre que ha vencido el orgullo y la sensualidad, se hace morada divina: «Y Dios está en medio de él, siendo su trono la conciencia de los hombres buenos» [114].

Con esta presencia de un Ser infinito se ensanchan inmensamente y se iluminan los ámbitos de la interioridad con una jurisdicción que alcanza cielos y tierra. Recuérdese la pintura, de una grandeza cósmica, que hace San San Agustín en las *Confesiones* de los vastos alcázares y palacios de la memoria, llenos de innumerables cosas apresadas por la actividad natural que se despliega en todo hombre [115].

Mas cuando se trata del tema de la conversión, que es siempre un proceso de dilatación de la interioridad humana, hay que aludir también a los que llama el mismo Santo los espacios de la caridad, *spatia caritatis,* que para dar cabida a Dios en cuanto cabe ensanchan más aún los senos del espíritu [116]. La caridad es también virtud amplificadora y espaciadora del mundo interior. Pues si el hombre, como ser racional, tiene la facultad de asimilar con sus ideas todas las cosas e incorporarse a sí todo el orbe de lo real, sin excluir a Dios, como ser afectivo y caritativo, tiene el privilegio de atraerse a sí y vincularse vitalmente con todas las cosas, particularmente con las personas, que quedan apresadas por su amor benéfico. Y en este sentido dice San Agustín hablando de las palabras de Cristo sobre la manación de fuentes en el hombre interior: «El seno del hombre interior es la conciencia del corazón. ¿Y qué es el río que brota del seno del hombre interior? La benevolencia y amor con que atiende a la salvación del prójimo». [117]

Aquí la interioridad se hace fuente y regadío espiritual para los demás.

9. Lo temporal y lo eterno

Como hay dos clases de cosas, unas temporales y otras eternas, así hay dos grupos de hombres, unos que anhelan por las cosas temporales y otros que viven de las eternas [118]. En realidad, esta división coincide con las dos ciudades y los dos amores. La conversión hace girar el amor de las cosas tempora-

---

[113] *Enarrat. in ps.* 45,3 (PL 36,515): «... sanumque sit intus hominis quod conscientia vocatur... illuc confugiet et ibi inveniet Deum».
[114] Ibid., 9 (PL 36,520): «... et ita sedes Dei est in cordibus hominum».
[115] Cf. R. GUARDINI, *La conversione di S. Agostino* p.31-40.
[116] *Sermo* 69,1 (PL 38,440-41): «Sed si angustiantur vasa carnis, dilatentur spatia caritatis».
[117] *In Io. ev. tr.* 32,4 (PL 35,1643): «Quid est fons et quid est fluvius qui manat de ventre interioris hominis? Benevolentia qua vult consulere proximo».
[118] *De lib. arb.* I 16,33: PL 32,1239.

les a las eternas, que no devora el tiempo. Con una expresión singularmente profunda, San Agustín define sus tiempos antes de la conversión como un estado disperso de espíritu «en que devoraba los tiempos, mientras era devorado por ellos» [119]. Adviértese aquí una doble voracidad: la del hombre y la del tiempo mismo. El hombre se alimenta y devora las cosas pasajeras, que un día son y al siguiente mueren; su espíritu se moviliza, se agita; es veleta que se mueve a todos los vientos de las novedades, agoniza con las cosas que van y vienen y le quitan la estabilidad y el reposo. La inquietud es la misma temporalidad del espíritu, que no descansa: «Lo que está quieto no es nada, antes bien tiene un ser más sólido que lo inquieto. Porque la inquietud va cambiando las afecciones, de modo que una acaba con otra; pero la quietud tiene constancia, en la que principalmente se entiende el ser» [120]. En lo mudable y temporal juegan la antítesis entre el ser y el no-ser; lo que verdaderamente es, excluye la mudanza y el tiempo. Cuando la Iglesia, al principio de la cuaresma, nos frota la frente con un poco de ceniza y nos dice: *Acuérdate, hombre, que eres polvo, y al polvo volverás,* con estas palabras conmueve las raíces de nuestra temporalidad y de nuestro no-ser.

En la muerte de un amigo suyo, San Agustín sintió hasta el estremecimiento esta experiencia de la muerte, a propósito de la cual hace reflexiones tan modernas, digámoslo así, sobre la existencia humana, que flota entre dos nadas: la que nos precede antes de nacer y la que sigue a la muerte [121]. El tuvo agudísimo sentimiento para la transitoriedad y, por contraste, para con lo inmutable y lo eterno, «para lo que verdaderamente es». Todavía con el alma ensangrentada por la muerte del amigo confiesa: «Yo era desgraciado, y desgraciada es toda alma encadenada por el amor de lo temporal, despedazada cuando lo pierde» [122]. Lo que el corazón devora para saciarse, se le convierte en buitre interior, que, a su vez, devora y picotea la carne viva del alma, como le aconteció a él con la muerte del amigo. De suyo, el tiempo es un buitre devorador, cosa que, por otra parte, está totalmente conforme con el mito pagano de Cronos, engendrador y devorador de sus hijos.

San Agustín suele expresar con imágenes toda esta filosofía de lo temporal, cuyas categorías ha estudiado L. Boros [123]. Así, la vida humana es como un torrente: «Todas las cosas aparecen y desaparecen casi antes de llegar; y, cuando vienen, no pueden detenerse; se unen, se siguen, se van. De lo pasado nada vuelve; lo futuro se espera como fugitivo; no se posee mientras no llega, no se detiene cuando está a nuestro alcance. Todo lo arrastra una corriente de momentos voladores; el torrente de las cosas fluye; de este torrente bebió en el camino por nosotros el que ya está encumbrado» [124].

---

[119] *Conf.* IX 4,10: «... devorans tempora et devoratus temporibus».

[120] *De lib. arb.* III 8,23 (PL 32,1282): «Inquietudo enim variat affectiones, ut altera alteram perimat; quies autem habet constantiam, in qua maxime intelligitur quod dicitur, est».

[121] *Conf.* IV 6,11.

[122] *Ibid.*

[123] LADISLAS BOROS, *Les catégories de la temporalité chez S. Augustin:* Archives de Philosophie, juillet-septembre 1968, 324-85 (Paris 1958). Considera cuatro aspectos de la temporalidad: como disolución, como agonía, como destierro, como noche.

[124] *Enarrat. in ps.* 38,7 (PL 36,419): «...Momentis transvolantibus cuncta rapiuntur; torrens rerum fluit».

Sumergido en el torrente de las cosas, el espíritu mismo se hace como líquido, como fluido que pasa por mil variaciones de afectos o de amores que se vienen y se van, y él va flotando en ellos como naciendo, muriéndose, renaciendo y remuriéndose, moribundo y vivibundo en cada hora. De aquí viene lo que llama el Santo «la abundancia fatigosa y la copiosa miseria» del espíritu embarcado en lo temporal [125].

«Y es porque, al realizar su orden la hermosa variedad de los tiempos, se desprenden de los amantes las hermosuras deseadas, y, alejándose de sus sentidos, los dejan en descontento» [126]. Y cuando no es el dolor del desamparo, es el temor de la futura pérdida el verdugo que atormenta el alma [127]. Agustín había experimentado esta disgregación interior, y todavía, después de la conversión, le llegaban al alma sus efectos: «He aquí que yo me he dispersado en los tiempos, cuyo orden no alcanzo; y mis pensamientos, que son las íntimas entrañas de mi alma, andan desgarrados por los tumultuosos altibajos de los sucesos hasta que, acrisolado y derretido por el fuego de tu amor, me junte a ti» [128].

El análisis de lo temporal deja un sabor trágico, porque el tiempo que él analiza es el tiempo del pecado y del pecador, en que todo parece irracional y caótico, todo desproporcionado a los afanes y fatigas del espíritu humano. De aquí el grito de su corazón: «No me hartaré de ninguna cosa que se mude, no tendré descanso en las cosas temporales. Déme algo eterno, déme algo que sea para siempre. Déme su sabiduría, déme su Verbo, Dios en el seno de Dios: Padre, Hijo y Espíritu Santo. Soy mendigo que llamo a su puerta; no duerme el que invoco; déme los tres panes» [129]. Aquí respira y se siente el espíritu anhelante del mendigo de Dios que no se contenta con las migas, sino con los tres Panes, en cuya posesión está la vida feliz.

¿Qué valor tiene, pues, lo temporal para este gran famélico de Dios? Todo lo pasajero se eclipsa ante sus anhelos de eternidad.

Sin duda hay quien da sentido y salva todo lo temporal. Y tornamos al misterio de siempre: Cristo. El es el salvador de lo temporal, puesto en trance de perdición por el pecado. El es quien da sentido y luz al tiempo y a la historia.

Sin Cristo, la vida humana sería un caos total, «una simple carrera a la muerte» [130]. Cristo dio un contenido nuevo a la existencia efímera del hombre, porque «el fin último de lo temporal es la gloria de Dios, que se manifiesta en la historia por la victoria de la ciudad de Dios y el fracaso de la ciudad terrena, y esta finalidad se halla ya presagiada en el fondo mismo de los acontecimientos» [131]. Cristo es el fundador de la ciudad de Dios y el que nos da la victoria sobre la voracidad del tiempo: «Por ti se hizo temporal para que

[125] *De ver. rel.* XXI 41 (PL 34,139): «Ita facta est abundantia laboriosa et si dici potest, copiosa egestas».
[126] Ibid., XX 40: PL 34,139.
[127] *Sermo* 124,2: PL 38,687. Sobre temporalidad y mortalidad véase *In Io. ev. tr.* 38,10: PL 35,343.
[128] *Conf.* XI 29,39.
[129] *Enarrat. in ps.* 102,10: PL 37,1324.
[130] *De civ. Dei* XIII 10 (PL 41,382): «... tempus huius vitae... cursus ad mortem».
[131] L. Boros, o.c., p.378.

tú te hagas eterno, porque El de tal modo se hizo temporal, que sigue siendo eterno» [132]. Cristo es la síntesis de lo temporal y eterno, el comienzo de una nueva era espiritual en que los hombres se vuelven a lo eterno para caminar sobre lo temporal con dominio de apoyo: «Cuando vino la plenitud del tiempo, vino también El para que nos librase del tiempo. Debemos, pues, amar al que creó los tiempos para que nos libremos del tiempo y nos asentemos en la eternidad, donde ya no hay mutabilidad temporal» [133].

Lo eterno de Cristo en el hombre salva la vida temporal, porque la ordena para la vida eterna. En este pasaje, preñado de sentido, hay una psicología sutil de la redención temporal, sin que en ella falten reminiscencias de la filosofía neoplatónica: «Pero como es mejor vuestra misericordia que la vida, he aquí que mi vida es distensión; y *me recogió vuestra diestra* (Sal 62,4.9) en mi Señor, el Hijo del hombre, mediador entre Vos—el Uno—y nosotros —los muchos, en muchas cosas y por muchas cosas divididos—, *a fin de que por El alcance a Aquel por quien, a mi vez, fui alcanzado* (Flp 3,12), y me recoja de mis días antiguos siguiendo el Uno; no en pos de las cosas que son futuras y transitorias, sino a lo que está por delante; no distendido, sino extendido; no con distensión, sino con fija intuición, sigo tras la palma de la soberana vocación y en pos de vuestro deleite, que ni viene ni pasa» [134].

Alude aquí a un estado anterior de dispersión en lo múltiple y diverso que desgarra el espíritu con contrarias afecciones, y al mismo tiempo a la obra del Mediador, que recoge al hombre de la disipación de los días antiguos para fijarlo y unificarlo en el ideal de los valores eternos, futuros y seguros. Esta fijación en lo eterno produce no un estado de dispersión, sino de atención, intención y extensión; es un estirón del alma hacia lo que siempre dura para incorporarlo al dinamismo de la vida temporal, introduciendo en ésta un contenido eterno. Esta *extensio animi ad futura* es obra a la vez de la fe, esperanza y caridad. La esperanza es la inserción de lo eterno en lo temporal, pero sus dos hermanas la ayudan en esta delicada operación. Con los cual ya está dicho que el Mediador, el Eterno hecho temporal para hacer eternos a los que somos temporales, es quien salva todo, porque la acción distensa, vaga y famélica la recoge en un haz de intenciones superiores y le da la consistencia y solidez que pedía San Agustín: «Me asentaré y me macizaré en ti, Dios mío» [135]. En este asentamiento son las razones eternas las que mueven al ser temporal, y lo salvan del vagabundeo errante, y le señalan la cima de la vida espiritual, y le dan el manjar propio y más anhelado, que es la esperanza de la vida feliz.

El tiempo pierde con esto aquel carácter ilusorio que parece tener en los análisis filosóficos que hace en sus *Confesiones* [136], porque queda integrado y forma parte de la historia de la salvación. En realidad sólo el cristianismo salva el tiempo con todas sus partes—lo pasado, lo presente y lo futuro—,

---

[132] *In Epist. Io. tr.* II 10 (PL 35,1994): «Propter te factus est temporalis ut fias aeternus, quia et ille sic factus est temporalis ut maneat aeternus».
[133] *Enarrat. in ps.* 38,9: PL 36,420.
[134] *Conf.* XI 29,39.
[135] Ibid., XI 30,40: «Et stabo atque solidabor in Te, in forma mea, veritate tua».
[136] Ibid., XI 14-30.

porque sólo Cristo es la razón suprema de la historia en su plenitud temporal. Lo pasado, lo presente y lo futuro se enlazan en el Mediador como profecía, como historia, como escatología; y, uniéndose a El, los hombres rescatan su tiempo pasado, aprovechan lo presente y van lanzados a la eternidad con la nueva esperanza. Por eso en la confesión de la fe, o digamos en todo el dinamismo de la espiritualidad cristiana, los tres tiempos se mueven juntamente como en una danza rítmica que embellece y eleva toda la existencia.

San Agustín, comentando el versillo 18 del salmo 54 de la Vulgata: *A la tarde, a la mañana, al mediodía, contaré y anunciaré, y El oirá mi voz,* hace este sutil comentario: «Anuncia el Evangelio tú; no quieras callar lo que has recibido a la tarde, de lo pasado; a la mañana, de lo futuro; al mediodía, de lo que es eterno... A la tarde, el Señor murió en la cruz, a la mañana resucitó, al mediodía subió a los cielos. A la tarde cantaré la paciencia del muerto; a la mañana, la vida del resucitado; al mediodía rogaré al que está sentado a la derecha del Padre para que escuche mi voz» [137].

Nuestro tiempo cristiano, que es tarde, mañana y mediodía, pasado, futuro y presente, está lleno de este mensaje, que da sentido a la baraúnda temporal en que nos movemos. La tarde pasada y dolorosa de la muerte de Cristo me recuerda el misterio de la redención, es decir, mi redención de hombre pasado y viejo, hecho hombre nuevo por la sangre del Cordero de Dios. Este hombre nuevo lleva a cuestas y reevoca todos los días su historia de hombre viejo y rejuvenecido, con un pasado de ayer que le avergüenza; más aún, este pasado de *mi* ayer es el pasado de *mi* género humano con toda su vieja historia de errores, amores y terrores. La carga de lo *pasado* abruma las espaldas de todo mortal, que es profundamente histórico y *pasional,* porque es hijo de las pasiones y de la pasión de la tarde, consumada por Cristo.

Mas esta tarde, tan presente siempre en la confesión de la fe cristiana, no puede desligarse del gran misterio de la mañana que es la resurrección de Cristo, fundamento de nuestra futura resurrección. Este futuro, esta mañana de la esperanza o esta esperanza de la mañana gloriosa, va también clavada como un dardo en la existencia cristiana. Y vínculo de esta tarde y mañana es el mediodía de la ascensión del Señor, la gloria y poder eterno de Cristo, que nos asiste con su presencia y nuestra oración.

Tal es nuestro cristianismo, que no puede comprenderse sin la pasión, la resurrección y la ascensión de Cristo; los fragmentos del tiempo, lo pasado, lo presente y lo futuro, se agarran a Cristo y se salvan en El, y por El en nosotros. Cristo, en última instancia, es la atracción de lo eterno por el fanal de la encarnación.

En esta nueva dialéctica, que ha introducido en la historia la presencia de Cristo, el mundo se ha hecho parque de dos atracciones: de lo temporal y eterno. Antes prevalecía y dominaba la atracción de lo temporal; pero con Cristo, la atracción del Eterno comienza la nueva era del espíritu, en que ni lo temporal absorbe lo eterno ni lo eterno suprime lo temporal.

Ambas cosas ostentan su valor y son vehículo de salvación para los hom-

---

[137] *Enarrat. in ps.* 54,18 (PL 36,640): «Evangeliza tu, noli tacere quod accepisti; vespere de praeteritis; mane de futuris, meridie de sempiternis».

bres. Y la espiritualidad cristiana consiste en un equilibrio y postura en que de las imágenes y de las sombras subamos a la Verdad eterna.

Esta participación de lo eterno en el hombre tiene su efecto espiritual, que es la longanimidad: «¿Quieres ser tú longánime? Contempla la eternidad de Dios. Mas tú dices: 'Pero yo no soy longánime, porque soy temporal'; pero puedes serlo; únete a la eternidad de Dios y serás eterno» [138].

El pensamiento de lo eterno ensancha el espíritu, le da longura y paciencia. Longura que es fortaleza para resistir a las tentaciones de lo temporal, sobre todo la prosperidad de los malos, de que habla aquí el Santo, y paciencia para soportar los trabajos presentes. Esta longanimidad es necesaria a todo cristiano que quiere no ser arrastrado por la caducidad del tiempo.

Es la *extensión a lo eterno*, que salva de la *distensión de las cosas temporales*.

10. Los dos amores y las dos ciudades

Los temas anteriores como *forma y reforma, hombre interior y exterior, lo temporal y lo eterno*, adquieren nueva formulación en la dialéctica de los dos amores. Las ideas fundamentales se repiten en San Agustín constantemente, aunque las presenta con originalidad de expresiones. Aquí saltamos de lo individual a un vasto campo donde se desarrolla la historia, porque «en la historia de dos hombres, uno de los cuales nos ha perdido con su contagio, haciendo su voluntad y no la de su Creador, y otro que nos ha salvado obedeciendo en todo al que le envió, en la historia de estos dos hombres está cifrada toda la fe cristiana» [139]. Dos principios o fundadores, dos amores, dos ciudades, dos historias de signo contrario: he aquí la imagen en que se presenta a los ojos de San Agustín el desarrollo de la humanidad en marcha constante hacia su destino.

Para el Santo, lo profundo del hombre y de todos los acontecimientos humanos es el amor, que es principio de todo bien y de todo mal según las direcciones que emprenda: o haciendo la voluntad de Dios, en quien está la dicha eterna, o siguiendo su propio capricho, contra lo que Aquél quiere.

---

[138] *Enarrat. in ps.* 91,8,10 (PL 37,1178): «Vis esse longanimis? Vide aeternitatem Dei. Tu autem dicis; ideo ego non sum longanimis, quia temporalis sum... Vis et tu esse longanimis et patiens? Iunge te aeternitati Dei».
En relación con la longanimidad se halla la *magnanimidad*, que se manifiesta en tolerar las penas y trabajos de esta vida y en no doblegarse a las opiniones del vulgo, manteniéndose firme en la luz y pureza de la conciencia (*De civ. Dei* I 22,1: PL 41,36). Tanto la longanimidad como la magnanimidad forman parte de las cuatro dimensiones que, siguiendo el simbolismo de la cruz, exige el Santo a las obras humanas: altura, anchura, largura y profundidad. «Interior es el hombre en quien habita Cristo por la fe; el cual ha de morar en él con la presencia de su divinidad cuando haya conocido cuál es la anchura, longitud, altura y profundidad, y también la supereminente caridad de la ciencia de Cristo, para que seamos llenos de la plenitud de Dios (Ef 3,17-19)... Mira en ti lo que digo. La anchura está en las buenas obras; la longitud, en la longanimidad y perseverancia de las mismas obras; la altura, en la esperanza de los premios celestiales; por ella se te recomienda que tengas el corazón muy levantado...; la profundidad se refiere a la distribución de la gracia según los designios de la voluntad de Dios» (*Sermo* 53,14.15: PL 38,371). Iguales pensamientos desarrolla en *Sermo* 155,3-5: PL 38,903-906.
[139] *De grat. Christi et pec. orig.* II 24: PL 44,398.

Las dos ciudades se diferencian por el amor de vivir según la carne o según el espíritu [140].

Fundadores, pues, de las dos ciudades son el egoísmo y la caridad: «Dos amores han construido dos ciudades; quiero decir, la terrena, el amor de sí mismo, que llega al desprecio de Dios, y la celestial, el amor de Dios, que llega al menosprecio de sí mismo. Aquélla se gloría en sí misma, ésta en el Señor. Aquélla busca la gloria humana; para ésta, la máxima gloria es Dios, testigo de su conciencia» [141].

Aunque San Agustín contempla la ciudad de Dios sobre todo en su fase última o celestial, no obstante también mira en el curso del tiempo, peregrinando hacia la eternidad, en una perspectiva de contrastes o direcciones opuestas de dos amores, que son igualmente dos formas de conversión a Dios o a las criaturas. Los dos hombres, el viejo y el nuevo, andan muy metidos en esta dialéctica de las conversiones. Menguar el señorío del hombre viejo para que reine Cristo en el nuevo es la tarea misma de la espiritualidad cristiana.

No sólo, pues, la historia de cada alma, sino la de la sociedad constituida por grandes masas, tiene este anverso y reverso de conversión y aversión.

En tal postura de contrariedades tienen un papel muy importante el egoísmo y la caridad, el bien y el mal, el yo y el tú, el pecado y Dios, la carne y el espíritu, la soberbia y la humildad, lo viejo y lo nuevo del hombre.

En torno a estos dos temas, San Agustín presenta la lucha de los dos amores, «de los cuales, el uno es santo, y el otro impuro; uno social, y el otro egoísta; uno mira al bien común por la sociedad de arriba, el otro reduce aun el bien común a su propio querer, buscando una dominación arrogante; uno se somete a Dios, el otro quiere usurpar su lugar; el uno es tranquilo, el otro turbulento; el uno es pacífico, el otro sedicioso; el uno prefiere la verdad a las alabanzas que van erradas, el otro quiere la alabanza a cualquier precio; el uno quiere para el prójimo lo que para sí, el otro busca tener bajo sus pies a los demás; el uno, por la utilidad del prójimo, se encarga del gobierno, el otro va en pos de la propia utilidad. Estos dos amores ya precedieron en los ángeles, el uno en los buenos y el otro en los malos, y distinguieron las dos ciudades, fundadas en el género humano bajo la admirable e inefable providencia de Dios, que dirige y ordena todas las cosas creadas, una de los justos y otra de los inicuos» [142].

Se ha advertido en San Agustín la tendencia a pensar en antítesis y el uso frecuente del estilo antitético. En lo cual sigue uno de los aspectos de su concepción del mundo como juego de contrastes o de antítesis: «Dios adornó el orden de los tiempos con ciertos contrastres o antítesis, como acabada poesía. Pues así como un contrario, careado con otro, realza la hermosura del discurso, así la belleza del universo se realza con cierta elocuencia, no de palabras, sino de cosas opuestas» [143]. Hay en estas palabras toda una estética y filosofía del

---

[140] *De civ. Dei* XIV 1: PL 41,403.
[141] Ibid., XIV 28 (PL 41,436): «Fecerunt itaque civitates duas amores duo; terrenam scilicet amor sui usque ad contemptum Dei, caelestem vero amor Dei usque ad contemptum sui».
[142] *De Gen. ad litt.* XI 14,20: PL 34,437.
[143] *De civ. Dei* XI 18: PL 41,332. Cf. V. Capánaga, *Obras de San Agustín* I⁴ p.240-42 (BAC, 1969).

universo que explica el gusto agustiniano por las antítesis, que responden a la misma realidad del mundo. El ser y el no-ser, la luz y las tinieblas, el mundo visible e invisible, el espíritu y la carne, lo terreno y lo celestial, lo temporal y lo eterno, la paz y la guerra, la caridad y el egoísmo, la ciudad de Dios y la del mundo, la ciencia y la sabiduría, el pecado y la gracia, la libertad y la servidumbre..., no son simples juegos estilísticos, sino responden a los aspectos más profundos de lo real. El peligro de este estilo de pensar y escribir está en disociar las dicotomías o contrastes, quedándose unilateralmente en uno de los extremos. Es el aviso de Pascal a propósito de los misterios cristianos, que parecen contradictorios y no lo son; son verdades opuestas, cuyas relaciones han de abarcarse en una síntesis. Ya la persona de Jesús es la más admirable *complexio oppositorum* que puede darse.

San Agustín, avezado a explorar el campo de las paradojas cristianas, concibió el curso del mundo o su historia como un choque continuo de antítesis de dos amores que han levantado dos ciudades.

Ya en el cielo mismo hay como una prehistoria invisible de esta historia temporal: en los ángeles perseverantes y en los caídos. Estos últimos, «apartándose del sumo Bien, se volvieron a sí mismos» [144]. Es la misma aversión y conversión del pecado humano, que hace vislumbrar el pecado de los espíritus puros, aunque las circunstancias fueron muy diferentes. Por eso los destinos son comunes: «El hombre puede hacerse ciudadano de la ciudad de los ángeles; pues, aun siendo los hombres de inferior calidad y ocupando un término medio entre los ángeles y las bestias, cumpliendo la voluntad de Dios, pueden incorporarse y pasar al consorcio de los ángeles; y al contrario, si viven según la carne, son destinados al suplicio eterno después de la muerte» [145].

Los ángeles caídos tienen una parte muy principal en la historia de las dos ciudades y de los dos amores, es decir, de las dos formas opuestas en que se revela la espiritualidad, y que son como dos bandos opuestos que se contraponen como la virtud y el vicio, la luz y las tinieblas, en perpetua colisión: «Son como dos cuerpos que actúan bajo dos reyes y pertenecen cada uno a su ciudad, contrarréstandose hasta el fin del siglo, cuando se hará la separación de la mezcla» [146].

Tenemos dos espiritualidades antitéticas: «Todos los que, viviendo acá, meditan en las cosas de arriba y viven con mucha cautela para no ofender a Dios, evitando el caer en pecado, y, cuando caen, confesándose sin rubor, siendo humildes, mansos, santos, justos, piadosos, buenos, todos éstos pertenecen a una ciudad que tiene por rey a Cristo» [147].

Tal es el programa espiritual de los hijos de la ciudad de Dios. Ellos son los constructores de la misma. La tarea de la espiritualidad consiste en edificar la ciudad de Dios. No se admiten brazos caídos. Todo cristiano, con el buen amor, debe ser peón y arquitecto del templo de claridad y hermosura, que ha de ser su morada perpetua. Ya se ha indicado antes la predilección

---

[144] *De civ. Dei* XII 6 (PL 41,353): «... ab illo qui summe est aversi, ad seipsos conversi sunt, qui non summe sunt».
[145] *De civ. Dei* XII 21: PL 41,372.
[146] *Enarrat. in ps.* 61,6: PL 36,733-34.
[147] Ibid.: PL 36,733.

de San Agustín por el arte escultórico como expresión del ideal de la perfección cristiana. El amor es de suyo escultor y cincelador de la propia personalidad, como piedra viva con que se va levantando la fábrica del espíritu, y con ella la ciudad de Dios. Amarse bien a sí mismo es esculpir en sí la imagen de Cristo, que da la verdadera hermosura al hombre, porque le hace estatua de Dios.

El esfuerzo espiritual por esculpirse a sí mismo es ya un amor social que mira al bien de toda la ciudad de Dios, porque la hermosea con su propia imagen, que es la de Cristo, trabajando el mármol de la naturaleza humana a duros golpes para que brille la gracia de Dios. Y toda esta labor se realiza en contrastes o choques de contrarios. Porque las virtudes cristianas necesitan probarse con sus enemigos. Los mártires, que son las imágenes más bellas de la ciudad de Dios, defendieron su fe en medio de persecuciones. Los doctores lograron la profundidad de su doctrina en lucha con las herejías. Los santos de la caridad la hicieron lucir en medio de las miserias humanas. Cada virtud tiene su contrario, y, luchando con él, se afina, se robustece, se perfecciona.

El contacto con los malos hace brillar las virtudes de los buenos. Por eso la lucha de las dos ciudades tiene un hondo sentido en la espiritualidad cristiana.

El amor mismo no adquiere su máxima perfección si no abraza a los enemigos, perdonándoles y deseándoles los mismos bienes que para sí quiere.

Las virtudes cristianas, pues, son de choque y de batalla. Prudencio escribió un poema titulado *Psicomaquia,* donde luchan entre sí dos bandos opuestos de vicios y virtudes. La espiritualidad es una psicomaquia, un combate interior donde guerrean las virtudes con los vicios capitales. Cada virtud ha de vencer a su contrario para conseguir su perfección y hermosura. Sólo guerreando mucho se hacen los cristianos soldados del Rey de la ciudad de Dios: «Por eso estas dos ciudades están en este siglo trabadas y mezcladas entre sí hasta que en el último juicio logren la separación» [148].

Pero esta mezcla es fuente de innumerables choques y fricciones, en que se desarrolla la caridad de la tolerancia y la tolerancia de la caridad, y pone a la ciudad de Dios en un estado de inmolación y sacrificio perpetuo, es decir, en la mejor imitación de Cristo, su Rey y su modelo: «La ciudad celestial, que peregrina por la tierra, no finge falsos dioses para ofrecerles sacrificios, sino ella misma es obra de Dios verdadero y verdadero sacrificio para El» [149].

Ofrece un doble sacrificio cotidiano: el del Hijo de Dios, inmolado en los altares, y el de sí mismo con el sufrimiento que le viene del encuentro de bien y mal, y que acrisola su paciencia.

El aspecto inmolatorio no agota la perfección social de la caridad, aunque sí la ensancha para que se derrame fuera en favor de los prójimos con un esfuerzo constructor de la ciudad de Dios, con el empeño de multiplicar el número de los fieles en la Iglesia verdadera. En este aspecto, el celo de salvación del prójimo en San Agustín fue ejemplar. Su labor apostólica no tuvo

---

[148] *De civ. Dei* I 35: PL 41,46.
[149] Ibid., XVII 52 (PL 41,620): «... sed a vero Deo ipsa fit, cuius verum sacrificium ipsa sit».

sosiego. «Agustín polemista es inseparable de Agustín pastor. La polémica era para él el anverso, o más bien el reverso, del apostolado» [150]. Ensanchar los límites de la ciudad de Dios con la predicación, la polémica, la propaganda escrita, con la acción personal, era su idea. «Con temor y temblor trabajaba por la salvación de los hombres», dice de él San Posidio, compañero suyo durante cuarenta años [151]. Su lema fue: «Yo no quiero salvarme sin vosotros» [152]. Modelo de su acción pastoral fue Cristo, el Buen Pastor.

Al obispo donatista Emérito le decía en un encuentro: «Si estamos dotados de entrañas pastorales, hemos de encogernos y pasar por sebes y matorrales. Aun lacerándonos los cuerpos, busquemos a la oveja perdida y volvámosla alegres al Pastor y Príncipe de todos» [153].

Y el Obispo de Hipona movilizaba a todos los feligreses en esta empresa católica y social de salvación. Nadie debe ser indiferente a la perdición del hermano.

Contra el estrago que hace el pecado a los hombres y para la lucha contra él, el Santo hace este razonamiento o cuenta este apólogo moral: «Imaginaos a dos hombres. Un niño incauto quería sentarse sobre una yerba donde sabían ellos que se ocultaba una serpiente. Si le dejaban sentarse, le mordería y moriría. Los dos hombres lo sabían esto. Uno de ellos le aconseja: 'No te recuestes ahí'. Pero el niño no le hace caso; irá a sentarse, irá a morir. 'Ese no sigue nuestro consejo; hay que corregirle, sujetarle, golpearle; hagamos lo que sea necesario para que no perezca'. Mas el otro le dice: 'Déjalo; no le maltrates, no le ofendas, no le dañes'. ¿Quién de ellos es misericordioso? ¿El que le perdona y permite que le muerda la serpiente o el que se muestra duro para liberarlo?

»Entended esto los que tenéis súbditos para corregir; con las costumbres, imponed la disciplina; sed benévolos» [154].

En resumen, la caridad social abarca todo el ámbito de lo amable en sus tres aspectos humanos: es amor y edificación de sí mismo, para formar y embellecer la ciudad de Dios; es amor del prójimo o próximo, del hermano en la misma fe y esperanza, y el amor a los distantes, a los de la ciudad terrena, con el fin de ganarlos para la celestial. La más noble espiritualidad está llena de este espíritu caritativo, que es sello de los hijos de la ciudad de Dios.

---

[150] A. MANDOUZE, o.c., 6.333. Léase en esa obra el c.7: *L'Afrique de la brebis perdue* p.331-90. Cf. F. G. VAN DER MEER, c.1: *San Agustín, pastor de almas* (Herder, Barcelona 1965); P. GUILLOUX, *El alma de San Agustín* (Barcelona 1930); M. PELLEGRINO, *Verus Sacerdos. Il sacerdozio nell'experienza e nel pensiero di S. Agostino* (Fossano-Cuneo 1965).
[151] POSIDIO, *Vida de San Agustín* IX 2,10: *Obras de San Agustín* I p.315.
[152] *Sermo* XVII 2 (PL 38,125): «Sed nolo salvus esse sine vobis».
[153] *De gestis cum Emerito* 12 (PL 43,706): «Membris laceratis ovem quaeramus et pastori principique omnium cum laetitia reportemus (Lc 15,4-6)». San Agustín se dirige a todos los católicos presentes, sin excluir a los seglares.
[154] MA I; FRANG., IX 6 p.236-37.

11. Cuerpo y alma

En la dialéctica de la espiritualidad también se enfrentan el cuerpo y el alma, que guardan entre sí relaciones continuas. La ley de la transcendencia es la fundamental en esta materia: «Transciende tu cuerpo y gusta el sabor del espíritu; transciende tu espíritu y saborea la suavidad de Dios... No te pondrás en contacto con Dios si no te empinas sobre ti mismo... Si te estancas en ti, estás en medio» [155].

Tal es la dialéctica de los grados y de la ascensión que San Agustín formula tantas veces. Mas no se crea por esto que la espiritualidad agustiniana es un andar a caza de sabores, ni tampoco que el cuerpo sólo es un punto de evasión. Sería mejor decir que es como una rama de vuelo para emprender la subida a lo alto. Mas como sobre esta materia del valor del cuerpo hay disparidad de pareceres, será bueno ilustrarla convenientemente, porque San Agustín no es platónico, sino cristiano, y tuvo del cuerpo humano un noble sentimiento.

Originariamente recibimos el cuerpo como un «ornamento de nuestra naturaleza; por el pecado se convirtió en atadura o cadena, en que consiste nuestra mortalidad» [156]. Aun después de su caída, el género humano siguió siendo la grande gala y adorno de la tierra [157]. Es verdad que con el pecado vino un gran cambio en los hombres, y él repercutió en los cuerpos por la presencia de la concupiscencia desordenada; pero no perdió toda su nobleza y señorío. Por eso, «el cuerpo humano ostenta una noble orientación celestial; los animales se hallan encorvados, mirando a la tierra, y no erectos, como el hombre. Lo cual indica que también nuestras almas deben andar erguidas hacia las cosas superiores, o espirituales, eternas» [158].

No es lícito condenar el cuerpo ni desestimarlo más de lo razonable sin acercarse a la doctrina maniquea, según la cual la materia en sus formas crasas, como la carne, procede de un principio maléfico. Materia y espíritu tienen un mismo principio, un mismo Creador. El hombre forma un todo único de cuerpo y alma, y su Creador es el Dios único y bueno. Aun el conflicto moral indica esta pertenencia a un sujeto: «Ni el mismo combate entre la carne y el espíritu deja de pertenecerme a mí; o ¿acaso estoy formado con alguna naturaleza contraria? Aquello también es mío, y el no consentir a sus malas sugestiones, igualmente cosa mía es. Una porción algún tanto libre resiste a las reliquias de la esclavitud. Todo quiero que sea sano, porque todo soy yo. No quiero que mi carne, como extraña, se aparte de mí, sino que, conmigo, toda ella quede sana. Si tú no quieres esto, no sé lo que pensarás del cuerpo; me das pie para pensar que viene de no sé dónde, como de una raza contraria. Eso es falso, es herético, es blasfemo; del alma y cuerpo uno solo es el Artí-

---

[155] *In Io. ev. tr.* 20,11 (PL 35,1562): «Transcende et corpus et sape animum; transcende et animum et sape Deum. Non tangis Deum nisi et animum transieris. Si in animo es, in medio es».

[156] *Enarrat. in ps.* 145,17 (PL 37,1896): «Corpus nostrum ornamentum nobis fuit; peccavimus et compedes inde accepimus. Quae sunt compedes nostrae? Mortalitas ipsa».

[157] *De ver. rel.* 28,51 (PL 34,2851): «... genus humanum factum est magnum decus ornamentumque terrarum».

[158] *De gen. contra Manich.* I 17,28: PL 34,187; *De Trin.* XII 2: PL 42,999.

fice. Cuando creó al hombre, hizo ambas cosas, unió ambas cosas; sujetó el cuerpo al alma, y el alma a sí. Si siempre ésta hubiera vivido sumisa a su Señor, siempre el cuerpo hubiera obedecido a su señora alma» [159].

He aquí uno de los principios fundamentales de la antropología cristiana y agustiniana, por el que se aleja igualmente de la doctrina platónica y maniquea. El cuerpo no es una cárcel donde ha sido confinado el espíritu para purgar antiguos delitos, según el mito platónico: «No vino el alma a este cuerpo corruptible que le agrava porque le arrastraron a él los méritos de una mala vida pasada en los cielos o en otras partes del mundo» [160].

Verdad es que el Santo alguna vez llama *cárcel* a la situación del hombre caído, pero no en sentido ontológico, sino moral, o equivalente a corrupción. Comentando las palabras del salmista: *Saca de la cárcel mi alma,* comenta el Santo: «Luego, si la carne es cárcel, no es cárcel tu cuerpo, sino la corrupción de tu cuerpo. Pues tu cuerpo lo hizo bueno Dios, por ser El bueno» [161].

Rebatiendo a los filósofos platónicos, dice en otra parte: «Prudentemente, los mártires no despreciaron sus cuerpos. Porque ésta es una perversa y mundana filosofía de los que no creen en la resurrección corporal. Lisonjéanse de ser grandes menospreciadores del cuerpo, porque piensan que les es como una cárcel, donde fueron acorraladas las almas que pecaron en otra parte. Pero nuestro Dios hizo el cuerpo y el alma; El es el creador de ambos, el restaurador de los dos» [162].

Contrapone aquí la concepción cristiana y platónica del cuerpo humano, apoyándose en los dos grandes dogmas de la creación y resurrección de la carne. Toda espiritualidad que predica el desprecio corporal al estilo platónico o maniqueo, va fuera de la verdad cristiana. Lo cual no es condenar la mortificación moderada del cuerpo, con que se le espiritualiza, yendo contra sus desórdenes y demasías.

A la definición misma del hombre pertenece su envoltura corporal: «¿Qué es el hombre? Cuerpo y alma. Donde está el hombre íntegro, allí están el cuerpo y alma. Por eso los antiguos definieron al hombre diciendo: El hombre es un animal racional mortal» [163]. «En unidad de persona—dice en otra parte—

---

[159] *Sermo* 30,3 (PL 38,189): «Totum sanum sit volo, quia totum ego sum... Mentis et carnis unus est artifex».—*Epist.* 138,12 (PL 33,1043): «Et unus homo interior et unus homo exterior, et non sunt unum; et tamen eius connexione vinculi naturalis simul utrumque non duo, sed unus est homo».

[160] *Epist.* 190,4: PL 33,858. En *Epist.* 164,20 (PL 33,717) repudia la misma opinión «que supone que las almas son encerradas singularmente en sus correspondientes cuerpos como en cárceles por méritos de no sé qué acciones suyas anteriores». Cf. *De Gen. ad litt.* VI 9,15: PL 34,345.

[161] *Enarrat. in ps.* 141,18 (PL 37,1847): «Corpus enim tuum fecit Deus bonum, quia bonum est».

[162] *Sermo* 277,3 (PL 38,1259): «Deus autem noster et corpus fecit et spiritum; et utriusque Creator est et utriusque Recreator».

[163] *De Trin.* XV 7,11 (PL 42,1065): «Homo est, sicut veteres definierunt animal rationale mortale».—Ibid., VII 4,7: ibid., 939; *Serm.* 43,3: PL 38,255. Según esto, hay que rectificar el juicio de J. Bainvel en el DTC I art. «Âme» 1003: «San Agustín, en vez de definir al hombre como animal racional, prefiere decir que es 'anima rationalis mortali atque terreno utens corpore' (*De mor. Eccl. cath.* I 27; cf. c.4); y eso que no desconoce la naturaleza del hombre, que es cuerpo y alma; ni la unidad natural del compuesto humano, y rechaza expresamente con la preexistencia platónica la idea de que el cuerpo es una prisión para el alma»

se une el alma al cuerpo para que sea hombre» [164]. La unión que forman entre sí el cuerpo y el alma es natural; por eso tiene el alma cierto apetito natural de administrar o servirse del cuerpo, lo cual es motivo de cierta pesadez para dedicarse a las cosas superiores» [165].

Con relación al alma, al cuerpo asigna San Agustín una función servicial: «Sirva el cuerpo como criado suyo al alma» [166]. Y son principalmente tres los servicios que el cuerpo presta al alma, con fuerte resonancia en la espiritualidad: los llamo servicios de *impresión,* de *expresión* y de *santificación.*

Entre los primeros incluyo el ejercicio de los sentidos externos, que son los mensajeros del espíritu, los recaderos de la casa del alma. La metáfora *nuntius,* anunciador, notificador, correo, úsala frecuentemente el Santo para significar un servicio: *nuntii corporales, nuntiis sentiendi, nuntiantibus sensibus, nuntios radios oculorum meorum* [167]. Los sentidos dan la noticia de las maravillas del mundo: «A mí, como presidente y juez de sus respuestas del cielo, de la tierra, de todas las cosas que en ellos hay, me traían sus nuevas como embajadores mis sentidos corporales, y a una me decían: 'No somos tu Dios; El nos hizo'. El hombre interior conoció esto por mediación del hombre exterior; yo el alma la conocí por los sentidos del cuerpo» [168].

Por este intercambio de noticias, las cosas parece como que entran dentro del mismo espíritu: «Muchas cosas se me meten en el ánimo por los sentidos del cuerpo» [169]. Este *venire in animum* de las cosas coincide también con la salida del mismo espíritu fuera, a su encuentro, como derramándose en el mundo. «Di una vuelta al mundo exterior de la manera que pude con mis sentidos» [170].

Así el espíritu mismo se hace mundo, poblado de innumerables imágenes de cosas; el alma se hace almacén de todo lo que pasa por sus sentidos, los cuales son causa o condición de que muchas veces el espíritu se enajene y exteriorice, llevándose consigo el corazón: «Pues cuales son las formas en pos de las cuales se van mis ojos, tales son las imágenes tras de las cuales iba

---

Las dos clases de definición, una de sabor platónico y la otra de sabor aristotélico, se hallan en el Santo: «Animal est enim, sed rationales, etsi mortale» *(Epist.* 166,16: PL 33,727).

[164] *Epist.* 137,11 (PL 33,220): «In unitate personae anima unitur corpori ut homo sit».

[165] *De Gen. ad litt.* XII 25,68: PL 34,483. La unión del cuerpo y el alma la considera San Agustín como un gran misterio *(De cur. pro mort. gerenda* III 6: PL 40,395). Newman también realza este misterio: «En verdad, nada hay tan incomprensible como el modo con que se unen el alma y cuerpo, formando los dos un solo hombre. Si no tuviéramos evidencia de este hecho, parecería que al hablar de él usamos palabras sin sentido» (HENRI BRÉMOND, *Newman. La vie chrétienne* p.65-66, Paris 1906). Pascal *(Pensées* 72) opina lo mismo, citando el texto agustiniano: «Modus quo corporibus adhaerent spiritus comprehendi ab hominibus non potest» *(De civ. Dei* XXI 10: PL 41,725).

[166] *De Gen. ad litt.* IX 11,19 (PL 34,400): «Serviat corpus, id est, famulus suus animae».—*De civ. Dei* XXII 24 (PL 41,790): «Nonne ita sunt in eo membra disposita ut ad ministerium animae rationalis se indicet factum?»

[167] *Conf.* X 6,9; X 40,65; *De Gen. ad litt.* VII 17: PL 34,364.

[168] *Conf.* X 6,9.

[169] *De Trin.* XV 12 (PL 42,1073): «Tam multa veniunt in animum a sensibus corporis».

[170] *Conf.* X 40,65.

mi corazón» [171]. Este *irse los ojos y el corazón,* ¡qué español y humano es! Los fenómenos que se llaman sensaciones, imaginaciones, pensamientos, deseos, se dan la mano entre sí y andan en continua rueda. Esta conexión de lo externo e interno, de lo material y espiritual, de lo alto y bajo, dilata los dominios del espíritu, pero a la vez establece los vínculos de una penosa servidumbre. Las impresiones sensibles pueden mucho con nosotros, no sólo en el momento de recibirse, sino también después, cuando, almacenadas en los depósitos y lonja de la memoria, no yacen como cuerpos muertos, sino gozan de un dinamismo perenne, asociándose a la vida del espíritu.

Las tres cosas apuntadas en las impresiones sensoriales: cierta *entrada del mundo en el alma,* cierta *salida del alma al mundo* y cierta *permanencia del mundo dentro del alma,* son de gran transcendencia no sólo para comprender la vida espiritual, sino también para conocer sus leyes y desarrollo. Pues, por una parte, pueden hacerse impedimento y cadena para volar a lo alto; por otra, aquí se inicia el viaje dialéctico que va de lo exterior a lo interior y de lo interior a lo superior. La contemplación puede enlazarse con estas impresiones de los sentidos. De sus puertas sale el alma a espaciarse por el campo de las hermosuras creadas: «Contempla el cielo; ¡qué hermoso es! Mira la tierra; hermosa es: y cielos y tierra juntos, muy hermosos... Cuando contemplas estas cosas, te complaces en ellas y te elevas a su Creador, y lo invisible de El lo vislumbras mediante las cosas creadas» [172]. He aquí la dialéctica religiosa que va de la criatura al Creador.

Al servicio de *impresión* sigue el de *expresión*. El cuerpo es, a su manera, lengua y revelación del alma. De los ojos se dice que son el espejo del alma, que la frente es el trono del candor. Para el lenguaje articulado, que es el vehículo expresivo principal, son necesarios el oído y la lengua; pero también el gesto, la voz, la mímica, el canto, la danza, tienen gran valor expresivo en las relaciones humanas. Los deseos más interiores «se manifiestan por los movimientos del cuerpo, por la expresión del rostro, por el guiño de los ojos, por el gesto de los miembros, por el sonido de la voz, que son como las palabras naturales de los pueblos, con que declaran los afectos del alma en las cosas que queremos o no queremos, pedimos, tenemos o desechamos» [173]. Hablando de su crisis en el huerto del Milán, confiesa: «Más declaraba el estado de mi ánimo con la frente, con el rostro, con los ojos, con el color del semblante y el tono de la voz que con las palabras» [174].

San Agustín se admiraba «de que todos los afectos infinitamente variados de nuestra alma hallan su propia correspondencia en la voz y en el canto, que la excitan con no sé qué oculta afinidad» [175].

---

[171] Ibid., VII 1,2: «Per quales enim formas ire solent oculi mei, per tales imagines ibat cor meum».

[172] *Enarrat. in ps.* 148,15: PL 37,1946.—Ibid.: ibid., 1947: «Si pulchra sunt haec quae fecit, quanto pulchrior qui fecit?»

[173] *Conf.* I 8,13.

[174] Ibid., VIII 8,19: «Plus loquebantur animum meum frons, genae, oculi, color modus vocis, quam verba quae promebam». A estas manifestaciones corporales llama el Santo «signa de corpore» (*In Io. ev. tr.* XIII 9: PL 35,1587).

[175] *Conf.* X 33,49. De aquí el valor del canto religioso aprobado por la Iglesia, «para que el ánimo flaco y débil, por el halago y gusto de la música, se levante y conciba en sí afectos piadosos» (ibid.).

Este servicio corporal, con sus innumerables recursos expresivos, es el fundamento natural para la liturgia. Un gesto se convierte en rito y ceremonia, en expresión de obsequio a Dios, en culto divino. Un beso se hace signo de estimación reverencial, una genuflexión manifiesta los íntimos sentimientos de adoración de la divina Majestad. Mas aún: San Agustín no sólo justifica la necesidad de los sacramentos y ritos sagrados apoyándose en el dualismo de la materia y espíritu, sino también ha formulado una ley de reciprocidad entre los ademanes externos y los sentimientos correspondientes, y viceversa.

Es decir, una postración tiende, de suyo, a despertar en el ánimo sentimientos de humildad; pero, a su vez, una profunda humildad interior tiende a mostrarse exteriormente en ademanes de apocamiento, en muestras de reverencia y sumisión: «Los que oran hacen con los miembros del cuerpo lo que dice bien con la expresión de las súplicas cuando se arrodillan, cuando extienden las manos o se postran en el suelo, o de un modo visible hacen otros modales; aunque para Dios es manifiesta su oculta voluntad o intención del corazón, ni ha menester de tales indicios para ver lo interior; pero con tales actitudes se dan brío para orar y gemir con más humildad y fervor. Y no sé cómo, no pudiendo realizarse estos ademanes del cuerpo sin que les preceda el movimiento del ánimo, al realizarlos externamente se aviva y aumenta el mismo afecto interior que los inspiró; de lo cual resulta que este afecto del corazón que se adelantó para hacerlos, sale robustecido después de hablerlos hecho» [176].

El cuerpo, pues, retrata los sentimientos de tristeza, de alegría, de ansiedad, de gozo, de humildad, de sumisión, de reverencia. Por eso la liturgia ha ordenado un conjunto de cortesías, finuras y homenajes, cuya ejecución presta donaire y decoro al cuerpo humano.

Con lo cual tocamos ya el tercer aspecto enunciado: el cuerpo como órgano de lo santo en doble aspecto, como receptor y comunicante de santidad. Como el espíritu se encarna en las palabras, en el canto, en los gestos, y expresa por el cuerpo sus ideas y afectos, imprimiendo en la materia un sello de espiritualidad, así también la virtud divina, por medio del alma, da al cuerpo humano un nuevo decoro y esplendor, una consagración por la que se hace templo del Espíritu Santo. El sacramento del bautismo confiere al cuerpo mismo santidad en esta vida [177]. «Por el cuerpo de Cristo, nuestros cuerpos se hacen miembros de Cristo; por la inhabitación del Espíritu Santo, nuestros cuerpos son templo del Espíritu Santo» [178]. La moderación y templanza hacen del cuerpo un cántico espiritual: «Con gozo doy gracias y uso muy moderadamente del cuerpo, que es una armonía espiritual del alma» [179].

---

[176] *De cura pro mort. gerenda* V 7: PL 40,597.—*In Io. ev. tr.* 58,4 (PL 35,1794): «Cum enim ad pedes fratris inclinatur corpus, etiam in corde ipso vel excitatur, vel si iam inerat, confirmatur ipsius humilitatis affectus».

[177] *Contra Iul.* VI 13,40 (PL 44,844): «Sanctificatio ergo per baptismum etiam nunc confertur et corpori, non tamen nunc corruptio eius aufertur, quae ipsam quoque aggravat animam».

[178] *Sermo* 161,2 (PL 38,978): «Propter Corpus Christi corpora nostra sunt membra Christi; propter inhabitantem Spiritum Christi corpora sunt templum Spiritus Sancti» *(De nupt. et conc.* I 31: PL 44,433).

[179] *Enarrat. in ps.* 12,6 (PL 36,141): «... cum gaudio gratias ago, et ordinatissime utor corpore, qui est cantus animae spiritualis».

Por eso no se deben arrojar ni despreciar los cuerpos de los difuntos, sobre todo de los justos y fieles, de quienes usó el Espíritu Santo como de vasos y órganos para todas las obras buenas» [180]. Por la virtud y gracia divina, se hacen hostias agradables para Dios [181].

El cuerpo humano es instrumento de muchas acciones buenas: «Mirad cuántas cosas buenas hacen los santos con el cuerpo. Con él hacemos lo que Dios nos mandó para remedio de tantas necesidades; reparte tu pan con el hambriento y al pobre que carece de casa cobíjalo en la tuya; si lo ves desnudo, vístelo... Estas y otras obras del mismo género que se nos han mandado, no las hacéis sino con el cuerpo» [182].

En resumen, el cuerpo humano, aun después de la caída, por lo noble del espíritu que le informa, puede participar y participa de la vida espiritual por la íntima unión natural que hay entre el hombre exterior y el interior. San Agustín no trató el cuerpo con desprecio, sino con estimación y reverencia. Aun cuando en su estado actual no hace cuanto le manda el alma o «no sirve perfectamente al espíritu» [183], le presta excelentes servicios, comenzando por el de la manifestación de la omnipotencia, sabiduría y hermosura del Artífice [184].

Para el cristiano, el hombre íntegro en su cuerpo y alma ha sido rescatado con un inmenso precio, que debe hacerle reflexionar: «Si desprecias tu cuerpo, considera lo que ha costado, considera su precio» [185]. Este consejo daba San Agustín a los feligreses, que tenían en poco los pecados carnales alegando el texto de San Pedro (1 Pe 1,24) que toda carne es heno: «El cuerpo mismo es en ti templo del Espíritu Santo. Mira lo que haces en el templo de Dios. Si te propusieras cometer un adulterio en la iglesia, dentro de estas paredes, ¿qué mayor crimen podrías cometer? Pues mira que tú mismo eras templo de Dios. Como templo entras, como templo sales, como templo estás en casa, como templo te levantas. Considera lo que haces, mira no ofendas al que habita en ti, no sea que te abandone y venga la ruina sobre ti» [186].

12. En busca de la imagen de Dios

El fin primordial de esta dialéctica de la conversión es vislumbrar el *totus homo,* al hombre total, tan explorado por San Agustín. Para esto quiero señalar aquí las cinco vías antropológicas recorridas por él desde las obras primerizas de Casiciaco hasta los quince libros *De Trinitate;* las denominaré de este modo: vía aristotélica, vía platónica, vía soteriológica, vía bíblica, vía cristiana. Quizá no sea perfecta la nomenclatura, pero responde a las cinco direcciones en que la reflexión agustiniana se acercó al misterio de nuestro ser.

Y comenzando por la primera vía, por ella vamos a la definición aristo-

---

[180] *De civ. Dei* I 13 (PL 41,27): «Nec ideo tamen contemnenda et abicienda sunt corpora defunctorum, maximeque iustorum atque fidelium quibus tanquam organis et vasis ad omnia bona opera sanctus usus est Spiritus».
[181] *Contra Maximinum* II 21 (PL 42,791): «Corpora itaque fidelium hostia sunt Deo, membra Christi, templum Spiritus Sancti; et Deus non est Spiritus Sanctus?»
[182] *Enarrat. in ps.* 83,7: PL 37,1060.
[183] *De div. quaest. 83* q.66 (PL 40,62): «... non perfecte servit spiritui».
[184] Cf. *Contra Faust.* XXI 6: PL 42,393.
[185] *Sermo* 82,13 (PL 38,512): «Si contemnis corpus tuum, considera pretium tuum»
[186] Ibid.

télica del hombre, compuesto de cuerpo y alma racional: «El hombre es sustancia racional que consta de alma y cuerpo» [187]. Ya en las primeras discusiones de Casiciaco aparece esta definición, confirmada por el sentimiento común de los hombres: «¿Os parece evidente que nosotros estamos compuestos de alma y cuerpo? [188] San Agustín acepta ya en *De beata vita* la doctrina del compuesto de cuerpo y alma, y en *De moribus Ecclesiae catholicae* establece un vínculo de amistad entre ambos y un destino de resurrección [189].

Algunas veces acepta la definición tricotómica, y considera al hombre compuesto de *alma, espíritu y cuerpo:* «Ciertamente, la naturaleza íntegra del hombre es espíritu, alma y cuerpo; el que pretende, pues, excluir de la naturaleza humana el cuerpo, no está en sus cabales» [190]. Pero esta trinidad no altera ni modifica la unidad de la persona humana: «No hay nada en el hombre que pertenezca a su sustancia y naturaleza más que el alma y el cuerpo» [191]. Por espíritu muchas veces entiende San Agustín *animus* o *anima,* como principio espiritual único, aunque pueden considerarse en él diversos aspectos [192].

[187] *De Trin.* XV 7 (PL 42,1065): «Homo est substantia rationalis constans ex animo et corpore».—*De civ. Dei* V 11 (PL 41,153): «Qui fecit hominem rationale animal ex anima et corpore».—*Enarrat. in ps.* 145,5 (PL 37,1887): «Totus homo, hoc est, spiritus et caro». Cf. M. DEL Río, *El compuesto humano según San Agustín* (El Escorial 1931); M. F. SCIACCA, *S. Augustin et le Néoplatonisme* (Louvain 1956); JERÔME DE PARIS, *De unione animae cum corpore in doctrina Sancti Augustini:* Acta Hebdomadae Augustiniano-Thomisticae p.271-311 (Romae 1931); W. A. SCHUMACHER, *Spiritus and Spiritualis: a study in the Sermons of St. Augustine* (Mundelein 1957).

[188] *De beata vita* II 7 (PL 32,967): «Manifestum vobis videtur ex anima et corpore nos esse compositos?» Lorenz y Hök han llamado la atención sobre el hecho, digno de notarse, de que San Agustín da aquí una definición *peripatética* del hombre» (R. HOLTE, o.c., p.195). Por eso el cuerpo también será al fin sujeto de vida bienaventurada *(Retract.* I 2: PL 32,588).

[189] ULRICH DUCHROW, *Christenheit und Weltverantwortung* p.201 (Stuttgart 1970); *De mor. Eccl.* I 40: PL 32,1328.

[190] *De an. et eius orig.* IV 2,3 (PL 44,525): «Natura certe tota hominis est spiritus, anima et corpus; quisquis ergo a natura humana corpus alienare vult, desipit». Cf. *De fide et Symbolo* X 23,40: PL 40,193; W. A. SCHUMACHER, *Trichotomy or dichotomy?,* o.c., p.64-70; E. DINKLER, *Anthropologie Augustins.* Anhang I: *Dichotomie oder Trichotomie* p.255-66 (Stuttgart 1934). San Pablo tomó de la filosofía de su tiempo esta terminología (1 Tes 5,23). Prat entiende así el pensamiento paulino: «El cuerpo o el substrato material, el alma o la vida sensible, el espíritu y la vida intelectual, son tres aspectos del hombre que resumen todo su ser y todas sus actividades» *(Théologie de S. Paul* II p.62-63, Paris 1927). En la controversia apolinarista tuvo su importancia esta distinción de los tres elementos. «San Agustín llega a la antropología tricotómica de Apolinar, distinguiendo en el hombre *corpus, anima et spiritus,* pero ella es menos rigorista que en el teólogo de Laodicea, pues San Agustín admite igualmente el carácter espiritual del alma» (G. VERBEKE, *L'évolution de la doctrina du Pneuma du stoïcisme a S. Augustin* p.498). Los Padres de la Iglesia dicen que el hombre se compone de cuerpo y alma, y el cristiano está compuesto de cuerpo, de alma y de un espíritu (cf. J. BONSIRVEN, *L'Évangile de S. Paul* p.281, Paris 1948). El concepto de espíritu no es fijo en San Agustín. Esta es una de las deficiencias de su vocabulario filosófico. Algunas veces entiende por *spiritus* la facultad imaginaria *(De lib. arb.* II 3,9: PL 32,1244-46; *De Gen. ad litt.* XII 23,49: PL 34,473-74). Cf. SCHUMACHER, o.c., p.77. En *De Trin.* (XV 1,1: PL 42,1057) menciona la opinión de los que distinguen *animus* y *anima:* «Quo nomine—animus— nonnulli auctores linguae latinae id quod excellit in homine et non est in pecore, ab anima quae inest et pecori, suo quodam loquendi more distinguunt».

[191] *Sermo* 150,5 (PL 38,810): «Nihil est in homine quod ad eius substantiam atque naturam pertineat, praeter corpus et animam».—*Enarrat. in ps.* 145,5 (PL 37,810): «totus homo, hoc est, spiritus et caro».

[192] *In ev. Io. tr.* 32,5 (PL 35,1644): «Animus enim cuiuscumque proprius est spiritus eius».

Alma y cuerpo son los dos elementos constitutivos del ser humano, de la persona humana, que colocan al hombre en un estatuto ontológico peculiar, entre los espíritus puros y los seres inferiores. Por eso, si vive según la carne, se compara a las bestias; si según el espíritu, a los ángeles se asocia [193]. Por la espiritualidad de su ser, el hombre entra en comunicación con las jerarquías superiores del universo, sin excluir a Dios: «Porque no sólo Dios es espíritu; tu alma es también espíritu, tu mente es espíritu» [194].

Y este espíritu se halla en una triple relación, en que se expresa toda su vida: con el cuerpo, consigo mismo y con Dios. Tal es la síntesis de ese tratado del alma que recibe el título *De quantitate animae,* donde se estudian tres problemas: qué puede hacer el alma en el cuerpo, qué puede consigo misma y lo que puede en relación con Dios [195]. Y al señalar las funciones del alma en el cuerpo, rebasando la concepción aristotélica y mirando más bien a una antropología religiosa, suele emplear el verbo *regere,* regir, mandar, gobernar, dirigir, con que significa el imperio natural que tiene sobre él: «Pues a mí me parece que el alma es una sustancia racional adaptada para regir el cuerpo» [196]. La excelencia y superioridad que tiene sobre todo lo corpóreo le asigna esta función imperial, porque «recibió el hombre el cuerpo para su servicio, teniendo por Señor a Dios, y al cuerpo como siervo; sobre sí al Creador, y debajo de sí lo que fue creado. Ocupa, pues, cierto lugar medio el alma, que recibió la ley de estar unida a lo superior y de gobernar lo inferior. Mas no puede regir lo inferior si ella, a su vez, no es regida por lo mejor. No puede regir lo que debía estarle sometido, porque no quiso someterse a su rector» [197].

La antítesis entre la carne y el espíritu fue consecuencia de la primera desobediencia humana a Dios. Por eso toda labor de la espiritualidad consiste en vivir sometido el espíritu a Dios, para que la carne también le obedezca y respete, formando un reino de paz entre ambos, es decir, un principio único de operación o de obras buenas: «Pues obrar con la carne y no con el espíritu, aunque parezca bueno, no es útil. Y obrar con el espíritu y no obrar con la carne es de perezosos» [198]. Cuerpo y espíritu deben aspirar a esta unión dinámica y de servicio, que fue la prerrogativa del primer hombre. De este modo se logra la santidad perfecta, que es a la vez santidad de cuerpo y del alma [199].

Esta primera definición del hombre como animal racional incluye ya una

---

[193] *In ev. Io. tr.* 18,7: PL 35,1540.
[194] *Sermo* 156,10 (PL 38,855): «Non solum enim Deus spiritus est, sed et anima tua spiritus est, et mens tua spiritus est».
[195] *De quant. an.* XXXIII 70 (PL 32,1073): «... quid anima in corpore valeret, quid in seipsa, quid apud Deum». A. Graty se sirve de esta triple división en su obra *Philosophie de la connaissance de l'âme* I⁹ p.1 (Paris 1926).
[196] Ibid., XIII 22 (PL 32,1048): «Nam mihi videtur (animus) esse substantia quaedam regendo corpori accommodata».
[197] *Enarrat. in ps.* 145,5 (PL 37,1887): «Non potest regere quod regebat, quia regi noluit a quo regebatur».—*Enarrat. in ps.* 41,7 (PL 36,468): «Invenio me habere corpus et animam; unum quod regam, aliud quo regar; corpus servire, animam imperare».
[198] *Sermo* 37,6: PL 38,224.
[199] *Sermo* 45,4 (PL 38,269): «Quae est perfecta sanctificatio? Sanctificatio et corporis et spiritus».

perfección o un conjunto de perfecciones específicas que le colocan en un grado ontológico superior a cuanto le rodea. Es por su racionalidad un sujeto axiológico, orientado hacia el mundo de los valores interiores y superiores.

Este es un aspecto en cuyo desarrollo tuvo mucha parte la antropología platónica. «La experiencia socrática del alma—dice W. Jaeger—como fuente de supremos valores humanos dio a la existencia aquel giro hacia lo interior que es característico de la cultura griega de la antigüedad. De este modo, la virtud y la dicha se desplazan hacia lo interior» [200].

Mientras la *psiché* está más orientada hacia el cuerpo y el mundo externo en la concepción aristotélica, en Platón se vuelve a lo interior, hacia la verdad que mora dentro del espíritu, hacia los valores supremos, hacia lo eterno. Lo que hay en nosotros de específico como hombres no se ordena a los objetos sensibles, sino a la Idea, que pertenece a otro mundo. Es una forma de contacto con un mundo invisible y superior normativo de cuanto existe.

Esta orientación espiritual, de sello eminentemente platónico, es la que inició en San Agustín el cambio espiritual de que se ha hablado varias veces [201].

La intuición de sí mismo como certeza absoluta de estar plantado y radicado en el ser, como existencia y esencia superior a cuanto nos rodea, y al mismo tiempo la iluminación del espíritu por principios o verdades eternas y comunes a todas las inteligencias, revelan nuevos aspectos del hombre.

Entrando en sí por consejo de la filosofía neoplatónica, le dio en los ojos una luz que no era del mundo sensible, sino que venía de lo alto. Se percató de que la verdad tiene un lenguaje eterno, que es voz de Dios: «Donde hallé la verdad, allí hallé a mi Dios, que es la misma verdad» [202]. Así el alma es definida por San Agustín como una lámpara que resplandece con las verdades eternas: «Es una lámpara la criatura que está encendida con la participación de la luz inmutable. Ninguna criatura que usa de razón es iluminada por sí misma, sino que se enciende por la participación de la verdad eterna» [203].

Por esta vía hay un acceso a Dios, que San Agustín recorrió frecuentemente para iluminar su vida espiritual. El espíritu se halla religado íntimamente con Dios, y un lazo de unión es la misma verdad presente en la conciencia. Mas esta misma perspectiva que descubrió con el método de la introspección neoplatónica, se le ofreció en forma de contraste o contrapuesta a otra experiencia también interior. Porque la luz se le mostró como superior a la misma razón, la cual se sentía puesta en un plano inferior de contingencia y mutabilidad. No era ni se presentaba como un fruto de su conciencia o de su actividad pensante, sino era más bien hallada, descubierta, en una región trascenden-

---

[200] W. JAEGER, *Paideia* II p.51; A. J. FESTUGIÈRE, *Contemplation et vie contemplative selon Platon* p.369 (Paris 1936): «La filosofía ayuda a buscar fuera de este mundo y esta patria otro mundo y otra patria donde reinan la felicidad, el bien total, la perfecta hermosura. El amor se lanza más allá de lo sensible. Esta búsqueda de Dios a través de los fenómenos es, a nuestro juicio, la novedad esencial del platonismo y lo que mejor preparó las almas para el Evangelio». Es el mismo pensamiento de Pascal: «Para disponer los hombres al Evangelio, Platón» (*Pensées* 219).

[201] *Conf.* VII 10,16.

[202] Ibid., X 24,35: «Ubi enim inveni veritatem, ibi inveni Deum meum ipsam veritatem».

[203] *Enarrat. in ps. 118* sermo 23,1: PL 37,1560.

te. Es decir, que este descubrimiento de su relación íntima con Dios, que es la Verdad primera, le puso, por contraste, en contacto con la propia miseria y debilidad y con los enemigos de la resistencia que se le enfrentan cuando el espíritu quiere obrar según los principios axiológicos del bien. En otras palabras, entonces comenzó a percatarse más finamente de la condición de la existencia humana, con las fuerzas del mal que se sujeta. No faltó esta experiencia en la misma cultura griega, en la que la noción caída y culpa oprimía a muchas almas, lo mismo que la idea del destierro de Dios. «Aquí soy yo como un desterrado de Dios que vaga de aquí para allá», decía Empédocles [204].

Este sentimiento espiritual le habían inculcado profundamente a San Agustín ya los maniqueos, para quienes el alma también anda desterrada y en tierra de esclavitud y tiranía. Mientras el alma siente el tirón de arriba, de la patria de la verdad, adonde está destinada, arrastra al mismo tiempo las cadenas de una esclavonía que está pidiendo a voces un redentor. Tal es el aspecto soteriológico, que tiene tanto relieve en la antropología agustiniana. El hombre es un ser menesteroso de redención: «Vemos que el alma es pecadora y se revuelca en la tribulación, y busca la verdad, y tiene necesidad de un libertador» [205].

El sentimiento de verse en extrema necesidad de socorro espiritual que se trenza a las aspiraciones más finas del espíritu humano, es uno de los rasgos más firmes de San Agustín y quedó esculpido en su doctrina de la gracia. Todo idealismo exagerado sobre el hombre encuentra un contrapeso en esta experiencia, que es universal. Las nociones de culpa, caída, destierro, esclavitud, liberación, entraban ya en la psicología antigua o definición del hombre concreto, que el cristianismo bañó con nuevas luces [206].

13. La cercanía con Dios

La Biblia presentó un nuevo horizonte psicológico a los ojos de San Agustín con las palabras del Génesis: *Creó Dios al hombre a su imagen y semejanza* (Gén 1,26-27). Uno de sus grandes progresos espirituales lo hizo cuando, oyendo a San Ambrosio, dejó atrás la concepción maniquea del alma y aprendió que ella es imagen de Dios [207]. En sus meditaciones de Casiciaco recién convertido oraba ya: «Dios, que hiciste al hombre a tu imagen y semejanza, cosa que reconoce quien a sí mismo se conoce» [208]. Este gran tema religioso ya le quitaba el sueño entonces, y a él volverá en sus sermones, en sus libros y en sus polémicas:

«El ser de nuestra alma aventaja mucho al del cuerpo, es mucho más excelente; es cosa espiritual, incorpórea, cercana a la sustancia de Dios. Es algo

---

[204] Cit. por W. JAEGER, ibid., I p.195.
[205] *Contra Fort. Man.* I 11: PL 42,116.
[206] W. JAEGER, ibid., I p.190: «El concepto de alma de los órficos fue un paso crucial en el desarrollo de la conciencia personal humana». Seguramente, Platón tomó de ellos su doctrina del cuerpo como cárcel del alma y la de la esclavitud moral de las pasiones.
[207] *Conf.* VI 3,4.
[208] *Sol.* I 1,4: PL 32,871.

invisible, rige el cuerpo, mueve los miembros, gobierna los sentidos, prepara los pensamientos, realiza las acciones, recibe en sí infinita muchedumbre de representaciones o imágenes de cosas; pero ¿quién es capaz de hacer alabanza digna del alma?»[209]

En realidad, el alma pertenece a la categoría de misterio, de cosa secreta e insondable que llena de asombro a todo el que reflexiona sobre él[210]. Y sus secretos le vienen de su grandeza de ser imagen de Dios, que nos lleva de nuevo a la interioridad, al mismo tiempo que a la potestad que tiene sobre todas las criaturas visibles, siendo en esto semejante al Creador: «¿De dónde le viene la potestad sobre todos los peces del mar, las aves del cielo y los animales que se arrastran sobre la tierra? —De haber sido hecho a imagen de Dios. —¿Y en qué fue hecho a imagen de Dios? —En el entendimiento, en la mente, en el hombre interior; por eso entiende la verdad, juzga lo que es justo e injusto; sabe por quién fue creado, puede entender a su Creador, puede alabar a su Creador»[211].

Conviene advertir que en esta interioridad u hombre interior que lleva impresa la imagen divina hay una oscura zona ontológica donde se halla como grabado y estampado el molde indeleble del Creador según lo exige el principio de la participación, a que tantas veces alude el Santo hablando de la imagen, y también se ilustra con la sentencia del primer capítulo de las *Confesiones:* «Señor, nos habéis hecho para Vos, y nuestro corazón anda inquieto hasta descansar en Vos»[212]. El *fecisti nos ad te,* nos has hecho para ti, implica una relación esencial de la criatura con el Creador, de la imagen con el Ejemplar eterno. El hombre es un ser relativo, hecho para descansar en Dios, como su fin. Relatividad que tiene también en el Santo otras fórmulas: *esse a Deo, esse in Deo, esse ad Deum.* Se trata de un triple aspecto del hombre con respecto a Dios como «principio nuestro, luz nuestra, bien nuestro»[213]; o como se expresa en otro lugar: «Principio nuestro, de que se forman todas las cosas, e imagen suya, con que se plasman todas las cosas, y santidad suya, con que todo se ordena»[214].

En estas frases se alude claramente a la Trinidad, cuyo principio es el Padre, cuya imagen es el Hijo y cuya santidad es el Espíritu Santo. Cada una de las personas pone su sello en las criaturas, sello que imprime una orientación peculiar en ellas, que es como el movimiento de la imagen creada a su Ejemplar eterno[215]. El hombre, como criatura racional, viene de Dios, vive en

---

[209] *Enarrat. in ps.* 145,10 (PL 37,1886): «Natura animae praestantior est quam natura corporis... res spiritualis est, res incorporea est, vicina est substantiae Dei».

[210] Cf. R. GUARDINI, *La conversione di Sant Agostino.* X: *El asombro frente al ser* p.105-36. La admiración del mundo del espíritu es muy entrañable a San Agustín.

[211] *In ep. Io. tr.* 8,6: PL 35,2039.

[212] *Conf.* 1,1.

[213] *De civ. Dei.* VIII 10 (PL 41,234): «... principium nostrum, lumen nostrum, bonum nostrum».

[214] *De agone christ.* XIV 16 (PL 40,299): «Principium nostrum ex quo formantur omnia, et imaginem eius, per quam formantur omnia, et sanctitatem eius in qua ordinantur omnia». En *Epist.* 233,5 (PL 33,1028) llama al Espíritu Santo «sanctitas omnium quae sancta fiunt sanctificatrix».

[215] Cf. OLIVIER DU ROY, o.c., X: *La Trinité créatrice et les trois dimensions ontologiques du créé* p.369-401; J. E. SULLIVAN, *The image of God.* III: *Vestiges of Trinity* p.84-106 (Dubuque 1963).

la luz de Dios y camina hacia Dios, como meta final de todas sus aspiraciones o término de descanso. Por eso a Dios van por el amor todos los que son capaces de amar sea consciente o inconscientemente [216]. En última instancia, todo movimiento de la criatura es un movimiento hacia el Creador, hacia un bien supremo a que aspiran todas las cosas. Con más conciencia y más profunda intimidad diría también en otra parte el Santo: «Cuando yo contemplo el agua, subo con el recuerdo a su manantial» [217]. Todos los movimientos del río van cantando la gloria del manantial, es decir, del principio que le da origen y ser. San Agustín relaciona primordialmente esta subida al manantial con el deseo de la felicidad, que es común a todos [218].

Saliendo de este fondo oscuro, donde actúan fuerzas secretas que llevan al hombre hacia Dios o hacia lo absoluto y lo perfecto como objeto de la última posesión, y examinando más concretamente el contenido de la imagen divina, hallamos, entre otros, estos rasgos definidores del hombre como ser intelectual y moral, es decir, radicado esencialmente en la verdad y la tendencia al bien: «En tu alma está la imagen de Dios; la mente del hombre la reconoce; la recibió, e, inclinándose al pecado, la deslució. Vino para reformarla el mismo formador, pues por el Verbo fue impresa esta imagen» [219]. Como se ve, aquí se atribuye al Verbo divino la impresión de la imagen, por ser Él la imagen del Dios invisible o la Palabra eterna con que dice todas las cosas.

Atendiendo a este rasgo de haber sido creado el hombre como imagen de una Imagen eterna o como palabra temporal de una Palabra eterna, el espíritu puede definirse no como una palabra actual que dice las cosas, pero sí como una potencia verbal o expresiva de todas las cosas con capacidad para decirse y declararse a sí mismo y decirse y declararse todas las cosas hasta llegar a su mismo principio para apresarlo y expresarlo con su verbo íntimo y cantar sus excelencias [220].

En esta dignidad o privilegio de ser imagen del Verbo o potencia universal del conocimiento, se implica una semejanza del hombre con Dios, «pues todo conocimiento por especie es semejante a la cosa conocida» [221]. Conocer a Dios de algún modo es hacerse semejante a Él, es realizarse el espíritu en imagen de Dios y capacitarse para toda vida espiritual, porque «la imagen

---

[216] *Sol.* I 1,2 (PL 32,869): «Deus quem amat omne quod potest amare, sive sciens, sive nesciens».

[217] *Enarrat. in ps.* 145,9 (PL 37,1890): «Ego in aqua attendo fontem».

[218] En las *Confesiones* (X 20,29) presenta en tres aspectos el deseo de la felicidad; el primero es la idea o instinto de la felicidad, que no sabemos cómo la tenemos en nosotros, pero todos los hombres tendencialmente están movidos por ella. El segundo es de los que tienen la felicidad en esperanza, y éstos se hallan en mejor condición que los que no la tienen ni en esperanza ni en realidad, pero vagamente tienden a ella. El tercer grado constituye la posesión real de la felicidad. Pero ya el dinamismo múltiple que se manifiesta en los del primer grado muestra un efecto de la imagen divina en el hombre. Cf. Alberto Giovanni, *L'inquietudine dell'anima* p.124: «San Agustín distingue tres modos de poseer la felicidad: *re, spe;* tendencialmente, por la conciencia de desearla, de tender a ella».

[219] *Enarrat. in ps. 32* sermo 2,16 (PL 46,294): «... quia per Verbum facta sunt omnia, et per Verbum impressa est haec imago».

[220] Este aspecto del espíritu como potencia expresiva y verbal se ha expuesto en mi trabajo *Conocimiento y espíritu en San Agustín:* Augustinus 3 (1958) 177-92.

[221] *De Trin.* IX 11,16 (PL 41,969): «... sed omnis secundum speciem notitia similis est rei quam novit».

está dentro, no en el cuerpo...; está impresa allí donde está el entendimiento; donde se halla la mente, donde está la razón con que se investiga la verdad, donde está la fe, donde está nuestra esperanza, donde está nuestra caridad, allí tiene Dios su imagen»[222]

La vida racional y la vida cristiana se desenvuelve allí donde está impresa la imagen de Dios, en el fondo mismo del hombre interior.

En ella resplandecen los que llama el Santo *lineamenta,* es decir, trazas, pinceladas, rasgos y facciones de Dios que no quedaron borrados ni siquiera con la ruina del pecado: «No obstante, como la imagen de Dios en el alma humana no está destruida por la mancha de los afectos humanos hasta el punto de no haber quedado en ella algunos como rasgos extremos, con razón se afirma que hasta los mismos malvados en su vida impía practican y aman algunas obras buenas de la ley... No está en ellos totalmente borrado lo que fue impreso por la imagen de Dios al ser creados»[223].

Por eso no vino con la primera caída una corrupción total a la naturaleza del hombre, el cual no deja de sentir la atracción doble de arriba y de abajo, del amor celestial y del terreno; ni de practicar algún bien, «porque así como no estorban al justo, para llegar a la vida eterna, algunas caídas veniales que le acompañan, de las cuales no se puede prescindir, así no aprovechan al injusto algunas obras buenas, sin las cuales es extremadamente difícil se halle aún la vida del hombre más perverso»[224].

En este fondo de bienes reservados pone el Santo tres aspiraciones naturales: a la verdad, al bien, a la felicidad eterna[225]. Todos los hombres van en pos de la verdad y aspiran al bien y a la bienaventuranza perpetua. Son tres hilos que mantienen al hombre pendiente del poder divino para mover por ellos las conciencias. Y, en último término, son también movimientos de la imagen hacia el Ejemplar original que la atrae. El mismo descontento en medio de los males que se hacen o padecen es indicio de la grandeza humana, y muchas veces principio de reformación moral. Así conserva siempre «la facultad de poder unirse a Aquel de quien es imagen»[226].

Las metáforas empleadas por el Santo indican un deterioro, deslucimiento, deformidad, decoloración: «Pecando perdió la justicia y la santidad verdadera, por lo cual esta imagen se deformó y decoloró; mas vuelve a recobrar lo perdido cuando se reforma y renueva»[227]. Ni el afeamiento ni la pérdida de la viveza del color borraron todos los rasgos de la imagen.

---

[222] *Enarrat. in ps.* 48,11: PL 36,564.

[223] *De spir. et litt.* XXVIII 48: PL 44,230. Cf. *Obras de San Agustín* VI: BAC.

[224] *De spir. et litt.* 28,48 (PL 44,230): «... aliqua bona opera sine quibus difficillime vita cuiuslibet hominis invenitur».

[225] *De Trin.* IV 1,2 (PL 42,887): «Sed quoniam exsulavimus ab incommutabili gaudio, nec tamen inde praecisi atque abrupti sumus, ut non etiam in istis mutabilibus et temporalibus aeternitatem, veritatem, beatitudinem quaereremus (nec mori enim, nec falli, nec perturbari volumus)»...

[226] *De Trin.* XIV 14,20: PL 42,1051. El pensador italiano Vito Fornari, tan agustiniano en su pensamiento, dice: «El movimiento hacia la imagen divina que es el Verbo es la vida propia del alma» *(Vita di Gesù* III 1).

[227] Ibid., XIV 16,22 (PL 42,1055): «Sed peccando, iustitiam et sanctitatem veritatis amisit; propter quod haec imago deformis et decolor facta est; hanc recipit cum reformatur et renovatur».—Ibid., XIV 4,6 (PL 42,1040): «Nec tantum valere illam deformi-

El hombre perdió ciertos privilegios de su primer estado; v.gr., lo que se llama «la erección espiritual», la orientación habitual a las cosas eternas y superiores, insinuada por la misma postura vertical del cuerpo. La consecuencia fue un encorvamiento o joroba espiritual, que le hacía andar con la vista baja. Las miradas, los deseos, la vida entera, desligándose de su centro superior, le tiraban a lo más bajo [228].

Se produjo lo que puede llamarse la rebelión del esclavo, o de la sensualidad contra el espíritu, es decir, la pérdida del señorío sobre los animales, que era el símbolo de equilibrio pasional [229]. En otros lugares habla el Santo del adormecimiento de la facultad racional [230].

Por eso, aun conservando algunas facciones nobles, indicadoras de un alto origen y celestial parentesco, la naturaleza humana se hizo incapaz de salir de su deterioro y volver al original señorío y hermosura. Se hizo, pues, necesaria una obra de restauración y de embellecimiento como en una pintura o fresco donde el paso y las inclemencias del tiempo han robado al original la frescura y el esplendor de sus colores, las gracias de los rasgos, la viveza de la mirada, la expresión y encanto que recibieron de las manos de un gran artista.

Tal es la obra de reforma, de retorno al molde de la Forma, a la gracia del Ejemplar eterno, que llamamos la redención obrada por el Hijo de Dios que se hizo hombre. Y tal es, igualmente, el aspecto quinto, que nos pone en un nuevo panorama de la antropología cristiana. Frecuentemente, San Agustín acude a la categoría de la hermosura o de la belleza espiritual para cantar el nuevo estado a que ha sido encumbrado el hombre: «Tu Dios es igualmente tu Rey; tu Rey es tu esposo; estás desposada con el Rey, dotada por El, adornada por El, redimida por El, restituida a la salud por El. Todo cuanto tienes de agradable a sus ojos, lo tienes de El» [231]. Estas metáforas—desposorio, dotación, embellecimiento, liberación, sanación—expresan el cambio de la reformación de la imagen de Dios por la obra de la gracia.

14. En el esplendor de la divina imagen

La gracia significa un orden de beneficios superiores o gratuitos con que Dios perfeccionó al hombre al ponerle en el mundo. San Agustín fue un defensor incansable de estos dones. Los pelagianos, por ejemplo, ponían la esencia de la imagen divina en la libertad humana: «Los pelagianos osan decir que la gracia es la naturaleza en que fuimos creados, de suerte que poseemos la mente racional, capaz de entender, y hechos a imagen de Dios, para que domi-

tatem ut auferat quod imago est, satis ostendit, dicendo: *Quanquam in imagine ambulat homo* (Ps 38,7)».

[228] *De Gen. cont. Man.* I 17,28: PL 34,186.
[229] Ibid.
[230] *De Trin.* XIV 4,6: PL 42,1040.
[231] *Enarrat. in ps.* 44,26 (PL 36,519): «Regi nubis Deo, ab illo dotata, ab illo decorata, ab illo redempta, ab illo sanata. Quidquid habes unde illi placeas, ab illo habes». En el texto está apostrofando a la Iglesia y al alma, como hija de Dios, siguiendo el sentido del salmo: *Audi, filia:* «Escucha, hija» (Sal 44,1).

nemos los peces del mar, las aves del cielo y los animales que andan por la tierra. Pero ésta no es la gracia que recomienda el Apóstol por la fe en Cristo, porque ciertamente semejante naturaleza nos es común con los infieles» [232].

En el hombre como imagen de Dios hay dotes naturales, cuales son la inteligencia y aun el señorío sobre los animales, que es obra de la habilidad racional, que aún conserva a lo menos en parte, si bien el primitivo señorío fue más universal y perfecto. Mas hubo igualmente dones añadidos a la naturaleza, como la santidad y la justicia, el dominio sobre nuestra naturaleza animal, o instintos corporales; la recta orientación del espíritu a los bienes superiores y a Dios. Estos dones eran los que daban más gloria y esplendor a la imagen de Dios y a la misma fisonomía natural del hombre. Hubo, pues, excelencias que conservó, según hemos dicho antes, y hubo dones que perdió, y se recobran por la gracia de Jesucristo. Por eso el Santo habla de la renovación de la imagen por gracia del Nuevo Testamento: «La imagen misma de Dios se renueva en la mente de los fieles por la gracia del Nuevo Testamento» [233]. La misma ley natural, que no fue destruida totalmente por la injusticia, se inscribe con nuevo vigor por la gracia [234].

Este vocabulario—escribir, inscribir—alude a la doble escritura de la ley de Dios en las tablas de la ley y en la conciencia del hombre. En el Nuevo Testamento, a las dos formas de promulgación del decálogo viene a unirse *la ley de la gracia,* que es una fuerza nueva añadida a la ley escrita y a la ley natural de la conciencia para realizar una justicia superior a la del Antiguo Testamento y a la moral pagana. La justicia de los gentiles tuvo un doble premio en la mente de San Agustín: favores temporales, como los que recibió el pueblo romano por las virtudes de justicia, de templanza, de libertad en las asambleas, de sobriedad en las costumbres, y premio eterno de mitigación de las penas condenatorias [235].

---

[232] *De grat. et lib. arb.* XIII 25: PL 44,896.
[233] *De spir. et litt.* 28,48 (PL 44,230): «Ipsa imago Dei renovatur in mente credentium per Novum Testamentum».
[234] Ibid.: «Ita etiam ibi lex Dei non ex parte deleta per iniustitiam, profecto scribitur renovata per gratiam... Renovari autem nisi gratia christiana, hoc est, nisi Mediatoris intercessione non potuit».
[235] *Enarrat. in ps.* 57,1: PL 36,673. Cf. A. MAXZEIN, *Philosophia cordis* p.90-95; J. MAUSBACH, *Die Ethik des Hl. Augustinus* I p.92-105; J. STELZENBERGER, *Conscientia bei Augustinus* p.109ss (Paderborn 1959); GREGORIO ARMAS, *Moral de San Agustín* p.49ss (Madrid 1955). *De spir. et litt.* 28,48 (PL 44,230): «Nisi forte ut minus puniantur?»—*Epist.* 128,17 (PL 33,533): «Los primitivos romanos fundaron y dieron auge a la república con virtudes, aunque les faltó la verdadera piedad para con el Dios verdadero, que podría llevarlos a la ciudad eterna con la religión que salva. Con todo, guardaron *cierta probidad de su género,* que fue bastante para constituir, aumentar y conservar la ciudad terrena. Así mostró Dios, en el opulentísimo y esclarecido imperio de los romanos, el valor que tienen las virtudes cívicas aun sin la verdadera religión, para que se entendiese que, si la religión verdadera va unida a ellas, los hombres se hacen ciudadanos de otra ciudad, cuyo rey es la verdad, cuya ley es la caridad, cuya duración es la eternidad». Cf. *De civ. Dei* V 15 (PL 41,160): «Sobre la recompensa temporal que concedió Dios a las buenas costumbres de los romanos; V. CAPÁNAGA, *Obras de San Agustín* I p.252-56; ID., *Oikoumene.* Studi paleocristiani pubblicati in onore del Concilio ecumenico Vaticano II (Università di Catania 1964) p.439-54: *Intelectuales paganos del siglo V frente al misterio de Cristo.*

La nueva inscripción de los mandamientos en el hombre recibe también el nombre de *justificación,* o infusión de un nuevo amor, con que se pueda cumplir el decálogo escrito en tablas de piedra [236]. Es como si dijésemos que uno remoza y restaura con tinta fresca e indeleble antiguos apuntes a lápiz que habían quedado con el tiempo oscuros, borrosos y quebrados en sus letras. Pero tampoco esta imagen nos da la viva realidad de la *iustificatio,* que vivifica las letras antiguas y les confiere nuevo sentido y hermosura. La ley escrita puede seguir dándonos el conocimiento de lo que está mandado, pero la gracia da una justicia nueva, que es una resurrección espiritual [237].

«Por la ley se nos da el conocimiento del pecado; por la fe, la consecución de la gracia; por la gracia, la curación del vicio del pecado; por la sanidad del alma, la libertad del albedrío; por la libertad del albedrío, el amor a la justicia, y por el amor a la justicia, el cumplimiento de la ley» [238].

San Agustín tiene una visión del alma en que todas las fuerzas están concatenadas entre sí, de modo que un efecto desastroso se repite en cadena, y cualquier efecto saludable tiene su resonancia en todo el dinamismo psicológico; y así todo el hombre queda restablecido en su salud y recobra la antigua derechura, con un cambio afectivo que le hace levantar los ojos de la tierra al cielo, de lo temporal a lo eterno, de lo material a lo espiritual» [239].

Este erguimiento espiritual imprime decoro nuevo a la persona humana, y hermosura a la fisonomía de la imagen divina, porque así consigue «aquella belleza del hombre interior según la cual se reforma el hombre» [240].

La categoría de hermosura, como he indicado antes, tiene mucha aplicación en todo este proceso espiritual, «pues la misma justicia y aun toda virtud por la que se vive sabia y ordenadamente es la hermosura del hombre interior» [241].

Todas las virtudes son restauradoras y repintoras del rostro de Dios que lleva dentro del hombre, en particular la fe, esperanza y caridad: «Pues donde están la fe, esperanza y caridad, allí tiene Dios su retrato» [242].

La fe limpia de errores al espíritu y le hace partícipe de la verdad de Dios, que es un esplendor de su Verbo. Introduce en él un nuevo orden de conocimientos que vienen de la palabra misma de Dios. Ella misma es un modo de conocer superior al natural e interioriza o da una presencia íntima a lo que se cree; en última instancia, a las personas divinas, pues toda la revelación no es sino una manifestación personal de Dios en la historia salvífica del hombre. Así la fe interioriza en nosotros a Cristo, «pues Cristo se forma en el creyente por la fe del hombre interior, llamado a la libertad de la gracia. Se forma Cristo en el que recibe la forma de Cristo, y recibe la

---

[236] *De spir. et litt.* 28,48: PL 44,230.
[237] Ibid., 29,51: PL 44,232.
[238] Ibid., 30,52: PL 44,233.
[239] *De Trin.* XIV 19: PL 42,1056.
[240] *Epist.* 120,20 (PL 33,462): «... et secundum hanc pulchritudinem reformamur ad imaginem Dei».
[241] Ibid.: «Quid est autem aliud iustitia, cum in nobis est, vel quaelibet virtus qua recte sapienterque vivitur, quam interioris hominis pulchritudo?»
[242] *Enarrat. in ps. 48* sermo 2,11: PL 36,564.

forma de Cristo el que se adhiere a El con afecto espiritual» [243]. La formación de Cristo por la fe, la esperanza y la caridad es la verdadera reformación de la imagen divina mediante la adhesión a su palabra, a su acción de rescate, a su santificación. Bien puede llamarse cristiano el que lleva impresa en el alma la forma de Cristo, el carácter y sello de hijo de Dios, aunque sea por adopción.

Hay, pues, un divino realismo en la fe, porque las cosas supremas entran por ella en el espíritu del hombre, que se enriquece de nuevas relaciones por el conocimiento que adquiere de Dios y de su misterio de mayor intimidad que es el trinitario, el cual esclarece, a su vez, la misma constitución del espíritu humano, que es también profundamente trinitario y da viveza y más clara expresión a la «trinidad del hombre interior» [244].

Mérito de San Agustín es el de haber encarado estas dos trinidades—la increada y la creada—y haber hecho saltar de su careo chispas de luz, con que se vislumbran mejor ambos secretos: el del Espíritu de Dios y el del espíritu del hombre. Ninguna filosofía pura había entrado hasta entonces en este santuario del mundo interior del hombre con una antorcha tan luciente. Fueron las noticias de la fe las que encendieron la lámpara agustiniana para observar en el alma cierta trinidad o serie de trinidades que nos empinaban un poquito para vislumbrar la de Dios. Seguir la prolija especulación del Santo en esta materia obligaría a repetir un largo discurso que cae fuera del ámbito de esta breve síntesis espiritual [245].

A los ojos de Agustín, la vida del espíritu aparece configurada en estructuras trinitarias, y por ellas va subiendo del hombre exterior al interior para hallar en éste los pasos más visibles del Creador: Y así es cierta imagen de la Trinidad la misma mente, y la noticia que tiene de sí se engendra como una prole o palabra que se dice de sí misma y el amor que les une, y las tres forman unidad y son una substancia» [246]. Como en el misterio divino hay unidad y trinidad, en el hombre interior se vislumbran ambas cosas; tres fuerzas espirituales que se distinguen entre sí y cada una realiza su función propia, se compenetran íntimamente entre sí, y constituyen un solo ser o substancia y vida.

[243] *Epist. ad Gal. expos.* 37: PL 35,2132. Es familiar a San Agustín este pensamiento, que lo había expresado San Pablo: «Homo ergo interior in quo caepit habitare Christus per fidem (Eph 3,17)... in affectu cordis clamet ad Deum».— *Enarrat. in ps.* 90 sermo 2,11 (PL 37,1169): «Fides sit tecum et tecum est Deus in tribulatione... quia Christus per fidem in te habitat».—*Enarrat. in ps.* 34,3 (PL 36,325): «Navis tua cor tuum: Iesus in navi fides in corde».
[244] *De Trin.* XIII 20,26: PL 42,1035.
[245] Pueden verse sobre este tema los libros siguientes: A. GARDEIL, *La structure de l'âme et l'expérience mystique* 2 vols. (Paris 1927); CH. BOYER, *L'image de la Trinité, synthèse de la pensée augustinienne*, en *Essais anciens et nouveaux sur la doctrine de Saint Augustin* p.86-135; M. SCHMAUS, *Die psichologische Trinitätslehre des Hl. Augustinus* Münster 1966); S. GRABOWSKI, *The All-Present God. A Study in St. Augustine* (S. Louis 953); ALFRED SCHINDLER, *Wort und Analogie in Augustins Trinitätslehre* (Tübingen 1965); REV. HEIJKE, *St. Augustine's Comments on «Imago Dei»*: Classical Folia, supp.2 (Holy Cross College, Worcester, Mass., april 1960).
[246] *De Trin.* IX 12,18 (PL 42,972): «Et est quaedam imago Trinitatis ipsa mens, et notitia eius, quod est proles eius ac de seipsa verbum eius, et amor tertius, et haec ria unum atque una substantia».

Ellas pueden dispararse en tres direcciones: en la multiplicidad del mundo exterior, derramándose fuera; en el propio mundo interior, para vivir el hombre entendiéndose y amándose, y en Dios, que es la suma de todos los valores y objeto en sus tres personas de la suprema fruición a que está convidado el hombre [247]. En el primer caso tenemos a los hombres materiales o animales de baja vista; en el segundo, a los estoicos, que ponen el fin del hombre en gozar de su espíritu o de las excelencias que posee, y en el tercero tenemos a los cristianos, cuya bienaventuranza consiste en recordar, conocer y amar a la Trinidad creadora.

Esta extensión de las alas del espíritu hacia lo superior y eterno es lo que da brillo, viveza y hermosura a la imagen de Dios [248].

Cierto que también en los actos de introversión aparece la imagen. Cuando la «mente se acuerda de sí, se entiende y se ama a sí misma; si vemos esto, vemos trinidad; no ciertamente a Dios, pero sí a su imagen» [249].

Pero esta vida y práctica de introversión no es la mejor, sino la que se afana por levantar el vuelo hacia lo más excelso para hacerlo presente a nuestra vista interior y conocerlo y amarlo: «Esta, pues, trinidad mental no es imagen de Dios porque se vuelva a sí misma, se entienda y ame, sino porque puede también tener memoria, conocimiento y amor de Dios, que es su Creador. Y, cuando esto pone por obra, se hace sabia ella misma» [250]. No es, pues, por su propia luz por la que se ilumina y beatifica, «sino por la participación de aquella soberana luz tendrá la sabiduría, y donde reinará eterna, allí será feliz» [251]. Y de tal modo se llama esta sabiduría del hombre, que es también de Dios. Toda esta psicología y espiritualidad de la imagen de Dios está expresada según el principio de la participación, que se ha enunciado tantas veces.

El aire esclarecido con los rayos del sol se hace luminoso, participando de su luz, y el hierro caldeado en la fragua se hace igniscente, recibiendo el calor y virtud del fuego. El hierro sigue siendo hierro, pero parece fuego, y lo es por participación del mismo. Así la sabiduría, que es un compuesto de luz y de calor divino, se comunica al hombre y lo asemeja a su principio o ejemplar. En ella consiste la reforma, la renovación y perfección de la imagen de Dios.

Y en esta materia es de mucha importancia la distinción de dos clases de objetos, que da lugar a dos formas de conocimiento, que San Agustín llama *ciencia* y *sabiduría*. La primera se adquiere con el conocimiento racional de las cosas temporales, y la segunda con el de las eternas y superiores. Son como dos miradas del espíritu, una horizontal y otra vertical, y por ellas se divisan dos panoramas reales: el de lo que es pasajero y el de lo que dura siempre. Son dos categorías de bienes que exigen una diversa estimación. Por la ciencia

---

[247] *De doct. christ.* I 5: PL 34,21.
[248] *De Trin.* XII 7,10 (PL 42,1004): «Et quoniam quantumcumque se extenderit a id quod aeternum est, tanto magis inde formatur ad imaginem Dei».
[249] Ibid., XIV 8,11: PL 42,1044.
[250] Ibid., XIV 12,15 (PL 42,1048): «Quod cum facit, sapiens ipsa fit».
[251] Ibid.: «... et non sua luce, sed summae illius participatione sapiens erit, atque ut aeterna, ibi beata regnabit. Sic enim dicitur ista hominis sapientia ut etiam Dei sit».

se pone el espíritu en contacto con lo transitorio, mientras la sabiduría nos da a gustar cosas eternas, manjares incorruptibles, como son las verdades eternas y universales, siempre válidas y que no están sujetas a los vaivenes del gusto o del tiempo. Para San Agustín, la intuición de estos principios y axiomas es, como diría un poeta español, E. Mesa,

> secreta escala de la luz divina
> por do se sube a la Verdad perenne.

«Porque ¿dónde residen y de dónde vienen las normas eternas de justicia que lucen aun en las conciencias oscurecidas de los malvados sino del libro de aquella luz que se llama la Verdad?»[252] Todo hombre es lector de este Libro, cuyas verdades no se borran de su conciencia aun cuando no quisiera recibir su luz. Mientras todo hombre usa de razón, lleva impresa la imagen de Dios, participa de esta sabiduría, que le hace distinguir lo bueno y lo malo, lo verdadero y lo falso.

Y el autor de los libros acerca de la Trinidad ilustra esta doctrina con el ejemplo del Verbo encarnado, que es el libro de la ciencia y sabiduría para todos. En la contemplación de Cristo, el conocimiento o ciencia de lo humano se ordena a la sabiduría, para subir, por las acciones de Cristo hombre, a su verdadero ser de Dios eterno y omnipotente. Y por este ejercicio se logra la reforma de la imagen divina en nosotros. Cristo nos sana, Cristo nos purifica, Cristo nos hermosea; y, al hacernos cristianos o cristiformes, nos diviniza según su propia semblanza de Hijo del Eterno Padre[253].

Mas en este proceso reformador, la ciencia se ordena a la sabiduría, y la sabiduría se ordena a la ciencia; o en otras palabras, la ciencia, o el conocimiento de lo temporal, debe ayudar a subir a lo eterno en busca de la sabiduría, y al mismo tiempo, la luz de ésta debe difundirse sobre todo lo temporal para que nuestra ciencia no sea vana y vanificante. El conocimiento de las criaturas debe llevarnos al conocimiento y gusto del Creador, y el conocimiento y gusto del Creador alumbra y clarifica el enigma de las criaturas y el del alma como imagen de Dios. De este modo, lo eterno y lo temporal no se escinden, sino se abrazan, y la trinidad creada del alma y la Trinidad increada de Dios se esclarecen mutuamente y preparan al hombre para su fruición eterna.

15. Por la imagen, a la verdad

El tema religioso de la imagen de Dios nos lleva a una conclusión esclarecedora de la esencia misma de la espiritualidad como anhelo y esfuerzo de asimilación a Dios. Ser como Dios fue la primera promesa diabólica hecha a los hombres, y continúa siendo la gran tentación humana, en que pueden tomarse dos caminos: el de la humildad, que efectivamente lleva a la gloriosa realidad de la deificación, y el de la soberbia, cuyo resultado es la degradación

---

[252] *De Trin.* XIV 15,21 (PL 42,1052): «Ubi ergo scriptae sunt nisi in libro lucis illius, quae veritas dicitur?» En este mismo pasaje compara la ley eterna con la imagen de un anillo que queda impreso en la cera, sin dejar el anillo.
[253] Cf. V. Capánaga, *La deificación en la soteriología agustiniana,* en *Augustinus Magister* II 744-756.

del espíritu. La más profunda historia humana es logro o frustración de este anhelo de Dios:

«Porque en sus mismos pecados, con su soberbia e insubordinación y con una libertad, digámoslo así, servil, buscan los hombres el ser semejantes a Dios. Y así ni a los primeros padres pudo persuadirse el pecado sino diciéndoles: *Seréis como dioses* (Gén 3,5)» [254]. Lo que llama San Buenaventura *el silogismo del diablo* es la forma y sofisma de toda tentación humana: «La criatura racional debe aspirar a hacerse semejante a su Creador, porque está hecha a su imagen. Es así que el comer (de este fruto) te hace semejante. Luego es bueno comer de lo prohibido para que te semejes a El» [255].

Tal es la verdadera impiedad de los hombres, que quieren igualarse con Dios en el poder, en la libertad omnímoda, en el disfrute de todo goce, buscando la felicidad por sí mismos, fuera de Dios, con independencia absoluta de El.

El mito de Prometeo—o el anhelo de robar el fuego a los dioses—recoge seguramente esta experiencia y frustración del hombre. Y anda también por aquí un grandioso pensamiento que pertenece al más sagrado tesoro religioso del mundo helénico: el de *hybris*. Según la opinión de los antiguos, toda soberbia y arrogancia de salirse de la raya humana, violando el orden establecido de las cosas y aspirando a ser más de lo que puede uno, se castiga inexorablemente. Las aspiraciones a la felicidad, a la libertad, al poder, son naturales; pero, apenas se sobrepasan los límites impuestos por las leyes divinas y cósmicas, se va a la catástrofe segura [256].

En cambio, por el respeto a los confines humanos o por la humildad se puede lograr el supremo anhelo de hacerse semejante a Dios. Y también en este punto la antigüedad expresó o vislumbró el mismo ideal de parecerse a Dios según la posibilidad, como decía Platón: ὁμοίωσις τῷ θεῷ κατὰ τὸ δύνατον.

«Los antiguos concebían el camino de la virtud por un doble conocimiento: el de sí mismo (γνῶθι σεαυτον) y el del parentesco o relación con Dios, la naturaleza universal (συγγενεία)» [257].

Plotino decía a su vez: «Por esto se dice con razón que el bien y la hermosura del alma consisten en hacerse semejante a Dios, porque de El vienen la hermosura y todo lo que constituye la esfera de lo real» [258]. Mas adviértase que, según el filósofo neoplatónico, esta hermosura y semejanza divina se consiguen con la separación de todo lo corporal cuando el alma se hace una «forma», un «logos», toda incorpórea e intelectual [259]. En cambio, en la doctrina cristiana, la semejanza la consigue el hombre viviendo en carne, y mejor después con la resurrección de la carne.

[254] *De Trin.* XI 5,8: PL 42,991.
[255] *Coll. in Hexaëm.* I 26 p.125; *Obras de San Buenaventura* III (BAC). P. LANDSBERG *Piedras blancas* p.175 (México 1940): «Lo que el pelagiano quiere tener para sí es la libertad divina»; M. UNAMUNO, *Diario íntimo* p.73 (Madrid 1970): «Ser Dios: tal es la aspiración del hombre».
[256] Sobre la *hybris* helénica véase a W. JAEGER, *Paideia* I p.71.85.159-160.
[257] HOLTE, o.c., p.42; CICERÓN, *De finibus* V 16,44; *Tusc.* I 22,52: «Nosce te».
[258] *Enn.* I 6,6.
[259] Ibid.

El destino, pues, de la imagen de Dios es ser divinizada, gracia que logra ya en este mundo, pero que exige un empeño continuo de purificación o de ascesis, que es igualmente una exigencia plotiniana: «Porque el ojo debe hacerse parecido y semejante a lo que se mira, si quiere llegar a su contemplación. Nunca podría el ojo contemplar el sol sin asemejarse a él, ni un alma podría contemplar la belleza sin embellecerse ella misma»[260]. Han hecho suya esta doctrina los espirituales cristianos de todos los tiempos.

Damos aquí con dos conceptos tan traídos y llevados en la doctrina de la imagen de Dios: la semejanza y desemejanza, que es como decir la presencia y la distancia de Dios, o, en términos más abstractos, la inmanencia y la transcendencia divinas. Es un problema siempre actual y nunca claro para el hombre. San Agustín sienta en este punto firmemente dos pilares: «Por la semejanza espiritual debemos subir a Dios»[261]. En toda esta espiritualidad de la imagen, el subir, *ascendere,* es un efecto producido por la misma semejanza. Se trata de un acercamiento a lo divino y al mismo tiempo de un distanciamiento. La vida trinitaria del espíritu que se encara consigo mismo y se reconoce y ama, significa un roce con el divino misterio. Pero ¿se puede medir de aquí las distancias recorridas y los infinitos espacios por volar hasta el trono del Altísimo? De ningún modo. Por eso en San Agustín, con tanto arrimo de los ojos a la divina grandeza, prevalece el sentimiento de la distancia sobre el de la cercanía. La disimilitud de la imagen es inmensamente mayor que la similitud. Esta nos sube a unos abismos insondables del misterio de Dios, ante los cuales el espíritu se arrodilla mudo y con la vista baja: «El que haya descubierto la imagen creada, no compare dicha imagen, hecha por la Trinidad y deslucida por el propio vicio, con la misma Trinidad, de modo que la haga totalmente semejante, sino vea más bien una gran desemejanza en esta semejanza, cualquiera que ella sea»[262].

Por inmensa que sea la capacidad de vuelo y ascenso en el alma, su dialéctica descubre cada vez más las distancias y espacios infinitos que nos separan de Dios: «Por mucho que me avecine, por muy alta punta que haga con mi vuelo, por mucho que me encarame, siempre estaré debajo de Dios, no enfrente de El. Con seguridad paso de vuelo las demás criaturas si me guarda debajo de sus alas el que todo lo señorea»[263].

La *hybris,* buscando la grandeza sin respetar la raya de los límites impuestos al hombre, es el mayor obstáculo para su elevación, y la humildad, su mayor fuerza, la que más nos exalta, poniéndonos al mismo tiempo frente a los dos abismos en medio de los cuales nos hallamos: el de la propia nada y el del ser infinito que nos atrae. Por la humildad logramos *la altura sólida,* de donde no se cae, para vislumbrar la gloria de la divina majestad, con lo

---

[260] Ibid.
[261] *De civ. Dei* IX 18 (PL 41,272): «... quoniam per spiritualem... similitudinem ad Deum debemus ascendere».
[262] *De Trin.* XV 20,39 (PL 42,1088): «... sed potius in qualicumque ista similitudine magnam quoque dissimilitudinem cernat». Ibid., XV 11,21 (PL 42,1075): «Nunc vero in hoc speculo, in hoc aenigmate, in hac qualicumque similitudine, quanta sit etiam dissimilitudo, quis potest explicare?»
[263] *Enarrat. in ps.* 61,2: PL 36,730.

cual Dios va como creciendo ante los ojos humanos, haciéndose siempre mayor [264].

Una forma del pecado de *hybris* cometieron los arrianos, que se empeñaron en ilustrar el misterio del Verbo, pero abatiéndolo a la comprensión humana, esto es, negando su nacimiento eterno y su igualdad con el Padre. Todo hijo es necesariamente posterior al padre, discurrían ellos mirando las generaciones humanas. San Agustín los llama al orden y a la humildad, recordándoles que estaban ante la majestad divina: «Más vale confesar piadosamente la propia ignorancia que alardear presuntuosamente de temeraria sabiduría. Porque estamos hablando de Dios; Dios era el Verbo. De Dios hablamos. ¿Por qué te admiras, pues, de que no le comprendes? Pues, si lo comprendes, ya no es Dios. Alguna noticia podemos formarnos de El con nuestra mente; pero comprenderlo es absolutamente imposible» [265]. Por mucho que se progrese en el conocimiento de la imagen, nunca se llegará a la comprensión del misterio de Dios, no sólo en su ser y en sus relaciones íntimas, sino también en su conducta; v.gr., con relación al problema del mal o el de la elección de los bienaventurados. Todas las olas de la presunción humana se estrellan y pulverizan aquí.

Y cuanto más se progresa en el humilde conocimiento de Dios o del alma, se empina y sube más arriba su majestad, y el hombre siente que sus palabras se vacían de su contenido y las ideas se le caen a los pies sin dar en el blanco que se desea tocar. Todos los grandes espirituales han tenido esta experiencia. Por eso la incomprensibilidad o trascendencia de Dios crea un ámbito infinito para los vuelos del espíritu en búsquedas interminables. San Agustín ha hecho de este ímpetu y anhelo uno de los rasgos de su espiritualidad. El buscar a Dios siempre fue ocupación de su genio, invitado por la palabra de la Escritura: *Buscad siempre su faz* (Sal 104,3,4).

«*Alégrese el corazón de los que buscan a Dios; buscadle y fortaleceos; buscad siempre su faz* (Sal 104,3,4). Parece que lo que siempre se busca, nunca se halla; y entonces, ¿cómo va a tener gozo y no pena el corazón de los que le buscan, si no le encuentran?... Y, no obstante, el profeta Isaías asegura que se le puede hallar cuando se le busca: *Buscad al Señor, y en cuanto le halléis, invocadle* (Is 55,6). Si, pues, buscándole se le puede alcanzar, ¿por qué se dice: *Buscad siempre su rostro*? ¿Acaso hemos de continuar buscándole después de su encuentro con El? De esa manera hay que buscar las cosas incomprensibles, no vaya a pensar que buscó en vano el que pudo llegar a comprender cuán incomprensible es lo que busca. Si, pues, intenta comprender que lo que busca pasa de vuelo toda comprensión, ¿por qué sigue buscándole sino porque no ha de tener día de huelga mientras va avanzando en averiguar lo incomprensible, mejorándose con el trabajo de la busca de tan grande bien, al que se busca para hallarle y se le halla para buscarle? Porque se le busca para hallarle más dulcemente y se le halla para buscarle con más avidez. A este tenor se ha de interpretar lo que dice la Sabiduría en el Eclesiástico: *Quienes

---

[264] *Epist.* 232,6: PL 33,1029.
[265] *Sermo* 117,3,5 (PL 38,663): «Si enim comprehendis non est Deus. Attingere aliquantum mente Deum, magna beatitudo est; comprehenderat autem omnino impossibile».

me coman sentirán hambre y los que me beban sentirán sed (Eclo 24,29).
Comen, pues, y beben, porque encuentran; y porque tienen hambre y sed,
todavía siguen buscando. La fe es la que busca, la inteligencia es la que descubre; por lo cual dice el profeta: *Si no creyereis, no entenderéis* (Is 6,9).
Y el entendimiento que le ha hallado, todavía sigue buscándole; pues, como
canta el salmo 13,2, *miró Dios a los hijos de los hombres para ver si hay
alguien que entienda o busque a Dios.* Pues para esto debe ser el hombre
inteligente, para buscar a Dios» [266].

Esta ocupación intelectual, inquisitiva y contemplativa, está en el corazón
mismo de la espiritualidad agustiniana. Hay un buscar insaciable de Dios que
no conoce descanso y vacación: «Del divino cántico es esta voz: *Buscad a
Dios, y vivirá vuestra alma* (Sal 68,33). Vayamos en su busca para encontrarle,
busquémosle después de encontrarle. Se esconde, para que se le busque y halle;
es infinito para que se siga buscándole después de dar con El. Por eso, en
otra parte se dice: *Buscad siempre su rostro* (Sal 104,4). Porque sacia al buscador según el grado de su comprensión y alarga la rienda del deseo al que
le halla, ensanchando más su vaso para que sea más colmado según la capacidad
que ha comenzado a tener» [267].

El progreso espiritual va vinculado a este ejercicio, en que fue tan maestro
San Agustín y tan lanzado en el orbe de lo real y de la divina Escritura:
«No andaré yo lerdo en averiguar lo que es Dios, indagándole ora en la Biblia, ora en el universo de sus criaturas. Pues ambas cosas se nos han dado
para que sea buscado y amado el inspirador de la una y el creador del otro» [268].

Siempre la razón y la fe despliegan todo el aparato de la investigación
religiosa en el hombre agustiniano.

Biblia y universo forman dos universos y dos universidades para el despliegue de las fuerzas indagatorias del espíritu. Dentro de ambos universos
se mueve la investigación interminable del Santo. Porque la Sabiduría nos
ha hablado por los dos: «La sabiduría divina no cesa de indicarnos cuánta
es su excelencia y su grandeza; y sus señas son todo el decoro o hermosura
de las cosas» [269].

Todas las cosas hablan para nombrar al Innominado y todos los nombres
fallan cuando se pretende expresar con ellos al que está sobre toda expresión
y nombre. Pero para el investigador es un campo inmenso de búsquedas y
movimientos, porque todo se puede decir de Dios y nada se puede decir de
El. En esta dialéctica de contrastes se divierte y juega el genio agustiniano:
«En la tierra, una cosa es la fuente y otra la luz. Si tienes sed, vas a la fuente,

---

[266] *De Trin.* XV 1,2 (PL 42,1057-58): «Nam et quaeritur ut inveniatur dulcius, et invenitur ut quaeratur avidius».
[267] *In Io. ev. tr.* 63,1 (PL 35,1803-1804): «Quaeramus inveniendum, quaeramus inven-
tum. Ut inveniendus quaeratur occultus est; ut inventus quaeratur immensus est... Ideo
hic semper dicimus esse quaerendum, ne aliquando hic putemus ab inquisitione cessan-
dum». Cf. E. Przywara, *San Agustín* p.153-183.
[268] *De Trin.* II 1 (PL 42,845): «Non ero segnis ad inquirendam substantiam Dei, sive
per Scripturam eius, sive per creaturam. Quae utraque ad hoc nobis proponitur ut ipse
quaeratur, ipse diligatur qui et illam inspiravit et istam creavit».
[269] *De lib. arb.* II 16 (PL 32,1264): «Non enim cessat innuere nobis quae et quanta
sis; et nutus tui sunt omne creaturarum decus».

y para ir a ella, si es de noche, enciendes la linterna. Pero aquella fuente es también luz; para el que tiene sed es fuente; para el ciego, luz; ábranse los ojos para ver la luz, ábranse las fauces del corazón para beber agua. Lo que bebes, eso mismo ves, eso mismo oyes. Dios se hace todo para ti, porque todo lo que amas es para ti... Si tienes hambre, es pan para ti; si estás sediento, es agua para ti; si en tinieblas andas, luz es para ti; si estás desnudo, es vestido de inmortalidad cuando esto que es mortal se vista de incorruptibilidad (1 Cor 15,53). Todo puede decirse de Dios y no hay nombre digno de El. Nada hay tan rico como esta menesterosidad. Buscas un nombre que se le ajuste, y no lo encuentras; quieres decirlo de cualquier modo, y todo te viene a la boca» [270].

Así, el coto de la caza y búsqueda de Dios es inmenso, porque todo lo comprende, y todo lo comprensible viene corto para ceñir y abrazar al Incomprensible. Por eso el silencio de la contemplación de Ostia es la actitud última y más razonable con la piadosa confesión de la ignorancia propia [271].

[270] *In Io. ev. tr.* XIII 5 (PL 37,1495): «Omnia possunt dici de Deo et nihil digne dicitur de Deo. Nihil latius hac inopia».
[271] *Conf.* IX 10,25; *Sermo* 117,3,5: PL 38,663.

La fe cristiana

1. Las tres hermanas del alma

La vida cristiana halla su expresión en el ejercicio de las tres virtudes que se llaman *teologales,* porque vienen de Dios, se mueven en Dios y nos llevan a Dios; son la fe, esperanza y caridad. Ellas informan aquella vida que San Agustín define como «vida que viene de Dios, vida que se somete a Dios, vida que se familiariza con Dios, vida que es el mismo Dios» [1]. Aunque las palabras del Santo se refieren a la vida futura, tienen también su cumplimiento en esta presente merced a estas tres virtudes, las cuales se injertan en las aspiraciones más profundas del espíritu, que está hecho de creencias, esperanzas y amores. He aquí las fuerzas elementales de toda vida humana por ínfima que sea. Vivir es creer, esperar y amar. Como dice San Agustín: «Nadie vive en cualquier grado de vida sin estas tres afecciones del alma que son creer, esperar, amar. Si no crees lo que creen los paganos, si no esperas lo que esperan los paganos, si no amas lo que aman los paganos, eres congregado y segregado de ellos» [2]. Naturalmente, estas fuerzas elementales pueden orientarse en diversas direcciones. Muchos hombres creen, esperan y aman un mundo terreno mejor, donde el hombre halle su acomodo y asiento gustoso. Se trata de una fe, esperanza y amor terrenos y temporales. Pero puede haber igualmente una fe, esperanza y amor ultraterrenos y espirituales, de modo que aspiren a la posesión de un destino eterno. Y entonces las aspiraciones humanas de creer, esperar y amar se convierten en fuerzas superiores que sobre todo creen, esperan y aman a Dios como el supremo valor asequible con su gracia. Y así nacen las virtudes sobrenaturales, cuyo principio, medio y fin es el mismo Dios, dando expresión a una vida nueva que llamamos cristiana. *Porque ahora tenemos la fe, esperanza y caridad, estas tres virtudes; pero la mayor es la caridad* (1 Cor 13,13).

Entre las tres hay una hermandad inseparable en la vida temporal: «Porque la fe piadosa no puede hallarse sin esperanza y caridad, así el hombre fiel debe creer lo que no ve todavía, de modo que espere y ame la visión» [3]. La fe penetra la esperanza y la caridad, y la esperanza penetra la fe y la caridad, y la caridad va impulsada por la fe y la esperanza: «La fe y la esperanza son dos buenas amigas; pero mayor que ellas es la caridad» [4].

La separación entre ellas constituye la desventura que llamamos pecado. «Pues el que ama bien, sin duda posee una fe y una esperanza rectas; pero

[1] *Sermo* 297,5: PL 38,1363.
[2] *Sermo* 198,2 (PL 38,1024-25): «Nemo quippe vivit in quacumque vita sine tribus istis affectionibus, credendi, sperandi, amandi».
[3] *Epist.* 120,8 (PL 33,456): «Pia fides sine spe et caritate esse non potest; sic igitur homo fidelis debet credere quod nondum videt, ut visionem et speret et amet».
[4] *Sermo* 41,3 (PL 38,248): «Fides et spes duae amicae bonae sunt, et maior his caritas». *In Io. ev. tr.* 83,3 (PL 35,1846): «Itaque ubi dilectio est, ibi necessario fides et spes».

el que no ama, sin provecho cree, aunque sea verdad lo que cree; en balde espera, aun cuando esté probado que lo que espera pertenece a la felicidad verdadera» [5]. El amor totaliza todas las energías espirituales y transforma a los hombres a semejanza de lo que aman.

2. El primado de la fe

En la enumeración de las tres virtudes teologales la fe va delante de las otras dos, porque le corresponde una primacía que la realza sobre las demás y que sigue una ley del espíritu que San Agustín formula del siguiente modo: «La verdad es lo primero que ocupa nuestro espíritu, para que por ella se abracen las demás cosas» [6]. La vida humana debe moverse por razones o por valores que la razón defina y aclare. De otro modo no sería racional. Por eso la verdad o lo verdadero debe gobernar a los hombres.

Siguiendo este principio, cuando se trata de una vida superior a la humana, también a la verdad le corresponde el derecho de ordenar, dirigir, esclarecer el sentido del nuevo modo de existencia.

«Sujetemos, pues, primero el alma a Dios si queremos tener el señorío de nuestro cuerpo y el triunfo sobre el demonio. La fe es lo que primero subyuga el alma a Dios; luego los preceptos de vivir, con los cuales, cuando se guardan, se robustece la esperanza y aumenta la caridad y comienza a resplandecer con luz lo que antes sólo se admitía por fe. Pues el conocimiento y la fe hacen dichoso al hombre; así como en el conocimiento se ha de evitar el error, así en las obras ha de evitarse la maldad» [7]. Fe, purificación del alma, recompensa de luz: he aquí el proceso que inicia la sumisión del espíritu a la verdad de Dios: «Su primer y máximo oficio es creer en Dios verdadero» [8]. El hombre por la fe rinde a Dios el homenaje de su respeto y sumisión para que El, a su vez, tenga su señorío sobre nosotros.

La fe, como sumisión *sub-yugal,* supone también un abrazo con-yugal; es decir, el *subiugium* se convierte en *coniugium,* en unión desponsorial, en una adhesión afectuosa a la verdad, que comienza a lucir con su hermosura y a deleitar a la persona fiel. La mística desponsorial de la fe, que tanto desarrollo ha logrado en la espiritualidad carmelitana, halla también en San Agustín sus expresiones: «En fe estaba desposada aquella a la que se dice en los Cantares: *Ven del Líbano, esposa mía, viniendo y pasando del principio de la fe* (Cant 4,8). Por eso estaba desposada, porque la fe es el principio del desposorio... Pues el esposo le prometió algo, y con la fe prometida la retiene» [9].

---

[5] *Enchir.* CXVII 31: PL 40,286.

[6] *De div. quaest. 83* q.67,6 (PL 40,69): «Quia veritas primum spiritum nostrum obtinet, ut per hunc caetera comprehendantur».

[7] *De agone christ.* XIII 14 (PL 40,209): «Subiciamus ergo animam Deo... Fides est prima quae subiugat animam Deo».

[8] *De civ. Dei* IV 20 (PL 41,127): «Fidei primum et maximum officium est ut in verum credatur Deum».

[9] *Sermo* 105,5 (PL 38,620): «In fide enim desponsata est illa cui dicitur in Canticis Canticorum: *Veni de Libano, sponsa mea; veniens et pertransiens ab initio fidei* (Cant 4,8). Ideo et desponsata, quia desponsationis initium fides est. Promittitur enim ab sponso aliquid, et promissa fide detinetur». Esta es la lección de los Setenta y de la versión que usaba San Agustín, y que hizo del *initium fidei* de que se habla aquí,

En la fe se trata no sólo de una mera sumisión, sino de una adhesión y unión profunda, que lleva, en último término, al amplexo matrimonial, con que se designan en la mística las mayores intimidades del alma con Dios.

Y este germen inicial de unión se desarrolla con un proceso laborioso, que San Agustín, hablando de la formación de los catecúmenos, compara a la concepción humana: «Se verifican, pues, ciertos comienzos de la fe semejantes a las concepciones; mas no sólo es necesario ser concebido, sino también nacer para poder llegar a la vida eterna» [10]. Habla en estos términos el catequista de Hipona porque sabía lo laboriosa que era la educación de los candidatos para el bautismo hasta extirpar los errores que traían y las costumbres que debían rectificarse. El bautismo de estos catecúmenos era una concepción y parto común de toda la Iglesia, que rezaba, ayunaba y gemía con sus esfuerzos para aumentar la familia de Dios. Por eso en estos comienzos de regeneración espiritual hay un doble principio: divino y materno. La nueva criatura que viene al mundo del espíritu procede de Dios Padre y de la Iglesia Madre.

3. Los ojos de la fe

Al mismo tiempo, el cristiano recibe unos ojos nuevos, una nueva luz, un nuevo mundo, una forma nueva de existir. La fe crea un organismo óptico para las realidades del mundo superior e invisible, una vista propia de los hijos de Dios. Tales son los ojos del corazón, que son para el mundo invisible lo que los corporales para el mundo de los sentidos [11]. El cristiano ve lo que no ven los que carecen de la fe. Los hombres felices, que reciben toda clase de honores a pesar de cometer toda clase de injusticias, no ven el precipicio final de su vida: «Tú ves lo que reciben ahora y no ves lo que les está reservado. Pues ¿cómo voy a ver lo que no se ve? Ciertamente, la fe tiene ojos; y unos ojos más grandes, vigorosos y potentes. Estos ojos no engañaron a nadie» [12]. Con ellos se ve la catástrofe infeliz en que acabarán los felices malvados de este mundo. Con ellos se conocen tantas cosas que la fe nos revela: la sublime idea de Dios Padre, el destino del hombre, la futura resurrección de la carne...

Todas estas realidades son incorporadas al conocimiento humano mediante los ojos de la fe. Por eso la fe significa y produce una iluminación [13]. Y también una forma inicial de conocimiento, no sólo con respecto a los preámbulos

como don de Dios, uno de los fundamentos de su doctrina de la gracia. Esta mística desponsorial de la fe está expresada en los profetas del Antiguo Testamento, como Jeremías y Oseas en su texto célebre: *Sponsabo te mihi in fide, et scies quia ego Dominus* (Os 2,20).

[10] *De div. quaest. ad Simpl.* I q.2,2 (PL 41,112): «Fiunt ergo quaedam inchoationes fidei conceptionibus similes: non tamen solum concipi, sed etiam nasci opus est, ut ad vitam perveniatur aeternam».

[11] *Enarrat. in ps.* 90,12 (PL 37,1169): «Illi oculos habebunt, nos non habebimus? Imo et nos cordis habemus; sed per fidem adhuc videmus, non per speciem».

[12] *Enarrat. in ps.* 145,19 (PL 37,1897): «Omnino habet oculos fides; et maiores oculos, et potentiores et fortiores».

[13] *In Io. ep. tr.* 4,8 (PL 35,2010): «Est illuminatio per fidem, est illuminatio per speciem».

de la fe que se requieren para un asentimiento razonable de la verdad, que se muestra por signos y milagros y otra clase de indicios, sino también con respecto al contenido mismo que se revela y propone al asentimiento humano [14].

Si el objeto de la fe es oscuro, el asentimiento que se da no es totalmente oscuro, sino claroscuro: «Aunque mandó creer lo que no puedes ver, mas no te dejó en completa oscuridad para que puedas creer lo que no ves. ¿Te parecen insignificantes signos, insignificantes indicios del Creador, las mismas criaturas? Pero más aún: vino Él, hizo milagros... Ves, pues, algo y no ves algo» [15]. La fe, según San Agustín, tiene sus presupuestos o postulados, cuales son la creencia, que es universal, en la existencia de Dios, su providencia, el conjunto admirable del universo, la revelación de la Biblia, la aparición y milagros del Hijo de Dios, las profecías acerca de Él [16].

La fe, pues, se desarrolla como un asentimiento razonable hecho a una verdad que es presentada por una autoridad competente y digna de seguirse.

Como autoridad digna de todo crédito se le presentó a San Agustín, en los preámbulos de su conversión, la de Cristo, que es verdaderamente el fundador de nuestra fe [17]. Así hallamos en la génesis misma de nuestra fe una adhesión a Cristo, que es la Palabra autorizada de Dios y revelada al mundo; al abrazarse a la Palabra o revelación de Dios, el alma se abraza a Cristo, y se verifica entonces la resurrección espiritual del hombre: «Viniendo la palabra y siendo infundida en el corazón de los oyentes, el alma resucita de la muerte» [18]. Si en el acto de la fe, considerado activamente, hay un *infundere verbum,* de parte del alma hay un despertarse y un renacer a la vida, un *resurgere a morte.* La palabra divina vivifica el espíritu, le comunica una nueva manera de existencia. Así Cristo—como Verbo de Dios—está vinculado a este proceso íntimo de la resurrección espiritual de las almas como iluminador de las mismas.

Por eso la fe es creer lo que no vemos, como repite tantas veces San Agustín para declarar el contenido oscuro y superior de nuestra fe; pero es también unirse al que sabe, *scienti coniungi;* ver, digámoslo así, con ojos de otro, cuya ciencia pasa a nosotros que creemos lo que ve Cristo, y con el conte-

---

[14] *De Trin.* 9,1 (PL 42,961): «Certa enim fides utcumque inchoat cognitionem: cognitio vero certa non perficietur nisi post hanc vitam, cum videbimus facie ad faciem (1 Cor 13,12)».
San Agustín considera la fe como un verdadero conocimiento, mas a condición de que reúna todas las condiciones: que sea inquebrantable, sólida, estable, fuerte» (M. Comeau, *Saint Augustin exégète du quatrième Évangile* p.195). Estas cualidades expresa San Agustín considerando la fe de los Apóstoles: *In Io. ev. tr.* 106,6 (PL 35,1911): «Crediderunt vere, id est, inconcusse, firme, stabiliter, fortiter».

[15] *Sermo* 126,5: PL 38,700: *De civ. Dei* XXII 1,2 (PL 41,725): «Credamus ergo eis et vera dicentibus et mira facientibus».

[16] Sobre la apologética de San Agustín o el proceso de la génesis de su fe católica véanse sus libros *De utilitate credendi:* PL 42,65-92; *De vera religione:* PL 34,121-72; *De fide rerum quae non videntur:* PL 40,171-80. Cf. Ch. Despiney, *Le chemin de la foi d'après S. Augustin* (Vezelay 1930).

[17] *Contra Acad.* III 20,43: PL 32,957.—*De civ. Dei* XI 2 (PL 41,318): «In qua (fide) ut fidentius ambularet ad veritatem, ipsa veritas Deus Dei filius homine assumpto, non Deo consumpto, eamdem constituit atque fundavit fidem ut ad hominis Deum iter esset homini per hominem Deum. Hic est enim Mediator Dei Hominum homo Christus Iesus».

[18] *In Io. ev. tr.* 19,12 (PL 35,1550): «Veniente itaque verbo atque infuso audientibus... resurgit anima a morte sua ad vitam suam».

nido de su visión nos hace como videntes de un nuevo mundo [19]. Propiamente, fe es creer lo que Cristo ve [20]. La situación y contemplación de Cristo es el fundamento de lo que nosotros creemos. Cristo no sólo es el motivo de credibilidad que da fundamento a nuestra fe, sino el gran iluminador y maestro interior que llena de verdades divinas la conciencia del hombre que le sigue.

He aquí uno de los aspectos de la mediación de Cristo, a cuya gracia se deben los comienzos de la fe, la cual consiste en abrazar a Cristo y apoyarse en El como su fundamento: «Porque Cristo es el seguro y propio fundamento de la fe. Como dice el Apóstol: *Nadie puede poner otro fundamento que el que ya está puesto, que es Cristo* (1 Cor 3,11)» [21].

En realidad, la fe como nueva visión significa también la curación de los ojos del alma. Una de las primeras ejercitaciones de San Agustín recién converso tuvo por mira la curación interior. ¿Cómo estaban sus ojos para conocer a Dios y al alma? Hizo, pues, un examen de conciencia para explorarse a sí mismo en su ámbito espiritual y en la pureza en que se hallaba con respecto a la vana curiosidad, al placer sensual y al apego de las riquezas y honores [22]. El resultado fue un conocimiento propio más exacto: todavía le faltaba mucho para llegar al ideal: «El ojo del alma es la mente limpia de toda mancha del cuerpo, esto es, alejada y purificada de todos los deseos de cosas perecederas; y esto primeramente lo consigue por la fe» [23]. A ella deben acompañar la esperanza y la caridad. La dirección que da al hombre, encarándole con un nuevo y superior mundo de valores, significa una purificación del alma, que se vacía de los bienes relativos para ir en busca de otros más nobles. Y, al vaciarse de aquéllos, la inmensa capacidad del alma queda disponible para recibir los bienes nuevos que le presenta la fe.

En este aspecto, ella opera no sólo una purificación objetiva, en cuanto desaloja del mundo interior las fruslerías que la ocupan, sino también una purificación subjetiva y personal, porque destruye e inmola ese fondo de independencia y autarquía que es la soberbia del espíritu, obligándole a renunciarse a sí mismo, a sus maneras de pensar, de sentir, de estimar las cosas para someterse a un nuevo canon de valores. Esta inmolación del orgullo personal para someterse a Dios como verdad suprema, que lo domina con su señorío, es el gran sacrificio de sí mismo, que no sólo exige, sino opera la fe [24].

Estamos hablando de la humildad o del sacrificio del espíritu humillado y humilde. Y aquí San Agustín nos lleva a otras metáforas igualmente significativas.

---

[19] Sobre los fundamentos de la fe véase *Sermo* 126,1-4: PL 38,698-700.
[20] *Enarrat. in ps.* 145,19 (PL 37,1898): «Crede ei qui videt».
[21] *Ench.* V 5: PL 40,233.
[22] *Sol.* I 14-20: PL 32,876-81.
[23] Ibid., I 12 (ibid., 873): «Oculi sani mens est ab omni labe corporis pura, id est, a cupiditatibus rerum mortalium iam remota atque purgata; quod ei nihil aliud praestat quam fides primo». Sobre este texto dicen los Maurinos: *Ita Mss. plerique. At Edd.; oculus animae mens est...* (ibid.).
[24] Max Scheler ha ponderado justamente la inmolación espiritual que significa la fe como renuncia a los sentimientos de independencia y de orgullo que se anidan en el espíritu humano. Cf. *Vom ewigen in Menschen* I p.424-26 (Leipzig 1923).

4. La raíz y el fundamento

«La fe tiene humildad, mientras el conocimiento, la inmortalidad y la eternidad tienen grandeza, no humildad. Gran cosa es lo que tiene su principio en la fe; pero no se estima. También el cimiento pasa inadvertido a los distraídos; se hace un hoyo grande, se amontonan allí las piedras; nada se labra, no aparece ninguna hermosura. Lo mismo digamos de la raíz del árbol, que no tiene ninguna apariencia hermosa; sin embargo, todo lo que encanta en el árbol viene de ella. Ves la raíz, y no te llama la atención; contemplas el árbol, y te llenas de asombro. ¡Insensato! Todo lo que te causa admiración ha salido de allí, de lo que no te deleita. De la misma manera, poca cosa parece la fe de los creyentes; no tiene balanza para pesar; oye, pues, hasta dónde llega y cuán grande es. Como dice el Señor: *Si tuvieres fe como un grano de mostaza* (Mt 17,19). ¿Qué cosa hay más humilde y más enérgica, más pequeña y más ardorosa? Vosotros, pues, dice, si permaneciereis en mi palabra que creísteis, ¿hasta dónde seréis grandes? *Seréis verdaderos discípulos míos y conoceréis la verdad*» [25].

Estas dos imágenes—raíz y fundamento—, si, por una parte, se enlazan con la humildad que entraña la fe, por otra descubren su grandeza y eficacia en toda la espiritualidad cristiana. El fundamento sostiene el edificio, la raíz alimenta la planta, comunicándole todo su vigor y hermosura. Si la imagen del fundamento es estática, la de la raíz es dinámica y vital. Todo cuanto en la vida espiritual puede compararse a cálida circulación de la sangre, energía de acción, hermosura de movimientos, nace del principio vital que llamamos fe: «No nos apartemos del fundamento de la fe para que lleguemos a la cima de la perfección» [26]. El cimiento y la cúpula se abrazan, lo mismo que la raíz y la hermosura de la flor.

Como principio dinámico, la fe está movida de impulsos de conocer lo que se cree, iniciando el proceso de conocimiento y sabiduría que lleva a la contemplación y visión última de Dios, que es el fruto de la raíz:

«Creemos para ir al conocimiento. Pues ¿qué es fe sino creer lo que no vemos? Fe es creer lo que no vemos, verdad es ver lo que creíste. Por eso, el Señor, para dar cimiento a nuestra fe, caminó por la tierra. Era hombre; todos le veían, no todos lo reconocían; muchos le criticaban y le dieron la muerte; unos pocos le compadecieron; y ni aun éstos sabían lo que era en verdad. Todo esto era como un esquema de los rasgos de la fe y de su futura estructura» [27].

Así, Cristo, también fundamento y raíz de todas las cosas—con su vida, sus ejemplos, su muerte—, anticipa la estructura de nuestra fe cristiana. El caminó por la tierra oscuro, desconocido, menospreciado, muerto en la cruz, compadecido de pocos; pero de aquella vida de humildad se levantó a su gloria.

[25] *In Io. ev. tr.* 40,8: PL 35,1690.
[26] *In Io. ev. tr.* 39,3 (PL 25,1682): «A fundamento fidei non recedamus, ut ad culmen perfectionis veniamus».
[27] Ibid., 40,9: ibid., 1690.

Nuestra fe está diseñada en esta vida de Cristo y aspira a la misma plenitud, saliendo de la oscuridad al esplendor de la luz. Por eso la fe verdadera realiza un itinerario de claridad gradual.

Enciende una doble luz en el espíritu, la del verdadero Dios, que derriba todos los ídolos falsos que el hombre crea, y que le impiden elevarse y conseguir su propia dignidad humana. Con la idea de Dios, todo el mundo queda ordenado y luminoso; cada cosa ocupa su propio puesto, y resplandece el orden, que lleva a su principio. A Dios no se le puede identificar ni con el mundo ni con los espíritus creados; lo cual impone al fiel una tarea de purificación de la idea de Dios para no contaminarla con imágenes terrestres o espirituales. Lo mismo la vida intelectual que la moral está sometida a una depuración constante, o, en otros términos, a una purificación. Hay que adelgazar, pulimentar y lucir los más espirituales conceptos; hay que labrar a mazo y escoplo las materialidades del alma misma para que se hagan un espejo terso donde se reflejen las divinas realidades. Toda esta tarea impone la fe para lograr la inteligencia de las verdades que nos enseña, y el conocimiento se da como galardón al que lo busca rectamente: «Porque la recompensa del conocimiento se debe a los méritos, y creyendo se hacen los méritos» [28].

Toda la economía de la gracia está pendiente de la fe: «A nosotros nos toca creer y esforzarnos con la voluntad, y a Dios pertenece dar a los que creen la facultad de obrar bien por el Espíritu Santo, que difunde en los corazones la caridad» [29].

A las mismas ideas se llega por otra metáfora que San Agustín usa; la del régimen lácteo que es la fe: «Criados con esta leche sencilla y sincera de la fe, crezcamos en Cristo; y mientras somos párvulos no nos alampemos por los alimentos de los mayores, sino con el salubérrimo alimento desarrollémonos en Cristo, añadiendo las buenas costumbres y la práctica de la justicia cristiana, con la que se consolida y perfecciona el amor de Dios y del prójimo» [30]. La fe nos da primero alimentos fáciles, aptos para todos los paladares; y con ellos nos habilitamos para manjares más gruesos. La Biblia está adaptada para «toda instrucción y ejercitación» [31]. Cristo mismo nos exhortó a esta doble tarea de creer y de conocer, pues «con sus dichos y hechos nos animó primero a creer a los que llamó a la salvación; mas después, hablando del don que había de dar a los creyentes, no les dice: 'Esta es la vida eterna, que crean'; sino: *Esta es la vida eterna, que te conozcan a ti, único Dios verdadero, y al que enviaste, Jesucristo* (Jn 17,3). Y luego les dice también: *Buscad, y hallaréis* (Mt 7,7); porque no puede tenerse por cosa hallada la que se cree sin conocerla aún, ni se hace nadie hábil para hallar a Dios si

---

[28] *De div. quaest.* 83 q.68,3 (PL 40,71): «Merces enim cognitionis meritis redditur: credendo autem meritum comparatur».—*De Trin.* 1,17 (PL 41,832): «Contemplatio quippe merces est fidei, cui mercedi per fidem corda mundantur».
[29] *De praedest. Sanct.* 3,7: PL 44,965.
[30] *De agone christ.* 33,35: PL 40,310.—*In Io. ev. tr.* 18,7 (PL 35,1540): «Tu lacte nutrire, lacte fidei ut pervenias ad cibum speciei».
[31] *De ver. rel.* 17,33 (PL 34,136): «Iam vero ipse totius doctrinae modus, partim apertissimus, partim similitudinibus in dictis, in factis, in sacramentis, ad omnem animae instructionem exercitationemque, quid aliud quam rationalis disciplinae regulas implevit?»

antes no creyere lo que después ha de conocer»³². Tales son las etapas de la fe: buscar, hallar y descansar en el conocimiento.

En este itinerario, en que tiene tanta parte la que llama el Santo *fides temporalis historiae,* sobresale la vida terrena de Jesús, que no sólo es manjar lácteo, sino también sustento sólido de los fieles. La fe cristiana para San Agustín es esencialmente cristológica en su principio, en su medio y en su fin³³.

Aun cuando San Agustín defiende la doctrina de la igualdad de todos los cristianos en la fe, pero con esta idea coexiste otra que la completa y armoniza, cuyas fórmulas se derivan de San Pablo, que utilizó la comparación de la leche y del manjar sólido y de los cristianos imperfectos y perfectos (1 Cor 21,6.13-14).

5. Clases de creyentes

Lo mismo que la espiritual, la vida de la fe tiene sus grados. San Agustín, considerándola en su aspecto de testimonio, distingue tres clases de creyentes. En la primera incluye a los creyentes tímidos, que a sovoz susurran a Cristo, pero no le confiesan en público, amando más su gloria que la de Cristo, como eran algunos judíos, que, según San Juan, creyeron en El, pero no se atrevían a dar la cara por El (Jn 12,43). En la segunda se hallan los que creen y dan testimonio ante los demás; no se avergüenzan de Cristo, pero tampoco darían la vida por El en caso de una persecución. Los terceros son los que están dispuestos para dar el máximo testimonio por la fe; son los mártires³⁴.

Estos grados se distinguen por la fuerza mayor o menor de adhesión a la persona de Cristo, porque la fe tiene una estructura personal, o, en términos más concretos, una estructura cristológica. Creer es adherirse a Cristo, a su persona divina, aparecida en carne entre los hombres. Y adherirse a Cristo es creer, esperar y amarle. Todas esas fuerzas que hemos llamado fe, esperanza y caridad se abrazan a Cristo. San Agustín distingue entre *credere Christo* y *credere in Christum:* «Importa mucho—dice—distinguir entre lo que es creer a Cristo y creer en Cristo. Porque también los demonios creen que El era el Cristo, y, sin embargo, no creyeron en Cristo. Pues en verdad aquel cree en Cristo que también espera y ama a Cristo. Pues, si tiene fe sin esperanza ni caridad, cree que es Cristo, pero no cree en Cristo. Luego el que cree en Cristo, al adherirse a El, Cristo viene a él, y en cierto modo se une con El, y, como miembro, se incorpora en su cuerpo. Lo cual no se verifica si a la fe no acompañan la esperanza y caridad»³⁵.

Aquí la fe está definida como un encuentro del hombre con Cristo y como un proceso de interiorización del mismo en el alma del creyente. Este va hacia El llevado por las tres virtudes y El se une al que tiene fe. Tornamos a la idea desponsorial de la fe, cuya expresión mística culmina en la frase paulina: *Vivo yo, mas no yo, sino Cristo vive en mí* (Gál 2,20).

³² *De lib. arb.* II 6: PL 32,1243.
³³ *De ver. relig.* L 98: PL 34,166.—*Enarrat. in ps.* VIII 5: PL 36,110.
³⁴ *Sermo* 286,2,1: PL 38,1297.
³⁵ *Sermo* 144,2: PL 38,788.

El *credere in* refleja, mejor en latín que en castellano, el movimiento ascensional de la fe y responde al πιοτέvειv εἰς del cuarto evangelio, o *el ir a El creyendo,* del mismo San Agustín en otra definición de la fe: «¿Qué es creer? Amarle creyendo, quererle creyendo, ir por la fe a El, incorporarse a sus miembros»[36]. La fe no está separada del amor, y por eso tiene una estructura esencialmente personal: «La fe del cristiano está vinculada al amor»[37]. Y aun creer en Cristo es amarle[38]. Estas definiciones tienen presentes las palabras de San Pablo: *Ipsa est enim fides, quae per dilectionem operatur* (Gál 5,6).

La fe como movimiento hacia Cristo o *credendo in eum ire,* logra el término, que es la adhesión o unión con El, pues tiene también un aspecto dinámico y operativo, porque «esto es creer en Dios: adherirse por la fe a Dios para cooperar con El al bien que obra en nosotros. Pues *sin mí—dice—nada podéis hacer* (Jn 15,5). Y el Apóstol pudo decir también: *El que se une a Dios, se hace un espíritu* (1 Cor 6,17)»[39]. La fe es fuerza adhesiva y copulante con la misma actividad de Dios, que obra en los creyentes el bien. Es ponerse como un instrumento vivo y libre en las manos de Dios para cooperar con El a la salvación propia, a la agricultura de nuestra alma. Por eso la actitud del cristiano fiel es la de entrega y confianza en las manos del Salvador. Mas como operante, la fe participa de la energía de la divina caridad.

Lo cual significa la mucha parte que la gracia tiene en todo este dinamismo, pues «creer en Cristo es don de Cristo»[40].

No ha de confundirse el creer con un simple movimiento fiduciario, porque la adhesión a la verdad es su primera sumisión y homenaje a Dios, como hemos indicado. El ir por la fe a Cristo significa ingresar en el mundo inmenso de Cristo como síntesis y suma de realidades que abrazan todo el misterio de Dios, del hombre y del mundo como verdad, camino y vida.

Como verdad, no sólo es meta sublime que atrae toda esperanza y amor, sino también es objeto que debe abrazarse en todos sus aspectos con sumisión reverente a la palabra de Dios manifestada en El. Por la puerta de Cristo se entra en el inmenso mundo de la «cultura cristiana», que abarca todo lo pasado, lo futuro y lo presente. El mundo de la revelación y de la historia se hacen manjares de la fe. Por eso la verdadera cultura cristiana consiste en saber mucho de Cristo, el cual no sólo es el donante de la fe, el motivo de credibilidad y el término de la visión suprema, sino también el contenido principal dentro del desarrollo espiritual, que desde su humanidad sube al misterio del Dios único y trinitario. La *fe que busca inteligencia* o anda anhelante por comprender y que ha creado para el espíritu el ámbito más bello de la cultura humana, no se orienta hacia el dominio práctico del mundo ni busca el mayor número de hechos en la ciencia de la naturaleza, sino aspira

---

[36] *In Io. ev. tr.* XXIX 6 (PL 35,1631): «Quid est ergo credere in eum? Credendo amare, credendo diligere, credendo in Eum ire, eius membris incorporari».
[37] *In Io. ep. tr.* X 1 (PL 35,2054): «Fides christiani cum dilectione est».
[38] *Enarrat. in ps.* 130,1 (PL 37,1704): «Hoc est enim credere in Christum diligere Christum».
[39] *Enarrat. in ps.* 77,9 (PL 36,988-89): «Hoc est ergo credere in Deum, credendo adhaerere ad bene cooperandum bona operanti Deo».
[40] *In Io. ev. tr.* 115,4 (PL 35,1941): «Donante Christo credit in Christum».

a la posesión contemplativa de las grandes verdades que tienen relación más directa con los destinos humanos y que animan el movimiento de la criatura racional hacia el Creador.

6. El cristiano como paradoja

La fe pone al creyente en una situación de paradoja frente al mundo como viador y sujeto escatológico que va movido por razones eternas en un mundo temporal y lo convierte en verdadero misterio y paradoja. Ya en los mismos pasajes citados anteriormente del sermón 154, donde define la fe como movimiento integral del espíritu, como ascensión a Dios, comenta la obra del Espíritu Santo, que arguye al mundo de pecado, de justicia y de juicio (Jn 16,8-11).

Naturalmente, en esta obra del Espíritu está comprometido el cristiano como condenador y juez del mundo, de su incredulidad, de sus pecados e injusticias. Así la fe tiene una conciencia y una función crítica respecto al mundo.

El criterio con que valora todo es la palabra de Jesús, la cual, arrojada en el mundo, crea tensiones y persecuciones. Por eso el cristiano es, a los ojos de San Agustín, un *prodigium,* una cosa rara, una paradoja desconcertante: «Vive en tiempo de esperanza, en tiempo de gemido, en tiempo de humildad, en tiempo de dolor, en tiempo de flaqueza, en tiempo de servidumbre. Por eso dice: *Me he convertido como en prodigio para muchos* (Sal 70,7). ¿Por qué *como prodigio?* ¿Por qué me insultan los que me toman por un bicho raro? Porque creo lo que no veo. Ellos, dichosos en lo que ven, se huelgan y dan saltos de placer en sus glotonerías, en sus lujurias y deshonestidades, en su avaricia, en sus riquezas, en sus robos, en sus dignidades seculares, en sus hipocresías; en estas cosas se desahogan. Pero yo camino por senderos muy diversos, menospreciando lo presente, con miedo a la prosperidad, inseguro en todo menos en las promesas divinas. Ellos dicen: *Comamos y bebamos, pues mañana moriremos* (1 Cor 15,32). Oye, al contrario, lo que yo digo: Antes bien ayunemos y oremos, porque mañana moriremos. Siguiendo, pues, este camino estrecho y áspero, me convertí como en ostento para nuchos; pero tú eres mi fuerte auxiliador. Socórreme, ¡oh Dios Jesús!, y dime: 'No desfallezcas en el camino áspero; ya lo pasé yo antes; yo soy el camino (Jn 14,6). Yo te llevo en mí, te llevo a mí'. Así, pues, aunque me hice portento para muchos, con todo, no temeré, porque tú eres mi valiente socorredor» [41].

Esta pintura, que no deja de ser conmovedora por su realismo y alta espiritualidad personal de San Agustín, refleja exactamente la existencia cristiana.

Ser portador de valores eternos e invisibles en un mundo temporal y visible que nos aturde y niega, es sencillamente un milagro. En realidad, todo cristiano verdadero es un prodigio, una paradoja enorme, pero también un milagro ambulante sostenido por la gracia de Dios.

Por eso la fe es un gran don de Dios, y, si El no la defiende, perece fácilmente con la multitud de tentaciones que la combaten.

[41] *Enarrat. in ps.* 70,9 (PL 36,881): «... unde mihi insultant quia *prodigium* putant? Quia credo quod non video... Adesto, o Domine Iesu, qui mihi dicas: Noli deficere in via angusta; ego prior transii, ego sum ipsa via».

Ser ciudadano de un mundo invisible viviendo en un mundo visible, es hacerse blanco de muchos tiros y burlas: «Los paganos nos dicen a los cristianos: ¿Qué es eso de pedirme la fe en cosas que no veo? Vea algo para creer. ¿Quieres que crea sin ver? Yo quiero ver y creer por la vista, no por el oído» [42]. Esta molesta objeción y pretensión es de todos los tiempos y edades. Pero, como les replica San Agustín, eso es querer subir sin escala, porque la fe es la escala de la comprensión. Como fetos inmaduros, quieren ver la luz antes de nacer [43].

A este propósito, el Santo muestra que el mundo invisible de la fe tiene su propia luz, que, aunque no es de una evidencia solar, ilumina lo bastante los ojos humanos, cobardes para la gran visión a que deben prepararse: «La fe tiene su luz en las Escrituras, en el Evangelio, en los escritos apostólicos. Porque todas estas cosas que a nosotros se recitan oportunamente, son lámparas que dan claridad en la oscuridad para que nos habilitemos a gozar de la luz del día» [44]. Sobre todo, la gran lámpara del mundo invisible es Cristo, el cual no te dejó después de llamarte a la fe [45]. Hizo milagros y con la luz íntima de la fe fortaleció a sus seguidores.

La oscuridad de la fe, por una parte, y la firmeza de la adhesión, por otra, dan un carácter prodigioso a los cristianos, cuyo verdadero heroísmo es abrazar lo que no ven con más fuerza que las cosas visibles: «Esta es la mejor alabanza de la fe: creer lo que no se ve» [46]. Por eso, aun en los que tuvieron la dicha de tratar con Él y verle, no se alabó en ellos el creer lo que veían, es decir, al Hijo del hombre, sino lo que no veían, que era el Hijo de Dios [47]. Así alabó la fe del incrédulo Tomás, el cual tocó al hombre y confesó a Dios [48].

7. La Iglesia, faro del mundo invisible

En realidad, el creyente cristiano, más que en un mundo totalmente oscuro, vive en un ambiente de claroscuro, como se ha indicado antes. La fe pertenece a los actos racionales del hombre y lleva su luz interior que le dirige. La apología cristiana desde el principio ha ido construyendo un formidable castillo en la defensa de la fe, y no ha sido San Agustín de los que menos han contribuido a su edificación y arquitectura. El dio al mundo las razones de su conversión, insistiendo particularmente en un hecho que se halla a la vista de todos: la Iglesia, prometida por Cristo, predicada por los apóstoles, regada con la sangre de los mártires, dilatada por el mundo como una señal de salvación para todos los hombres. El se complacía en proponer a los fieles

---

[42] *Sermo* 126,1 (PL 38,988-89): «Ego videre volo, et videndo credere, non audiendo».

[43] Ibid.: «Ascendere vis et gradus oblivisceris. Tanquam immaturi conceptus ante ortum quaerunt abortum».

[44] Ibid.: «Habet ergo et ipsa fides quoddam lumen suum in Scripturis, in Evangelio, in apostolicis lectionibus. Omnia enim ista, quae nobis ad tempus recitantur, lucernae sunt in obscuro loco, ut nutriamur ad diem».

[45] Ibid., 5 (PL 38,700): «Non te deseruit qui vocavit ut credas».

[46] *In Io. ev. tr.* 79,1 (PL 35,1837): «Haec est enim laus fidei, si creditur quod non videtur».

[47] Ibid., 95,2: PL 35,1872.

[48] *In Io. epist. tr.* 1,3 (PL 35,1980): «Tetigit hominem et confessus est Deum. Credebat ergo quod non videbat per hoc quod sensibus corporis apparebat».

la presencia de la Iglesia como testigo viviente del mundo invisible. Su supervivencia a lo largo de los siglos, a pesar de todas las herejías y persecuciones, pregona su origen y su fortaleza sobrenatural y la divinidad de su fundador. La realidad de la Iglesia con todas sus notas la considera San Agustín más accesible a los observadores de su tiempo que los que vivieron en tiempo de Cristo. Ella, pues, constituye un motivo perpetuo de credibilidad, un faro visible que alumbra el mundo invisible de los creyentes. La Iglesia está encendida con la luz de todo lo pasado, con las antorchas de todas las profecías, con la aparición y vida del Hijo de Dios en el mundo y con los testimonios de innumerables mártires que han dado su sangre por ella y por la verdad que predica. Todo ello le da una gran autoridad ante los hombres y la hace remate de todas las profecías y esperanzas. San Agustín veía en ella la prueba fehaciente de toda la revelación: «Por toda la redondez de la tierra está difundida la Iglesia; todas las gentes tienen la Iglesia. Ella es la verdadera, la católica. No hemos visto a Cristo, pero vemos a ella, y por ella creemos en El. Al contrario, los apóstoles lo vieron a El, pero creyeron en ella. Veían una cosa, creían otra; nosotros, al contrario, vemos una cosa, creemos otra. Ellos vieron a Cristo, creyeron en la Iglesia, a la que no veían; nosotros vemos la Iglesia, y creemos en Cristo, a quien no vemos; y, teniendo lo que vemos, llegaremos hasta Aquel a quien no vemos todavía» [49].

San Agustín, en polémica contra los donatistas, que reducían la Iglesia a un ángulo del Africa, alude particularmente a la universalidad o catolicidad de la Iglesia de su tiempo, que veía extendida en el imperio romano. La conversión de una gran multitud en todas las naciones era un milagro para San Agustín: «Considerad las mismas cosas que veis, que no se os cuentan como pasadas ni se os anuncian como futuras, sino están ante vuestros ojos. ¿O tal vez os parece cosa de poca monta, o creéis que no es milagro divino o que lo es insignificante, que todo el género humano vaya en pos del nombre de un crucificado?» [50]

El todavía se hallaba impresionado en la victoria de la fe cristiana sobre el paganismo por el paso seguro y firme con que la Iglesia camina hacia lo futuro apoyándose en lo pasado y en lo presente; en lo pasado, que le da las profecías, y en el presente, que le ofrece su cumplimiento en Cristo y en su Cuerpo visible, descansando segura en las promesas que se refieren a la vida futura que espera.

8. Una imagen de la existencia cristiana

En la predicación agustiniana hay numerosas alusiones al milagro de la tempestad calmada por Cristo. Sin duda, su significación la consideraba muy práctica para la espiritualidad, pues ofrece un campo de múltiples experiencias para la repetición de lo que hizo el Señor. Ya la imagen del mar la utiliza el Santo como representación de la vida humana con sus agitaciones, tempes-

---

[49] *Sermo* 138,3: PL 38,1126: «Christum non vidimus, hanc videmus: de illo credamus».
[50] *De fide rerum quae non videntur* IV 7: PL 40,476. Este título parece indicar que la dificultad de los paganos contra la fe cristiana, como asentimiento a cosas oscuras e invisibles, era popular y corriente. Así, el título resultaba muy actual y estimulante.

tades y naufragios[51]. Los cristianos son las naves que andan por él entre mil vientos y zozobras, y Cristo es el piloto que las gobierna.

La fe interioriza profundamente a Cristo cuando es verdadera; es decir, le hace piloto de la nave interior. San Agustín tiende a fundir la fe y la persona del Señor dentro del alma. Siguiendo el pensamiento paulino: *Cristo habita en las almas por la fe* (Ef 3,17), atribuye a ésta una fuerza de religación, hasta darle una presencia íntima, una forma peculiar de hallarse dentro del alma para gobernarla, dirigirla, iluminarla. En virtud de la fe, Cristo penetra totalmente la vida mental, afectiva y dinámica de los cristianos y se hace razón de su existencia y motivo e ideal de su vida. Esto es en virtud de la fuerza copulativa y desponsorial que, ya se ha indicado, posee la fe cristiana[52].

Así se comprende cómo San Agustín identifica, en cierto modo, a Cristo con la fe, según ocurre en los textos de los comentarios al milagro de la tempestad calmada.

Con la fe, pues, la nave va dirigida a su destino inmortal y seguro; sin la fe, los hombres son naves a la deriva en el mar del mundo oscuro y atravesado de furores y huracanes. San Agustín, pensando seguramente en algunos filósofos estoicos y neoplatónicos, se imagina un habilísimo piloto que conoce bien el arte de navegar, tiene gran experiencia del mar, sabe abrirse caminos entre montes de olas; pero ha perdido el rumbo y no sabe a dónde va. Le preguntan por el fin de la ruta, y no da ninguna respuesta, o responde que va a tal puerto, y no va en su dirección. Cuanto más hábil piloto es, es tanto más peligrosa su navegación. Tales son los que corren bien, pero van fuera de camino. Y la ruta de los mareantes sólo se conoce por fe[53]. Y no sólo la fe da la seguridad de la ruta, sino también la victoria sobre las tempestades. El peligro está en que nosotros dejemos dormir nuestra fe o que nos olvidemos de ella: «Pues navegamos por un mar donde los vientos y tempestades no faltan; nuestra nave es cubierta por las tentaciones cotidianas de este siglo. ¿De dónde viene esto sino de que Jesús está dormido? Si El estuviera vivo y despierto, no te sacudirían estas tempestades, sino tendrías tranquilidad interior por estar Jesús vigilando contigo. ¿Y qué significa Jesús dormido? Se ha dejado ocupar del sueño tu fe. Se levantan las tentaciones de este mar; ves, por ejemplo, que prosperan los malos, y los buenos andan oprimidos de trabajos. Esta es la tentación. Y tú dices: 'Pero ¡Dios mío! ¿Es justicia que los malos vivan dichosos y los buenos en trabajos?' Tú dices a Dios: '¿Es esto justicia?' Y Dios te dice a ti: '¿Y ésa es tu fe? ¿Es esto lo que te he prometido? ¿Te has hecho cristiano para ser feliz en este mundo? ¿Te atormenta que aquí los malos anden viento en popa, siendo así que recibirán su castigo con el diablo?' Mas ¿por qué dices eso? ¿Por qué te alborotas con las fluctuaciones y tempestades del mar? Porque está dormido Jesús,

---

[51] *Enarrat. in ps.* 39,9 (PL 36,440): «Hoc saeculum mare est. Habet amaritudinem noxiam, habet fluctus tribulationum, tempestates tentationum; habet pisces de suo malo gaudentes, et tanquam se invicem devorantes».

[52] *In Io. ev. tr.* XXVII 7 (PL 35,1618): «Per fidem copulamur, per intellectum vivificamur. Prius haereamus per fidem, ut sit quod vivificetur per intellectum». Esta copulación significa una asimilación o incorporación de la verdad que se cree a la conciencia del creyente. La fe es, pues, una forma de conocimiento.

[53] *Enarrat.* II *in ps.* 31,4: PL 36,259-60.

es decir, porque la fe que tienes en El está amodorrada en tu alma. ¿Qué has de hacer para librarte? Despierta a Jesús, diciéndole: *¡Maestro, que perecemos!* (Lc 8,24)» [54].

Parecidas aplicaciones hace en otros pasajes considerando las tempestades o tentaciones de la ira, de la venganza, de la lascivia [55].

En el sermón 81, San Agustín veía sacudida la Iglesia por una de las mayores tempestades de la historia: la toma de Roma por los godos. El mundo pareció hundirse en un caos irremediable. Oleadas de prófugos llegaban a las costas del Africa buscando amparo y seguridad. Al Obispo de Hipona, que entonces ya planeaba las ideas de la *Ciudad de Dios,* más que la caída del imperio romano le dolían las caídas de las almas cristianas en la desesperación y desconcierto. En el sermón citado, que pronunció con ocasión de aquel suceso, viene a su memoria la tempestad del lago de Tiberíades, calmada por Cristo.

Y en uno de sus vivos diálogos, encarándose con cada oyente, les arguye: «¿Por qué pierdes tu calma?... Tu corazón se encoge con las apreturas del mundo, como aquella nave en que dormía Cristo. La tempestad se enfurece en tu corazón; mira, no te vayas a pique; despierta a Cristo. El Apóstol nos tiene dicho que por la fe habita Cristo en nuestros corazones (Ef 3,17). Por la fe habita Cristo en ti. La fe presente es Cristo, la fe despierta es Cristo despierto, la fe olvidada es Cristo durmiente. Despiértalo, pues; sacúdete, di: *¡Maestro, que perecemos!* (Mt 8,24-26)» [56].

Estos arrebatos de fe agustiniana eran, sin duda, eficaces para calmar los ánimos de los cristianos pusilánimes de aquel tiempo. Por estos pasajes se confirma de nuevo cómo la fe tiene una estructura personal cristológica en el predicador de Hipona. No es una adhesión a verdades abstractas, sino a la persona del Salvador. Cierto, como Verbo encarnado, es una suma teológica de verdades; pero éstas son en El rasgos personales, contenidos ontológicos de su ser, sabiduría y hermosura; es decir, cualidades personales que le enriquecen y dan auge y resplandores a su infinita amabilidad.

Desligar la fe de Cristo es robarle todos sus vigores y hermosuras. La fe cristiana es una fe que nace de Cristo, vive en Cristo y acaba en la gloria de Cristo. Tal es la enseñanza fundamental de la doctrina de San Agustín.

[54] *Enarrat. in ps.* 35,4 (PL 36,190): «Quid est autem dormit Iesus? Fides tua quae est de Iesu, obdormivit».—*Enarrat. in ps.* 120,7 (PL 37,1611): «Christus enim in corde vestro, fides Christi est».

[55] *Sermo* 63,2 (PL 38,424): «Excita ergo Christum, recordare Christum, evigilet in te Christus, considera Christum».—*Sermo* 361,7 (PL 39,1602): «Quid est *fides dormit?* Sopita est, oblitus es eam. Quid ergo est excitare Christum? Excitare fidem, reminisci quod credidisti. Ergo recordare fidem tuam, excita Christum». Cf. *Enarrat. in ps.* 90,41: PL 37,1169; *Enarrat. in ps. 34* sermo I 3: PL 36,324.

[56] *Sermo* 81,8 (PL 38,504): «Per fidem habitat in te Christus. Fides praesens, praesens est Christus: fides vigilans, vigilans est Christus: fides oblita, dormiens est Christus». Este sermón fue pronunciado en octubre o noviembre del año 410. Cf. O. PERLER, o.c., p.454.

La esperanza cristiana

1. La vida de la vida mortal

El auditorio de San Agustín, que era muy espontáneo y excitable, solía frecuentemente manifestar con sus gestos de aprobación o reprobación lo que oía predicar a su Pastor. A veces eran gestos de horror al escuchar las lecturas bíblicas, como ocurrió en este caso, que dio motivo al exordio del sermón, donde se trató de la resurrección de los cuerpos: «Cuando se daba lectura a la carta del Apóstol, hemos advertido el notable gesto de fe y de caridad que habéis hecho, horrorizándoos de los hombres que, pensando que no hay más que esta vida, que nos es común con los animales, y que con la muerte todo acaba, sin esperanza de una vida mejor, corrompen a los oyentes descuidados, diciendo: *Comamos y bebamos, que mañana moriremos* (1 Cor 15,32). Sirva, pues, esto de exordio a nuestra instrucción y sea como el quicio del discurso al que todo se relacione según nos fuere dando a entender el Señor» [1].

Este gesto de horror de los antiguos cristianos de Africa ante los materialistas y negadores de la resurrección de la carne y de la vida futura nos manifiesta la estimación que entonces se tenía de la esperanza cristiana. Por eso San Agustín continúa entrando en el tema: «Nuestra esperanza es la resurrección de los muertos, nuestra fe es la resurrección de los muertos. Y también nuestra caridad, que se inflama con la predicación de las cosas que aún no se ven y se enciende en su deseo...; nuestra misma caridad, que no debe apegarse a las cosas visibles, de modo que esperemos cosas semejantes en la resurrección. Pues, quitada la fe en la resurrección de la carne, se viene abajo toda la doctrina cristiana» [2].

Si antes hemos hablado de la estructura personal de las virtudes teologales, ahora hay que añadir que ellas tienen también una estructura escatológica; su contenido y orientación nos llevan al mundo de la resurrección de la carne y de la vida eterna, con la nueva creación de todas las cosas.

La vida cristiana es esperanza, mirada y peregrinación hacia adelante, hacia las promesas del reinado glorioso de Cristo. Pero, como peregrinación, es al mismo tiempo profundo gemido por la distancia de las cosas que esperamos y vislumbramos en la luz de la resurrección del Señor.

Hay esperanzas naturales buenas, pero no constituyen ellas el objeto de la cristiana: «Vemos ahora que los hombres esperan muchas cosas terrenas, y según el siglo no hay ninguna vida de hombre que esté sin esperanza y hasta la muerte hay siempre un aliento de esperanza; esperanza en los niños para que crezcan, para que se instruyan, para que se formen en la cultura; esperanza en los adolescentes para casarse y formar familia; esperanza en los padres para educar, para alimentar, hacer hombres a los que acariciaban cuando eran párvulos; con esto os estoy recordando la vida de la esperanza humana, que es la más común, excusable y trillada. Pero hay también otras muchas esperanzas vulgares que no merecen alabanza» [3].

---

[1] *Sermo* 361,1: PL 39,1599.
[2] Ibid., 2: ibid.

[3] MA I; DENIS, 22,2,134.

Según esto, la vida humana está fundada en esperanzas, de las que podemos señalar tres tipos o formas: las esperanzas humanas comunes y honestas, como las que se han mencionado poco ha; las vulgares o reprensibles, como la del que aspira a hacerse rico sin reparar en medios honestos o deshonestos, hacerse famoso del mismo modo, y la esperanza cristiana, que se describe aquí, y distingue a los cristianos de todos los demás que no lo son. La esperanza de un pagano o de un marxista de nuestro tiempo se instala y trabaja por un mundo mejor realizable en éste, mientras la de un cristiano mira también a un mundo mejor en lo futuro; pero fuera de este tiempo, más allá de la historia, a la que dará fin para comenzar un estado nuevo de cosas: «Aprended y retened cuál es la esperanza de los cristianos, por qué somos cristianos. No lo somos para buscar una felicidad terrena, que no falta muchas veces a los ladrones y criminales. Somos cristianos para otra felicidad que recibiremos cuando haya pasado totalmente la vida presente»[4].

Para un cristiano, el pensamiento del mundo futuro es un resorte necesario para vivir: «Pues sé que todos los cristianos tienen los pensamientos puestos en la vida futura. El que no piensa en ella ni es cristiano para recibir al fin lo que Dios tiene prometido, todavía no es cristiano»[5].

El carácter futuro e invisible de lo que se espera contribuye, lo mismo que en la fe, a dar cuerpo a la paradoja de la existencia cristiana. Como la fe es creer lo que no vemos, esperanza es estar colgados de lo que no se ve, vivir de lo futuro, sustentarse al fiado de la palabra de Dios. Esperar es vivir contando las horas, midiendo con el deseo el plazo del tiempo que lleva a la eternidad. Esta actitud, lo mismo que en la fe, causaba la irrisión de los paganos: «Porque tenemos la esperanza puesta en las cosas futuras y suspiramos por la felicidad que ha de venir, y no aparece aún lo que seremos, aun cuando ya somos hijos de Dios, nos vemos cubiertos de burlas y desprecios de parte de los que buscan o tienen su felicidad en este mundo»[6].

El lenguaje pagano era mordaz y vejatorio: «Pero ¿qué crees tú, loco? ¿Ves lo que crees? ¿Ha vuelto alguno del infierno y ha referido lo que hay allí? Yo, en cambio, amo las cosas que veo y gozo feliz. Te desprecian porque esperas lo que no ves, y te desprecia el que se precia de gozar lo que ve»[7]. San Agustín en sus homilías tenía que responder muchas veces a estas objeciones y mofas que oían sus fieles en las calles: «He aquí que nos insultan y nos dicen: 'Yo estoy estupendamente, disfruto de las cosas presentes; no me hablen los que prometen cosas que no se ven; yo me atengo a lo que veo, gozo de lo que veo, yo estoy contento con esta vida'. Pero tú no te dejes mover por estos dichos, porque resucitó Cristo y te enseñó lo que te reserva para la otra vida. Estate seguro, porque da»[8]. En la catequesis agustiniana

---

[4] *Enarrat. in ps.* 62,6: PL 36,751.
[5] *Sermo* 9,4 (PL 38,70): «Novi enim omnium christianorum mentes de saeculo futuro cogitare».
[6] *Enarrat. in ps.* 122,8: PL 37,1636.
[7] Ibid.: ibid., 1635-36.
[8] Ibid.: «Insultant nobis et quasi dicunt: Ecce mihi bene est, fruor ego rebus praesentibus, recedant a me qui promittunt quod non ostendunt: quod video, teneo; quod video, fruor; Bene mihi sit in hac vita. Tu securior esto, quia resurrexit Christus, et docuit te quid in alia vita daturus sit: certus est quia dat».

hay una lucha de defensa de la fe, y otra similar de combate por la esperanza cristiana. Porque, para él, «la vida de la vida mortal es la esperanza de la vida inmortal» [9].

2. Lo que esperamos

La esperanza hay que iluminarla en la confesión del símbolo para ver el lugar que ocupa, es decir, en relación con la fe y la caridad: «De esta confesión de la fe que brevemente se contiene en el símbolo, y que en su aspecto elemental es la leche de los párvulos, pero, cuando se profundiza en su espíritu, se hace manjar de fuertes, nace la esperanza buena de los fieles, a la que acompaña la santa caridad» [10]. Nos hallamos aquí otra vez en la compañía de las tres hermanas o virtudes teologales. Ellas son inseparables, y en medio está la esperanza. Mientras el objeto de la fe puede ser lo pasado, lo presente y lo futuro, el objeto de la esperanza es lo bueno futuro [11]. A ella pertenece también el no ver lo que se espera, según la doctrina del Apóstol, tan repetida del Santo: *La esperanza que se ve, no es esperanza, pues lo que se ve, ¿quién lo espera? Mas si esperamos lo que no vemos, lo esperamos con paciencia* (Rom 8,24-25)». Por la fe subsisten en nosotros los bienes que esperamos y son objeto de amor. Y así ni hay amor sin esperanza, ni esperanza sin amor, ni esperanza y caridad sin fe» [12].

También San Agustín en los mismos pasajes limita el objeto de la esperanza a bienes personales del que espera [13]. Según S. Harent, estos textos del *Enchiridion* «son los más importantes para la teoría de la esperanza» [14].

En ellos se define la esperanza como virtud diferente de la fe y de la caridad, si bien relacionada con las tres. Las tres son dones de Dios, pues «El nos dio la fe, esperanza y caridad» [15]. Y por eso le es debido el justo agradecimiento y alabanza: «Bendice a Dios, que te dio estas cosas: la fe sincera, la esperanza segura, el amor sin ficción» [16]. En uno de sus primeros libros caracteriza así las funciones propias de cada una: « ¡Oh Dios, a quien nos despierta la fe, levanta la esperanza y une la caridad! » [17] Despertar, elevar, unir: son como las etapas de un proceso en que se relacionan el principio, el medio y el fin.

La obra y función de la esperanza sería elevar, levantar, impulsar la subida a Dios. Con todo, nos engañaríamos creyendo que la fe y la caridad no son

---

[9] *Enarrat. in ps.* 103,17 (PL 37,1389): «Vita nostra modo spes est: vita nostra postea aeternitas erit: vita vitae mortalis spes est vitae immortalis».
[10] *Enchir.* CXIV 30: PL 40,285.
[11] Ibid., VIII 2: ibid., 235.
[12] Ibid.
[13] Ibid.: «Spes autem nonnisi bonarum rerum est, nec nisi futurarum, et ad eum pertinentium qui earum spem gerere perhibetur».
[14] S. HARENT, *Espérance:* DTC V col.606-607.
[15] *Enarrat. in ps.* 55,19 (PL 36,659): «Quid enim habes quod non accepisti?... Ipse dedit fidem, spem et caritatem».
[16] *Enarrat. in ps.* 149,11: PL 37,1955.
[17] *Sol.* I 1,3 (PL 32,870): «Deus cui fides nos excitat, spes erigit, caritas iungit». Para la significación cristiana de la fe, esperanza y caridad en estos pasajes, véase HOLTE, o.c., p.316-17. No por eso niega alguna correspondencia con la *pistis* y *eros* de las *Ennéadas* de Plotino (I 3).

igualmente fuerzas elevadoras, contribuyendo a lo que llama el Santo «subir con el corazón, con el afecto bueno, con la fe, esperanza y caridad, con el deseo de la vida inmortal y eterna» [18]. La esperanza está movida por la idea del bien, que conoce por la fe y hace fuerza a la voluntad para que se eleve hacia él. Y así se distinguen dos clases de hombres: los que esperan en los bienes terrenos y los que tienen la esperanza puesta en los bienes celestiales prometidos por Dios, que no engaña [19]. Y así el *sursum cor habere* es fruto de la segunda virtud teologal. Eleva el corazón de la tierra para que no se corrompa con sus bienes y lo levanta al recuerdo de la felicidad prometida: «Levanta el corazón, ¡oh género humano!, y respira las auras vitales y segurísima libertad... *Porque les dio potestad para hacerse hijos de Dios* (Jn 1,12). Te engrandeció hasta ser lo que no eras, porque eras otro. Yérguete, pues, en la esperanza. Gran cosa se te ha prometido, pero el Grande ha hecho la promesa» [20]. Levantar el corazón y mantenerlo fijo en el deseo del bien prometido, esto hace la esperanza. Así se explica el simbolismo cristiano del *áncora*, que es el emblema de esta virtud: «El Señor derramó su sangre por nosotros, nos redimió, nos cambió la esperanza. Todavía llevamos la mortalidad de la carne y esperamos la inmortalidad futura; vamos navegando por el mar, pero ya hemos fijado el áncora de la esperanza en la tierra» [21]. Si la caridad une, la esperanza también enlaza los corazones con el deseo de la dicha futura. Fijar, sujetar, anclar el espíritu contra el peligro de las perturbaciones del mar del mundo o del flujo y marea de los bienes pasajeros, es obra de esta virtud.

3. Los verbos de la esperanza

En torno a la esperanza cristiana gravitan algunos verbos que nos introducen mejor en su naturaleza. Todos expresan afecto o son afectivos. Y sea el primero *peregrinar*, el cual es verbo de movimiento, pero entraña un estado afectivo que le da su verdadero sentido. San Agustín lo usa muy frecuentemente para significar la situación espiritual del hombre que está lejos de su patria y va caminando hacia ella. El estado de vía o viador, opuesto al de patria o *comprehensor*, es lo mismo que el de peregrino. Esperanza y peregrinación andan juntas con el cristiano: «No habrá esperanza cuando sea el tiempo de la realidad, porque la esperanza es necesaria a los peregrinos; ella es la que nos consuela en el camino. Pues el viajero, cuando se fatiga andando, pasa por el trabajo, porque le mueve la esperanza de llegar. Quítale la esperanza de la llegada, y al punto se le derriban todos los ánimos para andar. Luego la esperanza que tenemos justamente nos es indispensable a nuestra peregrinación» [22].

[18] *Enarrat. in ps.* 120,3: PL 37,1606.
[20] *Sermo* 342,5: PL 39,1504.
[21] *In Io. epist.* II 10 (PL 35,1995): «Dominus pro nobis sanguinem suum fudit, redemit nos, mutavit spem nostram. Adhuc portamus mortalitatem carnis, et de futura immortalitate praesumimus; et in mari fluctuamus, sed anchoram spei in terra iam fiximus». Sobre la misma metáfora del áncora véanse *Enarrat. in ps.* 42,2: PL ...36,476.—*Enarrat. in ps.* 72,34 (PL 36,928): «Ibi pone spem; Fluctuas, praemitte ad terram anchoram; nondum es per praesentiam, haere per spem».—*Enarrat. in ps.* 15,3 (PL 36,144): «Conversatio spiritualis per anchoram spei in illa patria figitur».
[22] *Sermo* 158,8 (PL 38,866): «Etenim ipsa spes peregrinationi necessaria est, ips

A los mismos efectos alude en este pasaje: «He aquí que la esperanza nos da el pecho, nos sustenta, nos robustece y en esta penosa vida nos consuela; ella nos hace cantar el *Alleluia*. ¡Cuánto gozo nos da ella! Pues ¡qué será la posesión de la realidad! ¿Preguntas qué será? Oye lo que sigue: *Se embriagarán con la abundancia de tu casa* (Sal 25,7). Tal es el fruto de la esperanza. Tenemos hambre, tenemos sed; es necesario que llegue para nosotros el tiempo de la hartura; mas para el camino, el hambre; para la patria, la hartura. ¿Cuándo nos saciaremos? *Me saciaré cuando se manifestare tu gloria* (Sal 16,15)»[23]. Todos los verbos de deseo se aplican a la esperanza; esperar es desear, tener hambre, hallarse sediento, anhelar, suspirar, aspirar, gemir, afanarse, pedir, estar picado de ansia...: «Suspire por ti mi peregrinación»[24]. El verdadero peregrino ha de suspirar por la patria. Este es un rasgo que le define como tal[25]: «Has hallado en el camino un peregrino que suspira; únete a él, será tu compañero; corre con él si tú también tienes los mismos sentimientos»[26]. Al que le agrada la peregrinación, no le va el amor a la patria. Si es dulce la patria, es amarga la peregrinación[27]. El deseo, que es como la sed del alma, mueve los pies del caminante, porque en esta peregrinación no se corre con los pies, sino con los deseos[28].

Verbo muy agustiniano es también el *gemere,* el gemir, que lleva una mezcla de pena o dolor por la situación en que el hombre se halla de tentaciones, tribulaciones, trabajos, presencia de enemigos de la fe: «Gimes porque te ves en condición de peregrino»[29]. El desamparo, la pobreza, la necesidad, las dolencias, nos hacen «suspirar, gemir, rezar, levantar los ojos al cielo»[30].

Por eso, la esperanza es alivio de caminantes, «pues, si en la tribulación del mundo actual no nos ayuda la esperanza del siglo futuro, estamos perdidos. Nuestro gozo todavía no se alimenta de la realidad, sino de la esperanza»[31].

También el gozo pertenece a la esperanza, porque vamos hacia el logro de una grande cosa: «Se nos ha prometido algo que no tenemos aún, y, por

---

est quae consolatur in via. Viator enim quando laborat ambulando, ideo laborem tolerat, quia pervenire sperat. Tolle illi spem perveniendi, continuo franguntur vires ambulandi». Sobre la esperanza, cf. LADISLAUS BALLAY, *Der Hoffnungbegriff bei Augustinus* (München 1964).

[23] *Sermo* 255,5: PL 38,1188.

[24] *Conf.* XII 15: «Tibi suspiret peregrinatio mea». Hay un libro reciente titulado *Les Chemins de saint-Jacques* (Mulhouse-Dornach 1970). Todo el camino de la peregrinación a Compostela está ilustrado con óptimas fotografías y mapas. El texto espiritual de la primera parte es de San Agustín, con su doctrina sobre el *homo viator,* incorporada con el lema *Vers la Cité de Dieu* (p.50-104). Los más bellos pasajes sobre la esperanza cristiana están recogidos. A ellos siguen otros textos del *Liber miraculorum Sancti Iacobi.* Es obra de los benedictinos de La Pierre Qui-Vire (Yonne).

[25] *In Io. ev. tr.* XXVIII 9 (PL 36,1627): «Ille se intelligit peregrinantem, qui se videt patriae suspirantem».

[26] *In Io. ep. tr.* X 2: PL 36,2055.

[27] *Enarrat. in ps.* 85,11 (PL 37,1089): «Cui peregrinatio dulcis, non amat patriam».

[28] *Enarrat. in ps.* 62,5 (PL 36,750): «Desiderium sitis est animae».—*Enarrat. in ps.* 83,4 PL 37,1058): «Non enim pedibus, sed desiderio currimus».

[29] *Enarrat. in ps.* 122,2 (PL 37,1631): «Gemis quia in peregrinatione te constitutum vides».

[30] Ibid., 12 (ibid., 1939): «Modo autem inopes, pauperes, egentes, dolentes, suspiramus, gemimus, oramus, levamus oculos ad Deum».

[31] *Enarrat. in ps.* 123,2 (PL 37,1610): «Gaudium ergo nostrum, nondum est in re, sed iam spe».

ser veraz el que nos hizo la promesa, nos alegramos ya con la esperanza; mas como todavía no estamos en posesión, gemimos con el deseo. Bien nos está que perseveremos en el deseo hasta que llegue la promesa, y pasen los gemidos, y llegue el tiempo de la pura alabanza. Por estos dos tiempos—uno de tribulación y tentación en la vida presente y otro en que se gozará de seguridad y dicha perpetua—se ha instituido (en la Iglesia) la celebración de dos tiempos, antes y después de Pascua. El primero significa la tribulación en que nos vemos ahora; el segundo, la bienaventuranza que después poseeremos» [32].

Por eso los deseos, gemidos, suspiros y ansias son condición para llegar a la dicha eterna: «El peregrino que no gime, no gozará como ciudadano, porque le falta el deseo» [33]. Naturalmente, el deseo es el resorte necesario para el dinamismo de la peregrinación cristiana; un cristiano satisfecho de este mundo, donde halla su felicidad y contento, apenas dará un paso hacia los bienes del mundo invisible, cuya esperanza no tiene interés para sus aspiraciones.

Los anteriores textos muestran que el deseo es la entraña viva de la esperanza, que ensancha la capacidad del espíritu para recibir los dones de Dios. La vida cristiana debe reconocerse en un esfuerzo continuo de dilatación interior. Cuanto más se ensanche el espíritu, tendrá más capacidad receptiva. « ¡Oh si tú sintieses nuestra condición de peregrinos con gemidos, sin pegar el corazón al suelo y llamando siempre con piadosas instancias al que nos llamó! El deseo es el seno del corazón; recibiremos en la medida en que lo ensanchemos según nuestra posibilidad. Esto aspiran hacer en nosotros la divina Escritura, las reuniones populares, la celebración de los sacramentos, el santo bautismo, los cánticos de alabanza a Dios, nuestra exhortación; que este deseo no sólo se siembre y germine, sino que tome incremento de tanta capacidad, que sea apto para recibir lo que ni ojo vio, ni oído oyó, ni barruntó corazón de hombre [34].

El deseo es como un ejercicio de engrandecimiento de la morada de Dios para que El entre con toda su gloria y lo llene de su presencia y majestad. Por eso la condición de la Iglesia es como la de la Esposa prometida y comprometida a lo largo de su peregrinación en suspirar por el Esposo, que le ha dejado en arras su propia sangre [35]. Suspirar ha de ser vivir para ella: «Toda la vida del buen cristiano es un santo deseo. Mas lo que deseas no lo ves; pero deseando, das anchura a tu alma para que quede henchida cuando llegue el tiempo de la visión. Es como si pretendieras llenar algún almacén y sabes lo mucho que te van a dar, y lo vas ampliando; sabes lo que vas a poner allí y te viene pequeño, y lo haces mayor. Así Dios, aplazando el premio, ensancha el deseo, y extendiéndolo, dilata el espíritu y le da mayor capacidad. Cultivemos, pues, el deseo en espera de su llenumbre» [36].

[32] *Enarrat. in ps.* 148,1 (PL 37,1937): «... gemimus in desiderio».
[33] Ibid., 4 (ibid., 1940): «Qui autem non gemit peregrinus, non gaudebit civis, quia desiderium non est in illo».
[34] *In Io. ev. tr.* 40,36 (PL 35,1691): «Desiderium sinus cordis est; capiemus, si desiderium, quantum possumus, extendamus».
[35] *Enarrat. in ps.* 122,5: PL 37,1633.
[36] *In Io. ep. tr.* IV 6 (PL 35,2008-2009): «Tota vita christiani boni sanctum desiderium est. Quod autem desideras, nondum vides; sed desiderando capax efficeris, ut cum venerit quod videas, implearis... Desideremus ergo, fratres, quia implendi sumus».

Este ejercicio de amplificar los senos del espíritu dándole longanimidad y magnanimidad lo recomienda San Agustín comentando el texto paulino: *Dando al olvido lo que me queda atrás, me lanzo en pos de lo que tengo delante, corro hacia la meta, hacia el galardón de la soberana vocación de Dios* (Rom 3,13-14). Este echar el cuerpo adelante, mirando siempre a la meta de la esperanza; este extender las velas del deseo, deslizándose ligeramente sobre las olas del mar del mundo, es la obra peculiar de la esperanza.

Ya se ha insinuado la parte que en este ejercicio tiene la Sagrada Escritura. San Agustín la compara con las cartas que nos han venido del cielo para nuestro alivio de peregrinación: «Porque somos peregrinos, suspiramos, gemimos. Nos llegaron cartas de nuestra patria. Os las recitamos» [37].

Leyendo el mensaje de este correo celestial, los cristianos hallan refrigerio para la sed, descanso para la fatiga, remedio para las penas de la ausencia y del recuento de las horas.

4. Los adjetivos de la esperanza

A los verbos de la esperanza hay que añadir los adjetivos calificativos, que la definen con más rigor y propiedad. San Agustín tiene calificativos propios para cada una de las virtudes teologales: «Nosotros estamos en su cuerpo si nuestra fe en El es sincera; la esperanza, cierta, y la caridad, ardiente» [38].

La certeza conviene seguramente lo mismo a la fe que a la esperanza; pero en la fe se refiere a las verdades, y en la esperanza, a las promesas, y significa la seguridad con que se aguarda el cumplimiento de lo que Dios ha prometido: «Nosotros estamos ciertos de la esperanza. No es ella insegura, de modo que vacilemos» [39]. La llama también firme e inconcusa [40]. Da estabilidad al espíritu y lo libra de los sacudimientos y temblores propios de las esperas humanas. Todo temor está excluido de la segunda virtud teologal: «Nuestro gozo no está ya en la posesión, pero sí en la esperanza. Y ella es tan cierta como si la cosa ya estuviera hecha; no nos intimida ningún temor, porque descansa en la promesa de la Verdad» [41]. La esperanza se dirige a la nueva creación de todas las cosas llevada de la mano por las promesas divinas. Estas comunican a aquélla su modo de ser, sus propias cualidades: «La promesa de Dios es válida, cierta, fija, inconcusa, fiel, que excluye toda vacilación y consuela a los afligidos» [42].

---

[37] *Enarrat. in ps.* 149,5 (PL 37,1952): «Peregrinamur enim, suspiramus, gemimus. Venerunt ad nos litterae de patria nostra, ipsas vobis recitamus». Todavía declara mejor este pensamiento en otra parte: «Porque en nuestra larga peregrinación nos habíamos olvidado de nuestra patria, nos envió de allá cartas nuestro Padre, nos dio las Escrituras, para despertar con ellas el deseo de volver, pues por gusto en nuestra peregrinación habíamos vuelto nuestro rostro hacia nuestros enemigos y la espalda a nuestra patria» (*Enarrat. in ps.* 64,2: PL 36,774).

[38] *Enarrat. in ps.* 37,6: PL 36,399.

[39] Ibid., 5 (ibid., 398): «Non enim incerta est spes nostra ut de illa dubitemus».

[40] *Enarrat. in ps.* 17,43 (PL 36,153): «... spe firma et inconcussa».

[41] *Enarrat. in ps.* 123,2 (PL 37,1610): «Spes autem nostra tam certa est, quasi iam res perfecta sit; neque enim timemus promittente Veritate. Veritas enim nec falli potest, nec fallere».

[42] *Enarrat. in ps.* 74,1 (PL 36,946): «Est enim promissio Dei rata, certa, fixa, et inconcussa, fidelis et omni dubitatione carens, quae consolatur afflictos. Sed ipsa spes tam est certa ut omnibus huius saeculi deliciis praeponenda sit».

La actitud expectativa del hombre se reviste de las mismas cualidades de la promesa divina. Con lo cual da firmeza, solidez, cierta inmutabilidad a su espíritu, realizando la renovación de la imagen según el plan salvífico. El futuro prometido entra en la vida actual con la fuerza de la verdad y veracidad del mismo Dios y se hace luz en las tinieblas.

San Agustín habla igualmente de la luz de la fe y de la luz de la esperanza [43]. Es porque ésta dirige la mirada hacia el mundo nuevo, que sirve de sustento, de consolación y como estrella de viandantes. El futuro que se promete no es mera repetición de lo presente, sino forma nueva de existencia, cuya visión lejana sostiene al viador en las penalidades y le alivia en las heridas que le hace el tiempo que fluye. La esperanza nos hace vivir la vida como una historia que avanza en busca de horizontes nuevos.

La Iglesia tiene parte en dar a nuestra esperanza su firmeza y estabilidad, «porque ella misma está establecida firmísimamente sobre las olas fluctuantes del siglo, dominándolas y sin recibir quebranto de ellas, y asentada sobre los ríos (Sal 23,2). Los ríos acaban en el mar, y los hombres codiciosos van a parar en el siglo; a éstos también es superior la Iglesia, que, dominando, por la gracia de Dios, las codicias temporales, se dispone por la caridad a recibir la inmortalidad» [44].

La vida inmortal y la esperanza se vinculan entre sí. Según San Agustín, un profundo impulso de inmortalidad empuja a los deseos humanos, despegándolos de la caducidad temporal en que se pierden. En la raíz misma de la esperanza se alberga este sentimiento, que quiere eternidad sólida e invariable [45].

Por eso, se puede hablar de una largura y altura de la esperanza, como también de una holgura de la fe: «El Señor me galardonará según su justicia, no sólo según la holgura de la fe que obra por la caridad (Gál 5,6), sino también por la largura de la perseverancia, conforme a la limpieza de mis manos ante sus ojos (Sal 17,25); no según ven las cosas los hombres, sino según las ve Dios. Pues las cosas que se ven son temporales, y las que no se ven, eternas (2 Cor 4,18); en este sentido, se puede hablar de la altura de la esperanza» [46].

El extenderse hacia adelante es propio de la esperanza, que produce la largura de la perseverancia; pero es un extenderse que lleva hacia lo alto, hacia los bienes invisibles y celestiales; es decir, es una ascensión espiritual realizada con los afectos interiores. Por eso también la esperanza «es interior e invisible» [47], aunque expuesta a las burlas e incomprensiones de los que viven sólo de lo externo y visible. En la explicación de los Salmos, San Agus-

---

[43] *Enarrat. in ps.* 37,15 (PL 36,404): «Nam modo lumen fidei et lumen spei est». San Agustín pone en la esperanza cierto género de visión: «Hay cierta luz en los que recuerdan el sábado—el descanso eterno—, *tanquam cernentium in spe,* como si lo vieran en esperanza».

[44] *Enarrat. in ps.* 23,2: PL 36,183.

[45] *Enarrat. in ps.* 23,4 (PL 36,183): «Non in rebus non permanentibus deputavit animam suam, sed eam immortalem sentiens, aeternitatem stabilem atque incommutabilem desideravit».

[46] *Enarrat. in ps.* 17,25 (PL 35,151): «... ad hoc pertinet altitudo spei».

[47] *Enarrat. in ps.* 61,11: PL 36,737-38.—*Enarrat. in ps.* 30,12 (PL 36,228): «Non intelligebant interiorem et invisibilem spem meam».

tín alude frecuentemente a esta tensión humana y cristiana, que en el fondo era la expresión de la lucha entre el paganismo y el cristianismo. El cristiano vive entre escándalos, tribulaciones y tentaciones. Por eso necesita paciencia y aguante para pasar por tantos trabajos sin sucumbir: «Pues ¿quién es capaz de sufrir tantas guerras al descubierto o tantas asechanzas ocultas? ¿Quién puede sufrir a tantos enemigos manifiestos, a tantos hermanos falsos? ¿Quién tiene aguante para ello? ¿Acaso el hombre? Y si el hombre, ¿lo puede por sus fuerzas? *A Dios sujetaré mi alma, porque de El viene mi paciencia* (Sal 62,6). ¿Y cuál es esta paciencia entre tantos escándalos, sino porque el esperar lo que no vemos, de la paciencia nos viene?[48] Esta paciencia es la que ejercita el deseo de los bienes futuros, y en esto tiene el mismo papel que la esperanza: «Pues, si esperamos lo que no vemos, por la paciencia lo esperamos (Rom 8,24). Esta misma paciencia es la que adiestra el deseo»[49]. Y la que da aquella capacidad de largura, anchura y altura al espíritu, ensanchando su seno para recibir a Dios.

5. La esperanza, pobre

La Iglesia, peregrina y pobre, vive desasida de los bienes terrenos y en espera de la revelación de los hijos de Dios y del cielo nuevo y tierra nueva. Ya se ha dicho que el suspirar es uno de los verbos de la esperanza, y también de la pobreza espiritual. El harto de los bienes de este mundo o el que tiene el corazón puesto en ellos no suspira por los del siglo futuro. Por eso en la perspectiva escatológica de la Iglesia corresponde a la esperanza la virtud del despego con miras a la abundancia de los tesoros del reino de Dios: «Pobre es la Iglesia cuando siente hambre y sed en la peregrinación, pero con la esperanza de saciarse en la patria: y está en trabajos desde su juventud, pues el mismo Cuerpo de Cristo dice en otro salmo: *Mucho me han atribulado desde mi juventud* (Sal 128,1)»[50]. Pobreza, hambre, sed, peregrinación y esperanza son lote del hombre viador.

La esperanza pobre va asida a la posesión del bien común que es Dios; y por eso dice: *Bienaventurado el pobre cuyo Señor es Dios mismo. ¿Por qué se dice cuyo Señor?* ¿Acaso no es de todos? Ciertamente, Dios pertenece a todos; mas propiamente se dice Dios de aquellos que le aman, que lo retienen, que lo poseen, que lo veneran; que son como de casa, su gran familia: los redimidos con la sangre de su Hijo único»[51]. Esta posesión de Dios desliga a quienes la tienen de todo apego excesivo a lo de acá. Y cuanto mayor es la esperanza de la futura posesión, tanto mayor es el despego de lo temporal y presente. La pobreza de espíritu, que San Agustín tanto relaciona con la humildad, es la marca de los hijos del Nuevo Testamento, de los hijos de la gracia. La obra de la esperanza consiste en hacer *pobres de Dios* y *ricos de Dios*[52]. Es decir, desprendidos de los bienes que no son Dios y ricos con la posesión de su gracia y la esperanza del premio último.

[48] *Enarrat. in ps.* 61,11: PL 36,737-38.
[49] *In ep. Io. tr.* IV 7 (PL 35,2099): «Ipsa patientia exercet desiderium».
[50] *Enarrat. in ps.* 87,15: PL 37,1119.
[51] *Enarrat. in ps.* 49,14: PL 36,575.
[52] *Enarrat. in ps.* 124,2 (PL 37,1649): «Quanto melius esset pauper Dei et dives esset de Deo».

El deseo, hemos dicho, acompaña a la esperanza, y cuanto más viva es ésta, más pujante brota aquél: «Los pobres, esto es, los humildes de corazón, cuanto más hambre tienen, más comen; y tanto más hambre tienen cuanto más vacíos se hallan de los bienes del siglo» [53]. La esperanza alimenta al espíritu, sosegándole con la promesa del mundo futuro. San Agustín suele distinguir los dos Testamentos y a sus seguidores por dos formas de esperanza: la carnal y la espiritual. Los hijos del Antiguo Testamento, como carnales, fueron alimentados con promesas carnales: «Pero nosotros hemos sido renovados, hechos hombres nuevos, despojados de la vejez. ¿Con qué fin? Para que nos alampemos por los bienes del cielo, para que aspiremos a los valores eternos, a la patria que está arriba, donde ya no se padece hambre ni sed, sino se harta de inmortalidad, y el alimento es la verdad. Teniendo estas promesas y perteneciendo al Nuevo Testamento, herederos de la nueva herencia y coherederos de la herencia de Cristo, tenemos muy otra esperanza» [54]. Esta diferencia de hijos en las dos Alianzas está caracterizada en los de la Nueva por la aspiración escatológica de los deseos y el desprendimiento espiritual de los bienes temporales. La pobreza, al vaciarnos interiormente de las cosas temporales, contribuye a aquella obra de ensanchamiento para hacer de nuestro espíritu un receptáculo o contenedor de inmensa capacidad que exige la posesión de Dios. Así se distinguen bien los dos tiempos que llama San Agustín «de peregrinación y de posesión» [55].

Es familiar a San Agustín la antítesis entre *spes et res,* entre la esperanza y la realidad o la cosa, que, en última instancia, es la bienaventuranza eterna. Pero dentro de la esperanza misma está, de algún modo, la *res,* como cierta participación lejana o como una imagen de la patria adonde caminamos. La *spes* y la *res* se oponen como la fe y la visión, «porque ahora creemos, entonces veremos; cuando creemos, la esperanza está en este siglo; cuando llegue la visión, la realidad será nuestra en el siglo venidero» [56]. Tiempo y eternidad, fe y visión, siglo presente y siglo futuro, peregrinación y descanso: he aquí las antítesis entre la *spes* y la *res.* Pero hay cierta religación entre la eternidad y el tiempo, lo presente y lo futuro: «Gracias a la memoria y a la expectación, el alma religa lo presente, lo pasado y lo futuro» [57].

La esperanza introduce su fermento de eternidad, de visión y de gozo fruitivo en el corazón del hombre viador, que camina hacia su meta final renovándose siempre en su ser: «Durante esta carrera, pasamos de las cosas viejas a las nuevas; el mismo tránsito se realiza deshaciéndose el hombre exterior y renovándose el interior hasta que este cuerpo corruptible rinda el homenaje de la naturaleza, venga la muerte y sea renovado en la resurrección. Entonce todas las cosas se harán nuevas, aun los residuos que ahora viven de la esperanza» [58].

---

[53] *Enarrat. in ps.* 131,24 (PL 37,1726): «Pauperes autem, id est, humiles corde, quanto plus esuriunt, tanto plus manducant; tanto autem plus esuriunt, quanto a saeculo inane sunt».
[54] *In Io. ev. tr.* 30,7 (PL 35,1636): «Ad quam rem innovatus? Ad desideranda caelesti ad concupiscenda sempiterna, ad patriam, quae sursum est et hostem non timet, desiderar dam... ubi satietas est immortalitas et cibus veritas».
[55] *Sermo* 255,22: PL 38,1186.   [56] *Enarrat. in ps.* 123,2: PL 37,1610.
[57] R. HOLTE, o.c., p.236.
[58] *Enarrat. in ps.* 38,9: PL 36,420.—Ibid.: «Vetera transierunt, ecce facta sunt nov

Tal es la meta final o renovación universal por la resurrección, meta que hallamos en Cristo como realidad cumplida. Lo que se abraza en esta meta es la vida feliz, objeto del ansia común de los hombres y de los miembros de Cristo. En concreto comprende dos cosas: la fruición de Dios, que es la patria, y los medios para llegar hasta allí, que son las gracias que para ello necesita todo hijo de hombre: «Esta es la esperanza que se ha dado al Cuerpo de Cristo que es la Iglesia, por la que se consolase en sus tribulaciones. De esta esperanza dice el Apóstol: *Si, pues, esperamos lo que no vemos, por la paciencia lo esperamos* (Rom 8,25). Esta esperanza tiene por objeto los premios eternos; mas hay también otra esperanza que nos consuela muchísimo en las tribulaciones y que se ha dado a los santos en la palabra de Dios: la promesa de la ayuda de la gracia para que ninguno desfallezca.

De ella nos dice el Apóstol: *Fiel es Dios para que no permita seáis tentados sobre vuestras fuerzas, antes dispondrá con la tentación el éxito para que podáis resistirla* (1 Cor 10,13). Esta misma esperanza nos esforzó el Salvador cuando dijo: *Esta noche ha pedido Satanás permiso para ahecharos como trigo; pero yo he rogado por ti, Pedro, para que no desmaye tu fe* (Lc 22, 31-32).

A lo mismo nos alentó con la oración que nos enseñó para que digamos: *No nos dejes caer en tentación* (Mt 6,13)» [59]

El cristiano, pues, tiene asegurada la esperanza con respecto a los medios y el fin a que aspira; es decir, la totalidad de sus deseos: «Esperamos a Dios de Dios, de modo que el objeto de la esperanza, que es la posesión fruitiva de Dios, y el medio de lograrla es el mismo Dios, que ha hecho promesas que deberán cumplirse. En esto consiste el amor gratuito a Dios: en esperar de Dios a Dios, en rellenarse y darse un hartazgo de El. Porque El te basta a ti, y fuera de El nada te basta. ¡Qué bien conocía esto Felipe al decir: *Señor, muéstranos al Padre, y con eso nos basta!*» [60]

Un reparo se ha hecho a esta doctrina: que en el objeto de la esperanza no se haya incluido la salvación de los prójimos. En realidad, implícitamente también está incluido el misterio de la salvación humana en la vida teologal de la esperanza, que está tan íntimamente penetrada de fe y de caridad. El hallarse la salvación del prójimo incluso en la caridad no lo hace extraña a la misma esperanza, como si ésta significara pasividad en el celo.

6. «No quiero salvarme sin vosotros»

Lejos de esto, toda la vida teologal agustiniana arde en celo de salvación de los prójimos, que le hace decir: *Nolo esse salvus sine vobis* [61].

San Agustín creía, esperaba y amaba la salvación de sus hermanos: «Mientras no estés en la meta, pon allí tu esperanza. Caminas entre olas; echa el ancla en tierra. No estás unido por la presencia; únete en esperanza.

(2 Cor 5,17); nunc in spe, tunc in re».—*Enarrat. in ps.* 125,2 (PL 37,1658): «Resurrexit enim et ascendit in capite caro nostra salva: in membris adhuc salvanda est. Secura gaudeant membra, quia a capite suo non sunt deserta».

[59] *Enarrat. in ps. 118* sermo 15,2: PL 37,1541.
[60] *Sermo 334,3* (PL 38,1469): «Hoc est Deum gratis amare, de Deo Deum sperare, de Deo properare impleri, de ipso satiari».
[61] *Sermo 17,2*: PL 38,125.

Pondré mi esperanza en Dios. ¿Y qué harás aquí con tu esperanza puesta en Dios? ¿Cuál ha de ser tu ocupación sino alabar a Dios y buscarle quienes le amen contigo? Si amarías a un corredor de caballos, ¿no harías propaganda en su favor? Ama a Dios de balde, sin envidia de nadie por El» [62].

7. Cristo, Mediador de la esperanza

Toda la vida teologal está penetrada de la presencia de Dios, no sólo como objeto, sino como forma que configura y vivifica las virtudes. La estructura de la esperanza es profundamente cristológica: «Nuestra esperanza está en Cristo, porque en El se ha completado ya lo que nosotros esperamos como prometido» [63]. El doble objeto de la esperanza, a que se ha aludido ya, adquiere un sentido cristológico, porque Cristo es patria y camino a la vez, y al abarcar ambas cosas ha suprimido las distancias entre Dios y los hombres y ha dado alas nuevas a la esperanza humana: «El Verbo se hizo carne y habitó entre nosotros para que esperemos en la protección de sus alas» [64]. La inaccesible altura de Dios se ha hecho valle de nuestra peregrinación: «No desesperes porque dije: *Yo soy el que soy.* Yo he bajado hasta ti porque tú no puedes venir a mí» [65]. Tal es nuestra grande esperanza: el haberse dignado El tomar nuestra naturaleza humana [66]. Por el camino humilde de su humanidad, nosotros subimos hasta la cima sublime de su divinidad.

En realidad, la esperanza es un ejercicio de ascensiones espirituales que recibe su impulso de los misterios de la resurrección y ascensión del Señor. En virtud de ellos las almas se elevan sobre lo terreno y meditan las cosas celestiales y futuras. No se trata aquí de la ascensión última, en que los miembros se unirán gloriosamente con la Cabeza, sino del hábito de fe, esperanza y caridad con que en esta vida mortal viven los cristianos unidos con Dios. La vida interior de la esperanza está hecha de constantes ascensiones al Señor y en el Señor. Tal es la virtud y el oficio de las prendas que nos dejó acá para que nos acordásemos de El en su ausencia, que no es total, sino relativa.

Cristo no sólo es el ideal o ejemplar de la vida resucitada y gloriosa, sino también la prenda de nuestra futura glorificación:

«Hemos recibido tales arras de la promesa de Dios; tenemos la muerte de Cristo, contamos con el precio de su sangre. El que a los impíos les donó la muerte, ¿qué guarda para los justos sino la vida? Levántese, pues, la fragilidad humana; no se desespere, no se aflija, no retroceda, no diga: 'Para mí no es eso'.

Dios lo prometió, y vino para hacer su promesa, apareció a los hombres;

---

[62] *Enarrat. in ps.* 72,34 (PL 36,928-29): «Et quid hic ages ponens in Deo spem tuam? Quod est negotium tuum nisi ut laudes quem diligis et facias tecum coamatores eius? Ecce si amares aurigam, non raperes caeteros ut tecum amarent? Ama Deum gratis: nulli invideas Deum».

[63] *Contra Faustum* XI 7 (PL 42,251): «Quia spes nobis in Christo est, quia in illo iam completum est quod nobis promissum speramus».

[64] *Enarrat. in ps.* 90 sermo 1,5: PL 37.

[65] *Enarrat. in ps.* 121,5 (PL 37,1622): «Noli de te desperare, quia dixi: Ego sum qui sum... Ego descendo, quia tu venire non potes».

[66] *Enarrat. in ps.* 3,10 (PL 36,77-78): «Haec enim spes, est, quod naturam humanam in Christo suscipere dignatus est».

vino a recibir nuestra muerte, a prometernos su vida. Tomó lo que aquí abunda: oprobios, azotes, bofetadas, salivazos en el rostro, contumelias, corona de espinas, la cruz, la muerte... Mas nos prometió que habíamos de estar allí de donde vino y dijo: *Padre, quiero que donde yo estoy, ellos también estén conmigo* (Jn 17,21).

Cree, pues, ten fe; más es lo que hizo que lo que prometió. ¿Qué hizo? Murió por ti. ¿Qué prometió? Darte la vida con El. Mas increíble es que murió el eterno que el mortal viva eternamente» [67].

La argumentación agustiniana en este punto se reduce a su doctrina del Cuerpo místico, con la identidad de los miembros y la Cabeza. El Cristo total exige la glorificación de sus miembros. Sobre todo en los comentarios a los Salmos, esta doctrina se formula muchas veces: «Lo que en El se hizo el tercer día, se hará en nosotros al fin del mundo. Queda aplazada la esperanza de nuestra resurrección, pero no suprimida» [68].

Cristo se hizo nuestra esperanza como ejemplar, como razón de ser y fundamento, como causa de nuestra justicia y de nuestra resurrección:

«Así Cristo se hizo nuestra esperanza. En El contemplas tus trabajos y tu recompensa; los trabajos, en la pasión; la recompensa, en la resurrección. Pues tenemos dos vidas: una es la que vivimos aquí, otra la que esperamos. La que vivimos, ya nos es conocida; la que esperamos, nos es desconocida. Sufre ésta para que consigas la otra. Con sus trabajos, tentaciones, pasiones y muerte te mostró Cristo lo que es esta vida; con su resurrección te mostró la que tendrás... Por eso se hizo esperanza nuestra en los trabajos y tentaciones» [69].

La esperanza de la resurrección de la carne está fundada en la resurrección espiritual, de la que es autor el mismo Cristo: «Porque ahora vivimos en esperanza y caminamos en fe; salimos de los abismos de la tierra creyendo en el que resurgió de los mismos; nuestra alma resucitó de la infidelidad y se ha hecho en nosotros como la primera resurrección por la fe... Luego hemos resucitado ya en el espíritu por la fe, esperanza y caridad; pero falta aún la resurrección de la carne» [70].

Según esto, la resurrección de Cristo tiene ya en nuestra alma una realidad participada, que en un sentido psicológico es también prenda de la futura transformación. Los cristianos vivimos ya en la luz de la gloria de Cristo, interior e invisible, como es interior e invisible la esperanza.

Pero la interioridad y la invisibilidad no son contrarias a la realidad, sino más bien son garantía suprema de su perfección, porque el mundo invisible de la esperanza es más sólido y sustancial que todo lo visible.

[67] *Enarrat. in ps.* 148,8: PL 37,1942.
[68] *Enarrat. in ps. 34* sermo 2,1 (PL 36,333): «Quod in illo factum est die tertio, hoc in nostro in fine saeculi».
[69] *Enarrat. in ps.* 60,4: PL 36,725.
[70] *Enarrat. in ps.* 71,11: PL 36,899.

8. Cinco enemigos de la esperanza

Como todas las virtudes, la esperanza tiene sus enemigos, con quienes ha de combatir, dando materia y cuerpo a lo que llama San Agustín *agon christianus,* agonía de los cristianos, donde, sin duda, resuena el eco de las *fiestas agonales* de los paganos en honor de Jano. Lo mismo que sus virtudes hermanas, la esperanza tiene su propio campo agónico. Esto nos recuerda la admirable concepción de San Juan de la Cruz sobre el traje interior de que se visten las almas, y que se compone de las tres libreas y colores: la *túnica interior,* de una blancura inmaculada, que es la fe, para ampararse de los ataques del demonio; *la almilla verde,* que significa la esperanza, para luchar y vencer los halagos sensuales, y *la toga colorada de la caridad,* que da la victoria sobre el mundo [71].

Con estas libreas, el cristiano está equipado como un guerrero para luchar contra sus enemigos. Según el místico carmelita, la esperanza tiene como enemigo el mundo visible y sensual con todos sus atractivos. Y contra ellos la esperanza opone el mundo invisible de los bienes celestiales para lograr su posesión.

San Agustín ordinariamente, sin contradecir a lo dicho, presenta dos enemigos de la esperanza: la presunción y la desesperación. Son los dos abismos en medio de los cuales camina el hombre, o esperando en las cosas donde no debe poner su confianza de salvación, o desesperando de lograrla por ninguna vía.

En vez de llevar el discurso por lo abstracto, se puede muy bien darle un sentido concreto, es decir, presentar cinco tipos de presunción y desesperación que aparecen en los escritos del Santo: judíos, paganos, pelagianos, donatistas, maniqueos.

Según San Agustín hay una presunción del género humano que, antes que en Dios, pone su confianza en las cosas humanas, en la justicia propia, en la valía de los amigos, en las riquezas. Es un sentimiento de autosuficiencia que malogra las mejores esperanzas humanas. Tal era la presunción de los paganos, que en tiempo de San Agustín lanzaban sus saetas ponzoñosas contra la esperanza de los cristianos: «¿Qué es eso de esperar lo que no se ve? Ellos vivían del proverbio vulgar que dice: 'Más quiero lo que tengo que lo que espero'» [72]. Su esperanza estaba puesta en las cosas de la tierra, en lo inmediato, en lo que se ve, se oye, se palpa, se toca, se gusta; en el dinero, en las metas de la ambición, del poder, del dominio de la tierra. Esta es una actitud de subversión total de los valores del cristiano que no niega los terrenos, pero tampoco pone en ellos el paraíso.

También la tragedia del judaísmo fue una tragedia de presunción, aunque de carácter más espiritual. En realidad fue una especie de pelagianismo, o de presunción de la justicia de la ley del libre albedrío, lo que les impidió abrazar

---

[71] Cf. V. Capánaga, *San Juan de la Cruz. Valor psicológico de su doctrina* p.353-62 (Madrid 1950).

[72] *Enarrat. in ps.* 123,10 (PL 37,1646): «Malo quod teneo quam quod spero».—*Enarrat. in ps.* 31,2 (PL 36,258): «Multi enim gloriantur de operibus, et invenis multos paganos propterea nolle fieri christianos, quia quasi sufficiunt sibi de bona vita sua. Iam bene vivo: quid mihi necessarius est Christus?»

la gracia de Jesucristo. Y en este sentido, también San Agustín acerca los pelagianos a los judíos, los cuales, aunque no de nombre, pero en realidad judaizaron[73]. La presunción en la propia justicia, en la moralidad de la ley, cumplida por la virtud, es el reproche más grave que presenta el Evangelio contra la moral de los fariseos. Se tenían por fuertes, por autosuficientes para cumplir toda justicia y toda ley sin recurso a la gracia: «Esta fortaleza les impidió a los judíos entrar por el ojo de la aguja (Mt 19,24). Presumiendo de justos y teniéndose por santos, rechazaron la medicina y quitaron de medio al Médico»[74].

Con esta presunción judaica se da la mano la presunción pelagiana, contra la que hubo de luchar tanto San Agustín, que enseñaba: «El hombre debe presumir de Dios y esperar el auxilio de El, no de sí mismo»[75].

Los pelagianos trocaron el *sperare in Deo* por *sperare in homine*. Anularon la esperanza cristiana y la suplieron por la presunción en sí mismos.

Con sutilezas y argucias defendían las fuerzas del libre albedrío como capaces de toda justicia y perfección. Eran los defensores de la naturaleza sana, pura, libre y vigorosa del hombre, y los enemigos de la gracia de Cristo, como los llama San Agustín. Ellos decían: «Dios me hizo hombre, yo me hago justo a mí mismo»[76]. Toda la Escritura clama que pongamos nuestra esperanza en Dios, no en nosotros mismos[77].

La naturaleza de la esperanza cristiana quedaba desfigurada, sin el semblante sobrenatural que ella debe ostentar. Porque «el Espíritu Santo, llamando al género humano, mandando lo que debemos hacer y prometiendo lo que hemos de esperar, lo primero que hace es inflamar nuestra mente con el deseo del premio para que hagamos lo que nos manda más por amor del bien que por miedo al mal»[78].

Esto es importante para conocer la sobrenaturalidad de la esperanza. El hombre es frío para todos los bienes del mundo invisible, y sólo por un calor divino puede sentirse atraído hacia ellos. He aquí la obra del Espíritu Santo y su gracia: desterrar la frialdad y calentar el corazón humano para que se mueva entre los bienes sensibles hacia otros de categoría superior.

La que podíamos llamar la *dialéctica de la esperanza* o *ascensión del deseo* de los bienes inferiores a los superiores, obedece a la misma influencia de la gracia: «Sea nuestra esperanza nuestro Dios. El que todo lo creó, es mejor que todas las criaturas. El que formó las cosas hermosas, es superior a todas las hermosuras; el que hizo las cosas fuertes, es más fuerte que todas ellas; el que creó todo lo grande, es superior a toda grandeza; todo lo que amares,

---

[73] *Epist.* 196,7 (PL 32,894): «... non quidem nomine sed tamen errore iudaizant».

[74] *Enarrat. in ps.* 58,7 (PL 36,696): «Talis fortitudo impedivit Iudaeos ne per foramen acus intrarent (Mt 19,24). Cum enim se praesumunt quod iusti sint, et tanquam sani sibi videntur, medicinam recusaverunt et ipsum medicum necaverunt».

[75] *Enarrat. in ps.* 46,13 (PL 36,532): «Debet autem homo de Deo praesumere, et inde sperare auxilium, non de se».

[76] *Sermo* 115,2 (PL 38,656): «Deus me hominem fecit, iustum ipse me facio».

[77] *Sermo* 165,1 (PL 38,902): «Consonant omnes divinae lectiones ut spem non in nobis, sed in Domino collocemus».

[78] *Sermo* 16,1 (PL 38,121): «Vocans genus humanum Spiritus Dei..., prius mentem nostram inflammavit ad praemium, ut quod praecipitur magis bonum amando quam malum timendo faciamus».

El será para ti... Bienaventurado es aquel cuya esperanza es el nombre del Señor» [79]. Estas elevaciones desde lo creado al Creador, desde todo lo hermoso a la infinita hermosura, de todo lo fuerte a la suma fortaleza..., se realizan por la fuerza de la gracia.

Otro tipo de esperanza también falseada u otra forma de presunción que desfigura la esperanza en Dios para ponerla en el hombre la tenían los donatistas. San Agustín insistía frecuentemente con sus fieles: «No pongáis vosotros la esperanza en nosotros, seamos lo que fuéramos» [80]. Pero el cisma donatista iba por camino contrario, poniendo la esperanza de la santificación de los cristianos en los méritos de los ministros. Los donatistas se tenían también por «hombres fuertes que presumían de sus fuerzas y se gloriaban de su justicia» [81]. Por ejemplo, al bautizar, ignorando la justicia de Dios y poniendo la suya delante, decían: «Yo soy el que justifico, yo santifico a las almas» [82]. Los méritos de los ministros eran el fundamento de toda esperanza; si el ministro era bueno, tenía suerte el que recibía el bautismo; si era malo, no podía dar lo que no tenía, y el bautizando no recibía el perdón de los pecados y la gracia de hacerse nueva criatura.

La presunción donatista no sólo eclipsaba la gloria de Cristo, salvador de todos, sino también anulaba la Iglesia, reduciéndola a un grupo de *santos* que se gloriaban de justificar a los que se ponían bajo su confianza:

«No me digas que yo espere en ti, sino tú también espera conmigo» [83].

El donatismo quitaba a la esperanza todo su fundamento cierto al apoyarla en la conciencia buena de los ministros: «Ellos obligan a los que reciben los sacramentos a poner su esperanza en el hombre, cuyo corazón no pueden ver. Y es maldito todo el que pone la esperanza en el hombre. ¿Pues qué es decir: 'Es santo lo que doy yo', sino: 'Pon tu esperanza en mí'?» [84]

No se puede poner la esperanza en los hombres considerados como grandes en la Iglesia por su predicación, por su virtud o santidad. Ellos son como los montes altos, que se yerguen a la vista de todos en la Iglesia, y de ellos vienen los auxilios o gracias por la predicación y los sacramentos: «Pero no pienses que ellos te dan la gracia; ellos reciben también lo que han de dar, no dan de lo suyo. Si tú te quedas en ellos, no será firme tu esperanza: en Aquel que envía su luz a los montes debe estar toda su esperanza y presunción... De los montes viene el auxilio, pero no como cosa propia de ellos... No quiero que mi esperanza se apoye en Arrio ni en Donato. La gracia viene del Señor, que hizo el cielo y la tierra. Discernid, pues, lo que esperáis de Dios y lo que os viene de los hombres, porque no se libra de la maldición el que pone la esperanza en ellos» [85].

San Agustín quería una esperanza descarnada y pura de todo elemento

---

[79] *Enarrat. in ps.* 39,8: PL 36,439.
[80] *Sermo* 129,8 (PL 38,724): «Vos in nobis spem non ponatis, qualescumque simus».
[81] *Sermo* 47,16 (PL 38,4304): «... de viribus suis praesumentes, de iustitia sua gloriantes».
[82] *Sermo* 129,6: PL 38,728.
[83] *Enarrat. in ps.* 145,9: PL 37,1890.
[84] *Enarrat. in ps.* 10,5 (PL 36,134): «Itaque isti cogunt eos qui accipiunt sacramenta, spem suam in homine ponere, cuius cor videre non possunt. Quid est enim dicere, Ego quod do sanctum est, nisi, Spem tuam in me pone?»
[85] *Enarrat. in ps.* 35,9 (PL 36,347): «... Nolo sit spes mea in Ario, nolo in Donato».

humano y sólo fundada en Dios. Porque todo lo humano se tambalea. Esta es una grave lección no sólo para los fieles, sino para los que tienen ministerios en la Iglesia, para que no se gloríen de sus prerrogativas de altura y autoridad.

San Agustín decía humildemente a sus fieles: «Esto es lo que ante todo he aprendido en la Iglesia: no poner la esperanza en el hombre» [86].

Lo decía esto a propósito de una campaña difamatoria que habían hecho los donatistas para desacreditarle ante los católicos de Cartago, que le escuchaban con tanto gusto y entusiasmo.

9. La desesperación

No sólo hay esperanzas contrahechas o presunciones ruinosas para la vida espiritual, sino también hay otro extremo, que es el más funesto: la desesperación. Como tipos evangélicos de ambos pueden considerarse dos apóstoles: Pedro y Judas. El primero estaba dominado por la presunción pelagiana del vigor de sus propias fuerzas: «El presumió de sus fuerzas; no del don de Dios, sino de su libre albedrío» [87]. Lo mismo que Pelagio y sus seguidores. No se conocía a sí mismo ni su enfermedad oculta, pero su Médico sí la conocía [88]. La caída de las negaciones le enseñó a conocerse mejor y a humillarse, aunque no perdió la esperanza del perdón de Cristo. A Judas, en cambio, le perdió la desesperación, que fue su último gran delito [89]. Le faltó la esperanza que se confiesa y dice: «En ti, Señor, esperé, no en mí; no pase por la confusión eterna, porque tengo mi esperanza puesta en ti, que no me confundes» [90].

Pero la buena esperanza en el Señor exige también la ortodoxia acerca de El, es decir, ideas sanas acerca de la divinidad: «Porque acaban mal los que desconfían de Dios verdadero, o porque creen que no existe, o que no tiene providencia, o que no nos es propicio» [91]. Tal era el origen de la desesperación maniquea, que se alimentaba de una falsa teología y antropología, porque suponían los seguidores de Mani la existencia de dos principios antagónicos y absolutos: uno del bien y otro del mal, que imponían su dominio en los hombres, llevando las riendas del libre albedrío y dando motivo y lugar a una desesperación incurable [92].

Pero no se crea que la desesperación sólo tiene su origen en doctrinas falsas. En la predicación agustiniana hay un esfuerzo constante para eliminar de los oyentes la desesperación. San Agustín conoció y diagnosticó esa terrible enfermedad que podíamos llamar desmayo, cansancio, desfallecimiento en el

---

[86] *Enarrat. in ps. 36* sermo 3,20 (PL 36,395): «Hoc ante omnia didici in Catholica, ut spes mea non sit in homine».

[87] *Sermo 284,6* (PL 38,1292): «Praesumebat ille de viribus suis, non de Dei dono, sed de libero arbitrio».

[88] *Enarrat. in ps. 39,23* (PL 36,418): «In corde erat praesumptio falsa... Cor aegrotum latebat, sed Medico patebat».

[89] *Sermo 352,8* (PL 39,155): «Iudam traditorem non tam scelus quod commisit quam indulgentiae desperatio fecit penitus interire».

[90] *Enarrat. in ps. 30* sermo 1,6: PL 36,231.

[91] *Enarrat. in ps. 78,13*: PL 36,866.

[92] Véase lo que se ha escrito arriba sobre el maniqueísmo.

combate cotidiano contra las pasiones. El tuvo confidencias con muchas almas desmayadas, y proveyó a su remedio con su palabra confortativa. El sabía que el pecado mina secretamente la fe, la esperanza y la caridad, y que la falta de esperanza es un estado habitual del hombre caído: «El pecado, con la desesperación, engendra la muerte cierta. Nadie diga, pues: 'Si he pecado, me espera la condenación; Dios no perdona semejantes delitos; ¿por qué, pues, no he de añadir pecados? Me arrojaré a la buena vida con deleites, lascivias, deseos malvados; he perdido toda esperanza de rehabilitación; gozaré, pues, de lo que veo, si no puedo poseer lo que creo'»[93]. Por las muchas veces que rebate estos razonamientos, se ve que en el auditorio del Santo había muchos que buscaban con ellos salida para una ilusoria libertad.

Pero el mismo salmo que comenta San Agustín en esta ocasión, el salmo 50, compuesto por David con motivo de su caída con la mujer de Urías y la represión del profeta Natán, le da argumento para levantar el ánimo de los caídos. Contra el desmayo, el salmo da palabras de aliento y confortación, recordando la penitencia del rey: «Escúchale a él, que clama, y clama tú también; oye sus gemidos, y gime tú; mira sus lágrimas, y tú igualmente derrama las tuyas. Si no se te cerró la puerta al pecado, tampoco se te cerró la de la esperanza»[94].

Los gritos de los salmos penitenciales daban al predicador armas para combatir el desmayo y la desesperación de almas sumidas en lo profundo de los vicios y que gritaban a Dios pidiendo clemencia: «No te desmayes, estás sumergida en lo profundo; no te domine la postración, sino clama a Dios para decirle: 'Si tú, Señor, pones tus ojos en las maldades, ¿quién podrá sostenerse?' Mírale a El, y espera en El, y resiste por su ley»[95].

El mal de la desesperación está en que sumerge a los hombres en un mayor abismo de impotencia y desahucio. La acumulación de los vicios aumenta la desesperación, y ésta amontona más caídas. San Agustín recuerda a los gladiadores de los circos paganos, que, ya condenados a muerte, se entregaban a todos los excesos: «¿No ves con qué licenciosa crueldad viven los gladiadores? ¿De dónde les viene eso sino de que, estando ya destinados al hierro y a ser víctimas, querían saciarse de todas las liviandades antes de morir? ¿No dirías también tú lo mismo?: Soy un pecador, soy un malvado; pesa sobre mí la condenación, estoy sin esperanza de perdón; ¿por qué no hacer lo que me viene en gana, aunque no es lícito? ¿Por qué no satisfacer todos mis deseos según puedo, pues sólo me queda la condena? Diciendo esto, te harías peor con la misma desesperación. Pero Dios te corrige y te promete indulgencia: *No quiero la muerte del pecador, sino que se convierta y viva* (Ez 33,11)»[96].

Estos dramas interiores conoció y diagnosticó San Agustín muchas veces en su vida pastoral para apartar la espiritualidad cristiana de los dos extremos: la derecha de la presunción y la izquierda de la desesperación[97], cosa difícil

[93] *Enarrat. in ps.* 50,5: PL 36,588.
[94] Ibid.
[95] *Enarrat. in ps.* 129,12: PL 37,1703.
[96] *Enarrat. in ps.* 101,10: PL 37,1301.
[97] MA I; WILMART, XI 695.

para nosotros si Cristo no hubiera dicho: *Yo soy el camino, la verdad y la vida*[98]. Así Cristo es siempre el remedio de todos los males y el cumplimiento de todos los bienes[99].

La caridad cristiana

1. El Doctor de la caridad

San Agustín ha recibido el título honorífico de Doctor de la caridad. «En el Occidente San Agustín es llamado justamente *el Doctor de la caridad*. Sobre esta virtud ha centrado toda su espiritualidad. Se puede decir que sobre los puntos de la caridad le han seguido todos los Padres latinos y dependen directamente de él. Toda la Edad Media está penetrada de su doctrina»[1].

A esta persuasión obedecen las representaciones del arte barroco, que le han dado, como paso definidor, un corazón traspasado por una flecha. También unas palabras de las *Confesiones* le retratan y dan la misma imagen: «Habíais traspasado mi corazón con una flecha y llevábamos tus palabras clavadas en las entrañas, y los ejemplos de vuestros siervos, a quienes habíais sacado de la oscuridad a la luz, y de la muerte a la vida, recogidos en el seno de nuestro pensamiento, encendían y consumían la grave pesadez para que no nos hundiéramos en lo bajo»[2].

Todo este lenguaje metafórico ha de ilustrarse con la experiencia de su conversión. La imagen de las flechas está tomada del salmo 119,4, el primero de los graduales, que, según muchos, cantaban los israelitas cuando subían a Jerusalén a celebrar al Pascua. Y San Agustín, cuando en Casiciaco se preparaba para recibir el bautismo, cantó estos salmos pensando en la nueva ascensión espiritual a que se disponía[3].

Las saetas, pues, o flechas con que Dios atravesó su corazón, eran las palabras divinas, y los ejemplos de las conversiones, como las de Mario Victorino y de los empleados cortesanos que le refirió Ponticiano, eran las brasas ardientes que acabaron de animarle para dar el paso sin pereza ni cobardía: «Las saetas del arquero son las palabras de Dios. He aquí que se arrojan y traspasan los corazones; mas, cuando éstos son traspasados por las saetas de la palabra de Dios, se despierta el amor, no se produce la muerte. Sabe Dios saetear para producir el amor, y nadie hiere mejor para provocar amor que quien lo hace con flechas de palabras; traspasa el corazón del amante para ayudarle a amar; lo flecha para hacerlo amante. Son, pues, flechas cuando logramos esto con palabras. ¿Y cuáles son los carbones devastadores? Son los ejemplos, que estimulan a la acción... Has escuchado la palabra del Evangelio: he aquí la saeta... Pero están también las brasas. Así te habla Dios interior-

[98] *Enarrat. in ps.* 29,13 (PL 36,223): «*Psallite Domino, sancti eius* (Sal 30,5); quia resurrexit caput vestrum, hoc sperate membra caetera, quos videtis in capite: hoc sperate membra, quod credidistis in capite... Christus in caelos ascendit quo nos secuturi sumus».
[99] *Enarrat. in ps.* 61,20 (PL 36,743): «...Nec sic de misericordia eius praesumatis, ut potestatem contemnatis, nec sic potestatem timeatis, ut de misericordia desperetis».
[1] J. FARGES et M. VILLER, *Dict. de spir.* II 528.
[2] *Conf.* IX 2.
[3] *Ibid.*: «Cantantibus canticum graduum dederas sagittas acutas et carbones vastatores adversus linguam subdolam».

mente: 'Dices que no puedes. ¿Por qué Fulano puede? ¿Por qué pudo el otro? ¿Eres tú más delicado que aquel senador?... ¿Eres tú más débil que las mujeres? Pudieron las mujeres, ¿y no pueden los varones?' Ricos que fueron delicados han podido, ¿y no podrán los pobres?...

Los que se convierten al Señor, de muertos se hacen vivos. También los carbones, antes de encenderse, estaban apagados, y en este estado se llaman muertos. Mas, cuando se encienden, se llaman carbones vivos. Los ejemplos, pues, de muchos malvados que se convirtieron a Dios fueron llamados tizones. Oyes admirarse y hablar a los hombres: 'Yo le conocí a aquél; ¡qué borracho, qué criminal, qué apasionado por los espectáculos, qué defraudador era! ¡Cómo ha cambiado! Y ahora sirve al Señor, ¡y qué bueno se ha hecho!' No te admires; ahora es tizón vivo el que antes considerabas muerto»[4].

Estos comentarios a las palabras del salmo reflejan el estado de ánimo y las ideas que bullían en San Agustín con su lectura para prepararse al bautismo. El había experimentado el traspaso de las palabras de Dios cuando leyó la carta de San Pablo a los Romanos en la escena de su conversión y oyó los relatos de conversiones que le hizo Ponticiano. La acción combinada de ambas cosas produjo el amante con el corazón traspasado o transverberado que conocemos por el arte. Sin duda, entonces recibió lo que él llama «la herida del hombre interior»[5].

Nótese cómo hay una íntima relación entre la caridad y la palabra divina, que es la saeta que la produce, porque las palabras de Dios, como saetas despiertan amor y no causan dolor[6]. Y así la caridad en el corazón de Agustín es una llama compuesta de luz y de amor, y ambas cosas vienen de arriba, de Dios, que es luz y caridad, según el mensaje de San Juan[7]. Por eso la caridad es la fuerza interior que más nos acerca a Dios, haciéndonos semejantes a El, y al mismo tiempo la puerta de más anchura para entrar en el alma de San Agustín y en su espiritualidad. «Gracia, humildad y amor: he aquí las tres llaves con que se abren las puertas para el estudio de San Agustín», dice Burnaby[8]. Pudiera creerse que aquí falta también otra, que es *la luz*. Toda la obra de San Agustín no se concibe sino en la luz y por la luz, es decir, por la verdad. Pero las tres puertas anteriores están llenas de luz. La gracia toma fuerza de la luz, la humildad está en la luz, y la caridad es llama

---

[4] *Enarrat. in ps.* 119,5 (PL 37,1600-1601): «Sagittae potentis acutae verba sunt Dei. Ecce iaciuntur et transfigunt corda... Novit Deus sagittare ad amorem et nemo pulchrius sagittat ad amorem, quam qui verbis sagittat... sagittat ut faciat amantem. Sagittae autem sunt cum verbis agimus. Carbones autem vastatores qui sunt?... Exempla sunt carbones. Cf. *Enarrat. in ps.* 76,19 (PL 36,981): «At verbum Dei et sagitta est, quia percutit, et pluvia est quia rigat».

[5] *Enarrat. in ps.* 37,5 (PL 36,399): «... vulnus interioris hominis».

[6] *Enarrat. in ps.* 37,5 (PL 36,398): «Verba Dei tanquam sagittae excitant amorem et non dolorem». Hay que relacionar esta acción de las saetas de la palabra de Dios con la atracción secreta y eficaz de la gracia con que el Padre y el Espíritu Santo llevan las almas hacia Cristo por la predicación del Evangelio. Las aspiraciones a la verdad, sabiduría, felicidad, justicia, vida eterna, son también saetas en que va envuelta la acción de Dios para herir a las almas, y con ellas atrajo la gracia a San Agustín para convertirse a Cristo. En última instancia, la saeta de todas las heridas espirituales es Cristo, como cifra de todo lo bello, de todo lo santo, de todo lo verdadero que puede herir el corazón humano.

[7] 1 *Io.* 1,5; 4,7.

[8] *Amor Dei* p.79 (London 1947).

de luz. El mundo interior de San Agustín está todo bañado en la luz. La gracia para él no sólo es moción interna que despierta y lleva al hombre a una nueva forma de existencia, sino también una luz que enseña el camino, una verdad que dirige hacia el puerto del descanso. En resumen, la saeta agustiniana hiere, traspasa, arde, ilumina, deleita, transforma al hombre nuevo.

2. La ley gravitatoria del espíritu

Para conocer la naturaleza de la caridad hemos de seguir una dialéctica de ascensión, subiendo del amor hasta ella. Ciertamente, amor y caridad se usan equivalentemente en el estilo de San Agustín, aunque alguna vez los ha distinguido. Aquí nos conviene partir de cierta distinción para ir de lo humano a lo divino, de lo terreno a lo celestial[9].

Y lo primero que conviene recordar, lo que sabemos ya acerca de la situación medianera del hombre, teniendo sobre sí el mundo supremo del Bien sumo que es Dios, centro de todos los valores, y debajo de sí el mundo sensible de las cosas que abraza con los sentidos, y dentro de sí el mundo propio espiritual. Estos tres mundos de bienes, por elección del libre albedrío, pueden convertirse en centros donde se busque relativa o absolutamente el descanso[10]. El dinamismo espiritual se desenvuelve en el ámbito de estos centros, pues el hombre está naturalmente inclinado a ellos, y el espíritu en su más entrañable esencia es un manípulo de deseos, de inclinaciones, de movimientos, de tendencias, al lugar de su reposo. En términos generales, es el deseo o aspiración a la felicidad una de las líneas de fuerza universal que mueve los corazones llevándolos a sus centros.

Por eso San Agustín trasladó al espíritu la antigua imagen del mundo y de la gravitación que mueve los cuerpos, impulsándolos al lugar de su reposo. El amor es definido como *pondus,* como inclinación al centro, según textos suyos que se han hecho clásicos en la espiritualidad: «Mi amor es mi peso; por él soy llevado adondequiera que soy llevado»[11].

«Todos los hombres, sean o no piadosos, buscan descanso; pero muchísimos no saben el camino que lleva a lo que buscan con su amor, pues van en pos de lo mismo los cuerpos con sus movimientos que las almas con sus amores. Pues así como el cuerpo con su gravedad tiende, ora hacia arriba, ora hacia abajo, hacia el centro en que reposa (pues el peso del aceite, si se derrama en el aire, lo arrastra hacia abajo; mas, si se vierte en el fondo del agua, sube arriba), así las almas van hacia lo que aman para llegar y descansar allí»[12].

[9] *De civ. Dei* XIV 7 (PL 41,410): «Nonnulli arbitrantur aliud esse dilectionem sive caritatem, aliud amorem. Dicunt dilectionem accipiendam esse in bono, amorem in malo»... Este sentido suele aceptarlo alguna vez el Santo: *In Io. epist.* 8,5 (PL 35,2038): «Omnis dilectio, sive quae carnalis dicitur, quae non dilectio sed magis amor dici solet, dilectionis enim nomen magis solet in melioribus rebus dici, in melioribus accipi, tamen omnis dilectio, fratres carissimi, utique benevolentiam quamdam habet erga eos qui diliguntur». Sin embargo, San Agustín empleó el nombre de *amor* lo mismo para las cosas superiores que inferiores.
[10] *Sobre el orden del amor* véase *De doctr. christ.* I 28: PL 34,29.
[11] *Conf.* XIII 9,10: «...Pondus meum amor meus; eo feror quocumque feror». Esta misma idea véase repetida en *De civ. Dei* XI 28: PL 41,342; *De Gen. ad litt.* IV 33: Pl 343,0.   [12] *Epist.* 55,10,18: PL 33,212-13.

Por eso se compara el amor con el pie: «Por pie del alma se entiende bien el amor; el cual, cuando es desordenado, se llama codicia, libido, y, si es ordenado o recto, dilección o caridad. Por el amor se mueve como hacia el lugar a que tiende. Y el lugar o centro no está en ningún espacio, limitado por alguna figura corporal, sino en el deleite, adonde se alegra de haber llegado amando» [13].

Otra metáfora que se enlaza con la anterior es la de la sed y hambre. La idea de sed coincide con la del deseo: «Hay quienes tienen sed, pero no de Dios. Todos los que anhelan por algo, están en el ardor del deseo; el mismo deseo es la sed del alma. ¡Y por cuántas cosas suspiran los corazones humanos! Las riquezas, las posesiones, las herencias, los tesoros, los palacios, las mujeres, los honores, la descendencia, son objeto de tantos deseos. Arden los hombres con mil deseos, pero apenas hay quien diga: *De ti, Señor, está sedienta mi alma*» [14].

Esta divina sed está figurada por el ciervo que desea las fuentes de agua en busca de la verdadera felicidad [15].

Análogamente, el hambre expresa el fondo natural del espíritu humano: «Ahora es tiempo de hambre, después será el de la saciedad... Por eso, mientras es tiempo de hambre, hay que aguantar, hay que seguir firmes, hay que perseverar hasta el fin» [16]. Esta sed y hambre no significan un estado pasajero, sino permanente en el espíritu humano, peregrino por el desierto de Idumea: «La sed me acompaña en esta peregrinación; esta carrera me da sed» [17].

Famélico y sediento, el hombre vive en continuo movimiento y agitación. Por eso en esta psicología agustiniana tiene tanto uso la palabra *motus,* movimiento. La misma voluntad en acto es definida como movimiento: «La voluntad del alma es un movimiento que, sin coacción de nadie, se ordena a conservar o a conseguir algo» [18]. Toda coacción externa o interna está excluida del acto voluntario, como se ha visto en otras ocasiones a propósito de la doctrina maniquea [19]. Y el dinamismo de la voluntad se realiza con dos fines: conservar las posesiones propias y enriquecerse con nuevas adquisiciones. Mas nótese que San Agustín tiene buen cuidado de advertir, cuando define la voluntad como movimiento, de no identificarlo con el físico, como el de las piedras, que, siguiendo su ley de gravedad, buscan su centro de equilibrio o estabilidad:

---

[13] *Enarrat. in ps.* 9.15: PL 36,124.

[14] *Enarrat. in ps.* 62,5 (PL 36,550-51): «Ipsum desiderium sitis est animae. Et videte quanta desideria sint in cordibus hominum».

[15] *Enarrat. in ps.* 41: PL 36,464-76.

[16] *Enarrat. in ps.* 32-25 (PL 36,298): «Tempus famis est modo, tempus saturitatis post erit».

[17] *Enarrat. in ps.* 41,2 (PL 36,465): «Sitio in peregrinatione, sitio in cursu».

[18] *De duab. anim.* X 14 (PL 42,104): «Voluntas est animi motus, cogente nullo, ad aliquid vel non amittendum vel adipiscendum». Cf. *Retract.* I 15: PL 32,609. El término *motus* lo usa San Agustín para explicar esta psicodinámica de la voluntad.—*De lib. arb.* II 20,54 (PL 32,1269-70): «Motus iste, id est, aversio voluntatis a Domino Deo... Motus ergo ille aversionis... Cupio te cognoscere unde ille motus existat quo ipsa voluntas avertitur a communi atque incommutabili bono et ad propria vel aliena vel infima atque omnia commutabilia convertatur bona». El pecado lo define de este modo: «Motus voluntatis a te qui es ad id quod minus est, quia talis motus delictum atque peccatum est» (*Conf.* XII 11).

[19] Cf. el capítulo sobre la polémica antimaniquea, p.74ss.

«No es semejante a aquel movimiento con que naturalmente se mueven las piedras»[20].

Aunque hablamos, pues, de la ley de gravitación por cierta analogía entre el mundo cósmico y espiritual, ambos obra de Dios, hay que salvar las distancias entre ellos. Y la distancia se mide por la voluntariedad y libertad de los movimientos del espíritu: «El movimiento con que la voluntad se dirige de una parte a otra, si no fuera voluntario y puesto en nuestra potestad, no merecería ninguna alabanza cuando se encamina a lo superior, ni vituperio cuando se inclina a lo inferior, lo que en cierto modo puede llamarse como quicio de la voluntad»[21]. El poder y señorío de sí mismo—por lo menos en algún grado— es rasgo esencial de la voluntad: «Nuestra voluntad no sería ni voluntad si no estuviese en nuestra potestad»[22]. Nosotros somos los que queremos o no queremos, libres y señores de nuestras obras, aun cuando hayan de ponerse ciertas limitaciones en este señorío, como lo recuerda San Agustín a propósito del *monstrum,* o fuerza de resistencia que descubrió en su lucha por la conversión[23].

Prosiguiendo el análisis del espíritu como centro de fuerzas motrices o de movimientos, fácilmente se advierte que todo movimiento está relacionado con una estación de término, o, si se quiere, con un reposo: «Porque el amor es un movimiento, pero todo movimiento se dirige hacia algo»[24]. El amor es inconcebible sin un objeto que se trata de retener o de adquirir. De este modo, el hombre se relaciona con un mundo de bienes o de valores, como ahora se dice, que para San Agustín están dispuestos con cierto orden, que debe respetarse. La ontología, pues, viene a insertarse en la vida del espíritu, ofreciéndole una escala de bienes que alimentan sus deseos. No faltan innumerables objetos que pueden ser indiferentes, o que no despiertan el interés de posesión, o que determinan una repulsa.

Por eso el movimiento voluntario puede tomar tres direcciones, según los tres tipos de bienes que se presentan ante nosotros y los tres tipos de hombres que dan preferencia a cada uno de ellos, que son el epicúreo, el estoico y el cristiano[25]. No es que estos tipos se presentan en estados puros, porque el hombre es un misterio de gran complejidad. Pero nos ayudan a comprender los tres centros hacia los cuales gravitan las voluntades humanas.

El amor, pues, se reparte por estos centros de bienes sensibles, espirituales y divinos.

3. Uso y fruición

La forma de adhesión a estos grupos de bienes está expresada en San Agustín con la famosa doctrina sobre *uti-frui,* el uso y la fruición.

Analizando la vida y los movimientos del espíritu, el Santo, en conformidad

---

[20] *De lib. arb.* III 2: PL 32,1271.
[21] Ibid., III 1,3 (PL 32,1272): «... quasi quemdam cardinem voluntatis».
[22] Ibid., III 3,8 (PL 32,1275): «Voluntas igitur nostra nec voluntas esset, nisi esset in nostra potestate».
[23] *Conf.* VIII 9,21.
[24] *De div. quaest.* 83 q.35,1 (PL 40,23): «Cum amor motus quidam sit, nec ullus sit motus nisi ad aliquid»...
[25] Cf. *Sermo* 150: PL 38,807-14.

con la doctrina de filósofos anteriores, introdujo en su psicología y ética la distinción entre el bien útil y el honesto [26].

Existe en el hombre un foco de energía elemental, que es el amor a la felicidad, a la vida dichosa, de la que es inseparable el *frui*, el deleitarse, de modo que el deleite mismo constituye el centro de gravedad [27].

El *uti-frui* expresan la doble relación con que el hombre puede situarse ante la elección de un bien que se le ofrece, ya tomándolo como trámite para llegar a otro bien superior, o como último objeto del deseo, o la meta del descanso, más allá del cual no se quiere ir. A este objeto-término, o fin último, lo consideramos como sumo Bien, apetecible por sí mismo, porque da la quietud total a los deseos. Por eso, estrictamente hablando, el objeto del *frui* es Dios, como plenitud de todo lo deseable; *fons nostrae beatitudinis*, diría San Agustín [28]. Todos los demás bienes son incapaces de dar descanso definitivo. Porque nos ha creado el Señor para sí y nuestro corazón no descansa hasta reposar en Dios [29]. El amor, pues, de todos los bienes creados exige una referencia a Dios como condición del buen uso de ellos, de los que puede gozarse o usar con deleite, mas sin poner en ellos el último fin. Si en el uso de los bienes creados falta la relación al Creador, que es su fuente y su último fin, ellos se convierten en bienes absolutos, es decir, en ídolos que ocupan el lugar de Dios, y así su disfrute consiste en una forma de idolatría de la criatura. Es lícito, pues, deleitarse en bienes sensibles y espirituales—*delectari iustitia, delectari veritate...*—, pero sin romper el lazo que los une con su principio y origen y recibiéndolos de su mano y poniéndolos como escala que nos haga subir a El.

Estas dos formas de adhesión o movimiento al centro dan la división del amor en *caritas* y *cupiditas*, caridad y codicia, que son fundamentales en la antropología y espiritualidad agustinianas. Son las dos raíces de donde proceden los bienes y los males, «porque así como la raíz de todos los males es la codicia (1 Tim 6,10), dice San Pablo, así hace entender que la raíz de todos los bienes es la caridad» [30]. *Caritas* y *cupiditas* expresan la vida afectiva de los hombres, que son buenos o malos según sus amores [31].

Aunque la palabra *cupiditas* es ambivalente y algunas veces la usa San Agustín como equivalente del amor del bien, generalmente la contrapone a la caridad, como deseo desordenado de los bienes inferiores con desprecio o menosprecio de los superiores, en que radica su malicia; y así dice: «Llamo

---

[26] *De div. quaest. 83* q.30 (PL 40,19): «Ut inter honestum et utile interest, ita et inter fruendum et utendum... Fruendum est autem honestis, utendum vero utilibus». La distinción entre lo útil y lo honesto se halla en Cicerón. Cf. R. Holte, *Béatitude et sagesse* p.201.

[27] *De mus.* VI 11,29 (PL 32,179): «Delectatio quippe quasi pondus est animae. Delectatio ergo ordinat animam. *Ubi enim thesaurus tuus, ibi erit et cor tuum* (Mt 6,21); ubi delectatio, ibi thesaurus; ubi autem cor, ibi beatitudo aut miseria». Según R. Lorenz (*Die Herkunft des augustinischer «Frui Deo»*: Zeitsch. für Kirchengeschichte 64 [1952-53] 34-69), la distinción *frui-uti* la tomó San Agustín de Varrón. También Cicerón usa *summo bono frui* a propósito del disfrute que el sabio tiene de su perfección moral (R. Holte, *Béatitude et sagesse* p.202).

[28] *De civ. Dei* 3,2: PL 41,280.

[29] *Conf.* 1,1.

[30] *De grat. Christi et pecc. orig.* I 18: PL 44,370.

[31] *In Io. ep. tr.* II 14: PL 35,1997.

codicia al movimiento del ánimo orientado a disfrutar *(frui)* de sí mismos, del prójimo y de todo bien sensible excluyendo a Dios» [32]. Concebida en esta forma, la *cupiditas* es un movimiento contrario a la caridad: «No porque no haya de amarse a la criatura; mas, si se orienta la intención a Dios, no se llama ya codicia, sino caridad. Pues hay codicia cuando la criatura se ama por sí misma, y entonces no ayuda al que usa de ella, sino corrompe a quien de ella goza» [33]. Por eso ni aman siquiera los que van movidos por la codicia [34]. El hombre va arrastrado a sus diversos centros por «los pesos de las malas codicias» [35]. La *cupiditas* implica un desorden o una perversión, porque tiende a alterar el valor de los bienes, haciendo de los primeros últimos, y de los últimos primeros.

Es lo que llama San Agustín usar del fin para los medios, y de los medios o bienes útiles hacer el fin [36]. No se guarda el respeto a la jerarquía de los bienes; el oro se convierte en lodo y al lodo se dan quilates de oro.

La caridad, al contrario, es un movimiento ordenado del corazón que va a los bienes respetando su orden: «Llamo caridad al movimiento del ánimo que tiende a gozar de Dios por sí mismo, y de sí mismo y del prójimo por Dios» [37]. La esfera de los bienes se reparte aquí en tres: Dios, el sujeto que ama y el prójimo. A los cuales hay que añadir igualmente los bienes inferiores, de modo que todo el ámbito del amor comprende cuatro estaciones posibles: el sumo Bien, que está sobre nosotros; el segundo, que somos nosotros; el tercero, que son los que están junto a nosotros, y el cuarto, que es lo que está bajo nosotros, y aquí se comprenden todos los bienes de orden material que pueden dar placer a los sentidos o son medios para conseguir esto, como el dinero [38]. La vida del corazón se mueve dentro de ese universo donde rigen las normas de la buena elección y estimación, porque «aquel que vive justa y santamente es estimador irreprochable de cada cosa, es decir, el que tiene ordenada la caridad de modo que ame más lo que debe amarse más, y ame igualmente lo que merece igual amor, y ame menos lo que debe amarse menos. No ame, pues, lo que no debe amarse, ni ame más lo que debe amarse menos, o ame igualmente lo que debe amarse más o menos, o menos lo que debe amarse con un amor igual o mayor. Al hombre injusto no debe amarse como tal; al hombre como hombre debe amarse por Dios, y a Dios por sí mismo» [39]. Tal es la escala de ordenación del amor, el cual debe adecuarse siempre al valor objetivo de las cosas para que sea razonable.

Lo cual exige que se dé la primacía de los bienes a Dios, y, por lo mismo, la primacía en la estimación, siendo El la razón de amarse todas las demás

---

[32] *De doct. christ.* III 10,16 (PL 34,72): «Cupiditatem autem (voco) motum animi ad fruendum se et proximo et quolibet corpore non propter Deum».

[33] *De Trin.* IX 8,13: PL 42,067-68.

[34] Ibid., VIII 7,10 (PL 42,956): «Cupidi abusive dicuntur diligere».

[35] *De civ. Dei* I 28,1: PL 41,41.

[36] *De div. quaest. 83* q.30 (PL 40,19): «Omnis itaque humana perversio est, quod etiam vitium vocatur, fruendis uti velle, et utendis frui. Fruendum est autem honestis, utendum vero utilibus».

[37] *De doctr. christ.* III 10,16 (PL 34,72): «Caritatem voco motum animi ad fruendum Deo propter ipsum et se atque proximo propter Deum».

[38] Ibid., I 23,22: PL 34,27.

[39] Ibid., I 27,28: PL 34,29.

cosas, porque todo lo valioso y estimable viene de El, y a El debe conducir en última instancia o a El debe referirse. El amor bien ordenado—*ordinata dilectio*—nos da la definición de la caridad. Toda la vida moral y espiritual del hombre está centrada en el amor, pues no hacen las buenas o malas costumbres, sino los buenos o malos amores [40].

En este orden de la caridad hallamos tres momentos o estadios: el principio, el medio y el fin, como en todo movimiento ordenado. El principio está constituido por dos polos, uno subjetivo y otro objetivo. El primero es el mismo sujeto humano, el amante, dotado de un impulso originario y natural que le lleva hacia la vida feliz. Se trata de un principio constitutivo del ser humano, movido universalmente por el deseo de la verdad, del bien, de la hermosura, de la vida sin término, que crean una tensión interior de inquietud que obliga al hombre a salirse de sí mismo en busca de lo que le falta. Pero este principio, digámoslo así, ontológico exige la presencia de un objeto concreto donde halle su descanso. Y aquí se introduce, como trámite necesario, el conocimiento, que es el encuentro con los bienes para adherirse a ellos por la posesión, pues no se ama nada desconocido: «No amaríamos la vida feliz si no la conociéramos» [41]. Hay, pues, un primer contacto relacional entre el sujeto que ama y el objeto o persona que se ama, y, como consecuencia, un efecto, que llama el Santo «el atraernos o movernos hacia sí» [42].

Y con este moverse o ponerse en marcha se realiza el segundo estadio, variable según los bienes que se buscan. Generalmente, San Agustín expresa con verbos de movimiento—*ire, ambulare, tendere, currere*—los esfuerzos o conatos aproximativos para unirse a lo que se ama. El mismo amor en ejercicio es una carrera, admirablemente figurada por el ciervo que corre hacia la fuente de aguas [43].

Dentro de la misma analogía del *pondus,* sírvese él de una fraseología donde la ley de la atracción esclarece este dinamismo. Con los verbos *trahere, attrahi, ferri, rapi, allici,* explica no sólo el valor de los bienes creados, sino también la fuerza suave de la gracia, que mueve las voluntades humanas. Es célebre en esta materia el comentario a las palabras de Cristo: *Nadie viene a mí si el Padre no me lo trae* (Jn 6,44) [44]. Se trata de una atracción suave que tiene sus analogías con tantas atracciones humanas que naturalmente mueven y arrastran también a los hombres. Pero dentro de este fenómeno de la atracción

[40] *Epist.* 155,13 (PL 32,672): «...nec faciunt bonos vel malos mores nisi boni et mali amores».
[41] *Conf.* X 20,29: «Neque enim amaremus eam, nisi nossemus eam». Habla de la vida feliz.
[42] *Ibid.,* IV 13,20: «...nos ad se movere». Sobre esta terminología afectiva véase a ALBERTO DI GIOVANNI, *L'inquietudine dell'anima. La dottrina dell'amore nelle Confessioni di S. Agostino* p.76ss (Roma 1964). *Motus* y *moveri* se hallan 25 veces el primero y 32 veces el segundo (ibid., p.81).
[43] *Enarrat. in ps.* 41: PL 36,464-76.—*Enarrat. in ps.* 39,11 (PL 36,441): «Omnes currentes amant se et ipse amor cursus est».—*De perf. iust. hom.* VII 19 (PL 34,391): «Curramus credendo, sperando, desiderando».
[44] *In Io. ev. tr.* 26,4 (PL 35,1608): «...trahitur animus et amore».—Ibid. (ibid., 2,1607): «Nemo venit nisi tractus». Cf G. PLINVAL, *Mouvement spontáneou mouvement imposé? Le «feror» augustinien:* Études Augustiniennes 5 (1959) 13919. A DI GIOVANNI, o.c., p.176: «L'amare è, insieme, esser portato e portarsi attratto dall'oggetto e tendente all'oggetto»

se comprende una gran variedad de estados afectivos, que San Agustín traduce por los verbos de fuego: arder, encenderse, inflamarse [45].

Los estados afectivos, o digamos también afectos, tienen una gran importancia y son como las fuerzas motrices que llevan al hombre. «Ser afectado desempeña un papel preeminente en el desarrollo de la personalidad», dice D. Hildebrand [16]. *Affici* es un verbo familiar a San Agustín. «El es, sin duda, un término de índole afectiva, aunque muy general, y significa recibir impresiones, ser afectado por un objeto, sea sensible o espiritual» [47]. Podemos traducirlo en castellano por impresionarse, afectarse, hacer mella en el sujeto humano, despertar la afición, el deseo; engolosinar la voluntad, robar el corazón, hacer fuerza, llevarse tras sí [48]. De aquí viene las *affectiones animi,* que se reducen a cuatro principales: el gozo o la alegría, la tristeza, el temor, el deseo. Pero el número de las afecciones es irreductible a guarismo: «Más fácil es hacer la suma de sus cabellos que de los afectos y movimientos del corazón» [49]. El dinamismo psicológico está en manos de los afectos: «En lo corporal son cosas diversas los pies, las escalas, las alas. Mas en lo interior, pies, escalas y alas son los afectos de buena voluntad» [50].

Si en el aspecto afectivo de la voluntad hay, sin duda, una *passio* o una mella que recibe ella del objeto, de tal modo que sea llevada y movida con mengua de la libertad misma, con todo, no queda anulado el aspecto volitivo y decisivo del hombre mismo hasta ser un juguete de la *passio.* Puede haber casos en que así lo sea, sobre todo cuando la costumbre domina en las acciones o el poder de la atracción fascine y arrebate al mismo libre albedrío; pero en la conducta humana hay que dar una parte muy importante a lo volitivo o decisivo que radica en la misma voluntad como fuerza de imperio. Porque la esfera del espíritu es la libertad, sin duda condicionada por la situación del hombre caído; y, aun dentro del juego de atracciones que influyen en él, se mueve y va hacia ellas con un paso libre. El movimiento no se le impone desde fuera, sino le nace dentro, como ser racional y libre, como apetito original de señorío propio, con que afirma su poder personal [51]. En el orden ejecutivo, es el *conatus,* el conato, que traduce en el proceso de la acción el esfuerzo positivo de salir victorioso de una lucha en que toman parte dos poderes contrarios. Con particular evidencia resplandece este hecho en el combate que San Agustín sostuvo antes de la conversión, cuando se enfrentaron dos fuerzas enemigas: las de la costumbre antigua, con el dominio de la concupiscencia, y las del nuevo ideal de la continencia, que también

[45] *Conf.* III 4,8: «Quomodo ardebam, Deus meus, quomodo ardebam revolare a terrenis ad te».—Ibid., IX 4,8: «... et quomodo in te accendebar et inflammabar».

[46] *Etica cristiana* p.233.

[47] A. DI GIOVANNI, o.c., p.80.

[48] Juan Mir y Noguera admite el uso del reflexivo *affectari, affici,* por *afectarse,* que Baralt había puesto en cuarentena con los galicismos. Cf. *Diccionario de galicismos,* artículo «Afectar». Del latín se deriva correctamente *afectarse (Diccionario de frases de autores clásicos* [Buenos Aires 1942] p.73-74).

[49] *Conf.* IV 14: «Capilli eius magis numerabiles sunt quam affectus eius et motus cordis eius».

[50] *Enarrat. in ps.* 38,1 (PL 36,413): «Intus autem et pedes et scalae et pennae affectus sunt bonae voluntatis».

[51] *Enarrat. in ps.* 38,2: PL 36,413.—*In Io. ev. tr.* 56,4: PL 35,1789.

le atraía: «Se me dejaba ver la casta dignidad de la continencia serena y alegre acariciándome honestamente para que me acercase»[52]. Para reinar en su alma combatían dos tipos de hermosuras, como dividiéndola en dos voluntades: una antigua y otra nueva: «Y me esforzaba de nuevo y casi tocaba..., pero no estaba aún allí»[53]. Esforzaba la aventura de su albedrío para salir victorioso contra la antigua pasión mandona de su vida y recobrar la jurisdicción de su interior señorío. Aquí aparece el aspecto imperial y masculino de la voluntad para no dejarse llevar de la pasión y quedar señora de su campo.

Todo esto ha de salvarse cuando se considera el dinamismo del querer, en que actúa la caridad para llevarnos hasta el último estadio, que es la posesión del fin, o fruición de la vida feliz, pudiendo decirse que el verbo *tendere* es el que mejor expresa toda la condición itinerante del hombre. El *tendere* es el amor en movimiento hacia una meta gloriosa: «Ahora tendemos a Dios por el amor para descansar en El cuando lleguemos»[54]. Tanto el *tendere ad Deum* como el *tendere ad perfectionem* son frases de cuño o de mucho uso agustiniano que definen toda la tarea espiritual de los viadores cristianos y humanos.

4. La caridad es un don de Dios

En la estructura de la caridad entran como componentes dos líneas de fuerzas, una humana y otra divina, para formar una síntesis sobrenatural. Por fuerzas humanas entiendo las aspiraciones naturales a la felicidad, a la verdad, al bien, a la hermosura, a la paz eterna, que son dote inalienable del espíritu. En todas las latitudes del orbe, los hombres andan ansiosos y a caza de esos bienes. La filosofía helénica, sobre todo por boca de Platón, llamó *eros* al deseo de la conquista de la sabiduría y contemplación de lo verdadero, bueno y hermoso en su misma fuente que es Dios. Pero este logro, naturalmente, se hizo imposible al hombre caído, porque si el *eros* no perdió las alas para subir y volar según el itinerario trazado en el *Simposio* por la profetisa de Mantinea, con todo, se le volvieron tan pesadas, que no la dejan elevarse. Es el preso terrestre, que lleva el amor al goce de las cosas sensibles y bajas. En estas palabras del Santo está descrita toda la tragedia que vislumbró Platón, y que sólo explicó mejor el cristianismo. El *eros* platónico proporciona al alma las alas que necesita para su ascensión desde la hermosura de las cosas materiales a la de las cosas espirituales hasta descansar en la contemplación de la Belleza absoluta. La reminiscencia del mito platónico del *eros* le bulle a San Agustín al comentar estas palabras del salmo 138,9: *Si recibo alas y emigro hasta el confín del mar;* y así dice: «*Si*

---

[52] *Conf.* VIII 11,27: «Aperiebatur enim ab ea parte, qua intenderam faciem et quo transire trepidabam, casta dignitas continentiae, serena et non dissolute hilaris, honeste blandiens ut venirem». ¡Con qué arte acumula San Agustín aquí los adjetivos—*casta, serena, hilaris, honeste*—para realzar la atracción de los valores espirituales encerrados en la continencia!

[53] Ibid.: ibid., 25.

[54] *De civ. Dei* X 3,2 (PL 41,280-81): «... ad eum dilectione tendimus ut perveniendo quiescamus». Este descanso final está expresado por San Agustín con los verbos *haerere, inhaerere, cohaerere, adhaerere, amplecti, amplexari, delectari, gaudere.* Cf. A. DI GIOVANNI, o.c., p.94.

recibo, dice; luego las había perdido. Reflexionad sobre esto, hermanos; sea ésta nuestra esperanza, éste nuestro consuelo. Recibamos por la caridad las plumas que perdimos por la codicia. Porque ésta se hizo visco para nuestras plumas, haciéndonos perder la libertad de nuestro aire, es decir, de aquellas auras libres del Espíritu Santo. Arrojados de allí, perdimos nuestras alas y en cierto modo caímos en el poder del cazador; de allí nos rescató con su sangre Aquel de quien nos alejamos para dar en la trampa. El nos hace crecer las alas con sus preceptos, y las levantamos ya sin liga. No amemos el mar, sino volemos a sus confines. Nadie se acobarde; pero tampoco nadie presuma de sus alas, porque, aun teniéndolas, si El no nos levanta, si El no nos guía, caeremos en lo profundo del mar cansados y abrumados por presumir de nuestras fuerzas. Es necesario, pues, que tengamos alas, pero también que El nos dirija, porque es nuestro auxiliador. Tenemos el libre arbitrio. Pero ¿que podemos con él, si nos falta su ayuda? *Pues allí me alcanzará tu mano y me agarrará tu derecha* (Sal 138,10)» [55].

Este pasaje es de una compleja profundidad. San Agustín tiene presente que el hombre, compuesto de carne y espíritu, con deseos divergentes, se halla privado del estado de integridad original por causa de su pecado, y, aunque sabe que son muchos y muy variados los impulsos del hombre, los reduce aquí a dos: *cupiditas* y *caritas.* La primera hizo perder o enviscar las alas voladoras y la segunda es la que las restituye y hace al hombre un ser alado y volador, es decir, un ser que puede conseguir el fin para que fue creado: el descanso en Dios. La orientación o inclinación natural del hombre a Dios, que es el contenido de sus más finas aspiraciones al Bien, se logra con la caridad o fuerza nueva que Dios comunica para despegarse del mundo de las codicias terrenas y remontarse a la esfera superior de sus anhelos.

En este otro pasaje de las *Confesiones* se explica el mismo hecho: «El amor nos remonta allá, y vuestro buen Espíritu encumbra nuestra bajeza, sacándola de las puertas de la muerte. La paz se halla en la buena voluntad. Todo cuerpo con su gravedad tiende a su lugar. Y el peso no va necesariamente hacia abajo, sino hacia su centro. El fuego sube arriba, la piedra baja al suelo. Llevados por sus pesos, buscan sus lugares propios. El aceite derramado en el agua sube a ponerse encima; el agua derramada en el aceite va a ocupar su lugar debajo de él; son llevados por sus pesos, ocupan sus lugares. Los elementos que no están en su sitio están inquietos; se ordenan, y descansan. Mi peso es mi amor; él me lleva adondequiera que soy llevado. Con tu don nos inflamamos y somos llevados hacia arriba; nos enardecemos y subimos. Realizamos las ascensiones interiores y cantamos el cántico de las subidas. Con tu fuego, con tu fuego bueno, nos encendemos y vamos, porque subimos a la paz de Jerusalén, pues me he alegrado con las voces que nos han dicho: *Nosotros iremos a la casa del Señor.* Allí nos pondrá en nuestro puesto la buena voluntad, y sólo desearemos ya permanecer siempre en él» [56].

[55] *Enarrat. in ps.* 138,13: PL 37,1792.
[56] *Conf.* XIII.IX 10: «Illuc attollit nos et spiritus tuus bonus exaltat humilitatem nostram de portis mortis».

También este pasaje rebosa de mucha enjundia y riqueza ideal. Las imágenes clásicas y las bíblicas se funden para dar a la prosa agustiniana colorido inconfundible y viveza de expresión. Si en el hombre hay dos fuerzas gravitatorias, que corresponden a su carne y su espíritu, y si la gravedad del *eros* carnal prevaleció sobre la del *eros* celeste, fue necesaria otra fuerza superior, que es el Espíritu de Dios, el don de la gracia, que levante el peso del amor humano para hacerlo amor divino.

Esta es la obra de la gracia, que San Agustín defendió contra Pelagio, empeñado en defender la bondad de la naturaleza, el equilibrio de sus fuerzas o de sus dos amores, de modo que el hombre puede amar el bien sin contar con la ayuda de lo alto, puede alcanzar con su libre albedrío la perfección de la justicia y el premio de la bienaventuranza.

Los pelagianos desconocían el profundo desorden del amor o el desequilibrio de los pesos en la naturaleza. Contra ellos, San Agustín establece el principio: «El amar a Dios es don de Dios»[57]. Todo el misterio y sentido de la encarnación se reduce a esto: «Vino Cristo para cambiar el amor, y de terreno hacerlo amador de la vida celestial»[58]. Por eso, luego de subir al cielo, envió su Espíritu, que es el don de la caridad, el máximo que puede recibir el hombre. Por el amor se estima la medida y grandeza humana. «Dice alguien ponderando a uno: '¡Qué grande es ese hombre, qué valioso, qué excelente!' Yo le pregunto: ¿Por qué? 'Porque sabe mucho', contesta. No pregunto lo que sabe, sino lo que ama»[59]. El amor da la dimensión verdadera de los hombres y pide la mano del máximo donante.

San Agustín, para probar que la caridad viene de arriba, utiliza particularmente tres testimonios bíblicos; dos de San Pablo: Rom 5,5 y 1 Cor 1,7, y otro de San Juan: 1 Jn 4,7[60].

He aquí cómo razona contra el pelagiano, que niega el don divino: «¿Tienes la caridad? —Sí, la tengo. —¿De quién la tienes? —De mí mismo. —Pues si la tienes de tu cosecha propia, ¡qué lejos estás de su dulzura! Te amarás a ti mismo, porque de lo que tienes amarás. Pero yo te convenzo de que no estás en la verdad. La caridad es el don supremo, superior al don de profecía, de ciencia, de fe, pues todos los dones no son provechosos sin la caridad. Compárala con otros dones menores de tu cuerpo: los ojos, las manos, los pies, las entrañas ¿Puedes comparar todo eso ni remotamente con la caridad? Luego tus ojos y tu nariz los recibiste de Dios, y la caridad la tienes de ti mismo. Si la caridad, que aventaja a todo, la tienes de ti, has rebajado a Dios. Pues ¿qué mejor cosa puede darte Dios? Todos los demás dones

---

[57] *Sermo* 297,1 (PL 38,1359): «Amare enim Deum Dei donum est». Es el principio opuesto al de los pelagianos.—*Op. imp. contra Iul.* III 106 (PL 45,1292): «Caritatem... Dei esse donum negatis».

[58] *Sermo* 344,1: PL 39,1512.

[59] MA I; DENIS, XIV 67: «Quid diligat quaero, non quid sciat».

[60] Rom 5,5: *Caritas Dei diffusa est in cordibus vestris per Spiritum Sanctum qui datus est... nobis.*—1 Cor 4,7: *Quid habes quod non accepisti?* Meditando en este pasaje, conoció y descubrió San Agustín que aun el comienzo de la fe es obra de la gracia divina; dígase lo mismo de la caridad.—*1 Io.* IV 7: «Quia dilectio ex Deo est». A estos textos bíblicos puede añadirse otros; v.gr.: *Nemo potest venire ad me, nisi fuerit datum a Patre meo* (Io 6,66); *Sine me nihil potestis facere* (Io 15,5); *Qui spiritu Dei aguntur, hi sunt filii Dei* (Rom 8,14), etc.

son inferiores y a todos ellos aventaja la caridad, que tú mismo te la diste. Pero, si la tienes, no te la has dado a ti mismo. Pues *¿qué tienes que no hayas recibido?* (1 Cor 4,7) —¿Quién me la ha dado a mí, quién te la ha dado a ti? —Dios. Reconoce al Dador para que no sea tu condenador. Si damos fe a la Escritura, Dios te regaló el gran don de la caridad, superior a todos, *porque la caridad de Dios ha sido derramada en nuestros corazones. ¿Tal vez por ti?* De ningún modo, sino *por el Espíritu Santo que nos fue dado* (Rom 5,5)» [61].

«La caridad, pues, viene de Dios (1 Jn 4,7). Luego, si no viene de Dios, sino de los hombres, vencieron los pelagianos; mas, si procede de Dios, hemos vencido a los pelagianos» [62].

Ella nos hace desear el bien, y por este buen deseo nos hace buenos o hace buena la voluntad. Pues ¿qué es el deseo del bien sino la caridad, de la que sin ambigüedades dice el apóstol San Juan: *La caridad viene de Dios?* Ni se debe a nosotros el comienzo de ella, y a Dios la perfección; si procede la caridad de Dios, toda ella viene de Dios... Es, pues, como una bendición de dulzura la gracia de Dios, que hace en nosotros que nos deleite y deseemos o amemos lo que El ha mandado, y, si en esto no se adelanta Dios, ni habrá perfección ni principio en nosotros» [63].

Tanto el comienzo de la fe como su desarrollo y perfección, se deben a la gracia o tienen un origen divino; lo mismo digamos de la caridad.

5. El lago sobre el monte

Para entender la caridad en el verdadero sentido cristiano hay que subir a su fuente y origen celestial. El saber de dónde nos viene es un capítulo principal de la ciencia del amor. Y aquí un principio para saber esto es el de San Juan: *Dios es amor,* del que San Agustín toma también su luz contra los pelagianos. Dios es el manantial eterno del amor, del que han de brotar necesariamente todas las formas de amor. No es de la tierra egoísta y seca del hombre de donde mana tan pura corriente. Diríase que Dios es como el lago infinitamente cristalino y fecundo sentado sobre la cima de todos los montes, y que de El descienden y fluyen todos los arroyos que nacen en el fondo de los valles humanos. A primera vista pudiera creerse que el agua nace por sí misma en el valle. Fue el error de los pelagianos, pensando que los hombres mismos son los manantiales de este amor, cuando él procede del primer amor, porque es eterno y esencial, y de él son participación los demás amores: «En San Juan dice la luz: *Mirad qué amor nos dio el Padre, que nos llamemos hijos de Dios, y lo seamos en verdad* (1 Jn 3,1). Y en los pelagianos dicen las tinieblas: 'La caridad nos viene de nosotros'. Si ellos conocieran la verdadera caridad, sabrían de dónde procede, como lo sabía el Apóstol al decir: *Pero nosotros no hemos recibido el espíritu del mundo, sino el Espíritu que está en Dios, para que conozcamos los dones que Dios nos ha concedido* (1 Cor 2,12). San Juan dice: *Dios es caridad*

---

[61] *Sermo* 145,4: PL 38,295.
[62] *Contra duas epist. Pel.* II: PL 44,586.
[63] Ibid.

(1 Jn 4,16). Y los pelagianos dicen que al mismo Dios no lo tienen de Dios, sino de sí mismos; y, confesando que la ciencia de la ley la recibimos de Dios, quieren que la caridad la tengamos de nuestra cosecha. No oyen al Apóstol, que dice: *La ciencia infla, mas la caridad edifica* (1 Cor 8,1). ¿Pero qué mayor insensatez que decir que es un don de Dios la ciencia, que ha de supeditarse a la caridad, y que es cosa de hombres la caridad, que aventaja a la ciencia? Pero la fe verdadera y la doctrina sana dicen que ambas son de Dios» [64].

Para entender la naturaleza de este don sobrenatural conviene añadir que el texto paulino más utilizado por San Agustín contra los pelagianos (Rom 5,5) insinúa dos formas de don. Por una parte, es la caridad infundida en los corazones, y, por otra, también el Espíritu Santo nos ha sido dado. Algunos intérpretes, como el Maestro de las Sentencias, Pedro Lombardo, entiende por don personal al mismo Espíritu Santo, que es la caridad. Caridad y Espíritu Santo son el mismo y único don. Estas palabras de San Agustín le dieron apoyo: «La caridad o dilección, porque es de Dios y es Dios, es propiamente el Espíritu Santo» [65]. Pero el Santo en otros pasajes distingue el don de la caridad creada del don personal que es el Espíritu Santo.

«El Apóstol dice que la caridad ha sido derramada en nuestros corazones para significar no la caridad por la que hemos sido amados, sino la que a nosotros nos hace amantes» [66]. Hay una caridad en Dios con que El nos ama, y otra caridad con la que nosotros amamos, haciéndonos amantes. Sin duda, esto debe explicarse con la doctrina de la participación. La hermosura que Dios comunica a las criaturas es don de Dios con que ellas se embellecen y que tiene su origen en aquélla. Lo mismo, la justicia con que Dios justifica la participa el justo, y se hace propia y personal, aunque derivada de la divina, que es su fuente.

Igualmente hay una caridad nuestra, que recibimos de Dios y nos hace amantes de lo bueno; lo cual no obsta para que también nos sea dado el Espíritu Santo, a quien más propiamente se atribuyen las obras del amor divino, aunque en el misterio de inhabitación son las tres divinas personas las que moran en los justos con una presencia *dinámica:* «Después de decir el Apóstol: *La caridad ha sido derramada en nuestros corazones,* para que nadie creyese que el amor lo tiene de sí mismo, añadió en seguida: *por el Espíritu Santo que nos fue dado* (Rom 5,5), para que ames a Dios y El inhabite en ti y se ame a sí mismo por medio de ti; es decir, El te mueva a amarle, El te encienda, El te ilumine, El te despierte» [67].

San Agustín realza con sumo empeño el origen sobrenatural de la caridad para que nadie se alce con el don máximo que ha hecho Dios a los hombres [68].

---

[64] *De grat. et lib. arb.* XIX 40: PL 44,905.

[65] *De Trin.* XV 18 (PL 42,1083): «Dilectio igitur, quia ex Deo est et Deus est, proprie Spiritus Sanctus est».

[66] *De spir. et litt.* 32,52: PL 44,237. Sobre el uso frecuente que San Agustín emplea contra los pelagianos del texto paulino (Rom 5,5) véase el estudio de A. M. LA BONNARDIÈRE, *Le verset paulinien Rom 5,5 dans l'oeuvre de Saint Augustin:* Augustinus Magister II 657-65.

[67] *Sermo* 128,4: PL 38,715.

[68] Sobre los problemas que se rozan aquí ligeramente recomendamos el nuevo libro

El texto anterior indica algunos aspectos dinámicos de la caridad como obra de Dios que mueve, enciende, ilumina, da alientos. Es decir, crea al amante nuevo: «Hiere Dios el corazón del que ama para ayudarle, lo hiere para hacerlo amante»[69]. Hace, pues, un sujeto nuevo, movido por resortes nuevos y superiores a todo amor natural, «a fin de que con el deseo de nueva vida se mejore, y cultive otros anhelos, y suspire ante Dios por otras cosas, y ponga los ojos en el reino de los cielos»[70]. Esta «nueva criatura» movida por razones eternas y divinas es una obra de la caridad de Dios.

Pero esta creación del «amante nuevo» no surge de la nada, sino de una situación anterior del *«eros* caído» y cautivo de las cosas terrenas.

La filosofía de Platón había vislumbrado ya este cautiverio, considerando la unión del cuerpo y el alma como la cárcel[71]. El cristianismo y San Agustín rectificaron las ideas en este punto; pero la imagen del alma que tiene las plumas enviscadas y no puede remontarse subsiste en el Santo, como se ha indicado, y manifiesta la situación del amor humano, que suspira por las alturas azules, pero sigue amarrado y esclavo, sin poder soltarse por sí mismo[72]. La situación, dibujada ya en las *Confesiones* con pinceladas inolvidables, se refleja en estas palabras, donde con cuatro verbos en *climax* o gradación sigue el proceso de su cautiverio del amor: «Cuando el hombre se entrega a sus deseos, con ello se hace reo, porque, dejado de Dios, cede y consiente en ellos, es vencido, es aprisionado, arrastrado, dominado»[73]. Estos cuatro verbos: *vencer, sujetar, arrastrar, dominar,* expresan admirablemente toda la psicología del hombre caído, no sólo en su principio, sino también su constante repetición en la historia. Aquí se trata del amor que cede a los deseos terrenos, es decir, del *eros* en su aspecto vulgar, cautivado por los bienes más inferiores.

Por eso la caridad divina, para salvar al hombre, lo primero tuvo que redimirle de esta esclavitud del amor terreno con una obra de liberación, para darle la primera libertad, que consiste en carecer de crímenes[74]. Libertad que debemos a Cristo, cuyo amor divino libertó al humano, vencido, cogido, arrastrado y dominado.

Tal es el profundo misterio de la caridad divina que trajo la libertad espiritual del hombre: «Tú eres siervo y libre; siervo, porque eres criatura; libre, porque eres amado por Dios; más aún, libre, porque amas a Dios»[75].

---

del padre Argimiro Turrado: *Dios en el hombre* (BAC, Madrid 1971). De este argumento se tratará más adelante.

[69] *Enarrat. in ps.* 119,5: PL 37,1600. Véase la nt.4.

[70] MA I; MAI 15,297: «... desiderio novae vitae innovetur, aliud concupiscat, propter aliud Deo suspiret, sit amator regni caelorum».—Ibid.; MAI 14,1,292: «Sicut cupiditas facit hominem veterem, sic caritas novum».

[71] Cf. A. H. ARMSTRONG y R. A. MARKUS, *Fe cristiana y filosofía griega:* «La idea que realmente tenían los platónicos era la de estar esclavizados a los deseos de las cosas materiales y cegados a la verdadera naturaleza y fin del hombre por aquellos deseos y por la fuerza de nuestra percepción sensorial» (p.59, Barcelona 1964).

[72] *Enarrat. in ps.* 121,1 (PL 37,1618): «Obligata enim anima amore terreno, quasi viscum habet in pennis; volare non potest».—*Enarrat. in ps.* 103,13 (PL 37,1347): «Quicumque implicatur amore carnali, viscum habet in pennis».

[73] *Contra Iul.* V 12 (PL 44,790): «Cum ergo dicitur homo tradi desideriis eius, unde fit reus, desertus a Deo, cedit eis atque consentit, vincitur, capitur, trahitur, possidetur».

[74] *In Io. ev. tr.* 41,9 (PL 35,1997): «Prima libertas est carere criminibus».

[75] *Enarrat. in ps.* 99,7 (PL 37,1275): «Simul es et servus et liber; servus, quia fac-

Ser amado de Dios y amarle son dos sublimes ejercicios de la libertad. El amor divino es el libertador del amor humano, siendo nuestra libertad obra gratuita de la caridad divina. Amándonos, nos hizo libres de todos los impedimentos para ejercitar nuestra libertad de amarle y nos introdujo en el gozo puro de pertenecerle a El. El sentimiento de ser amados de Dios crea la libertad cristiana y su goce incomparable, porque nos libera de la servidumbre al miedo y a la angustia en sus aspectos más trágicos, que tanto atormentan a los hombres de hoy. Aun en lo humano, sentirse amadas eleva a las personas, las sube a una honra y gozo que les da libertad y apoyo existencial. Sentirse amados de Dios da también libertad, señorío y fuerza para sobreponerse a los altibajos de lo temporal.

Finalmente, en el don de la caridad se comprende otra noble aportación: «Ley de caridad es la ley de Cristo. Por eso vino El, porque nos amó, y no había cosa de amar, pero El amándonos nos hizo amables» [76].

La nueva amabilidad, es decir, la nueva hermosura de las criaturas amadas por Dios: he aquí la dotación de la caridad divina. Esta amabilidad y hermosura que Dios pone en los hombres al mirarlos con caridad, se llama también *gracia,* y con ella se comprenden innumerables dones que el amor divino derrama sobre los redimidos. Piénsese en la amabilidad de muchos santos con la riqueza de dones que ella supone.

Diríase que esta amabilidad divina hace lucir a las almas sus rasgos de imágenes de Dios, que reflejan, a su modo y de mil modos, la hermosura del semblante divino. Amar en Dios es hermosear, crear jardines.

6. El orden de la caridad

De lo dicho se deduce que la caridad, siendo participación del amor mismo que es Dios, crea en el hombre una vida nueva, donde impulsos, aspiraciones, deseos y decisiones se elevan a un orden sobrenatural de valores y de relaciones. De suyo, el amor es creador de relaciones: «El amor es cierta vida que junta en sí a dos: al amante y al amado. Hallamos, pues, en él tres cosas: el que ama, el que es amado y el amor mismo» [77].

Esta estructura trinitaria conviene a todo tipo de amor humano; pero en la caridad adquiere un realce particular, que se llama *teologal,* porque implica una relación íntima y sobrenatural con Dios, el cual comienza a pertenecer a la estructura misma del amor, porque se ha introducido en él por su misma iniciativa gratuita y generosa. Y, al introducirse Dios en la esfera del amor, todo el dinamismo del alma experimenta la fuerza de su presencia y elevación, porque ya la relación a Dios entra en las demás relaciones o en las otras formas de amor, cuyo objeto pueden ser las personas o las demás criaturas.

tus es; liber quia amaris a Deo, a quo factus es; imo etiam inde liber quia amas eum a quo factus est».

[76] MA I; FRANG., 5,214: «Ideo venit quia nos amavit, et non erat quod amaret, sed amando amabiles fecit».

[77] *De Trin.* VII 14 (PL 42,960): «Quid est ergo amor nisi quaedam vita duo aliqua copulans, vel copulare appetens, amantem scilicet et quod amatur? Et illic igitur tria sunt; amans, et quod amatur, et amor».

Sobre este punto, en el segundo libro *De doctrina christiana* formuló su clásica división de las cosas que son objeto de amor: «Hay unas cosas de las que se ha de gozar, otras de que se ha de usar, y otras que se usan y gozan. Las primeras nos hacen dichosos. Las segundas, de las que se ha de usar, nos ayudan a tender a la vida feliz, nos sirven como de adminículos para que podamos conseguir las cosas que nos hacen bienaventurados y permanecer en la unión con ellas. Pero nosotros—que gozamos y usamos—, puestos entre ambas, si ponemos nuestro fin último en las cosas útiles, se impide nuestra carrera, y a veces también se desvía, ora retardándose en el logro de las cosas de que hemos de gozar, ora también haciéndonos retroceder impedidos por el amor de las cosas inferiores» [78].

El ámbito, pues, del amor comprende el de las cosas superiores, que son las que en sentido riguroso nos beatifican, porque en ellas está nuestro fin último y nuestro descanso; el de las cosas medias, que somos los hombres, capaces de usar y de gozar, y el de las cosas inferiores a nosotros, que también pueden utilizarse o disfrutarse. Con esto ya queda ordenado todo el campo de los bienes o valores con que puede relacionarse «con el nudo de la unidad» haciéndolos posesión suya [79].

Dios, pues, es decir, la Trinidad suprema—Padre, Hijo y Espíritu Santo—, son las cosas, o, mejor, personas, que son el objeto de la fruición bienaventurada, que nos pueden hacer suma y eternamente felices [80]. El fin del hombre es la posesión dichosa de la Trinidad, y todos los demás bienes y personas deben ayudarnos para conseguir este fin; y en este aspecto tienen para nosotros razones de medios y no de fin.

Aquí se advierte el ideal eminentemente personalista de la ética y espiritualidad agustinianas. Aun las fórmulas abstractas al parecer ostentan este sello: «La caridad es por la que amamos el bien inefable, el bien bienhechor, el bien creador de todos los bienes» [81]. La relación concreta y personal del amor no está ausente de estas fórmulas. El *sumo Bien,* el sumo Ser, la Verdad suma, de los filósofos antiguos está encarnado en personas divinas. Aun en libros como el *De moribus Ecclesiae catholicae,* disputando contra los maniqueos, con discurso de la razón natural sube hasta la fuente única de todo ser, de toda verdad y de toda vida feliz, pues el Bien supremo a quien se debe amar con el amor máximo es el Dios único. Así por las dos vías de la razón y de la revelación llega a la fórmula del mandamiento máximo intimado por Cristo: «Digamos qué fin de bienes nos propone Cristo; es al que debemos tender con sumo amor: *Amarás,* dice, *al Señor. ¿Cómo? Con todo tu corazón.* No es bastante. *Con toda tu alma.* Tampoco basta. *Y con toda tu mente* (Mt 22,37)» [82].

El máximo mandamiento, pues, que nos lleva a la vida bienaventurada es éste. Y el Santo insiste en la rigurosa exigencia de este mandamiento:

[78] *De doct. christ.* I 3: PL 34,20.
[79] Ibid., *Prologus* 6.
[80] Ibid., I 5: PL 34,21.
[81] *Sermo* 21,2 (PL 38,143): «Caritas est qua diligimus ineffabile bonum, bonum beneficum, bonum bonorum omnium creatorem».
[82] *De mor. Eccl. cath.* I 8,13: PL 32,1316.

«Todo entero te exige el que te dio todo el ser» [83]. Tal es la norma del amor impuesta por el mismo Dios: *Amarás a tu prójimo como a ti mismo,* pero *a Dios con todo tu corazón, con toda tu alma, con toda tu mente* (Lev 19,18; Dt 6,5; Mt 22,37-39); de suerte que todos tus pensamientos, toda tu vida y toda tu inteligencia los refieras a El, de quien has recibido cuanto le ofreces: «Cuando dice, pues, *todo el corazón, toda el alma, toda la mente,* no omite ninguna parte de nuestra vida que deba estar ociosa o se entregue a la querencia de otra cosa, sino que todo lo que se ofreciere al ánimo para amarlo sirva de estímulo para ir allí a donde se lanza el ímpetu del corazón. Luego todo el que ama con rectitud al prójimo debe relacionarse con él de modo que ame también a Dios con todo su corazón, con toda su alma y con toda su mente. Así, amándole como se ama a sí mismo, todo el amor suyo y el de él lo hace desembocar en aquel amor de Dios que no sufre que se desvíe de él ningún arroyuelo, menguándolo con su división» [84]. Para cumplir con la exigencia total de la caridad divina, San Agustín asocia para sus actos todas las partes o potencias del alma que se comprenden con el corazón, el alma, la mente. Véase cómo explica R. Holte estos pasajes: «En el comentario que hace San Agustín de su *De doctrina christiana* sobre el mandamiento del amor de Dios, la asociación de la doctrina de las partes del alma es todavía más sensible. El, en efecto, interpreta el amor de Dios por referencia directa al corazón, alma y espíritu. El corazón se considera como el conjunto de todos los pensamientos *(cogitationes),* es decir, la vida productiva, creadora y activa del pensamiento; el alma significa todo lo que en el hombre es vida, y el espíritu, la comprensión intelectual o visión, es decir, la vida contemplativa. Amar a Dios de todo corazón, con toda el alma y con todo el espíritu significa «dirigir *(conferre)* todos los pensamientos, y toda la vida, y toda la inteligencia a Aquel de quien has recibido los bienes que le ofreces» [85].

Esta entereza del sujeto, que implica una consagración plena del ser humano a Dios como un holocausto espiritual, tiene también otra exigencia: la de la pureza o castidad. Ya antes se ha aludido a la liberación que la caridad divina obra en el amor caído del hombre para darle cierta libertad y agilidad de movimientos y subir a Dios. En realidad, la liberación equivale a un acendramiento y refinación de motivos en el ejercicio del amor. Y aquí entran dos temas, familiares en la doctrina agustiniana de la caridad: el miedo y el interés, que enturbian la pureza del amor. En el dinamismo voluntario hay tres resortes, que San Agustín ordena así: *timor, merces, amor castus:* el miedo, el interés, el amor casto. El proceso mismo de la espiritualidad sigue esta gradación, cuyo logro último es el amor puro.

Tanto el miedo como el interés desdoran el amor verdadero: «Porque uno puede ser interiormente prevaricador de la ley con afectos depravados y realizar al mismo tiempo obras importantes de la ley o por miedo a los

---

[83] *Sermo* 34,7 (PL 38,212): «Totum exigit te qui fecit te».
[84] *De doct. christ.* I 22,21: PL 34,27.
[85] *Béatitude et sagesse* p.254. Gunnar Hultgren ha profundizado en este tema en su excelente libro *Le commandement d'amour chez Augustin* p.126-42 (Paris 1939).

hombres o miedo a Dios; domina, pues, el miedo al castigo, no el amor y gusto de la justicia. Porque una cosa es obrar bien por amor al bien mismo, y otra estar inclinado con la voluntad al mal, de tal modo que lo haría si le fuera permitido obrando impunemente. Pues ya falta con su voluntad el que no por amor al bien, sino por el miedo al castigo, no peca» [86].

Se trata aquí de un temor servil, que elimina la caridad o el amor al bien por su valor. A este propósito suele servirse San Agustín del ejemplo del lobo o del león que quiere hacer un estrago en el rebaño, pero oye a los perros que ladran y a los pastores que vigilan, y se vuelve a su guarida, sin hacer daño, tan lobo como antes. El miedo no cambia el interior del hombre para amar el bien, aunque exteriormente no lo haga [87]: «Porque también la mujer que tiene ánimo adulterino, aunque por el miedo al marido no comete adulterio, tiene en la voluntad lo que le falta a la obra; mientras la mujer casta teme de otro modo; teme al marido, pero lo teme castamente» [88].

Obrando por miedo o por interés codicioso, no se sale del círculo de la esclavitud, pues «el miedo carnal y la codicia hacen a los hombres esclavos y no los hace libres, como los hace la fe evangélica, la esperanza y la caridad» [89].

Alude con estas palabras a los hombres del Antiguo Testamento, los cuales en su máxima parte se movían en su culto religioso por razones de temor a los castigos y esperanza de bienes terrenos. Y ha de notarse aquí que también entonces vivieron justos que pertenecían al Nuevo Testamento, es decir, hombres movidos por la fe, la esperanza y el amor del Mesías que había de venir, y San Agustín los llamó cristianos en este sentido [90]. Salvando siempre esto, se comprende lo que dice el mismo al señalar las diferencias entre ambos Testamentos: el temor y el interés de grandezas terrenas son los resortes de los hombres viejos, y el amor o la caridad el de los nuevos.

Cristo, pues, hizo una profunda transformación en las almas mediante la caridad: «Porque son mejores los que se mueven por amor, aunque son más los que se corrigen con el miedo» [91]. Mas nótese que el temor no está excluido en el Nuevo Testamento en sus grados más nobles, pues «hay un temor servil y un temor casto. Hay un miedo que lleva a evitar el castigo, y un temor de perder la justicia. El primero es servil, pues no es gran cosa temer el castigo... Teme la mujer adúltera que venga su marido; teme también la mujer casta que no se aleje su marido» [92]. Este temor segundo es el temor

[86] *Contra duas epist. Pel.* I.IX 15: PL 44,558.
[87] *Sermo* 69,6,8 (PL 38,919): «Ad ovile venit lupus; latratu canum et clamore pastorum ab ovili reversus est lupus; ipse tamen semper est lupus».—Ibid. trae el ejemplo del león: «et tamen leo venit, leo redit».—*Sermo* 178,10: PL 38,965.
[88] *De gratia Novi Test. Epist.* 140,21,53: PL 33,560.
[89] *Contra duas epist. Pel.* III.IV 11 (PL 44,595): «Quia facit eos carnalis timor et cupiditas servos, non evangelica fides et spes et caritas liberos». San Agustín sigue a San Pablo (Gál 4,24) para señalar las diferencias entre ambos Testamentos (ibid., III 4,6: PL 44,591).
[90] Ibid.
[91] *Epist.* 185,21 (PL 33,802): «Sicut meliores sunt quos dirigit amor, ita plures sunt quos corrigit timor».
[92] *In Io. ev. tr.* 43,7 (PL 35,1708): «Timet mulier adultera ne vir eius veniat, timet et casta ne vir eius abscedat».

casto, propio también de los hijos de la gracia o del Nuevo Testamento, y él prepara el lugar a la caridad [93].

El temor a la pena o castigo es útil cuando aparta del pecado. Así el temor del infierno [94].

Naturalmente, el amor va más allá, hasta amar el bien por el mismo bien, el sumo Bien por el sumo Bien: «En ti debe reinar el amor casto, por el que desees poseer no el cielo, y la tierra, y la inmensidad líquida del mar; no espectáculos vanos ni resplandores de perlas preciosas, sino a tu Dios; desea ver a tu Dios, amar a tu Dios... Esta centella de buen amor sopladla en vosotros, alimentadla en vosotros; cuando creciere hasta formar generosa y ancha llama, consumirá todo el heno de vuestros deseos carnales» [95].

7. El temor y el amor castos

Este fuego consumidor de las flaquezas carnales que no busca otra recompensa que al Amado, viene de arriba, del Espíritu Santo, que fue enviado a los apóstoles y a toda la Iglesia para liberarlos del miedo: «El Espíritu Santo fue mandado para producir el amor y librarlos del temor. La ley no se cumplió con el temor; el amor trajo su cumplimiento. Los hombres, movidos por el temor, no la practicaban; amaron y cumplieron. Cuando vivían en el temor robaban las cosas ajenas, cuando vino el amor comenzaron a dar las suyas» [96].

Alude, sin duda, a los primeros discípulos de Cristo en la comunidad de Jerusalén, donde comenzaron a cumplirse las obras de misericordia con tanto heroísmo. La caridad consiguió lo que el temor no lograra anteriormente. Y lo consiguió con una gran suavidad, porque la caridad hace suave todo cumplimiento de justicia y va más allá todavía. La gracia divina se derrama en los corazones en forma de suavidad:

«Enseña Dios la suavidad infundiendo el gusto, enseña disciplina moderando la tribulación, enseña ciencia dando conocimiento. Así, pues, como hay cosas que sólo las aprendemos para saber, y otras para hacerlas, cuando Dios nos instruye descubriéndonos la verdad, nos enseña lo que hemos de saber, e, inspirando suavidad, nos enseña lo que hemos de practicar. Porque no en vano se dice: *Enséñame, Señor, a hacer tu voluntad* (Sal 142,10)» [97].

En esta escuela interior, en que el Espíritu Santo es el maestro, andan juntos el temor y el amor castos para formar a los verdaderos hijos de Dios:

«Tú, más íntimo que mi misma intimidad, tú grabaste dentro en mi corazón tu ley con tu Espíritu, para que no sólo, como siervo sin amor, la temiese, sino también, como hijo, la amase con temor casto y la temiese con casto amor» [98]. Tanto el temor casto como el amor casto son fuerzas de adhesión

---

[93] *In Io. ep. tr.* 9,3 (PL 35,2047): «Sicut videmus per setam introduci linum, quando aliquid suitur; seta prius intrat, sed nisi exeat non succedit linum; sic timor primo occupat mentem, non autem ibi remanet timor, quia ideo intravit ut introduceret caritatem».
[94] *Sermo* 161,8: PL 38,882.
[95] *Sermo* 178,11: PL 38,966.
[96] *Enarrat. 2 in ps.* 90,8 (PL 37,1167): «Timebant homines, et rapiebant res alienas; amaverunt, et donaverunt suas».
[97] *Enarrat. in ps. 118* sermo 17,3: PL 37,1549.
[98] Ibid., sermo 22,6 (PL 37,1565): «Tu interior intimo meo, tu intus in corde legem

pura a lo que se ama para no separarse nunca de él y dan una profunda interioridad al espíritu cristiano, juntamente con la fecundidad de las obras, «porque ésta es aquella *suavidad que da el Señor para que nuestra tierra dé su fruto* (Sal 84,13) y hagamos el bien verdaderamente bien, o sea, no por miedo de un mal carnal, sino por la complacencia en hacer el bien espiritual» [99].

Pero a la vez que interioridad, la caridad es una fuerza de transcendencia o ascensión. Ella devuelve al *eros* las dos alas que perdió en su caída en el mundo de las hermosuras sensibles [100]. Son las dos alas de la doble caridad [101]. En el vocabulario espiritual agustiniano, el *ascendere,* el subir, es uno de los verbos más familiares; todo el progreso de la vida espiritual está figurada, lo mismo que en San Juan de la Cruz, por un monte espiritual adonde vamos subiendo gradualmente, y el amor es la fuerza que nos eleva [102].

«Así como el amor impuro enciende el alma y la estimula al deseo de cosas terrenas, y, siendo perecedero, a seguir cosas perecederas, y la precipita en lo bajo o la sumerge en lo profundo, así el amor santo eleva a las cosas superiores e inflama el deseo de las cosas eternas; y para las cosas no pasajeras e inmortales despabila el alma y la sube al cielo de lo profundo del infierno. Porque todo amor despliega su actividad y no puede cruzarse de brazos en el que ama; es necesario que empuje. Pero ¿quieres saber qué tal es el amor? Mira a dónde lleva. No os exhortamos, pues, a no amar nada; os exhortamos a no amar el mundo, para que améis libremente al que hizo el mundo.

Porque, cautivada por el amor terreno, que tiene visco en las plumas, no puede volar. Pero, purificada de los afectos tan torpes del siglo, como extendiendo las plumas y libre de todo impedimento, con las dos alas de los preceptos del amor de Dios y del prójimo emprende el vuelo. ¿Adónde sino a Dios, a quien sube volando, porque sube amando? Y, antes de lograr esto, gime en la tierra, si es que tiene ya el deseo de volar, y dice: *¡Quién me diera alas como de paloma para volar y descansar!* (Sal 54,7)» [103].

Para San Agustín, todo amor eleva o hunde, levanta o rebaja, sube o desciende. Con los deseos de lo bueno nos elevamos a Dios, y al contrario, el deseo de lo malo nos precipita en los abismos [104]. Mas esta fuerza elevadora le viene al amor de su semejanza de imagen de Dios que se va renovando de día en día. En frases que se han hecho célebres dejó San Agustín esculpida la fuerza transformadora del amor, no sólo en el orden sobrenatural, sino también en el natural: «Cada cual es lo que es su amor. ¿Amas la tierra? Tierra eres. ¿Amas a Dios? No me atrevo a decirlo yo; escucha la Escritura: *Yo dije: Sois dioses todos e hijos del Altísimo* (Sal 81,6)» [105]. A tal extremo llega

posuisti mihi, Spiritu tuo, tanquam digito tuo, ut eam non tanquam servus sine amore metuerem, sed casto timore, ut filius, diligerem et dilectione casta timerem». En algunos Mss. falta «ut filius».
[99] Ibid., 7 (PL 37,1566): «... ut bonum vere bene, id est, non mali carnalis formidine, sed boni spiritualis delectatione faciamus».
[100] Véase la nt.55 de este capítulo.
[101] *Enarrat. in ps.* 138,15 (PL 37,1793): «... iam erigor duabus alis geminae caritatis».
[102] *Enarrat. in ps.* 119,1 (PL 47,1597): «Est mons quo ascendamus, spiritualis quaedam celsitudo».
[103] *Enarrat. in ps.* 121,1: PL 37,1618-19.
[104] *Enarrat. in ps.* 122,1 (PL 37,1629-30): «Omnis amor aut ascendit aut descendit. Desiderio enim bono levamur in Deum, et desiderio malo ad ima praecipitamur».
[105] *In Io. ep. tr.* 2,14 (PL 35,1997): «... quia talis est quisque qualis eius dilectio

la potencia de la caridad: a deificar a los hombres terrenos y mortales con una participación de la semejanza divina [106]. El amor de Dios consiste en crear nuevos amores con destino eterno: a la fruición de su bienaventuranza. En este proceso de asimilación a Dios por la caridad no hay término señalado. En proporción al amor crece la semejanza de la imagen, y, al hacer mayor la semejanza, crece el amor y el ejercicio de sus ascensiones a Dios.

8. El amor al prójimo

Al amor de Dios sigue el del prójimo, que es el segundo mandamiento de la ley. Contra la actual tendencia a considerar al hombre como un ser unidimensional y de separar el amor de Dios y del prójimo, dedicando todas las fuerzas afectivas a la construcción de este mundo, con preterición y olvido de Dios, San Agustín se pronunció muy claramente. El amor agustiniano es cuatridimensional, porque se dispara en cuatro direcciones, todas ellas necesarias para construir al hombre íntegro, de cristiana plenitud y decoro:

«Como hay que amar cuatro cosas: lo que está sobre nosotros, lo que somos nosotros, lo que está junto a nosotros, lo que está bajo nosotros; sobre lo que se refiere a nuestro amor propio y el de las cosas inferiores no se ha dado ningún mandamiento» [107].

No se puede suprimir ninguna de las cuatro dimensiones relacionales sin mutilar el ser del hombre. El amor de Dios, que es la esfera superior de los valores; el amor a nosotros mismos, el amor a los prójimos, el amor a las cosas del mundo, constituyen todo el lote del amor humano en su integridad. También las cosas mundanas son un regalo de Dios que no se puede despreciar, porque nos ayudan a mejorarnos; son un soporte necesario para edificar la personalidad humana y cristiana. Sólo el amor de Dios y el del prójimo se nos mandan bajo precepto, porque el amor a nosotros mismos y el amor a las cosas—vestidos, alimentos, utensilios de todo género, animales, etc.— nacen espontáneamente en la naturaleza humana.

San Agustín ve una sola caridad, que abraza a los dos inescindiblemente, en los dos preceptos del amor de Dios y del prójimo. «Dos son los preceptos y una es la caridad: *Amarás al Señor, tu Dios, con todo tu corazón y toda tu alma; y amarás al prójimo como a ti mismo. En estos dos mandamientos se encierran la ley y los profetas* (Mt 22,37-40). Una caridad y dos preceptos, un Espíritu y dos dones. No fue dado primero el primero y luego el otro, porque no ama al prójimo sino la caridad que ama a Dios. Y con la caridad con que se ama al prójimo, se ama también a Dios. Pero como Dios es muy diferente del prójimo, aunque con la misma caridad se le ame, no se identifica a los dos; y así se ha de recomendar primero la gran caridad, y en segundo lugar la del prójimo, aunque se comienza por la segunda para llegar a la primera, *porque, si no amas al hombre, a quien ves, ¿cómo podrás amar a Dios, a quien no ves?* (1 Jn 4,20)» [108].

---

est. Terram diligis? Terra es. Deum diligis? Non audeo ex me dicere: Scripturam audiamus: Ego dixi; dii estis et filii Altissimi omnes».

[106] Cf. V. Capánaga, *La deificación en la soteriología agustiniana: Augustinus Magister* I 745-754.

[107] *De doct. christ.* I 22: PL 34,27.

[108] *Sermo* 265,9: PL 38,1223.

Aunque el amor de Dios y del prójimo tienen el mismo origen celestial, que es el Espíritu Santo, no abrazan del mismo modo a Dios y al prójimo. Los objetos son muy diversos, así como la tonalidad de los dos amores.

La distinción fundamental *uti-frui* la utilizó San Agustín para definir las dos formas de amor, que responden a dos categorías de ser: lo que se ama por sí mismo y constituye el descanso total de los deseos—y éste es Dios—y lo que es inferior a El y sólo parcialmente sosiega las aspiraciones del corazón humano. Todo cuanto es hechura divina debe amarse como escala para subir al Hacedor, y así todas las criaturas son medios—bienes útiles—para conseguir el fin último o principal. Por eso aquí se inserta la idea y la ley del orden de los amores.

Y el amor al prójimo se considera siempre como subordinado al amor de Dios, de quien procede. Ya en el primer ensayo de ética cristiana, *De moribus Ecclesiae catholicae,* en torno a los dos mandamientos se formula la moral en sus fundamentos y se alzan los dos preceptos: «Es imposible—dice—que el que ame a Dios no se ame a sí mismo. Así, pues, te amas a ti saludablemente cuando amas a Dios más que a ti mismo. Y lo que haces contigo haslo de hacer igualmente con el prójimo, esto es, que también él ame con perfecto amor a Dios. Pues no le amarás como a ti mismo si no te esfuerzas por llevarlo al mismo Bien al que tú aspiras. Porque El es el único Bien que no se encoge para los que juntamente contigo aspiran a poseerlo. Y de aquí se derivan los deberes de la sociedad humana, si bien en esto es difícil no errar» [109].

La visión ética y espiritual de San Agustín se unifica en las tres esferas del amor, que comprende lo superior y lo que está junto a nosotros, es decir, los deberes para con Dios, con el prójimo y con la sociedad. Y esta concepción no es puramente negativa, sino positiva, ya en los primeros escritos, como éste sobre las costumbres de la Iglesia católica [110]. El amor al prójimo nace como deseo de multiplicar los amigos de Dios. Amar a Dios sobre todas las cosas significa buscar quienes amen el mismo Bien beatífico que uno ama, es decir, hacer amigos de Dios. Ya en los *Soliloquios* había dicho: «¿Qué límites puede haber para el amor de aquella Hermosura que no es para mí causa de envidia a los demás, antes bien con grande ardor busco a quienes conmigo la deseen, conmigo tengan ansias por ella, conmigo la posean y conmigo la gocen, haciéndose para mí tanto más amigos cuanto más común sea la amada para todos?» [111]

De la amabilidad extrema de la primera Hermosura no nace la envidia, sino un goce de comunicación y participación universal, en que consiste la pureza del amor al prójimo. Y esta idea la mantendrá siempre San Agustín a lo largo de su vida: el verdadero servicio al prójimo consiste en ayudar a los demás a que amen a Dios. Tal es la mejor obra de misericordia y comu-

---

[109] *De mor. Eccl. cathol.* I 48-49: PL 32,1331-32.

[110] G. Hultgren dice que la concepción del amor aquí es negativa, citando las palabras: «Agendum autem in primis est, ut benevoli simus, id est, ut nulla malitia, nullo dolo malo adversus hominem utamur» (*De mor.* I 49: PL 32,1332). Pero el ser benévolos con los prójimos no sólo requiere lo negativo de no hacer daño, sino hacerles el bien, de que habla después sobre la doble beneficencia con que debe ayudársele. Cf. *Le commandement d'amour chez Augustin* p.32.

[111] *Sol.* I 22: PL 32,881.

nicación de bienes. El amor al prójimo consiste en ayudarle a la posesión del mismo bien de que uno disfruta, manifestándose en una doble beneficencia que ha de prestarse al prójimo mirando a sus necesidades corporales o espirituales. De este modo se hace la más segura escala para llegar al amor de Dios [112].

9. Por la escala del amor

Ningún miembro del género humano debe ser apartado de este abrazo de amor por el vínculo común de la naturaleza, que nos une a todos, aunque no se pueda ejercerla y traducirla en actos positivos de servicio [113]. Pero dentro de la amplitud y latitud del amor hay también lazos particulares que estrechan más a unos con otros. Y así, «todos somos prójimos por la condición de nuestro origen terreno, pero de otra manera nos son hermanos aquellos a quienes nos une la misma esperanza de la herencia celestial» [114]. Es decir, los vínculos o lazos de proximidad de uno con otros pueden ser diversos, que exigen como una gradación en el servicio del amor.

San Agustín puso particular empeño en realzar la unidad o comunión como el efecto propio del amor, no sólo atendiendo a la psicología de los afectos, sino tambien a las fuerzas sobrenaturales de vinculación que tienen en los cristianos la vida de la fe, esperanza y caridad. Sabía por los filósofos antiguos que el amigo es la mitad de nuestra alma—*dimidium animae*—y sabía también por el testimonio de la Escritura que los que se aman en Dios tienen un solo corazón y una sola alma (Act 4,33). Lo que die San Lucas de la primera Iglesia de Jerusalén, lo recuerda el Santo hablando de la caridad. Creer lo mismo, esperar lo mismo y amar lo mismo crean una unanimidad espiritual. Por eso «tu alma no te pertenece sólo a ti, sino a todos tus hermanos, cuyas almas también son tuyas, o más bien sus almas y la tuya no son ya almas, sino una sola alma» [115]. Esto significa que muchos bienes del alma deben ponerse a disposición de los demás: los bienes materiales, las riquezas de la fe, de la caridad, los talentos de la oración o de la vida activa. Todo lo mío es común, y todo lo común es mío. Yo doy a los demás lo que tengo; los demás me ofrecen a mí sus propios tesoros. He aquí un aspecto de la comunión de los santos y de la psicología de la caridad cristiana. Pero la especulación agustiniana nos introduce todavía más en el análisis de esta unión, indagando su último fundamento, que está en Dios.

Ya se ha aludido a la estructura trinitaria de los actos de amor: sujeto, objeto, vínculo; o, en otros términos, el amante, el amado y el amor [116].

---

[112] *De mor. Eccl. cathol.* I 52 (PL 32,1332): «Partim vero corpori, partim vero animae hominis benefacit qui proximum diligit».—Ibid., I 48 (ibid., 1331): «Imo vero ita debet ut nullus certior gradus ad amorem Dei fieri posse credatur, quam hominis erga hominem caritas»...

[113] *Epist.* 130,13 (PL 33,449): «Ita nemo est in genere humano cui non dilectio, etsi non pro mutua caritate, pro ipsa tamen communis naturae societate, debeatur».

[114] *Enarrat. in ps. 25* sermo 2,2: PL 35,189.

[115] *Epist.* 243,4 (PL 33,1056): «Sic enim anima tua non est propria, sed omnium fratrum; quorum etiam animae tuae sunt, vel potius, quorum animae cum tua, non animae sed anima una est».

[116] Cf. nt.77.

El amante y el amado en tanto se aman en cuanto aman la vida misma del amor o el *amare et amari amabam* de San Agustín [117]. Pero este amor de amor o amor de amar tiene unos ámbitos insondables que colindan con lo infinito.

Para San Agustín, pues, amar el amor es amar a Dios, porque la caridad con que se ama al prójimo es el mismo Dios: «Yo no sé si se podría recomendar más maravillosamente el amor que diciendo que Dios es caridad (1 Jn 4,8.16)» [118]. Es decir, que todo amor verdadero lleva a un contacto relacional con el mismo principio y fuente de donde todo amor se deriva: «Abraza a Dios-caridad, y con la caridad abraza a Dios» [119]. Nos hallamos aquí con la presencia de Dios, en relación implícita o lejana, y en la vivencia misma de la fe. El amor al centro del bien absoluto mueve, en última instancia, a los que aman, a sabiendas o no de ellos. En todos los amores está el Dios-amor, sea latente o patente. La estructura del amor nos ofrece una perspectiva al Dios trino: «Si ves la caridad, ves la Trinidad» [120]. «Semejante visión de Dios es un conocimiento interior y espiritual que se realiza con los ojos invisibles o los ojos del corazón, que son el mismo corazón en cuanto conoce y ama» [121].

San Agustín recomendaba mucho este análisis del acto de caridad como un itinerario espiritual para llegar a vislumbrar a Dios en la conciencia. Como el reflejo de la luz interior lleva al sol de todos los espíritus, así la participación del amor nos sube al Amor mismo, que atrae a todas las cosas y les comunica su amor: «Esfuérzate en ver de dónde te viene el amor al prójimo, y allí vislumbrarás a Dios» [122]. Es verdad que el Santo emplea a este propósito *videre Deum,* ver a Dios; mas no hay que olvidar que San Agustín atribuye sus ojos a la misma fe, de modo que creer es una cierta manera de ver. Se trata de una vivencia especial de la fe que exige la pureza del ojo interior o una caridad *espiritual* de finos alcances [123].

Este itinerario espiritual para subir a Dios por la escala de la caridad ha tenido poco eco en los escritores espirituales, no obstante que se trata de un tema bíblico tan familiar al Apóstol de la caridad, cuyas huellas pisó el Doctor, que no se saciaba de hablar de la caridad [124]. Para él, la caridad con el prójimo era un método ascético de purificación de los ojos para ver a Dios [125].

Cuando se habla de esta presencia interior de Dios en los actos de caridad al prójimo, no se puede menos de aludir a otro aspecto que es también de presencia divina entre los hermanos. Me refiero al tema del Cuerpo mís-

[117] *Conf.* III 1.
[118] *In Io. ep. tr.* 9,1: PL 35,2045.
[119] *De Trin.* VIII 8,12 (PL 42,558): «Amplectere dilectionem Deum et dilectione amplectere Deum».
[120] *De Trin.* VIII 12 (PL 42,958): «Imo vero vides trinitatem, si caritatem vides».
[121] C. ZANETTI, *Dinamismo dell'amore nella relazione di servizio* p.73 (Milano 1969).
[122] *In Io. ev. tr.* 17,8 (PL 35,1532): «... intuere in te unde diligas proximum; ibi videbis ut poteris Deum».
[123] *De Trin.* VIII 12 (PL 42,959): «Sed si eum quem videt humano visu, spirituali caritate diligeret, videret Deum qui est ipsa caritas visu interiore quo videri potest». Esta espiritualidad e interioridad que San Agustín exige son fruto de una vida cristiana y ascética de grande empeño. Cf. ZANETTI, ibid., p.72.
[124] Son clásicos en este aspecto los *Tractatus in Epistolam Ioannis:* PL 35,1977-2062.
[125] *In Io. ev. tr.* 17,8: PL 1531. La purificación produce semejanza con Dios, y la semejanza es condición y preparación para ver a Dios.

tico de Cristo, que ha hecho estrechar tanto los lazos fraternos entre los hombres. Si no se puede amar bien a los hombres sin el amor de Dios, al hacerse hombre y vivir entre los hombres el Hijo de Dios, los dos amores—el de Dios y de los prójimos—alcanzaron una nueva dimensión, que da una inefable profundidad al amor de Dios. Ya no es sólo el *summum Bonum,* o el Sumo Amable, que atrae desde lejos a todos los corazones sin que tal vez se den cuenta ellos, sino es el Sumo Amor, hecho visible a los hombres y partícipe de sus aspiraciones y dolores. Dios en Cristo resplandece más como caridad, porque nos previene amando y provocándonos a amarle. Se ha hecho prójimo nuestro, y nuestros prójimos se nos hicieron más prójimos en El, por El y con El. El amor a los demás se inserta en el misterio del Hijo de Dios hecho hombre y Cabeza de un nuevo Cuerpo de la humanidad donde todos pueden ser miembros. Según las expresiones enfáticas de San Agustín, «hemos sido hechos Cristo» [126]. Así el amor humano se convierte en amor divino, pues todo cuanto se hace por el servicio de los hombres, se hace en honor de Cristo.

10. Caridad y Cuerpo místico

Sin duda, un aspecto estimulante del amor al prójimo es el misterio del Cuerpo místico. La caridad aparece como una grande novedad del cristianismo: «Por eso dijo Cristo: *Un nuevo mandamiento os doy, que os améis los unos a los otros como yo os he amado* (Jn 13,34). ¿Cómo llama nuevo al que sabemos es tan antiguo mandamiento? Porque despoja al hombre viejo y viste al nuevo. Renueva al que lo oye, o, mejor, al que cumple, no todo amor, sino éste, tal como lo califica Cristo: *Como yo os he amado...* Este amor nos cambia y hace que seamos nuevos, haciéndonos del Nuevo Testamento, cantores del cántico nuevo. El renovó a los antiguos justos, a los patriarcas, los profetas, lo mismo que a los apóstoles. El renueva las naciones, y de todo el género humano disperso por la tierra junta y congrega un pueblo nuevo, el Cuerpo de la nueva Esposa unida al Unigénito de Dios, y de la que se dice: *¿Quién es esta que sube hermoseada?* (Cant 8,5). Bien que hermoseada, porque ha cumplido el mandamiento nuevo. Por eso todos sus miembros están solícitos en ella, y, *si un miembro padece, se compadecen los demás, y si se honra a uno, todos se gozan y complacen* (1 Cor 12,25) [127]. La predicación agustiniana de la caridad ha tomado su más pura luz de este misterio, donde Cristo ha mostrado las riquezas de su amor a los hombres: «Pues por esto nos amó El, para que nosotros nos amemos unos a otros, estrechándonos a todos con el vínculo de su amor, para que, enlazados los miembros con tan dulces lazos, seamos cuerpo de tan grande Cabeza» [129].

Cristo, pues, ha creado una forma de solidaridad nueva con los hombres para que nos amemos uno a otros, amando en todos al mismo Cristo.

El amor a los hombres tiene un fundamento teológico universal y valede-

---

[126] *In Io. ev. tr.* 21,8 (PL 35,1518): «...Christus facti sumus». Una exposición de la doctrina agustiniana del Cuerpo místico puede verse en E. Mersch, *Le Corps mystique du Christ* II 35,138 (Paris 1951).
[127] *In Io. ev. tr.* 65,1: PL 35,1808.
[128] Ibid., 2: ibid., 1809.

ro para siempre y alcanza a todos, sobre todo a los humildes, menesterosos y desamparados.

El reveló a los hombres el misterio de los pobres de espíritu, identificándose más particularmente con ellos. El hambre, la sed, la penuria, la prisión, el dolor humano, nos acercan más al Cristo pobre, dolorido, obrero de taller, predicador fatigado de la Buena Nueva, perseguido por la justicia y muerto en la cruz.

La religación con la humanidad doliente que asumió el Hijo de Dios ha dado a todo amor de servicio una profunda interioridad y pureza: «Un rasgo esencial del amor al prójimo es su orientación hacia Dios. Su obra activa se muestra por el esfuerzo de llevar otros hombres a Dios, por avivar en ellos el amor divino. Su aspecto pasivo se revela en nosotros como un deseo de ver y contemplar lo que hay de divino en nuestro prójimo, poniéndonos en el camino que nos lleva a Dios» [129].

Kierkegaard ha expresado bien este pensamiento agustiniano: «Amar a Dios significa amarse de verdad a uno mismo; ayudar a que otro hombre ame a Dios es amar a ese hombre, y ser ayudado por otro hombre para amar a Dios, significa que se es amado» [130]. San Agustín ha dicho: «En realidad, nosotros nos amamos a nosotros mismos si amamos a Dios, y, cumpliendo el segundo precepto, amaremos en verdad a nuestros prójimos como a nosotros mismos si los guiamos al mismo amor de Dios que hay en nosotros» [131]. Por eso todo el dinamismo de las virtudes cristianas se resuelve en un servicio de amor y, en términos más concretos, en las obras de misericordia, corporales o espirituales.

En esta perspectiva, todos los hombres pueden prestar alguna ayuda y serán juzgados al fin por las obras de amor al prójimo. La misericordia se ofrece como un camino a la salvación y perfección cristiana. Cristo ha incorporado profundamente la perspectiva escatológica a la acción humana, que será cribada en el juicio de Dios, donde aparecen la paja y el grano, lo que se hizo en favor del prójimo y lo que se dejó de hacer por culpa personal. El texto famoso del juicio final con las palabras que dirá el Juez a los hombres (Mt 25,34) ha sido utilizado por San Agustín con mucha frecuencia [132]. Ellas le hicieron un obispo limosnero y un legado de los pobres: «Dad, pues, a los pobres; os lo ruego, os lo aviso, os lo ordeno, os lo mando. Dad a los pobres lo que os parezca. No quiero ocultaros el motivo de haber hecho este sermón. Desde que estoy aquí, al entrar y salir de la iglesia, me interceden los pobres y me piden que os hable de esto para que hagáis caridad con ellos. Me han rogado que os hable, y, al no recibir de vosotros, piensan estoy trabajando en vano con vosotros. También esperan algo de mí. Doy lo que tengo, doy lo que puedo; pero no soy capaz de satisfacer sus necesidades. Y, por no serlo, me presento ante vosotros como un legado suyo. Lo habéis oído, y habéis

---

[129] G. HULTGREN, o.c., p.184.
[130] *Obras y papeles de K.* IV: *Obras de amor* p.196 (Madrid 1961).
[131] *Epist.* 130,14 (PL 33,499): «In eo quippe nosmetipsos diligimus, si Deum diligimus, et ex alio praecepto proximos nostros sicut nosmetipsos ita vere diligimus, si eos ad Dei similem dilectionem, quantum in nobis est, perducamus».
[132] Entre otros muchos lugares, citamos: *Enarrat. in ps.* 37,3: PL 36,397; *Enarrat. in ps.* 95,15: PL 37,1236; *Sermo* 60,9: PL 38,407; *In Io. ev. tr.* 51,12: PL 35,1768.

dado señales de aprobación. Sean dadas gracias a Dios. Recibisteis la semilla, habéis dado palabra. Vuestras alabanzas me hacen más responsable y me ponen en un peligro; las toleramos, pero temblando ante ellas.

Sin embargo, hermanos míos, esas alabanzas vuestras son hojas de árboles; lo que se busca es el fruto»[133].

11.   Amistad y caridad

No faltan quienes piensan que, después de su consagración episcopal en el año 395, en Agustín la caridad fraterna suplantó la amistad. Que él exaltó el ideal de la amistad en sus primeros años de convertido y aun antes, es un hecho indiscutible, y que tal vez él le llevó a la forma cenobítica de vida que implantó en Africa, dando origen a la Orden agustiniana[135]. Pero es inexacto decir que la caridad reemplazó a la amistad, pues no son dos formas contrarias que mutuamente se excluyan, de modo que donde una entre, la otra quede fuera.

La caridad es una forma sublime de unión que acoge, acendra y salva todos los valores y esencias de la amistad. San Agustín no admitía amistad verdadera donde no entraba el vínculo común de los espíritus, que es la presencia y amor de Dios.

Escribiendo a un antiguo compañero de estudios en Cartago con motivo de su bautismo, le dice que la amistad que antes los unía no era perfecta. Y le recuerda la definición de Cicerón, para quien la amistad es «un acuerdo sobre las cosas humanas y divinas acompañado de benevolencia y caridad»[135]. La amistad supone un patrimonio común de las ideas más fundamentales, y al mismo tiempo benevolencia y mutua estima de las personas. Pero en la antigua amistad con Marciano—que así se llamaba su amigo—, la definición fallaba por su mejor parte. Porque resulta que entre amigos en quienes no hay acuerdo sobre las cosas superiores y divinas, tampoco puede haberlo plena y verdaderamente en las humanas, pues quien menosprecia las cosas divinas, ha de estimar las humanas con diverso criterio, ni sabrá amar bien al hombre quien no ama al que hizo al hombre»[136]. Por eso, con el bautismo y el nuevo acuerdo en las cosas divinas por la fe, la esperanza y la caridad cristiana, la antigua amistad se aquilató y lució con nuevo decoro. Se hizo más pura, más íntima y más acendrada la concordia espiritual entre ambos: «También la amistad humana resulta dulce por los caros vínculos, que hacen unidad de muchas almas»[137].

Amar a los hombres por ser hombres y amarlos porque son además imágenes o hijos de Dios, significa añadir razones divinas a las razones humanas para hacerlo, y razones eternas a las razones contingentes.

[133] *Sermo* 61,13: PL 38,114. El pueblo había dado señales de aprobación a lo que decía el Santo, es decir, que cumplirían con sus deseos. Por eso da gracias a Dios.
[134] A. MANDOUZE, o.c., p.186; M. MACNAMARA, *L'amitié chez S. Augustin* p.161 (París 1961).
[135] *Epist.* 258,1 (PL 33,1071-72): «Amicitia est rerum humanarum et divinarum cum benevolentia et caritate consensio» (CICERO, *Lael.* 20).
[136] Ibid., 2: ibid., 1072.
[137] *Conf.* III 5: «Amicitia quoque hominum caro nodo dulcis est propter unitatem de multis animis».

En este aspecto, la caridad cristiana es como el milagro de la conversión del agua en vino de las bodas de Caná; el agua se salvó toda, sin perder una gota, pero haciéndose una substancia más sabrosa. Así la amistad humana nada pierde con la caridad; todo lo bueno se salva y se transfigura. Con la fe se enlazan más íntimamente los hombres y se hacen más verdaderas las amistades, como le dice San Agustín a Marciano [138].

12. El amor de sí mismo y de las cosas

El amor a sí mismo no ha sido objeto de un mandamiento, porque no fue necesario: «No fue menester, después de darle el precepto de amar a Dios, obligarle a amarse a sí mismo, porque el que ama a Dios, se ama a sí mismo» [139]. Este es como un axioma agustiniano. Ambos amores se relacionan: «Tanto más nos amamos a nosotros mismos cuanto más amamos a Dios» [140]. Querer, pues, a Dios es quererse a sí mismo, y odiar a Dios es odiarse a sí mismo. Dios viene a ser el bien supremo del amor de sí mismo, sin que ello signifique una barrera para otras direcciones del querer, como la propensión instintiva a conservar íntegramente el propio ser humano y adquirir cuanto le es conveniente. Aun en medio de los extravíos, se conserva esta pasión personal de defensa y adquisición:

«Por mucho que se aleje de la verdad, le queda el amor de sí mismo y de su cuerpo» [141]. También el cuerpo, aunque diverso del alma, pertenece a la integridad natural del hombre. Porque no es el ánimo el que consta de cuerpo, sino el hombre el que se compone de cuerpo y alma [142].

San Agustín con esta doctrina se ha distanciado igualmente de dos extremos a que hemos aludido varias veces: el pesimismo maniqueo y el optimismo pelagiano. Los maniqueos tenían al cuerpo como una morada hedionda del alma, hechura del principio del mal. También los neoplatónicos tenían ideas falsas, aunque no tan radicales como los discípulos de Mani. A ellos parece aludir San Agustín en el siguiente texto:

«Nadie aborrece su cuerpo, siendo verdad lo que el Apóstol dice: *Ninguno tuvo nunca en odio a su carne* (Ef 5,29). Y se engañan algunos que dicen que más quisieran vivir sin cuerpo; porque no odian su cuerpo, sino su corrupción y sus inclinaciones. Más que no tener ningún cuerpo, quisieran tenerlo incorrupto y ligerísimo; aunque no creen que se den tales cuerpos, porque ya serían almas. Mas por lo que atañe a los que aborrecen el cuerpo porque lo ejercitan con cierta continencia y trabajos, haciéndolo con buen fin, no buscan deshacerse del cuerpo, sino tenerlo sumiso y dispuesto para las obras necesarias, pues pretenden amortiguar con una cierta disciplina militar laboriosa las livianas inclinaciones y costumbre de usar mal del cuerpo para darse a los bienes

---

[138] *Epist.* 258,2 (PL 33,1072): «... eum quem quoquo modo habui diu amicum, habeo iam verum amicum».

[139] *Epist.* 155,15 (PL 33,673): «... cum eo diligat seipsum, quia diligit Deum».

[140] *De Trin.* VIII 12 (PL 42,959): «... nos autem ipsos tanto magis diligimus quanto magis diligimus Deum».

[141] *De doct. christ.* I 22 (PL 34,27): «Quantumlibet enim homo excidat a veritate, remanet illi dilectio sui et dilectio corporis sui».

[142] *De contin.* 26: PL 40,367.

inferiores. Con lo cual no se matan, antes bien miran por el cuidado de su salud»[143].

Con un arma de doble filo hiere el Santo lo mismo a los maniqueos y neoplatónicos que a los pelagianos como Juliano, que glorificaba la concupiscencia.

Así el cuerpo ni se desprecia ni se sobrevalora y se pone en su propio lugar cuando guarda el orden, que exige la subordinación de lo inferior a lo superior, o la sumisión de la carne al espíritu[144]. En estos mismos textos, San Agustín relaciona este comportamiento con el ideal escatológico de la resurrección de la carne, que será espiritualizada con nueva gloria y hermosura, sin perder su esencia y nobleza natural[145].

Ni tampoco la mortificación cristiana va contra la salud natural, que es uno de los bienes honestos y deseables, a fin de que el cuerpo también sea apto para las obras buenas y necesarias[146]. De este modo, el hombre se hace digno de su bienaventuranza total como miembro de Cristo.

En la predicación agustiniana contra la fornicación se maneja con frecuencia esta consideración de la dignidad del cuerpo humano como miembro de Cristo: «Porque si Cristo no sólo tomó alma, sino también un cuerpo, por el que también es Cabeza para nosotros que constamos de alma y cuerpo, luego nuestros cuerpos son también miembros suyos. Nadie, pues, se envilezca a sus propios ojos ni se desprecie a sí mismo. No desprecie a Cristo en sí mismo. No diga: 'Haré aquello'; pues no somos nada: *Toda carne es heno* (Is 40,6). No; tu cuerpo es miembro de Cristo. ¿Adónde quieres precipitarte? Perdona en ti a Cristo, reconoce en ti a Cristo»[147].

¡Qué lejos estamos aquí de los maniqueos o de Porfirio el neoplatónico! San Agustín, siguiendo la doctrina cristiana, interioriza profundamente a Cristo con el hombre para salvarle y elevarle, dando razones nuevas para la digna estimación del cuerpo humano[148].

El mismo criterio valorativo se extiende a las cosas externas, que también pueden ser objeto de amor justo para el cristiano. El pecado no alteró las criaturas de Dios, pero sí la relación del hombre con ellas, haciéndolas objeto de abuso o mal uso. Por eso, con el buen amor, las cosas ocupan el orden de su puesto y su relación con Dios, siendo útiles y amables. Y así «puede el alma racional usar también de la felicidad temporal y corporal, con tal que no se entregue a la criatura, dejando a un lado al Creador, sino haciendo que la misma felicidad contribuya al servicio del Creador, que se la concedió con la abundantísima largueza de su bondad. Pues así como son buenas todas las cosas que Dios creó, desde el alma racional hasta los cuerpos

---

[143] *De doct. christ.* I 23: PL 34,28. La templanza del cuerpo, guardada con fines superiores, es un sacrificio: «Corpus etiam nostrum cum per continentiam castigamus, si hoc quemadmodum debemus, propter Deum facimus..., sacrificium est» (*De civ. Dei* X 6: PL 41,283). Por aquí se puede conjeturar el valor espiritual y dignidad del cuerpo humano.
[144] *De doct. christ.* I 23 (PL 34,28): «... quod naturalis ordo desiderat».
[145] Ibid. Sobre el amor al cuerpo véase G. Combes, *La charité d'après S. Augustin* p.133-47.
[146] *In Io. ep. tr.* 10,5 (PL 35,2058): «Quaere illam (salutem corporis) ne impediat forte morbida valetudo opera tua bona».
[147] *Sermo* 161,1 (PL 38,878): «... sed corpus tuum membrum est Christi... Parce in te Christo, agnosce in te Christum».
[148] Cf. *De civ. Dei* 22,26: PL 41,704.—*Contra Adim.* 12,4: PL 42,145.

más ínfimos, así usa bien de ellas el alma racional si guarda el orden y, distinguiendo, escogiendo y sopesando, prefiere las mejores a las inferiores, las espirituales a las corporales, las eternas a las temporales, no sea que, despreciando lo que vale más y escogiendo lo que vale menos (porque en esto mismo ella se degrada), en cuerpo y alma se entregue a lo peor, cuando debiera hacer lo contrario» [149].

Es el consabido principio de toda la ética agustiniana, cuya ley es el orden, que manda estimar cada cosa según su valor. Nótese que San Agustín habla de usar de la felicidad temporal, del disfrute de las cosas temporales, porque el uso no excluye el deleite o *cum delectatione uti,* aunque siempre sin romper la relación o la referencia a Dios: «Si te agradan los cuerpos, por ellos alaba a Dios; si te complacen las almas, ámense en Dios» [150]. Lo que se prohíbe es lo que llama Pascal, traduciendo a San Agustín, «amar soberanamente las criaturas» [151], porque esto ya es idolatría y rompe la dialéctica de la caridad, es decir, el movimiento ascensional a lo que es el principio y comprende la plenitud de lo que en las criaturas se ama:

«No te prohíbe, pues, amar las criaturas, sino unirte a ellas como si fueran tu fin de bienaventuranza... Imagínate que un esposo regalara a su esposa una joya, y que ella estimase la joya más que al esposo que se la regaló. ¿No sería esto como una profanación del amor, aunque ella amase el regalo del esposo? Cierto que tiene el corazón puesto en el regalo; pero si ella dijese: 'Me basta con esta joya; me importa poco la vista del esposo', ¿que tal te parecería tal comportamiento? ¿No sería una detestable locura?... Pues para esto le dio el esposo la joya, para que ella le amase. Así Dios te regaló todas las cosas; ama, pues, al que las hizo. Y sábete que su intención es darte más todavía; darse a sí mismo, que las hizo» [152].

Tal es la exigencia del amor y buen uso de las criaturas: todo viene de Dios, y todo debe conducir a El: «La regla de la caridad es que tú refieras a Dios todos tus pensamientos, toda tu vida, toda tu inteligencia; al Dios de quien todo lo has recibido para que a El lo refieras» [153]. Volvemos, pues, aquí a hallar aquella trinidad que debe vivificar todo amor: el amante, lo que se ama y el amor; pero el amor es Dios. Así Dios penetra toda la vida amorosa aunque se le arroje fuera. Kierkegaard dice como San Agustín: «La sabiduría del mundo piensa que el amor es una relación de hombre a hombre; el cristianismo enseña que el amor es una relación entre Hombre-Dios-Hombre, es decir, que Dios es el común denominador» [154]. Lo mismo se diga del amor verdadero de las cosas: «Sin el amor del Creador, no se usa bien de las criaturas» [155].

---

[149] *Epist.* 140,2: PL 33,539.
[150] *Conf.* IV 11: «Si placent tibi corpora, Deum ex illis lauda; si placent animae, in Deo amentur».
[151] PH. SELLIER, o.c., p.156: «Aimer souveranement les créatures». Pascal sigue a San Agustín en estas meditaciones sobre el fin de las criaturas: «La cupidité use de Dieu et juit du monde et la charité au contraire» *(Pensées* fr.502).
[152] *In Io. ep. tr.* 2,11: PL 35,1995.—Ibid., 10,4: PL 35,2057-58.
[153] *De doct. christ.* I 21: PL 34,27.
[154] O.c., p.195.
[155] *Contra Iul.* IV 5,35 (PL 44,756): «Per hunc amorem creatoris bene utitur quisque etiam creaturis».

13. «Eros» y «ágape» en San Agustín

La obra del pastor luterano Andrés Nygren titulada *Eros y ágape,* con el subtítulo *La noción cristiana del amor y sus transformaciones,* ha levantado un gran revuelo en los estudios sobre la caridad[156]. Sin duda constituye una seria contribución a los estudios de la espiritualidad cristiana y a las relaciones entre el cristianismo y helenismo. La objeción fundamental que hace Nygren a los cristianos es la de haber *helenizado* la doctrina de la caridad.

Siguiendo las descripciones del Nuevo Testamento, y en particular el famoso texto paulino (1 Cor 13,5ss), dice «que este *ágape* constituye la concepción fundamental del cristianismo»[157]. Transforma los valores antiguos y crea un mundo espiritual nuevo en la moral y religión. El *ágape* es una forma de amor totalmente desinteresado que no busca lo suyo ni mira el valor de las personas, sino que crea el mismo valor cuando no existe, originando al mismo tiempo una comunión espiritual entre las personas. La teología de la cruz —o el amor de Dios revelado en Cristo crucificado—es la expresión sublime de este *ágape,* que radica en Dios como en su fuente. En el misterio de la cruz se ha manifestado el Dios de la caridad (2 Cor 13,11). San Juan ha formulado la misma doctrina con su famoso dicho: *Dios es caridad* (1 Jn 4,8). Caridad que excluye todo egoísmo, toda indigencia, todo deseo e inquietud. «Todo amor de deseo—dice Nygren—es necesariamente egoísta, y, por mucho que se sublime, se reduce a la *cupiditas* y rebaja más o menos a Dios a la categoría de medio»[158].

En contraste con este tipo de amor divino identificado con *ágape,* se define con *eros,* que, juntamente con el *logos,* es uno de los hallazgos más felices del espíritu griego. El *eros* se considera como una de las cimas más altas logradas por la antigüedad clásica para comprender al hombre, siendo Platón su mejor filósofo. Pero adviértase que por *eros* se entiende, en Platón y sus discípulos, no la pasión sexual, sino la profunda orientación que tiene el espíritu humano hacia los bienes superiores, hacia la verdad y sabiduría, hacia la hermosura en su fuente misma o mundo inteligible. El hombre, según el mito platónico, lleva en sí el recuerdo de un mundo perdido y está movido por el deseo de recuperarlo, subiendo por los cuerpos a las almas; por las almas y su hermosura, a la contemplación de la Verdad, del Bien y de la Hermosura suprema. El *eros* impulsa al hombre a liberarse de las apariencias y dar la mano a las realidades eternas y verdaderas contenidas en sus Ideas originales. El *eros,* hijo de la pobreza y la necesidad, es esencialmente egocéntrico, porque le mueve el deseo de salirse de sí mismo, de buscar el descanso, de acallar la inquietud que le atormenta. Por estos contrastes, *eros* y *ágape* son dos tipos de amor irreconciliables; el uno es de Dios, inmensamente distante del otro, que es humano. No se pueden reducir a síntesis, y ésta ha sido la desventura del pensamiento cristiano. La guerra se hizo al cristianismo desde el principio partiendo del *eros;* no cabía en la razón humana

---

[156] A. Nygren, *Eros et Agape,* trad. de P. Jnudt, 3 vols. (Aubier, Paris 1952).
[157] O.c., I p.41.
[158] O.c., II p.30-31.

un amor infinito, generoso, gratuito, inmotivado por ningún valor, por ninguna exigencia de mérito.

El amor, tal como lo predicaban los cristianos, y el *eros,* tal como lo sentían los gentiles, eran dos conceptos irreconciliables. Eran como dos vasos, el uno de vino puro, y el otro con vinagre. Si se mezclaba el vinagre con el vino, se estropeaba éste. Y el vinagre era el *eros,* y el vino fuerte y puro, el amor de Dios *(ágape),* y su mezcla resultó una adulteración.

Téngase presente que Nygren es un luterano que admite la corrupción total de la naturaleza y de sus fuerzas como la razón y el amor, y así no se puede injertar la fe en la razón o el *eros* en la caridad.

Y aquí entra San Agustín como uno de los forjadores de la síntesis de ambas cosas, aunque iba precedido en este esfuerzo por otros muchos pensadores cristianos ya desde el principio de los tiempos de la Iglesia. «Su importancia consiste—dice Nygren—en que por su mediación el mundo helénico del *eros* y el cristianismo primitivo del *ágape* se han encontrado y formado una unidad espiritual» [159]. Pero esa unidad ya no es *ágape* ni *eros,* sino un *tertium quid,* que es la caridad, y, cuando se habla de ella, se entiende el amor egocéntrico probado por Dios» [160]. La palabra *egocéntrico* califica y descalifica a la vez a la *caritas* agustiniana.

Para San Agustín, el amor está en el centro del cristianismo, con su impulso de *eros* y *ágape.* El estuvo también totalmente dominado por el *eros,* por las aspiraciones a la verdad, a la sabiduría, a la hermosura infinita de Dios. No obstante, «él supo dar un puesto central al amor cristiano en el sentido de *ágape,* como se ve, sobre todo, en su doctrina de la gracia y de la predestinación» [161]. «El amor que se abate para socorrer y dar, amando espontáneamente y sin motivo, no ha sido extraño a San Agustín, y, sin embargo, no ha conocido el *ágape* en toda su plenitud cristiana. Nos hallamos aquí en la presencia de la contradicción grandiosa y fatal de su pensamiento» [162].

En la síntesis de la caridad agustiniana entran múltiples elementos; pero el amor es un apetito, un deseo que busca lo que ama, siendo su término la felicidad: «El deseo, el amor deseante, es la forma fundamental sobre que gravita la vida humana» [163]. Mientras en Dios-caridad el amor es indeseante por esencia, en el hombre es el *amor indigus,* el *eros* necesitado, el que constituye el sello de la naturaleza humana. «Por eso—concluye nuestro autor—, si el amor cristiano probado por Dios se concibe en una forma de amor deseante y si su contenido se interpreta de modo que nosotros busquemos en Dios nuestro propio bien, esto, sin duda, trae consigo la abolición del carácter teocéntrico de la ley cristiana del amor» [164].

[159] O.c., II p.7.
[160] O.c., II p.9.
[161] O.c., II p.26: «Il a su donner une place central à l'amour dans le sens même de l'agapè».
[162] O.c., II p.28.
[163] O.c., II p.28.
[164] O.c., II p.64: «... cela signifie sans aucune doute l'abolition du caractère théocentrique de la loi chrétienne de l'amour».

14. El principio de la participación

Sin duda, estas acusaciones son muy graves y afectan a lo más profundo de la espiritualidad cristiana, y la crítica ha puesto justos reparos a su manera de concebir las relaciones entre *eros* y *ágape,* o entre la naturaleza y la gracia. Nygren con su teoría ha puesto entre paréntesis toda la espiritualidad cristiana, sin excluir al mismo San Juan Evangelista, porque la idea, o, mejor, el hecho del deseo de recompensa, contamina, según él, la esencia del *ágape.* No faltan textos agustinianos que parecen darle la razón a Nygren; como éste: «Purifica tu amor; el agua que fluye hacia la cloaca, dirígela al jardín, y los ímpetus que desplegaba para el mundo, téngalos para el artífice del mundo»[165]. Aquí se diría que se trata de la sublimación del *eros* en un sentido casi freudiano, cuando el amor sexual se sublima al dirigirse a objetos superiores, como el arte, la cultura, Dios.

Pero, tratándose de una doctrina tan amplia y compleja como la de la caridad, es peligroso hacer hincapié en algunas metáforas por muy brillantes que sean. Por eso conviene aquí recordar algunos principios que nos orienten en la comprensión de este fenómeno del encuentro cristiano del *eros* y *ágape,* es decir, de las dos fuerzas, divina y humana, que concurren para engendrar la caridad.

Sea, pues, el primer principio el de la participación analógica, que es tan importante en la ontología y teología agustinianas. Según el cual es el hombre el que, entre las criaturas visibles, más puede acercarse a Dios y hacerse partícipe de su ser, de su santidad, de su sabiduría, de su hermosura, de su caridad. El hacerse partícipe de la caridad divina, que lo conforma a Dios —*divinae consortes naturae*—, es el privilegio más eminente de la criatura racional. Ahora bien: el amor divino puede unirse al amor humano, es decir, a esa corriente afectiva o suma de aspiraciones hacia la verdad, el bien, la eternidad, la bienaventuranza, porque aun en el hombre caído no se han estragado totalmente estas fuerzas, a las cuales viene a sumarse la caridad o impulso nuevo del Espíritu Santo, según el dicho paulino: *La caridad de Dios ha sido derramada en vuestros corazones por el Espíritu Santo que os fue dado* (Rom 5,5); con esta infusión de caridad o *ágape* como amor libre y desinteresado y gratuito de Dios, el *eros* humano queda investido de fuerzas nuevas. Comentando este pasaje, dice contra los pelagianos: «*Porque la caridad de Dios ha sido derramada en nuestros corazones* (Rom 5,5); no aquella con que El nos ama, sino aquella que nos hace a nosotros amantes suyos,

---

[165] *Enarrat. in ps. 31* sermo 2,5 (PL 36,260): «Purga amorem tuum; aquam fluentem in cloacam converte ad hortum; quales impetus habebat ad mundum, tales habeat ad artificem mundi». Hay que excluir toda interpretación freudiana de esta clase de pasajes. «La idea de un deseo fundamentalmente humano, primordialmente sensual, que por sublimación pueda dirigirse hacia valores espirituales, pertenece a la psicología moderna de divulgación, pero era extraña a San Agustín» (R. HOLTE, *Sagese et béatitude* p.269). Se trata más bien de una liberación, «porque la tendencia sexual y las aspiraciones psíquicas no se transforman ni subliman en ágape, sino que son liberadas por ella de sus ataduras a los impulsos y al propio yo para que sirvan al desarrollo de la totalidad de la persona, y así entren indirectamente en la realidad de ésta y de su amor» (V. WARNACH, *Amor*, en *Conceptos fundamentales de teología* I 72-97 p.93, Madrid 1966).

así como la justicia de Dios es por la que somos hechos justos (Rom 3,24)... Tal es la justicia de Dios, que no sólo enseña por el mandato de la ley, sino también da por el don del Espíritu» [166].

Se trata aquí de un amor derramado en los corazones humanos, de un encuentro de dos amores sin duda. Como la justicia de la santidad es una participación de la justicia de Dios, así la caridad que se recibe en el corazón es una participación de la caridad de Dios, un don recibido que tiene su principio y fuente en el mismo amor de Dios.

Toda la experiencia de la espiritualidad cristiana ha considerado siempre este don como un investimiento del hombre por unas fuerzas nuevas, como un fuego secreto que enardece los corazones: «Con vuestro fuego, con vuestro fuego bueno, nos enardecemos y nos remontamos, porque subiendo vamos a la paz de Jerusalén» [167]. No es ya aquí la imagen del agua, sino la del fuego, la que se apropia para significar este cambio en el corazón. La caridad divina nos hace amantes, o arder en el amor de Dios; tal es el efecto propio de la divina caridad. El *eros* experimenta una transformación íntima por tres fuerzas divinas que no conocieron Platón ni Plotino; la *fe, esperanza y caridad*. Estas tres virtudes divinas se compenetran íntimamente entre sí. Así como en la inflamación de la llama hay luz, ardor, ímpetu y lanzamiento ascensivo, así en el *eros,* inflamado por el don del Espíritu, hay un fulgor, combustión y lanzamiento de llamas hacia arriba. La caridad es inseparable de la fe y esperanza, la esperanza va unida a la fe y caridad , y la fe incluye en sí la esperanza y caridad. Y las tres están orientadas hacia la visión de Dios. La caridad no es un *eros* desnudo o un deseo vago e impersonal de felicidad o de tendencia al sumo Bien, sino se halla vestida y transformada por esas fuerzas divinas de que se trata. En otras palabras, queda divinizada por las virtudes teológicas.

Nygren nos habla de dos corrientes—una pura y otra impura—que mezclan sus aguas, siendo la consecuencia un enturbiamiento de la caridad cristiana. Pero sería mejor decir que no se trata de mezcla de aguas, sino del milagro de Caná, convirtiendo el agua en vino: «Porque Cristo vino a mudar el amor, y de amador terreno, hacerlo amador celestial», dice San Agustín [168]. El agua fría del *eros* se convirtió en vino puro de *caritas*. El *pondus amoris,* el deseo de la felicidad, siguió subsistiendo en el corazón humano, pero quedó purificado y acendrado con un nuevo modo de conocer por fe y una esperanza nueva y celestial. El mundo nuevo que se presenta a los ojos de la fe, esperanza y caridad no es el mundo de los sentidos, o el de las ideas platónicas, ni el uno nebuloso de Plotino, sino el reino nuevo del Padre, del Hijo y del Espíritu Santo, que constituyen la meta suprema del *frui,* o de la suprema unión de la caridad. Por eso la dialéctica de la caridad es también la de la ascensión. Pero mientras el *eros* sube, en virtud propia, de lo sensible a lo espiritual, de lo múltiple al uno, del mundo de las cosas participadas al mundo

---

[166] *De spir. et litt.* 32,56 (PL 44,237): «Charitas quippe Dei diffusa est in cordibus nostris, non qua nos ipse diligit, sed qua nos facit dilectores suos; sicut iustitia Dei, qua iusti eius munere efficimur (Rom 3,24)... Haec est iustitia Dei, qua non solum docet per legis praeceptum, verum etiam dat per spiritus donum».
[167] *Conf.* XIII 9,2. Cf. nt.56 supra.
[168] *Sermo* 344,1: PL 39,1512.

de las ideas, en cuya contemplación se halla el verdadero descanso, en la dialéctica del amor cristiano son las fuerzas nuevas las que elevan al hombre: la gracia, el afecto bueno, la fe, la esperanza y la caridad [169].

15. La ley del orden

Al *principio de la participación* que se ha indicado hay que añadir otro no menos importante en la ontología y ética de San Agustín: el del orden, pues uno de los efectos de la gracia o de la caridad divina es la ordenación del amor, la *dilectio ordinata,* o el orden del amor [170]. Nygren no ha dedicado la debida atención a este aspecto ontológico, como se lo han recordado algunos críticos [171].

El orden en el amor elimina dos fuerzas egocéntricas que lo contaminan: la sensualidad, o llámese concupiscencia, que pone su centro en los deleites de los sentidos, y el orgullo, que consiste en la egolatría del espíritu creado y en sus virtudes y perfecciones, que se elevan a la categoría de bienes absolutos, tal como lo hacía el estoicismo. Ambas desviaciones o desórdenes del amor son rectificadas por el orden de la caridad, que exige dar la primacía absoluta a Dios, que es el «sumo Bien, al que deben referirse todas las cosas» [172].

El referir, dirigir, ordenar todas las cosas a Dios como fin último y verdadero centro de gravedad y descanso final, es una exigencia de la caridad según San Agustín. Esencialmente repugna a la mente del Santo convertir a Dios en medio, rebajándole a condición de criatura. Nygren piensa que todo amor deseante o menesteroso perpetra una humillación y apocamiento de Dios: «Todo amor de deseo es necesariamente egoísta, y, por mucho que se sublime, se reduce a la *cupiditas* y rebaja más o menos a Dios a la categoría de medio» [173]. Esta es cabalmente la perversidad que puede admitir el amor humano, y que San Agustín denuncia con estas palabras: «Toda perversión humana, que también se llama vicio, consiste en querer usar de las cosas de que se debe gozar, y gozar de las cosas que se deben usar. Y añadamos que toda ordenación, que se llama virtud, consiste en disfrutar de lo que se debe disfrutar, y usar de lo que se debe usar» [174]. La virtud, pues, respeta los valores o los bienes en su escala propia, mientras el vicio consiste en una inversión culpable, poniendo encima lo que está debajo, y abajo lo que debe sobresalir encima. En términos concretos, consiste en reducir a medio lo que tiene excelencia de fin, y dar categoría de fin lo que tiene puesto de medio. De aquí el valor del principio agustiniano: «Lo que se busca con miras para con-

---

[169] *Enarrat. in ps.* 120,3 (PL 37,1606): «... ascendere in corde, in affectu bono, in fide spe et caritate, in desiderio perpetuitatis et vitae aeternae».

[170] *De doct. christi.* I 27,28: PL 34,29.

[171] G. HULTGREN, o.c., p.55: «Nygren no ha logrado comprender la concepción agusti niana del amor, mirándolo desde el punto de vista del eudemonismo como principio do minante, sin caer en la tentación de descuidar la limitación que impone la idea del orden»

[172] *De mor. Eccl. cath.* I 24 (PL 32,1321): «... summum bonum quo referenda sun omnia».

[173] O.c., II p.30-31.

[174] *De div. quaest. 83* q.30 (PL 40,19): «Omnis itaque humana perversio est, quoc etiam vitium vocatur, fruendis uti velle, atque utendis frui. Et rursus omnis ordinatio quae virtus etiam nominatur, fruendis frui et utendis uti».

seguir otra cosa, no tiene categoría de fin; lo que se busca por sí mismo y gratuitamente, allí está el fin»[175].

Por eso Nygren incide en un grave error cuando dice que todo deseo con respecto a Dios lo convierte de fin en medio. Realmente, esto puede suceder: que se vea en Dios un simple medio para conseguir otras cosas. Y aquí en el fondo hay una idolatría, es decir, el pecado máximo. Pero cuando se busca a Dios por sí mismo, porque es el supremo valor, no se interpone ningún ídolo de por medio; el amor va directamente a descansar en Dios como Dios. No se le desnaturaliza, sino se afirma y confirma su excelencia y soberanía de Bien total. Y aun entonces, todo el amor de la criatura está orientado y referido a Dios, porque es un amor casto; y sin esta referencia, la caridad cristiana como tal se anula o se convierte en un egoísmo idolátrico: «Porque, si alguno se ama a sí mismo por sí mismo, ya no se refiere a Dios[176], más bien se endiosa a sí mismo con nueva forma de idolatría o egolatría. Se viola, pues, el orden natural. El motivo de amar a Dios no es amarle por *mí mismo,* sino por *sí mismo,* según la definición que ya hemos dado: Llamo caridad al esfuerzo del amor para gozar de Dios por sí mismo y de sí mismo, y del prójimo por Dios»[177].

Siempre la razón de amar, o la razón de todos los amores, es el amor, y el amor es Dios. Cuando Dios no entra en los amores humanos, éstos quedan falsificados, o son imperfectos, o mancos; les falta su verdadera esencia ejemplar y salvífica. Así únicamente se respeta la trascendencia divina como Bien supremo, pero sin que esto excluya a Dios como recompensa y merced. Porque ser recompensa, merced y descanso de todas las criaturas anhelantes es un atributo incomunicable de Dios. Cuando no se le busca a El, la voluntad humana se pierde en un laberinto de fines particulares, y su destino es andar, andar y andar, para no llegar nunca a su meta.

16. El amor es una carrera

Nos hallamos, pues, aquí con dos necesidades igualmente ontológicas: una que afecta al hombre y otra que afecta a Dios: *Sitio in cursu, satiabor in fonte*[178]. Voy corriendo con sed, me calmaré en la fuente. No se puede suprimir la sed del espíritu humano corredor sin mutilarlo en su ser, ni es lícito mutilar a la fuente en su derecho o privilegio de saciar los deseos de los corredores. La sed, el deseo, la inquietud, define a nuestro espíritu como espíritu; y ser la *beatitud* la bienaventuranza de todos los espíritus deseosos, define igualmente a Dios como Dios.

La sed, pues, de Dios no contamina a la fuente ni a la caridad cristiana, como quiere Nygren, porque eso es *eros*. El deseo de cosas extrañas a Dios, poniendo en ellas su fin o apeteciéndolas como medio, pero con afecto excesivo, que mengua los ímpetus del amor divino, sí contamina la caridad. Mas el

---

[175] *In Io. ep. tr.* 10,5 (PL 36,2058): «Quidquid propter aliud quaeritur, non est ibi finis; quidquid propter se et gratis quaeritur, ibi est finis».
[176] *De doct. christ.* I 22 (PL 34,26): «... si autem se propter se diligit, non se refert ad Deum».
[177] *De doct. christ.* III 16: PL 24,72. Véase la nt.37.
[178] *Enarrat. in ps.* 41,5: PL 35,466.

deseo de Dios es en sí mismo amor casto y expresión de caridad y fuerza de caridad, y al mismo tiempo fuego acrisolador de todo egoísmo. El *Deus desideratus* [179] purifica y acendra el amor humano y lo hace acompañar de sentimientos finos y desinteresados que le vienen del mismo amor divino. Por eso la caridad no sólo es deseo, sino también entrega, donación, sacrificio. San Agustín dice por ejemplo: «Todos debemos querer que todos amen a Dios con nosotros» [180]. Este querer el amor de todos a Dios no es *eros,* sino *ágape* en la caridad cristiana. Agustín no busca ni pensaba en su propia felicidad cuando quería y trabajaba por que todos amasen a Dios; pensaba y quería la felicidad común de todos y la gloria de la divina felicidad. No pensaba en sí mismo, sino en los demás, aunque esto mismo redundase en su propia utilidad.

El mismo desinterés aparece en la adhesión a ciertos valores morales, como la justicia, la verdad, la hermosura espiritual. Este es igualmente uno de los rasgos más finos del espíritu humano: «El hombre que ama la justicia, el varón bueno, el hombre libre, se complace en la misma justicia, y, aunque pudiera faltar a ella sin verle nadie, conserva el temor de Dios, que lo ve; y, si pudiera oír al mismo Dios, que le dice: *Aunque te veo cuando obras mal, mas no te castigaré, pero me desagradas,* él, mirando el desagrado al Padre y no el temor al Juez, teme no el ser condenado, castigado o atormentado, sino la ofensa a Dios y el desagrado al que le ama» [181].

Esta clase de sentimientos que acompañan a la caridad cristiana se salen fuera de la esfera egoísta de la felicidad. Son formas puras del amor; del *gratis amare, gratis diligere, gratis laudare, gratis amplecti* [182].

Lo mismo digamos del gozo que sentía cuando se convertía a la fe católica algún pagano o cismático: «El gozo que recibimos cuando algunos de ellos se corrigen y mejoran, agregándose a la comunión de los santos, no se puede comparar con ningún gozo en la vida» [183]. Y al contrario, ¡qué disgusto se llevó cuando un donatista deseoso de abjurar sus errores quiso entrar en la Iglesia, y alguno de sus hermanos le puso el veto y fue rechazado! : «Me ha dolido lo que he oído; lo digo a vuestra caridad: he tenido una gran pena en el corazón; os lo confieso a vosotros: me ha disgustado esta medida» [184]. Tales sentimientos, tan enérgicamente expresados, no son egoístas ni se explican con el amor de concupiscencia, sino de benevolencia, con que se quiere el bien del prójimo, no el suyo propio. Es decir, son sentimientos nacidos de verdadera caridad. Lo mismo que el sentimiento que le hacía decir: «No quiero salvarme sin vosotros» [185].

El bien del prójimo se busca por sí mismo, o, si se quiere, por amor de Dios, para formar todos juntos lo que llama el Santo *societas dilectionis Dei,*

---

[179] MA I; GUELF., 30,1.
[180] *De doct. christ.* I 30 (PL 34,30): «Velle autem debemus ut omnes nobiscum Deum diligant».
[181] *Sermo* 161,9 (PL 38,833): «Vir autem bonus, vir iustus, homo liber... delectatur ipsa iustitia».
[182] *Enarrat. in ps.* 53,10: PL 36,626.
[183] *Epist.* 264,2 (PL 33,1085): «... nulli gaudio in hac vita comparári potest».
[184] MA I 410-11.
[185] *Sermo* 17,2: PL 38,125.

una compañía de amadores de Dios o una hoguera de amor donde todos participen del bien común de amar y ser amados [186]. El amor, pues, en San Agustín tiene rasgos sociales y objetivos, que emanan no del *eros,* sino del *ágape,* transformando la vida afectiva.

Así podemos juzgar del famoso eudemonismo agustiniano, enlazado con el sistema de filosofía moral de los griegos, que ponía el fin del hombre en la búsqueda de la vida feliz [187].

¿Cómo se compaginan el deseo de recompensa con el amor puro, que es también exigencia cristiana? No quiero entrar aquí en la famosa querella teológica o controversia que tuvo tanta resonancia en el contraste de dos obispos franceses, Bossuet y Fenelón [188]. Ambos se tiroteaban con textos agustinianos. Para Bossuet, el *frui* pertenece a la estructura misma del amor y es el objeto de la esperanza cristiana. Para Fenelón, el amor no puede pensar en ningún premio, sino en el mismo amor. Terminemos, pues, con el obispo de Meaux, el cual tenía razón al entrañar el deseo de la felicidad en la antropología agustiniana: «Dios infundió naturalmente en nosotros el deseo de ser felices e inmortales» [189]. Tal deseo no se opone a la pureza y perfección del amor divino. El Santo advirtió, sin duda, cierta dificultad en conciliar ambas cosas: el amor gratuito y la esperanza del premio. El ejercicio pastoral le pone en la alternativa del amor y de la recompensa: «Y porque amamos gratis, pues apacentamos las ovejas, buscamos recompensa. ¿Cómo puede ser esto? Pastoreo a las ovejas con amor gratuito y espero recompensa por ello». Y el Santo resuelve la antinomia de este modo: «De ningún modo se haría esto, de ninguna forma se buscaría recompensa del que se ama gratis, si la recompensa no fuera el mismo a quien se ama» [190]. La dificultad, pues, se resuelve identificando en la misma persona la recompensa y el recompensante que nos ama y que se ama. La recompensa del amor es amor y vida feliz. O como dice en otros términos: «De allí es uno feliz de donde es bueno» [191]. La misma fuente es la de la felicidad y de la bondad moral. La virtud, como sumo amor de Dios, nos lleva a la bienaventuranza [192]. En el amor de Dios, pues, se resumen la moralidad y la felicidad. La ética de la obligación y la ética de la felicidad coinciden. Una ética puramente formalista como la kantiana no pertenece al mundo de los hombres, sino al de la abstracción. La oposición kantiana entre obligación y aspiración no es agustiniana ni cristiana, porque Dios es a la vez el Bien sumo que atrae y el gozo supremo que premia la aspiración hacia El.

[186] *De doct. christ.* I 30: PL 34,30.
[187] Cf. R. HOLTE, o.c., p.23ss.
[188] Cf. FENELÓN, *Dissertatio de amore puro* III 439; R. SPAEMANN, *Reflexion und Spontaneität* (Stuttgart 1963). Trata de la polémica sobre Bossuet y Fenelón.
[189] *De civ. Dei* 29,1 (PL 41,308): «... quia naturaliter indidit nobis ut beati immortalesque esse cupiamus».
[190] *Sermo* 340,1 (PL 38,1483): «Nullo modo fieret hoc, nullo merces quaereretur ab eo qui gratis amatur, nis merces esset ipse qui amatur».
[191] *Epist.* 130,3,3 (PL 33,945): «Inde beatus unde bonus».
[192] *De mor. Ecc. cath.* I 15 (PL 32,1321): «Quod si virtus ad vitam beatam nos ducit nihil omnino esse virtutem affirmaverim nisi summum amorem Dei».
Para una más amplia exposición de esta doctrina de Nygren cf. V. CAPÁNAGA, *Interpretación agustiniana del amor: Augustinus* 18 (1973) 213-78.

17. Los ascensos del amor

La espiritualidad agustiniana exige una gran movilidad interior. En la literatura catequística del santo Doctor abunda el lenguaje que podíamos llamar de peregrinación, que hace honor a los verbos de movimiento *ire, ambulare, peregrinare, currere, tendere, pervenire, proficere, ascendere, deficere, volare, transilire, cantare...* Caminar, correr por el camino, subir poco a poco, pasar adelante, hacer cada día su romería, bajar y subir cuestas, darse prisa, no desmayarse en el camino, hacer jornadas, coger la delantera, cansarse y descansar..., son palabras caras al viador cristiano. El espíritu tiene diversas capacidades para el movimiento, la carrera, el salto, la subida, el vuelo, porque tiene pies y alas, como se ha dicho otras veces [193]. En este aspecto son frecuentes tres verbos en San Agustín: *ambulare, ascendere, volare.* Y con ellos va en agradable compañía el *cantare,* que no puede faltar en la romería de los hijos de Dios: «*Señor, auméntanos la fe.* Mientras se vive en este mundo, este cantar es propio de los que avanzan» [194].

Tornamos a la dialéctica religiosa recordada ya, y consistente en subir del Hombre-Cristo a los secretos inefables de Dios: «Reconoce a Cristo, y por el hombre sube a Dios, uniéndote a El, pues por nuestras fuerzas no lo conseguimos» [195]. Porque no sólo es El la meta de ascensión, sino también el camino por donde se anda y el romero que va por delante, siendo el estímulo y el gozo de todos los que le siguen: «Camina, pues, en Cristo y canta gozoso; canta como quien lleva dentro de sí la vena del consuelo, porque va delante el que te mandó que le siguieras» [196].

Y el amor es la fuerza de este peregrinar: «El cantar es propio del que sube y ama, y sube precisamente porque ama; a caminar, y a proseguir, y subir mueve el amor; para caer empuja la soberbia» [197]. El amor es la pasión del movimiento por la inquietud que despierta, y lo lleva a buscar su último reposo: «Como el amor impuro inflama el alma, y la mueve a desear lo terreno y a perecer abrazado con lo perecedero, y la precipita en lo bajo y la sumerge en lo hondo, así el amor santo la levanta a cosas superiores, y la enardece con el deseo de las eternas, y la excita a buscar lo que no pasa ni muere, y de lo profundo del abismo la levanta al cielo. Pues todo amor despliega su fuerza, ni puede estar ocioso en el ánimo del amante, sino forzosamente la pone en movimiento» [198].

El verdadero progreso, o lo que llamamos también aquí *subir* y *andar* siempre en el camino de la vida espiritual sin retroceso, ni extravío, ni parada, se debe al amor santo, como toda aberración y caída, al amor que mueve con inclinación contraria a lo bajo, «pues todo amor asciende o desciende» [199].

---

[193] *Enarrat. in ps.* 38,1: PL 36,413.
[194] *Enarrat. in ps. 118* sermo 17,2 (PL 37,1547): «Proficientium est ista cantatio».
[195] *Sermo* 82,6 (PL 38,503): «Agnosce Christum et per hominem ascende ad Deum».—*Enarrat. in ps.* 122,1 (PL 37,1631): «Haerendo Illi, ascendere, quia viribus nostris non possumus».
[196] *Enarrat. in ps.* 125,4: PL 37,1660.
[197] *Enarrat. in ps.* 122,1: PL 37,1629.—*Enarrat. in ps.* 120,5 (PL 37,1608): «Ad ambulandum et proficiendum et ascendendum caritas movet; ad cadendum superbia movet».
[198] *Enarrat. in ps.* 121,1: PL 37,1618.
[199] *Enarrat. in ps.* 122,1 (PL 37,1629): «Omnis amor aut ascendit aut descendit».

Amando a Dios, nos elevamos, subimos a El [200]. El ascenso, en el sentido espiritual, es aprovechamiento, mejora y progreso. «¿Qué significa ascender en el corazón? Crecer en el camino a Dios» [201].

La gracia divina obra estas elevaciones, pues la terrena pesadez de nuestro espíritu sólo puede vencerse con la fuerza de lo alto [202]. Con la palabra *ascendere* formula San Agustín la ley del progreso espiritual, que consiste en no retroceder o quedarse atrás, el alargarse en la carrera del bien, yendo de menos a más, alcanzando un grado tras otro en la fe, esperanza y caridad.

18. El progreso en la perfección

Esta es la ley del progreso indefinido, que San Agustín llama *progressus ad perfectionem* [203], que distingue la espiritualidad cristiana, enunciándola en fórmulas que se han hecho célebres en la ascética del cristianismo. «Infundiendo—dice Portalié—una savia cristiana en las teorías de los neoplatónicos sobre la purificación del alma, San Agustín, antes del Pseudo-Dionisio Areopagita, introdujo en el ascetismo un conjunto de fórmulas de que todavía vive nuestra espiritualidad. Así la mística le reconoce el mérito de haber distinguido, en las ascensiones del alma a Dios, tres grandes etapas, que se han llamado caminos o vías purgativa, iluminativa y unitiva» [204].

Siempre se ha de ir adelante en la vida espiritual, sin mirar atrás, sin retroceder, sin descansar, porque el amor no tiene reposo: *Ipsa dilectio vacare non potest* [205]. El viador del cielo ha de mirar siempre adelante: «Sabéis que somos viadores. ¿Me preguntáis qué es andar? Avanzar siempre Estate siempre descontento de lo que eres, si quieres llegar a lo que todavía no eres. Si te complaces en lo que eres, ya te has detenido allí. Y si te dices: 'Ya basta', estás perdido. Vete siempre sumando, camina siempre, avanza siempre; no quieras quedarte en el camino, no quieras volver atrás, no quieras desviarte. Se para el que no adelanta, vuelve atrás el que retorna a las cosas que ya dejó; se desvía el que pierde la fe. Más seguro anda el cojo en el camino que el corredor fuera de él» [206]. Estas son fórmulas clásicas, que han tenido un eco

[200] *Enarrat. in ps.* 119,8 (PL 37,1604): «Si amaveris Deum, ascendis ad Deum».
[201] *Enarrat. in ps.* 122,2 (PL 27,1231): «Quid est ascendere in corde? Proficere in Deum».—*Enarrat. in ps.* 83,10 (PL 37,1064): «Quanto ergo plus amaveris, plus ascendes».
[202] *Enarrat. in ps.* 83,10 (PL 37,1064): «Et quid facit gratia tua? Disponit ascensus in corde... Ergo ascensus in corde tuo sint dispositi a Deo per gratiam ipsius».
[203] *Enarrat. in ps.* 5,9: PL 36,87.
[204] E. PORTALIÉ, art., *S. Augustin:* DTC col.2434. Harnack atribuye a San Agustín el mérito de haber precisado los aspectos que se refieren a los grados del vicio y de las virtudes contra la doctrina estoica de la igualdad de los hombres en el bien y en el mal, sin ser posible establecer grados en las acciones buenas y malas. Enumera cuatro principales aspectos en que se manifiesta la oposición entre la doctrina agustiniana y la protestante, conviene a saber: la distinción neta entre los consejos y los preceptos; la distinción entre los pecados mortales (*letalia, mortifera crimina*) y los veniales (*levia quotidiana*) según separan o no del reino de Dios; la escala gradual de la perfección cristiana y la de la malicia y gravedad de los pecados; los diversos grados de gloria y de pena en la vida futura (E. PORTALIÉ, o.c., col.2440-41). Sobre las fórmulas progresivas se expresa en el mismo sentido P. Pourrat: «Ces formules sont devenues proverbiales en spiritualité» (La Spiritualité Chrétienne I p.297 nt.3, Paris 1047).
[205] *Enarrat. in ps.* 31,5: PL 36,260.
[206] *Sermo* 169,18 (PL 38,926): «Videtis quia viatores sumus. Dicitis, quid est ambulare? Breviter dico, proficere... Semper tibi displiceat quod es, si vis pervenire ad id quod

universal en la historia de la espiritualidad. La meta que se persigue es la perfección, la que es asequible en este mundo, y la ultraterrena de la vida futura. El Espíritu Santo es el que realiza su misión, purificándonos de los pecados y haciéndonos templo suyo donde habita, y moviéndonos con su acción a obrar, aumentar y cumplir perfectamente la justicia [207]. La gradación de los verbos *obrar, aumentar* y *perfeccionar* recuerda la clasificación de los principiantes, de los adelantados y perfectos, que también está sugerida por los grados de la caridad: «La caridad incoada es justicia incoada; la caridad avanzada es justicia avanzada; la caridad grande es justicia grande; la caridad perfecta es la perfecta justicia; mas la caridad está en el corazón puro, y en la conciencia recta y la fe sincera [208].

19. Las edades espirituales

Además de formular la ley general del dinamismo progresivo del espíritu, San Agustín ordenó igualmente las etapas o edades según las cuales se desenvuelve la vida cristiana. Un número privilegiado le ayuda para este sutil esfuerzo de sistematización: el siete, que, como es sabido, tiene valor simbólico para el Santo. Lo cierto es que el siete nos sale al paso en las obras principales de Dios. Siete son los días de la creación del mundo y del reposo divino, siete los días de la semana o del trabajo y descanso humano, siete las edades de la vida humana, siete las de la historia sagrada o serie de manifestaciones de Dios en el Antiguo y Nuevo Testamento, siete los dones del Espíritu Santo, siete las actividades principales en que se manifiesta el espíritu y siete igualmente las edades de la vida espiritual.

San Agustín nos ha dejado tres descripciones del proceso ascendente y transformador del espíritu siguiendo el número septenario [209]:

«El hombre nuevo, interior y celestial tiene no en años, sino en proporción, ciertas edades espirituales, que se distinguen unas de otras por su desarrollo» [210]. Los ciclos de los grandes acontecimientos cósmicos, históricos y religiosos sirven para ilustrar la vida del espíritu, dándole riqueza de contenido e incesante movimiento interior. Así todo lo dispone la divina Providencia para la formación del ser espiritual, centro del universo visible. El alma se hace un mundo sobrenatural lleno de gracia, de movimiento y hermosura según el ideal de Cristo.

Siete edades tiene la historia hasta la venida de Cristo; la infancia llega desde Adán hasta Noé; la puericia, desde Noé hasta Abrahán; la adolescencia corre desde Abrahán hasta David, la juventud abarca la época de la mo-

nondum est. Nam ubi tibi placuisti, ibi remansisti. Si autem dixeris: sufficit; et peristi. Semper adde, semper ambula, semper profice; noli in via remanere, noli retro redire, noli deviare».
[207] *Sermo* 71,33 (PL 38,463): «Ipsum accipiamus ad faciendam, augendam, perficiendamque iustitiam».
[208] *De nat. et gratia* 69,83 (PL 44,290): «Caritas ergo inchoata inchoata iustitia est; caritas provecta, provecta iustitia est; caritas magna, magna iustitia est; caritas perfecta, perfecta iustitia est».
[209] *De vera relig.* 49: PL 34,143-44; *De Gen. contra manich.* 1,43: PL 34,193-94; *De doct. christ.* 2,9: PL 34,39-40.
[210] *De vera relig.*, l.c.: «Iste dicitur novus homo, et interior et caelestis, habens et ipse, proportione, non annis, sed provectibus distinctas quasdam spirituales aetates suas».

narquía hasta la esclavitud de Babilonia, y el declino de la senectud, que comprende los tiempos posteriores al exilio, se extiende hasta Cristo, en quien se inicia la sexta edad del mundo y la decrepitud del hombre antiguo, pues el reino carnal del judaísmo fue abolido por la Alianza Nueva [211].

La formación y desarrollo del hombre espiritual pasa por etapas comparables a las de la obra de los seis días del Génesis, es decir, la creación de la luz, del firmamento, de la tierra sólida, de las estrellas del cielo, de los pobladores del mar, de los animales terrestres y del hombre:

«Para cada uno de nosotros, con sus acciones buenas y vida honesta, se distinguen seis días, a los que seguirá el reposo. En el primer día alborea *la luz de la fe* después de haberse entregado a las cosas visibles; para formarla, el Señor se dignó mostrarse visiblemente. En el segundo día viene el *firmamento de la disciplina,* con que se discierne y separa lo carnal de lo espiritual, como las aguas superiores y las inferiores [212]. En el tercero aparece *la tierra* firme y fructífera del espíritu, separada del líquido túrbido y fluctuante de la carne y de las perturbaciones del mar, de suerte que se puede decir: *Con el espíritu sirvo a la ley de Dios; con la carne, a la ley del pecado* (Rom 7,25). En el cuarto día, ya firme con la disciplina, realiza y distingue operaciones de orden espiritual e intelectual, cuales son la visión de la verdad inmutable, que, como sol, refulge en el alma y, como ella misma, es participante de la verdad, y pone en el cuerpo orden y hermosura, semejante a la luna, que ilumina la noche; y ve cómo todas las estrellas, o sea las inteligencias espirituales, brillan y resplandecen en la oscuridad de la vida presente, semejante a la de la noche. Vigorizada cada vez más con las noticias de estas verdades, en el quinto día, fluctuando aún en medio del mar turbulentísimo de este siglo, produce obras de celo en provecho de la comunidad a que pertenece, y con sus mismas acciones corporales trae bienes a las almas. Obra igualmente hazañas de gran fortaleza, que son como los cetáceos, donde se quiebran las olas tempestuosas, y como las aves del cielo, con que se significa la predicación de la doctrina celestial...

»El sexto día *produzca la tierra alma viva,* esto es, con la quietud y firmeza del espíritu traiga frutos espirituales y buenos pensamientos, gobierne todos los movimientos del ánimo para que él sea vivo y sirva a la razón y justicia, no a la temeridad y al pecado. Así se hace hombre creado a semejanza de Dios, viril y femenino a la vez, porque con su entendimiento y su acción, cuyo desposorio o unión llena la tierra de partos espirituales, somete la carne y todo lo demás que se encierra en la totalidad de su naturaleza. En estos, digámoslo así, seis días, la tarde es la perfección de cada una de estas operaciones, y la mañana, el comienzo de lo que sigue después. Acabadas las obras buenas de estos seis días, espere el hombre el reposo eterno y vea lo que significa: *Reposó Dios el séptimo día de todas sus obras,* porque El, que nos manda trabajar, produce en nosotros estos frutos y nos premiará con el descanso. Como

---

[211] *De Gen. contra manich.* I 4,3: PL 34,193-94.
[212] *El concepto de disciplina* en sentido espiritual implica para San Agustín la instrucción laboriosa o molesta: «Sed disciplinam quam Graeci appellant *paideian,* ibi Scripturae nostrae ponere consuevérunt, ubi intelligenda est *per molestias eruditio*» (*Enarrat. in ps.* 118 sermo 17,2: PL 37,1547-48).—Ibid., 3 (ibid.): «... disciplina quae significat emendatoriam tribulationem».

se dice muy bien que el padre de familia edifica una casa, aunque la mande edificar a sus siervos, así se expresa muy bien que descansa de sus obras el que después de acabar la fábrica da descanso a quienes trabajaron a sus órdenes y les regaló con un ocio deleitoso»[213].

Así resume San Agustín las principales etapas de la vida espiritual cristiana, que comienza con el reverbero de una luz celestial, la fe, *lumen fidei,* que es principio de todo bien. Ella elimina el caos de la infidelidad, es decir, el dominio de lo carnal y sensual. Antes de ser iluminado por Cristo, el mundo era semejante al caos de la materia informe, de donde salió el cielo y la tierra con todos sus encantos y hermosura. San Agustín ve en el caos la oscuridad, las tinieblas, la confusión, pero también una *materia fabricabilis,* una materia que puede transformarse por la acción del Espíritu Santo[214]. Así todo hombre, por muy estragado que se halle, moviéndose en el caos de las cosas mundanas, puede ser embellecido y vestido de la luz de Cristo. La fe pone orden, hermosura, claridad, en la *informitas sine lumine* del hombre caído y no redimido aún[215].

Con la luz de la fe, pues, comienzan pronto a discernirse las cosas, tomando cada una su tamaño, su magnitud y colores. El cuerpo y el alma, la eternidad y el tiempo, el Creador y las criaturas, el bien y el mal, se esclarecen y ocupan sus propios lugares. Dios, Cristo, la Iglesia, los sacramentos, constituyen el tesoro de mayor estimación del cristiano que vive de fe y mira las cosas a la luz de su eterno destino. Efecto propio de esta luz es la separación de lo carnal y espiritual, de lo de arriba y lo de abajo.

Igualmente, con la fe viene la ordenación y firmeza de la disciplina, es decir, de la erudición trabajosa del alma que aspira a realizar lo que conoce por la luz de Dios. El *firmamentum disciplinae* es ejercicio de la vía purgativa para recobrar el señorío espiritual sobre las cosas externas y materiales y afirmarse en la posesión del bien. La fe hace «vivir y caminar en espíritu, como aconseja el Apóstol (Gál 5,25), y crea la espiritualidad cristiana como equipo de fuerzas superiores para realizar el bien. Pierden su potencia las fuerzas del mal y se robustecen las inclinaciones a todo lo santo y puro. Las pasiones van cediendo al ejercicio de las virtudes.

Así se llega a la tercera etapa, en que el alma aparece como una tierra firme y fructífera, dispuesta para toda clase de obras virtuosas. Adquiere hábitos de bien, principios operativos, que llevan frutos excelentes y santos. Se

---

[213] *De Gen. contra manich.,* l.c. Las edades del libro *De vera religione* fundamentalmente coinciden con las aquí expuestas. La primera comienza *en los pechos de la historia provechosa,* es decir, la fe en la historia de la salvación. La segunda se distingue *por el desarrollo de la razón,* que discierne el bien y el mal y conoce un ideal de justicia. En la tercera se *goza en la obra del bien,* al que abraza con cierta dulzura conyugal; ya repugna el pecado por su misma fealdad. En la cuarta *se afirma y robustece el estado anterior del abrazo del bien* y se forma el varón perfecto, resistente a todos los contratiempos y tribulaciones. La quinta es *la edad de la sabiduría tranquila y pacífica,* que goza de sus riquezas interiores. La sexta trae *la completa transformación del alma a imagen y semejanza de Dios.* El hombre se deifica con la contemplación de las cosas eternas. La séptima es *la bienaventuranza eterna, que no tiene edades (De vera rel.* 26,49: PL 34,143). Para la doctrina agustiniana de las edades, cf. Auguste Luneau, *L'histoire du salut chez les Pères de l'Église* p.285-407, Paris 1964).
[214] *De Gen. ad litt., liber imperf.* 4,15: PL 34,226.
[215] Ibid.

afirma el carácter cristiano, libre de las perturbaciones pasionales, a las que llama San Agustín «olas de las tentaciones carnales». Se forma un reino interior, sometido a la soberanía de Dios y al mando de la razón, iluminada por la fe. Corresponde esta etapa a la de los avanzados, que de día en día se renuevan según el hombre interior, y llegan al cuarto día, que se distingue por una *iluminación interior,* en que el cristiano se percata de la presencia de Dios en el alma como luz de la verdad que la ilumina. «Una es la Verdad que ilustra a las almas santas» [216]. No se trata de un conocimiento abstracto, sino de una noticia viva que responde a las aspiraciones más puras del espíritu, que halla dentro de sí al Dios interior, más interior que nuestra misma intimidad, y superior a todo lo más alto que sobresale en ella» [217]. Es el sol que guía al conocimiento de la verdad, siendo el espíritu humano de naturaleza lunar, *tanquam luna illuminans noctem,* pues carece de una luz propia e independiente y nos dirige en la noche del tiempo con la luz que recibe del sol interior o de la Verdad primera: «Porque ninguna criatura, aunque racional e intelectual, se ilumina por sí misma, sino se enciende con la participación de la Verdad eterna» [218]. Supone un gran progreso en la vida espiritual esta persuasión y sentimiento de la limitación esencial del espíritu y de la necesidad de la luz y de la presencia de Dios en los actos superiores del mismo. Y esta Verdad que dirige al hombre, ordena y hermosea todo el ser humano, hasta el cuerpo con el ejercicio de la moderación y templanza.

De ella vienen también las inteligencias espirituales—*intelligentiae spirituales*—, que son fruto de la sabiduría y refulgen en el mundo interior como estrellas del cielo, consolando nuestra noche oscura del tiempo. Inteligencias espirituales son, por ejemplo, las interpretaciones saludables de los hechos de la Sagrada Escritura y de los misterios del Cristo. Así, en el milagro de la conversión del agua en vino de las bodas de Caná puede hallarse una aplicación personal que ilumina nuestra vida interior: «Nosotros éramos antes como agua, y nos convirtió en vino, nos hizo sabios; con su fe nos dio un sabor nuevo a los que éramos insípidos. Conocer lo que ha hecho con nosotros en este milagro pertenece a la sabiduría» [219].

Con la sabiduría práctica y sabrosa, el espíritu se hace radiante y adquiere firmeza y valentía todo el dominio de las acciones. Como consecuencia, se manifiesta el heroísmo de las virtudes—*fortissimae actiones*—y el magisterio sobrenatural. Los cetáceos y las aves representan ambos frutos, con que se califican los progresos del quinto día. Las olas no quebrantan a los grandes peces del océano, como tampoco las perturbaciones y tempestades del siglo abaten el ánimo de los justos. Contra todo viento y marea llevan adelante el propósito de glorificar a Dios y salvar a los prójimos. Las aves simbolizan los dones de la doctrina celestial, es decir, a los varones apostólicos, que atraen a las almas con la sabiduría que enseñan.

[216] *Enarrat. in ps.* 11,2 (PL 36,138): «Veritas una est qua illustrantur sanctae animae».
[217] *Conf.* 3,6: «Tu eras interior intimo meo et superior summo meo».
[218] *Enarrat. in ps. 118* sermo 23,1 (PL 37,1507): «Nulla quippe creatura, quamvis rationalis et intellectualis, a seipsa illuminatur, sed participatione sempiternae veritatis accenditur».
[219] *In Io. ev. tr.* 8,3 (PL 35,1452): «Et forte ad ipsam sapientiam pertinet... intelligere quid sit gestum in hoc miraculo».

Y por este camino se llega hasta el sexto día, en que se produce el alma viva, toda ella puesta al servicio de la verdad y de la justicia. Aquí el espíritu alcanza un gran equilibrio de serenidad—*stabilitas mentis*—, que es activo a la vez. La acción y la contemplación andan juntas, como el hombre y la mujer para llenar la tierra con frutos de bendición. Las pasiones están sometidas al gobierno de la razón. El hombre impera sobre las bestias de la tierra, esto es, «rige todos los afectos y movimientos del ánimo que nos asemejan a los animales, moderándolos con la templanza y modestia. Pues, cuando rigen tales movimientos, se amansan completamente y viven en concordia con nosotros, pues ellos no son ajenos a nuestro espíritu... De ahí la vida dichosa y tranquila cuando las pasiones van de acuerdo con la razón y la verdad y se llaman gozos y amores santos y castos» [220].

Con esto alcanza el cristiano la meta de su perfección según es posible en este mundo. La posesión de la verdad, el señorío de las pasiones, la esperanza del premio eterno y el amor divino forman un verdadero reino de Dios, que es un anticipo de la gloria.

20. Por la escala septenaria del alma

El ejercicio de este dinamismo progresivo, que se afana siempre por remontarse más allá de todo lo que detiene aquí abajo—y en esto consiste toda la labor espiritual del hombre—, tiene un ámbito propio, que es el mundo interior, el cual está ordenado en una jerarquía de siete actividades como en una escala de siete gradas. Estas siete gradas nos traen a la memoria una de las concepciones más bellas de la mística carmelitana: *Las moradas,* de Santa Teresa de Jesús, que son también siete y tienen alguna coincidencia con las de San Agustín, sobre todo en sus últimas gradas, con que se expresa el más alto modo de unión con Dios en esta vida.

Pero la intención teresiana no es la del autor del libro De *quantitate animae,* aunque la consecuencia de su exploración es descubrirnos la grandeza y excelencia de nuestras almas. San Agustín ofrece una síntesis psicológica de las actividades del alma, subiendo de abajo arriba y como dándonos una concepción piramidal del espíritu humano, el cual en su primer grado se manifiesta en su actividad vital organizando, unificando y vivificando la materia del cuerpo humano, dándole la congruencia de sus partes y el decoro, nobleza y hermosura que ostenta. Ya esta arquitectura ínfima y exterior del organismo humano es un mundo de maravillas para el buen observador.

Subiendo más arriba, al segundo grado, se nos ofrece la capacidad sensitiva con sus diferentes órganos para percibir las innumerables diferencias de formas, colores, olores, sabores, cuyas imágenes van almacenándose en los depósitos de la memoria, dando una riqueza indescriptible al espíritu.

En el tercer grado, ya propiamente humano, se nos muestra la razón con sus innumerables obras e invenciones en las artes, ciencias, construcción de ciudades, oficios, dignidades, juegos...

En el cuarto grado aparece el hombre virtuoso con sus acciones buenas, discerniendo el bien del mal, los valores inferiores y los superiores, para dar

---

[220] *De Gen. contra manich.,* l.c., 31: PL 34,188.

la preferencia a los últimos. Aquí da trabajo la vía purificativa, porque el alma trata de conseguir la pureza de toda mancha y «de ponerse toda hermosa y lindísima» y hacerse fuerte contra los obstáculos que se le oponen para ello: «En esta tan eminente actividad del alma hay todavía trabajo y una grande y muy empeñada guerra contra las molestias y halagos de este mundo» [221]. La pasión del miedo a la muerte es una de las que se han de combatir con más firmeza en este período. Ella demuestra aún el apego que tiene a las cosas transitorias, y se requiere el socorro divino para la lucha moral que sostiene.

Cuando, pues, ha logrado purificarse de toda afección torpe, al alma le nacen alas y entra dulcemente en la morada interior a gozar de las virtudes sólidas: «Aquí el alma mora dentro de sí misma con grande gozo». Si en el grado anterior era necesario luchar y fatigarse para lograr la pureza, en el quinto se mantiene y persevera en ella, y se descubre verdaderamente la grandeza del espíritu y los tesoros que es capaz de atesorar en sí. Al mismo tiempo se le va aguzando la vista interior—vía iluminativa—, y se lanza con deseo vivísimo a contemplar a Dios, que es la Verdad misma, y éste es el premio altísimo y secretísimo, que tantas fatigas le han traído. Ahora tiene limpios los ojos, el corazón puro y renovado, el espíritu recto, y se complace en mirar las cosas que verdaderamente son. Y así logra el último grado o mansión en el abrazo de la Verdad con gozo en el sumo Bien. Lo que llama San Agustín aquí *mansio* significa un estado superior y seguro de unión con Dios, que ya no se romperá hasta la muerte. La llama igualmente *contemplatio,* porque es una visión pura y firme de la Verdad de Dios, con que se logra la perfección posible en esta vida.

Resumiendo esta doctrina, San Agustín da también a los siete grados estos nombres: animación, sensibilidad, arte, virtud, tranquilidad, entrada, contemplación [222].

Propiamente, el itinerario espiritual comienza en el cuarto grado con la práctica de la virtud o de las virtudes, que siguen creciendo hasta el grado séptimo de la contemplación.

Las virtudes

1. La ciudad interior

En realidad continuamos todavía con la dialéctica de la conversión en otro aspecto muy entrañable a la espiritualidad, pues trátase aquí de las virtudes y vicios principales que deben practicar o combatir los cristianos. Cada virtud tiene su contrario para pelear, y en esta pelea se van y vienen los días de la existencia cristiana.

Los que guardan la caridad entre sí y aman a Dios que mora en ellos, forman la ciudad de Dios [1]. Pero San Agustín concibe el mismo espíritu, aun individualmente considerado, como otra ciudad de Dios, como reino interior

---

[221] *De quant. animae* 33,73: PL 32,1075. Esta doctrina está desarrollada en el c.33 nt.70-79: PL 32,1073-91.
[222] Ibid., 35,79: PL 32,1079.
[1] *Enarrat. in ps.* 98,4: PL 37,1261.—Sobre la ciudad contraria véase *Enarrat in ps.* 9,8 (PL 36,120): «... civitates autem in quibus diabolus regnat».

que tiene su emperador y dominios imperiales. Las fuerzas del bien y las contrarias, que son las del mal, traban pendencia entre sí. He aquí las palabras del Santo, que, después de alabar las obras de misericordia, el afecto de la caridad, la santidad de la piedad, la incorrupción de la castidad, la moderación de la sobriedad, que son virtudes interiores, prosigue: «Así como un emperador por medio de su ejército hace cuanto le place, así Cristo, cuando comienza a habitar dentro por la fe (Ef 3,17), usa de las virtudes como de ministros suyos. Por estas virtudes interiores se mueven visiblemente los miembros

Los pies se dirigen a donde los lleva la voluntad buena, puesta al servicio del buen Emperador. Las manos hacen lo que manda la caridad, inspirada interiormente por el Espíritu Santo. Vense los miembros cuando hacen algo, queda sin verse el que manda dentro. Y quién manda dentro, lo sabe sólo el que manda y aquel a quien se manda» [2].

Esta concepción nos ayuda a considerar la vida espiritual como un organismo interior o ciudad donde Cristo es rey, quien reparte los diversos ministerios que se descubren en las obras virtuosas, las cuales tienen su entidad psicológica propia, y forman una multitud innumerable bajo el mando de una sabiduría que reside en lo íntimo del hombre.

¿Qué son, pues, las virtudes? San Agustín da diversas definiciones, que se organizan en torno a unas ideas fundamentales. En primer lugar son fuerzas ordenadas a la operación: «Toda virtud puede obrar algo, y, si no, no es virtud» [3]. El ocio no se compadece con la virtud, que es activa por su misma esencia. San Agustín hace suya también la definición de los filósofos: «Es el arte de bien vivir» [4]. La acción propia de la virtud es tener ocupada la plaza con dominio, tener señorío y mando en ella, con la sumisión de las pasiones a la razón. Es decir, la virtud imprime una manera de ser noble al hombre, poniendo una excelencia, un crédito y honor en él que le merece alabanza.

Por eso la virtud se define igualmente como una «cualidad de la mente»

---

[2] *In Io. ep. tr.* 8,1 (PL 35,2036): «Quomodo imperator per exercitum suum agit quod ei placet, sic Dominus Iesus Christus, incipiens habitare in interiore homine, id est, in mente, per fidem utitur istis virtutibus quasi ministris suis».—*Enarrat. in ps.* 148,2 (PL 37,1938): «Sic et in unoquoque homine intus est imperator, in corde sedet; si bonus bona iubet, bona fiunt; si malus mala iubet, mala fiunt. Cum ibi Christus sedet, quid potest iubere nisi bona?»

Esta concepción imperial del espíritu recuerda la de los filósofos platónicos, según los cuales el alma posee una porción que se llama mente: «La cual parte, que es la tercera del alma, dicen que está puesta como en un alcázar, a fin de gobernar las porciones inclinadas al vicio, para que, imperando ella y sirviendo éstas, pueda conservarse en el hombre por todas partes del alma la justicia» (*De civ. Dei* XIV 19: PL 42,427).

«Esta concepción—dice L. Reypens—ha influido tal vez en la nomenclatura y sentido del *Bürgelin*, de Eckhart, y hemos hallado literalmente en el *Donjon*, de Camus» (*Dict. de spirit.* I 438).

[3] *De immort. an.* III 3 (PL 32,1022): «Omnis virtus potest aliquid agere, nec cum agit aliquid virtus non est». La edición de los Lovanienses corrige el texto en esta forma: «nec cum non agit aliquid» (ibid., n.2).

[4] *De civ. Dei* XIX 3 (PL 42,626): «...eadem virtus... est ars agendae vitae».—Ibid., IV 21 (PL 41,128): «Ars quippe ipsa bene vivendi virtus a veteribus definita est. Unde ab eo quod graece *areté* dicitur, nomen artis latinos traduxisse putaverunt».—Ibid., XIX 3,1 (PL 41,626): expone la doctrina de Varrón.—Ibid., XXII 24,3 (PL 41,789): Cicerón la define también «ars vivendi» (*De finibus bonorum et malorum* I 13,42). Cf. R. HOLTE, o.c., p.32.

que se gobierna sabiamente a sí misma» [5], o como «un hábito espiritual conforme a la naturaleza y a la razón» [6], según las palabras de Cicerón. Significa, pues, una conformidad esencial con la naturaleza humana y con los dictados de la razón, un bien excelente que ordena al hombre y le hace ocupar dignamente su puesto en el mundo. La virtud sigue sometida a la razón, y en este sentido es la misma recta razón [7]. Pero ya ésta debe estar gobernada por las virtudes cristianas que se llaman fe, esperanza y caridad [8]. Al mismo tiempo, toda acción virtuosa ha de tener presentes las reglas eternas de la ley de Dios y de su justicia. Sin la recta razón no puede haber virtudes [9]. A ella le compete el ajustar la acción virtuosa a ciertas normas inmutables y como luces de las virtudes que incorruptiblemente viven en la misma verdad y sabiduría común [10]. La prudencia, la justicia, la templanza, la fortaleza, deben medirse en todos sus actos por estas reglas [11].

De aquí se deduce la interioridad de la vida moral que imprimen las virtudes; para ser justo hay que ajustarse a las leyes invariables que resplandecen en la conciencia humana y son patrimonio universal; v.gr.: «No hagas a otros lo que no quieres que te hagan a ti». Cuando las obras humanas siguen estas ordenaciones interiores de la ley moral, conducen al fin último que se desea. La luz interior de la verdad se derrama en las acciones y las hace justas, valientes, moderadas, buenas.

Siguiendo estas reglas, la voluntad se convierte en principio y órgano de virtudes. Mas, cuando se habla de virtudes como de focos de energías diversas, nótese que todas convergen en una principal y difusa en el organismo operativo del hombre que es el amor: «Porque el hombre no se mueve por los pies, sino por los afectos» [12]. Por el amor se dirige adondequiera que se dirige. La ordenación de las acciones por las luces de las virtudes afecta al amor, y así puede definirse la virtud como la ordenación y el orden del amor [13]. También vemos por aquí cómo la idea de orden penetra la metafísica, teología, ética y espiritualidad de San Agustín.

La verdad y el orden tienen la primacía en la ética humana. La misma vida espiritual no es más que un amor ordenado, y el desorden del amor vicia las acciones humanas, con que se peca por exceso de adhesión a los bienes materiales, o a los bienes sensibles, o a sí mismo. Y así repetimos de nuevo

---

[5] *De mor. Eccl. cath.* I 6,9 (PL 32,1314): «... aut si non placet vocare virtutem nisi habitum ipsum et quasi sapientis animae qualitatem».

[6] *Contra Iul. Pel.* IV 19 (PL 44,747): «Virtus est animi habitus naturae modo atque rationi consentaneus».—CICERÓN, *De invent.* II. Cf. *De div. quaest. 83* q.31,1: PL 40,20.

[7] *De ut. cred.* XII 27 (PL 42,85): «Porro recta ratio est ipsa virtus».

[8] *Sol.* I 6,13: PL 32,876.

[9] *De lib. arb.* II 18,50: PL 32,1267.

[10] Ibid., II 19,52 (PL 32,1268): «Neque prudentia cuiusquam fit prudens alius, aut fortis fortitudine, aut temperans temperantia, aut iustus iustitia hominis alterius quisquam efficitur, sed coaptando animum illis immutabilibus regulis luminibusque virtutum quae incorruptibiliter vivunt in ipsa veritate sapientiaeque communi».

[11] Ibid.

[12] *Enarrat. in ps.* 9,15: PL 36,124.

[13] *De civ. Dei* XV 22 (PL 41,467): «Unde mihi videtur quod definitio brevis et vera virtutis, Ordo est amoris».—P. LANDSBERG, *La edad media y nosotros* p.27 (Madrid 1925): «La virtud del hombre ha sido definida definitivamente por San Agustín como *ordo amoris,* definición que brillará siempre, por encima de todos los sofismas kantianos, en eterna verdad y belleza».

la definición agustiniana: «En esta vida, la virtud consiste en amar lo que debe amarse»[14]. El bien que ha de amarse con todo el corazón ha de ser el más amable, sin que ninguna molestia nos impida unirnos a él, ni ningún halago sensual nos desvíe, ni soberbia alguna nos separe[15]. Así el mandamiento del amor a Dios se eleva a categoría moral de primer orden, y luego el amor al prójimo. Por este camino llegamos a la definición de la espiritualidad como ejercicio del amor de Dios y del prójimo. En la perfección del amor a Dios y al prójimo consiste la mayor perfección que se puede alcanzar en el camino espiritual. Mirada por este flanco, la vida espiritual es humanísima, porque responde a la exigencia de aquel *pondus amoris,* el peso de amor, que es la misma entraña del espíritu humano.

2. Estructura de la acción virtuosa

Siguiendo el análisis de las definiciones diversas de la virtud, es preciso determinar también la estructura de una acción buena o virtuosa. Se ha dicho que las virtudes exigen la conformidad con las reglas o principios absolutos que viven en la sabiduría eterna, con las leyes del orden natural o del revelado, en que se expresa la voluntad del Creador. La conformidad con ellos produce una armonía espiritual o una hermosura del hombre interior: «¿Pues acaso es otra cosa la justicia cuando la tenemos, u otra cualquiera virtud por la que se vive recta y sabiamente, sino la hermosura del hombre interior?»[16]

La participación de la luz superior da una esencia luminosa a las virtudes, al mismo tiempo que una conexión con el orden universal, porque se aman las cosas según su excelencia y el lugar que ocupan.

San Agustín viene a relacionar esta luz o luminosidad de las virtudes con la recta intención comentando el texto del evangelio de San Mateo: *Y si la luz que hay en ti son tinieblas, ¿cuánta será la oscuridad?* (Mt 6,23): «Llama luz a la buena intención con que obramos»[17]. La misma interpretación da a otro pensamiento del Señor: *La antorcha de tu ojo es el cuerpo. Si, pues, tu ojo fuere sencillo, todo tu cuerpo estará alumbrado. Mas, si fuere malicioso, todo tu cuerpo estará a oscuras* (Mt 6,22): «El ojo debe entenderse aquí por la intención con que obramos el bien»[18].

La intención es una categoría moral de primera importancia que distingue a los hombres: «Dos clases de hombres—buenos y malos—están mezclados en esta tierra y en esta vida. Cada una de ellas tiene sus propias intenciones en el corazón»[19]. La buena intención da rectitud a las obras, porque rectifica

---

[14] *Epist.* 155,4,13 (PL 33,671): «In hac vita virtus non est, nisi diligere quod diligendum est».

[15] Ibid.

[16] *Epist.* 120,4,19 (PL 33,461): «Quid est autem aliud iustitia, cum in nobis est, ve quaelibet virtus, qua recte sapienterque vivitur, quam interioris hominis pulchritudo?»

[17] *Quaest. Evangel.* II 15 (PL 35,1339): «Lumen dicit bonam intentionem mentis qu operamur».

[18] *De serm. Dom. in monte* II 13,45: PL 34,1289.

[19] *Enarrat. in ps.* 36 sermo 2,1 (PL 36,363): «Habent singula ista genera proprias in tentiones cordis».

el corazón, pues «los hombres, cuando se encorvan hacia sí mismos, tuercen el corazón; cuando se vuelven a Dios, ponen en línea recta el corazón»[20]. El tema del *cor rectum* y *cor incurvatum* es frecuente en la predicación agustiniana, sobre todo en los comentarios a los Salmos, donde se habla de *recti corde*[21].

En uno de los primeros libros tiene una profunda reflexión sobre la acción humana, relacionándola con la recitación de un poema o de un verso, o simplemente de una palabra, donde hay un principio, un medio y un fin: «Cuando se realiza esto, es necesaria una *expectación* para que pueda llevarse a cabo, y una memoria, para que se comprenda en lo posible, y la expectación se refiere a lo futuro, y la memoria se relaciona con lo pasado. Mas la *intención—intentio*—para obrar es cosa del presente, por la que lo futuro llega a hacerse pasado, ni puede esperarse el fin del movimiento, comenzado del cuerpo, sin ninguna memoria... Asimismo, la intención de realizar lo presente no puede darse sin esperar el fin que ha de venir... Puede, pues, en esta intención darse al mismo tiempo la memoria de lo pasado y la esperanza de lo futuro, cosas que no pueden darse sin vida»[22].

Se trata aquí de un dinamismo psicológico que condiciona la estructura de toda acción e intención. En una acción cualquiera hay elementos mudables y transitorios que recorren la línea de lo presente, pasado y futuro; mas hay al mismo tiempo algo permanente que todo lo enlaza; es la intención, que en última instancia se reduce a un deseo de descanso. La intención en las acciones virtuosas no sólo es el blanco de la verdad a que se aspira, sino también la flecha que se dirige a él, extendiéndose de lo pasado a lo presente, y de lo presente a lo futuro. A la intención le conviene la mejor parte, la que salva o destruye el valor de la obra humana. Pasado, presente y futuro actúan en ella; recuerdos, impulsos y esperanzas ponen la mano en su ejecución. Pero el contenido de la intención significa, sobre todo, una carga de esperanza y un lanzamiento a lo futuro. Es lo que hace decir a San Agustín que la virtud, en este mundo de peregrinación, más consiste en tener hambre y sed de justicia que en la posesión misma de ella[23]. El *intendere*—ir hacia— expresa esta limitada condición de la virtud.

Desde aquí se vislumbra el valor y la fuerza de la esperanza cristiana, sin que ello quite importancia a las demás virtudes, «porque la buena obra la hace intención, mas la fe dirige la intención», según el Santo[24]. Es de nuevo la luz, que por la fe pasa a las obras, señalando con precisión el blanco, o el sumo Bien, al que deben referirse todas ellas.

---

[20] *Enarrat. in ps.* 139,18 (PL 37,1814): «Quia quando ad se flectunt, torquent cor; quando autem in Dominum intendunt, dirigunt cor». *Torquere* y *dirigere* expresan los efectos opuestos: lo torcido y lo recto.

[21] Sobre la *rectitudo* como categoría de orden moral y espiritual en San Anselmo, que sigue la línea de San Agustín, véase R. POUCHET, *La rectitudo chez Saint Anselme. Un tinéraire augustinien de l'âme à Dieu:* Études Augustiniennes (Paris 1964).

[22] *De immort. an.* III 2,32: PL 32,1023.

[23] *Epist.* 120,4,19 (PL 33,461): «Ille vero Deus summa iustitia: quam profecto esurire et sitire ea nostra est in hac peregrinatione iustitia, et qua postea saturari ea nostra est in aeternitate plena iustitia».

[24] *Enarrat. II in ps.* 31,4 (PL 36,259): «Bonum opus intentio facit, intentionem dirigit fides».

Mas aquí no falta la fuerza del amor, que todo lo pone en movimiento: «Pues entonces se hace obra buena cuando la intención del agente va disparada por la caridad, y, tornando de nuevo a su hogar, allí descansa en la misma caridad»[25]. La acción que aquí se atribuye a la caridad, expresada por el verbo *iaculare*, recuerda el arte venatorio de lanzar el dardo o la jabalina, siendo el blanco una pieza de caza mayor. Lo cual nos lleva a la *venatio sacra* de Jerónimo de Haeften y al *quaerere Deum* del mismo San Agustín[26]. Se trata, pues, de fenómenos de tensión o de extensión espiritual, como los define el mismo: «La perfección conseguible en esta vida exige que se olviden las cosas de atrás, para extenderse, según la intención, a las que están por venir, pues segurísima es la intención del que busca hasta conseguir aquello a que tendemos y nos extendemos. Mas la recta intención es la que viene de la fe»[27].

Esta *intentio* es lo íntimo de las acciones, que nace de lo profundo del deseo de la felicidad y se dispara hacia el fin del reposo definitivo[28]. Ella es la que hace también verdaderas las virtudes. En esto insistía particularmente San Agustín para distinguir las virtudes cristianas de las paganas contra Pelagio: «No es por los oficios—o por lo que se hace—, sino por los fines, por lo que han de discernirse las virtudes. El oficio es lo que hay que hacer; el fin es la razón por que se hace»[29]. Catilina, el famoso delincuente y enemigo de Roma, era amigo de hacer obsequios a sus seguidores, muy constante en su propósito de apoderarse del poder del Estado, muy sufrido en los trabajos y privaciones, muy fuerte para soportar el hambre, el frío, el cansancio; pero ni su justicia, ni su constancia, ni su fortaleza, ni su templanza eran verdaderas virtudes, aunque materialmente parecía obrar conforme a ellas; el mal fin viciaba sus acciones[30].

Por eso, aunque San Agustín reconocía en los paganos obras buenas, v.gr., de misericordia, pero no las quería reconocer como *virtudes verdaderas,* porque su desconocimiento del verdadero Dios las desviaba del fin verdadero, que es la posesión del mismo. Pues cuanto realiza el hombre, si no lo hace por el fin con que, según la verdadera sabiduría, debe hacerse, aunque materialmente parezca bueno, carece de la recta ordenación al fin debido y es una obra fallida[31].

Donde falta la verdadera sabiduría o conocimiento de la Verdad, que orde-

---

[25] *De cat. rud.* XI 16 (PL 40,323): «Tunc est vere opus bonum, cum a caritate iaculatur agentis intentio, et tanquam ad locum suum rediens, rursus in caritate requiescit».
[26] Cf. V. CAPÁNAGA, *El agustinismo en la «Venatio sacra» del Haefteno:* Augustinus 63 (1971).
[27] *De Trin.* IX 1 (PL 42,960-61): «Ea recta intentio est quae proficiscitur a fide».
[28] Cf. A. MAXZEIN, *Philosophia cordis* p.52ss.
[29] *Contra Iul. Pel.* IV 21 (PL 44,749): «Noveris itaque non officiis sed finibus a vitiis discernendas esse virtutes. Officium est autem quod faciendum est; finis vero propter quod faciendum est».
[30] Ibid., IV 20: PL 44,748.
[31] Ibid., IV 21: PL 44,749.—*Epist.* 167,6-7: PL 33,735-36.
[31] Ibid. J. HARRY MAC SORLEY, *Lutherslehre vom unfreiem Villen* p.77 (München 1966): «Según San Agustín, se puede decir, de un pagano que hace obras buenas, que vive justamente y que es virtuoso; mas sin la fe cristiana, que obra por la caridad, no realiza en verdad ninguna obra perfecta ni posee la verdadera justicia o virtud, porque nada de lo que hace tiene ante Dios ninguna consistencia ni valor para conseguir la verdadera felicidad eterna».

na las obras para que se enderecen al debido fin, las virtudes están como huecas y llecas por desviadas de su verdadero objeto. Falta la intención recta, es decir, la dirigida a su blanco, y no atinan en él. Esta desproporción entre los medios y el fin es lo que movió a San Agustín a negar *verdaderas virtudes* a los paganos.

3. Las virtudes cardinales

San Agustín aceptó y cristianizó la doctrina de las virtudes morales de los filósofos antiguos, los cuales distinguieron las cuatro que han recibido el nombre de *cardinales,* pues por ellas se regula la vida moral del hombre. Del conocimiento de la realidad del universo y de la situación del hombre dentro de él, se deriva la ciencia de los valores de la vida, o el discernimiento del bien y del mal, la sabiduría práctica, la ordenación del amor. Ella regula las acciones, y, cuando en la práctica del bien se presentan dificultades, el hombre desarrolla su fuerza para vencerlas, obedeciendo al imperativo moral que brilla en su conciencia. Es necesario también mantener a raya los instintos para no separarse de la ley del logos; tal es la función de la moderación para andar llano y seguro por un camino medio. En el orden de las relaciones humanas debe guardarse la justicia, dando a cada lo que sus derechos exigen. Tales son las cuatro virtudes que los filósofos admitieron [32].

Crisipo, filósofo de la Estoa, dividió estas virtudes en otras muchas derivadas de ellas, todas las cuales tienen un fin común, que es conseguir la *eudaimonía* o *vita beata,* la vida feliz, común aspiración de los hombres. La meta más alta de la filosofía era ésta según Cicerón [33]. El cual divide las virtudes en cuatro grupos; el primero tiene como centro *la verdad:* sabiduría, prudencia, indagación, invención. El segundo es el de las *virtudes sociales,* con la justicia conmutativa y distributiva; el tercero se centra en *la fortaleza* y *grandeza de espíritu,* invicto y excelso; el cuarto son las virtudes *del orden* y *de la moderación (ordo, modus), con la templanza* y *la modestia* [34].

En Platón, la doctrina de las virtudes se relaciona con las diversas partes del alma, cada una de las cuales se halla unida o tiene una virtud; la templanza es la virtud de la parte sensitiva que modera la sensualidad; la fortaleza modera la vida activa; la sabiduría, la vida contemplativa, y la justicia se muestra en el orden que reina en todas estas partes, conservándose cada una en su lugar y dando a cada una lo suyo según lo que exigen sus funciones. Así el hombre se halla ordenado en sí mismo [35].

San Agustín conocía las cuestiones de los filósofos acerca de la virtudes y se hallaba convencido de su necesidad. Ya en la plegaria de Casiciaco las pide a Dios para que le «haga puro, magnánimo, justo, prudente y perfecto amante y conocedor de la sabiduría» [36]. Ya al perdírselas a Dios indica un cambio de postura con relación a la doctrina moral de los antiguos.

[32] Cf. M. Pohlenz, *La Stoa. Storia di un movimento spirituale* I p.254-60; R. Holte, o.c., p.29ss.
[33] Cicerón, *De finibus* V 29,86: «Omnis auctoritas philosophiae consistit... in beata ita comparanda».
[34] Cicerón, *De los deberes* p.ix, trad. de García Baca (México 1945).
[35] Platón, *República* p.434; R. Holte, o.c., p.252; W. Jaeger, *Paideia* II p.293-94.
[36] *Sol.* I 1,6 (PL 32,872): «Iubeasque me, dum hoc ipsum corpus ago et porto, purum,

M. Pohlenz dice que el punto fundamental de la ética griega no es el *tú debes,* sino el *tú puedes.* Dentro del hombre se halla el equipo suficiente de fuerzas naturales para conseguir su pleno desarrollo, su fin y su felicidad, su τέλος y su ενδαιμονία [37]. El conocimiento del fin y los medios para lograrlo están a su alcance. Pero en San Agustín ya es significativo que en su primera plegaria pida a Dios las cuatro virtudes cardinales. Es verdad que la doctrina platónica tenía cierta apertura a la concepción de la gracia según su discípulo Plotino: «Platón dice bien que quien quiera hacerse sabio y dichoso recibe de lo alto el bien y dirige su mirada hacia él, le imita y vive en conformidad con él. Esto y sólo esto constituye el fin» [38]. Pero sabido es que Plotino excluye la noción de gracia en la consecución de τέλος. Al contrario, en la primeriza especulación agustiniana irrumpe ya la gracia como necesidad ética y espiritual. El sentimiento de la indigencia propia conmueve profundamente al orante de Casiciaco y le hace ya un *mendicus Dei,* un mendigo de Dios como dirá más tarde. La necesidad de un socorro ajeno penetra sus palabras. Dios, como fuente de todo bien, lo es igualmente de las cuatro virtudes que necesita para reformarse. Por eso el aspecto ético de la conversión está presente con frecuencia en él.

En la miscelánea de las 83 cuestiones diversas, compilada siendo sacerdote, aunque compuesta antes en su época del retiro de Tagaste, recogió y divulgó un ramillete de definiciones de Cicerón que se refieren al organismo de las virtudes morales. Dependía en esto de los estoicos, y sus definiciones y clasificaciones nos vienen de Crisipo, habilísimo en definir y dividir [39]. «La cuestión no es mía, sino de Cicerón. Mas como yo la di a conocer a los hermanos, ellos la incluyeron entre los fragmentos recogidos. Deseaban conocer cómo Cicerón definía y dividía las virtudes del alma» [40].

He aquí su contenido: «La virtud es un hábito del alma conforme a la naturaleza y a la razón... Tiene cuatro partes: prudencia, justicia, fortaleza y templanza. La prudencia es el conocimiento de las cosas buenas, malas e indiferentes. Tiene tres partes: memoria, inteligencia y providencia, según se mire a lo pasado, a lo presente o a lo futuro. La justicia es un hábito del alma que observa la utilidad o bien común y da a cada uno lo suyo según su dignidad. Sus partes son la religión, la piedad, la gratitud, la consideración, la observancia, la sinceridad. La fortaleza consiste en afrontar deliberadamente los obstáculos y trabajos, y en superar las pruebas y sus partes son la magnanimidad, la confianza, la paciencia, la perseverancia. La templanza es el dominio firme y sensato de las pasiones desordenadas del alma. Su partes son la continencia, la clemencia, la modestia. Todas estas virtudes han de buscarse por sí mismas, sin ningún interés» [41].

---

magnanimum, iustum prudentemque esse, perfectumque amatorem perceptoremque sapientiae». Según Crisipo, la magnanimidad es parte de la fortaleza, o *andreia* (POHLENZ, o.c., I p.257).

[37] R. HOLTE, o.c., p.15.

[38] *Enéad.* I 4,6.97.10.

[39] POHLENZ, o.c., I p.257: «Crisipo tiene en la sangre la tendencia a las distinciones sutiles y a las clasificaciones pedantescas».

[40] *Retract.* I 26: PL 32,624.

[41] *De div. quaest. 83* q.31,1-2: PL 40,20-21. El texto está tomado del libro *De inventione* II 53.

Estas exigencias de la ética antigua aparecen insertadas en la espiritualidad agustiniana ya desde el principio. Y nótese que las virtudes tienen sus contrarios y sus vecinos. Así la enemiga de la prudencia es la imprudencia, y su vecina es la astucia. La debilidad es contraria a la fortaleza, y la audacia no va con la primera, pero tampoco con la segunda; es decir, la audacia se parece a la fortaleza, pero no es fortaleza verdadera, la cual debe seguir los dictámenes de la conciencia moral iluminada por la recta razón.

Como se ve, el campo bélico de la agonía cristiana tiene muy vasta extensión para el ejercicio de los hombres espirituales, que «reciben este nombre por las cuatro virtudes por las que se vive espiritualmente, y son la prudencia, templanza, fortaleza y justicia» [42].

4. La caridad y las virtudes

En su permanencia en Roma, ya de vuelta a su patria después de recibir el bautismo—verano del 387 hasta agosto del 388—, San Agustín escribió el libro titulado *De las costumbres de la Iglesia católica y de los maniqueos.* Tuvo entonces contacto directo con el movimiento ascético y monástico de Occidente y conoció el género de vivir de los monjes, que le ayudó a dar firmeza a su propósito de servir a Dios. Este libro significa un avance importante en la concepción de la ética y vida espiritual cristiana y religiosa. La Sagrada Escritura es la fuente principal de su inspiración para reducir a unidad las fuerzas del espíritu y las virtudes morales. La doctrina de la perfección moral se simplifica en la fórmula de los dos mandamientos del amor a Dios y al prójimo y se enlazan las virtudes morales con la fe, esperanza y caridad: «Si la virtud nos lleva a la vida feliz, diré que ella no es más que el sumo amor de Dios, pues la misma división de las virtudes procede de cierto afecto diverso del amor. Y así pláceme definir la templanza como el amor que se da íntegramente al que se ama; la fortaleza es el amor que todo lo tolera por lo que ama; la justicia, el amor que sirve sólo al amado, y que, por lo mismo, domina rectamente; y la prudencia es el amor que con sagacidad escoge lo que ayuda a amar y deja lo que le impide» [43].

La espiritualidad se reduce al recto ejercicio del amor.

Lo mismo Platón que Plotino nos enseñan que las virtudes nos hacen semejantes a Dios [44]. No es otra la doctrina agustiniana: «Pues la caridad hace que nos hagamos conformes a Dios y que, conformados y configurados por

---

[42] Ibid., q.61,4 (PL 40,51): «... propter quatuor animi virtutes quibus in hac vita spiritualiter vivitur. Quarum prima est cognitio rerum appetendarum et fugiendarum; secunda, refraenatio cupiditatis ab iis quae temporaliter delectant; tertia, firmitas animi adversus ea quae temporaliter molesta sunt; quarta, quae per caeteras omnes diffunditur, dilectio Dei et proximi». Aquí son diferentes las definiciones, aunque la justicia se define como amor de Dios y del prójimo, identificándose con la caridad.

[43] *De mor. Eccl. cathol.* I 15,25 (PL 32,1322): «Quod si virtus ad beatam vitam nos ducit, nihil omnino virtutem esse affirmaverim nisi summum amorem Dei». A continuación define las cuatro en relación con el amor de Dios. Cf. F. J. THONNARD, *Traité de vie spirituelle à l'école de S. Augustin* p.400-404. Sobre la relación de las virtudes morales con la fe, véase *De Trin.* XIII 20,25: PL 42,1036; XIV 1,3: PL 42,1038.

[44] *Ennéad.* I 2-3.

él, apartándonos del mundo, no nos confundamos con lo que nos debe estar sujeto. Lo cual se logra por el Espíritu Santo» [45].

Nos elevamos aquí a la fuente misma de la espiritualidad, a la santidad divina y personal, que es la tercera persona de la Trinidad, pues *«la caridad divina se derrama en nuestros corazones por el Espíritu Santo que nos ha sido dado* (Rom 5,5)». Este texto lo cita San Agustín innumerables veces para mostrar el origen divino de la caridad contra los pelagianos. La doctrina moral de los antiguos filósofos queda cristianizada en este libro, donde describe las funciones de las cuatro virtudes y se expone un amplio programa de vida cristiana [46].

«¿Qué más voy a decir sobre la vida moral? Porque, siendo Dios el sumo bien del hombre—cosa que no podéis negar, pues buscar el sumo bien es vivir bien—, se sigue que vivir bien es amar a Dios con todo el corazón, con toda el alma, con toda la mente. De El viene que se guarde íntegro e incorrupto el amor, y tal es el oficio de la templanza; y que no se deje abatir por molestia alguna, y esto hace la fortaleza; que no se dé culto a ningún otro, y ésta es obra de la justicia, y que ande listo en discernir las cosas, sin caer en falacia o engaño, y tal hace la prudencia. He aquí la única perfección del hombre que nos consigue la sincera función de la verdad. En lo cual andan concordes ambos Testamentos, confirmándonos en esta persuasión» [47].

Ellas también son objeto de donación divina. Comentando las palabras de San Pablo sobre los diversos dones de Dios (1 Cor 12,8-10), dice: «Muchas son estas virtudes, pero en esta vida son necesarias; y por ellas se va a Cristo, que es la Virtud y Sabiduría de Dios. El da diversas virtudes en este mundo, y por todas ellas, útiles y necesarias aquí, en este valle del llanto, se nos dará a sí mismo. Porque las cuatro virtudes con que se debe vivir son descritas por muchos y se encuentran en las Sagradas Escrituras. Se llama prudencia la que nos hace distinguir los bienes y males; la justicia es por la que damos a cada uno lo suyo, no siendo deudores para nadie y amando a Dios (Rom 13,8). Se llama templanza la virtud con que refrenamos nuestra libido, y fortaleza, la que nos hace tolerar lo molesto. Estas virtudes se nos dan ahora en el valle del llanto, por la gracia de Dios, y por ellas vamos a aquella Virtud ¿Y cuál será ella sino la contemplación de Dios?» [48]

Las virtudes morales tienen como meta última la posesión de Dios, el *frui Deo.* En sus primeros escritos profesó la idea o creyó que el hombre puede por sus propias fuerzas llegar a esta meta, mas retractó tal opinión [49] No podemos llegar aquí a la perfección última: «¿Pues en qué consiste ella sino en el acabamiento y fin de todo mal? ¿Y cómo se logra esto sino dando cumplimiento a lo que prohíbe la ley: *No codiciarás?* (Ex 20,17). La perfección del bien exige no tener concupiscencia» [50].

[45] Ibid., I 132,3: PL 32,1321.
[46] *De mor. Eccl. cath.* I 35-48: PL 32,1326-31.
[47] Ibid., I 25,46: PL 32,1131.
[48] *Enarrat. in ps.* 83,11: PL 37,1065.
[49] *Retract.* I 2: PL 32,588. Alude al pasaje del libro *De vita beata* (IV 35: PL 32,976 donde se admite que el sabio puede llegar a la vida dichosa en este mundo por el perfecto conocimiento de Dios.
[50] *In Io. ev. tr.* 41,12 (PL 35,1699): «Omnino non concupiscere perfectio boni, qui consumptio mali est».

La vida presente, pues, es de imperfección, y el Apóstol mismo se consideraba como inacabado o imperfecto. Y San Agustín llega a esta paradoja: «¿Y cuál es la razón de ello sino porque la misma perfección consiste en reconocerse imperfecto?» [51] Ser perfecto es reconocerse imperfecto. De aquí la regla ascética: «Debéis reflexionar más y más sobre lo que os falta que sobre lo que tenéis» [52]. Y en otro lugar dice: «Confesemos nuestra imperfección para que merezcamos la perfección» [53].

El impulso más entrañable de la caridad es el que nos lleva a esta ultimidad de nuestra peregrinación, y la falta de la visión de Dios es un *déficit* en nuestra justicia y en la sanidad interior que es la misma caridad: «Porque entonces habrá justicia cuando tengamos completa salud, y entonces será perfecta nuestra salud cuando lo sea la caridad, y tendremos plena caridad cuando veremos a Dios como es» [54]. Por eso la caridad va movida interiormente por un impulso escatológico.

Los textos que se han analizado aquí sobre la reducción de las virtudes a la caridad parecen llevarnos a la conclusión de que no hay más que una sola virtud, que es la caridad. «Estos textos podrían hacer creer que la caridad produce por sí misma todos los actos de las demás virtudes. Pero más vale interpretarlos benignamente, diciendo que la caridad produce todas las buenas obras con su imperio, excitándolas a que se produzcan. Ella no suprime las virtudes; las lleva a su pleno desarrollo» [55].

Lo mismo en la metafísica que en la ética agustiniana, se advierte el empeño de simplificación o de buscar la unidad en todo, no con el fin de acabar con la variedad o la diversidad, sino de explicar por un principio único que todo lo señorea y domina desde lo alto. Tal principio es Dios, único y múltiple, sencillo y complicado a la vez como la luz, que al parecer brilla con un solo color, y al refractarse se da en el bellísimo espectáculo de los colores del arco iris.

Este modo de ser de Dios nos ayuda a conocer un poco su imagen que es el alma humana y sus virtudes, que tienen un sol interior que las forma y las viste de sus diversos colores y gracias.

---

[51] *Sermo* 170,8 (PL 38,931): «Quare nisi quia ipsa est perfectio hominis, invenisse se non esse perfectum?»

[52] *Sermo* 354,5 (PL 39,1565): «Magis enim cogitare debetis quid vobis desit, quam quid vobis adsit».

[53] *Sermo* 142,10 (PL 38,784): «Imo confiteamur imperfectionem ut mereamur perfectionem».

[54] *De perf. iust. hominis* III 8: PL 44,295.

[55] J. FARGES et M. V. VILLER, *Charité:* Dict. de spirit. col.560. Cf. COMBÈS, *La charité* p.98: «La caridad no es sólo el principio de la vida moral, sino la vida moral misma. Ella no consume las virtudes en su fuego ardiente, sino las lleva a su desarrollo, y basta poseerla plenamente para tener todas las virtudes en su perfección». Las expresiones paulinas *plenitudo legis caritas* (Rom 13,10), *finis praecepti caritas* (1 Tim 1,5), apoyan esta manera de pensar. Pero el pluralismo de las virtudes está afirmado constantemente en San Agustín.

J. Ernst (*Ueber die Notwendigkeit der guten Meinung* p.137, Freiburg 1905) opina, al contrario, que las virtudes cardinales son virtudes, porque son amor de Dios, y la caridad es el elemento constitutivo de su bondad. La caridad, pues, les da su formalidad de virtudes.

Santo Tomás, Roberto Belarmino y otros entienden que la caridad no les da su formalidad propia, sino que dependen de ella, porque están movidas y excitadas por el amor.

5. La luz de las virtudes

Como en otras ocasiones, para conocer mejor las virtudes nos ayuda la doctrina de la participación en la metáfora de la luz invisible. Arriba está la fuente de todo ser y vida, en Dios, que es el «inmutable en su ser, porque es lo que es. Y no son cosas diversas la potencia o fortaleza, la prudencia, la justicia o la pureza. «Todo lo que atribuyes a Dios con estas fuerzas o virtudes, no lo entiendas como si fueran cualidades diversas, que nada se dice dignamente de El, pues estas cosas son más bien propias de las almas, que aquella luz baña en cierto modo y las afecta según sus cualidades, como cuando esta luz visible aparece sobre los cuerpos. Si ella desaparece, todos los cuerpos se vuelven de un color, o, mejor dicho, de ningún color. Mas cuando amanece y se derrama sobre los cuerpos, aunque sólo tiene un modo único de ser según las diversas cualidades que tienen los cuerpos, los viste y rocía de diverso esplendor. Luego estas virtudes son afecciones de las almas que son bien impresionadas por aquella luz, que no admite ningún cambio, y formadas por ella, que no es formada» [56].

Esta metáfora de la luz increada y creadora que todo lo ilumina, también vierte su resplandor para conocer la naturaleza de las virtudes morales. San Agustín las reduce psicológicamente a *afecciones,* es decir, modificaciones del espíritu, en que tiene su mucha parte la luz o el sol invisible que está sobre todos los hombres. Como en el mundo de los cuerpos tiene tantas influencias el sol visible, así el invisible que es Dios tiene su inmenso campo en las almas y en su vida. Llevando la metáfora agustiniana al mundo de los cuerpos, podíamos sustituir el de las flores, sobre las cuales la virtud de la influencia solar es todavía más sensible.

Consideremos, pues, el alma como un jardín de plantas y de flores, que serían las virtudes que el hombre cultiva dentro de sí. El sol tiene o manifiesta un influjo doble sobre él con su calor y su luz para formar y embellecer el jardín. Con su calor afecta a las almas, mueve su savia interior, favorece su desarrollo, la germinación y florecimiento. Sin el calor y la luz del sol no hay jardines ni flores. Sin la luz y el calor invisible de Dios, tampoco jardines espirituales. La variedad de las virtudes—o afecciones de las almas—surge bajo la caricia de la luz invisible de Dios. Las virtudes tienen u ostentan lo mismo que los cuerpos vestidos por la luz solar, su diverso resplandor—*nitor*—, según San Agustín, o diverso color, diversa hermosura.

Así la suma y verdadera justicia es la hermosura del alma [57]. Lo mismo es la caridad que embellece el alma: *Ipsa caritas est animae pulchritudo* [58]

---

[56] *Sermo* 341,6 (PL 39,1498): «Ergo animarum sunt ille affectiones quae bene sun affectae ab illa luce quae non afficitur, et formatae ab illa quae non formatur». Los do verbos o efectos atribuidos a la luz invisible—*afficere, formare*—indican que tanto e origen como el crecimiento de las virtudes se debe a la influencia de la luz interior Los estoicos ya definieron también las virtudes como *afecciones.* M. Pohlenz (*La Stoa* p.256 nt.7) cita a Sfero, que describe la fortaleza o el valor así: «adfectio animi leg summae in perpetiendis rebus obtemperans».

[57] *Enarrat. in ps.* 44,3 (PL 36,496): «Summa et vera pulchritudo iustitia est».

[58] *In epist. Io. tr.* X 9 (PL 35,2051): «Ipsa caritas est animae pulchritudo». Segú esto, todas las virtudes cardinales tienen o participan de la hermosura de la caridad Por eso las hemos comparado con las flores.

Estas virtudes tienen cada una su propio decoro y esplendor, pero están íntimamente ligadas entre sí. Resplandecen con la unidad y variedad de la hermosura. Son afecciones diversas o singulares según su propia calidad o modo de ser, pero se abrazan y vinculan entre sí, y siempre bajo la fuerza y el calor que les viene de Dios.

San Agustín habla de la inseparabilidad de estas virtudes, de que había hablado la filosofía moral de los antiguos [59].

Según esto, «la prudencia no puede ser débil, ni injusta, ni intemperante, pues en cualquiera de estos casos dejaría de ser prudente. Luego si la prudencia ha de ser justa, fuerte, moderada, donde ella esté, la seguirán estas virtudes. Lo mismo, la fortaleza no puede ser imprudente, ni destemplada, ni injusta, sino prudente, justa y moderada; la templanza ha de ser prudente, fuerte y justa, y la justicia no será justicia sino siendo fuerte, prudente y moderada. Luego donde verdaderamente hay una virtud de éstas, ha de ir acompañada de las otras, y donde faltan las demás, no es ella verdadera aunque tenga alguna apariencia de la misma.

Otra propiedad de ellas es su inmortalidad o permanencia en la vida futura; a diferencia de la fe y de la esperanza, que se acabarán aquí, las virtudes morales, que, como se ha dicho, se reducen, en última instancia, a formas de la misma caridad, serán eternas, como ella, robustecida con la posesión de Dios. Por eso, «una vida eterna sin justicia, o injusta, o sin prudencia y fortaleza, o sin templanza, sería una monstruosidad, pues, si la justicia es estar sometido al gobierno de Dios y ella ha de ser plenamente inmortal, en aquella vida bienaventurada no dejará de subsistir, antes bien será de tanta excelencia y grandeza, que no habrá otra más perfecta y mejor que le dé alcance. Y seguramente las otras virtudes subsistirán en aquella vida dichosa; la prudencia, sin ningún peligro de errar; la fortaleza, sin ninguna molestia de males que hayan de tolerarse, y la templanza, sin ninguna lucha contra la liviandad; y así la prudencia consistirá en no preferir ni igualar con Dios ningún otro bien, y la fortaleza, en estar firmísimamente unida a Dios, y la templanza, en no buscar otro deleite que el de Dios» [60]. Pero advierte a continuación que allí no tendrán estas virtudes los mismos actos o funciones que en la vida presente.

6. Las afecciones en la vida espiritual

La reducción de las virtudes morales a la categoría de *afecciones del alma*, que en última instancia se resumen en el amor, nos obliga a tratar más ampliamente de ellas por la significación que tienen en la vida espiritual, porque también la vida espiritual se reduce a la vida afectiva. En la doctrina de las afecciones, San Agustín utilizó la herencia de la antigua filosofía, sobre todo de la estoica, si bien enriquecida con su experiencia y reflexión personal y la doctrina de la fe católica.

---

[59] Cf. M. Pohlenz, o.c., ibid., p.257: «Entre todas las virtudes existe una estrecha correlación, y cada una está indisolublemente unida a las otras». A esta correlación dieron los estoicos el nombre de *antakolouthia*.
[60] *De Trin.* XIV.IX 12: PL 42,1046.

Los filósofos de la Estoa reflexionaron mucho sobre los problemas de la felicidad y de la vida moral del hombre, toda ella ordenada al ideal de la virtud, que puede lograrse con las fuerzas de la razón y del libre albedrío humano. Ellos exigían una conducta moral conforme al orden racional mediante el dictamen del *logos* o del *hegemonikón,* que asume o debe asumir la dirección sobre todas las manifestaciones de la vida humana.

Todo el universo es perfectamente racional, y el hombre, parte integrante del mismo, debe armonizarse con él [61].

En este proceso racional de integración al cosmos se presentan fuerzas enemigas del ideal del sabio estoico que perturban la armonía deseada y anublan la serenidad de la razón, robándole parte de la fuerza imperial con que debe gobernarse el hombre. Son las pasiones, que amenazan a la autonomía y libre determinación personal y atentan contra la tranquilidad del ánimo.

«Todas las afecciones—dice Pohlenz—se condenan sin restricción alguna, porque tienen su origen en la debilidad del *logos,* que sucumbe a las influencias de las cosas externas y renuncia a su autodeterminación para obrar conforme a su naturaleza, de suerte que la armonía interior conseguible bajo su guía firme resulta irrealizable» [62]. Es decir, las pasiones o afecciones del alma impiden el logro del ideal del sabio; de aquí la lucha para su total extirpación hasta lograr la *apatheia,* la impasibilidad o imperturbabilidad de ánimo, de suerte que no se altere con ningún acontecimiento exterior por grave que sea; por ningún peligro, ni inquietud, ni dolor de la existencia humana.

Para conseguir este ideal se propusieron también conocer y clasificar estas *pasiones* o *enfermedades del alma,* que así las llamaron igualmente, lo mismo que los médicos diagnostican y recetan los remedios para todas las dolencias.

Analizando, pues, las alteraciones patológicas del *logos,* las redujeron a cuatro fundamentales: el placer, que da alegría; el dolor, que da tristeza; el deseo del bien futuro y el miedo al mal que amenaza [63]. Y como subdividieron las virtudes cardinales, hicieron lo mismo con estas cuatro afecciones, sobre todo Crisipo, que fue sutilísimo en este arte. Y así tenemos la compasión, o sufrimiento por la desgracia ajena; la envidia, o el dolor de la felicidad de otros; la celotipia, o penoso deseo de poseer lo ajeno; la malevolencia, o alegría del mal del prójimo; la vergüenza, o sufrimiento por la fama propia perdida o amenazada.

Crisipo describió también los efectos fisiológicos y psicológicos de estas afecciones, reduciéndolas a cuatro, según el proceso de excitación o depresión de la tensión espiritual, que también conocieron estos filósofos. La tristeza produce un estrechamiento o encogimiento (*systolé*), o una mengua o disminución del espíritu (*meiosis*), y el placer, una elevación (*eparsis*), y el temor,

---

[61] Cf. Rodolfo Eucken, *Los grandes pensadores. Su teoría de la vida,* trad. de F. Ballve, p.106-16 (Madrid 1914); Max Pohlenz, *La Stoa. Storia di un movimento spirituale* I p.284-309; Salvador Cuesta, *El equilibrio pasional en la doctrina estoica y en la de San Agustín* (Madrid 1945).

[62] Pohlenz, o.c., p.303. Esta doctrina es la rígida de la primera Estoa; en la llamada *Estoa media* (Panecio, Posidonio, Cicerón) se mitigó la doctrina de Zenón y de Crisipo, admitiéndose las pasiones buenas, o *eupatheiai,* que Cicerón llamó *constancias* más bien que perturbaciones. Cf. *De civ. Dei* XIV 8,1: PL 41,411.

[63] Pohlenz, o.c., p.238.

un apocamiento (*ékklisis*). Si se tienen en cuenta estos efectos psicológicos peyorativos en relación con la vida del espíritu, se comprende que los estoicos, que fueron racionalistas puros y enemigos de todo agachamiento de ánimo y vida sentimental, estimaran en tan poco, o, mejor, condenaran tan radicalmente, las que llamaban ellos *enfermedades,* porque menguaban la vida racional del sabio con peligrosas fiebres.

Esta es una breve síntesis de la doctrina estoica que conviene conocer, porque San Agustín polemizó con sus partidarios, no sólo en obras como la *Ciudad de Dios,* sino también en sermones que se han hecho célebres, como el que pronunció en Cartago sobre los epicúreos, estoicos y cristianos [64].

7. Valor de la vida afectiva en el cristianismo

Conoció, pues, la doctrina estoica, pero la rectificó, incorporando la vida afectiva a las tareas espirituales, no sólo en la lucha contra las pasiones, sino en la purificación de los afectos para insertarlos en las virtudes cristianas. Según el P. Thonnard, «la vida afectiva humana (en San Agustín) comprende tres niveles superpuestos: el del *instinto,* que está muy cerca de lo inconsciente; el *de las pasiones,* sujetas al determinismo sensible, y el *de la voluntad,* donde reina la libertad» [65].

Aquí consideramos la vida afectiva en su conexión con la vida espiritual. Cicerón divulgó las disputas de las tres escuelas sobre las afecciones: los platónicos, aristotélicos y estoicos. «Dos opiniones hay en los filósofos sobre estos movimientos del alma, que los griegos llaman *pathé,* y algunos de los nuestros, como Cicerón, perturbaciones, y otros, como éste (Apuleyo), afecciones o pasiones» [66].

La opinión de los platónicos y aristotélicos era que el sabio puede tener o sentir las pasiones, pero reducidas o moderadas según la dirección de la razón, mientras para los estoicos eran vitandas y reprobables, y el verdadero sabio no debe ni sentirlas. San Agustín llama preferentemente *afecciones* a estos movimientos del ánimo, y no pasiones, porque esta palabra tuvo un sentido peyorativo en el lenguaje de su tiempo [67]. Fundamentalmente, las redu-

[64] *Sermo* 150: PL 38,807-15. Cf. su traducción en V. Capánaga, *San Agustín* p.207-18: Clásicos Labor 11 (Barcelona 1951).
[65] F. J. Thonnard, *La vie affective de l'âme selon S. Augustin:* L'Année Théologique Augustinienne (1953-54) I p.33-55; Id., *Bibliothèque augustinienne,* 35, *La Cité de Dieu* p.529-39. Notas al l.14 de la *Ciudad de Dios* sobre doctrina agustiniana de las pasiones.
[66] *De civ. Dei* IX 4,1: PL 41,258. Cf. Pohlenz, o.c., p.284-85: «El término *pathos* surgió del profundo espíritu griego, atento a la actividad y autonomía de las acciones humanas, y comprende con el nombre de «padecimientos» todos los procesos en que la iniciativa viene de fuera y el sujeto tiene un comportamiento pasivo. *Pathos* es alteración que el órgano físico sufre bajo la acción externa o de cualquier modo contrasta con su naturaleza el desarrollo autónomo. Pero es también el proceso psíquico provocado desde fuera. En la filosofía, el vocablo fue usado en dos sentidos; los positivistas llamaron así a las percepciones sensibles, con ocasión de los cuales nosotros «somos afectados» de las cosas, como también los sentimientos elementales del dolor o del placer. Pero, además, este vocablo se aplicó a los complejos procesos de la vida psíquica superior, a las «pasiones», que los epicúreos llamaron «turbaciones» (*tarajai*). Aristóteles trasladó el término a la *Etica,* indicando que, además de las acciones, las pasiones (*pathé*) constituyen una esfera en que se manifiestan las virtudes morales».
[67] *De nupt. et conc.* II 33,55 (PL 44,469): «Passio in lingua latina, maxime usu ecclesiastico nonnisi ad vituperationem consuevit intelligi». Dice esto a propósito de la

ce a cuatro, unificadas en el impulso fundamental del amor: «Porque la voluntad recta es el buen amor, y la voluntad perversa es el amor malo. Y el amor, en cuanto apetece tener lo que le atrae, es *deseo;* si ya lo posee y se deleita en él, es *alegría;* en cuanto rehúye lo que teme, es *miedo;* y, si el mal le sobreviene y lo siente, es *tristeza.* Por tanto, estos movimientos son malos, si es malo el amor; buenos, si el amor es bueno» [68].

He aquí un resumen de la doctrina pasionológica agustiniana, donde ha de notarse que las cuatro pasiones se reducen al dinamismo del amor, que es la gran fuerza secreta, origen de los movimientos del ánimo.

El se mantiene siempre adicto al que Aristón de Quío llamó «tetracordo». Y lo mismo, los efectos de estas afecciones están declaradas siguiendo las observaciones de la Estoa. «Nuestras afecciones son como movimientos de los ánimos. La alegría es la difusión del ánimo; la tristeza, la contracción del mismo; el deseo es el progreso o lanzamiento (hacia lo futuro) del ánimo; el temor es la huida del ánimo» [69].

San Agustín, como los estoicos, sabía por experiencia y reflexión que estos afectos mermaban la vida racional del hombre y en muchas ocasiones lo reducen a un estado bestial. Por eso es preciso moderar sus movimientos y someterlos al freno de la razón.

En resumen, puede admitirse que el Obispo de Hipona asimiló parte de la ética material de los estoicos sobre el equilibrio pasional, la necesidad de moderar las pasiones, el análisis de los estados pasionales, sus consecuencias psicológicas y morales, la exhortación al heroísmo de la continencia, la superioridad de la voluntad, el valor de las virtudes cardinales, sus funciones en el equilibrio moral del hombre [70].

Pero dentro de las concordancias hay que admitir las diferencias y un espíritu totalmente diverso entre los pensadores paganos y el cristiano que es San Agustín.

En su polémica con los filósofos, en la *Ciudad de Dios* sintetizó en pocas páginas la doctrina cristiana sobre este punto, fundada en la divina Escritura y en la razón. Critica la opinión de los estoicos y la considera como contraria a la misma naturaleza del hombre, porque los afectos pertenecen a su estructura misma, y no valen los esfuerzos humanos para despojarse de ellos. El sabio estoico es una quimera.

San Agustín recuerda a este propósito la anécdota de Aulo Gelio en sus *Noches áticas* sobre un filósofo estoico que en un viaje marítimo, amenazado de muerte por una borrasca, perdió la serenidad y se puso amarillo de miedo,

---

traducción latina de las palabras *in morbo desiderii vel concupiscentiae,* o *in passione concupiscentiae* (1 Tes 4,5).

[68] *De civ. Dei* XIV 7,2 (PL 41,410): «Amor ergo inhians habere quod amatur, cupiditas est; id autem habens eoque fruens, laetitia est; fugiens quod ei adversatur, timor est; idque si acciderit sentiens, tristitia est».

[69] *In Io. ev. tr.* 46,8 (PL 35,1732): «Affectiones nostrae motus animarum sunt. Laetitia animi diffusio; tristitia, animi contractio; cupiditas, animi progressio; timor animi fuga est». En otro lugar reserva el nombre de *gaudium* a la sana alegría, fundándose en el texto de Isaías: *Non est gaudium impiis dicit Dominus* (Is 57,21): «quia gaudium proprie piorum atque bonorum est» (*De civ. Dei* XIV 8,1: PL 41,411). Pero lo frecuente es que use indistintamente *laetitia* y *gaudium* en el mismo sentido.

[70] Cf. CUESTA, o.c., p.289-92.

con la sorpresa de los que viajaban con él, que esperaban más ánimo en un hombre dedicado a la sabiduría. Pero la naturaleza se burlaba de él y de sus teorías, muy bonitas para declamarlas en los pórticos, pero de eficacia nula para la vida real [71].

He aquí, pues, cómo razona contra los filósofos de la apatía: «No hay necesidad ahora de exponer amplia y cuidadosamente lo que enseña de estas pasiones la divina Escritura con que se ilustra la erudición cristiana. Según la cual el alma misma está sujeta a Dios para que la rija y ayude, y las pasiones al alma para que las gobierne y refrene y se conviertan en aprovechamiento de la justicia. Pues en la doctrina cristiana no se pregunta si un alma piadosa se enoja, sino por qué se enoja; ni si se entristece, sino por qué se entristece; ni si teme, sino qué es lo que teme. No sé si un hombre de sano juicio reprenderá al que se enfada con quien peca para corregirle, y al que se pone triste con un afligido para consolarle, y al que muestra temor con el que está en peligro para que no perezca» [72].

He aquí el principio para rescatar el valor de las pasiones y acciones humanas: el fin para que se realizan, el porqué de las mismas. Es el aspecto material y formal de las acciones, o lo que llama el Santo en otro lugar el *officium et finis,* lo que se hace y la razón por que se hace [73]. Las obras participan de la razón, y se hacen racionales. Lo mismo las pasiones. Llorar por la muerte de una persona querida es razonable; llorar por la muerte de un perro está fuera de razón. Las acciones, pues, son iluminadas, penetradas, elevadas, por motivos racionales, de los cuales reciben su dignidad o su conformidad con el orden de las cosas. La ordenación o relación con el orden dignifica las acciones y pasiones humanas. Los estoicos tenían la misericordia, o el sufrimiento interior por la desgracia ajena, como cosa reprensible; pero en realidad es un estímulo para alivio de infinitas desventuras humanas, como lo ha sido en el cristianismo.

Para los cristianos, las pasiones son o pueden ser buenas—*eupathia*—, como las llamaron los pensadores de la Estoa media, suavizando el rigor de los de la primera [74]. Según esto, «entre nosotros—según la Sagrada Escritura y la doctrina sana—, los ciudadanos de la ciudad santa de Dios que en esta vida de peregrinación viven según Dios, temen, desean, se duelen y alegran. Y porque su amor es recto, todas estas afecciones son igualmente rectas. Temen el castigo eterno, desean la vida eterna, duélense de los trabajos que pasan, porque dentro de sí mismos cada día gimen esperando la adopción o redención de su cuerpo (Rom 8,23); se gozan en la esperanza... Temen pecar, desean perseverar, se entristecen de sus pecados, se gozan de sus buenas obras» [75].

Y el autor de la *Ciudad de Dios* recuerda a continuación la vida ardien-

---

[71] AULUS GELIUS, *Noctes Atticae* XIX 1. Es una colección de ensayos históricos, filosóficos, literarios, compuesta hacia el año 170, y que ha transmitido a la posteridad muchas curiosidades del mundo antiguo que de otro modo se hubieran perdido.
[72] *De civ. Dei* IX 5: PL 41,260.
[73] *Contra Iul. Pel.* IV 3,21 (PL 44,749): «Officium est autem quod faciendum est, finis vero propter quod faciendum est».
[74] *De civ. Dei.* XIV 8,1: PL 41,411.
[75] Ibid., XIV 9,1 (PL 41,413): «Et quia rectus est amor eorum, istas omnes affectiones rectas habent».

te y apasionada del Apóstol, tramada de amores, alegrías, esperanzas, temores; y arguye: «Si estos movimientos y afectos que proceden del amor del bien y de una santa caridad han de llamarse vicios, entonces también habrá que llamar virtudes a los verdaderos vicios» [76].

8. Cristo y los afectos humanos

Y continuando esta teología de las pasiones y para darles una definitiva consagración y dignidad incomparable, es el Hijo de Dios el sujeto más eminente de las cuatro pasiones, «porque se entristeció con ira ante la ceguera de los fariseos (Mc 3,5), se gozó con la fe de los discípulos (Jn 11,15), lloró (Jn 11,5), deseó comer con los apóstoles (Lc 22,15), pasó por la agonía su alma antes de la pasión (Mt 26,38): «Teniendo, pues, El verdadero cuerpo humano y verdadero ánimo humano, no era falso su afecto humano» [77]. Cristo, como en todo, aquí viene a darnos su mano para elevar y dignificar las pasiones humanas y liberarnos de la sofística rigorista, que, como con pretexto de un ideal moral imposible, sólo produce la desesperación de los hombres, y, sin levantarlos, los deja más hundidos en el légamo.

Hallamos en Cristo la fuerza para una afectividad nueva, asociada a toda la labor espiritual de los cristianos. No sólo El asumió las pasiones como verdadero hombre, pasando por el dolor, la tristeza, el gozo, el deseo, la esperanza, y dándonos ejemplo para que le sigamos, sino también añadió la ayuda de su gracia para mudar y engrandecer la vida afectiva y asociarla a la nueva moral del Evangelio.

Por este discurso llegamos por centésima vez a los orígenes de la espiritualidad cristiana, que se remonta a Cristo, cuya redención alcanza o afecta particularmente al amor humano, o *eros* caído en un pozo, de donde lo sacó, dándole dos alas para levantarse, sublimando todas las fuerzas que hemos llamado afectivas, las cuales se debilitaron y enfermaron en su caída original. Pero si en el viejo Adán perdieron y gastaron sus vigores, en Cristo fueron vivificadas y cobraron nuevo espíritu de vida. Cristo es el verdadero vivificador de la afectividad humana.

Por eso conviene indicar algunos aspectos de este fenómeno, de tanta importancia en la espiritualidad cristiana.

San Agustín, como le hemos visto, resume todas las fuerzas de la afectividad en el amor; y así, redimido y rectificado el amor, se rectifican las pasiones, que, en vez de mirar a la tierra, miran más a lo alto, como la mujer encorvada del milagro evangélico, que se enderezó con total erguimiento de su persona. La afectividad tan apasionada y rebosante de San Pablo le venía

---

[76] Ibid., XIV 9,3: PL 41,414.
[77] Ibid., XIV 9,3 (PL 41,415): «Neque enim in quo verum erat hominis corpus et verus animus hominis, falsus erat humanus affectus». Mas nótese en este punto que la vida pasional en Cristo fue totalmente voluntaria o sometida a su apetito racional, pues, como dice el Santo, «por cumplir todo el misterio en la encarnación admitió estos movimientos con ánimo humano cuando quiso, así como se hizo hombre cuando quiso» (De civ. Dei XIV 9,3: PL 41,415). Es decir, lloró cuando quiso, se puso triste cuando quiso, se airó cuando quiso, mostró su alegría cuando quiso. Toda su sensibilidad afectiva estuvo plenamente sometida a su voluntad y mandato.

de su amor bueno o santa caridad [78]. El amor recto rectifica todos los afectos.

Y para entender esta rectificación de la pasión fundamental del amor conviene aludir a los dos aspectos en que quedó afectado por la redención de la gracia de Cristo: «No sólo por sí mismos se mueven estos afectos, sino también por las personas, que desean que se salven y temen que se pierdan, y se lamentan si se pierden y se alegran cuando se salvan» [79].

Como en la mujer encorvada, a la que Cristo enderezó con su poder, hay un doble efecto; uno relacionado consigo misma, porque su cuerpo erguido alcanzó una nueva expresión corporal de más nobleza y hermosura, y otro con relación a los demás, porque con nueva orientación ya podía mirarlos fácilmente, lo mismo que al cielo; así, en este milagro de la curación de la afectividad humana, el hombre erecto adquirió una doble actitud; se hizo en sí mismo recto, con una derechura que le perfecciona y hace más hombre, y al mismo tiempo pudo ya mirar por los demás y a los demás, rompiendo la clausura egoísta en que le sumiera la curvatura moral. Podía mirar a Dios y a los demás, y también a sí mismo, con mirada más segura.

Estos efectos produjo Cristo en la curación de las pasiones humanas, comenzando por el amor. Se trata, en última instancia, de la curación de un egoísmo que recibe con Cristo una orientación hacia Dios y hacia los demás.

9. La curación del alma

La consecuencia de esta liberación ha sido que las pasiones pueden servir y ayudar para las obras de la justicia o en aprovechamiento de la justicia, en frase de San Agustín [80]. Todo el organismo apetitivo recibe su sanación por la gracia llamada sanante [81]. Crisipo escribió un tratado, llamado *Terapeutikós,* para diagnosticar los remedios contra la tristeza y el miedo a la muerte, como amenaza personal y caso de grave perturbación en la desaparición de las personas queridas. Los estoicos en realidad elaboraron una filosofía para la curación del alma por el espíritu, por la reflexión y la luz del *logos* con el fin de actuar sobre la pasión de la tristeza y mantenerla en la raya de lo razonable [82]. Pero el sabio estoico siempre sigue preso en las limitaciones de su propia naturaleza indigente, mientras en el cristianismo y en San Agustín el hombre tiene un poderoso aliado en Dios contra las fuerzas adversas y es objeto de una providencia peculiar que le llena de confianza y seguridad. El amor divino le protege y le acoraza en la vida y en la muerte. El llamamien-

---

[78] *De civ. Dei* XIV 9,3 (PL 41,414): «Hi motus, hi affectus de amore boni et de sancta caritate venientes»... Véanse otros textos citados anteriormente nt.68.—*De civ. Dei* XIV 6 (PL 41,409): «Interest autem qualis sit voluntas hominis, quia si perversa est, perversos habebit hos motus; si autem recta est, non solum inculpabiles, verum etiam laudabiles erunt».

[79] Ibid., XIV 9,3 (PL 41,414): «Non solum autem propter seipsos his moventur affectibus, verum etiam propter eos quos liberari cupiunt, et ne pereant metuunt, et dolent, si pereunt, et gaudent, si liberantur».

[80] Ibid., XIV 5 (PL 41,260): «... ut in usus iustitiae convertantur». Cf. el texto a que alude la nt.72.

[81] Sobre la gracia en su aspecto sanante véase *Obras de San Agustín* VI (BAC 50, Madrid 1973).

[82] POHLENZ, o.c., p.304-305. Apela sobre todo a la inutilidad del dolor, y a las actitudes poco viriles con que el ánimo deprimido muestra su decaimiento y a los ejemplos de los varones fuertes, que supieron sobreponerse a las desgracias y fracasos.

to estoico a apoyarse en lo íntimo del alma para superar todas las situaciones y amenazas de lo externo, halla en el cristianismo razones muy superiores a las que podría brindarle la fina reflexión de un Séneca o de un Crisipo.

Es una forma más alta de interioridad la que nos ha venido de Cristo para superar todos los miedos y recobrar la armonía interior aun dentro de la conciencia de la sumisión de los hombres a una miseria común, porque por encima de todo domina la convicción del que, por amor y gracia de Dios, estamos llamados a una bienaventuranza eterna. De aquí brotan sentimientos de alegría, de paz y seguridad que no puede darnos ninguna clase de sabiduría humana.

Esta transformación de la vida entera puede observarse, por ejemplo, en la curación cristiana del dolor y de la tristeza, frente a los cuales la pasión y la muerte de Jesús han adquirido una eficacia particular, y, unidas a su resurrección, se han hecho centro de la vida espiritual cristiana. La pasión y muerte del Señor han impreso un sello nuevo en las relaciones con la persona de Jesús y elevado las luchas y sufrimientos humanos a la categoría de sacrificio y de imitación de Cristo hasta el martirio, que es la superación más heroica de todo sufrimiento.

Dentro de este mismo discurso, la *tristeza penitencial,* que recuerda San Agustín para refutar a los estoicos con la doctrina de San Pablo, se ha hecho instrumento de renovación como dolor de los pecados e imitación de Cristo[83]. El cristianismo no predica la inutilidad del dolor, como Crisipo, sino su valor para renovarse espiritualmente, de modo que la tristeza cristiana no es irracional, sino muy justa y laudable; no es un pozo de hundimiento y depresión, sino pozo artesiano de alegría, fecundidad y hermosura. Ya a propósito de la penitencia se utiliza la metáfora del cieno, que ensucia y afea los labrantíos; mas, como dice San Agustín, *perductus est ager ad faeditatem ut veniret ad ubertatem*[84]. Redújose el campo a aquella fealdad para que lograra su fertilidad. Porque los cristianos se ponen interiormente tristes con la penitencia, recobran la hermosura de su santificación y perdón de Dios.

El pensamiento estoico nos ha legado una copiosa literatura que podíamos llamar *consolatoria* o tranquilizante, de la que tenemos muestras muy conocidas en nuestro filósofo cordobés L. A. Séneca, autor, entre otros libros, de los siguientes: *Consolatio ad Helviam, Consolatio ad Polybium, Consolatio ad Marciam, De tranquilitate animi, De vita beata.* Todos estos títulos ya revelan la naturaleza de la filosofía estoica, toda ella penetrada de intenciones psicoterápicas. Se proponían curar las dolencias y lavar las tristezas del alma humana dándoles tranquilizantes o drogas espirituales.

El libro *De tranquilitate animi* fue escrito para un capitán de las guardias de Nerón, Anneo Sereno, atormentado por el mal del siglo, la náusea existencial, como los hombres de nuestro tiempo: *Non tempestate vexor, sed nau-*

---

[83] *De civ. Dei* XIV 8,3: PL 41,413. Con las palabras de San Pablo (2 Cor 7,8-11) prueba la legitimidad de una tristeza santa: «Porque el Apóstol alaba a los corintios de que se hubieran entristecido según Dios».
[84] *Sermo* 254,5: PL 38,1184.—Ibid., 2 (PL 38,1182): «Loco suo positum fertilem facit *agrum*».

sea[85]. «Mi mal y tormento no es de ninguna tempestad, sino de náusea, de tedio y fastidio y disgusto de mí mismo». Era admirador y seguidor de la filosofía estoica y de sus maestros: Zenón, Cleantes y Crisipo. Pero la angustia y la melancolía no se alejaban de su espíritu. Tenía todo lo que humanamente puede hacer a un hombre feliz, y era un desventurado.

Séneca sabe, sin duda, propinar tranquilizantes, pero todos ellos son medicamentos terrenos: la ocupación, el estudio, la sobriedad de vida. Hasta aquí había llegado la medicina humana, pero con dudosos resultados, porque el tedio y el disgusto de sí mismo no se pueden desterrar del hombre.

Años más tarde, desde Cartago escribió a San Agustín una virgen cristiana llamada Sápida, inconsolable por la muerte de un hermano suyo, diácono de la Iglesia. Había terminado una túnica para él cuando recibió la noticia de su muerte. Ella envía la ropa nueva, como regalo, a San Agustín, diciéndole que será alivio de su pena el saber que la acepta y estrena en nombre de su hermano. San Agustín le escribe con este motivo una carta consolatoria, que ya en su principio dice: «He cumplido tu deseo, y no he negado al piadoso duelo de tu hermano este ligero alivio, cualquiera que sea en tu estimación. He recibido la túnica que me enviaste, y para cuando me puse a escribir esta misiva, ya la había estrenado»[86].

Tenemos también aquí una literatura consolatoria y calmante para la tristeza humana. Pero entre Séneca y San Agustín se pone Cristo, sosegador de todas las conciencias atormentadas. No que el dolor humano o la tristeza se hayan desterrado con la venida de Cristo, porque El mismo los asumió en dosis terribles que no podría soportarlos ningún hijo de hombre. Por eso la terapéutica cristiana de las pasiones, como la tristeza, utiliza calmantes muy superiores a toda filosofía.

San Agustín sabía los ingredientes corrosivos que tiene para el espíritu la tristeza. Por eso aconseja a la acongojada virgen: «Si has rendido el tributo a la tristeza, basta ya; no te entristezcas como los gentiles, que no tienen esperanza (1 Tes 4,12)»[87]. He aquí la diversidad de dos enfermedades: la tristeza pagana, sin esperanza, y la tristeza cristiana, con esperanza. Desesperación y esperanza. Dos horizontes nuevos; uno, negro de nubarrones; otro, lleno de luz y visiones espléndidas. Tales son el paganismo y el cristianismo. Por eso, San Agustín invita a Sápida a levantar sus ojos a estos horizontes que resplandecen en Cristo: «¡Oh Sápida!, atiende al nombre que llevas y saborea las cosas de arriba, donde Cristo está sentado a la derecha de Dios; el cual se dignó morir por nosotros para que viviésemos aún después de la muerte y para que ni a la misma muerte temiese el hombre, como si ella hubiese de acabar con él; ni se doliese de los difuntos por quienes murió la vida, como si hubiesen perdido la vida»[88]. «Tu hermano, pues, ¡oh hija!; vive en espíritu y duerme según la carne»[89]. Pero a continuación le recuerda que también resucitarán ambos, y de nuevo se verán según la carne.

---

[85] *Oeuvres complètes de Sénèque le philosophe* (Coll. de M. Nisard). *De tranquillitate animi* p.309 (Paris 1842).
[86] *Epist.* 263,1: PL 33,1082.
[87] Ibid., 3: PL 33,1083.
[88] Ibid., 2: PL 33,1083.
[89] Ibid., 4: PL 33,1083.

¡Qué distancia entre Séneca y San Agustín, ambos terapeutas y tranquilizadores de la náusea y tristeza humana! ¡Con qué seguridad cristiana dice el consolador de Hipona: «No hay motivo para prolongar la tristeza, porque más puede la razón de una alegría eterna»! [90]

Esta esperanza de una alegría eterna es la que no pudo dar nunca el paganismo ni sabiduría alguna del mundo y el gran resorte vital de la fe cristiana, que eleva el tono de la vida entera y la libera de toda opresión oscura y torturante. Ella ha quitado el aguijón a toda tristeza y náusea de la vida, como la que afligía a Sereno y los hombres de hoy.

Este hecho de transformación de la pasión de la tristeza que brevemente se apunta aquí puede verse en las otras pasiones: en la alegría, el deseo, el temor, en todo el organismo afectivo del hombre, que, al ser elevado a un nuevo estado o forma de ser que es la adopción divina para hacerle hijo de Dios, ha experimentado el cambio radical de su amor, que se ha hecho filial con respecto a Dios y fraternal con respecto a los prójimos. Como hombre nuevo, el verdadero cristiano va movido por razones nuevas, impulsos nuevos, afectos nuevos, superiores a toda tristeza y depresión: al miedo, al tormento de los deseos, al odio, a la desesperación, a la ira.

Y son las tres virtudes teologales las que han obrado este milagro de la nueva afectividad humana con una triple elevación propia de cada una de ellas. La fe le ha dado una vista nueva y le ha hecho levantar los ojos al cielo para descubrir en él una nueva imagen de Dios Padre, que es el mejor apoyo y sostén de la vida, porque mitiga sus trabajos y tristezas, levanta el ánimo y transporta el centro de los afectos hacia una nueva esfera de valores inmarcesibles.

La virtud de la esperanza purifica los deseos y los dirige no al mundo que nos rodea, sino hacia el reino de Dios que ya está presente, lleno de promesas que se cumplirán un día. Los pobres y los que sufren, los oprimidos y desventurados, son los que están más cerca de él, los que sienten más cerca la mano de Dios, que los protege mitigando sus pesares y cuidados.

La caridad hace sentir sus efectos más propiamente en todo el dinamismo afectivo del hombre, haciéndole participar con alegría bienes de la nueva vida: la amistad de Dios, la liberación del miedo, el perdón de las culpas, el nuevo derecho a la ciudadanía del cielo y coherencia de Cristo. Este es el vino nuevo del Evangelio, que pide también odres de corazones nuevos para resistir su fuerza y sagrada impulsividad.

Las tres virtudes trabajan en íntima colaboración para crear en el hombre un dinamismo afectivo nuevo con las tres novedades que menciona San Pablo: un corazón puro, una conciencia buena y una fe sincera (1 Tim 1,5).

«Pone la conciencia buena por la esperanza. Porque el que espera es el que tiene buena conciencia. Pues quien tiene la conciencia remordida por el mal, pierde la esperanza y aguarda la condenación. Luego para esperar el reino, guarde bien la conciencia, y para que la tenga bien, crea y obre. El creer es cosa de fe, y el obrar, propio de la caridad» [91].

---

[90] Ibid., 4 (PL 33,1084): «Nulla est igitur causa tristitiae diuturnae, quia potior est causa laetitiae sempiternae».
[91] *Enarrat. II in ps.* 31,5: PL 36,261.

Sobre estos fundamentos levanta el hombre nuevo un reino de paz y de libertad interior.

10. Vida afectiva y espiritualidad agustiniana

Las cuestiones tratadas en las páginas anteriores nos obligan a decir algo sobre la afectividad en la espiritualidad agustiniana. Los tratadistas de la oración suelen dividirla en afectiva y discursiva, según se dé en su ejercicio más parte a las consideraciones doctrinales que a la expansión de los afectos; a la admiración, alabanza, gratitud, adoración, conversación afectuosa con Dios.

Según estos dos tipos de oración, puede hablarse también de una espiritualidad especulativa o afectiva según que en ella se estimen más las especulaciones doctrinales que la vida de los afectos. Y en este sentido puede preguntarse si la espiritualidad agustiniana es más especulativa que afectiva, o viceversa.

Ya se ha indicado en páginas anteriores que San Agustín no admite escisiones ni divisiones, porque personalmente es una gran síntesis de cualidades diversas y aun opuestas. No es que sea un hombre de contradicciones que no puedan formar una difícil armonía. El fue especulativo en grado eminente, y al mismo tiempo activo o apostólico, dedicado a la salud de los prójimos. El pensamiento y la acción pertenecen a la misma vida, porque la luz de la verdad no puede separarse de la obra del hombre. El asocia a la vida del espíritu la luz y el calor. «La labor religiosa—como dice Eucken—no tiene en él nada de un espíritu cansado y deprimido, sino que está informada, al contrario, por un ardor de vida poderosísimo; el mismo conocimiento se torna en afirmación de sí mismo y en elevación del propio ser. Esta asociación de una subjetividad titánica, llena de una sed insaciable de felicidad, con todo el mundo de la labor espiritual, es a la vez la grandeza y el peligro de Agustín» [92].

El ardor de vida penetra toda la especulación de San Agustín, de modo que pensamientos y afectos son como la luz y el calor del fuego. La síntesis del fuego es la mejor figura del espíritu agustiniano. Es decir, es especulativo y afectivo a la vez, sin que se pueda resolver la cuestión sobre si es más afectivo que especulativo, o viceversa.

Examínese, por ceñirnos a la oración, la que abre los *Soliloquios,* escritos en Casiciaco, y trátese de separar la luz y el calor, los pensamientos y los afectos, el discurso y los fogonazos de su corazón, y se verá la imposibilidad de llegar a un resultado positivo. Todo San Agustín arde allí como en una hoguera de pensamientos y amores, revelando ya una personalidad original poliforme que busca moldes nuevos para fundir en ellos su corazón y fantasía.

La plegaria ininterrumpida de sus *Confesiones* manifiesta la misma ignición y fundición de elementos especulativos y prácticos. La atención y la afección son dos movimientos inseparables del alma agustiniana que se dirigen hacia su objeto, que en última instancia es siempre Dios, para abrazarlo con el pensamiento y con el amor, con todos los brazos del alma, porque con todas las fuerzas se ha de buscar la verdad. El conocimiento y el amor no son dos frentes antagónicos, sino se exigen y completan mutuamente y se desarrollan

---

[92] R. EUCKEN, *Los grandes pensadores* p.255.

a la par. El amor se alimenta del conocimiento, y el conocimiento recibe sus mejores impulsos del amor. Ambos son las dos alas con que el espíritu sube a lo alto a buscar el descanso eterno en la verdad.

En última instancia, nos hallamos aquí en el terreno de la *caritas,* que es la expresión perfecta de la vida del espíritu.

No se hable, pues, del intelectualismo de San Agustín ni de su voluntarismo o sentimentalismo. Cierto que San Agustín, «por su estilo antitético, es el padre de las posturas antagónicas», dice Przywara. Pero añadamos que es un padre más putativo que real, porque en su espíritu ha superado los contrastes con una personalidad sin desgarros ni contradicciones.

El citado autor concreta su pensamiento hablando de la «oposición entre un agustinianismo voluntarista-afectivo y un agustinianismo intelectualista-contemplativo» [93]. Pero en realidad no existen en la persona de San Agustín semejantes oposiciones o contrastes que amenacen su unidad interior, porque ni la verdad se opone a la caridad ni el afecto a la contemplación, ni el pensamiento y el amor siguen caminos divergentes. El mundo interior del Santo o su espiritualidad es rico en tensiones, pero sin llegar a la rotura. Su interioridad está jerárquicamente ordenada, en cuanto cabe, en un agonista de su temple.

«No hay duda—asegura Eucken—de que San Agustín tiene rasgos que le acercan a la mística. Según él, a la contemplación se asocia estrechamente el amor; el afecto antes se ennoblece que ahoga; una cálida vida sentimental penetra en la mística y da a la expresión una intimidad desconocida. Nadie como Agustín ha dado a la mística cristiana un carácter tan distintivo» [94].

Por eso él ha sido un gran mentor de espíritus, y a su alrededor se han formado los que supieron hermanar lo contemplativo y lo afectivo, como San Anselmo, San Bernardo, San Buenaventura, la escuela de los Victorinos, Raimundo Lulio, que fueron también guías de muchos espíritus y conocieron el magisterio agustiniano [95].

[93] E. Przywara, *San Agustín* p.19.
[94] Euken, ibid., p.263.
[95] P. Pourrat dice de San Agustín: «La historia de la espiritualidad menciona a algunos escritores tan ricamente dotados, que han sabido unir en sus obras las especulaciones con la plegaria del corazón. De este número es San Agustín» (art. *Affective, spiritualité:* Diction. de spiritualité I col.243).

LOS CAMINOS DEL ESPIRITU

La oración de los cristianos

1. Doctor de la plegaria

Como espiritualidad de la gracia, la agustiniana tiene por sustento la oración, siguiendo, aquí como en todo, el genio tradicional de la Iglesia y del Evangelio. Por ser Doctor de la gracia, merece también el título de Doctor de la plegaria cristiana por la doctrina acerca de la oración que nos dejó y por su mismo espíritu de oración, que le hace uno de los grandes orantes de la cristianidad. En la lucha contra los pelagianos embrazó como argumento principal contra ellos la necesidad y la práctica de la plegaria. En la carta escrita al papa Inocencio I, en el verano del año 416, y firmada por otros obispos africanos, dice, después de citar varios testimonios de la Escritura: «Luego la oración es clarísimo testimonio de la gracia. Confiese Pelagio esta gracia, y nos gozaremos de verlo en el buen camino o corregido» [1].

El pelagianismo concibe al hombre como un ser rico y pudiente, bien abastado para hacer todas las obras buenas con sólo usar del caudal de su albedrío, sin que tenga que mendigar nada de nadie: «Los enemigos de la gracia, hay que decirlo con lágrimas, pretenden persuadir que ni la oración del Señor es necesaria para que no entremos en tentación. Pues se empeñan en defender el libre albedrío de tal modo, que con él solo, sin contar con la ayuda de la gracia de Dios, podemos cumplir sus mandatos. De donde se sigue que en vano dijo el Señor: *Vigilad y orad para que no entréis en tentación* (Mt 26,41), y en vano decimos todos los días: *No nos dejes caer en la tentación* (Mt 6,13)» [2].

Para San Agustín, al contrario, el hombre es un ser inválido e indigente por haber malbaratado con su primera desobediencia el tesoro de las fuerzas con que fue dotado su albedrío para obrar la justicia. Ahora ha de pedir socorro a la misericordia divina: «Por rico que sea en la tierra, es mendigo delante de Dios. Está el pobre ante las puertas del rico, y está el mismo rico ante la casa del gran rico; van a pedirle a aquél, pero él también pide» [3]. Naturalmente, no se excluía San Agustín de la humilde categoría de los mendigos humanos; él no se sonrojó nunca de pedir. Oró mucho con las plegarias de la Iglesia y con oraciones personales, en las que se muestra como un incomparable creador de fórmulas. El supo forjar un lenguaje musical y arrullador para hablar con Dios, cuyo hechizo perdura todavía con una riquísima polifonía de ideas y sentimientos. San Agustín supo armonizar la pasión emo-

---

[1] *Epist.* 177,3 (PL 33,766): «Ipsa igitur oratio clarissima est gratiae testificatio. Hanc e confiteatur, et eum gaudebimus sive rectum sive correctum».
[2] *De bono viduitatis* 21: PL 40,443; *De pec. merit. et remis.* II 6: PL 44,154.
[3] *Sermo* 56,9: PL 38,381.—*Enarrat. in ps.* 145,17 (PL 37,1895): «Famelici Dei esse bemus; ante ianuam conspectus illius mendicemus».—*Sermo* 61,4 (PL 38,410): «Ergo vis habere iustitiam, esto mendicus Dei».

tiva de los salmos davídicos con la pureza y profundidad neoplatónica y ha sido llamado por Heiler y Fendt «el padre de la plegaria cristiana [4].

Ambos elementos, el religioso y filosófico, califican la plegaria agustiniana, sobre todo en las *Confesiones*.

2. La armonía de tres arpas

San Efrén, gran poeta místico de la antigua Iglesia siríaca, contempla o escucha en la Iglesia la armonía de tres arpas: la de la humanidad, de Moisés y Cristo [5]. Es decir, en el espíritu de la Iglesia confluyen las aspiraciones más nobles de la humanidad: las del legislador de los hebreos y las de Cristo, Creador del hombre nuevo. Sustituyendo a Moisés por David, podría decirse que en la música de la plegaria agustiniana resuenan igualmente las tres arpas: la de la humanidad, la de David, salmista de Dios, y la de Cristo. Hay en ella un profundo aliento de humanidad unido al espíritu de los salmos davídicos, y todo ennoblecido y sublimado por la gracia del *Padrenuestro,* la oración de los hijos, que nos enseñó el Hijo de Dios.

La oración agustiniana surge del más universal anhelo humano: el deseo de la felicidad. En su carta a Proba, para poner un sólido fundamento a la oración parte del hecho común de la indigencia humana; recuerda la doctrina de los filósofos acerca del deseo de la felicidad, tomada del *Hortensio,* de Cicerón [6]. El es una de las raíces de la plegaria cristiana y el que mueve el dinamismo del corazón del hombre. Por eso la vida feliz es la meta también de la plegaria. Y así le aconseja instruyéndola sobre lo que ha de pedir: «Para decírtelo brevemente, pide la vida feliz, porque ésta la quieren todos los hombres, buenos y malos. ¿Qué ha de convenir, pues, que se pida sino lo que quieren buenos y malos, pero sólo consiguen los buenos?» [7].

La plegaria agustiniana va movida interiormente por este impulso que late en todos los rumbeos del corazón inquieto.

El arpa de David dio muchas notas a la de San Agustín. Una de sus obras más espirituales son los comentarios a los Salmos, que el Santo maneja con una maestría insuperable. El lirismo del Salterio se ha hecho más profundo y universal en él. Los cantos de la antigua liturgia se ajustaban a su temperamento místico. El sentimiento de la propia miseria, aliviada y consolada por la bondad de Dios, tiene en ambos cantores acentos que han influido en la formación y expresión de los sentimientos cristianos.

Seguir en sus efusiones espirituales a los dos, nos llevaría a muy sorprendentes hallazgos.

Pero todavía Cristo infundió un nuevo espíritu en la oración humana con

---

[4] M. PUGLISI, *La preghiera* p.147 (Torino 1928). La expresión es evidentemente exagerada, porque el verdadero Padre de la plegaria cristiana es Cristo, los apóstoles la Iglesia; pero indica la mucha parte que ha tenido San Agustín en crear el lenguaje de la plegaria cristiana, alimentándola de los dos sentimientos: el de la miseria propia y de la confianza de Dios.

[5] SAN EFRÉN, *Himno* 27.

[6] *Epist.* 130,10: PL 33,498.

[7] Ibid., 9 (PL 33,497): «Quod itaque dici breviter potest; ora beatam vitam; hanc enim habere omnes homines volunt».

Maestro y Mediador en ella. Sin Cristo se perderían en el vacío los clamores humanos. El es el verdadero Padre de la oración cristiana, y San Agustín es uno de sus intérpretes más ricos.

3. Cristo, Mediador de la oración

En las religiones naturales, Dios es, sobre todo, el lejano, el distante, el altísimo y majestuoso, que vive en un absoluto aislamiento sin que tenga contacto con los mortales. La venida de Jesús al mundo renovó esta visión, porque El es el Dios con nosotros, humano y conversable, que recrea con su presencia a los hombres, descubriéndoles los secretos del Padre e imprimiendo en sus corazones la confianza en El. Cristo hizo posible un trato familiar con Dios. La oración humana se hizo cristiana en sus labios y en los nuestros. El mismo se hizo locutorio de los hombres con el Padre. Y no sólo locutorio, sino mediador e intercesor de la oración de las criaturas. El cristiano ora en el Mediador, con el Mediador y por el Mediador. No hay otra forma de enlace y conversación con el Altísimo en la presente economía.

La doctrina del Cuerpo místico ilumina el misterio de la plegaria. «Pues Cristo íntegro es justamente Cabeza y Cuerpo; por eso en todos los salmos de tal modo hemos de oír la voz de la Cabeza, que al mismo tiempo percibamos la de los miembros. Porque El no quiso hablar separadamente de nosotros, diciendo: *He aquí que yo permaneceré con vosotros hasta el fin de los tiempos.* Si está, pues, con nosotros, habla en nosotros, habla de nosotros, habla por nosotros, porque nosotros hablamos en El; y por eso hablamos la verdad, porque en El hablamos. Si queremos hablar por cuenta propia, permaneceremos en la mentira»[8]. He aquí la dignidad de la plegaria cristiana. Cabeza y miembros tienen un lenguaje común. Cristo, Palabra del Padre, nos ha comunicado su oración, y nosotros le comunicamos la nuestra: «Pues con este fin oró, para enseñarnos a orar; como padeció, para enseñarnos a sufrir, y resucitó, para infundirnos la esperanza en la resurrección»[9].

La conversación de Jesús con el Padre es el eterno modelo de nuestra conversación con Dios; sus intereses espirituales serán nuestros mejores intereses: «Ningún otro mayor don hubiera podido hacer Dios a los hombres que darles como Cabeza a su Verbo, por quien hizo todas las cosas, y adaptarlos a ellos como miembros a El, de modo que fuese Hijo de Dios e Hijo de hombre; un Dios con el Padre y un hombre con los hombres; y así, aun cuando hablamos a Dios con nuestra oración, no separemos de allí al Hijo, cuando ora el cuerpo del Hijo, no separe de sí a su Cabeza; y sea el mismo Salvador único de su cuerpo, Jesucristo, nuestro Señor, Hijo de Dios, el que ore por nosotros, y ore en nosotros, y sea rogado por nosotros. Ruega por nosotros como Sacerdote nuestro, ruega en nosotros como Cabeza nuestra, es rogado por nosotros como nuestro Dios. Reconozcamos, pues, en El nuestras voces, y sus voces en nosotros»[10].

---

[8] *Enarrat. in ps.* 56,1 (PL 36,662): «Si nobiscum est, loquitur in nobis, loquitur nobis, loquitur per nos».

[9] Ibid., 5: PL 37,665.

[10] *Enarrat. in ps.* 85,1 (PL 37,1081): «... sitque ipse unus Salvator corporis sui Dominus noster Ieus Christus Filius Dei, qui et oret pro nobis, et oret in nobis, et oretur

La voz de Cristo resuena a lo largo de la historia mezclada con los clamores humanos: «Desde que gime el cuerpo de Cristo bajo las apreturas hasta el fin del tiempo que ellas duran, gime este hombre y clama a Dios, y cada uno de nosotros, en su proporción, tiene su clamor en todo este cuerpo. Tu lanzas tu clamor en tus días, y éstos pasaron; otro clamó en sus días, que también pasaron; tú, aquí; aquél, allí, y el otro, más allá. El Cuerpo de Cristo clama siempre todo el día, alternándose y sucediéndose unos a otros los miembros. Un hombre se extiende hasta el fin del siglo; los mismos miembros de Cristo claman, y algunos miembros ya descansan en El; algunos todavía claman, y algunos, cuando nosotros descansemos, también clamarán, y otros que seguirán después. Aquí escucha la voz de todo el Cuerpo, que dice: *A ti he clamado todo el día.* Y nuestra Cabeza intercede por nosotros ante el Padre (Rom 8,34); recibe a unos miembros, flagela a otros, purifica a otros, consuela a otros, crea a otros, llama a otros, revoca a otros, corrige a otros, reintegra a otros»[11].

Parece aquí Cristo como el maestro de una gran masa coral, que con su voz domina los siglos y une a los cristianos en sus clamores a Dios: «El que da unidad a nuestras plegarias es siempre Cristo. Es como la voz de un río de plegaria que no cesa con su rumor, y las generaciones sucesivas son como las olas de un momento»[12].

La incorporación de los creyentes en la Cabeza para orar nos da la oración cristiana, que es diversa de toda otra forma de oración de las religiones naturales. Cristo se entromete, en el noble sentido de esta palabra, en las oraciones de sus miembros, y no sólo les da sus sentimientos y fórmulas, sino ora con ellos y garantiza el buen resultado de sus peticiones: «Cuando uno de mis miembros ora de este modo, yo oro también así»[13]. Dice esto a propósito de las palabras del salmista: *Pon, Señor, una guardia a mi boca, y un candado conveniente a mis labios. No permitas que deslice mi corazón a palabras maliciosas para pretextar excusas en los pecados* (Sal 140,3-4)». El valor y eficacia de las súplicas tiene su mejor apoyo en el misterio de nuestra incorporación en Cristo. El mismo es el despachador favorable de nuestras peticiones: «Cristo, que fue suplicante oportuno en el tiempo, es, juntamente con el Padre, escuchador eterno»[14].

En Cristo y por Cristo se da favorable entrada en el cielo a la buena oración de los cristianos.

Tales son los privilegios de la plegaria cristiana por la unión entre la Cabeza y el Cuerpo, «porque Cristo, que es uno con nosotros, es también uno con

---

a nobis. Orat pro nobis ut sacerdos noster; orat in nobis ut caput nostrum; orat a nobis ut Deus noster. Agnoscamus ergo et in illo voces nostras, et voces eius nobis».

[11] Ibid., 5: PL 37,1085.
[12] A. M. Besnard, O.P., *Les grands lois de la prière. S. Augustin, maître de la prière*, Vie Spirituelle 2 (1959) 238.
[13] *Enarrat. in ps.* 140,7 (PL 37,1819): «Cum unum ex membris meis sic orat, e sic oro exauditor aeternus».
[14] *Epist.* 130,19 (PL 32,501): «Christus in tempore precator oportunus, cum Pat exauditor aeternus».

su Padre» [15]. Toda su perfección está fundada en Cristo: *Non est iusta oratio nisi per Christum* [16].

Lo mismo para la rectitud de la plegaria como para la confianza en su ejercicio, la incorporación a Cristo es la primera norma de los orantes. Es necesario hacerse una misma cosa con el verdadero Orante, que es también quien despacha nuestras demandas: «¿Puede darse más segura felicidad que la nuestra, sabiendo que el que ora es el mismo que nos da? Porque Cristo es Dios y hombre, ora como hombre, y como Dios concede lo que pide; por eso, El todo lo transfiere al Padre, pues el Padre no procede de El, como El procede del Padre. Da todo a la Fuente de donde ha nacido. Porque El es también una Fuente nacida, porque es igualmente Fuente de vida. Luego el Padre-Fuente engendró una Fuente. Así es en verdad; una Fuente ha engendrado otra Fuente, porque hay Fuente que engendra y Fuente engendrada, como el Dios generante y Dios generado es un solo Dios» [17].

En esta universal Fuente que es Cristo toma sus aguas la oración cristiana; ahí radica toda su confianza, su seguridad, su riqueza, su fuerza inexhaurible. Por eso, con gozo inmenso, San Agustín levanta el vaso de su alma y lo sumerge en la vena y raudal saludable de Cristo: «Camina a la luz de la profecía, a la luz de la antorcha de los anuncios futuros; camina con las palabras de Dios. Todavía no ves al Verbo divino, que reposa en el seno de Dios; camina según su forma de hombre, y llegarás a su forma de Dios. Dadme a conocer, Señor, el camino por donde debo andar, porque he levantado a ti mi alma. La he levantado a ti, no contra ti, porque en ti está la fuente de la vida. He levantado mi alma hasta ti; como un vaso la he traído a la Fuente; lléname, pues, porque he elevado mi alma hasta ti» [18].

Tal es la oración de San Agustín; consiste en llevar su alma, como un vaso vacío, a la Fuente, que, a su vez, mana de otra Fuente, el Padre.

Este es el término de toda oración cristiana; la oración de Cristo nos sube hasta la fuente del Padre, de donde vienen todos los dones perfectos.

Por eso lo primero que debe despertar el cristiano en su oración es la conciencia de su dignidad de hijo de Dios y miembro de Cristo, es decir, el sentimiento de su identidad con el Orante perfecto. En El, con El y por El se hace también un orante que va a la Fuente de todo bien.

4. La oración es un trato con Dios

Para que los hombres pudieran tratar familiarmente con Dios, éste se dignó hacerse humano y conversar con ellos.

En realidad toca a Dios iniciar la conversación con los hombres. Es decir, lo primero es oír a Dios y entablar el diálogo sobre lo que El nos dice. Hablando de la vigilia pascual, que se celebraba con muchas lecturas bíblicas, dice

[15] *Enarrat. in ps.* 142,3 (PL 37,1847): «Nobiscum unus qui est cum Patre unus».
[16] *Enarrat. in ps.* 108,9: PL 37,1436.
[17] *Sermo* 227,1 (PL 38,1083): «Quid felicitate nostra certius, quando ille pro nobis rat, qui dat quod orat? Est enim Christus homo et Deus; orat ut homo, dat quod rat ut Deus... Fonti unde natus est totum dat».
[18] *Enarrat. in ps.* 142,15 (PL 37,1854): «Tanquam vas ad Fontem attuli; imple ergo e, quoniam ad Te levavi animam meam».

el Santo: «Vigilemos, pues, y oremos; celebremos con devoción externa e interna esta vigilia. Háblenos Dios en sus lecciones y hablemos nosotros a Dios con nuestras plegarias. Si escuchamos con sumisión al que nos habla, en nosotros habita Aquel a quien va dirigida nuestra oración» [19].

De aquí la célebre definición que se ha repetido tanto entre los autores ascéticos cristianos: «Tu oración es tu conversación con Dios. Cuando lees, Dios te habla a ti; cuando tú oras, hablas con Dios» [20]. Se trata de un habla interior propia también de hombres interiores, como Susana cuando en su angustia se dirigía a Dios: «Clamaban los que acusaban a Susana y levantaban los ojos al cielo. Ella callaba y clamaba con el corazón. Por eso ella mereció ser oída, y ellos condenados. Luego hay una boca interior; con ella rogamos a Dios; y, si hemos preparado a Dios hospedaje o casa, allí hablamos, allí somos escuchados. Porque no está El lejos de nosotros, pues en El vivimos, nos movemos y somos. A ti no te aleja de Dios más que la injusticia; derriba la pared intermedia del pecado y estás con Aquel a quien oras» [21].

Esta morada interior de Dios es una dilatación del corazón, porque El ensancha el alma cuando habita en ella: «Tener, pues, el corazón espacioso es tener a Dios infundido en el corazón para que hablemos interiormente con El» [22].

El Señor, infuso en el corazón, invita al habla con El, y los cristianos buenos disfrutan de coloquios con El, porque con los ojos de su fe le miran y gozan de su hermosura [23]. No hay «ocupación más importante ni más noble, cuando se padecen tribulaciones, como la de retirarse del estrépito que suena fuera y refugiarse en el escondido santuario interior (Mt 6,6), e invocar allí a Dios, donde nadie ve al que gime y al que socorre; no hay como humillarse a sí mismo confesando sus pecados, engrandecer y alabar a Dios, que corrige y consuela; esto es lo que se ha de guardar» [24].

Aquí expresa San Agustín las diversas formas del lenguaje o habla con Dios: invocación, confesión de los pecados, alabanza, conformidad con su voluntad.

Hay que entrar, pues, en el corazón para hablar allí con Dios. San Agustín tiene una doctrina muy conocida sobre el Maestro interior que es Cristo, a la que dio su realce en los primeros escritos. El habla en el secreto de las conciencias, iluminándolas con su luz eterna: «Por eso volved al corazón y, si sois fieles, hallaréis allí a Cristo; El nos habla allí. Yo le llamo; pero El enseña más bien en el silencio. Yo hablo con los sonidos del lenguaje; El habla interiormente por el temor del pensamiento» [25].

[19] *Sermo* 219: *In vigiliis Paschae* (PL 38,1088): «Deus nobis loquatur in lectionibus. Deo loquamur in precibus nostris».
[20] *Enarrat. in ps.* 85,7 (PL 37,1085): «Oratio tua locutio est ad Deum: Quando legis Deus tibi loquitur; quando oras, Deo loqueris».—SAN JERÓNIMO, *Epist. ad Eustochium* 25 «Oras, loqueris ad Sponsum: legis, ille tibi loquitur».
[21] *Enarrat. in ps.* 137,3 (PL 1775): «Est ergo os intus; ibi rogamus, inde rogamus»
[22] *Enarrat. in ps.* 4,3 (PL 36,79): «...iam cordi habere infusum Deum cum quo intrinsecus colloquatur».
[23] *De mor. Eccl. cath.* I 31,66: PL 32,1338.
[24] *Enarrat. in ps.* 34 sermo 2,3: PL 36,334.
[25] *Sermo* 102,2 (PL 38,611): «Ego loquor per sonum sermonis; ille intus loquitu per timorem cogitationis».

Con esta idea de conversación y locución se enlaza la de elevación del corazón o de la mente a Dios. Así se compara en los Salmos con el incienso que sube en olor de suavidad hasta el trono divino: «La oración, pues, que brota limpiamente de un corazón fiel se eleva como incienso de altar santo. Nada hay más agradable que el olor divino; este perfume respiren todos los creyentes» [26].

Dos cosas son propias del incienso: elevarse y perfumar el ambiente sacro. Y ambas cosas tienen un sentido espiritual, porque representan la oración o el esfuerzo del alma orante que sube a Dios y el buen olor de su vida o la pureza de conciencia. Con estas condiciones, la oración logra su fin y pueden decir los que ruegan: *Con mi voz he clamado al Señor, y me escuchó desde su monte santo* (Sal 4,3). Tal es la oración de todos los santos: olor de suavidad que sube a la presencia del Señor, porque ya es la Iglesia escuchada desde el monte santo que es su Cabeza o desde aquella justicia de Dios por la que son librados sus elegidos y castigados sus perseguidores [27].

Naturalmente que para esta elevación del alma se requiere la ayuda de la gracia, por ser ella muy pesada para levantarse dos codos del suelo: «*A ti, Señor, he levantado mi alma* (Sal 24,7). Elevemos, pues, nuestra alma a Dios, y levantémosla ayudándonos El mismo, porque es pesada. ¿De dónde le viene la pesadumbre? *De que el cuerpo corruptible carga todo el peso sobre ella y el vivir en la tierra abate el pensamiento, repartido en muchas cosas* (Sal 9,15)» [28].

Esta gracia la derrama Dios copiosamente sobre su Iglesia en todos los tiempos; ella es siempre la adoratriz perpetua y orante: «*En cualquier día que te invocaré, escúchame pronto*. Oró San Pedro, oró San Pablo, oraron los demás apóstoles; oraron los fieles en los tiempos siguientes, oraron los fieles en los tiempos de los mártires, oran los fieles en nuestros tiempos, orarán los fieles en los tiempos venideros. En cualquiere tiempo que te invocare, escúchame luego, porque te pido lo que quieres darme» [29].

No falta en el templo de Dios el incienso perpetuo de la plegaria que sube del corazón de los fieles.

5. Ascenso, interioridad y composición de lugar

Para San Agustín, la oración es cosa espiritual e interior, que tanto mejor logra sus efectos cuanto mejor corresponde a su naturaleza [30]. Por eso la mente, cuando se consagra a las cosas superiores, tiene la facultad de crearse una soledad propia. O mejor, la de convertir la conciencia en templo de Dios, cuyo rostro se busca para adorarlo en espíritu y verdad. No hay que buscar para esto un monte como el de los samaritanos: «¿Buscabas tú un monte? Desciende más bien para que llegues hasta El. Pero ¿quieres subir? Sube,

---

[26] *Enarrat. in ps.* 140,2 (PL 37,1818): «Oratio ergo pure directa in corde fideli, tanquam de ara sancta surgit incensum. Nihil delectabilius est odore Domini; sic oleant omnes qui credunt».
[27] *Enarrat. in ps.* 3,9: PL 36,77.
[28] *In Io. ev. tr.* 23,5: PL 35,1854.
[29] *Enarrat. in ps.* 101 sermo 1,3: PL 37,1206.
[30] *Sermo* 210,9 (PL 38,1052): «Oratio quippe spiritualis res est et ideo tanto est acptior quanto magis suae naturae implet effectum».

pero no busques ningún monte. Las subidas del corazón, dice el Salmo, se hacen en el valle del llanto (Sal 83,6-7). El valle tiene humildad. Luego hazlo todo dentro. Y si acaso buscas un lugar excelso, algún lugar santo, interiormente hazte tú templo para Dios. *Santo es el templo de Dios que sois vosotros.* ¿Quieres orar en el templo? Ora dentro de ti mismo. Pero antes hazte templo de Dios, porque El escuchará desde su templo al que ora» [31].

En la conciencia, como lugar sagrado, se ha de ofrecer a Dios el sacrificio de la oración: «Allí dentro tengo la víctima para inmolar; dentro, el incienso que ofrecer; dentro, el sacrificio para aplacar a Dios, pues mi sacrificio es el espíritu afligido» [32]. Por eso cualquier tiempo y lugar son apropiados para la oración: «Cuando sin buscar viene un deseo de orar, cuando de improviso hace mella en la mente algún afecto que nos mueve a suplicar con gemidos inenarrables, de cualquier modo que le sorprendiere a uno, no ha de diferirse la oración por buscar un lugar retirado, o para ponerse en pie, o para postrarse. Porque entonces el recogimiento de la mente crea para sí cierta soledad» [33].

Esta soledad ha de consagrarse o sacralizarse, como se dice ahora con verbo de sospechosa limpieza castellana. Y entonces tiene lugar lo que llama San Agustín *compositio loci,* la composición de lugar, el aderezo del alma que quiere conversar con Dios: «¿Dónde nos escucha el Señor? *Entra en tu habitación, cierra la puerta y ora en lo secreto, y el Padre, que todo lo sabe, te escuchará* (Mt 6,6). Entras en tu habitación cuando entras en tu corazón; y bienaventurados los que al entrar en su corazón hallan motivo de gozo, porque no hallan nada malo. ¿Quieres, pues, entrar con gusto en tu corazón? Purifícalo. *Dichosos los limpios de corazón, porque ellos verán a Dios* (Mt 5,8). Quita lo sucio de la liviandad, las manchas de la avaricia, la corrupción de las supersticiones, los malos pensamientos y los odios, no sólo de los amigos, sino también de los enemigos. ¡Fuera todo eso! Y después entra en tu corazón. ¡Y qué a gusto te sentirás allí! Y, apenas comiences a hallarte mejor, la misma limpieza interior será tu primer deleite y ella te moverá a orar. Como, cuando vas a un lugar tranquilo, silencioso y limpio, te viene este pensamiento: '¡Qué lugar más apacible! Quiero aquí orar'. Te agrada la paz del lugar y pensar que allí Dios te va a escuchar. Si tanto te agrada la limpieza de lugar, ¡cómo deberá repugnar la inmundicia de la conciencia! »

6. Fuerzas elevadoras del espíritu

Que el espíritu es muy pesado para levantarlo, es cosa averiguada por todos. Por eso la vida de oración abruma los hombros humanos y es carga no fácil de llevar, y se requieren fuerzas elevadoras y voladoras que lo encumbre y pongan junto a Dios para hablar con El. Estas fuerzas voladoras son la

---

[31] *In Io. ev. tr.* 15,25 (PL 35,1519-20): «In templo vis orare? In te ora. Sed prius esto templum Dei, quia Ille in templo suo exaudiet orantem».
[32] *Enarrat. in ps.* 41,17: PL 36,475.
[33] *De div. quaest. ad Simpl.* II q.4 (PL 40,145): «Solitudinem gignit sibi mentis intentio
[34] *Enarrat. in ps. 33* sermo 2,8: PL 36,312; MA I; MORIN, XI 11,632.

tres virtudes teologales: fe, esperanza y caridad, cuyo fin es ponernos en contacto con Dios [35].

Por su naturaleza, el pensamiento es una fuerza ascensora: «Subimos al cielo si pensamos en Dios, y esta elevación se hace en el corazón» [36]. Pero el pensamiento también es pesado dejado a sí mismo y se arrastra por la tierra, y ha menester el apoyo de las tres fuerzas para elevarse y hacerse oración: «La fe, pues, la esperanza y la caridad, hacen llegar a Dios al que ora, es decir, al que cree, y espera, y desea, y tiene en cuenta las cosas que ha de pedir al Señor conforme a la oración dominical» [37].

La fe es la primera fuerza de elevación: «Si la fe decae, la oración se acaba. ¿Quién ruega lo que no cree? Por eso el Apóstol, exhortándonos a ora, dice: *Todo el que invocare el nombre del Señor será salvo*. Y para mostrar que la fe es fuente de la oración ni que puede haber afluente de ella si el manantial se agota, añadió y dijo: *Pero ¿cómo invocarán, si no creen en El?* (Rom 13-14). Luego para que oremos, creamos, y para que la misma fe no pierda su fuerza, oremos. La fe derrama la oración; la oración derramada consigue la firmeza de la fe» [38]. No se puede subir a Dios sin el apoyo de las tres virtudes que dan las alas «para subir con el corazón, con el afecto bueno, en fe, esperanza y caridad; con el deseo de la inmortalidad y de la vida eterna» [39].

Sobre todo, la caridad es la que despliega mayores impulsos elevadores: «El amor santo eleva a las cosas superiores e inflama con deseos de lo eterno, y los aviva para las cosas que no pasan, y de lo profundo del abismo levanta hasta el cielo. Sin embargo, todo amor despliega su fuerza, ni puede estar ocioso en el ánimo del que ama; es necesario que mueva» [40].

Las tres virtudes, pues, alimentan nuestra plegaria, cada cual a su modo. La fe nos pone en contacto con las realidades superiores, y la esperanza y la caridad impulsan el vuelo hacia ellas: «Porque el género humano estaba cargado con la grande miseria del pecado y estaba menesteroso de la misericordia divina, anunciando el profeta los tiempos de la gracia, dice: *He aquí que todo el que invocare el nombre del Señor será salvo* (Jl 2,32); de aquí viene la oración. Pero el Apóstol, después de recordar este testimonio profético para recomendar la misma gracia, añadió a continuación: *Mas ¿cómo invocarán al que no creyeron?* (Rom 13-14); de aquí la necesidad del símbolo. En estas dos cosas, pues, advierte tres: la fe cree, la esperanza y la caridad oran. Pero sin fe no pueden hacerlo; y por esto la fe toma parte en la oración, y ella también ora» [41].

Aquí resplandece la perfecta hermandad de las tres virtudes que ayudan la ascensión del alma a Dios.

[35] MA I; MAI 98,347: «Per fidem, spem, caritatem Illi connectimur».
[36] *Enarrat. in ps.* 121,3 (PL 37,1631): «Ascendimus in caelum, si cogitamus Deum, qui ascensus in corde fecit».
[37] *Epist.* 130,24 (PL 33,503-504): «Fides ergo spes et caritas ad Deum perducunt orantem».
[38] *Sermo* 115,1: PL 38,655.
[39] *Enarrat. in ps.* 120,3: PL 37,1606.
[40] *Enarrat. in ps.* 121,1: PL 37,1618-19.
[41] *Ench.* VII 2: PL 40,234.

Doctrina también muy corriente en el Santo es la relativa a las dos nuevas alas de la caridad. El enlaza siempre la vida interior con la caridad obrada en favor del prójimo. Por eso su espiritualidad no es individualista, sino social siempre: « ¡Qué fácilmente son escuchadas las oraciones de los que obran bien! Y ésta es la justicia del hombre: el ayuno, la limosna, la oración. ¿Quieres que tu oración vuele a Dios? Dale las dos alas, el ayuno y la limosna» [42]. En realidad, con el ayuno, la limosna y la oración se completa toda la justicia relativa a nosotros mismos, a los prójimos y a Dios.

7. El alma orante

La fe, al tomar parte activa en la vida de plegaria, estimula al orante a penetrar en las verdades en que ella le introduce. La fe tiene sus ojos, con que ve que es verdadero lo que cree, aunque está oculto [43]. Pero este mismo rostro de linda tapada de la verdad es el mayor aguijón para la curiosidad cristiana y agustiniana; ella aspira al conocimiento, a convertir la creencia en inteligencia. Por eso, San Agustín amaba tanto el conocimiento y lo pedía a Dios en la oración [44]. La oración no es una recitación vocal y sonora únicamente, ni tampoco un desahogo afectivo, sino el ejercicio de una actividad sintética del espíritu, que con todas sus fuerzas se pone en contacto con Dios. La luz y el amor forman la admirable síntesis. El orante quiere ver, y pone al servicio de su ideal las fuerzas meditativas y contemplativas del espíritu para llegar a la posesión de la verdad: «La fe piadosa no quiere estar sin la esperanza y la caridad. Así, pues, el hombre fiel debe creer lo que todavía no ve, de tal modo que espere y ame la visión» [45]. La fe, esperanza y caridad están movidas y ordenadas para la visión, y aquí, en la tierra, para el conocimiento posible de la verdad que se cree.

Por eso en la oración hay un despliegue de fuerzas dialécticas y contemplativas. Es lo que llamamos meditación. El *cogitare* y *orare*, el pensar y el orar, se dan las manos en la misma operación, «porque los que aprendieron de nuestro Señor Jesucristo a ser mansos y humildes de corazón (Mt 21,29), más progresan meditando y orando que leyendo y escuchando» [46]. Las diversas actitudes en el proceso de la oración las expresa el Santo con los verbos *audire, legere, cogitare, experiri* [47]. Al *cogitare* responde la *meditatio,* aunque esta palabra no la emplea siempre en el sentido que se ha fijado para ella en la terminología ascética. La experiencia implica un efecto que no proviene de

---

[42] *Enarrat. in ps.* 42,8 (PL 36,482): «Quam celeriter accipiuntur orationes bene operantium; et haec iustitia hominis in hac vita, ieiunium, eleemosyna, oratio. Vis orationem tuam volare ad Deum? Fac illi duas alas, ieiunium et eleemosynam».

[43] *Epist.* 120,8: PL 33,456; *Enarrat. in ps.* 145,19: PL 37,1897.

[44] *Epist.* 120,13,14 (PL 33,459): «Intellectum valde ama... Tu autem, carissime, ora fortiter et fideliter ut det tibi Dominus intellectum».

[45] *Epist.* 120,8: PL 33,456.

[46] *Epist.* 157,1 (PL 33,597): «Nam qui didicerunt a Domino Iesu Christo mites esse et humiles corde (Mt 21,29), plus cogitando et orando proficiunt quam legendo et audiendo».

[47] *Enarrat. in ps. 118* sermo 17,3: PL 37,1540.

la lectura y meditación o simple especulación, sino de una infusión de gozo o deleite del bien. Así la experiencia de la *suavitas Domini* no es obra de discurso o una simple noticia, sino un saboreo interior de la bondad de Dios, que deja en el alma como un sabor y gusto a miel[48].

Un verbo que nos acerca al concepto de meditación es la metáfora *ruminare* empleada por San Agustín.

En su polémica contra Fausto defiende la distinción del Antiguo Testamento entre animales puros e impuros para clasificar a dos clases de hombres. El *rumiar* o masticar despacio y por segunda vez lo que se ha comido, califica a los animales puros. Esta era una pedagogía para insinuar la necesidad de la reflexión sobre la verdad que comunica Dios a los hombres. Porque la verdad es un alimento de que gustan las almas sanas[49].

Hay quienes, después de escuchar las palabras de la sabiduría—*verba sapientiae*—, luego las echan en el olvido. Pero hay otros «que en cierto modo rumian espiritualmente», es decir, mastican y pasan por la reflexión lo que oyeron[50]. Tal es el ejercicio de la meditación que recomendaba a sus feligreses. La Sagrada Escritura con su múltiple y variada literatura, aun cambiando las formas de expresión, recomienda siempre la misma fe, siendo como un inmenso campo nutricio para los cristianos. Aunque se repitan las mismas cosas, divierte y deleita la misma variación: «Creo que os daré nuevo gusto al aconsejaros que lo que habéis oído en otras partes, volváis a reconsiderarlo (*ruminetis*). Porque con esta misma rumia con que Dios calificó a los animales puros, nos dio a entender que todo hombre debe atesorar en su corazón las palabras provechosas que oye, de tal modo que no se haga perezoso para volver a pensar en ellas y cuando las escucha sea semejante al que come; mas, cuando vuelve a traer a la memoria lo que oyó y con sabrosa consideración lo repiensa, se haga semejante al que rumia. Pues las mismas cosas se repiten de diverso modo, y nos resulta muy bien repasar así lo que sabemos, pues cambia el estilo de decir, pero la verdad antigua se renueva con la forma nueva de expresarse»[51].

Por eso la Sagrada Escritura tiene tanta importancia en la vida de la oración cristiana para alimentarla con las palabras de Dios:

«A los antiguos les fue dado el maná en el desierto, como a nosotros se nos da la dulzura de las Escrituras para que nos mantengamos firmes en este desierto de la vida humana»[52]. San Agustín tiene en la historia de la espiritualidad cristiana el mérito de convertir en manjares dulces las verdades de

---

[48] *Enarrat. in ps. 118* sermo 17,4 (PL 37,1549): «Doce ergo me suavitatem inspirando caritatem».—Ibid., n.2: ibid., 1548: «... cui propitius inspirat boni delectationem».

[49] *Enarrat. in ps. 5,15* (PL 36,89): «... cibus veritatis quo sanae animae gaudent».

[50] *Contra Faustum* VI 7 (PL 42,234): «Quod enim utile audieris, velut ab intestino memoriae tanquam ad os cogitationis recordandi dulcedine revocare, quid est aliud quam spiritualiter quodam modo ruminare?»

[51] *Enarrat. in ps. 46,1* (PL 36,724-25): «... ut quando audit, sit similis manducanti; cum autem audita in memoriam revocat et cogitatione dulcissima recolit, fiat similis ruminanti».—*Enarrat. in ps. 103,19* (PL 37,1390): «Unusquisque ut potest recordetur quod audivit... Ruminate quod accepistis, ne eat in viscera oblivionis vestrae».

[52] *Sermo 4,10*: PL 38,38.

la Biblia. En este sentido, la Iglesia canta con razón de él en un himno de su fiesta:

> «Frangis nobis favos mellis
> de Sripturis disserens,
> et propinas potum vitae,
> de Psalmorum nectare».
>
> *(Breviario Romano.)*

«Nos regalas con panales de miel cuando expones las Escrituras y nos das una bebida confortante hecha con el néctar de los salmos». El es, sin duda, uno de los autores espirituales que ha regalado muchas ideas bíblicas o alimentos divinos a los que buscan a Dios. En otras palabras, él ha dado alimentos a la plegaria y meditación cristiana en orden a conseguir la *ciencia grande* del hombre: «Porque ésta es la ciencia grande del hombre: el saber que por sí no es nada y que todo lo que es, lo es de Dios y por Dios» [53].

Este doble conocimiento es el objeto de toda la meditación cristiana, resumida en la jaculatoria de los primeros escritos: «Conózcame a mí, conózcate a ti» [54].

Ha contribuido a formar un tipo de almas orantes de una profunda intimidad, que viven de la palabra de Dios, pero recibida dentro de la Iglesia, es decir, de la misma oración de la comunidad orante. En este aspecto tiene un retrato magnífico, inspirado en el consejo *Vade ad formicam* del libro sapiencial: *Ve, ¡oh perezoso!, a la hormiga; mira sus caminos y hazte sabio* (Prov 6,6).

Pero la hormiga del sabio se convierte en una *formica Dei,* en una hormiga de Dios, que nos da la imagen del cristiano. Describe dos clases de hombres: unos desprevenidos y otros prevenidos. Unos que no recogen en tiempo de verano, es decir, en tiempo de prosperidad y de bonanza, y viven olvidados del alma, de los problemas del destino y de la vida futura. Y llegan para ellos los tiempos de invierno, de desgracias, de enfermedades, de deshonras, de humillaciones, de caídas de su bienestar, y se hallan desprovistos de todos los apoyos y sostenes interiores que vienen de la sabiduría cristiana [55].

8. Oración y gemido

La verdadera oración cristiana sube al cielo con un gemido secreto que resuena delante de Dios. El gemido pertenece a la esencia de la oración agustiniana. Toda la Iglesia está en estado de gemido interior: «El se hizo cabeza de la Iglesia; tiene, pues, cuerpo y miembros; busca sus miembros; ahora están gimiendo por todo el orbe de la tierra; entonces se alegrarán en el fin,

---

[53] *Enarrat. in ps.* 70 sermo 1,1: PL 36,874.
[54] *Sol.* II 1: PL 32,885.
[55] Véanse en las nt.25-25 de la *Iglesia, madre de la espiritualidad* dos textos sobre la *hormiga de Dios,* que es la figura del alma orante. Pero el tema lo trata muchas veces; v.gr., en *Enarrat. in ps.* 66,3: PL 36,805.—*Enarrat. in ps.* 41,16 (PL 36,475): «*Ideo admonemur imitari formicam* (Prov 6,6). Prosperitas saeculi significatur aestate, adversitas saeculi significatur hieme. Et quid facit formica? Per aestatem colligit, quod ei per hiemem prosit».—*Contra Adimantum Manichaeum* 24 (PL 42,168): «Quemadmodum illa (formica) aestate colligit unde hieme pascatur, ita unusquisque christianus in rerum tranquillitate quam significat aestas, colligat verbum Dei, ut in adversitate et tribulationibus quae hiemis nomine significantur, habeat unde spiritualiter vivat».
En *Sermo* (38,4: PL 38,238) insiste en la misma doctrina: «Noli esse piger, collige grana de area dominica, verba Dei de Ecclesia Dei, et reconde intus in corde».

en la corona de la justicia» [56]. El gemido es un sentimiento mezclado de tristeza, de dolor, de esperanza, de ansia, aunque hay también gemidos acompañados de gozo [57]. Al cristiano le afecta la presencia del mal y de los malos en el mundo, y al mismo tiempo la ausencia de la paz eterna a que aspira. Desde un mundo de dolor se extiende y estira su deseo hacia un mundo nuevo donde reinen la justicia, la caridad y la paz total: «*Escucha, Señor, mi voz;* gimamos ahora, oremos ahora; el gemido es el propio de los desgraciados, de los indigentes; es propio de la oración. Pasará la oración, vendrá la alabanza; pasará el llanto, vendrá el gozo. Mas entre tanto, mientras gemimos entre estos males, no cese nuestra oración a Dios pidiéndole la única cosa que deseamos» [58].

La tierra está llena de gemidos humanos por la pérdida de los parientes, fracasos en los negocios, en las ambiciones; por las mil desgracias que afectan al hombre; pero el gemido espiritual tiene otras causas: «Muchos gimen, yo también gimo; y gimo porque el gemido de muchos no es bueno. Hay que saber gemir en verdad; el que está unido a la Cabeza (a Cristo), el que está bien trabado con el Cuerpo (la Iglesia), ése sabe gemir bien. Los hombres carnales gimen por motivos carnales... Yo quiero corregirlos, quiero enmendarlos, quiero hacerles bien; y, cuando no lo logro, brama mi corazón gimiendo, y al gemir estamos unidos a ellos» [59].

La idea de cautiverio y destierro se vincula a nuestra condición de peregrinos. La Iglesia peregrina suspira constantemente por la del cielo:

«Preguntemos a San Pablo cómo cayó el hombre en el cautiverio. Porque él gime principalmente en esta prisión, suspirando por la Jerusalén eterna; y nos enseñó a gemir a nosotros en el Espíritu Santo, del que estaba lleno y le hacía gemir. Porque él dice esto: *Toda la creación está gimiendo y dolorida hasta ahora...* Gemía él, y con él todos los fieles gimen, esperando la adopción, la redención del cuerpo. ¿Dónde gimen? En esta región de mortalidad. ¿Qué redención esperan? La de su cuerpo, que ya precedió en el Señor, pues resucitó de entre los muertos y subió al cielo. Hasta conseguir esto, forzoso es que gimamos los fieles, sostenidos por la esperanza» [60].

La más delicada fragancia de la plegaria católica viene de estos gemidos que hace dar el Espíritu Santo, «porque El hace desahogarse a los santos con suspiros inenarrables, inspirándoles el deseo de tan grande cosa, desconocida aún, pero esperada con paciencia» [61].

Habla aquí el Santo de la vida bienaventurada, a la que deben supeditarse todas las peticiones del cristiano y que es el objeto principal del gemido: «Tal es la única y verdadera vida dichosa: contemplar la eterna delicia de

---

[56] *Enarrat. in ps.* 100,3 (PL 37,1285): «Quaere membra ipsius, modo gemunt super universum orbem terrarum».

[57] *Enarrat. in ps.* 101,2 (PL 37,1295): «Gemitus habet tristitiam; sed est gemitus qui habet et gaudium». A propósito, menciona los gemidos de Sara en el parto.

[58] *Enarrat. in ps.* 36,14 (PL 36,206): «Gemamus modo, oremus modo. Gemitus non est nisi miserorum, oratio non est nisi indigentium».

[59] *Enarrat. in ps.* 101,6 (PL 37,1298): «Multi enim gemunt, gemo et ego; et hoc gemo quia male gemunt... Volumus eos corrigere, volumus emendare, volumus reparare, et quando non possumus, gemimus; et cum gemimus, non separamur ab eis».

[60] *Enarrat. in ps.* 125,2: PL 37,1657.

[61] *Epist.* 130,15,28: PL 33,505.

la hermosura de Dios siendo incorruptibles e inmortales en cuerpo y alma. A ella deben subordinarse todas las demás peticiones, porque ella las ennoblece y dignifica a todas. Quien la posea verá colmados todos los deseos, ni pedirá cosa alguna que no venga con ella. Allí está la fuente por la que hemos de suspirar en la oración mientras caminamos en esperanza bajo la protección de Aquel ante cuyos ojos están nuestros anhelos... Allí se calmará totalmente nuestra sed y nada buscaremos gimiendo, porque todo lo poseeremos con gozo. Mas como aquella paz sobrepuja nuestro pensamiento, tampoco sabemos pedirla como conviene»[62].

9. La oración continua

Este impulso de deseo, esperanza e inquietud al mismo tiempo que constituye el alma del gemido, hace posible la oración continua y el cumplimiento de las palabras del Señor: *Es necesario orar siempre y no desfallecer* (Lc 18,1).

Este pasaje, así como el de San Pablo: *Orad sin interrupción* (1 Tes 5,17), fue objeto de apasionadas discusiones en la antigüedad. No faltaron monjes que lo interpretaron a la letra, de modo que la práctica de la vida de oración excluía todo otro trabajo y ocupación exterior. San Agustín se vio obligado a defender la necesidad del trabajo manual, y para esto escribió su obra, de tanta significación para el monacato, *De opere monachorum,* donde defiende la necesidad del trabajo manual combinado con la vida contemplativa[63].

El da una interpretación más humana y razonable al mandato de Cristo, de modo que basta tener una aspiración constante a Dios, como fin supremo y objeto de la bienaventuranza, para hacer oración continua, que sería imposible en la vida humana entendida en su sentido material. He aquí cómo concibe la plegaria ininterrumpida: «¿Acaso sin interrupción estamos de rodillas o postrados, o tenemos levantadas las manos para que nos mande orar sin interrupción? Si tal cosa se nos pide al decir que oremos así, creo que nosotros no podemos orar sin interrupción. Hay, pues, otra clase de oración interior continua, que es el deseo. Hicieres lo que hicieres, si permanece en ti el deseo de aquel descanso (de la vida eterna), sin interrupción oras. Si no quieres cortar tu oración, no interrumpas el deseo. Tu continuo deseo es la voz continua de tu alma. Callarás si dejares de amar. El frío de la caridad es el silencio del corazón; el ardor de la caridad es el deseo del corazón. Si siempre permanece la caridad, siempre clamas»[64].

---

[62] Ibid., 27: PL 33,505.

[63] *De opere monachorum, liber unus:* PL 40,547-82. Fue escrita esta obra a instancias del obispo de Cartago Aurelio para calmar el disturbio de un convento de monjes divididos por la contraria interpretación de los textos bíblicos sobre la oración continua e ininterrumpida. Algunos se negaban a ocuparse en el trabajo manual, que lo creían inconciliable con la vida contemplativa. Ni siquiera para las faenas exigidas por la diaria sustentación debía inquietarse el monje, siguiendo el consejo de Cristo: *No os inquietéis por la comida y bebida ni andéis solícitos por el vestido. Imitad a las aves del cielo... Contemplad los lirios del campo* (Mt 6,25.26.28). San Agustín dio la recta interpretación a estos pasajes, y promulgó la doctrina del trabajo manual en los monasterios. «Este libro—dice Luis Bertrand—durante toda la Edad Media no cesó de ser meditado y recomendado por los fundadores de las órdenes religiosas» (*Autour de Saint Augustin* p.74).

[64] *Enarrat. in ps.* 37,14 (PL 36,404): «Ipsum enim desiderium tuum oratio tua est; et si continuum desiderium continua oratio... Continuum desiderium tuum continua vox

Es, pues, un clamor continuo del corazón el deseo íntimo del descanso eterno que está en Dios.

Consecuencia de esta forma de oración es que la vida cristiana se convierte también en continua alabanza divina: «¿Quién es capaz de vivir todo él alabando a Dios? Pues yo os voy a dar un medio de alabanza ininterrumpida, si queréis. Todas tus obras hazlas bien, y has alabado a Dios. Si cantas un himno a Dios, le ensalzas y glorificas; mas ¿a qué sirve la alabanza de la lengua si no le acompaña la buena conciencia? ¿Te retiras a comer? Aliméntate sobriamente, y has alabado al Señor. ¿Te vas a dormir? No te levantes para pecar, y has alabado al Señor. ¿Traes entre manos algún negocio? Anda con rectitud en todo y no con engaños y malas tretas, y has alabado al Señor. ¿Trabajas en el cultivo de tu campo? No te metas en pleitos, y alabaste al Señor. Con la inocencia de tus obras te dispones para glorificar al Señor» [65].

Tal es el ideal de la vida cristiana que San Agustín recomendaba a sus feligreses.

10. La oración de los hijos de Dios

Los cristianos, como hijos adoptivos de Dios, tenemos una oración propia enseñada por Cristo, y es la oración perfecta no sólo por los sentimientos que nos inspira, sino también por la plenitud de bienes que se formulan y desean en ella. Todo cuanto interesa a la vida temporal y espiritual, lo arrima Cristo a los ojos del deseo. Con la petición del pan cotidiano se da remedio para tres necesidades con tres clases de alimento: el sustento corporal de cada día, el pan de la palabra de Dios o de la verdad divina y el Pan vivo de la eucaristía [66]. Con los tres panes, toda la vida humana o en sus diversos aspectos queda rellena de hartura, fuerza y contento.

O recuérdese la correspondencia señalada por San Agustín entre las siete peticiones del Padrenuestro y los siete dones del Espíritu Santo, y se verá la anchura y holgura con que puede moverse el alma en el espacio infinito de esta plegaria [67]. Todas las necesidades de la vida espiritual, desde los primeros pasos del temor de Dios hasta los últimos de la sabiduría con que el espíritu se pacifica e ilumina, tienen su fórmula de petición en el *Padrenuestro*. Con ella Cristo repite para los hombres, en grado eminente y continuo, el milagro de la mujer encorvada.

Este es un aspecto de la mediación de Jesús, pues la plegaria es un acto unitivo del espíritu humano con Dios. Cristo es nuestro Jurisconsulto supremo, que no sólo nos da representación ante la divina Majestad, sino también nos formula las preces para llegar hasta ella: «Porque los que tienen alguna causa y quieren elevar alguna demanda al emperador, buscan algún jurisprudente que les redacte las preces, para que vayan expresadas según las fórmulas vi-

tua est. Tacebis si amare destiteris... Frigus caritatis silentium cordis est; flagrantia caritatis clamor cordis est».
[65] *Enarrat. in ps. 34* sermo 2,16 (PL 36,341): «Quidquid egeris, bene age, et laudasti Deum».
[66] *De serm. Dom. in monte* II 27 (PL 34,1821): «Ut scilicet quotidianum panem simul petamus, et necessarium corpori, et sacratum visibilem et invisibilem verbi Dei».
[67] Ibid., II 38: PL 34,1286.

gentes y se logre el fruto de la petición. Cuando, pues, los apóstoles querían formular las súplicas, no hallando el modo de presentarse ante el supremo Emperador, acudieron a Cristo, diciendo: *Señor, enséñanos a orar;* como si le dijeran: 'Tú que eres nuestro jurisperito, tú que eres el asesor y más bien confesor de Dios, formúlanos las preces'. Y el Señor, con su jurisprudencia celestial, les enseñó a orar» [68].

Ya un hombre cualquiera sabe el arte difícil de dirigirse a Dios y hablarle con respeto y nobleza de expresiones. Posee la ciencia del último fin y de los medios que a él conducen, que es meta de la filosofía. La santificación de Dios por todos los hombres, el advenimiento de su reino, la sumisión a la voluntad divina, el pan de cada día, donde se comprende también «el sacramento de los fieles, que en este tiempo es tan necesario; la remisión de las deudas tanto personales como ajenas, la ayuda necesaria para resistir a las tentaciones, la liberación de los males de todo género, porque es tan amplia la súplica, que todo cristiano, puesto en cualquier tribulación, lanza sus gemidos con este fin y derrama sus lágrimas, y aquí comienza, se detiene y acaba su oración; tales son las grandes necesidades y aspiraciones del cristiano, y no ajustarse a ellas es «orar carnalmente». Y todo se subordina a la consecución de la vida bienaventurada eterna como plenitud de todos los deseos [69].

El *Padrenuestro,* como oración de hijos de Dios, es la expresión de la espiritualidad cristiana, porque exige el amor de Dios y del prójimo, que llega hasta el perdón de todas las deudas ajenas, y el amor de sí mismo, que lucha por liberarse de todo mal, de todo pecado, según es posible en la tierra. Los que viven de esta oración «son ya hijos, son santos; estos hijos santos que alaban y se alegran fueron engendrados y nacieron de las entrañas de la madre caridad y por recogimiento de la caridad se unieron entre sí... Luego mantenga en la unión a los que ha engendrado y dado a luz. Ahora ya son interiormente hijos, ya están seguros; ya dejaron el nido del temor, ya se elevaron a las cosas celestiales, ya alzaron el vuelo a las cosas eternas, ya están libres de todo temor a lo temporal» [70].

11. Confesión, clamor, alabanza, júbilo

El orante agustiniano es un hombre que se halla sumergido en el mundo rodeado de males, de escándalos, calamidades, erores y terrores. Lleva una cruz de pesada existencia. Y el mal no sólo está fuera, sino lo lleva dentro, en las entrañas de su ser dividido y dolorido. Por eso en su oración hay confesión, gemidos, clamores, ayes. El orante se confiesa a Dios, arrojando ante sus ojos la carga de sus pesadumbres. Con razón, San Agustín es el autor de las *Confesiones,* que han enseñado a conocerse y confesarse a la conciencia cristiana. Son un libro de oraciones que confiesan y de confesiones que oran, meciéndose siempre en el ritmo de una doble mirada: a lo alto y a lo bajo. Es siempre el *conózcate a ti, conózcame a mí,* el latido de la confesión agustiniana. No siempre la confesión significa la manifestación de los pecados, sino

[68] *In Io. ev. tr.* 7,11: PL 35,1442.
[69] *Epist.* 130,21: PL 33,502.
[70] *Enarrat. in ps.* 147,17: PL 37,1924.

también acto de alabanza hecho con devota confesión: «En la confesión hay llanto; en la alabanza, gozo; aquélla muestra las llagas al médico; ésta da gracias a Dios por la curación»[71].

Siguiendo la última metáfora, el Santo considera la confesión como una liberación interior de la conciencia enferma de malos humores y tumores: «Bueno es aquel a quien hace la confesión; y para esto la exige, para liberar al humilde, y por eso condena al que no se confiesa, para castigar al soberbio. Ponte, pues, triste antes de confesar; alégrate con la confesión, porque la salud te espera. La conciencia había acumulado pus, se había formado la postema, te dolía, no te dejaba reposar; el médico aplica el remedio, emplea el postemero medicinal de la tribulación y te saja: tú reconoce la mano del médico; confiesa, salga en la confesión, brote afuera toda la podredumbre y alégrate, porque lo demás pronto se cura»[72]. Este realismo psicológico del Santo indica bien la fuerza con que sentía los problemas morales de las almas.

A la confesión va unido el *clamor,* el grito pidiendo socorro y ayuda: «Todo el que tiene conciencia del abismo profundo en que se halla, clama, gime, lanza suspiros»[73]. Para San Agustín, lo que da una profundidad oscura y abismal a la existencia humana es el mal, el pecado sobre todo. El clamor nace del afecto del corazón, de la miseria sentida vivamente. Por eso, «el clamor del corazón, cuando se ora, indica intensidad del pensamiento y expresa el gran afecto del que desea y pide, y entonces clama con todo su corazón cuando todo el pensamiento está concentrado en el clamor. Tales oraciones escasean en muchos, pero son frecuentes en algunos pocos. Y esta clase de oración recuerda el Salmo cuando dice: *Clamé a ti, Señor, con todo mi corazón; escúchame*»[74].

La oración clamorosa, como la que hicieron al Señor los ciegos del Evangelio, es la que quiere San Agustín: «Dirígete a los oídos del Salvador con clamor fuerte y perseverante para que Jesús se detenga y te cure»[75]. Es la confesión que él mismo lanza en su libro: «Mi confesión clama con el afecto en tu presencia»[76]. A ella se asocia la alabanza; de modo que confesión, gemido, clamor, alabanza, forman el tejido de la verdadera oración: «Alabemos ahora al Señor, cuanto nos sea posible, mezclando gemidos; porque alabándole le deseamos y todavía no le poseemos; cuando lo poseamos desaparecerá todo gemido, y quedará sola, pura y eterna la alabanza»[77].

La alabanza debe ir entrañada en la invocación: «Confesad al Señor e invocad su nombre. Esta confesión equivale a la alabanza, como cuando se dice: *Te confieso, Padre, Señor del cielo y de la tierra* (Mt 11,25). Pues,

---

[71] *Enarrat. in ps.* 110,2 (PL 37,1464): «Illa medico vulnus ostendit, haec de sanitate gratias agit».

[72] *Enarrat. in ps.* 66,7: PL 36,808.

[73] *Enarrat. in ps.* 129,1 (PL 37,1996): «Quisquis se in profundo intellexerit, clamat, gemit, suspirat».

[74] *Enarrat. in ps. 118* sermo 29,1 (PL 37,1585): «Est autem clamor cordis magna cogitationis intentio; quae cum est in oratione magnum exprimit desiderium et petentis affectum, ut non desperet effectum».—*Enarrat. in ps.* 3,4 (PL 36,74): «Clamor dicitur propter vim intentionis ipsius».

[75] *Sermo* 88,17: PL 38,548.

[76] *Conf.* X 2: «Confessio mea in conspectu tuo clamat affectu».

[77] *Enarrat. in ps.* 86,9: PL 37,1108.

yendo adelante la alabanza, suele seguir luego la invocación, donde van prendidos los deseos del suplicante; y por eso aun la misma oración dominical tiene al principio una brevísima alabanza, que es: *Padre nuestro, que estás en los cielos* (Mt 6,9). Y luego vienen las peticiones» [78]. La alabanza, invocación y el amor andan juntos en las súplicas y en toda la vida cristiana, porque San Agustín ha enlazado fuertemente la vida y la oración, incluyendo en ella la alabanza, porque toda la vida cristiana digna de este nombre se convierte en alabanza continua como es oración continua: «Porque en todos los buenos pensamientos, en todas las acciones y costumbres buenas, alabamos a Aquel de quien nos complacemos de haberlo recibido todo... Habiendo, pues, recibido de Dios la gracia de las obras buenas, en todas ellas, cuando levantamos el pensamiento al Dador de todo bien, alabamos incesantemente a Dios» [79].

Esto da un grande valor a la vida cristiana como ofrenda perpetua del sacrificio de las buenas obras, en que se hallan presentes los motivos religiosos fundamentales que levantan el corazón a Dios: la creación, la redención, la justificación, la seguridad del salvarse. «Tú me abrirás, Señor, los labios, y mi boca anunciará tu alabanza; tu alabanza, porque me creaste; tu alabanza, porque no me dejaste en el pecado; tu alabanza, porque tú me amonestaste para que te confesara; tu alabanza, porque me has purificado de mis manchas para que yo esté seguro» [80].

El espíritu de confesión y alabanza sigue el ritmo progresivo proporcional a los grados mismos ascendentes de la oración, y llega a un estado de efervescencia que los Salmos llaman *jubilatio,* el júbilo o la jubilación, que San Agustín traduce por *laus ineffabilis,* una forma de alabanza de lo inefable que brota de lo íntimo del alma [81]: «¿Cuándo se da el júbilo o la jubilación? Cuando alabamos lo que no se puede explicar con palabras» [82].

En el comentario al salmo 99, de donde se toman las palabras anteriores, desarrolla lo que podía llamarse la dialéctica para llegar a esta impresión de lo inefable, a un sentimiento profundo de Dios como barrera que choca con los límites de nuestro conocimiento y sondeo, y que hace enmudecer la palabra.

San Agustín parte de la contemplación de todo el universo con sus grados de seres, subiendo de lo exterior a lo interior y de lo interior a lo superior: «Consideré atentamente toda la creación según pude» [83]. Y en esta consideración o ascensión, el espíritu se llena de estupor por tanta maravilla como ofrece el mundo. Pero al mismo tiempo no se puede prescindir aquí de la pureza del ojo interior, o, lo que es lo mismo, de la semejanza con el mismo Dios, que es lo que más nos acerca a El: «Cuanto más semejante te haces a El, tanto más progresas en la caridad, y en proporción a esto comienzas a sentir a Dios... Si eres desemejante, te sientes repelido; si semejante, exultarás de gozo. Y a la medida en que por la semejanza comienzas a acarcarte y a

---

[78] *Enarrat. in ps.* 104,1: PL 37,1390.
[79] MA I; FRANG., IX 232-233.
[80] *Enarrat. in ps.* 50,20: PL 36,598.
[81] *Enarrat. in ps.* 150,8 (PL 37,1965): «Iubilatio namque, id est, ineffabilis laus, nonnisi ab anima proficiscitur».
[82] *Enarrat. in ps.* 99,5 (PL 37,1272): «Quando ergo iubilamus? Quando laudamus quod dici non potest».
[83] *Enarrat. in ps.* 99,5: PL 37,1273.

sentir a Dios, cuanto más crezca en ti la caridad—porque Dios es caridad (1 Jn 4,8)—, tanto más sentirás al que decías y no decías. Antes de conocer este sentimiento creías que hablabas de Dios; comienzas a tenerlo, y en el mismo punto sientes que no se puede decir lo que sientes» [84].

Esta parece ser ya una cima mística a que lleva el itinerario agustiniano. El alto sentimiento de que habla el Santo es una nueva forma «de reverencia, de honor, de grande alabanza». El pensamiento topa con unas barreras infranqueables, que son más bien sentidas que conocidas; y el corazón se llena de un gozo de lo inefable, es decir, presa de júbilo, que es una experiencia deleitosa que no se puede expresar con palabras, y se desborda en gritos, en saltos, en danzas o con otros gestos: «Júbilo es un grito que se lanza para significar que el corazón se halla todo embargado por un sentimiento que no cabe en la expresión verbal. ¿Y a quién conviene este júbilo sino a Dios, que es el inefable? Pues inefable se llama lo que no puede decirse; y, si no se puede explicar, tampoco hay que callar; no queda otro recurso que la jubilación; que el corazón se alegre sin palabras y la inmensa amplitud del gozo corra por un cauce sin sílabas» [85]. Tal es la meta de la oración en San Agustín; más arriba está ya la vida eterna.

Ya se puede suponer que toda esta vida de relación con Dios está igualmente penetrada de continua gratitud, porque toda ella es vida de gracia, debe corresponderse con el agradecimiento: «Demos gracias a Dios y a nuestro Salvador, el cual, sin que ningún mérito precediera, nos curó cuando estábamos heridos, y nos reconcilió siendo enemigos suyos, y nos libertó del cautiverio, y nos sacó de las tinieblas a la luz, y de la muerte a la vida; y, confesando humildemente nuestra fragilidad, imploremos su misericordia, para que, pues se adelantó con su clemencia, se digne no sólo conservar en nosotros, sino también aumentar los dones o beneficios que quiso darnos; el cual vive y reina con el Espíritu Santo por los siglos de los siglos» [86].

También aquí los grandes temas de la confesión y de la alabanza brotan espontáneamente en la gratitud a que invita a sus oyentes al terminar un sermón.

12. Condiciones de la buena oración

Brevemente resumidas, éstas son las condiciones de la buena oración: «Ora con esperanza, ora con fe y con amor, ora con urgencia y paciencia, ora como viuda de Cristo. Y, aunque seas riquísima, ora como pobre» [87].

Ya se ha dicho que las fuerzas vivas y elevadoras del espíritu en la oración son la fe, esperanza y caridad. Con ellas y sólo con ellas puede elevarse nuestro espíritu hasta el trono de Dios.

[84] *Enarrat. in ps.* 99,5 (PL 37,1274): «Quantum accedis ad similitudinem, tantum proficis in caritate et tanto incipis sentire Deum».—Ibid., 6: «Si dissimilis sis, repelleris; si similis, exsultabis. Et cum accedere caeperis similis, et persentiscere Deum, quantum in te caritas crescit... senties quod dicebas et non dicebas. Ante enim quam sentires, dicere te putabas Deum; incipis sentire, et ibi sentis dici non posse quod sentis».
[85] Ibid.
[86] *Sermo* 393,7: PL 38,1467.
[87] *Epist.* 130,29 (PL 33,506): «Ora in spe, ora fideliter et amanter, ora instanter atque patienter; cra sicut vidua Christi. Et licet sis ditissima, sicut pauper ora».

Se requieren también la instancia y la importunidad, como recomienda Cristo en sus parábolas. Es decir, es preciso insistir en las mismas peticiones con perseverancia hasta lograr lo que se pide. En este aspecto se debe imitar la conducta de la mujer cananea, que recibió humildemente la aparente repulsa de Cristo [88]. Y aquí es preciso acostumbrarse a las dilaciones de los beneficios con que Dios purifica la fe y ensancha la caridad de los suplicantes: «El, que sabe lo que ha de dar y a quién dar, acudirá al que pide y abrirá al que llama. Si no da pronto, es porque prueba y ejercita al que busca, pero no desprecia nunca al que pide» [89].

Por eso conviene ser exigentes, como quiere San Agustín, cuando se piden los bienes que tiene prometidos: «Porque sincero prometedor es Dios y fiel cumplidor de su palabra; a ti sólo se te pide que exijas piadosamente; aunque pequeñuelo, aunque débil, exige misericordia. ¿No ves a los corderitos, cuando maman, qué de rempujones dan a las ubres de las madres para saciarse de leche?» [90]

La perseverancia engrandece los senos del alma para desear y pedir grandes cosas sabiendo que oramos al Omnipotente. Porque «no fue cualquiera, sino el Todopoderoso, el que dijo: *Pide lo que quieras*» [91]. Y lo que queremos todos es la vida eterna y dichosa, que es, ha de ser, la instancia suprema de nuestra plegaria. «Luego, cuando pides la vida eterna, cuando dices: *Venga a nosotros tu reino*, donde vivas con seguridad...; cuando esto pides, llora, derrama tu sangre interior, inmola a Dios tu corazón... Esto es lo que se ha de pedir sin flojear, esto es lo que enseña la oración dominical: *Santificado sea tu nombre, venga tu reino; hágase tu voluntad así en la tierra como en el cielo*, para que seamos iguales a los ángeles» [92]. En estas peticiones se ha de poner toda la valentía de la confianza y ánimo generoso y grande: «Ea, hermanos: cuando levantáis las manos, mirad lo que pedís, porque vuestra petición va dirigida al Omnipotente. Pedid grandes cosas, no como las que piden los que no creen» [93]. Sobre todo, dos cosas son las que merecen más nuestra atención, nos dice San Agustín: «Pidamos con toda seguridad dos cosas; en este siglo, la vida buena, y en el siglo futuro, la vida eterna. Las demás cosas no sabemos si nos son útiles» [94].

También San Agustín dice: «Ruega como viuda de Cristo». La carta en que da este consejo va dirigida a una viuda y tenía un sentido literal claro; pero también toda alma orante debe considerarse como desolada, incierta, insegura en un mundo inseguro, que carece de todo firme asidero, ansiosa

---

[88] *Enarrat. in ps.* 58,15 (PL 36,702): «Suscepit humiliter convicium et meruit beneficium».
[89] *In ev. Io. tr.* XX 3: PL 35,1557.
[90] *Enarrat. in ps.* 39,2 (PL 36,433): «Non vides teneros agnos capitibus pulsare ubera matrum, ut lacte satientur?»
[91] *Enarrat. in ps. 34* sermo 1,12 (PL 36,350): «Non quicumque sed omnipotens dixit: Pete quod vis».
[92] MA I; MORIN, 16,7,656.
[93] *Enarrat. in ps.* 62,13 (PL 36,755): «Ab omnipotente enim petitis; aliquid magnum petite».—*Enarrat. in ps.* 55,12 (PL 36,654): «No te desesperes, atiende a Aquel a quien oras, no aquel por quien oras. Ves la gravedad de la enfermedad, ¿y no ves el poder del Médico?»
[94] MA I; MORIN, 4,6,605.

de volar a un descanso eterno. Por eso la oración del cristiano nace de un profundo sentimiento de pobreza y humildad. Dios escucha la oración de los humildes y a los soberbios o ricos en su estimación los manda manivacíos. La oración del fariseo es típica en este aspecto. Por eso «no hay casi página en los libros santos en que no se muestra que Dios resiste a los soberbios y da la gracia a los humildes» [95]. El hombre para San Agustín es un ser radicalmente menesteroso y mendicante de Dios. «Por eso ora como pobre» que se presenta a la puerta del rico y poderoso, que a todos puede proveer. El alma humana es como tierra de secano, que debe decir a Dios: «Envíame, Señor, tu lluvia para que lleve buen fruto. Porque el Señor dará humedad para que fructifique nuestra tierra. Mi alma es como tierra de secano delante de ti. Puedo tener sed de ti, pero no puedo regarme a mí mismo» [96]. Esta es la situación del hombre.

13. Oración y vida

En las actuales polémicas sobre la oración y sus métodos, sin duda San Agustín puede intervenir y hacerse oír con autoridad de gran maestro. Su doctrina sobre la oración continua, que es lo que hace al verdadero orante, es digna de meditación y estudio. No es la oración la que hace al orante, sino el orante el que hace la oración; y no en determinadas ocasiones, por ejemplo, de angustia, de dolor, de necesidad, de tentación, enfermedad, etc., sino en todo tiempo. Porque es la vida misma del corazón la que ora viviendo en continuo deseo y temple de peregrinación, siempre de cara hacia lo futuro, hacia la *vita beata,* que es el término y la meta de todos los deseos.

Mérito de San Agustín ha sido esta alianza de la oración con las fuerzas más vivas y estimulantes del espíritu humano, siempre deseoso de verdad, de bien, de eternidad.

No faltan ciertamente momentos apremiantes en la existencia cristiana que son verdaderos toques de alerta, campanadas para la elevación a Dios, e infinidad de personas siguen sus llamadas, y no hay que hacer mucho caso de ciertas teologías en boga que se pronuncian contra las oraciones movidas por los resortes más humildes de la existencia cristiana [97].

Cristo nos ha enseñado a pedir, y el *Padre nuestro* implica fórmulas de peticiones, sin excluir las de los intereses temporales, como el pan de cada día. Siendo Dios el interés supremo del hombre, es difícil desinteresarse de El aun en las oraciones más puras. Lo importante es no desviarse de El,

---

[95] *De doct. christ.* 32 (PL 34,78): «Nulla enim fere pagina est sanctorum Librorum, in quo non sonet quod Deus superbis resistit, humilibus autem dat gratiam».

[96] *Enarrat. in ps.* 142,11 (PL 37,1852): «Anima mea sicut terra sine aqua tibi; sitire tibi possum, me irrigare non possum».

[97] Actualmente se critican mucho las formas de oración interesadas, o de petición. Pero hay que distinguir entre peticiones y peticiones. Las peticiones del *Padrenuestro* son las que realmente santifican la oración cristiana, porque ellas ordenan el amor. Y del amor ordenado brota una oración ordenada y limpia. *Non eris orans, nisi istam (precem) dicas,* dice San Agustín. No orarás si no dices esta oración, es decir, si no te conformas en tus súplicas a las peticiones de Cristo (*Enarrat. in ps. 103* sermo 50,19: PL 37,1352). Se deben, sin duda, purificar, pero no condenar, las oraciones de petición, aun de bienes temporales.

porque es el centro gravitatorio del alma. Sabido es que ésta es concebida por San Agustín como una fuerza ponderal o gravitatoria que va siempre hacia su centro: la vida feliz. Pero identificándose Dios con la vida feliz, cuando ambos centros se hacen uno solo y el espíritu gravita hacia El con sus fuerzas, tenemos lo que llama San Agustín el amor ordenado o el *orden del amor,* a que en última instancia se reduce la vida de oración, la cual se alimenta de las aspiraciones que despierta en nosotros la atracción divina del Bien.

Deseos vivos, clamores del corazón, aspiraciones secretas, suspiros de peregrinación, dardos interiores, hacen al orante cristiano y alimentan su mejor vida.

San Agustín menciona con elogio una clase de oración de los monjes de Egipto que tiene su conexión con la continua: «Se dice que los monjes de Egipto tienen frecuentemente oraciones, pero las tienen brevísimas y rápidamente disparadas, para que se mantenga viva y no se enerve—por alargarse demasiado—la intención vigilante y erguida, que es tan necesaria al que ora. Y así ellos dan a entender bastante que esta intención, así como no hay que embotarla, si no dura, si acaso se mantiene viva, tampoco hay que sofocarla pronto. Pues evítese en la oración el mucho hablar y abunden las súplicas, si continúa el fervor de la intención. Pues hablar mucho es tratar en la oración con palabras superfluas de lo que es necesario, pero suplicar mucho es llamar con prolongada y piadosa emoción del corazón al que van dirigidas nuestras preces. Y muchas veces mejor se logra este objeto con gemidos que con palabras, mejor llorando que parlando. Porque las lágrimas están en su presencia y los gemidos no se esconden al que creó todas las cosas por el Verbo y no se paga con palabras humanas» [98].

Este estado de ánimo que siempre guarda en su interior el fuego sagrado del amor y del deseo, donde se enciende el dardo del suspiro para lanzarlo al corazón de Dios, es la mejor condición del orante agustiniano, radicalmente peregrino y que siente la ausencia de lo que ama, como viajero de la eternidad. En la raíz misma de este deseo va la vida futura que espera: *In radice res est, nondum in fructu.* La vida de la raíz alimenta la oración en espera del fruto o del goce supremo de Dios [99]. La raíz, pues, es escatológica y vivifica el quehacer cotidiano del hombre de fe para que todo lo temporal fructifique lo eterno. Pero no se olvide que en San Agustín el peregrino orante no es un hombre abstracto, sino un hijo de Dios que tiene conciencia de su intimidad con Cristo como miembro suyo, y toda su vida de oración recibe su valor, su dignidad, su fuerza y su premio en virtud de Cristo, por cuya gracia se ora, a quien pide, siendo también el acogedor de nuestra oración.

Si se olvidan estas relaciones con Cristo, nuestro Medianero, la oración cristiana pierde su esencia y su vigor.

[98] *Epist.* 130,20 (PL 33,502): «Dicitur fratres in Aegipto crebras quidem habere orationes, sed eas tamen brevissimas, et raptim quodammodo iaculatas, ne illa vigilanter erecta, quae oranti plurimum necessaria est per productiores moras evanescat atque hebetetur intentio».
Seguramente se debe a este texto, en su expresión *raptim iaculatas,* el nombre de *jaculatoria* a esta clase de oraciones. Sobre todo era de muy frecuente uso el comienzo del salmo *Deus in adiutorium meum intende:* «Dios, ven en mi socorro», que pasó a ser el comienzo de todas las oraciones del oficio litúrgico de las horas.
[99] *Enarrat. in ps.* 159,7: PL 37,718.

Acción y contemplación

1. Tres géneros de vida

La espiritualidad cristiana conoce tres géneros de vida: activa, contemplativa y mixta [1]. La acción y la contemplación son dos manifestaciones naturales del hombre y van encaminadas hacia lo que le satisface plenamente, es decir, hacia el logro de la vida feliz, «pues el conocimiento y la acción son dones de Dios que hacen dichoso al hombre, y así como en lo primero hay que evitar el error, en lo segundo se ha de huir de la maldad» [2]. El centro de las aspiraciones humanas no varía, pero sí las direcciones y movimientos en que se dispara la actividad de la búsqueda. La acción y la contemplación llenan de sentido y alegría la vida, y la ordenada concordia entre ambas constituye la paz del alma racional según San Agustín [3]. El cual se extendía largamente en la exposición de este argumento, no sólo en sus libros, sino también en sus sermones y conversaciones con el pueblo. «Es difícil—dice Butler—hallar un autor, si es que se halla, que haya tratado de esta cuestión de las relaciones entre la vida interior y la activa tan copiosa y agudamente como Agustín» [4].

Dos peligros deben evitarse aquí sobre todo: «El ocio de la contemplación no debe llevarse al extremo que no se piense en el servicio del prójimo, ni debe darse tanto a la vida activa que se abandona toda contemplación. El descanso contemplativo no debe degenerar en un ocio estéril, sino en la búsqueda y hallazgo de la verdad, de modo que cada uno avance en ella y se mantenga en su posesión sin envidiar a otros. Ni con la vida activa debe buscarse el honor del siglo o la fuerza del poder, porque todo es vanidad debajo del sol» [5].

Entre dos extremos vitandos ha de desarrollarse la vida activa y contemplativa: el descanso contemplativo no ha de convertirse en holganza sin fruto, ni tampoco el ejercicio de la actividad ha de tomar formas desenfrenadas y absorbentes, donde el espíritu pierda su sano contacto con las verdades eternas, que guían, iluminan y confortan.

Ambas formas de vivir se llaman también virtudes, porque son focos de energías canalizadas para ayudarnos a poseer las cosas espirituales y celestiales que nos dan el verdadero descanso. Explicando la diversidad de los evangelios sinópticos y el de San Juan, halla la razón en las dos virtudes: «Pues, habiendo sido propuestas al alma humana dos virtudes, una activa, otra contemplativa, por aquélla se anda el camino, por ésta se llega; por aquélla se ejercita en la purificación del alma para ver a Dios, por ésta se reposa y se contempla a Dios; aquélla se ocupa en cumplir los preceptos que regulan esta vida;

---

[1] *De civ. Dei.* 19,19 (PL 41,647): «Ex tribus vero illis vitae generibus, otioso, actuoso, et ex utroque composito».
[2] *De agon. christ.* 13,14: PL 40,299.—*De Gen. contra manich.* I 24 (PL 34,193): «Cognitio et actio quibus vita regulatur et administratur».
[3] *De civ. Dei* XIX 13,1 (PL 41,640): «Pax animae rationalis ordinata cognitionis actionisque consensio».
[4] *Western Mysticism. The Teaching of SS. Augustine, Gregory and Bernard on contemplation and the contemplative Life* p.226.
[5] *De civ. Dei* XIX 19: PL 41,647.

ésta, en instruirse sobre la vida eterna. Por eso aquélla es laboriosa, ésta reposada, pues aquélla se ejercita en la purificación de los pecados, ésta goza con la luz de la mente purificada. Por eso, en esta vida mortal, la virtud activa se dedica a hacer obras buenas, y la contemplativa se reduce más al ejercicio de la fe, y en un reducido número se llega a la visión parcial de la verdad inmutable como en un espejo o enigma (1 Cor 13,12)[6].

Se apuntan aquí los rasgos diferenciales de ambas virtudes o formas de vida que conviene matizar. La espiritualidad cristiana tiene un sentido claro o fin último, que consiste en el reposo de la contemplación de Dios. En los textos agustinianos sobre la vida contemplativa, ésta se considera a veces ya en su término, y otras veces en su camino o curso de la misma vida temporal, pues también en la vida presente se puede participar de ella, y los momentos más perfectos y dichosos son los que se consiguen en la contemplación de Dios, teniendo por ello la primacía sobre los momentos de la vida activa. Ambas vidas se relacionan entre sí como el movimiento y el reposo o como los medios y el fin. El movimiento no se puede considerar como fin en sí mismo, aunque muchos pensadores contemporáneos así lo sostengan; dígase lo mismo de la vida activa. Con estos antecedentes podemos ir a una determinación más clara de ésta.

2. La estructura escatológica de la acción cristiana

De los textos agustinianos se deduce claramente que la vida activa y la contemplativa se relacionan entre sí como los medios al fin. En otras palabras, el servicio de Dios es el medio para llegar al goce de Dios. Servicio y goce, cumplimiento del deber y premio, dirigen el vivir de los cristianos. Sirviendo a Dios, el alma se hace serena y contemplativa.

No hay que imaginarse, pues, la acción y la contemplación como dos paralelas que nunca se encuentran o sin ninguna conexión entre sí. La acción, para que sea humana y racional, ha de vivir de la luz de la contemplación de la verdad. El conocimiento se ordena a la acción, y la acción al logro del más perfecto conocimiento. Por eso «la acción racional debe someterse a la contemplación racional»[7]. La vida activa debe hallarse regulada por cierta vida contemplativa. No hay que oponer radicalmente acción y contemplación[8]. ¿Cuál es, pues, la función de la vida activa? Ya se ha indicado varias veces que toda la vida presente implica un plan general de purificación de los ojos interiores para ver a Dios[9]. Es la primera de las tres clásicas vías en la espiritualidad cristiana que han de recorrerse, y es un desorden querer contemplar primero para purificarse, y no al revés, purificarse primero y habilitarse para la visión[10].

---

[6] *De cons. Evangel.* 1,5,8: PL 34,1045.

[7] *Contra Faustum* 22,27 (PL 42,418): «Actio itaque rationalis contemplationi rationali debet obedire».

[8] Aun en las formas más perfectas de la vida contemplativa, cual es la de los ángeles, no hay que excluir toda acción: «Quia et sancti et sublimes Angeli habent actionem et contemplationem suam» (*Contra Faustum* 22,27: PL 42,418). Pero la acción humana en la vida presente lleva el sello de lo laborioso, que totalmente falta en la acción sosegada y dichosa de la contemplación beatífica.

[9] Véase más arriba el texto de la nt.6.

[10] *De util. cred.* 16,34: PL 42,90.

Y el ejercicio purgativo es el de la fe, «pues el hombre se purifica por la fe de las cosas temporales para habilitarse a ver la verdad de las eternas» [11].

Esta fe temporal incluye como objeto primario los misterios de la vida, pasión, muerte y resurrección de Jesucristo: «Ahora, pues, damos nuestra adhesión a los acontecimientos realizados temporalmente por nosotros y por ella nos purificamos, para que, cuando lleguemos a la visión, así como a la fe sucede la verdad, así a la mortalidad siga la eternidad» [12]. Por esta vía, Cristo se hace medianero y camino para la Verdad, como descanso último.

Con la práctica de la fe toma parte en la acción toda la vida ascética, sin excluir la misma vida de oración con el triple ejercicio del *deseo,* del *gemido* y de la *súplica.* El fruto deseado de la vida eterna lo consigue la Iglesia con trabajos y gemidos de peregrinación [13].

El cumplimiento de todo oficio o deber enriquece también el quehacer de la vida activa, porque «a este fruto de contemplación se ordenan todos los oficios de la acción» [14]. Y así toda clase de trabajos y profesiones humanas sirven al mismo fin, siendo amplísimo el campo de las actividades, las cuales pueden ordenarse al logro de la contemplación con tal que se entrañe en ellas un impulso de eternidad.

San Agustín ve dos tiempos en la estructura de la acción humana: el pasado y el futuro: «En todas las acciones y movimientos, nuestro encuentro tiene dos tiempos: el pasado y el futuro» [15]. Las fuerzas acumuladas en lo pasado producen la tensión actual, disparándola a lo futuro, presente en la intención como fin, que es la paz eterna, el reposo definitivo, o la perfecta vida de contemplación divina: «Esta paz no tendrá fin temporal, más bien ella será la intención de toda acción piadosa» [16]. A ella se ordena la economía de toda la salvación. En última instancia, el resorte íntimo, pues, de la acción cristiana, el alma secreta de todo movimiento de la voluntad y agitación, es el deseo de la paz en una visión pacífica, perfecta y eterna del supremo Bien. Si la vida terrena del cristiano es ahora un proceso lento de purificación de nuestro órgano óptico del espíritu, es porque en él va arraigada la esperanza de una gran visión, en que todos los deseos hallarán su hartura. El marco, pues, dentro del cual debe enfocarse la vida presente no es el tiempo, sino la eternidad. Quien obra no quiere últimamente aquello que hace, sino aquello por lo que hace. La verdadera valoración de la vida activa sólo puede comprenderse refiriéndola a un más allá o a un contenido escatológico que da precio a lo presente. El *sursum corda* da la norma y el impulso que salva la dignidad de la acción humana.

Esta presencia de lo eterno en lo temporal es lo que da cierto sosiego,

---

[11] *De cons. Evang.* I 35,53 (PL 34,1070): «Purgatur homo per rerum temporalium fidem, ut aeternarum percipiat veritatem... Per fidem veniendum est ad veritatem».
[12] *De Trin.* 4,18: PL 42,904.
[13] *In Io. ev. tr.* 101,5: PL 34,1895.
[14] Ibid.: «Ad istum fructum contemplationis cuncta officia referuntur actionis». En estos pasajes, San Agustín habla de la contemplación celestial.
[15] *In Io. ev. tr.* 38,10 (PL 34,1689): «Nam in omnibus actionibus et motibus nostris duo tempora invenio, praeteritum et futurum».
[16] *In Io. ev. tr.* 104,1 (PL 34,1901-1902): «Haec enim pax finem temporis non habebit, sed omnis piae nostrae intentionis actionisque finis ipsa erit».

frescura y paz al ardor de los apetitos humanos: «Por eso la acción del alma humana ha de ser tal, que tienda al reposo y seguridad y que no aumente el trabajo»[17].

Ahora bien: ¿cómo se puede conseguir esto, que la actividad no engendre más inquietud, más agitación e inseguridad? Con la humildad y mansedumbre, siguiendo el ejemplo de Cristo: «Mansa y humilde de corazón, como de quien sigue a Cristo, debe ser la acción del alma que tiende al reposo»[18]. Todo activismo fundado en la ambición, orgullo, destemplanza, avaricia, engendra tortura sobre tortura, exacerba los apetitos, mete guerra entre la razón y los deseos, que más piden frenos que espuelas. Y freno son, para la acción desmedida y arrojada a todos los excesos, los pensamientos que se sustentan de la paz eterna: «La acción humana, que está al servicio de la fe y de Dios mediante ella, enfrena todos los deleites mortales y los somete a la moderación natural, anteponiendo con un ordenado amor lo superior a lo inferior»[19]. Es siempre lo eterno lo que modera lo temporal, el fin que amansa y desbrava los apetitos, disparados hacia los bienes finitos, y pone medida y reposo en la acción para que la vida no se convierta en una carga insoportable.

3. Marta y María

Sobre las dos formas de vida que estamos analizando hay una tipología clásica, de la que San Agustín hizo uso frecuente. Dos mujeres del Nuevo Testamento, Marta y María, y otras dos del Antiguo, Lía y Raquel, lo mismo que San Pedro y San Juan, apóstoles del Nuevo, dieron materia de reflexión al Obispo de Hipona para exponer su doctrina. Las hermanas de Lázaro prestaron ambas sus servicios al Señor; una, sentada a sus pies y escuchándole, rendía homenaje a la verdad de Dios; mientras la otra le preparaba el hospedaje agradable. Marta andaba afanosa y preocupada, mientras María seguía tranquilamente la conversación de Jesús. El ocio santo de Marta disgustó a María, en cuya defensa salió el Salvador: «Marta, Marta, tú has escogido una parte buena, pero ésta escogió la mejor. Lo que tú has preferido hacer es transitorio... Das de comer al hambriento, de beber al sediento, preparas el lecho para dormir, arreglas la casa para el Huésped; pero todo esto pasa; María se llevó la mejor porción, que es contemplar la Verdad, vivir de la Palabra»[20].

La contemplación es una alimentación superior del espíritu: «¿Qué comía, qué bebía—la Magdalena—con suma avidez de corazón? La justicia, la verdad. Se recreaba con la Verdad, oía la Verdad, anhelaba por la Verdad, suspiraba por la Verdad. Mientras Marta andaba afanosa por los preparativos del banquete, María gozaba ya de él contemplando a Jesús, escuchándole, amándole»[21].

He aquí la cima más alta de la espiritualidad cristiana abrazada embelesada-

---

[17] *Enarrat. in ps.* 114,6 (PL 37,1489): «Talis ergo actio debet esse animae quae tendat ad quietam securitatem, non quae augeat inquietum laborem».
[18] Ibid: «Mitis itaque et humilis, tanquam viam Christum sequens, debet esse animae actio tendentis ad requiem».
[19] *Contra Faustum* 22,28: PL 42,419.
[20] *Sermo* 169,17 (PL 38,925): «María meliorem partem elegit: contemplari elegit, Verbo vivere elegit».
[21] *Sermo* 179,5: PL 38,969.

mente a Cristo, que es la misma Verdad y fuente de libertad interior, clave de todo lo temporal y eterno, síntesis de la ciencia y sabiduría. Lo temporal no queda anulado en Cristo, sino adquiere su verdadera medida y proporción. Tanto el oficio de Marta como el de María son en sí nobles y valiosos, pero el de María es más excelente por hallarse más cerca del fin, que es la visión eterna de la Verdad. Mas, aunque las obras de Marta sean pasajeras, llevan interiormente una levadura de eternidad que las salva. Por eso ambas encarnan el verdadero espíritu del cristianismo en las relaciones con lo temporal y eterno. Son dos formas de vida espiritual con su doble movimiento hacia las cosas temporales y eternas: «Se mostraban en aquella casa dos vidas y la Fuente de la vida. En Marta brilla la imagen de las cosas presentes, en María la de las futuras. En lo que hace Marta estamos nosotros; lo que hace María es el anhelo de nuestra esperanza. Hagamos bien lo uno para que lleguemos a la posesión plena de lo que esperamos» [22].

De las dos vidas, «ambas inocentes, ambas laudables, María escogió lo que no se le arrebatará nunca, porque, separada de la multitud de cosas, se ocupaba de la única, de estar unida a Dios. Estaba sentada a los pies de nuestra Cabeza, y cuanto más humilde era su actitud, tanto mayor era su inteligencia de la verdad. Porque el agua acude a la hondura del valle y se escurre del tumor de las colinas. El Señor no reprendió las obras, sino distinguió las funciones: *Entre muchas cosas andas atareada,* le dijo a Marta; *pero una cosa es necesaria:* es la que ha elegido María. Pasa el trabajo de la multitud y queda el amor de la unidad. Lo que, pues, ella eligió, no se le quitará nunca; mas a ti se te quitará lo que has elegido para tu bien, para que se te dé lo que es mejor. Tú navegas en el mar, ella está en el puerto» [23].

María encarna la esperanza de lo eterno, el descanso del puerto y de la patria. Marta figura el mejor ejercicio de la vida activa, que es el de las obras de misericordia, porque la vida temporal está llena de necesidades que han de remediarse. Hay que atender a la ocupación mejor, pero sin dejar la que es buena y necesaria: «Atendamos, pues, a nuestras ocupaciones acerca de la multitud. El ministerio es necesario a los que se hallan sujetos a necesidades corporales. ¿Y esto por qué? Porque se tiene hambre y se tiene sed. La misericordia es necesaria a los miserables. Partes el pan con el hambriento, porque hallas un hambriento; haz desaparecer el hambre, si puedes. Si quitas los peregrinos, quitas la hospitalidad. Si no hay pobres, ¿a quién vas a vestir?. Si no hay enfermos, ¿a quién vas a visitar? Si no hay prisioneros, ¿a quién vas a rescatar? Si no hay muertos, ¿a quién enterrarás? En el siglo futuro no habrá estas necesidades, luego tampoco estos servicios» [24].

4. Lía y Raquel

Otras dos mujeres bíblicas nos ayudan para comprender las dos actividades en que se reparte la vida cristiana: «La actividad humana durante esta vida

---

[22] *Sermo* 104,4: PL 38,618; MA I; Guelf., 29,545: «Erant ergo in illa domo istae duae vitae, et ipse fons vitae. In Martha erat imago praesentium, in María futurorum. Quod agebat Martha, ibi sumus: quod agebat María, hoc speramus. Hoc agamus bene ut illus teneamus plene».
[23] Ibid., Guelf., 546.
[24] Ibid., 3: PL 38,617; ibid.: ibid., 545.

mortal, en que vivimos de la fe y debemos realizar obras penosas, se representa por Lía, primera mujer de Jacob; ella tenía débiles los ojos, porque también son febles los pensamientos de los hombres, e inciertas sus previsiones. Raquel, en cambio, representa el tipo de la esperanza de contemplar a Dios eternamente, acompañada de la comprensión de la verdad con posesión segura y deleitosa. De ella se dice que era de agradable vista y hermosura. Esta esperanza vive muy dentro del corazón de todo fiel; por ella se sirve a Dios, cuya gracia lava las manchas de los pecados, dejando las almas cándidas como la nieve»[25].

Lía y Raquel ordenan la vida cristiana, porque primero debe practicarse la justicia para llegar al abrazo de la sabiduría, figurada en Raquel: «En la buena formación del hombre, antes es el trabajo de obrar la justicia, guardando los mandamientos, que el deleite de entender la verdad. Primero, el casamiento con Lía, mujer menos agradable, pero fecunda; luego, el desposorio con Raquel, la hermosa y de lindos ojos»[26]. El simbolismo de Lía y Raquel pone el debido orden y relación en las dos vidas, «pues el hombre querría, si fuera posible, sin ningún sufrimiento de trabajos que hay en hacer y padecer, llegar luego a las delicias de la hermosura y perfecta sabiduría; pero ésta no es fruta de esta tierra de mortales»[27]. Por una justicia laboriosa se ha de subir a una sabiduría o contemplación dichosa. El cumplimiento de los mandamientos, de los consejos evangélicos, la práctica de la misericordia, son las gradas para subir a la sabiduría. De este modo, la acción y contemplación mutuamente se ayudan; la acción lleva a la contemplación, y ésta purifica y perfecciona aquélla: «El amor a la verdad busca el reposo santo, pero la necesidad del amor al prójimo exige el servicio de las obras de justicia. Si ninguno impone esta carga, entonces debe buscarse el conocimiento y erudición de la verdad; mas, si urge la obligación, debe aceptarse, por ser necesaria, la caridad; mas aun entonces no debe abandonarse totalmente el deleite de la verdad, no sea que, sustraído este dulce cebo, nos oprima demasiado la necesidad»[28].

La acción y contemplación, según esto, deben convivir en santa hermandad y compañía. El amor enriquece, acendra y vivifica el conocimiento y lo introduce en las interioridades de lo real. Y al mismo tiempo, la caridad fraterna, el socorro espiritual, las obras de misericordia, adelgazan la mirada de la mente: «Pues si la verdad y la sabiduría no se desean con todas las fuerzas del alma, de ningún modo se hallarán. Mas, si se buscan como merecen, no se ocultarán a las miradas de sus amadores. Porque esto es lo que dice: *Pedid, y recibiréis; buscad, y hallaréis; llamad, y se os abrirá* (Mt 7,7). *Nada hay oculto que no será manifestado* (Mt 10,26). Con el amor se pide, con el amor se busca, con el amor se llama, con el amor se descubre, con el amor, en fin, se permanece en lo que se ha descubierto»[29].

---

[25] *Contra Faustum* 22,52 (PL 42,432): «Spes vero aeternae contemplationis Dei, habens certam et delectabilem intelligentiam veritatis, ipsa est Rachel».

[26] Ibid. (ibid., 433): «Prior est autem in recta hominis eruditione labor operandi quae iusta sunt, quam voluptas intelligendi quae vera sunt... Prius nubit Lia, postea Rachel».

[27] Ibid.

[28] *De civ. Dei* XIX 19: PL 41,647-48.

[29] *De mor. Eccl. cath.* I 17,31 (PL 32,1324): «Amore petitur, amore quaeritur, amore pulsatur, amore revelatur, amore denique in eo quod revelatum fuerit, permanetur».

Y durante la vida presente no hay esperanza de llegar a una estación permanente en esta romería del amor que busca. Cada meta conseguida es principio de nueva jornada; cada rama en que se descansa de volar es punto de partida para más alto vuelo. Así interpreta San Agustín el versículo del salmo *Quaerite faciem eius semper:* buscad siempre su faz, de modo que al hallarla no ponga fin a su búsqueda, a la que da sentido el amor, sino que, al crecer éste, crezca igualmente la búsqueda de Aquel a quien hallamos» [30].

En todos estos ejercicios de una investigación creciente, que dan un sentido concreto y exacto al movimiento y peregrinación humana, el secreto resorte es la inquietud y el deseo de la paz eterna que lleva a Dios, «buscándole para hallarle y hallándole para buscarle», llegando por fin al convencimiento de la incomprensibilidad e inefabilidad de Dios, es decir, al silencio y la admiración, que es la forma más alta de la contemplación en este mundo. Tal es el término de las experiencias de las almas más profundas y voladoras del cristianismo.

Concluyendo este artículo, volvamos a la estructura de la vida activa o acción cristiana, donde hallaremos la presencia de diversos factores o elementos que la integran o mueven. Presuponemos, desde luego, un elemento o fuerza primaria y natural que podíamos llamar *eros,* o amor en el sentido platónico y agustiniano, y al que se ha aludido muchas veces en este estudio; es la aspiración natural al bien, a la dicha, al reposo que se inserta en todo afán, movimiento o acción. Pero esta tendencia universal a la bienaventuranza recibe una orientación superior en la fe cristiana, que define cuál es, dónde se halla y por dónde se llega al soberano Bien. Con la fe, razones divinas se ponen a empujar al corazón humano hacia su fin, que es de contemplación deleitosa de la Verdad.

Y acompaña a esta fe, como hermana inseparable, la esperanza de la posesión del fin. Sin ella, el hombre es un ser aterido e inerte; le falla el pulso vital para moverse. En nuestra infancia, en nuestro desarrollo, en nuestra virilidad, hallamos la esperanza a nuestro lado: «Ella nos amamanta, ella nos alimenta, ella nos robustece y en toda esta vida laboriosa nos consuela» [31]. Sin ella se sentarían en el camino todos los viadores humanos, convidados a unas bodas eternas con la sabiduría. Y con las dos virtudes citadas, la caridad penetra también y dinamiza la vida cristiana. La aspiración a los bienes eternos no rompe los lazos con lo temporal, es decir, con los demás hermanos que van por el mismo camino. Todos deben ir prendidos de las manos, dándose mutua ayuda, fuerza, ánimos. Por eso las obras de misericordia tienen tanta parte aun para la misma vida contemplativa según San Agustín.

Una elevación agustiniana

1. Genio de síntesis

Para comprender a San Agustín hay que abrazarlo como un genio de síntesis o *complexio oppositorum,* como armonía de contrastes. No se puede opo-

[30] *Enarrat. in ps.* 104,3: PL 37,1392.
[31] *Sermo* 256,5: PL 38,1188.

ner un San Agustín a otro, de modo que resulte una personalidad doble o reductible a la unidad del ser[1]. Las contradicciones aparentes han de resolverse siguiendo la evolución de su vida y de sus ideas. Así él fue activo y contemplativo a la vez. Puede suceder que la acción y la contemplación se desarrollen unilateralmente y se anulen entre sí, de modo que la contemplación degenere en una pasividad e inercia indolente, o la acción se convierta en puro mecanismo operativo falto de la energía y luz que dan las grandes verdades, las cuales siempre deben ir delante de toda obra razonable y cristiana.

En San Agustín, la acción y contemplación no fueron una aporía irreductible. Antes bien puede ponérsele en la categoría ignaciana del espiritual que es contemplativo en la acción: *in actione contemplativus*. Quizá por su temperamento se hubiera encerrado para siempre en la vida contemplativa monástica de tipo oriental; pero, aun entonces, los ricos dones de su espíritu comunicativo se hubieran ofrecido a los demás con una desbordante efusión, que ya se manifestó en su primer retiro en el monasterio de Tagaste. Mas lo cierto es que el sosiego contemplativo le duró poco.

Todavía siendo obispo de muchas cargas, en el libro que compuso para los monjes de Cartago sobre el trabajo manual en el año 401, añoraba la soledad monástica y sus ocupaciones.

Dice así a los monjes, entre los cuales se había promovido una reyerta con motivo del trabajo de manos: «No os atamos cargas y las ponemos sobre vuestros hombros sin querer nosotros ni moverlas con el dedo. Repasad y ved las molestas ocupaciones que nos oprimen y en algunos de nosotros las enfermedades que nos aquejan, y las exigencias de la Iglesia, a cuyo servicio estamos consagrados, de suerte que nos impiden dedicarnos a la clase de obras a que os exhorto a vosotros... Bien sabe nuestro Señor Jesucristo, en cuyo nombre os aseguro estas cosas, que, por lo que atañe a mi comodidad, yo preferiría tener diariamente ciertas horas libres para trabajar con las manos, tal como se acostumbra en los monasterios bien organizados, y emplear el resto del tiempo en orar, leer y estudiar la divina Escritura, a verme abrumado de estrépitos y perplejidades de pleitos ajenos y de negocios seculares para resolverlos en juicios o atajarlos con mi intervención»[2].

El hombre apostólico, asediado de almas y trabajos, suspiraba por mayor reposo y dedicación al estudio de las verdades divinas, aunque en realidad nunca lo interrumpió ni aun en medio de sus tediosas ocupaciones. Evitó los dos escollos a que hemos hecho antes alusión; el trabajo sin oración y la oración sin trabajo.

2. Arriba por los salmos graduales

Ya de su vida de Casiciaco nos hace esta confesión: «Tú, Señor, cuando subíamos del valle del llanto cantando los cánticos graduales, me habías herido

---

[1] Véase R. Eucken, *Los grandes pensadores* p.258 (Madrid 1914): «Un Agustín puede oponerse al otro, y así dudar de la sinceridad del hombre entero... No hay manera de reducir a Agustín a un sistema».

[2] *De op. mon.* 29,37: PL 40,576.

con agudas saetas»[3]. Debajo del ropaje metafórico se descubre aquí la apasionada vida interior de Agustín en sus primeros pasos de convertido. Se alude a los que reciben el nombre de *salmos graduales,* o cantos de peregrinación que los israelitas entonaban cuando subían a Jerusalén con la esperanza y el gozo de ir a la casa de Dios (salmos 120-127). Son salmos de ardientes aspiraciones a la paz, al goce de la posesión de Dios, a la patria del alma. Expresan, pues, «la ascensión a Dios que se realiza en el corazón desde el valle de lágrimas, esto es, desde la humildad de la contribulación»[4]. San Agustín en Casiciaco, con el espíritu contrito y humillado por el sentimiento de sus pecados y miserias, había sentido profundamente la herida de las saetas de Dios[5]. Por ellas entiende las impresiones que recibía en la lectura de los libros santos, y particularmente del libro de los Salmos[6].

Las palabras de Dios—que son las saetas—, vivificadas por su gracia, tienen la virtud de herir *(vulnerare, sagitare),* de despertar *(excitare),* de traspasar el corazón *(percutere).* Crean, pues, un estado de alta tensión espiritual, acompañada de suspiros, de lágrimas, del sentimiento de la culpabilidad, de contrición, de deseos de libertad espiritual.

En esta situación, cantar los salmos de las subidas era, sin duda, un ejercicio de elevación gustosa para San Agustín, recorriendo las gradas o la escala de las criaturas. Porque entonces tenía la mente llena de ideas de la filosofía neoplatónica, donde hay una dialéctica de ascensión que ya había practicado antes de convertirse[7]. Había sido formulada por Platón en su *Simposion,* con palabras de Diótima, la profetisa de Mantinea.

Después de varios interlocutores—Fedro, Pausanias, Erixímaco, Aristófanes, Agatón—, tomó la palabra Sócrates para explicar la naturaleza del *eros,* el cual es un medianero entre lo terreno y lo celestial y salva el abismo subiendo paso a paso hasta donde se halla el soberano Bien.

Y aquí se desarrolla la famosa doctrina sobre la escala del *eros* platónico, el sistema de gradas por las que avanza, subiendo por la hermosura física a la espiritual o a la del alma, que tiene su gracia superior a la corporal, y deteniéndose en la belleza de las ciencias, que son obra suya, y de este modo asciende paulatinamente a contemplar la hermosura de la idea de lo bello del bien en sí mismo, que es el término de la ascensión[8].

San Agustín se mantuvo siempre adicto a este esquema de gradación contemplativa, pero enriqueciendo cada grada con nuevas perspectivas que le ofrecía la fe. Frecuentemente se ejercitó en este ascenso, y enseñó a practicarlo a los demás, aun a los simples fieles, en sus homilías. En las *Confesiones* hallamos tres lugares célebres de su ejercicio[9]. Entre ellos se

---

[3] *Conf.* 9,2: «Tu nobis a convalle plorationis ascendentibus et cantantibus canticum graduum, dederas sagittas acutas».
[4] *Enarrat. in ps.* 120,1: PL 37,1605.
[5] Sobre el sentido de las saetas véase *Conf.* 9,2.
[6] Sobre el efecto espiritual de los Salmos en San Agustín en su retiro de Casiciaco véase *Conf.* IX 4,8.
[7] *Conf.* VII 17,23: «Atque ita gradatim a corporibus ad sentientem per corpus animam»...
[8] PLATÓN, *Simposion* p.194-215; W. JAEGER, *Paideia* II p.227-240.
[9] *Conf.* VII 17; IX 10; X 6-28. Más ampliamente desarrolla la dialéctica ascensiva en el libro X 6-28, donde se halla el estudio sobre la memoria. En el libro IX 10 refiere

halla la visión de Ostia, donde recorre el itinerario de la profetisa de Mantinea: «Y aun subíamos más arriba, pensando, y ponderando, y admirando vuestras obras. Y llegamos a nuestras almas, y dejándolas subimos más arriba, a aquella región de abundancia indefectible donde para siempre apacentáis a Israel con el pábulo de la verdad» [10]. El esquema de este ascenso se realiza al través de tres jalones: *el mundo de la creación visible,* tan lleno de maravillas divinas; el *mundo interior del alma,* con los anchurosos palacios de la memoria y con la presencia de las verdades y de la Verdad con un vida de potencia formidable, que hace barruntar al Espíritu infinito, *y la verdad superior de Dios, al que se pretende escalar con un vuelo del corazón.*

Pero, dejando estos ejercicios de las *Confesiones,* quiero llevar a los lectores a otro también muy conocido, y que forma el comentario del salmo 41, que comienza: *Como el ciervo desea las fuentes de las aguas, así mi alma desea a Dios.* El simbolismo del ciervo arrebató a San Agustín para comentarlo con un lirismo y una emoción que todavía conserva su calor. La prosa de San Agustín logra con este comentario una viveza singular para arrastrar a los que se entregan a su encanto.

3. La lucha con las serpientes

Hubiera sido bueno trasladar aquí toda la enarración para gusto de los lectores; pero el temor a alargarnos nos ha hecho desistir de este propósito, y así nos limitaremos a un recorrido rápido del itinerario espiritual, que, sin duda, constituye una de las piezas magistrales del genio contemplativo agustiniano.

«*Como el ciervo desea la fuente de las aguas, así mi alma te desea a ti,* Dios *mío.* De este modo clama el Cuerpo de Cristo que es la Iglesia» [11].

San Agustín se identifica a sí mismo y a las almas o a la Iglesia con el ciervo, que se hace espiritual. La sed, la fuente, la carrera, todo esto ya huele y sabe a espíritu en el estilo del comentarista del salmo. Un impulso profundo e inicial mueve toda la carrera: la sed de Dios, el deseo de la felicidad. Es el principio de todos los rodeos y las singladuras del corazón humano, la espuela de todas las inquietudes, el rumor de todas las fuentes que nos llaman de lejos. El orador siente vivamente el ardor de la sed, y dice a los que le escuchan: «Ea, hermanos míos, participad de mi avidez, sentid conmigo este deseo; amemos juntamente, inflámenos este ardor a todos a la vez, corramos unidos a la fuente para conseguir la inteligencia de este salmo» [12].

En la espiritualidad agustiniana, y también en la cristiana, tiene una gran importancia *la sed, el deseo,* que en última instancia es siempre sed y deseo

su contemplación de Ostia, que también se llama éxtasis. En los comentarios a San Juan (*In Io. ev. tr.* 20,12: PL 35,163) ofrece un resumen del mismo itinerario: «Transi ergo et animum tuum. Effunde super te animam tuam ut contingas Deum de quo dicitur tibi: *Ubi est Deus tuus?*» Mandouze ha observado bien el uso que San Agustín hace en estos pasajes de *anima* y *animus.* Cf. *Saint Augustin. L'aventure de la raison et de la grâce* p.686-82 nt.5.

[10] *Conf.* 10,24.
[11] *Enarrat. in ps.* 41,1: PL 26,464.
[12] Ibid., 2: ibid, 465.

de la plenitud de bienes que es Dios, motor secreto de toda vida humana: «El deseo es el seno del corazón; tanto más recibirá cuanto más se le ensanche ahora. Para esto trabaja con nosotros la Sagrada Escritura, la reunión de los pueblos, la celebración de los sacramentos, el santo bautismo, el canto de los salmos, la predicación misma que hacemos; todo es para que este deseo no sólo se siembre y germine, sino que alcance tal amplitud de capacidad, que pueda recibir lo que ni ojo vio, ni oído oyó, ni llegó a barrunto de hombre» [13].

Es como decir que todos los ejercicios de la espiritualidad se ordenan a alimentar y fortalecer el deseo, que es lo que ensancha el alma y la hace capaz para recibir a Dios.

San Agustín padeció esta sed y anhelo de Dios. No son palabras hueras las que dice comentando este salmo: «He aquí mi anhelo... Soy un peregrino sediento; la sed me abrasa en la carrera...» Y quiere contagiar a todos con la misma: «Corre, pues, a la fuente, desea el agua viva... Desea esta iluminación, esta fuente, esta luz... Corre a la fuente, desea el agua viva» [14].

Pero esta sed se ha producido en el ciervo porque antes ha matado las serpientes: «Matan las serpientes, y en esta lucha se enardece su sed, y después corren en busca de las aguas vivas. Las serpientes son los vicios; acaba tú con las serpientes de la iniquidad, y te crecerá el anhelo de la verdad» [15].

El simbolismo se alarga; los ciervos dan el ejemplo de la lucha contra los vicios y del ejercicio de la vía purificativa. Quitad todos los vicios, que se alimentan de aguas empozoñadas, y sentiréis el deseo fuerte y puro de Dios. Todavía más, no basta acabar con las malas costumbres; es preciso emprender la vía iluminativa del ejercicio de las virtudes, sobre todo de la caridad, de la que nos dan ejemplo los mismos ciervos. De los cuales contaban los historiadores naturales antiguos que, cuando atraviesan a nado las aguas, unos en otros van apoyando el peso de la cornamenta sobre el lomo trasero del que va por delante. Y cuando el primero, que lleva la cabeza al aire sin apoyo, se fatiga, deja su puesto y se pone el último para que otro le supla en el trabajo y él reciba descanso, aliviando también la pesadumbre de su cabeza sobre el que le precede, como hacen todos; y así sobrellevan los unos la carga de los otros, avanzando en la travesía y sin separarse unos de otros» [16].

Con los ejercicios de la vida purgativa y la práctica de las obras de misericordia va adelante el ciervo espiritual hacia la fuente del bien, derramando lágrimas día y noche cuando le preguntan: «¿Dónde está tu Dios?»

4. Por la escala de las criaturas

«¿Qué haré, pues, para hallar a mi Dios? Contemplaré la tierra, que lleva impreso el sello de hechura divina». El universo visible es el camino de este recorrido. Es grande la hermosura de la tierra, pero tiene un artífice. Las plan-

---

[13] *In Io. ev. tr.* 40,10 (PL 35,1691): «Desiderium sinus cordis est: capiemus, si desiderium, quantum possumus, extendamus».
[14] *Enarrat. in ps.* 41,2: PL 36,465.
[15] Ibid., 3 (ibid., 465): «Serpentes vitia tua sunt; consume serpentes iniquitatis, tunc amplius desiderabis fontem veritatis».
[16] Ibid, 4: ibid., 466.

tas, los animales, los astros, el sol y la luna, la grandeza del mar, las maravillas de los peces, todo lo recorre el alma peregrina: «Cosas admirables, cosas dignas de loa, cosas estupendas son éstas, pero mi sed no se satisface con ellas; las admiro, las alabo, pero busco y deseo al que las hizo» [17].

Y el contemplativo sube una grada más y se vuelve al espíritu mismo, y ve que el hombre es la más noble de las criaturas; tiene cuerpo y alma, y el alma aventaja en excelencia a todo lo visible, y en ella descubre la presencia de la verdad y de la sabiduría; pero al mismo tiempo halla que es mudable y sujeta al tiempo, pues vive sometida a cambios incesantes: progresa y retrocede, conoce e ignora, recuerda y se olvida; ahora quiere una cosa, luego otra; esta mutabilidad no es cosa propia de Dios. Hay que subir todavía más arriba que el alma, porque, si no se sale del alma irguiéndose sobre ella, no es posible tocar a Dios [18].

Y aquí San Agustín, enriqueciendo el esquema del itinerario platónico, introduce una nueva grada de contemplación; es la Iglesia, tabernáculo del Señor.

La letra del salmo le sugiere este pensamiento: *Entraré en el lugar del tabernáculo admirable hasta la casa del Señor* (Sal 41,6).

¿Qué es lo que admira en la Iglesia? El ciervo espiritual penetra en el santuario, en el interior de la Iglesia, que es pórtico de la gloria divina, porque allí lucen con mayor realce las maravillas de la omnipotencia, sabiduría y bondad de Dios. Los ojos del peregrino se llenan de deleite y estupor con las obras de los justos: «El tabernáculo de Dios en la tierra son los hombres que viven de la fe. Admiro en ellos el obsequio de los miembros o la castidad, pues no reina allí el pecado para obedecer a sus deseos, ni hacen del cuerpo arma de maldad, sino que lo ofrecen al Dios vivo con buenas obras. Me causa admiración la sumisión de los miembros al alma que sirve a Dios. Contemplo también la misma alma que obedece a Dios, que multiplica las obras de los actos frenando las codicias, luchando contra la ignorancia, arrojándose a sufrir toda clase de asperezas e inclemencias y ejercitando la justicia y la misericordia en favor de los prójimos. Admiro estas virtudes de los fieles, pero todavía no salgo del lugar del tabernáculo. Sigo adelante pasando estas cosas, y, aunque es admirable el tabernáculo, me lleno de estupor cuando llego a la casa de Dios» [19].

5. El tabernáculo o la santidad de la Iglesia

En realidad, nos hallamos aquí con una grada superior, que no pudo contemplar la dialéctica platónica, porque se trata de manifestaciones sobrenaturales de la acción de Dios en las almas que están adornadas de castidad, de justicia, de humildad, de obediencia, de caridad, que sólo pueden tener su origen en la gracia. Se trata de un mundo superior de hermosura donde Dios se ostenta con más esplendor y gloria. La humildad, la castidad, la caridad, son virtudes cristianas que dan a conocer a Dios actuando en lo interior

---

[17] Ibid., 7 (ibid., 468): «Considerabo terram: facta est terra. Est magna pulchritudo terrarum, sed habet artificem».
[18] Ibid., 7-8: ibid., 469.
[19] Ibid., 9: ibid., 469.

del hombre con su ayuda. Revelan aspectos mucho más profundos e íntimos de la Providencia divina. Y en este aspecto, *la contemplación viva de la Iglesia* es uno de los jalones necesarios para la subida a Dios. El itinerario se hace más largo en cierto modo, pero más revelador de las grandezas divinas. Las maravillas de Dios—*mirabilia Dei*—, incorporadas a la contemplación agustiniana desde los primeros grados de la catequesis, tienen con esto un horizonte más amplio que el de la Sagrada Escritura, porque cada fiel es sujeto y portador de una historia santa de favores y esplendores divinos [20].

En este aspecto, la Iglesia, pues, es camino que lleva a la casa de Dios: «Porque, cuando iba admirando las partes del tabernáculo, fue arrastrado al interior de la casa de Dios siguiendo cierta dulzura, no sé qué deleite íntimo y secreto, como si de allí viniese la música suave de un órgano; o cuando caminaba por el tabernáculo, oyendo cierta melodía interior, dejándose llevar de su dulzura, y siguiendo aquella música, y apartándose de todo ruido de carne y sangre, llegó hasta la casa del Señor. ¿Y cómo penetró en la intimidad de la misma? *Con el reclamo*—dice—*de las voces alegres de júbilo, de la música festiva y solemne*» [21].

Y aduce el Santo una comparación para ilustrar su pensamiento:

«Cuando los hombres celebran acá sus fiestas para desahogo de sus pasiones, tienen costumbre de poner órganos delante de sus casas y tienen conciertos para sus expansiones. Al oír tales músicas, solemos preguntar: —¿Qué pasa aquí? —Están de fiesta, nos responden; es el natalicio de Fulano; celebran bodas».

Así quieren justificar aquellas diversiones, máscara de su liviandad:

«En la casa de Dios hay una festividad que nunca pasa. Fiesta eterna son los coros de los ángeles, la presencia y hermosura de Dios, el gozo que nunca decae. Aquél es un día festivo sin principio ni fin. Y de aquella eterna y permanente festividad ha llegado a nuestro corazón no sé qué música alegre y dulce, con tal que enmudezca el estrépito del mundo. Al que camina por el tabernáculo y considera las maravillas de Dios en la redención de los fieles, le halaga los oídos el sonido de aquella festividad, y lo arrebata, como a ciervo, a la fuente de aguas vivas» [22].

6. En la casa de Dios

Nos hallamos aquí ante una experiencia difícil de interpretar, por el lenguaje figurado propio de los salmos, y también del estilo de San Agustín. Las imágenes musicales tienen mucha parte en la descripción del fenómeno, que en el salmo es *sonus festivitatis,* que, sin duda, alude a la música formada con los diversos instrumentos que se usaban en el culto del templo en Israel. Pero esta música en el comentarista del salmo se hace interior, respondiendo a cierto concierto divino que viene de la casa misma de Dios.

Y lo primero se ha de notar que se trata de una ascensión desde el tabernáculo, que es la Iglesia viva, es decir, las almas justas, hasta la casa de Dios.

---

[20] Cf. *De catech. rud.* 3,5 (PL 40,313): «... ita ut eligantur quaedam mirabiliora quae suavius audiuntur».

[21] *Enarrat. in ps.* 41,9: PL 36,470.

[22] Ibid., 9: ibid., 470.

Al ciervo espiritual le domina el sentimiento de que Dios es superior al alma: *Aliquid super animam esse sentio Deum meum*[23]. Encerrándose en su propia intimidad y sin salir de ella, se sentiría a sí misma, pero no a Dios. Por eso ella tiene que erguirse sobre sí misma, dar un salto que la saque de sí y la ponga fuera: «Porque, si el alma permaneciese en sí, sólo se vería a sí, y no viéndose más que a sí, no vería a Dios»[24]. Es decir, lo mismo en el salmista que en su comentador hay un salto de trascendencia: *Derramé mi alma sobre mí*[25]. Este empinamiento del alma sobre sí misma, como poniéndose de puntillas para ver a Dios, está expresado por diversos verbos intelectivos y afectivos, como *transire,* pasar subiendo; *tangere,* tocar; *contingere,* ponerse en contacto; *perspicere,* percibir; *videre, pervenire usque ad domum Dei,* ver, llegar hasta la casa de Dios; *persentire,* sentir profundamente[26]. Al mismo tiempo, el fenómeno tiene un lado afectivo que se transparenta en verbos como *mirari, stupeo,* admirarse, quedar atónito; *rapi desiderio,* ser arrebatado por el deseo, y, sobre todo, en la imagen musical, que da colorido a toda la experiencia: *cierto sonido interior, llevado de la dulzura, dulzura interior, suavidad de un sonido interior e inteligible,* como *si dulcemente sonara un órgano, cántico dulce a los oídos del corazón*[27].

Late aquí un fenómeno que no sólo implica una elevación mental, o de aprehensión particular de lo divino, sino también una experiencia de gusto, de sabor de lo divino, de dulzura, de posesión, que dura muy poco tiempo[28].

Dada la dificultad de una interpretación concreta y justa del fenómeno en San Agustín, no creo sea una demasía acercarlo a otros grandes espíritus del reino de la devoción, como San Juan de la Cruz. Porque es curioso notar que ambos acuden a la imagen musical para expresar sus experiencias. Y, aunque es verdad que ambos están separados por siglos y por fisonomías espirituales diversas, con todo, no resisto a la tentación de buscar en San Juan de la Cruz un poco de luz para entender al Santo. En su *Cántico espiritual* celebra

> La noche sosegada
> en par de los levantes de la aurora,
> la música callada,
> la soledad sonora,
> la cena que recrea y enamora[29].

¿Qué significado tiene para el Santo esta *música callada* y esta *soledad sonora?* En la declaración habla de *vuelo espiritual,* y de *alto estado de unión y amor,* y de *gustar,* de *hallar descanso, de entender, de sentirse llena de bienes el alma,* lenguaje que concuerda con el de San Agustín. Casi son lo mismo

---

[23] Ibid., 8: ibid., 469.

[24] Ibid., 8 (ibid., 469): «Si enim in seipsa remaneret, nihil aliud quam se videret; et cum se videret, non utique Deum suum videret».

[25] *Effudi super me anima meam.* Es la versión latina del Salterio que usaba San Agustín. En el Salterio actual, la versión significa *Desahogo mi alma conmigo.* Cf. *Salmos.* Texto oficial litúrgico (Madrid 1966).

[26] *Enarrat. in ps.* 41,8-9: ibid., 469-70.

[27] Ibid., 9: ibid., 470.

[28] Ibid., 10 (ibid., 471): «Ecce acie mentis, aliquid incommutabile, etsi perstrictim et raptim, perspicere potuimus».

[29] *Cántico espiritual* canc.14-15 p.964: BAC, *Obras de San Juan de la Cruz* (Madrid 1956).

la *música callada* y la *soledad sonora:* «La cual es casi lo mismo que la *música callada,* porque, aunque aquella música es callada en cuanto a los sentidos y potencias naturales, es *soledad muy sonora* para las potencias espirituales, porque, estando ellas solas y vacías de todas formas y aprensiones naturales, pueden recibir bien sonorosísimamente en el espíritu la excelencia de Dios, en sí y en sus criaturas, según aquello que dijimos arriba haber visto San Juan en espíritu en el Apocalipsis (14,2); conviene a saber: *Voz de muchos citareros que citarizaban en sus cítaras;* lo cual fue... cierto conocimiento de las alabanzas de los bienaventurados, que cada uno en su manera de gloria hace a Dios continuamente, lo cual es como música; porque así como cada uno posee diferentemente sus dones, así cada uno canta su alabanza diferentemente, y todos en una concordancia de amor, bien así como música» [30].

El lector no caerá en la tentación de identificar pasajes con pasajes; pero nótese que, tanto para San Agustín como para el poeta español, la música callada y la soledad sonora responde a la contemplación de la bienaventuranza prometida a los hombres y en ambos casos se trata de una inteligencia y gusto sosegado sin ruido de voces, «no sin soledad y ajenación de todas las cosas exteriores». Lo mismo nos ha dicho San Agustín: «De aquella eterna y perpetua festividad suena no sé qué canto dulce a los oídos del corazón, pero con tal que no meta ruido el mundo» [31]. Para que el alma perciba la soledad sonora de Dios, porque está llena de voces que llegan a ella, deben callar todas las cosas, imaginaciones y aprensiones naturales, aun de la misma alma, porque, si ella se siente a sí misma, si ella mete ruido con sus sentimientos o aprensiones propias, no se llega a percibir la callada música que viene de Dios, el *quid canorum et dulce auribus nostris* de San Agustín. Para ambos es un hecho incontrovertible la *sonoridad y musicalidad de Dios,* lo mismo que la sonoridad y musicalidad de las criaturas, que son voces que dan testimonio de Dios en admirable correspondencia. Percibir y gustar todo esto y hacerse eco de la música de Dios y del mundo en la propia alma, que es también *sonora:* he aquí lo que apunta y declara en las dos experiencias a que se ha aludido aquí. San Agustín y San Juan fueron dos almas de esas que llama el primero *animae spiritualiter sonorae,* almas llenas de cánticos y melodías [32].

La penitencia cristiana

1. Humildad y confesión

La humildad tiene dos polos vegetativos, uno celestial y otro terreno; conviene a saber, el conocimiento de Dios y el sentimiento de la propia indigencia y culpas personales. Por eso lleva a la confesión: «La humildad nos mueve a confesarnos que somos pecadores: *Humilitas pertinet ad confessionem qua confitemur nos peccatores esse*» [1]. Del conocimiento de los pecados se sustenta

---

[30] Ibid., p.975.
[31] *Enarrat. in ps.* 41,9 (PL 36,470): «De illa aeterna et perpetua festivitate sonat nescio quid canorum et dulce auribus cordis».
[32] *Enarrat. in ps.* 67,35: PL 36,834.
[1] *In Io. ep. tr.* 1,6: PL 35,1982.

la humildad cristiana, que anda tan hermanada con la penitencia y con la práctica de la justicia, «porque el comienzo de nuestra justicia es la confesión de los pecados»[2]. Y no sólo en el comienzo, sino también en todos los grados de la perfección cristiana, no ha de faltar la penitencia como un hábito normal. Así lo ha sentido San Agustín con toda la antigüedad cristiana. «Cuán útil y necesaria sea la medicinal penitencia, muy fácilmente lo entienden los hombres que se acuerdan de que son hombres, porque está escrito: *Dios resiste a los soberbios y da su gracia a los humildes* (Sant 4,6)»[3].

Nos hallamos en aquel proceso de curación moral que debe durar toda la vida del hombre, siendo la penitencia una de las medicinas más eficaces.

La penitencia se relaciona con la idea de pena, de tormento, de aflicción interior: «Todo el que es malvado, está mal consigo. Es preciso que sea atormentado, que él mismo sea su tormento. El mismo es el castigo o la pena con que le aflige su conciencia»[4].

El dolor es como un testigo del bien que le fue arrebatado y del bien que le quedó, porque el mal no estraga totalmente la naturaleza, como decían los maniqueos[5]. El arrepentimiento, como pena, supone una culpa voluntaria y una pérdida, pero a la vez la posibilidad de recobrar lo perdido. De aquí el valor de lo que llama San Agustín *medicina confessionis*[6]. Es un paso necesario que ha de dar el alma para volverse a Dios reflexionando sobre su propia miseria.

2. La tragedia del pecado

En un sermón la describe de este modo: «El amor mundano corrompe el alma, y el amor al autor del mundo la purifica; pero debe ruborizarse de su primera corrupción, si desea volver al casto abrazo del Señor. Debe llenarse de confusión, si ha de volver al Señor la que se jactaba de vivir fuera, pues la soberbia impedía el retorno o la conversión. Mas el que corrige no comete pecado, sino manifiesta y denuncia el mal. Lo que rehusaba ver el alma, méteselo por los ojos; lo que llevaba a la espalda—por olvido o inadvertencia—, póneselo delante. Dirige, pues, entonces la mirada al interior. ¿Cómo ves la pajuela en el ojo del prójimo y no ves la viga en el tuyo? Así retorna dentro el alma que andaba fugitiva de sí misma. Y lo mismo que de sí, se había alejado de Dios. Porque se contempló a sí misma, y quedó prendada de su hermosura y quiso alzarse a mayores con su poder. Pero, apartada de Dios, no pudo permanecer en sí misma, y fue arrojada de sí, alienada de sí misma, lanzada a las cosas exteriores, pereciéndose por lo terreno y temporal. Porque, si se amase a sí misma con menosprecio de su Creador, se acarrearía una ruina en su ser por amar más lo que vale menos; y tanto más se aminora o disminuye en su ser cuanto valen menos las cosas creadas que el

---

[2] Ibid., IV 3 (PL 35,2006): «Initium iustitiae nostrae confessio peccatorum».
[3] *Sermo* 351,1: PL 39,1535.
[4] *Enarrat. in ps.* 36 sermo 2,10 (PL 36,369): «Quisquis autem malus est, male secum est. Torqueatur necesse est, sibi seipso tormento. Ipse est enim paena sua quem torquet conscientia sua».
[5] *De civ. Dei* XIX 13,2 (PL 42,641): «Et ipse dolor est testimonium boni adempti et boni relicti».
[6] *Sermo* 20,2: PL 38,439.

Creador. Ha de amarse, pues, a Dios hasta con olvido de nosotros mismos, si es posible. ¿Cómo se verifica este paso? El alma se olvida de sí misma al abrazarse a las cosas del mundo; ahora olvídese de sí misma para amar al Creador. Arrojada de sí en cierto modo, se perdió a sí misma, y por no discernir ni siquiera sus propias obras, llega hasta justificar sus injusticias. Se engríe y pavonea con sus deshonestidades, con sus honores, riquezas y potencia de su vanidad. Ahora queda argüida y corregida; se le muestra lo que es, y prueba desabor y disgusto de sí misma; vuelve dentro de sí confusa la que se alejaba derramándose fuera de sí» [7].

Sintetiza aquí San Agustín todo el proceso de su alejamiento de Dios y del retorno a El por la conversión, cuyo paradigma es la parábola del hijo pródigo, que se aplicó a sí mismo, ajustándola a su experiencia: «Yo andaba peregrinando lejos de Vos, privado hasta de las bellotas con que apacentaba a los puercos» [8].

3. Fenomenología de la contrición

Toda la psicología de la conversión la leyó San Agustín en su propia conciencia, dejándonos descripciones valiosas para conocer los fenómenos religiosos relativos lo mismo al alejamiento que al retorno a Dios. Así hallamos una fenomenología de la contrición en el comentario al salmo 30: *En ti, Señor, he esperado; no quede yo nunca confundido.* Esta palabra *confundido* o *confusión* le lleva a distinguir dos clases de confusión: una temporal y otra eterna. Esta es la del que se ha condenado para siempre, y la temporal, la del pecador que vuelve sobre sus pasos y se arrepiente a tiempo y evita la vergüenza eterna: «Porque hay cierta confusión temporal que es provechosa, una perturbación del alma que se enfrenta con los pecados y, considerándolos, se horroriza de ellos; con el horror se llena de vergüenza, y con la vergüenza pone el correctivo. Por eso dice el Apóstol: *¿Qué fruto habéis logrado de las cosas que ahora os avergüenzan?* (Rom 6,21). Luego, siendo ya fieles, se ruborizaban, no de los dones presentes, sino de las maldades pasadas. No tema el cristiano esta confusión, porque, si no la tiene ahora, la tendrá siempre» [9].

Tenemos aquí una definición, o, mejor, descripción, de la contrición o de la penitencia cristiana.

Ella supone el sentimiento de la propia culpabilidad, que origina una *confusión provechosa.* No se trata de una confusión de ideas o de cosas, tomando unas por otras, o de juzgar lo blanco por negro, sino de un estado afectivo del espíritu que implica oscuridad, descontento, desasosiego. Es una situación incómoda y molesta consigo mismo, que se ve corrido y no sabe dónde meterse. Se relaciona también con la *perturbación (perturbatio),* en que se pierde la quietud y la paz del alma con cierta guerra consigo mismo. ¿De dónde vienen

---

[7] MA I; WILMART, XI 696-97. Cf. M. HUFTIER, *La tragique de la condition chrétienne chez S. Augustin* (Paris 1964).

[8] *Conf.* III 6,11. Véase Lc 15,16: *Quería llenar entonces su estómago con las algarrobas de que se alimentaban los puercos, y nadie se las daba.*

[9] *Enarrat. in ps.* 130 sermo 1,5 (PL 36,232-33): «Nam est quaedam confusio temporalis, utilis perturbatio animi respicientis peccata sua, respectione horrentis, horrore erubescentis, erubescentia corrigentis... Hanc confusionem non formidet christianus».— *Enarrat. in ps.* 68 sermo 2,4 (PL 36,856): «Confusio est quae mordet conscientiam».

esta confusión y perturbación? De mirar atrás *(respicere)*, contemplando los pecados cometidos, cuya visión perturba el alma y la pone en disgusto y contrariedad.

No quisiera ni verlos; pero están ahí, delante o detrás, ante su vista con su presencia turbadora. A la visión sigue el *horrorizarse* de ellos (horror), el espantarse de lo que ve, el ponérsele de punta los pelos, y, como consecuencia, la *vergüenza (erubescere)*. Tanto el horror como la vergüenza salen afuera, dejando señales en el rostro, que cambia de expresión. Se cambia el color, porque con el horror huye la sangre y viene la palidez a las mejillas, mientras la vergüenza hace fluir la sangre a ellas, y el rubor sale a la cara, poniéndose encendida y colorada. Y toda esta gama de afectos o emociones diversas trae como resultado la corrección de la conducta pasada para cambiarle y mejorarle.

San Agustín repite en esta descripción su propia experiencia, primero en la conversión, ocurrida en Milán, y luego a lo largo de su vida penitencial hasta su última enfermedad, que le sorprendió leyendo los salmos penitenciales y llorando sus pasados desvaríos, como cuenta San Posidio [10].

Cuando su paisano Ponticiano le contó la conversación de dos empleados palatinos que, dejando el servicio del emperador, abrazaron la vida monástica para seguir a Cristo, Agustín quedó profundamente emocionado: «Esto contaba Ponticiano, y mientras él hablaba, me retorcías hacia mí mismo, quitándome de mis espaldas, donde yo me había puesto, porque no quería mirarme de frente, y me ponías ante mí cara a cara para que viese cuán feo era, cuán deforme y sucio, cuán manchado y ulceroso. Y me veía y me horrorizaba, y no tenía a dónde huir de mí. Y, si me empeñaba en apartar mi vista de mí, Ponticiano seguía contando, y Vos tornabais a oponerme frente a mí mismo, y me metíais dentro de mis ojos para que conociese mi maldad y la aborreciese [11]. Así me roía interiormente, y me confundía con una vergüenza extremadamente horrible cuando Ponticiano refería estas cosas... [12] Yo daba bramidos con el espíritu, enojándome con violentísima indignación, porque no iba de acuerdo y beneplácito con Vos, Dios mío, como clamaban todos mis huesos que debía ir a Vos, levantándoos hasta el cielo con alabanzas» [13].

El estilo y el realismo psicológico de estas descripciones dan a San Agustín la palma entre los más eficaces pintores del mundo interior.

4. El tribunal de la conciencia

En el proceso que hace el mal, no sólo están presentes esas respuestas afectivas que se han señalado en los textos citados, sino también hay un fallo condenatorio de las acciones que deben recibir su pago. San Agustín da una figuración dramática a este proceso, y, si habla en él la penitencia eclesiástica hecha por los pecados graves, tiene una aplicación universal.

La conciencia humana es igualmente como un secreto tribunal de justicia en que el hombre puede comparecer y condenarse a sí mismo como culpable y reo: «Suba, pues, al tribunal de su conciencia para actuar contra sí

---

[10] Posidio, *Vida de San Agustín* c.29: *Obras de San Agustín* I p.348-49 (BAC 10, Madrid 1973).
[11] *Conf.* VIII 7.
[12] Ibid.: «Ita rodebar intus et confundebar pudore horribili vehementer».
[13] Ibid., VIII 8: «Ego fremebam spiritu indignans turbulentissima indignatione».

mismo»[14]. La capacidad judiciaria que tiene, como desdoblándose a sí mismo, es prerrogativa de su naturaleza espiritual. El hombre puede ponerse cara a cara consigo para verse en un espejo y ruborizarse de sí mismo. Puede flagelarse a sí mismo con tremenda severidad: «¡Con qué palabras crueles, como azotes, no flagelé mi alma, empujándola para que me siguiera en mis conatos de ir hacia Vos!»[15]

Los personajes que actúan en este juicio son tres: un acusador, un testigo y un verdugo; el acusador es el pensamiento; el testigo, la conciencia; el verdugo, el temor. La razón acusa, la conciencia testifica, el temor atormenta. Corre también la sangre, porque las lágrimas de la penitencia son sangre del corazón[16].

Tenemos aquí los actores principales de la penitencia cristiana, la cual alude, sobre todo, a la pena, al dolor, al castigo íntimo o venganza con que se repara la ofensa cometida contra Dios. Porque el pecado debe ser castigado, no puede quedar impune o en el tribunal íntimo o en el tribunal divino: «El pecado no puede quedar impune; eso sería injusto; hay que castigarlo necesariamente. He aquí lo que te dice el Señor: El pecado debe ser sancionado o por ti o por mí. Recibe su merecido o con la penitencia del culpable o con el rigor del juicio divino. Pues ¿qué otra cosa es la penitencia sino como una riña o enfado que uno tiene consigo mismo? El que se arrepiente ejecuta su ira en sí. Eso significa el golpearse el pecho cuando sinceramente se hace. ¿Por qué te golpeas el pecho sino porque te domina una ira justa? Con esos golpes descargas tu venganza sobre el pecho para satisfacer a Dios. De ese modo se puede interpretar lo que se dice en el Salmo (4,5): *Airaos y no queráis pecar.* Enfádate contigo por haber pecado y castígate para que ya no recaigas. Despierta tu corazón con la penitencia, y éste será el sacrificio grato al Señor»[17].

La penitencia es una forma de castigo que a sí mismo se inflige el pecador voluntariamente: «Quien hace penitencia es su propio verdugo»[18].

La disciplina o desagrado de las acciones propias, «esa tortura humillante del corazón contrito», trae un cambio o renovación, porque fruto de la penitencia es la mudanza de las costumbres»[19].

5. Don de Dios

Pero la penitencia, como dolor salvífico, no brota de la tierra humana, sino viene de lo alto: «La penitencia es don de Dios; dura es la tierra del corazón soberbio, y no se ablanda para hacer frutos de penitencia si no la

---

[14] *Sermo* 351,4 (PL 39,1542): «Ascendat itaque homo adversus se tribunal mentis suae».

[15] *Conf.* VIII 7.

[16] *Sermo* 351,7 (PL 39,1452): «Inde quidam sanguis animi confitentis per lacrymas profluat».

[17] *Sermo* XIX 2: PL 38,132.

[18] *Sermo* 278,12 (PL 38,1273): «Qui autem agit bene paenitentiam, suus ipse punitor est».

[19] *Sermo* 60,12 (PL 38,408): «Mutat quidem in melius homines paenitentia peccatorum».

llueve la gracia divina» [20]. Con lluvias sosegadas baña y enmollece nuestra tierra de secano el Espíritu Santo: «Porque en el penitente hay un Espíritu Santo. Es ya un don del Espíritu Santo quien hace que te desagrade lo que hiciste. Al espíritu impuro agradan los pecados, al Espíritu Santo le disgustan. Pues, aun cuando todavía pides perdón, el disgusto que sientes de la obra mala te une a Dios, pues te desagrada lo que también a El. Sois ya dos para combatir la fiebre: el Médico y tú. Así, pues, como no puede el hombre por su propia virtud confesar y castigar el pecado, cuando alguien se enfada consigo mismo y se ruboriza de haberlo cometido, lo debe al don del Espíritu Santo» [21].

Por eso el espíritu de penitencia es rasgo distintivo de la espiritualidad cristiana o sobrenatural. El agua bendita de las lágrimas brota de la fuente de Cristo. El hombre nada entre aguas contradictorias (*aquas contradictionis*), que son las diversas doctrinas que corren por el mundo sobre la responsabilidad de las acciones humanas: «Una doctrina dice: 'La fatalidad es causa de esto'. Otro asegura: 'Lo ha hecho la fortuna; la casualidad es la reina de este mundo'. Otra enseña: 'Hay un principio tenebroso y rebelde a Dios, el cual es causa de los pecados humanos'. En este diluvio de aguas no se acercarán a Dios.

¿Cuál es, pues, el agua verdadera, la que mana de la fuente pura de la verdad? ¿Cuál es sino la que nos enseña a confesar a Dios? Bueno es confesar al Señor. Esta agua de la confesión de los pecados, esta agua de la humildad del corazón, esta agua de la vida saludable que nos intima al menosprecio de nosotros mismos y la fuga de toda presunción y que nada se atribuye a su soberbio poder, esta agua no mana de los libros de los extraños..., sino viene de Cristo» [22].

La más alta filosofía religiosa de la antigüedad era una sabiduría de secano: «No tienen aquellas páginas—de los filósofos platónicos—este semblante de piedad, ni las lágrimas de la confesión, ni vuestro sacrificio, ni espíritu contrito» [23].

6. Las miradas de Cristo

Con la doctrina de la conversión de San Pedro confirma San Agustín esta verdad de la sobrenaturalidad de las lágrimas penitenciales: «Cristo miró al apóstol Pedro, que le había negado, y se le arrasaron los ojos de lágrimas» [24].

San Agustín dice: *Fecit flentem,* que también podría traducirse: «Le hizo un llorón» en el noble sentido de la palabra, porque aquella mirada abrió la fuente de las lágrimas para toda la vida de Pedro, y, según sostiene una antigua tradición, todas las noches se levantaba en la hora de sus negaciones

---

[20] MA I; Guelferb, XVII 1,496: «Ergo et paenitentia donum Dei est. Dura terra est superbientis cor: ad paenitentiam non mollescit, nisi Dei gratia compluatur».—Sobre la gracia como lluvia que ablandó el corazón de la mujer pecadora que ungió los pies al Salvador (Lc 6,37-38) véase *Enarrat. in ps.* 66,8: PL 36,810.

[21] *Enarrat. in ps.* 50,16: PL 36,596.

[22] *Enarrat. in ps. 31* sermo 2,18: PL 36,270.

[23] *Conf.* VII 21.

[24] *De corrept. et gratia* V 7 (PL 44,919): «Christus respexit apostolum Petrum negantem et fecit flentem».

para llorar su pecado, hasta el punto que las lágrimas habían hecho dos surcos o señales visibles en sus mejillas.

En otro lugar analiza con más pormenores la mudanza moral en el discípulo renegado: «Y por eso, lo que está escrito: *Le miró el Señor* (a Pedro), tuvo su efecto en lo interior, tuvo su efecto en la mente, tuvo su efecto en la voluntad. La misericordia divina ocultamente lo socorrió, le tocó el corazón, le puso ante los ojos de la memoria lo que había hecho; con su gracia interior visitó a Pedro, le hizo mella en lo íntimo, hasta hacerle derramar lágrimas exteriores, y le enterneció el afecto. Ved cómo Dios con su ayuda mueve nuestra voluntad e influye en nuestras acciones; he aquí como obra el Señor nuestro querer y nuestro obrar» [25].

Este sondeo de la mirada de Cristo y de sus efectos en el corazón del apóstol ayuda a San Agustín para insinuar la acción y los efectos de la gracia divina contra los pelagianos, los cuales sólo admitían socorros o ayudas exteriores. Pero, según San Agustín, el toque de Dios llega hasta la vena secreta del corazón: *Venam cordis ille tangebat*—dice aludiendo al mismo hecho—, Cristo le tocó la vena del corazón, es decir, punzó lo íntimo de lo íntimo para que saliera la sangre de las lágrimas y le lavara de su maldad» [26].

Nadie, pues, puede hacerse fiscal recto de sí mismo, ni conocer la fealdad de sus acciones, ni llorar las propias culpas, ni reconciliarse con Dios, ni satisfacer con la debida pena, ni salir del mal camino, comenzando vida nueva, sin un favor particular de la misericordia de Cristo.

De aquí el valor de la confesión cristiana, tan opuesta a la hipocresía del hombre natural, que tiende a excusar y ocultar sus malas acciones como llagas vengonzosas que, entre tapujos y vendajes, se pudren y gangrenan: «Oculte Dios tus heridas, no tú. Pues, si tú las quieres ocultar por vergüenza, no las curará tu médico. Véndelas el Médico y las cure aplicando el parche» [27].

7. Luz y hermosura de la confesión

La confesión de los pecados es un acto de iluminación interior. Siempre es una forma de discernimiento del bien y del mal, de lo que se debe amar y de lo que se ha de aborrecer, con lo cual se va curando la ceguera espiritual del hombre y se afirma su capacidad para estimar los auténticos valores:

«Si te confiesas, estará en ti la verdad, porque la verdad es la luz. Tu vida no luce aún con perfecto resplandor, porque no faltan pecados, pero ya has comenzado a iluminarte al confesarlos» [28]. Para San Agustín, pecar es siempre entenebrecerse; excusarlos es añadir pecados a pecados, sumar tinieblas con tinieblas, como diría el Santo: *tenebrare tenebras tuas* [29].

Estas tinieblas se combaten con la humildad de la confesión, la cual con la luz trae la hermosura interior: *«La confesión y la hermosura lucen en su*

---

[25] *De gratia Christi* I 49 (PL 44,382): «Misericordia Dominus latenter subvenit, cor tetigit, memoriam revocavit, interiori gratia sua visitavit Petrum, interioris hominis usque ad exteriores lacrymas movit et produxit affectum».
[26] *Enarrat. in ps.* 140,24 (PL 37,1831): «Cordis venam ille tangebat».
[27] *Enarrat. in ps.* 31 sermo 2,12: PL 36,266.
[28] *In epist. Io. tr.* 1,6: PL 35,1982.
[29] *Enarrat. in ps.* 138,15 (PL 37,1793): «Defendendo autem tenebras tuas, tenebraris tenebras tuas».

presencia. ¿Amas la hermosura? ¿Quieres hermosearte? Confiésate. No dice:
'La hermosura y la confesión brillan en su presencia, sino: *La confesión y
la hermosura*'. ¿Eres deforme? Confiésate para que te hagas hermoso. ¿Eres
pecador? Confiésate para que seas justo. ¿Pudiste afearte? No puedes enflo-
recerte de hermosura (por ti mismo). Pero mirad la bondad de nuestro Esposo, que amó a la fea para hacerla hermosa. —¿Cómo que amó a la fea? —Sí,
porque dice: No vine a llamar justos, sino pecadores... ¿Amamos la hermosura? Pues elijamos primero la confesión, y a ella seguirá la hermosura» [30].

En otros lugares compara la penitencia con el estiércol, que es repugnante
a los ojos, pero contribuye a la hermosura y lozanía de las plantas y flores:
«En la masa limpia del montón de trigo, ¿hallas por ventura el estiércol?
Con todo, a aquel esplendor, a aquella fecundidad, a aquella fertilidad y hermosura, no se llega sino por la fealdad del estiércol; la fealdad es la causa
de una cosa tan bella» [31].

8. Tres clases de penitentes

San Agustín distingue tres clases de acciones de penitencia tal como se
conocían en su tiempo. La primera es la que hacían los candidatos para el
bautismo: «Nadie viene bien al bautismo de Cristo, en que se perdonan todos
los pecados, sino haciendo penitencia de la vida pasada» [32].

El tiempo del catecumenado era un tiempo de ascesis cristiana como preparación para el bautismo: «¿Qué otra cosa hacen en el tiempo los que están
en la categoría de catecúmenos y llevan el nombre de tales sino instruirse
en lo que debe ser su fe y su vida de cristianos?... Lo cual se hace con más
diligencia e intensidad en los días en que se llaman competentes, es decir,
después de haber dado su nombre para el bautismo» [33]. Era un período de en-
trenamiento atlético para su futura lucha. Debían renunciar a las máximas
paganas, apartarse de sus espectáculos, banquetes y reuniones, practicar la mortificación, la castidad, la templanza [34].

Esta primera penitencia es la que recomendaba el Señor al decir: *Con-
vertíos, porque se ha acercado ya el reino de los cielos* (Mt 1,17). Y la de
San Pedro (Act 2,38) y del «precursor y del preparador de los caminos del
Señor» Juan Bautista (Mt 3,7-8) [35]. De la penitencia prebautismal sólo quedaban excluidos los párvulos, «que aún no pueden usar del libre albedrío» [36].

La segunda clase es la penitencia que los cristianos deben hacer todos los
días. Y es la que se hace con el arrepentimiento de las caídas cotidianas, por

---

[30] *Enarrat. in ps.* 95,7: PL 37,1232.
[31] MA I; WILMART, III 682: «Numquid in massa tritici purgata invenis stercus? Et
tamen ad illum nitorem, ad illam fecunditatem, ad illam fertilitatem et pulchritudinem
per stercus pervenitur; rei pulchrae faeditas via fuit».
[32] *Sermo* 352,2: PL 39,1550.
[33] *De fide et oper.* VI 9: PL 40,202.
[34] Un programa ascético para los competentes, o los que estaban ya inscritos para
recibir el bautismo, esboza San Agustín en el sermón 216: PL 38,1076-82. Lo pronunció
en el mismo año de su ordenación sacerdotal, que debió de ser en enero o febrero
del año 391. Según O. Perler, en la segunda mitad de marzo. Cf. *Les voyages de S. Augustin* p.434.
[35] *Sermo* 351,2: PL 39,1537.
[36] Ibid.

las que decimos al Señor: *Perdónanos nuestras deudas, así como nosotros perdonamos a nuestros deudores* (Mt 6,12)[37]. Lo mismo los sacerdotes que los laicos están obligados a esta práctica de plegaria y de perdón de las ofensas ajenas. La vida ordinaria está llena de tentaciones y peligros, y, aun cuando las caídas no siempre sean de consecuencias graves, pero, juntándose todas, deforman y deslucen la hermosura del alma, y es necesario usar la medicina diaria de la penitencia»[38].

La tercera clase de penitencia es más rigurosa, y se hace por aquellos pecados que se han cometido después del bautismo, de los cuales dice el Apóstol: *Porque los que ahora hacen tales obras, no poseerán el reino de Dios* (Gál 6,21). Aquí el juicio del tribunal de la conciencia es más severo. Los reos de estos pecados «deben acercarse a los sacerdotes, que tienen la administración de las llaves de la Iglesia, y, comenzando ya de nuevo a ser buenos hijos de Dios, guardando el debido orden de los miembros maternos, reciban su correspondiente satisfacción de los que se hallan al frente de los sacramentos, de tal modo que, al ofrecer el sacrificio del corazón contrito con devoción y oraciones, hagan que no sólo sea provechoso para salvarse ellos, sino también ejemplo para los demás»[39].

Se trata aquí del sacramento de la penitencia administrado por los sacerdotes a los pecadores públicos que se confesaban y arrepentían de sus culpas. Contra el rigorismo de los novacianos, que fueron excluidos de la Iglesia, San Agustín profesaba, dentro del rigor disciplinar de entonces en esta materia, una convicción y una práctica mitigadas. «Trátese de cualquiera clase de pecados, la madre Iglesia no pierde sus entrañas de piedad»[40].

El perdón que daba la Iglesia a los pecadores motivó el rigorismo de algunos que para ciertos pecados no admitían perdón alguno.

De los paganos viene también la objeción que todavía se repite: «'Vosotros hacéis que se multipliquen los pecados prometiendo el perdón a la penitencia'. Nos dicen que damos licencia para pecar porque prometemos el puerto de la penitencia[41]. No advierten que, más que la esperanza, es la desesperación la que sumerge a los hombres en la costumbre de pecar. Porque dicen: 'Ya no hay perdón para mí; estoy condenado; ¿para qué voy a ser bueno?, ¿qué más da añadir pecados a pecados?' Si quitáis el puerto de la penitencia, con la desesperación soltáis la rienda a los pecados. Para que con la desesperación no se aumente el número de los delitos, nos ha propuesto el puerto de la penitencia; y para que con la esperanza tampoco se multipliquen, nos ha dado la incertidumbre del día de la muerte»[42].

[37] *Sermo* 352,7: PL 39,1556-57; *Sermo* 351,6: PL 39,1541-42. Estos sermones 351 y 352 tratan la misma materia.
[38] *Sermo* 351,5: PL 39,1541.
[39] *Sermo* 351,9: PL 39,1545.
[40] *Sermo* 352,9 (PL 39,1559): «In quibuscumque peccatis non perdit viscera pia mater Ecclesia».
[41] *Sermo* 352,9 (PL 39,1559): «Dicunt nos dare peccatis licentiam, quia portum paenitentiae pollicemur».
[42] Ibid.: «Ecce ad utrumque vigilavit pro nobis providentia Dei. Ne desperando augeamus peccata, propositus est paenitentiae portus: rursus ne sperando augeamus, datus est dies mortis incertus».—*Enarrat in ps.* 101,10: PL 37,1301.

9. Satisfacción penitencial

Para asegurar el valor y la duración de la penitencia, la Iglesia exige obras satisfactorias. *Satisfacer* significa restablecer un orden perturbado con la violación de algún derecho ajeno. Es rematar bien las cuentas, pagar por entero lo que se debe, dejar contento al que se ha ofendido devolviéndole la honra que se le ha quitado o los bienes que se le han hurtado.

Tratándose de la ofensa de una criatura al Creador, surge una distancia tan inconmensurable, que aquélla no puede salvarla de ningún modo. Es decir, ninguna criatura puede pagar por entero una deuda contraída con su Creador. Mas en la penitencia cristiana hay un hecho, o, mejor, un misterio, que hace posible tal satisfacción, porque el Hijo de Dios salió fiador por culpas ajenas, pagador divino de deudas humanas; y no pagador por extraños, porque El se hizo tan uno con los hombres, que tomó sobre sí su naturaleza pasible y mortal, y hasta se hizo cargo de sus culpas e infinitos delitos contra Dios cometidos desde el principio del mundo; y satisfizo por ellos no sólo con inefables penas interiores y congojas del corazón, porque se trataba de ofensas contra su Padre, sino también con un martirio cruelísimo de su cuerpo, que fue su sacrificio meritorio y satisfactorio para honrar a su Padre y reconciliar con El a sus hermanos.

Mas, supuesta esta satisfacción de Cristo, nuestra Cabeza, toca a los hombres recibir la gracia del perdón que de ella nos vino y tomar parte activa y personal en el dolor y pasión interior y exterior del Hijo de Dios. Y así es posible y real una satisfacción penitencial que deben hacer todos los cristianos. A ella se alude en estos pasajes de San Agustín: «No sólo se han de confesar los pecados y cambiar las costumbres, sino también satisfacer a Dios. No basta, pues, hacerse mejor en las costumbres y apartarse de las obras malas que se han hecho, sino también es necesario satisfacer a Dios por ellas con el dolor de la penitencia, con los gemidos de la humildad, con el sacrificio del corazón contrito acompañados de limosnas»[43]. Tres obras satisfactorias señala aquí el Santo: el dolor íntimo del corazón por haber ofendido a Dios, o la pena que debe sentirse por faltar a sus mandatos; los gemidos de humildad, que nacen de la misma pena interior y mantienen al hombre en estado de constante abominación del mal, y las obras de misericordia, o el ejercicio de la limosna.

Así la penitencia cristiana adquiere su complemento y perfección.

10. El misterio de la penitencia

En realidad, la satisfacción tiene sentido como participación en el misterio de la cruz. Una profunda reflexión agustiniana nos sitúa en esta perspectiva. Hay dos muertes en que el hombre incurrió por su pecado: la muerte corporal y la espiritual. La separación del alma y cuerpo, rompiendo el consorcio de su unidad, es la muerte del cuerpo. La separación de Dios y el alma por un apartamiento voluntario y rotura de amistad es la muerte del alma. A esta doble muerte destruyó el Hijo de Dios con su única muerte corporal

---

[43] *Sermo* 351,12: PL 39,1549; *Ench.* 75: PL 40,263.

en la cruz para reparar la ofensa del hombre contra Dios y conseguirle la doble resurrección de alma y cuerpo por la única resurrección de su cuerpo.

Así la resurrección de Cristo corresponde «al sacramento del hombre interior, es decir, a la resurrección del alma por la penitencia, siendo al mismo tiempo el ejemplar de la resurrección del hombre exterior. Con miras al sacramento de nuestro hombre interior fue dada aquella voz, que sirve para significar la muerte de nuestra alma, no sólo en el salmo, sino también en la cruz: *Dios mío, Dios mío, ¿por qué me has abandonado?* (Sal 21,1; Mt 27,46). Con esta voz hace eco la del Apóstol: *Sabiendo esto, que todo hombre viejo ha sido crucificado para que fuera destruido nuestro pecado y no sirva ya más al pecado* (Rom 6,6). Por la crucifixión del hombre interior se entienden los dolores de la penitencia y cierto saludable tormento en la práctica de la continencia, de suerte que por esta muerte se acaba la impiedad en la que nos dejó Dios» [44].

En este lugar, San Agustín, siguiendo a San Pablo, relaciona el abandono y la crucifixión de Cristo con el abandono y la crucifixión del alma cristiana por el dolor de los pecados y la práctica de la continencia o lucha contra las pasiones, que es también dolorosa. El abandono de Cristo por parte de Dios en la cruz responde al abandono de Dios por el alma con el pecado. Por el primero, Cristo fue entregado en manos de los pecados y pecadores, de las fuerzas del mal, para que le hicieran víctima y sacrificio por el mundo. Por el segundo, o el abandono del alma por parte de Dios con la rotura de su amistad, quedó a merced del pecado y de la ira de Dios. Porque los hombres abandonaron a Dios, Cristo quedó abandonado en la cruz con la amarguísima pena de ser el blanco de todas las maldades del mundo; y por mérito de esta pasión aplacó la ira de Dios, por la que abandonó a los hombres, dejándolos en las manos de su propio albedrío.

Por eso el alma penitente debe sentir la malicia de este abandono por nuestra parte, en que consiste su muerte espiritual, y unirse al dolor del abandono y muerte de Cristo, sintiéndolos como obra suya y teniéndose por parte muy activa en los dolores del Justo. Y aquí está la crucifixión del hombre interior por el dolor penitencial de sus culpas y la práctica de la continencia cristiana.

La penitencia, pues, es sacramento y misterio de cruz y crucifixión con Cristo. Cuanto mayor sea la pena de la ofensa contra Dios, cuanto más taladre el dolor los meollos del corazón, tanto más saludable es la crucifixión del alma y mayor la semejanza con Cristo.

Por eso la compunción del corazón ha tenido y tiene tanta importancia en la espiritualidad cristiana y en el buen uso de la confesión sacramental.

[44] *De Trin.* 4,6 (PL 42,891): «Crucifixio quippe interioris hominis paenitentiae dolores intelliguntur, et continentiae quidam salubris cruciatus, per quam mortem mors impietatis perimitur, in qua nos reliquit Deus».
Sobre esta frase última: *in qua nos reliquit Deus,* hay una variante que dice: *in qua nos non dereliquit Deus:* «en la que no nos dejó Dios». Parece ser preferible la primera lectura, siendo éste su sentido: «en la cual nos dejó o nos deja Dios», es decir, en la muerte y crucifixión del hombre interior o en los dolores penitenciales y en la saludable aflicción de la continencia (PL 42,894).

La alegría en la vida cristiana

1. La alegría de la luz

Víctor Hostachi ha indagado uno de los aspectos más bellos de la espiritualidad católica: la alegría de la santidad. La santidad católica se muestra siempre alegre en diversos grados y matices. «La alegría benedictina no es la alegría franciscana; la alegría dominicana es diferente de la del Carmelo; la alegría del austero San Jerónimo dista mucho de la del bonachón San Francisco de Sales, aunque sea idéntica en su fuente, en su curso y en su término, que es Dios. Todas estas alegrías alimentan el gran río de la vida que corre en medio de la Iglesia; ellas se compenetran sin perderse, se unen sin destruir su ritmo propio, se armonizan y se completan para cantar al Señor y fundirse en el amor eterno»[1]. Hay alegría en la pobreza, en el espíritu de alabanza, en la luz, en el sufrimiento, en la acción apostólica.

¿Podrá hablarse también de una alegría agustiniana? V. Hostachi ha calificado la alegría de Santa Catalina de Siena como un gozo en la luz. Evidentemente, la luz física será siempre uno de los manantiales de la alegría de la vida temporal. Digamos lo mismo de la luz espiritual; dondequiera que se derrama lleva el gozo de Dios. Y precisamente San Agustín ha sido uno de los hombres que más han gozado con la contemplación y hermosura de la luz interior. La luz que es odiosa para los ojos enfermos, es amable para los sanos[2]. La alegría agustiniana se podría definir con las palabras con que describe la vida feliz: *Gaudium de veritate*[3]. El gozo de la verdad es el mismo gozo de la luz. San Agustín ha cantado con énfasis el «deleite que recibe el corazón humano de la luz de la verdad, de la afluencia de la sabiduría; ese deleite del corazón humano, del corazón fiel, del corazón santo, no halla otro género de deleite al que se pueda comparar ni aun que le sea menor. Pues, al decir menor, parece indicar que aumentándolo sería igual; pero aquí no caben comparaciones; es de otro género, es muy diferente»[4] Así, para el Santo, el progreso en la vida espiritual es un crecimiento en el gozo de Dios: «Es propio de los cristianos progresar y subir a Dios cada día y alegrarse siempre de El y de sus dones»[5]. Es decir, la vida cristiana en todo su proceso va fielmente acompañada de la alegría.

Ya sé que se ha hablado de un pesimismo en la concepción agustiniana del hombre, lo cual basta para tener sus reflejos en la espiritualidad. «A menudo se ha reprochado el cristianismo de acentuar con exceso el sentimiento de la culpabilidad y de la debilidad humanas. Así generalizada, la acusación es falsa, si bien no puede negarse que ciertos escritores le hayan dado un viso de verdad y que la piedad a fines de la Edad Media gustaba de esta disposición de espíritu. El pesimismo agustiniano, en el cual siempre pueden hallar-

---

[1] V. Hostachi, *La joie de la sainteté.*
[2] *Conf.* VII 16: «Oculis aegris odiosa est lux quae puris est amabilis».
[3] *Conf.* X 23.
[4] *Sermo* 179,6: PL 38,969.
[5] MA I; Denis, XX 111: «Christianorum est quotidie in Deum proficere et de Deo vel de donis eius semper gaudere».

se elementos para una selección sistemática, es la fuente de esta disposición, y se la encuentra muy en especial en los escritos anónimos agrupados en torno a la *Imitación de Cristo*. He aquí cómo uno de ellos traza los grandes lineamientos del sistema: «*La meditación engendra el conocimiento de sí mismo, el cual engendra la compunción, y ésta piedad*. Meditar será considerar nuestras miserias para llegar a la compunción» [6].

Quédese para M. Müller la responsabilidad de estas afirmaciones; mas en lo que atañe a la fuente del pesimismo agustiniano, verdad es que San Agustín se nutre del *noverim me, noverim te*, que da fuerza y tono a su especulación religiosa. Mas el conocimiento no se alimenta sólo de escarbar en la propia miseria, sino también se deleita en el esplendor de la imagen de Dios que es el alma. El sabía muy bien que, de suyo y en sí mismo, el pecado es un alimento insano, un manjar de enfermos y que produce enfermedad si al mismo tiempo no se cultiva la meditación de Cristo y los grandes tesoros y bienes que tenemos en El. De miradas altas y bajas, de miradas al cielo y miradas a la tierra, de miradas a Dios y de miradas al yo pecador, resulta el sano y equilibrado conocimiento que dan los escritos agustinianos. Ya desde los principios de la conversión plúgole a San Agustín subirse con el pensamiento al más alto mirador de la fe, donde los ojos beben gozo y hartura celestial: Cristo. El misterio del Verbo encarnado le llevaba los ojos tras sí al catecúmeno y recién bautizado Agustín: «Yo no me hartaba aquellos días, con maravillosa dulzura, de contemplar la alteza del consejo divino relacionado con la salvación del género humano» [7]. Y el agua bautismal le lavó y le llevó todas las tristezas e inquietudes de su vida pasada [8]. Este levantar el vuelo a lo más alto mientras se empapaba el valle de su alma de tiernas humedades, este entrar tan pronto en el piélago del misterio de Cristo, pinta el genio platónico y contemplativo del Santo y la orientación cristológica de su piedad desde su ingreso en la Iglesia hasta su muerte. Un elemento sano dio equilibrio y fuerte serenidad al convertido de Hipona. No es que él cerrara los ojos a la miseria del hombre, que cuenta con él con uno de los más terribles psicólogos y analistas del pecado; pero miró siempre con más morosa contemplación la misericordia de Cristo. Por eso no puede ampararse en él ninguna tendencia espiritual más o menos morbosa que se satisfaga y hunda en la complacencia y mirada de los males y de los dominios de las miserias, dejando en la sombra las claridades y tesoros de la redención.

Le interesó el hombre con todos sus problemas, y tomó bien los pulsos a la naturaleza lapsa. Sin parar la atención en los estados hipotéticos de la naturaleza humana, él se fue derecho al hombre concreto, al *homo semivivus relictus* de la parábola del buen samaritano, que le sirvió para formular la

---

[6] M. MÜLLER, *La alegría en el amor de Dios* p.55 (Madrid 1937). En otro lugar califica de ligeramente pesimista la doctrina agustiniana comparada con la de San Belarmino (p.34). Müller parece olvidar en este juicio que hace el carácter dialéctico de la meditación agustiniana, que se balancea rítmicamente entre el *noverim te* y el *noverim me*. Para San Agustín, meditar no es sólo considerar la miseria propia para llegar a la compunción, sino también consiste en mirar mucho a Dios en Cristo, fuente de toda justicia, santidad y misericordia. El justo equilibrio espiritual que llamamos humildad cristiana se logra con esta dialéctica de las dos miradas.

[7] *Conf.* IX 6.

[8] Ibid.: «... et baptizati sumus et fugit a nobis sollicitudo vitae praeteritae».

doctrina de la vulneración, donde para algunos está el residuo pesimista de su espiritualidad. Más que pesimismo, habría que llamarlo realismo espiritual, que tiene su lado desfavorable y trágico, pero también su aspecto de optimismo confortador, lo mismo que la parábola del samaritano, lo mismo que la vida humana, que se compone de consuelos y desconsuelos, de gustos y disgustos, de acíbar y de almíbar: *Plena est vita haec suppliciis atque solatiis* [9] El doble aspecto nunca ha sido descuidado en las pinturas de San Agustín acerca del hombre; pero el centro de convergencia de sus miradas es siempre Cristo, que es quien equilibra y armoniza todas las notas. Por eso con razón el P. E. Mersch ha escrito: «La doctrina de San Agustín, a pesar de la nota de austeridad, y podría creerse un poco triste, que en ella pone el pecado, es alegre, confiada, anchurosa e inmensa. Es porque el centro de todo es la vida interior que Cristo ha depositado en nuestras almas, y esta vida es amor, bondad y aun alegría eterna» [10]. Tal es, igualmente, la definición que apoyan estas reflexiones.

2.   Optimismo religioso

La concepción agustiniana del mundo descansa sobre este principio, opuesto a toda doctrina de tipo maniqueo: «Y el mundo fue hecho por Él. Porque el universo entero, desde las cosas supremas hasta la tierra ínfima, se halla sujeto al Creador, no al desertor; al Redentor, no al asesino; al Libertador, no al cautivador; al Doctor, no al embaucador» [11]. Estas palabras parecen un himno triunfal para celebrar el optimismo religioso. La creación, la Providencia divina, la redención, la revelación divina, sostienen nuestra visión del mundo, que, por muy negro que se pinte, está siempre en buenas manos omnipotentes.

La presencia del mal es lo que enturbia más nuestro optimismo. Y a San Agustín se le cargaban los ojos de tristeza al contemplar sus ruinas sobre todo en el género humano. Y al nombrar el mal, se nombra el pecado, que es el verdadero mal, el que más directamente se opone al bien y malogra su reinado.

Pero el poder del mal está limitado y obedece también a un orden universal, de tal modo que siempre resulta de él algún bien, y el omnipotente y el justo no permitiría su existencia si no fuera bastante poderoso para obtener bienes de los males [12].

San Agustín hizo frente al optimismo utópico de Pelagio, para quien el hombre es un ser sano, intacto y puro en su naturaleza. Para el Doctor de la gracia, en cambio, el hombre está herido, enfermo y aporreado, como el judío de la parábola. Pero tiene un médico omnipotente que le puede sanar y curarle de su melancolía. El cristianismo no es una casa de inválidos entregados a los lamentos de la desesperación, sino una casa de salud donde

---

[9] *Sermo* 223,2: PL 38,1093.
[10] *Deux traits de la doctrine spirituelle de S. Augustin:* Nouvelle Revue Théologique 57 (1930) 403.
[11] *In Io. ev. tr.* 79,2 (PL 35,1837): «*Et mundus per Eum factus est.* Universus mundus a summis usque ad infimam terram Creatori est subditus, non desertori: Redemptori, non interemptori; Liberatori, non captivatori; Doctori, non deceptori».
[12] *Op. imp. contra Iul.* 5,60: PL 45,1495.

se pueden curar todas las dolencias del alma y recobrar las fuerzas para vivir con alegría, con santidad y justicia, es decir, con alegría. Porque «tiene sus delicias el pecado; ¿y no las tendrá la justicia? Destila su deleite el mal, ¿y no lo destilará el bien? Ciertamente que sí; Dios derrama su suavidad, y por ella nuestra tierra dará su fruto, pues, de no haber infundido antes el Señor su divina dulzura en nosotros, la tierra de nuestro corazón sería baldía y triste» [13].

«La causa de tu tristeza es el pecado; sea causa de tu alegría la justicia», sentencia San Agustín [14]. La justificación o la justicia da al cristiano salud y alegría.

Aquí conviene notar la diferencia entre la justificación católica y la protestante, que una convertida moderna, Ida Hahn, señala de este modo: «La doctrina católica de la justificación o gracia cura interiormente las heridas causadas por el pecado; la protestante les pone un vendaje» [15].

La curación o sanidad total es causa de gozo en el catolicismo. Como lo experimentó San Agustín en su propia conversión: «¡Oh cuán suave se me hizo luego el carecer de las suavidades de las bagatelas! Y las que antes temía perderlas, ahora me complacía en dejarlas. Porque Vos, que sois verdadera y suma suavidad, las echabais fuera de mí; arrojándolas de mí, entrabais en su lugar Vos, que sois más suave que todo deleite, aunque no a la carne y sangre» [16].

A un período algo posterior se refieren estas otras palabras: «Habíais comenzado a serme dulce y dar alegría a mi corazón» [17].

Esta vena secreta de gozo mana del mismo renacimiento cristiano por el primer sacramento: «Nuestro gozo comienza en la fe al renacer y llegará a su plenitud con el premio de la resurrección» [18]. Y así pudo escribir, sin duda apoyado en su experiencia: «Aun en el mismo hombre, cierta alegría de la buena conciencia es un paraíso» [19]. Quien testifica y saca a vistas de todos estas confesiones, lo hace amaestrado por la vida propia, que se hace cántico y alabanza de la fe aun sabiéndose desterrado en un mundo de malicias y desventuras.

3. La fuente de la alegría

Algunas especulaciones religiosas de San Agustín son manantiales secretos de alegría. Así la doctrina de la gracia, en la que fue maestro de maestros. El estado de gracia pone al hombre en una situación existencial que le hace sentirse hijo de Dios que va seguro por el camino de la esperanza de salvación. Por muy patética que se quiera pintar la condición del hombre caído,

---

[13] *Sermo* 169,7: PL 38,920.
[14] *Enarrat. in ps.* 42,3 (PL 36,478): «Causa tristitiae tuae peccatum est; causa laetitiae tuae iustitia sit».
[15] IDA GRÄFIN HAHN-HAHN, *Aus Jerusalem* p.55 (Mainz 1851).
[16] *Conf.* IX 1.
[17] *Conf.* IX 4.
[18] *In Io. ev. tr.* 83,1 (PL 35,1815): «Gaudium nostrum inchoatur in fide renascentium, implebitur in praemio resurgentium».
[19] *De Gen. ad litt.* 12,465 (PL 34,492): «Etiam in ipso homine laetitia quaedam bonae constientiae paradisus est».

por muy negros colores que se acumulen en el análisis contingencial de la existencia cristiana, el cristiano será siempre el hombre privilegiado que viaja a la sombra de Cristo, libertador de toda angustia y amparador de todo mal, sobre todo de los que más afligen interiormente al hombre. La gracia pone al cristiano en comunicación amistosa con Dios y guarda todos sus valores positivos, convirtiéndolo en un viador que camina no hacia el fracaso total o el vacío de la nada, sino a la verdadera patria de su alma, donde se guarda su mejor patrimonio.

Esta situación de esperanza, aunque le exige renuncias y desprendimientos dolorosos, naturalmente llena de júbilo su alma y pone en sus labios cánticos de alabanza. La gracia en su mejor esencia significa participación de la filiación adoptiva de Dios y liberación de todo miedo servil, porque está al servicio no de un amo distante, sino de un Padre que le quiere. Y si el ser querido significa siempre una elevación y satisfacción espiritual, el ser querido de Dios y la conciencia de esta grande verdad es el mejor viático de la existencia cristiana, porque la llena de gozo y seguridad.

Por eso, San Agustín presenta la gracia en su aspecto más libertador: como *gratia delectatrix,* la gracia deleitante, que produce gusto y alegría interior en la adhesión al bien que se practica: «Un derrame de dulzura es la gracia de Dios, por la que se nos hace deleitoso, deseable y amable cuanto El nos manda» [20]. Este gusto del bien lo llama él *suavitas, dulcedo, delectatio, dilectio, caritas* [21], términos que entrañan gozo interior, lo mismo que los verbos con que designa o insinúa los efectos de la gracia, como atraer, halagar la voluntad, llevar tras sí el corazón, robarlo, causar agrado, dar gusto, contentar, mover el libre albedrío, picar el paladar interior.

Con este vocabulario da a entender que la gracia o la tracción divina de Dios no es violenta, sino se adapta a las más nobles aspiraciones del espíritu humano.

Mas nótese que esta alegría en realidad es *cristiana,* es decir, toda ella viene de la fuente de Cristo, «porque el tiempo de la alegría, del descanso, de la felicidad, no procede de nuestros méritos, sino de la gracia del Salvador» [22]. Y si es verdad que la vena secreta del gozo cristiano mana de nuestra conciencia y fe de ser hijos de Dios, en tanto lo somos en cuanto la gracia nos ha incorporado a Cristo o nos ha hecho miembros suyos; miembros de una Cabeza gloriosa que nos guarda y ampara como propiedad suya y gloria y hermosura suya.

Por eso, ¡con qué emoción y gozo suyo y de los oyentes de Hipona y con qué viveza de expresiones debió de pronunciar un día estas palabras en un sermón! : «Alborocémonos, demos gracias a Dios por haber sido hechos no sólo cristianos, sino Cristo. ¿Entendéis, hermanos míos, lo que significa

---

[20] *Contra duas epist. Pel.* 2,21: PL 44,586.
[21] Estos términos son equivalentes y expresan la *delectatio iustitiae,* la *dulcedo bonitatis (Enarrat. in ps. 118* sermo 17,1,2: PL 37,1545). La *suavitas* implica gozo: «Suavitas enim disci non potest, nisi delectet» (ibid., 3: PL 37,1548). «Cum quo ergo facit Deus suavitatem, id est, cui propitius inspirat boni delectationem, atque, ut apertius explicem, cui donatur a Deo caritas Dei» (ibid.). El gozo, pues, va entrañado en la gracia.
[22] *Sermo* 254,1 (PL 38,1282): «Tempus vero laetitiae, quietis, felicitatis, non venit de meritis nostris, sed de gratia Salvatoris».

esta gracia? Admiraos, gozaos; hemos sido hechos Cristo, porque, si Él es la Cabeza, nosotros somos sus miembros, el Hombre completo, Él y nosotros»[23]. Hacernos una cosa con Cristo es meternos en la misma fuente de todo gozo, en la corriente viva de toda salvación y seguridad de esperanza. Esperanza de salvación que es el secreto del gozo cristiano, que nos viene de nuestra Cabeza, donde se encierran todos los bienes que pueden desearse. Por eso, «destiérrese todo pesar de la vida de la fe. Con la esperanza de tantos bienes, no está bien que esté triste el templo de Dios. Allí habita el buen Consolador, allí el que no engaña en sus promesas»[24].

Aquí el Santo introduce al Espíritu de Jesús como fuente también de alegría interior que alivia con sus consolaciones el viaje de los cristianos a la eternidad y les hace cantar en él.

4. «Canta y camina»

Por eso, San Agustín asocia íntimamente el canto a la espiritualidad cristiana: «Porque cantar y entonar salmos es negocio de los que aman»[25]. El hombre nuevo que es el cristiano entona su propio cantar: «El canto brota de la alegría, y, si lo miramos bien, nace del amor: *res est amoris*. El que sabe, pues, amar la vida nueva, sabe también cantar el cántico nuevo»[26].

La peregrinación cristiana debe acompañarse con el canto, con manifestación de alegría: «Cantemos, pues, ahora, hermanos; no para deleite de descanso, sino para alivio de nuestro trabajo. Como suelen hacer los caminantes, tú también canta y camina. Alivia tu fatiga de caminante con el canto. No te domine la pereza; canta y camina. ¿Qué significa *camina*? Avanza siempre en el bien. Pues no faltan quienes retroceden, yendo de mal en peor, como dice el Apóstol. Si tú progresas y adelantas, caminas; mas progresa en el bien, progresa en la fe, progresa en las santas costumbres. Canta y camina. No te extravíes, no te vuelvas atrás, no te detengas»[27].

Quien así concebía e invitaba a vivir a los cristianos, tenía un alma musical, llena de modulaciones, como la que describe el autor de la *Imitación*: «Si tú, Señor, nos infundes tu gozo, el alma de tu siervo estará rebosante de melodías»[28].

Así ha de concebirse el alma agustiniana y su espiritualidad, que no es triste ni cabizbaja, sino alada y musical, resonante de armonías.

La oposición que M. Müller ha querido acentuar entre el optimismo de San Francisco de Sales y el pesimismo agustiniano, le lleva a esta afirmación: «Así fue como San Francisco de Sales se sobrepuso a la noción pesimista que San Agustín tenía del hombre. Afirma la bondad, la aptitud que tiene el hombre de desarrollarse ampliamente hasta lograr la unión íntima con Dios. El mal obrado por el pecado original ha sido compensado con creces por la

---

[23] *In Io. ev. tr.* 21,8: PL 36,1568.
[24] *Sermo* 137,3 (PL 38,939): «In tanta spe non decet esse triste templum Dei».
[25] *Sermo* 33,1 (PL 38,207): «Cantare autem et psallere negotium esse solet amantium».
[26] *Sermo* 34,1 (PL 38,210): «Canticum res est hilaritatis... res est amoris».
[27] *Sermo* 256,3 (PL 38,1193): «Quomodo solent cantare viatores; canta, sed ambula. Laborem consolare cantando, pigritiam noli amare; canta et ambula».
[28] «Si gaudium sanctum infundis, erit anima servi tui plena modulatione».

gracia de la redención» [29]. Pero ¿es que San Agustín niega la capacidad que tiene el hombre de desarrollarse también hasta unirse íntimamente con Dios, o pone en duda los grandes bienes y tesoros de gracia de la redención?

En lo que podemos llamar optimismo afectivo, San Francisco de Sales, sin duda, se distancia de San Agustín, porque las de ambos son dos vidas de muy diferente curso existencial; mas en lo que atañe al optimismo y pesimismo doctrinal hay que recortar las distancias.

Y si la espiritualidad o piedad salesiana consiste «en un afecto piadoso y humilde hacia Dios, humilde por la conciencia de nuestra propia debilidad, piadoso por nuestro conocimiento de la gracia divina» [30], digamos que San Agustín y San Francisco se dan la mano, ni hay razón para separarlos por razones de optimismo y pesimismo.

Las dos actitudes espirituales, la una caracterizada por el alejamiento y temor de Dios, la otra por el amor y alegre sentimiento de su unión, en realidad deben andar unidas en una espiritualidad auténtica.

Ambas se hallan caracterizadas, según Müller, por el espíritu penitencial del *Miserere* y la efusión gozosa «del *Magnificat* de la más gozosa de las vírgenes» [31]. El espíritu del *Miserere* sería el de la piedad agustiniana medieval, según él. Aun pasando como discutible por esta opinión, lo que sí puede asegurarse es que no tiene sentido cuando se habla del agustinismo de Agustín. El *Miserere* y el *Magnificat* pertenecen a las más profunda dialéctica de su espiritualidad de *canta y ambula*. Los trenos y los trémolos del arrepentimiento son igualmente valiosos y exigidos, al igual que los cánticos y laudes, por la teología de la gracia, que humilla y levanta al hombre, que le humedece y enternece con lágrimas y le hace reír, cantar y danzar. El espíritu agustiniano no anda cabizbajo, cohibido y oprimido en la presencia de Dios, como Amo-severo, sino libre e interiormente vestido con traje nupcial de fiesta ante el Dios-Amor, que se deja abrazar por el hombre.

[29] M. Müller, o.c., p.39.
[30] O.c., p.55.
[31] O.c., p.63.

EL ESPIRITU DE LA LITURGIA

La esperanza en la venida del Señor

1. El adviento del Señor

En una introducción a la espiritualidad agustiniana conviene aludir siquiera al ciclo de las fiestas con que la Iglesia educa al pueblo cristiano para que crezca continuamente en la fe, esperanza y caridad. San Agustín vivió también y predicó muchas veces sobre los misterios divinos que se celebran anualmente en la Iglesia. Sus sermones son hoy todavía una fuente estimable de la antigua liturgia, no sólo para conocer algunos aspectos históricos de la vida cristiana, sino también los valores eternos del servicio de Dios [1].

«Lo que en la liturgia de la Iglesia le viene primeramente a San Agustín al pensamiento no es el aspecto ritual y sacramental del culto, sino el eterno diálogo entre Dios y el hombre. Las *Confesiones* lo dicen con clásica precisión: 'Mi madre iba a tu iglesia todos los días, sin omitir ninguno, dos veces, mañana y tarde; no para charlar vanamente y ejercitar la locuacidad de las viejas, sino para oírte a ti en tus palabras y que la oyeras tú en tus oraciones' [2]. En la iglesia nos habla Dios en las lecturas, y nosotros le hablamos a El en nuestras oraciones. La iglesia es el lugar en que se nos prepara el banquete de las Sagradas Escrituras» [3].

San Agustín, como Pastor, tuvo que vivir más intensamente los misterios divinos y meditar y predicar la palabra divina. Por eso nos interesa saber cómo vivió el adviento, la natividad del Señor, la infancia de Jesús, la cuaresma, la Pascua, la ascensión y el misterio de la venida del Espíritu Santo. ¿Cuáles eran sus reflexiones a lo largo del ciclo litúrgico? Nos importa esto para conocer la vida íntima del Santo y el itinerario de su espíritu. Las festividades del Señor tuvieron para él un sentido profundo y respondían a sus aspiraciones, que en este punto eran muy humanas, pues todas las religiones naturales las admitieron. A la sucesión rítmica de las estaciones ha respondido el hombre con gestos y ritos peculiares, incorporándose al proceso mismo de los acontecimientos cósmicos.

Como dice bien C. Kerenyi, «en la fiesta se revela el sentido de la existencia cotidiana, la esencia de las cosas que rodean al hombre y de las fuerzas que actúan en su vida. El sentido de la festividad como realidad de la existencia cotidiana—así podemos decir resumiendo el aspecto subjetivo y objetivo—significa que la humanidad es capaz de darse a la contemplación en períodos rítmicamente recurrentes y de afrontar directamente en este estado

---

[1] El P. Wunibald Roetzer, O.S.B., ha estudiado este punto en su libro *Des Hl. Augustinus Schriften als liturgeschichtliche Quelle* (München 1930). Trata en él del año eclesiástico (p.5-70), los lugares cristianos del culto (p.71-94), el sacrificio eucarístico (p.95-135), los sacramentos (p.136-208), las bendiciones eclesiásticas (p.209-23), formas litúrgicas, fórmulas de plegarias, gestos.

[2] *Conf.* V 9,17.

[3] F. VAN DER MEER, *San Agustín, pastor de almas* p.442.

las realidades sobre las cuales se funda toda su existencia»[4]. Para el espíritu contemplativo de San Agustín, las festividades litúrgicas eran fuente de sosiego y liberación, paño de suavidad para limpiar el sudor del rostro y, sobre todo, un espacio libre para dedicarse a la meditación de la palabra divina o del misterio del Señor e introducirlo en el dinamismo del quehacer cotidiano. El espíritu de la liturgia tenía en él un sentido libertador para escuchar las campanas de la eternidad en el tráfago del mundo.

Comenzando, pues, por el adviento, San Agustín lo vivió como una esperanza sosegada de la venida del Señor. En realidad alude con frecuencia a los dos advientos: el humilde de la encarnación y el glorioso del fin de los tiempos: «Creemos—dice—en dos advientos del Señor: uno ya pasado, que los judíos no entendieron; otro futuro, que ellos y nosotros esperamos. Las Escrituras insinúan igualmente dos juicios para el que es avisado: uno oculto y otro manifiesto. El oculto se realiza ahora, y de él dice el apóstol Pedro: *Tiempo es de que comience por la casa del Señor* (1 Pe 3,17). El juicio oculto, pues, es la pena o sanción con que ahora cada uno es ejercitado para su purificación o es avisado para su conversión, o si despreció el llamamiento y la disciplina, es ejercitado para su condena»[5].

El temor y la esperanza definen el transcurso del tiempo entre las dos venidas; es un tiempo oscuro y preparatorio, en que se vive del recuerdo y de la espera: «Durante el tiempo en que se extiende el presente siglo, haciendo veces de noche, está en vela la Iglesia hasta que venga el Señor a la luz de las lámparas nocturas que son las Escrituras. Y así dice el apóstol Pedro: *Tenemos más confirmada la palabra profética, a la cual hacéis bien en prestar la atención como a una linterna que da luz en un lugar oscuro, mientras no amanezca el día y no se levante el lucero matutino en vuestros corazones, sabiendo en primer término que ninguna profecía es fruto de interpretación particular, pues, guiados por el Espíritu Santo, hablaron los hombres de parte de Dios* (2 Pe 1,19-21). Por eso el Salvador mismo nos encarga la vigilia espiritual cuando nos habla de su venida repentina: *Velad*—dice—, *porque no sabéis ni el día ni la hora* (Mt 25,13)»[6].

Sabemos que la categoría de lo nocturno o la nocturnidad tiene mucha parte en la concepción agustiniana de la existencia. Por eso también la vigilancia adquiere peculiar importancia: «Con la luz de las vigilias resistamos a los tiranos de las tinieblas»[7]. Vivir con el alma despierta y vigilante es una necesidad para el cristiano: «Una de las cualidades profundas de la persona es la vigilancia. La verdadera persona se distingue del hombre mediocre por el hecho de que no pasa la vida adormecido en el letargo de la inercia intelectual, que no considera sino a veces cuando se presentan aisladamente a su pensamiento, sino que, interiormente en vela, ve siempre las cosas en la luz del conjunto cósmico *in conspectu Dei,* y saca inspiración para su vida de la posición metafísica del hombre. La vigilancia íntima de que hablamos consiste

---

[4] Kerenyi, *La religione antica nelle sue linee fondamentali,* trad. de D. Cantinari, p.55 (Bologna 1940).
[5] *Enarrat. in ps.* 9,1: PL 36,117.
[6] Wilmart, IV 3; MA I 685.
[7] *Sermo* 219 (PL 38,1088): «Luce itaque vigiliarum resistamus rectoribus tenebrarum».

en dirigir nuestra mirada interior al mundo de los valores, en abrir el alma a sus rayos, en la prontitud en acoger el *sursum corda,* la llamada a lo alto que nos lanzan, y en dejarnos llevar a las alturas por ellos» [8].

Sirvan estas palabras del filósofo católico D. von Hildebrand como comentario para entender la vigilancia cristiana tal como la predica el Evangelio y la comenta San Agustín, considerándola como una tensión espiritual en que toman parte «el corazón, la fe, la esperanza, la caridad, las obras mismas, alimentándose con el óleo interior de la conciencia la lámpara que está encendida en el alma, y que oscila en medio de los vientos y tentaciones del presente siglo» [9].

La vigilia cristiana es deseo, esperanza y amor del adviento del Señor, siendo las vírgenes sensatas de la parábola de Cristo y el anciano Simeón los tipos más representativos de esta actitud cristiana: «El deseo que palpitó en el corazón de este anciano, quien había recibido la revelación de que vería al Señor antes de morir, es de creer que hubo igualmente en todos los santos de los tiempos anteriores... Así, pues, aquellos primeros tiempos de la Iglesia, antes del parto de la Virgen, tuvieron santos que desearon el adviento de la encarnación del Hijo de Dios; pero estos tiempos, después que subió a los cielos, tienen también santos que desean su manifestación para juzgar a vivos y muertos. Este deseo de la Iglesia desde el principio hasta el fin del siglo no ha descansado» [10].

San Agustín pertenece a estos santos del Nuevo Testamento que desean la manifestación del Señor, porque este deseo pertenece a la espiritualidad cristiana y al amor de Cristo: «Si amamos a Cristo, debemos desear sinceramente su venida. Es perverso—y dudo que pueda haber en ello sinceridad—temer que venga Aquel a quien se ama, y, por un lado, suplicar: *Venga a nosotros tu reino* (Mt y,10), y, por otra, tener miedo a ser escuchado. Quien ha de venir a juzgarte es el mismo que vino para ser juzgado por ti. No temas el mal abogado, pues El es para ti ahora el abogado, y entonces será tu juez futuro. Será El, y también tú con tu causa; el discurso de tu causa será el testimonio de tu conciencia» [11].

Como siempre, topamos aquí en el espíritu del adviento la misma tensión vital de fe, de esperanza y de caridad.

2. La voz y el Verbo

San Juan Bautista tiene en el Adviento cristiano un relieve particular de mensajero para alertar la conciencia de los que esperan el reino de Dios. Para San Agustín, él es el profeta máximo en quien resuenan todas las voces del Antiguo Testamento para señalar al Mesías y dar la vida por El. A San Juan se aplican las palabras del salmo 131,18: *He preparado la lámpara para mi Cristo.*

[8] D. von Hildebrand, *Liturgia è personalità* p.116-17 (Brescia 1935).
[9] *Sermo* 93,16 (Pl 38,580): «Corde vigila, fide vigila, spe vigila, caritate vigila, operibus vigila... Cum autem surrexeris, praepara lampades»...
[10] *Enarrat. in ps. 118* sermo 20,1: PL 37,1557.
[11] *Enarrat. in ps.* 147,1: PL 37,1913.

Uno de los discursos fundamentales para diseñar la persona de Juan y su misión la saca San Agustín de la definición que el Bautista se dio de sí mismo, llamándose *voz:* «Recoge como en una voz todas las voces que precedieron al Verbo y ponlas todas en la persona de Juan. El llevaba en sí mismo el misterio de todas estas voces; él era, en cierta manera, la persona mística y sagrada de todas ellas. Por eso dijo que era la voz» [12].

Pero hay que distinguir entre *vox* y *Verbum,* entre la voz y la palabra. Sin el contenido de la palabra y mediante la palabra de la cosa, ¿qué es la voz? Un mero sonido, un ruido vacío que llega al oído, pero no pasa al corazón. Es sonido informe que no lleva en sí ninguna razón. Si uno da un clamor, oiremos una voz; si dice «hombre», dice una palabra; si dice «oveja, Dios, mundo», dice palabras. Cuando yo quiero decir algo, interiormente trabaja el pensamiento con las ideas, y, si quiere comunicarlas, forma sonidos articulados o palabras. Mas estos sonidos articulados llevan a la inteligencia de las cosas mediante el verbo interior, el cual se hace voz o sonido; y, trámite el aire, lleva su mensaje a otra persona, que lo entiende oyendo sus palabras. Las palabras, pues, salen del interior, las concibe el corazón, las guarda la memoria, las prepara la voluntad, les da vida el entendimiento. Por eso, lo que se dice, no pertenece a ninguna lengua: griega, latina, hebrea o púnica. Se trata de dos cosas muy diversas: el *sonido* y la *idea,* que se hace palabra externa y cabalga en el sonido y llega hasta el interlocutor, el cual se hace partícipe de su verbo interior, de sus ideas y sentimientos, que no se desprenden tampoco de él al comunicarlos a otros» [13].

San Agustín aplica este discurso a San Juan y Cristo o Verbo de Dios que se hizo carne. Son dos personas de excelencias muy diversas; la voz que suena y pasa es el Bautista, la Palabra e idea que siempre permanece es Cristo. El primero tuvo su ministerio y se fue; sonó su voz y se apagó, se desvaneció para dar paso a la Palabra de Dios, que queda eternamente.

Pasó el bautismo de Juan y le sucedió el bautismo o sacramento perpetuo de Cristo. Muchos quisieron identificar a Juan con el Mesías, pero él desvaneció la interpretación: *Yo no soy el Cristo,* no soy la Palabra, sino la voz que clama en el desierto: *Preparad el camino del Señor.* El dio voces para que recibiesen la Palabra que era Cristo.

Agudamente comenta San Agustín la respuesta negativa de Juan a los que lo tomaban por el Mesías; El dijo *no;* se reconoció a sí mismo, se discernió a sí mismo, se humilló a sí mismo [14]. Reconocerse lo que era, distanciarse de Cristo, humillarse: he aquí tres verbos que califican el temple de San Juan.

La confesión de San Juan sirve a San Agustín para profundizar en la naturaleza de Cristo, en su trascendencia y excelencia, en su carácter de Creador de todas las cosas, en su venida al mundo para salvarnos.

Por eso, después de recordar el testimonio que dio Juan como voz, como lámpara que brilla en las tinieblas y como amigo del Esposo (Jn 3,29), exclama:

---

[12] *Sermo* 288,2 (PL 38,1304): «Vox Ioannes, Verbum Christus. Ideo proprie dictus vox, tanquam omnium vocum signaculum atque mysterium».
[13] Ibid.
[14] *Sermo* 293,3 (PL 38,1329): «*Non* dixit; agnovit se, distinxit se, humiliavit se».

« ¡Cuántas cosas dice de Cristo y cuán excelentes, cuán elevadas y cuán dignas, si es que de El puede hacer alguien un elogio digno! » [15]

Mas esta dignidad del Bautista nos ayuda a comprender la dignidad del cristiano como voz del Verbo o anunciador de Cristo; todo hombre que anuncia al Verbo es voz del Verbo: *Omnis annuntiator Verbis vox Verbi* [16].

Recibir y anunciar la palabra divina, que forma todas las voces, que hace a todos los predicadores y mensajeros, es la misión de los cristianos. Cristo, como palabra del Padre, dio sentido a todas las voces, cumplimiento a todos los suspiros e invocaciones angustiosas del mundo antiguo y del mundo actual, que también está lleno de clamores y ansias de liberación y de vida.

El misterio, pues, de Juan se cumple en el seno de la Iglesia, que guarda el mensaje de la redención del género humano. Pero San Agustín insiste en la humildad y humillación de Juan ante la Palabra hecha carne: «*Conviene que El crezca y que yo disminuya*. Aquí está el misterio de nuestra elevación. Disminuyamos en lo humano, crezcamos en Dios. Humillémonos en nosotros para que nos encumbremos en El» [17].

El belén de San Agustín

1. Dialéctica de contrastes

Con los sermones agustinianos sobre el nacimiento del Señor podemos reconstruir un belén que nos recuerda las reflexiones del Santo sobre el misterio de su aparición temporal. Es un belén teológico o cristológico en su presentación, quiero decir que la presencia de Dios ilumina todo, al mismo tiempo que proyecta sombras profundas que nos desconciertan. Es un mirador de grandes contrastes y paradojas.

Kierkegaard decía: «Mi vida, como todo en la esfera a que pertenezco, es la esfera de lo paradójico: lo positivo se reconoce en lo negativo» [18].

El belén agustiniano es también la esfera de lo paradójico, como todo el misterio de Cristo, que es misterio de luz y de sombras, de cumbres inaccesibles y de vaguadas humildes. Las cosas más opuestas se unen en su persona: lo alto y lo bajo, lo luminoso y lo oscuro, lo dichoso y lo infeliz, lo regio y lo servil, lo rico y lo pobre, lo glorioso y lo vil.

Esta dialéctica de contrastes ilumina el misterio del nacimiento, desenvolviendo este principio o axioma de la cristología: «Habiendo de hacer dioses a los que eran hombres, se hizo hombre el que era Dios» [19]. Tal es la suma de todas las paradojas en que se desarrolla la historia de nuestra salvación. Sólo en la gran distancia y contraste entre Dios y el hombre es posible conocer a Dios y al hombre. He aquí, pues, algunos pasajes o miradas de San Agustín

---

[15] Ibid., 6: PL 38,1331.

[16] *Sermo* 288,5: PL 38,1306.

[17] *Sermo* 289,5 (PL 38,1311): «... mysterium altitudinis nostrae. Minuamur in homine, in Deo crescamus. In nobis humiliemur, in Illo exaltemur».

[18] KIERKEGAARD, *Diario* III p.265 (versión italiana de C. Fabro).

[19] *Sermo* 192,1 (PL 38,1012): «Deos facturus qui homines erant, homo factus est qui Deus erat».

al Niño de Belén: «Mirad hecho hombre al Creador del hombre para que mamase leche el que gobierna el mundo sideral, para que tuviese hambre el pan, para que tuviera sed la fuente, y durmiese la luz, y el camino se fatigase en el viaje, y la Verdad fuese acusada por falsos testigos, y el juez de vivos y muertos fuera juzgado por juez mortal, y la justicia, condenada por los injustos, y la disciplina fuera azotada con látigos, y el racimo de uvas fuera coronado de espinas, y el cimiento, colgado en el madero; la virtud se enflaqueciera, la salud fuera herida, y muriese la misma vida» [20].

En la dialéctica, San Agustín quiere que los cristianos suban de lo temporal a lo eterno, del mundo visible al mundo invisible: «Jesús yace en el pesebre, pero lleva las riendas del gobierno del mundo; toma el pecho, y alimenta a los ángeles; está envuelto en pañales, y nos viste a nosotros de inmortalidad; está mamando, y lo adoran; no halló lugar en la posada, y El fabrica templos suyos en los corazones de los creyentes. Para que se hiciera fuerte la debilidad, se hizo débil la fortaleza... Así encendemos nuestra caridad para que lleguemos a su eternidad» [21].

Otra paradoja que producía el asombro agustiniano era el silencio de la Palabra: «Es concebido, nace, se hace infante. ¿Qué quiere decir *infante*? El que no habla. Es infante y es la Palabra de Dios. Calla con la carne, y es el Maestro de los ángeles, que enseña por medio de ellos. Es anunciado a los pastores el príncipe y pastor de los pastores. Yace en un pesebre el que da víveres a los fieles. Débil aparece el nacimiento de Cristo según procede de la madre; pero es egregia su majestad, que le viene del Padre. Se hace temporal viviendo en el tiempo, pero El es día eterno que procede de un día eterno» [22].

Las más opuestas cualidades templan el misterio de Cristo: «El es bello como un esposo, fuerte como un gigante, amable y terrible, severo y apacible; hermoso en la bondad, áspero en la maldad; sin apartarse de su palacio, llenó el seno de la madre» [23].

Pero las paradojas del Dios-nacido están llenas de enseñanzas para el hombre: «Ve, hombre, qué se hizo por ti Dios; aprende la doctrina de tan grande humildad, de un tan grande Maestro que todavía no habla. Tú fuiste una vez elocuente en el paraíso para poner los nombres a toda alma viviente (Gén 2,19-20). Mas por ti el Creador yacía infante y no llamaba por su nombre ni a su Madre; tú te perdiste en un bosque frondoso de árboles frutales despreciando la obediencia; El, haciéndose obediente y mortal, vino a una posada estrechísima para buscar al muerto por él; tú, siendo hombre, quisiste hacerte dios para perecer; El, siendo Dios, quiso ser hombre para hallar lo que había perecido. Tanto te deprimió la soberbia humana, que sólo te pudo elevar la humildad de Dios» [24].

[20] *Sermo* 191,1: PL 38,1010.
[21] *Sermo* 190,4: PL 38,1009.
[22] *Sermo* 190,3: PL 38,1008.
[23] *Sermo* 195,2: PL 38,1018.
[24] *Sermo* 188,3: PL 38,1004.

2. La Madre Virgen

Los textos se pueden multiplicar sobre esto que podríamos llamar la *espiritualidad del asombro* que caracteriza la Navidad cristiana. Nos hallamos ante lo incomprensible, lo que nos anonada, lo que sella nuestros labios para dejarnos mudos ante la grandeza del misterio de Dios hecho hombre.

Pero todavía las paradojas se multiplican ante otra persona que forma parte principal en el belén de San Agustín: la madre virgen, María.

«¿Quién es capaz de comprender esta novedad nueva, fuera de todo lo ordinario, única, hecha creíble increíblemente y creída de un modo increíble en todo el mundo, que una virgen concibió y parió siendo virgen y después del parto continuó siendo virgen? Lo que pasa de vuelo, lo acoge la razón humana, y donde la razón humana falla, allí toma incremento la fe» [25].

El milagro de la virginidad maternal lo pedía la dignidad del nacido: «Concibiendo es virgen, virgen sigue en el parto, virgen estando encinta, virgen siempre. ¿De qué te admiras, hombre? Convenía que Dios naciera de ese modo cuando se dignó hacerse hombre. Así la hizo el que de ella fue hecho. La hizo madre para sí cuando estaba en el seno del Padre. Del Padre nació sin día temporal, de la madre nació en este día» [26].

El dominio de la madre sobre el que es omnipotente asombraba al predicador de Hipona: «Estaba tendido en el pesebre el que regía el universo, era infante la Palabra. Al que no cabe en los cielos, lo encerraba el seno de una mujer. Ella regía a nuestro Rey, ella llevaba al que nos lleva a todos, ella amamantaba a nuestro Pan. ¡Oh evidente muestra de debilidad y admirable humildad, donde se ocultaba todo el ser de Dios! » [27]

De maravilla en maravilla, de paradoja en paradoja, San Agustín va a dar siempre en la humildad de Dios, de tanto escándalo para los paganos:

«Es la misma humildad la que da en rostro a los paganos. Por eso nos insultan y dicen: ¿Qué Dios es ése que adoráis vosotros, un Dios que ha nacido? ¿Qué Dios adoráis vosotros, un Dios que ha sido crucificado? La humildad de Cristo desagrada a los soberbios; pero si a ti, cristiano, te agrada, imítala; si le imitas, no trabajarás, porque El dijo: *Venid a mí todos los que estáis cargados*» [28].

La doctrina de la humildad es la gran lección del misterio de Belén: «Considera, hombre, lo que Dios se hizo por ti; reconoce la doctrina de tan grande humildad aun en un niño que no habla» [29].

Una de las más grandiosas imágenes de esta humillación del Verbo es la que le presenta vestido con traje de cárcel para visitar a los prisioneros humanos: «Hizo como un senador que no puede entrar con el vestido senatorial para consolar a alguien que está en prisión, y se pone el vestido de carcelero, un vestido que parece indecente por la humanidad, pero en su interior conserva la dignidad senatorial, tanto más íntegra cuanto es mayor la misericordia

[25] *Sermo* 190,2: PL 38,1008.
[26] *Sermo* 186,1: PL 38,999.
[27] *Sermo* 184,3: PL 38,997.
[28] *Enarrat. in ps.* 93,15: PL 37,1204.
[29] *Sermo* 188,3: PL 38,1004.

que quiso ponerse el vestido de la humildad. Así el Señor, permaneciendo Dios, permaneciendo Verbo, permaneciendo sabiduría, permaneciendo potencia divina, continuando en su gobierno del cielo y en la administración de la tierra, llenando de gloria a los ángeles; todo en todas partes, todo en el mundo, todo en los patriarcas, todo en los profetas, todo en todos los santos, todo en el seno de la Virgen, bajó a vestirse de carne para unirse a ella como esposa y salió de su tálamo, como esposo, para desposarse con la Iglesia, como virgen casta» [30].

La mente humana apenas puede sostener el peso de estos contrastes y paradojas del misterio de Cristo. Pero San Agustín se complacía en moverse y andar sobre esta cuerda sutil, bajando de la altura de la divinidad del Verbo hasta los pañales del recién nacido que llora, o subiendo desde la humildad del pesebre hasta el trono de los tesoros del ser, del saber y poder de Dios. ¡Cómo sentía el Santo la necesidad del anonadamiento humano para penetrar en estos anonadamientos de Dios!

3. La Iglesia jubilosa

Juntamente con el Hijo de Dios y su Madre siempre virgen, en el belén agustiniano está presente la Iglesia, o la humanidad entera que salta de júbilo. El verbo que repite el Santo en los sermones es: *Exsultent, exsultent... Exsultate, exsultate. Exsultare* no sólo indica la alegría, sino las expresiones desbordantes de la misma, por medio de brincos y saltos, por el entusiasmo incontenible ante el misterio del nacimiento, y nos recuerda las danzas y esparcimientos a que ha dado origen esta festividad.

A todos debe contagiar la alegría del nacimiento: «Salten de júbilo los hombres, salten de júbilo las mujeres; Cristo nació varón y nació de mujer, y ambos sexos son honrados en El. Retozad de placer, niños santos, que elegisteis principalmente a Cristo para imitarle en el camino de la pureza; brincad de alegría, vírgenes santas; la Virgen ha dado a luz para vosotras para desposaros con El sin corrupción. Dad muestras de júbilo, justos, porque es el natalicio del Justificador. Haced fiestas vosotros los débiles y enfermos, porque es el nacimiento del Salvador. Alegraos, cautivos; ha nacido vuestro redentor. Alborozaos, siervos, porque ha nacido el Señor. Alegraos, libres, porque es el nacimiento del Libertador. Alégrense los cristianos, porque ha nacido Cristo» [31].

La alegría, pues, tiene una expresión de desbordamiento incontenible en el belén de San Agustín para toda clase de personas. Toda la humanidad tiene parte en este gozo: «Todos los grados de los miembros fieles contribuyeron a ofrecer a la Cabeza lo que por su gracia pudieron llevarle» [32].

San Agustín contempla la totalidad del género humano en una perspectiva moral o de continencia virginal, conyugal y vidual. Conforme a esto hay tres tipos humanos que llevan sus ofrendas a Jesús infante. María, virgen perpetua; Ana la profetisa, viuda y sirviente de Dios en el templo, e Isabel, mujer de

---

[30] *Sermo* 264,4: PL 38,1215.
[31] *Sermo* 184,2: PL 38,996.
[32] *Sermo* 192,2: PL 38,1012.

Zacarías, representan la castidad virginal, viudal y conyugal: «Hay tres formas de vida en la Iglesia de los que son miembros de Cristo: la conyugal, la viudal y la virginal, porque estas formas de pudicicia habían de hallarse en los miembros de Cristo; y todas ellas dieron testimonio a Jesús» [33].

Puede notarse que los sentimientos de San Agustín ante el establo de Belén son eminentemente viriles, lejos del sentimentalismo tierno y afectuoso que distinguirá más tarde a la piedad navideña. Y es porque San Agustín ve y abraza en el infante de Belén todo el misterio de Cristo en la plenitud de su ser, en su misión salvífica y en su destino sacrificial; todo ello le movía al asombro de lo incomprensible, a la adoración silenciosa de la persona del Señor. Sólo cuando contempla al Salvador y a la humanidad redenta congregada en torno a El, su elocuencia toma acentos de arpa, invitando a todos a la exultación, al júbilo, a la alegría saltadora.

Y esta visión paradójica de Belén forma parte del cuadro total de la existencia y vida de Jesús. Aun en la primera catequesis, él presentaba a Cristo como *complexio oppositorum,* como conjunto de contrastes, con distancias infinitas de extremo a extremo, a cuya vista el espíritu humano queda anonadado y mudo. El silencio es su mejor alabanza. Nótese esta descripción y síntesis de la vida de Jesús, toda ella moviéndose entre dos extremos contrarios, que nosotros no podemos ni abarcar con nuestra mirada de miopes humanos. Es un cuadro de Rembrandt lleno de claridades y sombras profundas: «Nació de una madre que concibió sin contacto de varón e intacta permaneció; virgen concibió, virgen dio a luz, virgen siguió hasta la muerte, aunque estaba desposada con un obrero. Así aniquiló la soberbia por la nobleza de la carne. Nació en la ciudad de Belén, que era tan pequeña entre las ciudades principales de Judá, que hasta hoy día se llama aldea. Con lo cual nos enseñó que nadie se vanaglorie de la grandeza de su ciudad. Siendo dueño y creador de todo, se hizo pobre para que sus fieles no se glorien de la riqueza terrena. No quiso ser rey entre los hombres, pues quería mostrar el camino de la humildad a los infelices que estaban alejados de El por su soberbia. Y, sin embargo, toda la creación atestigua su eterna realeza. El que a todos alimenta, sufrió hambre; tuvo sed el que creó toda bebida y espiritualmente es el Pan de los hambrientos y la fuente de los que tienen sed. Se fatigó en su peregrinación por la tierra el que se hizo por nosotros camino del cielo. El que dio a los mudos la voz, y el oído a los sordos, se hizo sordo y mudo ante sus blasfemadores. Fue encadenado el que rompía todas las cadenas de la enfermedad. Recibió azotes el que arroja de los cuerpos humanos los azotes de todos los dolores. Fue crucificado el que acabó con todas nuestras cruces y murió el que resucitaba a los muertos. Pero resucitó para no morir más, para que en El aprendamos a despreciar la muerte, mas no porque creamos que hemos de carecer ya para siempre de vida» [34].

Así presentaba a Cristo en sus catequesis el Obispo de Hipona. El misterio o las paradojas de Belén se extendieron a lo largo de su vida, y la espiritualidad cristiana ha de asirse fuertemente a esta perspectiva cristológica, si ha de permanecer fiel a los datos de la epifanía del Señor.

[33] *Sermo* 196,2: PL 38,1020.
[34] *De cat. rud.* 40: PL 40,339.

4. En la Epifanía del Señor

Aunque el nombre de *Epifanía* se reserva hoy para la festividad de los Magos, en un principio comprendía las dos fiestas del nacimiento y de la adoración de los Magos, porque los «dos días pertenecen a la manifestación de Cristo» [35]. Primero se manifestó visiblemente en su carne a los judíos, y luego a los gentiles, representados por los Magos del Oriente. Desde entonces, el recién nacido comenzó a ser piedra angular de la profecía donde se juntaban las dos paredes, los judíos y los gentiles.

Las grandes paradojas de Belén continúan en este misterio: «¿Quién es este Rey tan pequeño y tan grande, que no ha abierto aún la boca en la tierra, y está ya proclamando edictos en el cielo?» [36] El misterio del Niño Dios se enriquecía de nuevas luces: «Yacía en el pesebre, y atraía a los Magos del Oriente; se ocultaba en un establo, y era dado a conocer en el cielo, para que por medio de él fuera manifestado en el establo, y así este día se llamase *Epifanía,* que quiere decir *manifestación;* con lo que recomienda su grandeza y su humildad, para que quien era indicado con claras señales en el cielo abierto, fuese buscado y hallado en la angostura del establo, y el impotente de miembros infantiles, envuelto en pañales infantiles, fuera adorado por los Magos, temido por los malos» [37].

La Epifanía muestra el poderío espiritual del Niño Dios, que comienza ya visiblemente a realizar la historia de la salvación librando a unos personajes de la gentilidad de sus supersticiones y errores y atrayéndolos a la verdadera fe. Por eso significa la vocación de los gentiles, que acogieron con gran entusiasmo y devoción esta festividad [38].

Los Magos son las primicias de la gentilidad, «los primeros despojos de la dominación de la idolatría, porque los libró de la peste de aquella superstición, y, aunque todavía no había desatado su lengua en la tierra, les habló por medio de la estrella del cielo, manifestándoles quién era, a dónde venía y por quiénes aparecía de este modo; no lo hizo esto con voz corporal, sino con su virtud de Verbo que se encarnó. Porque este Verbo que en el principio era Dios en el seno de Dios, ya hecho carne para morar entre nosotros, vino a nosotros sin dejar al Padre; arriba estaba, sin abandonar a sus ángeles, y abajo, en la tierra, atraía a sí a los hombres por medio de ellos, y a los ojos de los celestes moradores brillaba con inmutable verdad, y en la angosta posada estaba echado en un pesebre» [39].

Cristo apareció a los ojos de los Magos en su triple aspecto de rey, sacerdote y hombre mortal destinado a la muerte. Los dones místicos de oro, incienso y mirra inducen a pensar así. Por eso también nosotros, «reconociendo y bendiciendo a Cristo como rey, sacerdote y muerto, le honraremos como

[35] *Sermo* 204,1: PL 38,1037.
[36] *Sermo* 199,2 (PL 38,1027): «Quis est iste rex tam parvus, tan magnus, nondum in terris loquens, iam in caelis edicta proponens?»
[37] *Sermo* 220,1: PL 38,1029.
[38] *Sermo* 202,1 (PL 38,1033): «Suscepit ergo devotissime istum diem celebrandum universa Ecclesia gentium, quia et illi Magi quid iam fuerunt nisi primitiae gentium?»
[39] *Sermo* 202,2: PL 38,1034.

con oro, incienso y mirra. Y anunciándole, tomemos el nuevo camino sin volver por donde vinimos» [40].

La festividad de la Epifanía, según el discurso de San Agustín, nos introduce en el plan universal de salvación y vocación de todos a la fe, comenzando por los judíos y continuando por los gentiles. Todo el mundo puede salvarse, y la Trinidad comienza a llamar a todos. Dos imágenes bíblicas sirven para plasmar esta idea: la de la piedra angular y la del acebuche injertado en el olivo para que dé frutos debidos. La primera nos viene del salmo 117,22: *La piedra que los arquitectos desecharon es ahora la piedra angular.* «La iglesia de los judíos y la de los gentiles fueron los dos muros que se juntaron en Cristo» [41].

La otra nos viene de la carta de San Pablo a los Romanos 4,17. También Cristo es el olivo divino en que Dios injertó al pueblo gentil para que fructicara, formando un solo pueblo de Dios.

Esta inserción significa el cambio de la naturaleza por la gracia, «porque mereció cambiar la naturaleza por la gracia... Pues, habiéndose el mundo ensilvecido y amargado enteramente con este acebuche, por la gracia de esta inserción dio frutos enjundiosos... Así todo el mundo, desde sus cuatro partes, es llamado a la fe por gracia de la Trinidad» [42].

Tal es el milagro de la transformación de los hombres, iniciado en la Epifanía, que fue una soberana ostentación de poder, sabiduría y bondad al injertar a los pueblos gentiles en el olivo de Cristo, y convertir la inmensa selva amarga de acebuches en frutales que enriquecieran la vida eterna. En este día comenzó realmente una era nueva en la historia del mundo.

El tiempo pascual

1. La cuaresma

El ciclo litúrgico de los misterios del Señor significa para la Iglesia una consagración y santificación del tiempo, totalmente opuesto a los ciclos cósmicos de la filosofía antigua [43]. Contra el perpetuo rodar de los siglos sin esperanza, que es como la rueda sin fin de la miseria, la Iglesia introdujo la Pascua, cuyo hecho central es la resurrección del Señor, y en esperanza la resurrección de todos los hombres. Tal ha sido la máxima revolución de la historia, que ya ordena y encabeza los tiempos en Cristo dándoles un contenido espiritual que nunca tuvieron los paganos, ni tiene el tiempo entre los musulmanes

[40] *Sermo* 202,4 (PL 38,1035): « ...et nos regem et sacerdotem et pro nobis mortuum Christum agnoscentes atque laudantes, tanquam et in auro et thure et myhrra honorabimus». También sugiere San Agustín que el incienso significa la adoración de Dios (*Sermo* 202,2: PL 38,1034).

[41] Cf. *Sermo* 199,1: PL 38,1026; *Sermo* 200,4: PL 38,1030; *Sermo* 201,1: PL 38,1031; *Sermo* 203,1: PL 38,1036; *Sermo* 204,2: PL 38,1037.

[42] *Sermo* 203,3 (PL 38,1036): «... quia naturam meruit mutare per gratiam... per insertionis gratiam pinguefactus enituit... Sic totus orbis ex partibus quatuor Trinitatis gratia vocatur ad fidem».

[43] Cf. V. CAPÁNAGA, *Los ciclos cósmicos en la «Ciudad de Dios»*: La Ciudad de Dios 2 El Escorial 1956) 95-112.

o entre los hindúes. Nuestro tiempo está lleno de Cristo, y por eso lo llamamos cristiano.

Situándose, pues, San Agustín en medio de este acontecimiento cósmico, divide o acoge la división del tiempo en dos secciones: antes y después de Pascua. El primero es de tentación, lucha y tristeza; el segundo, de triunfo y de gozo. «Este tiempo de miseria y gemido nuestro significa la cuaresma antes de la Pascua, y los cincuenta días posteriores dedicados a la alabanza divina representan el tiempo de alegría, del reposo en la felicidad, de la vida eterna, del reino sin fin que todavía no ha llegado.

Hay, pues, dos tiempos; uno, antes de la resurrección del Señor; otro, después de la misma; uno, en el que estamos ahora; otro, en el que esperamos estar. El tiempo cuaresmal, que es nuestro tiempo actual, es de tristeza. El aleluya pascual significa el tiempo de gozo, del descanso y del reino que poseeremos. Son frecuentes en la Iglesia las alabanzas de Dios—el canto del aleluya—para significar la vida de laudes incesantes del reino futuro.

La pasión del Señor significa nuestro tiempo, en que estamos. Los azotes, las ataduras, contumelias, salivazos, corona de espinas, el vino con hiel, el vinagre en la esponja, los insultos, los oprobios y, finalmente, la cruz con el cuerpo pendiente en ella, ¿qué significan sino el tiempo en que vivimos, que es de tristeza, mortalidad, tentación? Por eso es un tiempo feo... Tiempo feo; pero, si lo usamos bien, tiempo fiel. ¿Qué cosa más fea que un campo estercolado? Más hermoso estaba antes de recibir el fiemo; mas fue abonado para que diese fruto. La fealdad, pues, de este tiempo es un signo; ella sea para nosotros tiempo de fertilidad» [44].

Aunque todo el tiempo cristiano, mientras vivimos en este mundo, tiene un rasgo cuaresmal en el sentido mencionado, la cuaresma cristiana comprende un espacio limitado de días para prepararse a la fiesta de la Pascua, que se celebraba muy solemnemente en los tiempos del Obispo de Hipona: «Ya llega el tiempo solemne que debo recomendaros a vuestra caridad para que reflexionéis más seriamente sobre vuestra alma y sobre la penitencia corporal. Porque éstos son los cuarenta días sacratísimos en todo el orbe de la tierra en que, al acercarse la Pascua, todo el mundo, que Dios reconcilia consigo en Cristo, celebra con loable devoción» [45].

Este exordio solemne de un sermón cuaresmal indica bien la seriedad con que la Iglesia promovía la reconciliación de los cristianos con Dios. Pensamiento central de la cuaresma era el misterio de la redención humana obrada por Cristo, y que debía ser actuada por los cristianos con una cooperación espiritual y corporal.

En la raíz misma de la espiritualidad cuaresmal pone el Santo la humildad: «Porque este tiempo de humildad significado por estos días es la misma vida de este siglo, en que Cristo, nuestro Señor, que murió una vez por nosotros, en cierto modo vuelve a padecer todos los años con el retorno de esta solemnidad. Pues lo que se realizó una vez en el tiempo para que fuese renovada nuestra vida, se celebra todos los años para traerlo a nuestra memoria. Si,

---

[44] *Sermo* 254,5: PL 38,1184.
[45] *Sermo* 209,1 (PL 38,1046): «Solemne tempus advenit, quando de anima attentius cogitanda et corpore castigando vestram commoneam charitatem».

pues, durante todo el tiempo de nuestra peregrinación, viviendo en medio de tentaciones, debemos ser humildes de corazón, ¿cuánto más en estos días, en que no sólo hacemos viviendo el tiempo de nuestra humildad, si no lo expresamos celebrando? Humildes nos enseñó a ser la humildad de Cristo, pues se entregó a la muerte por los impíos; grandes nos hace la grandeza de Cristo, porque, resucitando, se adelantó a nuestra piedad»[46].

El cristiano, pues, ha de participar de la pasión y resurrección de Cristo. Por la humildad de la pasión, a la gloria de la resurrección: he aquí el itinerario espiritual de la cuaresma cristiana.

Por eso la cruz se alza en medio de este tiempo, no sólo como signo de redención, sino también como bandera de la milicia cristiana: «Y en esta cruz, durante toda esta vida que se lleva en medio de tentaciones, debe estar siempre clavado el cristiano»[47].

¿Cuál es el programa espiritual de este tiempo? El de una más copiosa refección espiritual por la meditación de la palabra de Dios, o digamos de las verdades eternas, y el de la crucifixión o mortificación corporal, significada, sobre todo, por el ayuno. Tres tipos de penitencia cuaresmal nos ofrece la Escritura en otros tres personajes o jalones en la historia de nuestra salvación: Moisés, Elías y Cristo. Ellos nos enseñan que, «lo mismo en la Ley y en los Profetas como en Cristo, no hemos de conformarnos y apegarnos a este siglo, sino crucificar al hombre viejo, no andando en comilonas y embriagueces, en los placeres carnales e impurezas, ni en discordias ni envidias, sino que nos revistamos de Jesucristo, sin preocuparnos de las pasiones del cuerpo (Rom 13,13-14). Vive así siempre, ¡oh cristiano! ; si no quieres sumergirte en el légamo de la tierra, no desciendas de esta cruz. Y así se debe vivir, sobre todo en este tiempo cuaresmal, en espera de la vida nueva»[48].

La cuaresma tiene una significación total para la vida cristiana: como renuncia a los deseos desordenados del mundo. Es la misma exigencia bautismal con su abnegación de las vanidades seculares: «Se nos recomienda en nuestra conducta, mientras vivimos en este mundo, abstenernos de las codicias del siglo; esto indica el ayuno de este tiempo conocido de todos con el nombre de cuaresma»[49].

La ocupación de este tiempo se resume en la meditación de la palabra de Dios, en la penitencia corporal, significada particularmente por el ayuno; en las obras de misericordia. La Iglesia recomienda más oración para este tiempo: «Durante estos días dedicaos a más frecuentes y fervorosas oraciones»[50]. El fin es conseguir humildad y contrición de los pecados, o lo que llama el Santo *in gemitu laborare*[51]. El gemido de la oración reconoce dos causas: el sentimiento de los pecados y la ausencia de la patria durante la peregrina-

---

[46] *Sermo* 206,1: PL 38,1041.
[47] *Sermo* 205,1 (PL 39,1039): «In hac quidem cruce, per totam istam vitam, quae in mediis tentationibus ducitur, perpetuo debet pendere christianus».—Ibid.: «Crux ista non quadraginta dierum est, sed totius huius vitae». Cf. MA I 350; MAI 9.
[48] *Sermo* 205,3: PL 38,1040.
[49] *Sermo* 270,3: PL 38,1240.
[50] *Sermo* 205,2: PL 38,1040.
[51] *Sermo* 210,4 (PL 38,2049): «In gemitu orationis et castigatione corpus humiliat ex fide non ficta».

ción [52]. Reflexionar sobre la miseria del pecado y de la ausencia de Dios y de los grandes bienes que esperamos en la vida futura da a la cuaresma su sello de austeridad.

Por eso la memoria de la pasión de Cristo informa todo este programa, porque el aniversario de la conmemoración de los trabajos de Cristo en la pasión nos recuerda la condición temporal de la existencia cristiana, sujeta a tantas tentaciones, y nos confirma en la esperanza del perdón.

San Agustín da también una gran importancia al ejercicio de las obras de misericordia, y dedica un sermón cuaresmal al perdón de las ofensas [53]. El hombre de odio es una cárcel tenebrosa para sí mismo; su corazón es su cárcel [54]. Con este motivo comenta las palabras de San Juan: *El que no ama a su hermano está en las tinieblas todavía* [55]. Este ejercicio es necesario para los cristianos durante su vida, pero en la cuaresma es cuando debe purificarse el corazón, y San Agustín no se cansa de repetir que es uno de los ejercicios cuaresmales que más deben tenerse en cuenta:

«Atención todos, hombres y mujeres, pequeños y grandes, laicos y clérigos; y yo también me dirijo a mí mismo. Oigamos todos, temamos todos. Si hemos faltado contra los hermanos, hagamos lo que manda el Padre, que también será nuestro juez; pidamos perdón a todos, a los que tal vez hemos ofendido y dañado con nuestras faltas» [56]. El ejercicio del perdón mutuo era muy necesario en la diócesis de Hipona, porque los africanos eran vengativos.

Ya se sabe también que el ayuno corporal era práctica universal de la Iglesia, con privación de cosas lícitas e ilícitas: «Castiguemos nuestro cuerpo y reduzcámoslo a servidumbre; y, a fin de que las pasiones insumisas no nos arrastren a cosas ilícitas, para dominarlas privémonos también de cosas lícitas» [57].

Pero lo que se sustrae al cuerpo debe distribuirse a los necesitados, porque el ayuno no aprovecha al que lo guarda sin la práctica de la misericordia [58]. Constantemente, el Santo une las tres cosas: ayunos, oraciones y limosnas, como medio de prepararse para la Pascua: «Hay que almosnar, ayunar y orar para vencer las tentaciones del siglo, las insidias del diablo, los trabajos de la vida, las sugestiones de la carne, las turbulencias temporales y toda clase de adversidad corporal y espiritual» [59].

Toda esta ascética cuaresmal es propia de todo tiempo; por eso San Agustín asimila la cuaresma a la misma peregrinación humana, que avanza en este siglo entre contradicciones, fatigas y combates que sólo acabarán con el descanso de la Pascua.

[52] *Sermo* 210,5: PL 38,1050.
[53] *Sermo* 211: PL 38,1054-58. Cf. *Sermo* 208,2: PL 38,1045; *Sermo* 209,1: PL 38,1046.
[54] *Sermo* 211,2 (PL 38,1055): «Noli illum putare sine carcere esse; carcer eius cor eius est».
[55] *In Io.* 3,15.
[56] *Sermo* 211,5: PL 38,1056.
[57] *Sermo* 207,2: PL 38,1043.
[58] *Sermo* 207,1 (PL 38,1043): «Quia ieiunium sine misericordia ei nihil est qui ieiunat».
[59] *Sermo* 207,1: PL 38,1042.

2. El misterio de la cruz

La preparación cuaresmal nos deja en el *triduo sacro* que dice San Agustín; dispuestos para recibir el fruto de nuestra redención, que es la gracia del retorno y reconciliación con Dios: «Medita, pues, en el sacratísimo triduo de Cristo crucificado, sepultado y resucitado. Lo que en estas cosas tiene significado de cruz, lo hacemos en la presente vida; lo que significan la sepultura y la resurrección, lo llevamos en la fe y esperanza. Pues ahora se dice al hombre: *Toma tu cruz y sígueme* (Mt 16,24). Se crucifica la carne cuando mortificamos nuestros miembros terrenos, que están sobre la tierra; la fornicación, la impureza, la avaricia y las otras cosas de que se dice: *Si vivís según la carne, moriréis; si mortificáis con el espíritu las obras de la carne, viviréis* (Rom 8,13)» [60].

Esta participación de la cruz forma parte de la celebración del misterio pascual realizado en los miembros de Cristo, que resucitan a una vida nueva. Pasión y resurrección se juntan y enlazan en la vida de Cristo y en la de los cristianos, «pues así como la pasión significó nuestra vida vieja, la resurrección es el signo o sacramento de la nueva vida» [61].

La cruz penetra íntimamente la vida cristiana, pues toda ella es cruz. Todo cristiano era sellado con la cruz de Cristo en la frente para que no se avergonzase de ella, sobre todo en unos tiempos como los de San Agustín, cuando la cruz era motivo de insulto constante de parte de los paganos, que se avergonzaban de profesar la religión de un crucificado [62].

Era una profesión y signo de la humildad de Cristo y de la humildad de la religión cristiana, y de sus profesores, confesores y mártires.

La cruz imprime cierto carácter en los signados por ella; los hace seguidores e imitadores de la humildad del Señor. Por eso las dimensiones de la cruz son las de la misma vida cristiana, los de la acción temporal de los que siguen a Jesús, la expresión de la misma santidad: «Los santos no se glorían más que en la cruz de Jesucristo. Y en sus costumbres hallas las dimensiones de la cruz. La latitud, entendida por la abertura de sus brazos, es su caridad. La longitud es la duración o perseverancia de las buenas obras. Si quieres tener altura, mira lo que oyes y dónde oyes. '¡Arriba el corazón!' ¿Qué significa eso sino espera allí, mira allí, pide allí la virtud, espera de allí la recompensa?... Tener altura es unirse a Dios, pensar en Dios, amar a Dios que te ayuda, que nos ve, que nos corona, siendo nuestro premiador; y esperar el premio es esperar al mismo Dios» [63].

La profundidad aparece en este mismo misterio de Dios y en la distribución de sus dones. Es el misterio de los judíos, que quedaron en su ceguera, siendo iluminados los paganos. Lo que se quitó a unos, se dio a otros. ¿Por qué

---

[60] *Epist.* 55,24: PL 33,215.
[61] GUELF., IX (MA I 468): «Sicut eius passio significavit nostram veterem vitam, sic eius resurrectio sacramentum est vitae novae».
[62] *Sermo* 160,5: PL 38,876.
[63] *Sermo* 165,4-5: PL 38,904-905. Cf. *Sermo* 53,14: PL 38,371; *De doct. christ.* II 41: PL 34,64.

se quitó a unos y se dio a otros? Me atrevo a decir que ésta es la profundidad de la cruz»[64].

He aquí las cuatro dimensiones de la acción temporal de los cristianos; son las mismas de la cruz: las obras de una caridad católica o universal que se extienda por todo el mundo, la perseverancia en ellas hasta el fin de la vida, la altura de las intenciones y miradas y la esperanza de los bienes eternos y, finalmente, la profundidad adorable del secreto en el reparto del bien y el mal. Aquí el problema del mal pertenece a la profundidad del misterio cristiano. La cruz con que debe cargar todo cristiano es pesada sin la ayuda del mismo Cristo, porque sólo pensando en la pasión de Cristo se pueden sobrellevar todas las penalidades de la existencia.

Por eso la cruz es la gran ayuda de los cristianos, el medio indispensable para salvarse, o para atravesar el mar del siglo, lleno de turbulencias y tempestades. A este propósito, San Agustín aplica el milagro de la calma de la tempestad en el mar de Tiberíades a la situación de los cristianos.

Nadie puede atravesar el siglo y llegar a la orilla de la eternidad con su propia virtud. Si en la nave hay sus peligros, los hay muchos más fuera de ella: «Por eso es necesario que estemos en la nave, esto es, que seamos transportados en el leño para pasar el mar. Este leño en que va nuestra flaqueza mortal es la cruz del Señor, con la que estamos sellados y nos libramos de la anegación en el mundo»[65].

Hallamos aquí una nueva calificación para la existencia cristiana en estas cuatro dimensiones de la cruz aplicadas a la vida teologal de los seguidores de Cristo. La cruz penetra íntimamente y conforma a Cristo la fe, esperanza y caridad, que son formas de inmolaciones interiores, clavos que nos fijan en el mismo sacrificio redentor de Cristo.

La fe es una forma de inmolación interior, porque sujeta y domina el espíritu racional del hombre, tan ávido de independencia, de ver y palpar todo cuanto se presenta a sus ojos. La fe es una venda ante los ojos que nos hace caminar por los caminos más arriesgados llevados por una luz interior que no engaña, entre misterios abruptos y problemas dolorosos que nos torturan, porque su comprensión está fuera de todas nuestras órbitas.

La esperanza, que da altura a nuestro vuelo, vive también de una tensión entre el atractivo de los bienes del mundo visible y la promesa del mundo invisible y futuro. Tensión que no se halla exenta de dolores, «porque está puesta en medio de tantos males, suspirando por los bienes, sedienta y trabajada»[66].

La caridad también participa del misterio de la cruz, porque en este mundo nuestra vida más es deseo que otra cosa; es más sed que deleite de hartura, más trabajos y penas que gustos y delicias. Lo mismo que en la esperanza,

---

[64] *Sermo* 165,5 (PL 38,905): «Non me piget dicere, hoc est profunditas crucis». Cf. *Sermo* 53,14 (PL 38,371): «Attende profundum; gratia Dei est in occulto voluntatis eius». En este sermón se desarrollan las mismas ideas que en el 165.

[65] *Sermo* 75,2: PL 38,475.

[66] *Enarrat. in ps.* 41,18 (PL 36,476): «... posita in tantis malis, suspirans ad bona sitiens et laborans».

su condición está expresada por la metáfora de la sed: «Voy sedienta en la peregrinación, sedienta en la carrera; descansaré en la llegada» [67].

La voz de la renuncia suena constantemente en los oídos de la caridad: «Deja todos los amores; es más hermoso el que hizo el cielo y la tierra» [68]. Por todos los caminos, pues, de la espiritualidad agustiniana vamos a la misma meta, que es Cristo en sus misterios.

3. El sacramento de la Pascua

La larga preparación cuaresmal nos lleva al misterio pascual, donde están los orígenes mismos de la espiritualidad cristiana. Los cristianos somos hijos del sacramento pascual. No se trata aquí de recordar devotamente un misterio, v.gr., el del nacimiento del Señor, sino de un sacramento en el sentido religioso que le da la Iglesia. San Agustín distingue correctamente el tiempo de Navidad de este tiempo: «Hay que notar que la natividad del Señor no se celebra sacramentalmente—*non in sacramento celebrari*—, sino en recuerdo; reevocamos a la memoria que Él nació, y para esto era bastante celebrar con alegre devoción el aniversario de aquel hecho. Mas el sacramento se hace a modo de una celebración en que el recuerdo de un suceso real de tal manera se conmemora, que se entienda que se está significando algo que se ha de recibir. Así en la celebración de la Pascua no sólo recordamos el hecho de la muerte de Cristo, sino también las demás cosas que atestiguan esto las adoptamos para la significación del sacramento. Pues como, según el Apóstol, murió Cristo por nuestros delitos y resucitó para nuestra justificación (Rom 4,25), cierto tránsito de la muerte a la vida se consagró en aquella muerte y resurrección... Se recomienda, pues, el tránsito de esta vida mortal a la otra inmortal, esto es, de la muerte a la vida, con la pasión y resurrección del Señor» [69].

En otras palabras, el hecho histórico de la pasión y resurrección se hace acontecimiento salvífico, de que nosotros hemos de participar efectivamente muriendo y resucitando con el Señor. Hubo muerte y resurrección en Cristo; espiritualmente ha de haber una muerte y resurrección en los cristianos: «Por eso no celebran la Pascua sino los que de la muerte de sus pecados pasan a la vida de los justos» [70]. El cristiano realiza una mística configuración con Cristo en su pasión, sepultura y resurrección. Toda esta mística está presente en el bautismo, que solía celebrarse muy solemnemente en la mañana de Pascua en las iglesias antiguas [71]. El recién bautizado recibía el perdón de los pecados, la nueva vida de la gracia de hijo de Dios, y al mismo tiempo un sello espiritual o carácter que le hacía semejante a Cristo para siempre.

La Pascua nos trajo la nueva economía sacramental, que es fuente de toda la renovación cristiana, dividiendo los dos Testamentos. En el Antiguo se

---

[67] *Enarrat. in ps.* 41,5 (PL 36,466): «... sitio in peregrinatione, sitio in cursu; satiabor in adventu».

[68] *Enarrat. in ps.* 39,6: PL 36,437.

[69] *Epist.* 55,2 (PL 33,204-205): «... transitus quidam de morte ad vitam in illa Passione Domini et Resurrectione sacratus est».

[70] DENIS, VII 3 (MA I 32): «Pascha qui celebrat nisi qui a morte peccatorum suorum transierit ad vitam iustorum?»

[71] Sobre la doctrina sacramental agustiniana véase a J. L. LARRABE, *El sacramento de salvación* p.81ss (Madrid 1971).

utilizaban multitud de signos para instrucción del pueblo de Dios: «En nuestras instrucciones, para dar sentido sagrado a alguna cosa recibimos con muy religiosa piedad múltiples semejanzas, adaptadas, como de las demás cosas, de los vientos, del mar, de la tierra, de las aves, de los peces, de los rebaños, de los árboles, de los hombres; mas para la celebración de los sacramentos usamos de ellas, con cristiana libertad, muy parcamente; v.gr., del agua, del trigo, del vino, del aceite. En la servidumbre en que vivió el mundo antiguo, se le mandaron cumplir ritos que para nosotros sólo tienen un fin de instrucción» [72].

Con estas palabras alude el Santo a las muchas ceremonias y ritos de sacrificios de la ley antigua, que sólo conservan para nosotros un fin de instrucción y erudición religiosa. Mas en el Nuevo Testamento, las materias utilizadas en los sacramentos son el agua y el óleo, el pan y el vino.

Así el agua y el óleo se utilizan en el bautismo y en la confirmación, y el pan y el vino en la eucaristía. Estos eran los sacramentos que recibían los catecúmenos con la gracia de la renovación espiritual, vinculada al sacrificio redentor del Hijo de Dios.

Todo el sentido de los sacramentos antiguos consistía en prometer al Salvador, en despertar la fe en el futuro Libertador [73]. Los del Nuevo Testamento dan la salvación y santidad que prometían los antiguos, siendo eficaces en virtud de la pasión, muerte y resurrección del Señor. Por eso, «la resurrección de Cristo es la vida nueva de los que creen en Jesús, y éste es el sacramento de su pasión y resurrección, que debéis conocer y actuar en vosotros... Pues Cristo murió para que manifestase en la cruz la muerte del hombre viejo, y resucitó para que con su vida mostrase la novedad de nuestra vida» [74].

Tal es el sentido de la Pascua y de su espiritualidad; es una continuación esencial de la que nos imprime el bautismo con los efectos: muerte al pecado y vida para Dios. «La resurrección de Cristo está en nosotros, si vivimos bien», sentencia el Santo [75]. Trazamos aquí las líneas esenciales de la vida cristiana, el binomio espiritual, que consiste en evitar el pecado y poseer la gracia o vida de Dios. Por eso la Pascua es el principio de la vida cristiana, cuyo origen es Cristo resucitado.

4. «Alleluia»

Como consecuencia de la vida nueva que introdujo la Pascua, nació un nuevo espíritu eucarístico y laudatorio, que ha impreso sello imborrable en la cristiandad. Para San Agustín, «la más excelente obra del hombre es alabar a Dios... Sea, pues, tu ocupación celebrarle con loores; brote de tu boca la palabra buena; manifiesta tus obras al Rey que puso en tus labios sus palabras y te dio lo que habías de ofrecerle» [76].

La liturgia pascual ha contribuido a fomentar el espíritu laudatorio y confesional en la Iglesia. El canto del *Alleluia* es el transporte de gozo en el alma

---

[72] *Epist.* 55,13: PL 33,210.
[73] *Enarrat. in ps.* 73,2: PL 36,930-31.
[74] *Sermo* 231,2: PL 38,1104-1105.
[75] *Sermo* 232,8 (PL 38,1111): «Resurrectio Christi est in nobis, si bene vivamus».
[76] *Enarrat. in ps.* 44,9: PL 36,500.

por tres hechos que le afectan: la resurrección corporal de Cristo, la espiritual del alma, que ha recibido en el sacramento de la regeneración, haciéndose hijo de Dios, y la futura resurrección de la carne. Estas tres resurrecciones, con todo el conjunto de beneficios que suponen para los cristianos, llenan su espíritu de gratitud, de devoción y melodía interior. El presente, el pasado y el futuro, con la fe, esperanza y caridad, se abrazan en el *Alleluia* pascual:

«He aquí que la esperanza nos amamanta, nos nutre, nos fortalece y en esta vida laboriosa nos consuela; con esta esperanza cantamos el *Alleluia.* Si tanto gozo nos trae la esperanza, ¿qué será la realidad?... Cuando apareciere Cristo, nuestra vida, también nosotros entonces apareceremos con El en la gloria. Entonces será el tiempo de cantar el verdadero *Alleluia;* ahora lo es en esperanza. Aquella esperanza nos hace cantar; también el amor canta y cantará entonces; mas ahora es a un amor menesteroso, con hambre, y entonces será un amor gozoso. ¿Pues que es el *Alleluia?* Ya os lo he dicho: es la alabanza de Dios. Ahora oís esta palabra, y al oírla os produce alegría y alabáis a Dios alegremente. Si así amáis el rocío, ¿qué será la fuente?» [77]

En todo el tiempo pascual, como puede notarse, el tema escatológico está presente como una tensión entre dos instancias, lo actual y lo futuro; como dice San Agustín, la *spes* y la *res.* Así el alma cristiana en la Pascua se balancea rítmicamente entre las dos cosas, entre el gozo de lo que ya cree y posee y el deseo de lo que le falta, en los brazos del tiempo y de la eternidad, y anda como entrenándose para la posesión de la gloria futura, que será también vida de alabanza.

La ocupación de la vida presente debe ser la alabanza a Dios, pues también el alborozo de la vida futura será alabarle, y nadie puede habilitarse para lo que será aquella vida si no se adiestra para ella ahora» [78].

Ahora, como viadores, hemos de cantar el *Alleluia,* pues viajamos por este camino laborioso hacia la patria de nuestro descanso, donde nuestra vida será toda de *alleluia* [79]: Por eso, «no sin razón, hermanos, la Iglesia conserva la antigua tradición de cantar durante estos cincuenta días el *Alleluia,* que es alabanza de Dios, para darnos a entender a los que trabajamos hoy que ella será la acción de nuestro descanso. Cuando después de esta vida trabajosa lleguemos a aquel reposo, toda nuestra vida será alabar a Dios; nuestra acción, cantar el *Alleluia*» [80].

San Agustín era, sin duda, muy sensible al gozo de la música del *Alleluia* pascual, que le recordaba sus primeras impresiones litúrgicas de recién convertido en Milán: «Esta es nuestra alegría, hermanos; alegría de estar unidos todos, alegría en los salmos e himnos, alegría en la memoria de la pasión y resurrección de Cristo, alegría en la esperanza de la vida futura. Si tanta alegría hay en lo que esperamos, ¿qué será cuando llegue la posesión? He aquí que estos días, cantando el *Alleluia,* se renueva, en cierto modo, nuestro espíritu. ¿No es verdad que de algún modo pregustamos la felicidad de aquella

---

[77] *Sermo* 255,6 (PL 38,1188): «Si rorem sic amatis, fontem ipsum quomodo amabitis?»
[78] *Enarrat. in ps.* 148,1 (PL 37,1937): «... et nemo potest fieri idoneus futurae vitae qui non se ad illam modo exercuerit».
[79] *Sermo* 255,1: PL 38,1186.
[80] *Sermo* 252,9: PL 38,1176.

soberana ciudad? Si en estos días sentimos tanto gozo, ¿qué será cuando se diga: *Venid, benditos de mi Padre, y recibid el reino;* cuando se congregarán los santos en uno?... Por eso decimos *Alleluia;* cosa buena es, alegre y llena de muy suave gozo»[81].

Habla aquí el pastor y el cristiano enriquecido con la experiencia del misterio pascual, de que formaba parte también el aumento de la Iglesia con nuevos miembros que recibían el bautismo y testificaban la resurrección del Señor. En los sermones a los neófitos—*ad infantes*—, él cantaba con ellos el dulce cántico: «El *Alleluia* es el cántico nuevo. El hombre nuevo canta un cántico nuevo. Lo hemos cantado nosotros, lo habéis cantado también vosotros, que ha poco nacisteis a vida nueva. Nosotros lo hemos cantado con vosotros, porque hemos sido redimidos con el mismo precio[82]. El Obispo fundía su voz en la música infantil de su feligresía.

Toda la moral y ascética cristiana se reducía a un cantar nuevo: «Cantad con las voces, cantad con los corazones, cantad con las bocas, cantad con las costumbres. La alabanza de cantar es el mismo cantor. ¿Queréis cantar alabanza a Dios? Sed vosotros lo que decís. Si vivís bien, vosotros sois la alabanza a Dios»[83]. Así exhortaba a la vida práctica a los neófitos el Obispo de Hipona. La vida vivida cristianamente, a la luz de la resurrección de Cristo, es la Pascua viva, el *Alleluia* que mejor se canta, la gloria de la Iglesia. Sobre todo la paz en las comunidades eclesiales era el verdadero canto pascual: «Alabad al Señor, hermanos, con la vida y la lengua; con el corazón, con la boca, con las costumbres. Así quiere que se diga *Alleluia,* de modo que no haya discordia entre los que la cantan»[84].

También los donatistas cantaban el *Alleluia,* y éste era el gran dolor del Pastor de Hipona: que todos los cristianos no alabasen a Dios con una boca y un solo corazón.

El espíritu pascual de alabanza es el alma misma de la espiritualidad cristiana, que es gozosa y jubilante, siempre agradecida por el beneficio de la redención. No es buen viajero el que no canta. Por eso, «en este tiempo de peregrinación, para consuelo de nuestro viaje, vamos cantando el *Alleluia;* ahora el *Alleluia* es canto de viajeros, pues nos dirigimos, por un camino de trabajos, al lugar de nuestro descanso, donde todo será *alleluia*. Esta ocupación suavísima es la que escogió María, que descansaba, aprendía, alababa»[85].

La Pascua es un aprendizaje de vida contemplativa, de reposo en medio de las actividades trabajosas y el tráfago de este mundo.

Con el pensamiento escatológico, o la contemplación de la ciudad de Dios ya glorificada y en su reposo definitivo, se inflamaba el espíritu de San Agustín en este tiempo para mirar arriba, a la patria del cielo, con lo que el peso y gravedad de la vida terrena se hacía menos oprimente y el cristiano se entre-

---

[81] GUELF., 8,8: MA I 465-566.
[82] MA I 92; MA I 332.
[83] *Sermo* 34,6 (PL 38,211): «Laus cantandi est ipse cantator».
[84] *Sermo* 256,1: PL 38,1199.
[85] *Sermo* 255,1-2: PL 38,1686.

naba en el vuelo, elevándose de las miserias terrenas. Por eso la espiritualidad cristiana lleva muy en su corazón el tema de Pascua como impulso de contemplación y alivio del camino ascético.

5. Teología de la ascensión

El cristiano no sólo participa del misterio de la muerte, pasión y resurrección del Señor, sino también del de su ascensión a los cielos. Este constituye uno de los aspectos íntimos de la espiritualidad cristiana, que es esencialmente ascensora y volante, distinguiéndose mucho de la espiritualidad luterana por ejemplo. San Agustín y Lutero se dividen aquí y van en direcciones contrarias.

Ya se ha aludido anteriormente a la teoría del *eros,* el cual en su forma celeste es una fuerza y conato de ascensión de lo sensible a lo inteligible, de lo mortal a lo inmortal, de lo transitorio a lo permanente, de lo terreno a lo celestial. Pero en realidad la participación en el misterio de la ascensión es lo que da alas al amor para subir a Dios, no contra Dios.

El historiador y crítico de la noción cristiana del amor A. Nygren reconoce en este punto esta divergencia entre la espiritualidad católica y protestante. Reconoce una triple escala de ascensión, que se realiza mediante la virtud, la especulación racional y la contemplación [86]. La espiritualidad de la Reforma luchó contra estas tres escalas o formas de ascensión.

«Lutero se levanta contra esta tendencia ascendente; contra esta ascensión que se efectúa por las escalas del mérito, según la piedad práctica; por las escalas de la purificación e iluminación, según la mística; a lo largo del pensamiento especulativo y racional, según la escolástica. Lutero quiere ignorar toda clase de ascensión a la majestad de Dios. En lugar de esta teología de la gloria, exige una teología de la cruz» [87].

La noción católica del mérito y de la escala de las virtudes, la de la analogía metafísica, por la que también la razón, ilustrada por la fe, sube a Dios, y «la peste de la teología mística de Dionisio y de otros libros análogos», fueron objeto de particular desdén para él.

«Como sólo Cristo sube al cielo, El que se ha rebajado y está en el cielo, es imposible que un benedictino, un agustino, un franciscano, un dominicano, un cisterciense u otro cualquiera suba al cielo» [88].

Sólo Cristo puede subir al cielo, y nadie más. Lutero se funda en el mismo pasaje evangélico para formular su teología de la cruz, o del profundo abatimiento del hombre, herido y exhausto de fuerzas, que no puede elevarse, que San Agustín para formular su teología de la gloria o ascensión del alma a Dios: «Nadie sube al cielo sino el Hijo del hombre, que ha descendido del cielo». Sólo Cristo, dice Lutero. También los cristianos en Cristo y con Cristo, había dicho San Agustín, el cual no deja de admitir la soledad ascensora de Cristo. El es en realidad el único ascensor, pero en este ascensor, y por sus méritos y bondad, muchos miembros suyos pueden subir a Dios.

El misterio, pues, de la ascensión del Señor penetra y vivifica toda la

[86] *Éros et Agapè* III p.76.
[87] Ibid., p.271.
[88] Ibid., p.273-74.

espiritualidad cristiana y agustiniana, como decíamos que también el misterio de la cruz era su fuerza interior. Las dos teologías—la de la cruz y la de la gloria—califican la ascética cristiana.

La ascensión pertenece a la teología de la gloria y siguió a la teología de la cruz, «pues la glorificación de Cristo se realizó en dos tiempos distintos: en la resurrección y en la ascensión» [89].

San Agustín parte del hecho histórico: «En este día, hermanos, cuadragésimo después de la resurrección, el Señor subió a los cielos» [90]. Los cuarenta días pascuales empléolos el Señor en manifestar la verdad de su cuerpo resucitado, entrando y saliendo con ellos, comiendo y bebiendo [91].

La catequesis de este misterio comprende tres aspectos sobre todo: dogmático, eclesiológico, ascético. Quiero decir que la mirada de San Agustín abarca e ilustra el realismo del Verbo hecho carne, y se encara con los maniqueos, que le dieron sólo un cuerpo aparente; o con los arrianos, que le negaron la divinidad; o con los pelagianos, que negaron su gracia; o con los donatistas, que dividieron su Iglesia. Es decir, San Agustín abarca siempre la plenitud ontológica del Verbo hecho carne en todos sus aspectos: el Dios que está sobre nosotros y el Hombre que está con nosotros [92].

Pero, aun subiendo al cielo, Cristo no se desentiende de su Cuerpo o Iglesia que peregrina por la tierra, y puede decir: *Saulo, Saulo, ¿por qué me persigues?* [93] Cristo sigue siendo cabeza de la Iglesia, a la que rige, gobierna, vivifica, defiende y santifica en sus miembros que yacen sobre la tierra.

Pero aquí nos interesa el aspecto ascético o ascensivo del alma, pues Cristo hace a su Iglesia participar del misterio de su subida al cielo.

San Agustín, como Lutero, defiende que en realidad sólo Cristo sube al cielo; pero también pueden subir con El todos los que forman su Cuerpo místico, que son miembros suyos y forman el Cristo total: «Porque El bajó a la tierra para sanarte, subió al cielo para elevarte. Tú caes, si te levantas contra El; estás firme, si El te eleva. Levantar, pues, el corazón a Dios es nuestro refugio; levantar el corazón contra El es la soberbia. Digamos, pues, a El que resucita: 'Tú eres, Señor, mi esperanza, y al subir has puesto altísimo mi refugio'» [94].

Esta pedagogía de la ascensión tiene por fin alcanzar los tesoros encerrados en Cristo en sus tres aspectos, porque El te ofrece algo que se debe mirar con atención, algo que se ha de creer y algo que se ha de ver [95].

---

[89] *Quaest. in Hept.* I 169 (PL 34,595): «Clarificatio autem Domini in resurrectione et in caelum ascensione cognoscitur».
[90] *Sermo* 262,3: PL 38,1208. Cf. *Sermo* 264,2: PL 38,1212; *Sermo* 265,1: PL 38,1219; *Sermo* 172: PL 38,1245; *De symbolo* 8: PL 40,658; MA I 98; MA I 347-50; Livera-ni, VIII; MA I 391-95; Güelf., XX: MA I 504-506; Id., XXI: MA I 507-509; Mo-rin, IX: MA I 619-23; Id., XVII: MA I 659-64; *Bibliot. Casin.* II 76: MA I 413-15; *De Trin.* IV 10: PL 42,895.
[91] *Sermo* 270,3: PL 36,1240.
[92] Liverani, VIII (MA I 392): «Ipsa est fides nostra; Deus super nos idemque homo inter nos».
[93] *Enarrat. in ps.* 67,25: PL 35,830.
[94] *Sermo* 261,1: PL 38,1203.
[95] *Enarrat. in ps.* 109,12: PL 37,1455.

Hay en su persona aspectos que son objeto de trato y de intuición sensible, algo que es objeto de fe y algo que será objeto de visión beatífica.

Cristo ofreció a los hombres de su tiempo una humanidad tratable y conversable, que fue el primer paso de acercamiento a El. El realismo de su encarnación ofrece a los que le buscan un contacto y fundamento para la fe cristiana, que tiene su base en la historia temporal del Hijo de Dios. Por eso Cristo quiso demorar cuarenta días su permanencia entre los discípulos, entrando y saliendo, comiendo y bebiendo con ellos:

«Cristo, en su permanencia con sus discípulos durante cuarenta días, dio a entender que en este lapso de tiempo es necesaria la fe en la encarnación para los que son flacos» [96]. Pero aquella fe estaba demasiado ligada a la visión carnal del Hijo de Dios fue necesario quitarles todo arrimo sensible para que su adhesión a Cristo se fortaleciera y purificara, «porque estaban fijos en el hombre y no podían pensar en Dios» [97].

Cristo quiso formarles y catequizarles con una disciplina más severa, llamarles a una espiritualidad más vigorosa del *sursum cor* y *mundum cor*. «Es mejor que ya no me veáis en esta carne y entréis con el pensamiento en la divinidad. Yo me quito de vosotros en el exterior, pero interiormente os lleno de mí. ¿Acaso Cristo entra en el corazón por la carne y con la carne? Según su divinidad, posee el corazón; según la carne, habla por los ojos al corazón y avisa desde fuera; morando en lo interior, hace que interiormente seamos convertidos, y vivificados, y formados por El, que es la forma increada de todas las cosas» [98].

He aquí el itinerario de la nueva espiritualidad: de la forma de siervo, o de la humanidad conocida sensiblemente, hay que ascender a su forma de Dios o divinidad, primero por la fe y después por la visión. La fe, pues, es una forma de ascensión a Dios, aunque imperfecta todavía. Hay aquí una ascética ascensora que exige un doble esfuerzo de purificación y elevación: «Subamos, pues, a El, que bajó a nosotros; nuestras escalas son las costumbres con que vamos avanzando» [99]. Se insinúa la ley de progreso continuo, que es fundamental en la escuela cristiana, y las alas para subir son las virtudes teologales: fe, esperanza y caridad: ¿Y adónde se ha de subir? De la humanidad, a la divinidad; del Verbo hecho carne, al Verbo que estaba en el principio en el seno de Dios y era Dios. Lo que exige esta ascensión es lo que llama San Agustín *cogitare divinitatem:* meditar en la divinidad, penetrar los misterios del ser divino. Por su vida temporal conocemos sus realidades humanas, su cuerpo, su alma, sus hechos, sus milagros, sus palabras; todo ello debe servirnos de escala para subir hasta el Dios oculto en Jesús: «Por eso el Señor se ausentó corporalmente de su Iglesia y subió al cielo, para que la fe de la misma se edificase» [100]. Es decir, para que fuese subiendo como un edificio hasta llegar a Dios.

Ejercicio de esta subida en este mundo es el de la fe creciente, que debe purificarse cada vez más para llegar a lo profundo de la divinidad. Tal es

---

[96] *Sermo* 264,5: PL 38,1216.
[97] *Sermo* 264,4 (PL 38,1214): «Fixi erant in homine, et Deum cogitare non poterant».
[98] *Sermo* 264,3: PL 38,1216.
[99] Morin, IX (MA I 619): «... ascensiones nostrae sunt mores quibus proficimus».
[100] *Sermo* 235,4: PL 38,1119.—*Sermo* 264,4 (PL 38,1214): «Non enim noverant nisi hominem cogitare».

el contacto espiritual, que tanto pondera San Agustín como ejercicio con el ejemplo de la Magdalena: «El haber dicho a María: *No quieras tocarme, pues todavía no he subido al Padre* (Jn 20,17), era para darle a entender el tacto espiritual, es decir, el acceso a El por la fe, creyéndole grande como el Padre» [101].

Esta es la lección de *sursum cor,* que implica la ascensión, la dialéctica que tantas veces formula el Santo: «Por el hombre Cristo subes al Dios Cristo» [102].

Se trata de un progreso espiritual en el conocimiento y amor a la persona de Jesús; pero no de un conocimiento abstracto, sino concreto y vivo, con una purificación afectiva constante y un esfuerzo contemplativo que aspire cada vez más a una mayor claridad y penetración del misterio de Jesús, siempre inagotable.

Toda la tarea de los cristianos debe dirigirse por este binario de la pureza y del conocimiento de Jesús, que se traduce en constantes ascensiones con el *sursum cor* y el *mundum cor.*

6. El don del Espíritu Santo

La ascensión del Señor recibió su complemento con la venida del Espíritu Santo, según sus palabras: *Si yo no parto de vosotros, el Espíritu Santo no vendrá a vosotros* (Jn 16,7). Les era necesario a los apóstoles un consolador, o, mejor, un *espiritualizador,* porque todavía eran carnales, y estaban asidos a la vida temporal del Señor: «Conviene que mi forma de siervo se os arrebate de vuestros ojos; como Verbo hecho carne, habito en vosotros; pero no quiero que sigáis amando carnalmente, y que, contentos con está leche, sigáis siendo siempre infantes. Conviene que yo me vaya, porque, si no me voy, no vendrá a vosotros el Espíritu Santo. Si no os quito estas sopitas de leche, no aspiraréis nunca a los alimentos robustos; si os apegáis materialmente a la carne, no seréis capaces del Espíritu» [103].

Se trataba, pues, de dar reciedumbre, fuerza e interioridad a la fe en Cristo, de hacer verdaderos espíritus a sus seguidores. Para esto necesitaban recibir el nuevo don del Espíritu Santo, que los había de espiritualizar.

Más que un afecto carnal, «quería El que le tuviesen un afecto divino, y hacerlos, de carnales, espirituales; lo cual no lo consigue el hombre sino con el don del Espíritu Santo. Esto es, pues, lo que le viene a decir: Os envío el Don, con que os hagáis espirituales, es decir, el don del Espíritu Santo. Porque no podréis ser espirituales si no dejáis de ser carnales. Y dejaréis de ser carnales si la forma de la carne se os quita de los ojos para que la forma de Dios se os grabe en los corazones» [104].

En otro lugar expresa el mismo pensamiento: «Si no se sustrae a vuestras

---

[101] *Epist.* 149,32: PL 33,644.—*Sermo* 264,4 (PL 38,1155): «Si Christum Deum credideris aequalem Patri, tunc tetigisti quando ascendit ad Patrem». Cf. *Sermo* 243,3: PL 38,1144: *Sermo* 245,2: PL 38,1152.

[102] *Sermo* 261,7 (PL 38,1206): «Per hominem Christum tendis ad Deum Christum».

[103] *In Io. ev. tr.* 94,4: PL 35,1869.

[104] *Sermo* 270,2 (PL 38,1238): «Hoc enim ait: Mitto vobis donum quo efficiamini spirituales; donum scilicet Spiritus Sancti. Spirituales autem esse non poteritis, nisi carnales esse destiteritis».

miradas carnales la forma del hombre, no podréis percibir, sentir y pensar lo divino» [105].

En otras palabras, el Espítitu Santo es el creador de la espiritualidad cristiana, porque con El los apóstoles comienzan a conocer, sentir y meditar lo que es auténticamente espiritual, es decir, lo divino, o, en términos más concretos, la divinidad de Jesús, que es el último término de todo movimiento espiritual. Tal es la obra de Pentecostés: introducir a los creyentes, por la fe, la inteligencia y el gusto de las cosas divinas, en el misterio de Cristo.

Entrar en contacto con Dios es el primer postulado de la espiritualidad, y esto se logra subiendo por la humanidad de Jesús y entrando en el conocimiento de su forma y secreto de Dios, de su igualdad con el Padre, de su grandeza de creador y regidor del mundo, de su gloria de santificador universal y cabeza de la Iglesia. No significa esto una renuncia a la humanidad de Jesús, pues ésta ofrecerá siempre a los espirituales el verdadero camino hacia Dios, que hay que andarlo siempre aun en las etapas más sublimes de la perfección cristiana, como hemos dicho en otro lugar [106].

San Agustín repite en este punto la doctrina de San Pablo, que exigía a los fieles de Corinto un régimen alimenticio superior (1 Cor 14,37). Comenta el Santo este pasaje: «Quiso ciertamente el Apóstol que tuviesen un conocimiento sólido de las cosas espirituales, donde no sólo se prestase la adhesión por la fe, sino también se tuviese cierto conocimiento; y por eso ellos creían en las mismas cosas que sabían los espirituales» [107]. Este conocimiento está expresado por San Agustín con los verbos *capere, sentire, cogitare:* meditar, comprender, sentir las cosas divinas, o las que llama *bona spiritualia* [108], lo cual exige al mismo tiempo «la innovación de las costumbres morales» [109].

La fe y el conocimiento de la divinidad que el Espíritu Santo «injerta en los corazones de los fieles» no es la de un deísmo frío y abstracto en que corre peligro de convertirse, sino un afecto divino hacia el Verbo hecho carne. Por eso el Espíritu Santo no sólo trajo este impulso espiritualizador por el conocimiento y trato vivo de la persona de Jesús, sino también un amor nuevo; no carnal, sino espiritual, como el que empezó a calentar el mundo con la primitiva comunidad cristiana de Jerusalén: «Se reunieron todos y comenzaron a orar. Jesús había de enviarles después, pasados diez días, al Espíritu Santo para que los llenase de amor espiritual, quitándoles los deseos carnales. Porque ya les hacía entender a Cristo como era: el Verbo de Dios que estaba en el seno de Dios, por quien fueron creadas todas las cosas» [110].

A la purificación de la fe seguía la purificación del amor, haciéndolo espiritual para adherirse espiritualmente a Cristo.

Con estas dos cosas, inteligencia espiritual y amor espiritual a Cristo, te-

---

[105] *Sermo* 270,2 (PL 38,1239): «Nisi aspectibus carnalibus vestris humana forma subtrahatur, divinum aliquid capere, sentire, cogitare non poteritis».

[106] Véase lo escrito más arriba sobre *La humanidad de Cristo* p.127ss.

[107] *In Io. ev.* 98,2 (PL 35,1881): «Solidam profecto voluit esse scientiam spiritualium, ubi non sola fides accommodaretur, sed certa cognitio teneretur».

[108] *Enarrat. in ps.* 11,6: PL 36,139.

[109] *Enarrat. in ps.* 6,2 (PL 36,91): «... innovatio morum spiritualium»...

[110] *Sermo* 264,4 (PL 38,1215): «... ut Spiritus sanctus impleret eos amore spirituali, auferens eis desideria carnalia».

nemos formada la espiritualidad cristiana ejemplar para todos los tiempos. Tales son los odres nuevos y el vino nuevo que trajo del cielo para hacer otros a los hombres [111].

7. Espíritu vivificador

Mas el Espíritu Santo, al introducirnos en la divinidad del Hijo, nos lleva al seno del Padre, donde se halla el Hijo, es decir, crea en los cristianos el sentimiento profundo de la adopción de hijos llenos de confianza, entrega y amor. Nace de este modo una nueva psicología espiritual, que es la de hijos adoptivos de Dios.

Así debe interpretarse el texto paulino: *Envió Dios en nuestros corazones el Espíritu Santo de su Hijo, que clamaba: ¡Abba, Padre!* (Gál 4,6). Texto que responde también al de la carta a los Romanos: *No sabemos orar, pero el mismo Espíritu intercede por nosotros con gemidos inenarrables* (Rom 13,26). Comenta San Agustín: «¿Qué significa: *El Espíritu interpela,* sino que nos hace interpelar con gemidos inenarrables, pero veraces, porque el Espíritu es verdad? De El también dice en otro lugar: *Envió Dios el Espíritu de su Hijo a nuestros corazones, que clama: ¡Padre!* (Gál 4,6). Y aquí, ¿qué significa *que clama,* sino que nos hace clamar, por aquella figura por la que llamamos día alegre, porque nos hace alegres?» [112]

Estos textos y comentarios nos descubren la intimidad de la misión del Espíritu Santo, que produce en el corazón de los cristianos dos clases de sentimientos: los gemidos inenarrables, que San Agustín suele relacionar con los sentimientos de la miseria y del pecado, que nos hacen suspirar en este mundo lejos de Dios todavía y tristes por su ausencia. El gemido brota de la indigencia, del contacto con la miseria propia o ajena. El don de lágrimas, de que han gozado tantos hijos de Dios, proviene de este Espíritu.

Pero al mismo tiempo, El engendra en los cristianos el espíritu filial, o de hijos de adopción, que se dirige a Dios, llamándole *Padre* con la ternura, la confianza, la entrega del verdadero hijo, que ama a Dios por su misma bondad y el amor que ha manifestado a nosotros.

Esta penetración en la intimidad del Padre completa la ascensión espiritual del alma, porque hasta que no llega allí no alcanza la altura y la trascendencia espiritual a que está llamada. Esta es la verdadera patria adonde nos lleva el Hijo, que, como Dios igual al Padre, es también la patria donde vamos. No hay patria sin Padre.

Y damos con esto nuevas pinceladas a los rasgos de la verdadera espiritualidad cristiana, que es espiritualidad de hijos, no de siervos, como fueron los hijos del Antiguo Testamento.

Como hijos de Dios, ellos poseen también la «libertad espiritual», con que se mueven en casa del Padre sin el interés servil y el miedo propio de los esclavos [113].

El miedo a Dios es un peligro que amenaza siempre a los hombres, como

---

[111] *Sermo* 267,1 (PL 38,1230): «Utres novi erant, vinum novum de caelo expectabant, et venit... Impleti erant utres novi novo vino».
[112] *De dono persev.* 64: PL 45,1032.
[113] *Enarrat. in ps. 113* sermo 1,6 (PL 37,1479): «... libertas spiritualis»...

siervos del pecado, y es el que influyó también en el origen de la Reforma, como dice P. Landsberg: «Una de las fuentes más hondas de la reforma luterana es el terrible miedo del fraile a Dios; el miedo al Dios que enseñaban Occam y los occamistas, especialmente Gabriel Biel; el miedo al Dios de la arbitrariedad, que, no ligado a ley alguna, puede querer hoy esto y mañana lo otro, y distribuir caprichosamente su gracia a los hombres. A este espantable espectro, que fue decisivo también para Calvino, y sus terribles exageraciones de la omnipotencia de Dios, escapa Lutero mediante su doctrina teológica fundamental de la justificación por la fe» [114].

El Espíritu Santo contribuye con su caridad a liberar al cristiano de este miedo, infundiendo sentimientos auténticamente filiales en el trato con Dios. Si la espiritualidad cristiana de suyo es gozosa, libre y expansiva, es porque está liberada, a lo menos en innumerables cristianos, del miedo y del interés; porque saben que no abrazan a un fantasma, sino al Dios vivo, que se ha hecho amable y amante en el Hijo, enviado al mundo para salvarnos.

Todos estos y otros efectos que produce el Espíritu Santo en la Iglesia están bellamente resumidos en una imagen aplicada a la tercera persona: *la de alma de la Iglesia,* porque vivifica a toda ella, según confesamos en el *Credo,* llamándole *Espíritu vivificador.*

En una catequesis de Pentecostés dice San Agustín: «Si queréis poseer al Espíritu Santo, poned atención, hermanos; el espíritu de que vive todo hombre se llama alma, y ya veis lo que ella hace en el cuerpo. Da vigor a todos los miembros: por los ojos ve, por los oídos oye, por las narices huele, por la lengua habla, por las manos obra, por los pies camina; está presente en todos los miembros para darles vida; da vida a todos, y oficios a cada uno de ellos... Y así no oyen los ojos, no ven los oídos ni la lengua, ni hablan el oído y el ojo, pero todos viven; los oficios son diversos, pero la vida les es común.

Así acaece en la Iglesia de Dios: en unos santos hace milagros, en otros predica la verdad, en otros conserva la virginidad, en otros la pudicicia conyugal; en unos, una cosa, y en otros, otra; cada cual tiene su misión, pero todos tienen vida. Pues lo que es el alma al cuerpo humano, tal es el Espíritu Santo al Cuerpo de Cristo que es la Iglesia; lo que obra el alma en los miembros de un cuerpo, el Espíritu Santo lo hace en toda la Iglesia» [115].

Por este cuadro puede verse la acción y significación del Espíritu Santo en la Iglesia, a cada uno de cuyos miembros da vida y operaciones propias con las formas más variadas de influjo. El anima y vivifica el Cuerpo místico, ya que «por la caridad nos hacemos espirituales» [116], y la caridad nos viene del Espíritu Santo.

Según lo dicho, el cristiano no debe perder el contacto con este Espíritu, porque El es el que da la vida, la conserva, la aumenta y la lleva a su corona y perfección. Todo cuanto hay de sano y santo en la Iglesia, se debe a su influjo: «Deja, pues, tu espíritu y recibe el Espíritu de Dios. No tema tu espíritu que, cuando comience a habitar en él el Espíritu de Dios, ha de padecer

---

[114] P. L. LANDSBERG, *La Edad Media y nosotros* p.135-36 (Madrid 1925).
[115] *Sermo* 267,4: PL 38,1231.
[116] *Enarrat. in ps.* 47,14 (PL 36,541): «... cum facti fueritis per caritatem spirituale».

estrecheces o apreturas en tu cuerpo. Cuando comenzare a habitar en tu cuerpo el Espíritu de Dios, no echará de allí a tu espíritu; no tengas miedo» [117].

El Espíritu Santo cohabita con todos y vivifica a todos, comunicándoles su ser espiritual y sus funciones.

Los dos símbolos o figuras principales en que el Espíritu Santo se ha manifestado visiblemente, *la paloma* y *las lenguas de fuego,* tienen la misma significación: «Al enviar al Espíritu Santo, en dos formas lo manifestó visiblemente: por la paloma y el fuego. Por la paloma que se reposó sobre la cabeza de Cristo bautizado; por el fuego que se mostró sobre los apóstoles congregados» [118]. La primera era el símbolo de la sencillez o del amor inocente, el segundo significaba el ardor de la caridad. Las dos cosas son necesarias a los discípulos de Cristo, como se manifestó pronto en Esteban, que era sencillo como paloma y ardiente como fuego» [119].

Las operaciones del Espíritu Santo llevarán siempre estos rasgos, con que el Santo distingue la verdadera Iglesia de las cismáticas, utilizando la simbología de las palomas y los cuervos.

8.   El septenario del Espíritu Santo

Ya se ha indicado el valor que dieron los antiguos a ciertos números, y San Agustín siguió en este punto, ante todo por razones bíblicas, porque en la Sagrada Escritura hay números que por su repetición parecen insinuar alguna intención pedagógica del autor. El primer *siete* insigne aparece ya en el principio del Génesis, con los siete paneles en que presenta distribuida la obra de la creación de Dios, realizada en seis días, a los que se añadió el séptimo del descanso. Así el curso temporal de los tiempos, con la rotación de sus siete días, significa el proceso mismo temporal de todas las cosas [120].

Naturalmente, queda también comprendido en este proceso el de la vida del hombre, dividida en siete edades: infancia, puericia, adolescencia, juventud, gravedad y senectud [121].

A este desarrollo corporal corresponde un desarrollo espiritual, también dividido en siete edades espirituales, que nos ayudan a comprender el proceso de la misma espiritualidad [122].

La misma idea septenaria preside la comprensión de la historia universal, que se desenvuelve también en siete épocas, en que se encierra todo el tiempo del Antiguo y Nuevo Testamento [123].

En el proceso evolutivo del cristiano entra el Espíritu Santo con el septenario de sus dones, o fuerzas promovedoras del desarrollo espiritual hasta el logro de la perfección. Los siete dones aparecen en un pasaje del profeta Isaías

---

[117] *Sermo* 169,15: PL 38,924.
[118] *In Io. ev. tr.* 6,3: PL 35,1426.
[119] Ibid.
[120] MA I 94,4; MA I 336: «Septem quippe istis continuis succesionibus repetitione volventibus, omnium temporum circuitus peraguntur».
[121] *De vera relig.* XXVI 48-49: PL 34,143-44. En la *Enarrat.* al salmo 70 alude a la división que hacían los griegos de la *senectus:* «Nam presbytis dicitur gravis et geron senex». La Biblia Vulgata traduce por *senecta* y *senium* estas dos etapas. *Enarrat. in ps.* 70,2,4: PL 36,894.
[122] *De vera relig.* 49: PL 34,143-44.
[123] *De Gen. contra man.* I 33,43: PL 34,190-194.

donde se habla del futuro libertador. Por eso «el Espíritu Santo está recomendado en la Escritura sobre todo por el número septenario, ya en Isaías (11,2-3), ya en el Apocalipsis (1,2), donde muy claramente aparecen siete espíritus de Dios con siete operaciones del mismo e idéntico Espíritu. Esta operación septiforme se recuerda así en Isaías: *Reposará sobre Él el espíritu de Dios; espíritu de sabiduría e inteligencia, espíritu de consejo y de fortaleza, espíritu de ciencia y piedad, espíritu de temor de Dios*. Por éste ha de entenderse el temor casto del Señor, que permanece eternamente» [124].

Es importante la suma de los números 7 y 10, que forman el número 17. Lo mismo que la suma de 7 más 3, que hacen 10, que es el número de la sabiduría [125]. La suma de 10 y 7 es 17, que da el número de la espiritualidad perfecta. «El número septenario está celebrado en la Escritura para significar la obra del Espíritu Santo. Cuando se acerca este Espíritu Santo, se hacen 7 y 10. Uniéndose 7 y 10, hacen a los santos, que no fían de la ley, sino ponen todo su apoyo en la ayuda de Dios» [126]. En otras palabras, con los siete dones del Espíritu Santo se cumplen los diez mandamientos de la ley de Dios, y esto hace a los santos los tipos ejemplares de toda la espiritualidad cristiana. Sin la gracia de Dios, los hombres son incapaces de cumplir los mandamientos. El Espíritu Santo es el que distribuye la fuerza para santificarse con sus siete dones.

La nueva justicia no es la justicia de la ley, sino la de la fe y de la gracia, porque el conocimiento de la ley no da la fuerza para cumplirla. Por eso toda esta nueva perfección está fundada en la humildad, en el sentimiento de la flaqueza y poquedad propias y la confianza en la bondad de Dios.

No es la ley ni el libre albedrío los que dan la santidad, sino la presencia del Espíritu Santo en las almas, que se hace su huésped o morador interno. «Por lo cual, cuando en los sacramentos se da la remisión de los pecados, se limpia la casa; pero es necesario el morador, que es el Espíritu Santo, que no habita sino en los humildes de corazón. Porque dice el Señor: *¿Sobre quién reposará mi Espíritu?* Y responde: *Sobre el humilde, y el reposado, y el que acoge con temblor las palabras del Señor* (Is 66,2)».

Poniendo, pues, su morada en las almas, se rebalsa en ellas, guía, actúa, sofrena para que no den malos pasos; impulsa a lo bueno, hace suave la práctica de la justicia para que el hombre obre el bien por el amor al mismo bien y no por miedo al castigo. Quien tiene al Espíritu Santo por morador será ayudado en todo lo bueno que hace» [127]. Se formulan aquí diversas formas de actuación del Espíritu Santo en los justos: henchir, regir, actuar, frenar, despertar, suavizar la práctica de la justicia, poner blandura en el corazón para hacer el bien por el amor al mismo bien.

Esto nos lleva a presentar los siete dones que reparte en los fieles.

[124] *Enarrat. in ps.* 150,1: PL 37,1960-61.
[125] *Sermo* 252,10 (PL 38,1177-78): «El número 7 indica la creación, porque Dios la obró en seis días, y el séptimo descansó. El número 3 indica al Creador, Padre, Hijo y Espíritu Santo. La sabiduría perfecta consiste en sujetarse la criatura piadosamente al Creador, en distinguir al Creador de su criatura, al Artífice de su obra». Sobre el número 7 véase PONTET, *L'exégèse de S. Augustin* p.295-96.
[126] WILMART, XIII 6 (MA I 715): «... cum accesserint septem et decem faciunt sanctos, non de lege credentes, sed de Dei adiutorio praesumentes».
[127] DENIS, XXV 2: MA I 156.

9. Los dones

La venida del Espíritu Santo significa una gran transformación moral en los hombres, que antes no podían cumplir los diez mandamientos o el gran mandamiento del amor de Dios, y con su presencia y operaciones íntimas los hizo capaces de cumplirlos: «Estos diez mandamientos nadie los cumple con sus propias fuerzas, sin la ayuda de la gracia de Dios. Siendo esto así, recordad cómo el Espíritu Santo se recomienda en el número septenario, pues dice el santo profeta que ha de ser lleno el hombre del Espíritu de Dios, de sabiduría e inteligencia, de ciencia y fortaleza, de consejo y piedad, y del espíritu del temor de Dios (Is 11,2-3). Estas siete operaciones nos remiten al número septenario del Espíritu Santo, el cual, como bajando a nosotros, comienza por la sabiduría y acaba por el temor. Pero nosotros, subiendo del temor, acabamos nuestra perfección en la sabiduría, porque el principio de la sabiduría es el temor de Dios (Ecl 1,16)» [128].

San Agustín sube la escala de las siete gradas comenzando por la más baja y en contacto con la tierra, siguiendo el pensamiento del salmo: *Se propuso en su corazón hacer unas subidas en el valle del llanto:* «Por este valle se significa la humildad. Mas ¿quién es el humilde sino el que teme a Dios, y con este temor quebranta el corazón con lágrimas de confesión y penitencia?» [129]

Volvemos, pues, de nuevo a concebir la vida espiritual como una ascensión a un monte santo, a una altura espiritual—*celsitudo spiritualis*—, que es la sabiduría y contemplación de Dios. El llano de donde se parte es el temor de Dios, no el miedo a Dios de que se ha hablado antes. Temor que nace del conocimiento y de fe de la grandeza de Dios, de sus juicios, de su bondad, de su omnipotencia, y produce el fruto espiritual de evitar lo que le desagrada.

En este aspecto, como ya se ha visto en otros lugares, el temor tiene un papel importante en la vida espiritual.

San Agustín defiende el valor moral y religioso del temor, aun el del infierno, recomendado por Cristo para evitar la condenación eterna. Es decir, el temor para San Agustín es como el guarda del alma, cuya finalidad es llevar al amor: «Conserva el temor para que él te guarde y te lleve a la caridad, pues el temor hace funciones de guarda. Por el temor evitabas cometer el mal; la caridad hace que lo aborrezcas en sí mismo, para no cometerlo aunque lo pudieras impunemente» [130].

Siendo el temor la fuga de una cosa desagradable, San Agustín propone una huida dentro del ámbito del ser mismo de Dios. Considerando el sentimiento del pecado que domina el alma y viéndose en un círculo de inmensidad de donde no puede evadirse, le pregunta: «¿Adónde quieres huir? ¿Qué vas a hacer? ¿Quieres huir de El? Pues refúgiate en El. ¿Quieres huir de El, porque está airado? Pues huye a El aplacado. Le complacerás si esperas en

---

[128] *Sermo* 249,5: PL 38,1160-61.
[129] *Sermo* 347,2 (PL 39,1524-25): «Quis est autem humilis nisi timens Deum et eo timore conterens cor in lacrymis confessionis et paenitentiae?»
[130] *Sermo* 161,8 (PL 38,882): «... est enim quidam custos timor, quasi paedagogus legis».

su misericordia, procurando no caer y pidiéndole perdón de las culpas cometidas» [131].

Este temor se hermana con la esperanza y con los bienes que se desean de la vida eterna. No es como el temor de Judas, que tuvo miedo de Dios, sin esperar en su misericordia [132]. Y por eso abraza también el amor, pues tanto el no querer ofender a Dios como el desear los bienes de su casa es «obra del temor casto, con que la Iglesia, cuanto más ardientemente ama a su Esposo, con tanta mayor diligencia evita disgustarle» [133].

Corresponde también con la primera bienaventuranza, de los pobres de espíritu, los cuales son los humildes en este valle del llanto, que ofrecen a Dios el sacrificio de un corazón contrito y rendido. Y por este camino ellos ascienden a la *piedad* y andan sumisos a la voluntad de Dios, tal como se manifiesta en sus palabras, aun donde no comprenden su sentido, o en el orden mismo y gobierno de las criaturas, cuando suceden tantas cosas que contradicen a su voluntad» [134].

Es la piedad el segundo de los dones, que ablanda y hace sumisa al alma, para que no se revuelva contra las oscuridades de la existencia, sean los misterios y dificultades de la Biblia, sea el secreto con que Dios gobierna el mundo, permitiendo en él tantos males. Es sumamente necesario este don, pues nos hace respetar a Dios en todas sus manifestaciones y permisiones. El convierte las mismas tribulaciones en ejercicio de purificación y acrisolamiento: «La tribulación es fuego. ¿Te encuentra a ti como oro? Te purificará más aún de tus escorias. ¿Te halla como paja? Te reducirá a cendras» [135].

Todo este acrisolamiento corresponde a los mansos de la segunda bienaventuranza, porque honran la Escritura y evitan toda resistencia a los planes de Dios [136]. El manso sabe estimar las cosas como son, es decir, posee el conocimiento, el don de la ciencia, por el que se conoce a sí mismo y su miseria y fragilidad y los peligros del mundo, y tiene la bienaventuranza de los que lloran [137]. La grande ciencia del cristiano es saber que por sí mismo nada es y que todo cuanto es le viene de Dios y a El debe referirse [138]. Es la ciencia que no infla, sino pone al hombre en su propio lugar, en su medio ontológico, inferior a Dios y superior a todas las criaturas visibles, que le atraen y sujetan.

Por eso necesita de una gran *fortaleza* para romper todos los lazos y conseguir la libertad de los espirituales, «para que el mundo esté crucificado para ellos, y ellos para el mundo, y su caridad no desfallezca ni se enfríe en medio de las maldades del siglo, y toleren el hambre y sed de justicia hasta que lleguen a saciarse de ella en la inmortalidad de los santos y la compañía de

---

[131] *Enarrat. in ps.* 146,20 (PL 37,1913): «Vis ab illo fugere? Ad illum fuge. Vis fugere ab irato? Fuge ad placatum».
[132] Ibid.
[133] *Enarrat. in ps. 18* sermo 1,10: PL 36,155.
[134] *Sermo 347,5:* PL 39,1525.
[135] *Sermo* 81,7 (PL 38,503-504): «Tribulatio ignis est; aurum te invenit; sordes tollit; paleam te invenit; in cinerem vertit».
[136] *De serm. Dom. in monte* 13,11 (PL 34,1234): «Pietas congruit mitibus»...
[137] *Sermo* 247,3: PL 39,1525; *De serm. Dom. in monte:* ibid.
[138] *Enarrat. in ps. 70* sermo 1,1 (PL 36,874): «Haec est ergo tota scientia magna, hominem scire quia per se nihil est, et quoniam quidquid est a Deo est et propter Deum est».

los ángeles, pues son bienaventurados los que tienen hambre y sed de justicia, porque ellos serán hartos (Mt 5,6)» [139].

El *don de fortaleza* lo define San Agustín como la aceptación consciente y paciente de todos los peligros y trabajos [140]. Y por eso conviene a los hambrientos y sedientos de justicia, por los trabajos que han de tomarse para llegar a ella.

La esperanza tiene aquí su parte, pues por la posesión de los bienes futuros se padecen y toleran los males presentes. Las tres virtudes teologales curten y dan temple a este don, que hace los mártires cristianos en todos los tiempos [141].

Mas para gobernarse en medio de tantos extremos se requiere la discreción en tomar decisiones sabias para la práctica. Y aquí socorre el *don del consejo,* que muestra el camino del bien y protege de todo lo que va contra la fe y la moral del Evangelio. La vida cristiana ofrece pasos difíciles y oscuros, donde es menester la luz del cielo para ver dónde se pisa. En este aspecto parece identificarse con la prudencia, pero el don es luz superior que viene del Espíritu Santo en los trances peligrosos y en las decisiones urgentes. San Agustín lo relaciona con el buen uso de las criaturas, con la corrección fraterna, con el perdón de los hermanos, y también con la bienaventuranza de los misericordiosos, para entender las necesidades ajenas y remediarlas [142].

Subiendo un grado más, tenemos el *don del entendimiento,* «con que, ya purificados los corazones de toda falsedad y vanidad carnal y con la más pura intención, se dirigen al fin. Por eso también en sexto lugar dice el Señor: *Bienaventurados los limpios de corazón, porque ellos verán a Dios* (Mt 5,7)» [143].

La pureza de corazón habilita al hombre para contemplar el sumo Bien, que sólo puede verse con un entendimiento sereno y puro. Esta contemplación de Dios exige no sólo la vida ascética para lograr el dominio sobre las pasiones, sino también el ejercicio de la fe y el conocimiento revelado en la Escritura, en las enseñanzas de la Iglesia, en la predicación litúrgica. El cristiano no debe contentarse con creer, sino debe aspirar a esta forma dichosa de visión de Dios, aunque es muy diversa de la visión beatífica.

Por esta vía del conocimiento y dominio de las pasiones se llega al último grado, que es el de *la sabiduría,* que alcanza un estado de reposo, de consistencia, de paz interior. Se participa del descanso que hay en Cristo: «Porque ¿cuál es el fin del descanso más que Dios-Cristo? Pues el fin de la fe es Cristo para justificarse todo creyente (Rom 10,4). ¿Y quién es la sabiduría de Dios sino Cristo? Luego en El son sabios y por El son hechos hijos de Dios todos cuantos llegan a serlo; y aquí está la paz plena y perfecta. Este

[139] *Sermo* 247,3: PL 39,1525.
[140] *De div. quaest. 83* q.31,1 (PL 40,21): «Fortitudo est considerata periculorum et laborum perpessio». Es definición tomada de Cicerón *(De inventione* I,II).
[141] *Sermo* 347,3: PL 39,1525.—*De serm. Dom. in monte* I 3,10 (PL 34,1234): «Hic ergo esuritur et sititur iustitia et multum necessaria est fortitudo».
También San Agustín tiene por necesaria la fortaleza para refrenar la lengua *(Sermo* 247,3: PL 39,1526).
[142] *Sermo* 247,3: PL 39,1526.—*De serm. Dom. in monte* 1,3,10 (PL 34,1234): «Est autem iustum consilium ut qui se a potentiore adiuvari vult, adiuvet inferiorem in quo est ipse potentior».
[143] *Sermo* 247,3: PL 39,1526.

grado es el séptimo en la escala de ascensión; y en séptimo lugar puso también el mismo Señor que nos eleva la misma bienaventuranza: *Bienaventurados los pacíficos, porque ellos se llamarán hijos de Dios.* Teniendo, pues, estas promesas y subiendo por estas gradas al Señor, toleremos las cosas ásperas y duras de este mundo, sin quebranto de nuestro valor por ninguna contrariedad, para llegar a la paz eterna. A este fin nos exhorta, mostrándolo la octava bienaventuranza, que dice: *Bienaventurados los que padecen persecución por la justicia, porque de ellos es el reino de los cielos* (Mt 5,10)» [144].

Esta es la sabiduría a que aspiró San Agustín desde que a los diecinueve años leyó el *Hortensio,* de Cicerón. Pero en el predicador de la Iglesia es diferente esta sabiduría de la que concibió entonces, aunque era el mismo el deseo de una dicha inalterable. Aquí se trata de una unión con Dios reposada y durable, llena de paz, tal como la describe en el comentario al sermón del Monte:

«Llámanse pacíficos en sí mismos los que, moderando los movimientos de su ánimo y sometiéndolos a la razón, esto es, a la mente, y teniendo domados los deseos carnales, se hacen reino de Dios; donde en tal modo están ordenadas todas las partes, que lo que es predominante y excelso tenga el mando, y todo lo que es inferior obedezca sin chistar; y la porción misma que sobresale en el hombre, que es la razón y la mente, se subordine a lo que es superior, a la Verdad misma, que es el Unigénito de Dios. Pues no se puede tener mando sobre las cosas inferiores si ello no se somete a lo superior. Esta es la paz que se da en la tierra a los hombres de buena voluntad, ésta la vida del sabio consumado y perfecto» [145].

Aquí el progreso espiritual, bajo la acción del Espíritu Santo, adquiere su etapa final, pues ha llegado al umbral del reino de Dios o de la bienaventuranza perfecta con la sumisión de las pasiones al espíritu y con la sumisión de éste a la Verdad de Dios, encarnada en Cristo.

Se ha construido una pequeña ciudad de Dios en cada alma que ha seguido este itinerario ascendente, subiendo por el temor hasta la posesión de la sabiduría cristiana. Aquí se logra ya la definición de la paz como tranquilidad del orden, según es compatible con las condiciones de la vida temporal en que todavía se vive.

Desde esta mansión espiritual clamaba, sin duda, San Agustín: «Tarde te he amado, hermosura tan antigua y tan nueva; tarde te he amado. Y he aquí que tú estabas dentro, y yo andaba fuera, y allí te buscaba, y en estas hermosuras que creaste me arrojaba, deformándome con ellas» [146].

Ya la sabiduría ha creado en su espíritu una mansión de orden, de paz, de serenidad y de gozo, donde el Espíritu Santo tiene su casa y donde mora la Beatísima Trinidad.

10. El misterio de la Trinidad

Según lo expuesto, el Espíritu Santo tiene la misión de establecer un reino espiritual o interior en el hombre, pacificado por la justicia y la gracia de

[144] Ibid.
[145] *De serm. Dom. in monte* I 2,9: PL 1233.
[146] *Conf.* X 27,38.

Dios. El lo hace también morada de la Santísima Trinidad. Con lo cual penetramos en el umbral del misterio más augusto y solemne de la fe y de la vida cristiana, en que tanto meditó San Agustín no sólo para incorporarlo al organismo de su pensamiento especulativo, sino también a la piedad del pueblo cristiano. Con razón, el P. Cayré estima que la devoción a la Trinidad es la fundamental en el Santo [147]. Su nombre va vinculado a este misterio, porque fue el teólogo de la Trinidad, y vivió constantemente inclinado sobre su propia alma, hecha a imagen de Dios, trinitaria en su unidad, y en su trinidad de actividades nos asoma un poco a los secretos de la vida íntima en Dios. El contempló en este misterio no sólo un abismo ontológico, el más digno de ser venerado y meditado, sino también un arquetipo supremo de vida que nos mueve y espolea a la tarea de la reforma interior en el sentido en que él dice: «No estés nunca contento de ti, si quieres llegar a lo que todavía no eres» [148].

El descontento agustiniano se engendra ante la presencia del Modelo absoluto, cuya memoria está impresa en el espíritu.

La misma filosofía neoplatónica le inició en la búsqueda y contemplación de cierta trinidad que había vislumbrado la sabiduría antigua [149]. Pero con la instrucción cristiana rectificó y aclaró las ideas, y la verdadera Trinidad adquirió a sus ojos un significado y trascendencia que le obligó a desarrollar una dialéctica trinitaria, cuyas huellas se dibujan en sus obras, lo mismo en las primeras que en las últimas [150].

Su ontología lleva impresos los sellos de la Trinidad creadora. Toda criatura, como tal, viene del creador o es relativa, y no se le puede concebir sin la conexión con él o sin ciertas huellas de El como causa ejemplar. Así el ternario vestigial—*modus, species, ordo,* o *mensura numerus, pondus*—nos lleva a las personas divinas, que han pasado con su acción por todas las criaturas [151]. Estos diversos niveles estructurales que descubrimos en las cosas reclaman una triple acción, que nos remonta a la Trinidad y la trina actividad de las personas [152].

La ontogenia o formación de los seres, lo mismo espirituales que corporales, sólo halla su verdadera explicación subiendo a los orígenes de la Trinidad. En las palabras primeras de la Biblia: *En el principio creó Dios el cielo y la tierra,* San Agustín ya descubre la Trinidad: «Entendemos al Padre en el *nombre de Dios,* y al Hijo en el nombre del *Principio,* porque El es primordial

---

[147] F. Cayré, *Les trois personnes. La dévotion fondamentale d'après Saint Augustin* (Tournai 1959).

[148] *Sermo* 169,15 (PL 38,926): «Semper tibi displiceat quod es, si vis pervenire ad id quod non es».

[149] Cf. Du Roy Olivier, *L'intelligence de la foi en la Trinité selon S. Augustin.* X. *La Trinité créatrice et les trois dimensions ontologiques du créé* p.369-401.

[150] Id., ibid. El autor estudia en este libro la inteligencia de la Trinidad en San Agustín desde la conversión hasta la ordenación sacerdotal.

[151] Cf. V. Capánaga, *Obras de San Agustín* I p.47-63. M. F. Sciacca, en su reciente libro *Ontologia triadica e trinitaria* (Milano 1972), mantiene sustancialmente el mismo pensamiento agustiniano, enriquecido por la erudición y reflexión personal del autor. Los tres grandes principios *de participación, de analogía* y *de determinació*n (p.60) que definen esta ontología cristiana son comunes a ambos. En Olivier du Roy puede verse en *Indices.* V. *La table des triades* p.537-40.

[152] *De div. quaest. 83* q.18: PL 40,15.

y principalmente el origen de la criatura espiritual, y, por lo mismo, de toda criatura. Y al añadir que *el Espíritu de Dios* maniobraba en las aguas, vemos el recuerdo completo de la Trinidad; y lo mismo en la conversión y perfección de toda criatura, para distribuir sus especies, se insinúa la Trinidad misma; el Verbo y su progenitor cuando se dice: *Dijo Dios,* y la santa bondad, con que agrada a Dios todo lo que le place por la perfección peculiar de su ser, cuando se dice: *Vio Dios que todo era bueno»* [153].

Esta ontología triádica resplandece en el hombre con mayor claridad, porque aquí es la imagen de Dios que lleva dentro un tesoro escondido, y debe guardarla de toda profanación.

Pero esta Trinidad tan profundamente inscrita en todos los seres, y particularmente en los hombres como principio de todos ellos, es igualmente el fin último de todo, de modo que la peregrinación cristiana no tiene otra meta que el disfrute de la Trinidad, término de todas las aspiraciones del corazón humano.

Se ha recordado ya la división que hizo en su primer libro de la doctrina cristiana acerca de todo cuanto existe, encerrándolo en la categoría de *signos* y de *cosas.* Estas están distribuidas en dos grupos, definidos por el *uso* o la *fruición* de las mismas. En otros términos, todo cuanto existe pertenece a la categoría de medio o de fin último. Las criaturas todas son bienes de que se debe usar como medios para conseguir nuestro último fin o el disfrute de la Trinidad, Padre, Hijo y Espíritu Santo. Ninguna criatura puede convertirse en fin último, bajo pena de una perversión y desorden esencial, en que consiste la idolatría [154].

Así las tres personas divinas quedan profundamente interiorizadas en el corazón mismo del hombre, que aspira a la fruición o bienaventuranza. La Trinidad es la patria del alma, y la vida cristiana es la navegación hacia ella por el mar de este siglo [155]. En última instancia, todo movimiento y búsqueda, todo impulso y singladura, tienen como resorte el deseo del reposo en Dios. El hombre, pues, está embarcado para su regreso a la eternidad, de donde procede. El concepto de viajero, o *peregrinator,* da su verdadero sentido a la vida.

La ontología triádica, que con la doctrina de la revelación se hace teológica, se convierte en un principio ascético-místico de progreso y dinamismo. San Agustín invita al cristiano a la reflexión teológica de su propio misterio si quiere lograr los grados más perfectos de la vida espiritual. Lo que él practicó quiere que lo repitan los demás: «¿Quién entenderá la omnipotente Trinidad? ¿Y quién no habla de ella, si realmente es ella de quien habla?... Quisiera que los hombres meditasen estas tres cosas, que son muy diferentes de aquella Trinidad. Se las digo sólo para que piensen en ellas y ensayen y se den cuenta de cuán lejos están. Las tres cosas a que me refiero son: ser, conocer, querer. Pues yo soy, conozco y quiero; soy quien conoce, y quiere; y sé que soy,

---

[153] *De Gen. ad litt.* 1,6,12: PL 34,251. Cf. G. PELLAND, *Cinq études d'Augustin sur le début de la Génèse* (Montreal 1972).

[154] *De doct. christ.* 1,5 (PL 34,21): «Res igitur quibus fruendum est, Pater et Filius et Spiritus Sanctus, eademque Trinitas una quaedam summa res, communisque omnibus fruentibus ea».

[155] *Ibid.,* 1,4: PL 34,20-21.

y quiero; y quiero ser y saber. Comprenda quien pueda en estas tres cosas cuán inseparable es la vida: una vida, una mente, una esencia; y cuán inseparable la distinción, pues hay distinción; cada cual está ante sí mismo; mírese y vea, y me responda» [156].

En realidad, el hombre, al enfrentarse consigo mismo, como ser misterioso y profundo, comienza a lidiar igualmente con el misterio de Dios uno y trino. Mas San Agustín en estos discursos quiere introducirse, con la nave de su alma o de su propia ontología, en el abismo de Dios, porque se trata, en última instancia, del destino mismo del hombre, de su arribo y descanso eterno en el puerto. Por eso, otras veces su discurso se embarca en las imágenes bíblicas para producir en los oyentes el deseo de su unión con Dios trino. Así, en la parábola de los tres panes, éstos se convierten en las personas divinas, que alimentan la vida interior: «Cuando llegares a los tres panes, es decir, al alimento e inteligencia de la Trinidad, hallas de qué vivir, de qué sustentarte. No temas que venga a menos el manjar. Nunca se acaba él, y él acaba con el hambre. Porque es Pan, Pan y Pan: Dios Padre, Dios Hijo y Dios Espíritu Santo. Eterno el Padre, coeterno el Hijo y coeterno el Espíritu Santo. Creador el Padre, Creador el Hijo y Creador el Espíritu Santo. Pastor y dador de vida son el Padre, el Hijo y el Espíritu Santo. Manjar y Pan eterno el Padre, el Hijo y el Espíritu Santo. Aprende y enseña, vive y aliméntate. Dios, como dador, te ofrece lo mejor, que es a sí mismo. Pero menester es que tengas caridad, fe, esperanza, para que saborees lo que te da» [157]. La Trinidad no es un misterio lejano y frío, sino íntimo y vital, pan de cada día y de cada hora que sustenta, fortalece y engruesa.

11. La Trinidad, misterio de relaciones personales

Siendo la Trinidad misterio de personas y de relaciones personales, ha de traducirse en la vida cristiana en comunicación de relaciones personales. Personales porque cada persona divina matiza, a su manera, el modo que tiene de comunicarse con las almas según sus propios rasgos. Y personales también si se mira a las personas humanas, que, al contacto con cada persona divina, reciben peculiar sustento teologal acomodado a su modo de ser o de creer, esperar y amar.

Por ser personas, las divinas ostentan su particular fisonomía, presentándose a los ojos de nuestra fe con semblantes propios. No es lo mismo el semblante del Padre que el del Hijo y del Espíritu Santo. Impresionan a los cristianos con sus gestos peculiares. El Padre tiene un rango propio e incomunicable con respecto a las otras dos, no por ser superior a ellas, sino por corresponderle la primacía en el orden de las relaciones personales: «El es Dios Padre de la verdad, Padre de la sabiduría, Padre de la vida verdadera y suma, Padre de la bienaventuranza, Padre de todo lo bueno y lo bello, Padre de la luz inteligible, Padre de nuestro despertar y de nuestro vigilar» [158].

Tiene nuestro espíritu la inclinación y deseo de remontarse a los orígenes,

---

[156] *Conf.* XIII 11.
[157] *Sermo* 105,4: PL 38,620.
[158] *Sol.* I 2: PL 32,970.

a los manantiales puros, que son también razones últimas de las cosas. Y así el Padre se ofrece a los ojos de nuestra fe como la fuente universal y primera de donde mana todo lo puro, todo lo noble, todo lo santo. En El se hallan los orígenes de toda nuestra vida espiritual, el secreto de la predestinación, las iniciativas de nuestra salud y la cima o cumbre de todas las ascensiones.

La vida cristiana recibe el sello de su fisonomía de este secreto del Padre, porque es una espiritualidad de hijos de adopción, la cual corresponde a la primera persona. Hallamos aquí el misterio de un amor eterno, incomprensible, gratuito, origen de todo bien: «¡Cómo nos amasteis, oh Padre bueno, que no perdonasteis a vuestro Hijo único, antes lo entregasteis por nosotros, que éramos impíos! ¡Cómo nos amasteis, pues por nosotros el que no usurpó el ser igual a Vos, se hizo obediente hasta la muerte de cruz!»[159]

Este amor primero es el misterio de los misterios, y creer en él nos hace cristianos. Es un misterio de adopción, de gracia, de elevación y aproximación a Dios, hasta el punto de que «podemos decir: *Padre nuestro, que estás en los cielos...* No hemos nacido de su sustancia, pero por su gracia y misericordiosísima voluntad hemos sido adoptados por hijos suyos, según la doctrina apostólica y fidelísima verdad, pues a El le tenemos nosotros por Dios, Señor y Padre; Dios, por quien fuimos creados, aunque hemos nacido de padres humanos; Señor, a quien estamos sujetos; Padre, por cuya adopción nacimos a nueva vida»[160].

Por eso nosotros hemos recibido *el espíritu de adopción,* es decir, una psicología nueva, que cambia el fondo miedoso, cobarde y egoísta del espíritu humano en amor libre, confiado y leal, que se dirige a Dios con confianza y osadía, llamándole Padre. Este rasgo filial comunica Dios Padre a los que adopta por hijos suyos. La mirada filial de la fe a Dios es el misterio y gran secreto de los cristianos.

Mas en toda esta obra de elevación de los hombres no se tengan por ausentes ni al Hijo ni al Espíritu Santo, porque las tres personas toman parte, a su modo, en este misterio de adopción, pues el Padre adopta en el Hijo por el Espíritu Santo.

Así aparece el Hijo en esta misma relación personal con mayor evidencia y fuerza que el Padre, a quien le corresponde más la alteza y el secreto de los manantiales ocultos. El Hijo se hizo hermano nuestro, es decir, más accesible a nuestras miradas y comunicación. Por eso nuestra espiritualidad se define *cristiana,* porque en Cristo tiene su forma propia de ser, que es de hijo de Dios, y esta forma la ha impreso en los hombres que le siguen, haciéndose hermano de ellos.

Una mayor proximidad y parentesco de sangre nos acerca al Hijo de Dios, a quien pertenecemos: «A ti pertenecemos, tú nos redimiste»[161].

No podemos aquí repetir toda la cristología agustiniana para ir puntualizando las formas de relaciones personales que podemos tener con el Hijo de Dios. Pero hay que aludir al misterio central de la redención que obró en nuestro favor: «Pues, siendo El luz, resplandecía en medio de las tinieblas

[159] *Conf.* X 3.
[160] *Contra Faustum* III 3: PL 42,216.
[161] *Enarrat. in ps.* 130,1 (PL 37,1704): «Ad Te pertinemus, Tu nos redemisti».

que son los hombres, con sus mentes cegadas con las malas pasiones e infidelidad. Para curarlas, el Verbo de Dios se hizo carne y habitó entre nosotros (Jn 1,14). Porque nuestra iluminación es la participación del Verbo, es decir, de aquella vida que era la luz de los hombres. Y para esta participación éramos ineptos totalmente por causa de la inmundicia de nuestros pecados. Teníamos, pues, que ser purificados. Ahora bien: la única purificación de los malvados y soberbios era la sangre del justo y la humildad de Dios, para que al contemplar a Dios, cosa que no somos por naturaleza, fuéramos purificados por el que se hizo como nosotros y lo que no somos por el pecado. Añadiendo, pues, a nosotros la semejanza de su humanidad, nos quitó la desemejanza de nuestra perversidad, y, hecho partícipe de nuestra flaqueza mortal, nos hizo participioneros de su divinidad»[162].

Estos textos tan densos diseñan una pauta de relaciones personales con Cristo. Sobre todo nos relacionan con el Maestro interior que tenemos dentro[163] e iluminan a todos los hombres en lo secreto de las conciencias. Pero «el Maestro interior se hizo exterior para llevarnos a todos de las cosas externas a las íntimas»[164] con una pedagogía sencilla y humilde, con que sabe adaptarse a los más pequeñuelos.

El es el *Logos* divino que ha creado el diálogo humano con Dios. Por El sabemos hablar de Dios y con Dios y decir palabras inefables. Pero Dios, verdad, luz y sabiduría del hombre interior, maestro de voz humana, es igualmente nuestro mediador, sacerdote y víctima, nuestro médico y camino, nuestra cabeza, a la que estamos ajustados como miembros de un mismo Cuerpo. Todo esto da una profunda intimidad a nuestras relaciones con Cristo y sustenta y enriquece la fisonomía cristiana, dándole innumerables expresiones en sus formas de manifestarse en la historia de la piedad. Los diversos títulos que El ostenta son como diversas moradas donde las almas pueden alojarse holgadamente, mirando a Cristo ora de un lado o de otro, ora descubriendo un aspecto fisonómico, ora otro, saciándose siempre y sin saciarse nunca.

El es igualmente el dador del Espíritu Santo a la Iglesia, porque éste también recibió de los suyos para comunicarlo a sus discípulos. Y si el Hijo es la revelación de la Palabra divina, porque es el Verbo hecho carne, el Espíritu Santo es el Espíritu del amor, o la caridad en persona, que procede del Padre y del Hijo para enlazarlos en un abrazo eterno, y se difunde también en los corazones humanos para comunicarles un amor nuevo y espiritual en una sociedad de hijos que llaman a Dios Padre. El Espíritu Santo es el nuevo peso interior—*pondus meum*—que produce todo el movimiento gravitatorio hacia Dios en las almas, creando corazones nuevos y dándoles el impulso celestial que levanta a los hombres y les hace sentirse hijos de Dios para buscar en El su reposo. El pone el contrapeso a todas las inclinaciones y pasiones que nos arrastran hacia lo bajo: «Porque, si se retira el peso del Espíritu

---

[162] *De Trin.* IV 2,4: PL 42,889.
[163] *In Io. ev. tr.* 20,3 (PL 35,1357): «Habemus enim intus Magistrum Christum».
[164] *Contra epist. Fundam.* 36 (PL 42,202): «Et magister interior exterior factus est ut nos ab exterioribus ad interiora revocaret».

Santo, el peso del espíritu del hombre, con su propia gravitación, vuelve a hundirse en la carne con todas sus obras y codicias seculares» [165].

El nuevo peso es la caridad divina, derramada en los corazones por la gracia del Espíritu Santo que nos ha sido dado (Rom 5,5). Es el peso hacia arriba que nos incorpora al mismo movimiento circular que, saliendo del Padre y pasando por el Hijo, vuelve a su principio y origen, subiendo los hijos adoptivos al profundo seno de la divina familia. Todas las ascensiones espirituales se deben a este peso íntimo, que tiene naturaleza de fuego y busca en la esfera de lo alto su centro de reposo.

Como espíritu de unión y comunión, forma en la Trinidad la comunidad de las tres personas, «que es el arquetipo de la comunidad», como dice M. T. Clark [166]. Y aduce en comprobación estas palabras del Santo: «Se nos manda imitar esta unidad, ayudados por la gracia, en lo que a Dios y a nosotros mismos atañe. De estos preceptos penden la ley y los profetas. Y así las tres divinas personas son un solo Dios sabio, santo y bienaventurado. El Espíritu Santo, pues, es algo común al Padre y al Hijo, con una comunión substancial y eterna. Llámese amistad, si este nombre le cuadra, pero juzgo más apropiado el nombre de caridad» [167].

El movimiento al centro que inspira el Espíritu Santo en las almas forma con éstas la verdadera comunión, uniéndolas en el cumplimiento de la caridad: «Porque nadie cumple la ley sino por la gracia del Espíritu Santo» [168]. Y cumplir la ley significa amar a Dios sobre todas las cosas, y al prójimo como a sí mismo. Todas las obras del amor se realizan en virtud del Espíritu Santo, el cual tiene por esto una inefable intimidad con la vida de los cristianos. Aunque se llame el gran Desconocido, es el gran Presente en todo lo que significa vida, pureza, amor, perfección.

Añádase a lo dicho que también la caridad es la razón de la morada de las tres personas en el alma del justo: «Pues la caridad que viene de Dios y es el mismo Dios, propiamente es el Espíritu Santo, por quien se difunde en nuestros corazones la caridad de Dios, por la que habita en nosotros toda la Trinidad. Por lo cual muy bien se llama el Espíritu Santo Don de Dios, (Act 8,20). Este Don es la caridad que nos lleva a Dios, y sin ella ningún otro don nos lleva a El» [169]. Palabras que nos dejan ante un misterio de vida espiritual que conviene aclarar un poco.

12. Templos de Dios

Nos referimos a la inhabitación de las divinas personas en el alma de los justos, que nos reveló Cristo en el sermón de la Cena (Jn 14,23): *Si alguno me ama, guardará mi doctrina, y mi Padre le amará; y vendremos a él y haremos morada en él.* San Pablo divulgó esta verdad en las primeras comunidades cristianas, dando nueva expresión a este misterio: *¿No sabéis que sois el templo de Dios y que el Espíritu Santo habita en vosotros?* (1 Cor 3,16).

---

[165] *Sermo* 165,13: PL 38,848.
[166] M. T. CLARK, *Augustinian Personalism* p.13 (Villanova [U. S. A.] 1969).
[167] *De Trin.* VI 5,7: PL 42,927-28.
[168] *Sermo* 8,13 (PL 38,73): «Nemo implet legem nisi per gratiam Spiritus Sancti».
[169] *De Trin.* XV 18,32: PL 42,1083.

¿No sabéis que vuestros cuerpos son templo del Espíritu Santo? (1 Cor 6,19).

En su polémica contra los arrianos, San Agustín tomaba luz en estos pasajes para mostrar la divinidad del Espíritu Santo, pues templo y divinidad son dos cosas correlativas: «Si nosotros somos templo del Espíritu Santo, luego El es Dios. Si no fuera Dios, no seríamos templos suyos»[170].

Lo mismo en las obras polémicas que en las pastorales, él recordaba esta gran verdad, que no sólo afecta a la fe, sino también a la vida cristiana. Dice muy bien V. Carbone: «La verdad de la inhabitación divina en el alma de los justos no forma en San Agustín un trabajo especial, sino interesa a toda su vastísima producción, porque corre por todas sus obras doctrinales, polémicas, pastorales»[171]. No es fácil reducir a síntesis su doctrina, pero me limitaré a algunos aspectos.

Partamos, pues, de una verdad general, cual es la inmensidad divina o presencia suya en todas las cosas del mundo, «no como una cualidad suya, sino como substancia creadora del mundo, al que gobierna y sostiene sin trabajo ni fatiga»[172]. Como todos los atributos divinos, la inmensidad es propia de las tres personas. Inmenso es el Padre, inmenso el Hijo, inmenso el Espíritu Santo, como se dice en el símbolo atanasiano. Mas la palabra «inhabitación»—*habitare*—se reserva para significar una presencia familiar con los justos: «Pues se ha de confesar que Dios está en todas las cosas por la presencia de la divinidad, pero no en todas por la gracia de la inhabitación»[173].

«Ni el modo de habitar es igual en todos, pues los que son más santos tienen a Dios por más generoso habitador»[174]. Conviene aquí poner en entredicho toda forma de imaginación local o espacial, porque se trata de un espíritu puro. Ni es necesario advertir la divina presencia, y así en los párvulos bautizados mora el Espíritu Santo[175]. Y, aunque en estos textos se habla de la presencia peculiar del Espíritu Santo, es común a las tres personas, porque la tercera es el Espíritu del Padre y del Hijo, inseparablemente unido a ambos, o es la «sociedad de ambos», como dice San Agustín[176].

Por su naturaleza, ninguna criatura humana es templo de Dios o acreedor a ser la morada de la Trinidad, por lo cual lo primero es edificar el templo, del que son arquitectos las tres divinas personas, «pues Dios no habita en todas las cosas, sino en las que hace dichosísimo templo suyo»[177].

La metáfora bíblica de la edificación de la Iglesia le sirve a este propósito. Comentando las palabras del Apóstol: *Santo es el templo de Dios que sois vosotros*, y las de San Pedro sobre Cristo: *Piedra angular de la Iglesia* (1 Pe 2,4), en que todos los cristianos son piedras vivas, dice: «Cuando estamos

---

[170] *Coll. cum Max.* 14: PL 42,722. Cf. A. Turrado, *Dios en el hombre* p.113-19 (BAC, Madrid 1971).
[171] V. Carbone, *L'inhabitazione dello Spirito Santo nelle anime dei giusti secondo la dottrina di S. Agostino* p.189 (Roma 1861); F. J. Thonnard, *Traité de la vie spirituelle a l'école de Saint Augustin* p.15ss.
[172] *Epist.* 187,14: PL 33,835.
[173] *Ibid.,* 16 (PL 33,837-38): «Unde fatendum est ubique esse Deum per divinitatis praesentiam, non autem ubique per habitationis gratiam».—«Cum Deus ubique sit totus, non tamen in omnibus habitat» (ibid., 16: PL 33,837).
[174] *Ibid.,* 17: PL 33,858.
[175] *Ibid.,* 26: PL 33,841.
[176] *Sermo* 71,28 (PL 38,463): «Quodammodo societas Patris et Filii».
[177] *Epist.* 187,33: PL 33,841.

en el proceso de la edificación, humildemente lanzamos nuestros gemidos hacia
El; cuando seamos dedicados, le cantaremos con gozo, pues durante la construcción hay trabajo, en la dedicación hay alegría. Cuando se cortan las piedras de los montes y los árboles de los bosques, cuando se les da forma,
cuando se desbastan y ajustan, hay trabajo y cuidado; mas, cuando se dedica
el edificio ya terminado, se da riendas al gozo. La alegría y seguridad suceden
a los trabajos y cuidados seculares. De igual modo es la edificación espiritual,
cuya morada será Dios; no temporal, sino eternamente; cuando a los hombres
se les separa de la vida pagana de infieles, cuando se amputa y golpea lo
malo y torcido que hay en ellos, cuando se hacen ajustadas, simétricas y suaves las junturas, ¡por cuántas tribulaciones se pasa, qué martilladas se sufren!
Mas cuando llegue el día de la dedicación eterna de la casa y se nos diga:
*Venid, benditos de mi Padre, y tomad posesión del reino que se os está pre-
parando desde el principio del mundo* (Mt 25,34), ¡qué gozo y tranquilidad
habrá entonces! » [178]

El templo de los justos se edifica entre sudores, fatigas, tribulaciones, miedos, caídas, con miras a la dedicación y glorificación final. Por eso la perspectiva
escatológica está presente en toda la construcción de la espiritualidad cristiana, que surge con vistas a su última etapa. Cada piedra viva que se ajusta
al edificio anhela por la gloria de la consagración definitiva a Dios. Cuerpo
y alma son el sujeto de edificación, «porque el Espíritu de Dios habita en
el alma, y, por medio de ésta, también en el cuerpo, para que también nuestros cuerpos sean el templo del Espíritu Santo que recibimos de Dios» [179].

13. Santidad corporal

Esta doctrina tiene consecuencias morales para la vida cristiana, en particular para la santidad del cuerpo, que debe respetarse como templo de Dios.
En su pedagogía pastoral, éste era un principio que desarrollaba con frecuencia,
juntamente con el de nuestra incorporación a Cristo, que le es muy afín, porque
ser templo de Cristo y miembro de su Cuerpo es una misma cosa.

En un sermón que pronunció en Bulla Regia, donde había teatro licencio-
so y práctica de lenocinio, argumenta contra los viciosos con las palabras
del Apóstol: «El Apóstol no se dirigía a los clérigos ni a los obispos y pres-
bíteros cuando decía: *Pero vosotros sois miembros de Cristo.* Mirad bien de
qué Cuerpo sois miembros y bajo qué cabeza vivís en la unidad de este cuerpo;
mirad al Espíritu único que recibisteis de El» [180].

Las costumbres de la Iglesia africana eran libres, y tenían su proverbio
para excusarse: «Dios no hace caso de los pecados de la carne». Pero el Obispo
integérrimo les sale al paso: «Que nadie diga en su corazón: 'Dios echa la
vista gorda a los pecados carnales'. *¿No sabéis*—dice el Apóstol—*que sois
templo de Dios y que el Espíritu de Dios habita en vosotros?* (1 Cor 3,16-17).
Que nadie se engañe. Pero dirá alguno: 'El templo de Dios es mi alma, no
mi cuerpo', y se apoyará en las palabras: *Toda carne es heno, y toda su gloria,*

---

[178] *Sermo* 337,2: PL 38,1476-77.
[179] *Sermo* 161,6: PL 38,881.
[180] DENIS, 17: MA I 88.

como flor de heno (1 Pe 1,24). ¡Ocurrencia infeliz y pensamiento digno de castigo! ¿Quieres saber el pensamiento verdadero? *¿No sabéis*—añade San Pablo—*que vuestros cuerpos son templos del Espíritu Santo, que está en vosotros y que habéis recibido de Dios?* No tengáis, pues, en poco los pecados corporales, porque también vuestros cuerpos son templos del Espíritu Santo, que habéis recibido de Dios... Mira lo que haces del templo de Dios... Si cometieras un adulterio dentro de estos muros santos de la iglesia, ¿quién sería más criminal que tú? Pues mira que tú mismo eres templo de Dios. Templo eres cuando entras, templo cuando sales, templo cuando permaneces en tu casa, templo cuando te levantas. Mira lo que haces; no ofendas al que habita en ese templo, no sea que te abandone y venga la ruina sobre ti... Si menosprecias tu cuerpo, considera bien cuál es tu precio»[181].

Con esta firmeza defendía el Obispo de Hipona la santidad de su Iglesia, porque todos, laicos y sacerdotes, están llamados a la misma dignidad y pureza de vida cristiana.

Para combatir la embriaguez utiliza el mismo argumento[182], que tiene validez para toda clase de obras, porque «Dios no habita en templo en ruinas ni entra en templo mancillado»[183].

Mas la consideración del templo de Dios no ha de limitarse a las personas particulares de los justos, sino concebirse en un ámbito eclesial. Ciertamente, cada justo es templo de Dios, lugar sagrado donde mora El; pero estos lugares sagrados forman parte también de un ámbito inmenso que es la Iglesia.

Así como los miembros de Cristo, los cristianos, en tanto lo son en cuanto están incorporados al Cuerpo de Cristo, así los templos vivos que son los buenos cristianos, en tanto lo son en cuanto forman parte del gran templo que es la Iglesia universal. Por eso «Dios habita en cada uno como en sus templos, y en todos juntamente congregados en unidad, como en su templo»[184].

Hay, pues, muchos templos y un solo templo; la multitud unida en un mismo espíritu forma la unidad, como en la primera comunidad cristiana de Jerusalén: «Tenían ellos una sola alma y un solo corazón. Tantas almas y una sola alma, no por naturaleza, sino por la gracia. Si, pues, tantas almas, por aquella gracia que les venía de arriba, se hicieron una sola alma, ¿te extrañas de que el Padre, el Hijo y el Espíritu Santo sean un solo Dios?»[185]

Brilla en todas partes el misterio de la pluralidad y de la unidad en Dios; la Trinidad es origen, principio y ejemplar de toda distinción y unidad. De muchos templos hace un solo templo: «Pues los cristianos son muchos en sí mismos, pero son uno en Aquel que es Uno. Y todos juntos forman también el templo de Dios, del que dice el Apóstol: *Santo es el templo de Dios que sois vosotros* (1 Cor 3,17). A este templo pertenecen todos los que creen en Cristo, pero con una fe que abraza también el amor... Cuantos creen

---

[181] *Sermo* 82,10: PL 38,512. Véanse otros pasajes en Carbone, o.c., p.181-88; Turrado, o.c., p.108-27.

[182] *Sermo* 225,4: PL 38,1098. Cf. *Sermo* 252,12: PL 38,1179.

[183] *Sermo* 161,7 (PL 38,881): «Templum ruinosum non inhabitat, templum sordidum non ingreditur».

[184] *Epist.* 187,38 (PL 33,847): «Habitat itaque Deus in singulis tanquam in templis suis, et in omnibus simul in unum congregatis tanquam in templo suo».

[185] Guelf., 5: MA I 4,78.

de este modo son como piedras vivas con las que se edifica el templo de Dios, o como los maderos incorruptibles de que estaba formada el arca, que no pudo ser sumergida por las aguas del diluvio (Gén 6,4). Estos mismos hombres son los templos en que Dios escucha a los que le ruegan» [186].

La Iglesia es, según lo dicho, el verdadero templo de la Trinidad, donde habitan el Padre, el Hijo y el Espíritu Santo: «Pues templo de Dios, o sea, de toda la soberana Trinidad, es la santa Iglesia, es decir, la universal en el cielo y en la tierra» [187]. Naturalmente, es mucho más grandioso este templo universal que el de los justos particulares, porque en él se reúnen todas las maravillas de los tres artífices del templo, que son el Padre, el Hijo y el Espíritu Santo. El cristiano debe unir en su visión del templo toda la fábrica de Dios con sus innumerables grandezas y hermosuras; es decir, acostumbrarse a ver en sí mismo la Iglesia universal, donde se juntan todas las gracias de Dios [188].

14. «Acuérdeme de Ti, entiéndate a Ti, ámete a Ti»

San Agustín termina la gran obra de la Trinidad con una oración conmovedora, en que la fatiga, el sentimiento de la propia poquedad y de la distancia inmensa que le separan del misterio, al mismo tiempo que el deseo de continuar en la búsqueda de lo que le falta por entender, ponen de manifiesto los rasgos de su espiritualidad trinitaria. Ha sido una penosa ascensión dialéctica hasta la cima del espíritu, donde brilla la imagen de Dios, o la *mens,* que es la porción superior y principio de las operaciones cimeras del espíritu. Ha explorado las diversas *tríadas* que se muestran en el dinamismo del espíritu en el hombre exterior e interior, que describe en el libro XII, para adentrarse en la profundidad del segundo, que está dotado de una función judicativa que abarca todo el mundo corporal, como sometido a la parte principal del mismo espíritu, cuya vida mejor consiste en recordar, entender y amar a Dios.

Esta es la sabiduría cristiana que lleva a la salvación, es decir, a la visión de Dios. Pero su logro ocupa toda la vida del hombre en una tarea de continua reforma y ornato de la imagen divina impresa en el alma con los rasgos de la Trinidad. Por eso, antes de llegar a las últimas conclusiones, San Agustín habla con mucha precisión sobre el modo de reformar el alma y hacerla apta para la contemplación de Dios en su misterio supremo y en el trato último con las personas [189].

Hay orden y jerarquía en las trinidades humanas, que hacen resplandecer cada vez mejor la imagen de la divina: «Pues si la trinidad del espíritu es imagen de Dios, no es porque se acuerde, se entienda y se ame a sí mismo, sino porque ella puede acordarse de Dios y entenderle y amarle al que le

---

[186] *Enarrat. in ps.* 130,1: PL 37,1704.
[187] *Enchir.* 56 (PL 40,259): «Templum ergo Dei, hoc est, totius summae Trinitatis, sancta est Ecclesia, scilicet universa in caelo et in terra».
[188] Cf. TURRADO, o.c., p.234ss; D. SANCHÍS, *Le Symbolisme communitaire du Temple chez Saint Augustin:* Rev. d'Ascétique et Mystique 37 (1961) 3-30.137-47.
[189] *De Trin.* XIV 17,23: PL 42,1054-55.

ha creado. Haciendo esto, se hace sabia. Si falta esto, aunque se acuerde de sí misma y piense en sí y se ame, no es sabia» [190].

Por eso la más sublime aspiración, con que termina la obra, es la que formula en la plegaria final: «Ante ti está mi ciencia y mi ignorancia; si me abres, recibe al que entra; si me cierras, abre al que llama. Haz que me acuerde de ti, te entienda a ti y te ame a ti. Aumenta en mí estos dones hasta que totalmente me reforme» [191]. Aquí arde todo San Agustín en esta devoción a la Trinidad, que implica juntamente el logro de la sabiduría cristiana y de la reforma interior. Sabiduría y reforma: dos metas difíciles, pero siempre actuales y exigentes en la espiritualidad cristiana y agustiniana.

[190] Ibid., XIV 12,15: PL 42,1048.
[191] Ibid., XV 28,51 (PL 42,1098): «Meminerim tui, intelligam te, amem te. Auge in me ista, donec me reformes ad integrum».

LA VISIÓN DE PAZ

1. La paz del sábado

Toda la labor espiritual de los cristianos tendrá como premio una visión de paz eterna, destino último de todas las criaturas agónicas y anhelantes. Ya se ha definido la espiritualidad agustiniana como esencialmente *agónica* o combatiente. Creer es luchar, esperar es luchar, amar es luchar, ser santos es combatir hasta la muerte. Por eso no es extraño que la paz sea el ideal del cristiano. O *la visión de paz,* como suele decir el Santo aludiendo a la etimología, recibida en su tiempo, de *Jerusalén,* que significa visión de paz, el reino de la paz. La ciudad donde murió el Rey pacífico por los hombres para salvarlos con el sacrificio de la paz, se hizo el arquetipo del reino del descanso.

La aspiración a la paz tiene en San Agustín uno de los intérpretes más clásicos del cristianismo. Ciertamente, él no gozó de paz en este mundo ni antes ni después de convertirse. Por haber sido toda su vida un hombre agónico o agonista, suspiró por la paz y la cantó con acentos muy entrañables.

Cuando estaba dando las últimas pinceladas a la *Ciudad de Dios,* que le costó tantos sudores y tiempo, ¡con qué lágrimas y anhelo debió de mirar al cielo al escribir estas palabras: «Allí descansaremos y contemplaremos, contemplaremos y amaremos, amaremos y alabaremos: he aquí lo que será el fin que no tiene término»! [1]

Pero aún no había llegado para él el fin que no tiene fin. Los enemigos exteriores e interiores seguían en su lucha contra la ciudad de Dios. Y el descanso le viene en el asedio de Hipona por los bárbaros, bajo una amenaza constante. Y así murió peleando el 28 de agosto del año 430.

Muchos años antes, también al terminar otro libro, las *Confesiones,* en que describió la obra de los seis días en el sentido espiritual, dirigió a Dios esta plegaria: «Señor Dios, dadnos la paz, puesto que nos lo disteis todo; dadnos la paz del reposo, la paz del sábado, la paz sin ocaso. Pues todo este orden hermosísimo de cosas buenas en extremo, cumplida la duración que le señalasteis, ha de pasar. Han tenido su mañana y les aguarda inexorablemente su ocaso» [2]. También es aquí el agonista quien habla, suspirando por el reposo sin fin.

En su predicación habló muchas veces sobre la paz interna y externa de la Iglesia y del reposo sabático o de la visión de paz. Sirva de ejemplo este pasaje: «Hermanos, ¿pues qué será aquel bien cuyo deseo nos enciende y nos

---

[1] *De civ. Dei* XXII 30 (PL 41,804): «Ibi vacabimus et videbimus, videbimus et amabimus, amabimus et laudabimus: Ecce quod erit in fine sine fine». En la *Ciudad de Dios* escribió San Agustín páginas célebres sobre *la paz a que aspiran todas las cosas* (*De civ. Dei* XIX 13-14: PL 41,640-42). Aquí da las diversas definiciones de la paz, que se han repetido tanto a lo largo de los siglos. Cf. V. CAPÁNAGA, *San Agustín* (Clásicos Labor, XI) p.292-94 (Barcelona 1951).

[2] *Conf.* XIII 35.

fuerza a suspirar y nos quema, haciéndonos pasar por tantos trabajos para conseguirlo y verlo, como lo oísteis en la lectura del Apóstol, que nos dice: *Todos los que quieran vivir piadosamente en Cristo, padecerán persecuciones?* (2 Tim 3,2).

Ya veis que no faltan combates, pues luchamos con nuestra concupiscencia. Luchamos fuera con los infieles y con los hombres indisciplinados, peleamos dentro con las sugestiones y las turbaciones pasionales; en todas partes estamos en guerra todavía, porque el cuerpo que se corrompe pone su yugo sobre el alma (Sab 9,5); agonizamos todavía, porque si el espíritu es vida, con todo, el cuerpo está muerto por el pecado.

Pues ¿qué bien será el del mundo futuro? *Si el Espíritu habita en vosotros, el que resucitó a Cristo de los muertos, también vivificará vuestros cuerpos mortales por su Espíritu que en vosotros habita* (Rom 8,10). Cuando, pues, nuestros miembros mortales sean vivificados, entonces ya nada resistirá al espíritu.

Ya no habrá hambre ni sed, porque éstas son compañeras de la corrupción. Tú te rehaces, porque hay algo en ti que te deshace. Contra nosotros pelean los deseos de los deleites carnales. Es porque llevamos la muerte en la misma flaqueza corporal; mas, cuando la misma muerte quedare convertida en un ser inmutable, y la corrupción que hay en nosotros se convirtiere en incorrupción, y lo mortal se vistiese de inmortalidad, a la muerte se le dirá: *¿Dónde está, muerte, tu valentía? ¿Dónde está, muerte, tu aguijón?* (1 Cor 15,55). Ya no quedará ningún enemigo, y, al ser destruida la muerte, le sucederá la inmortalidad. El bien por que suspiramos será la paz. He aquí, hermanos, el gran bien de la paz. ¿Buscabais cómo se llamaba? ¿Es el oro, la plata, la hacienda, los vestidos? No; es la paz; no la paz como se halla entre los hombres: traicionada, inconstante, voluble, insegura; ni la paz como la que tiene un hombre individual. Porque ya hemos dicho que el hombre lucha; aunque dome todas sus codicias, todavía está en pie de guerra. ¿Cuál será, pues, aquella paz? *La que no vio ojo ni oído escuchó.* ¿Qué paz será, pues, aquélla? La de Jerusalén, porque Jerusalén se interpreta *visión de paz.* Así, pues, te *bendiga Dios desde Sión, y veas los bienes que hay en Jerusalén, y los contemples todos los días de tu vida.* Aquella paz alcanzan los que hayan sido aquí portadores de la paz»[3].

2.   Junto a los ríos de Babilonia

El anhelo de la paz está sostenido en San Agustín por la experiencia del tiempo y la visión de la ciudad celeste, por la tensión entre la fe y la visión. Marta y María convivían dentro de él, pues ambas andaban entre pucheros y trébedes, mientras sus ojos ardían y paseaban por el cielo. En la simbología temporal, tan copiosa en su estilo, vierten su luz los ríos de Babilonia, en cuyas orillas gemían los cautivos de Israel con las arpas mudas y el deseo del retorno a su patria. ¡Cuánto gimió también San Agustín en su terreno cautiverio!

---

[3] *Enarrat. in ps.* 127,16: PL 37,1687-88. Este sermón fue pronunciado en Cartago probablemente en el invierno-primavera de 407-408. Cf. PERLER, o.c., p.450-51; A. M. LA BONNARDIÈRE, *Recherches de chronologie augustinienne* p.50-53 (Paris 1965).

« ¡Oh Jerusalén, ciudad cuya posesión será sin fin! Yo, en esta vida y en esta tierra, pobre, peregrino y gimiendo, estoy privado de la paz y predicando la paz; no la predico por mí, como los herejes, que buscan su gloria: *La paz sea con vosotros,* y no tienen la paz que predican a los pueblos. Pues, si la tuvieran, no romperían la unidad. La predico por la casa misma de mi Señor, por la Iglesia, por los santos, por los peregrinos, por los pobres, para que suban allí, pues les decimos: *Iremos a la casa del Señor»* [4].

Pero, al predicar el reposo de esta paz, sonaban en sus oídos los ríos de Babilonia, arrastrando en su fugacidad las cosas terrenas. Los cristianos deben meditar de qué ciudad son moradores, y dónde peregrinan, y cuál es la causa de la peregrinación y destierro: «Ya habéis oído y sabéis que dos ciudades mezcladas entre sí por el cuerpo y separadas por el espíritu, hacen su curso a lo largo de los siglos hasta el fin; el fin de la una es la paz eterna, y se llama Jerusalén; la otra pone su felicidad en la paz temporal, y se llama Babilonia. Sabéis también la interpretación de estos nombres; Jerusalén significa visión de paz, Babilonia significa confusión» [5].

Sobre los ríos babilónicos están los hijos de Dios recordando a Sión: «Considerad los ríos de Babilonia, que son todas las cosas que aquí se aman y pasan. Uno, por ejemplo, es muy aficionado a la agricultura para estar ocupado, enriquecerse, deleitarse; vea los resultados, y hallará que lo que amó no es el fundamento de Jerusalén, sino río de Babilonia. Otro se entusiasma por la milicia; es también otro río de Babilonia más turbulento y voraz. Por ser abogado pía el otro; quiere dominar por la elocuencia... No sabes dónde te metes; es otro río de Babilonia... Otros ciudadanos de la santa Jerusalén observan las diversas inclinaciones humanas y pasiones que los arrastran y los llevan de acá para allá al mar; y al ver esto, no se lanzan a su corriente, sino se sientan en sus orillas y lloran sobre los ríos de Babilonia, a los que son arrebatados por su fuerza o por sí mismos, que han merecido estar en Babilonia; y lo hacen sentados, es decir, humillados. ¡Oh santa Sión, donde todo permanece y nada fluye! ¿Quién nos ha precipitado en estas cosas?» [6].

Esta vehemencia en el deseo de unirse a Dios y reposar en él la consideran algunos como fruto de experiencia de muy altos goces interiores, que reciben el nombre de gracias místicas. Tal parece ser el sentido de la frase de las *Confesiones:* «Tú me has tocado, y yo me he lanzado como una llama hacia tu paz» [7].

---

[4] *Enarrat. in ps.* 121,13-14: PL 47,1629.
[5] *Enarrat. in ps.* 136,1: PL 47,1761.
[6] Ibid., 3: PL 37,1762.
[7] Cf. M. Pontet, *L'exégèse de S. Augustin prédicateur* p.522ss. Repasa diversos lugares de los sermones y otros escritos y recuerda las opiniones de Hendrikx, Cayré, Maréchal, Cavallera, Boyer, Buttler; y después de citar las palabras de las *Confesiones* (X 27,38): «Tarde os amé, Hermosura tan antigua y tan nueva; tarde os amé... Pero Vos me llamasteis, gritasteis, y rompiste mi sordera; centelleasteis, resplandecisteis, acabasteis con mi ceguera; esparcisteis vuestra fragancia, la respiré, y ya suspiro por Vos; gusté, y tengo hambre y sed; me tocasteis, y me encendí en el deseo de vuestra paz», comenta: «Semejantes textos arden sobre el papel. Si se rehúsa ver en ellos la señal de una gracia extraordinaria, ¿dónde se podrá ver? En verdad, este pasaje de las *Confesiones* es como el del *fuego* del *Memorial* de Pascal. La quemadura de la divina presencia ha sido tan viva, tan trastornadora para el alma, que ella recurre a todos los sentidos para expresarla» (p.539).

El contraste entre lo temporal y lo eterno es el mismo que el de la guerra y la paz, o el de la caridad y el de la codicia mundana, que busca su reposo en las cosas perecederas, que al desaparecer dejan al hombre lacerado y doliente. Mas entiéndase que la guerra en el sentido agustiniano comprende también las luchas doctrinales en que se vio metido, y que le robaron la paz. En este aspecto, lo que llama el salmo *diluvium aquarum multarum* son las diversas doctrinas humanas, que revelan la vanidad de la sabiduría humana; las herejías, que rompen la unidad de la fe, robando el descanso a los hombres humildes y de buena voluntad [8].

La fugacidad de los bienes terrenos, que no pueden saciar el corazón del hombre; el ímpetu fluvial con que arrastran, la nada en que se volatilizan, es tema frecuente en toda la predicación agustiniana: «Y van a galope todas las cosas, y pasan de vuelo todas, y *se desvanecen* como humo. Y ¡ay de los que ponen su corazón en ellas!» [9].

Los antiguos dieron a la fortuna, representativa de los bienes temporales, una rueda para darle movimiento continuo; y San Agustín nota igualmente que el dinero es un disco redondo, que no tiene estabilidad [10].

Esta esencia fluvial afecta igualmente a nuestro cuerpo y alma, que andan en la rueda del tiempo sometidos a un continuo flujo de variaciones, porque «el cuerpo tiene mudanza de edades por corrupción, por los alimentos, por las refecciones, por las defecciones, por la vida, por la muerte» [11]. Y un río constante en forma de pensamientos, deseos, propósitos, entusiasmos, decaimientos, alegrías, engaños y desengaños, gustos y disgustos, atraviesa por nuestro mundo interior, pues aun «la mente humana que se llama racional tiene sus cambios; ora quiere, ora no; ora sabe, ora ignora; ora recuerda, ora se olvida [12].

Los paganos, para huir y ponerse a salvo de esta voracidad del tiempo, recurrieron al mito del *eterno retorno,* porque todo volverá a renacer y a emprender un nuevo curso de existencia en los tiempos futuros. Pero el pensamiento cristiano renunció a este mito, y buscó la solución de la visión de paz eterna en que el hombre se estabilizará para siempre.

3. Definiciones de la paz

La paz eterna, equivalente a la bienaventuranza, comprende dos clases de bienes, objetivos y subjetivos, pues no sólo implica un estado espiritual de reposo, de bienestar, de señorío de sí mismo, de ausencia de todo mal, sino también la posesión de lo que llama San Agustín la plenitud de todo lo desea-

---

[8] *Enarrat. in ps. 31* sermo 2,18 (PL 37,269): «Quid est diluvium aquarum multarum? Multiplicitas variarum doctrinarum».

[9] *In Io. ev. tr.* 7,1: PL 35,1438. Cf. A. BECKER, *De l'instinct du bonheur a l'extase de la béatitude* p.92ss.

[10] *Enarrat. in ps.* 83,3 (PL 37,1057): «Non immerito ipsa pecunia rotunda signatur, quia non stat».

[11] *Sermo* 241,2: PL 38,1134. En la *Enarrat. in ps. 101* sermo 2,10 (PL 37,1311-12) repite la imagen clásica del género humano comparado a un árbol que cambia de hojas.

[12] *Enarrat. in ps.* 121,6: PL 37,1623.—«El alma humana carece de estabilidad. ¡Cuántas mudanzas y pensamientos la zarandean! ¡Cuántos placeres la llevan de una a otra parte! ¡Cuántas codicias la torturan y desgarran!» (ibid.).

ble», que es Dios. Por eso conviene repasar las definiciones de las diversas formas de paz de que habla el autor de la *Ciudad de Dios*. La paz es deseo y aspiración universal de todas las cosas. Aun los mismos que hacen la guerra, buscan la paz, y, al intentar la victoria, quieren la sumisión de los enemigos, que se les oponen y roban la quietud [13].

¿Qué es, pues, la paz? He aquí un racimo de definiciones que San Agustín nos regala: «La paz del cuerpo es la ordenada templanza de las partes; la paz del alma irracional es el ordenado descanso de los apetitos; la paz del alma racional es la ordenada armonía de la contemplación y acción; la paz del cuerpo y alma, la vida ordenada y salud del animal; la paz del hombre mortal y Dios, la obediencia a la ley eterna ordenada en la fe; la paz de los hombres, la concordia ordenada; la paz de la casa, la ordenada concordia que tienen en el mandar y obedecer los que viven juntos; la paz de la ciudad, la ordenada concordia que tienen los ciudadanos y vecinos en el mandar y obedecer; la paz de la ciudad celestial, la ordenadísima y concordísima compañía para gozar de Dios y unos de otros en Dios; la paz de todas las cosas, la tranquilidad del orden. El orden es una disposición de cosas iguales y desiguales que da a cada uno su lugar» [14].

En la ciudad del cielo estamos en la región de los superlativos. Lo que es en el tiempo *ordinado y concorde (ordinata, concors)* allí se convierte en *ordenadísimo y concordísimo*. El orden y la concordia forman el corazón de la paz, como el desorden y la discordia dan mate a toda forma de bienaventuranza. En el cielo reina un orden perfecto y concordia total para gozar de Dios, y unos de otros en Dios. Compañía o sociedad, orden, concordia, fruición, Dios, el prójimo; la combinación de estos conceptos constituye la bienaventuranza. El *frui,* el goce, alcanza aquí su dimensión absoluta, porque plenamente se goza de Dios y se participa del goce de los gozadores. Plenitud de goce y plenitud de paz son la misma cosa.

Ciertamente, San Agustín sentía toda su impotencia para declarar la grandeza del premio que Dios tiene guardado para los que fueron sus hijos adoptivos.

«En lo que toca a aquella acción, o, mejor, quietud y ocio, que habrá en la vida futura, qué tal ha de ser, si he de confesar la verdad, no lo sé. Porque no ha pasado tal cosa por los sentidos de mi cuerpo. Y si digo que lo he visto con mi inteligencia, ¿qué es ella para aquella gloria tan excelente? Porque allí está *la paz de Dios,* que, como dice el Apóstol, *sobrepuja todo entendimiento* (Flp 4,7) ...Luego si los santos han de vivir en la paz de Dios, sin duda vivirán en aquella paz que sobrepuja todo entendimiento» [15].

La imagen de la paz es la que predomina en las descripciones agustinianas: «Allí habrá verdadera paz, y nadie padecerá cosa adversa ni de sí mismo ni de otro alguno. El premio de la virtud será El mismo, que nos dio la virtud, y a los que la tuvieren se prometió darse a sí mismo, sin que pueda haber cosa ni mejor ni mayor. Lo dijo por el profeta: *Yo seré su Dios y ellos serán mi pueblo.* Que es como decir: Yo seré su hartura, yo seré todo lo

---

[13] *De civ. Dei* XIX 12: PL 41,637.
[14] Ibid., XIX 13,1 (PL 41,840): «Pax caelestis civitatis ordinatissima et concordissima societas fruendi Deo et invicem in Deo».
[15] *De civ. Dei* XXII 29: PL 41,796-97.

que los hombres pueden honestamente desear: la vida y salud, sustento y riqueza, gloria y honra, paz y todo bien. Pues del mismo modo se entiende lo que dice el Apóstol: *Que nos será Dios todas las cosas en todos*. El será el fin de nuestros deseos, pues le veremos sin fin, le amaremos sin fastidio y le alabaremos sin cansancio. Este oficio, este afecto, este acto será, sin duda, como la misma vida eterna» [16].

En su predicación popular, San Agustín daba un sentido terreno y sensible a esta plenitud posesiva que entraña la paz del cielo: «Tu oro será paz; tu plata, paz; tu vida, tu Dios, todo cuanto deseas, será para ti paz. Aquí lo que es oro no puede ser plata para ti; lo que es vino, no puede ser pan; lo que es luz, no puede ser para ti bebida. Pero tu Dios será para ti todas las cosas. Le comerás para no sentir más hambre; le beberás para no tener sed; serás iluminado por El para que no te quedes ciego; serás sostenido por El para que no te caigas. Todo entero te poseerá a ti todo entero. No padecerás estrecheces con El, sino lo tendrás todo. Lo poseerás entero, y El te poseerá entero a ti; tú y El seréis uno, y tal unión la tendrá Aquel que te posee» [17].

Por esta plenitud de posesión suspiraba en sus *Confesiones* al decir: «Cuando yo me abrazare a Vos con todo lo que soy, en ninguna parte habrá para mí ni dolor ni trabajo, y viva será mi vida, toda llena de Vos. Mas ahora, puesto que Vos eleváis al que llenáis, como no estoy lleno de Vos, soy carga para mí mismo» [18]. Hay aquí dos plenitudes que se ayuntan: la plenitud de todos los bienes deseables, y de parte del hombre, la plenitud de unión, de modo que no quede ni una partecita de su ser que no esté tocada y glorificada por Dios.

La posesión de Dios significa la hartura de todos los bienes, «porque nuestro gozo, nuestra paz, nuestro reposo y el acabamiento de todas las molestias será nuestro Dios» [19]. A la plenitud de bienes objetivos, cuya suma es El personalmente, corresponde, de parte del bienaventurado, la plena realización de todo su ser, que se hará un poseso y un posesor de Dios. Y posesor en pleno sentido, en cuanto deplegará todas sus fuerzas para abrazarse al propio beatificador; y poseso en todo sentido porque Dios le invadirá, como el mar a una esponja que nada en su inmensidad.

La expresión *visión de paz* parece limitarse a una aprehensión intelectual de Dios; mas en realidad toda la persona humana se pone en acción y pasión para glorificar a Dios y ser glorificada en la bienaventuranza: «Hemos de ir a la casa de Dios, que está en los cielos, y allí, no en cincuenta días alabaremos a Dios, sino, como está escrito, por los siglos de los siglos veremos, amaremos, alabaremos» [20]. Estas palabras recuerdan las que hemos traído al principio de este tema, tomadas de la *Ciudad de Dios*: «Allí descansaremos y contemplaremos, contemplaremos y amaremos, amaremos y alabaremos» [21].

[16] Ibid., XXII 30,1: PL 41,801-802.
[17] *Enarrat. in ps. 36* sermo 1,12: PL 36,363.
[18] *Conf.* X 28.
[19] *Enarrat. in ps.* 84,16: PL 37,1077.
[20] *Sermo* 254,8 (PL 38,1185): «Videbimus, amabimus, laudabimus».
[21] *De civ. Dei* XXII 30: PL 41,804. Véase la nota primera de este capítulo.

4. «Descansaremos y contemplaremos»

Descansar, contemplar, amar, alabar: tal es el aspecto subjetivo de la felicidad eterna. Con la palabra «descanso»—*vacare*—significa el Santo la ausencia de todo ese cortejo de males y conflictos que amargan nuestra existencia: trabajos, fatigas, tentaciones, dolores, miedos, terrores, llantos, enfermedades físicas y morales, frustraciones, desengaños, dudas, oscuridades penosas. Y, sobre todo, la ausencia de toda forma de guerra: «Porque ¿qué es la paz? La ausencia total de guerra. ¿Qué quiere decir 'ausencia de guerra'? Que no hay ninguna contradicción, nada que se resista, nada que sea contrario. Mirad si ya estamos en esta situación; mirad si no luchamos con el diablo, si todos los santos y fieles no andan en lucha con el príncipe de los demonios. Pero ¿cómo luchan, si no lo ven?' Luchan con las concupiscencias con que les tienta al pecado; y, aun cuando no consientan a sus sugestiones ni son vencidos, luchan todavía. Y donde hay guerra, falta paz» [22].

También es elemento importante de la felicidad la total ausencia de cansancio, porque el hombre es un animal que se cansa y fastidia de todo. San Agustín traza un cuadro vivo de esta situación existencial humana y cristiana. «Si estamos de pie, nos cansamos; si estamos sentados, nos cansamos; si trabajamos, nos cansamos; si estamos ociosos, nos cansamos; nos cansamos del cansancio, nos cansamos del descanso, nos cansamos de dormir, y, cuando queremos velar, nos viene el sueño. Nos fastidia una comida larga, un espectáculo que dura mucho. Nos molesta la soledad, nos molesta la compañía. En todo hallamos contradicción, resistencia a nuestros deseos; es decir, la falta de paz» [23].

Esta situación se acabará con la transformación última de nuestro ser: «Cuando la muerte sea absorbida en victoria, no habrá estas cosas, sino la paz plena y eterna. Entonces estaremos en una ciudad. Hermanos, cuando hablo de ella, no quiero terminar, sobre todo porque abundan los escándalos. ¿Quién no suspira por aquella ciudad de donde el amigo no sale y el enemigo no entra, donde no hay ningún tentador ni revoltoso, ninguno que divida al pueblo de Dios, ninguno que moleste a la Iglesia con servicio diabólico? Habrá allí una paz sincera de hijos de Dios, amándose todos y viéndose llenos de Dios cuando Dios será todas las cosas en todos (1 Cor 15,28). Tendremos a Dios como espectáculo común, tendremos a Dios como posesión común, tendremos a Dios como paz común. El será para todos la paz plena y perfecta» [24].

La ausencia de todos los males que pueden turbar el descanso del hombre tendrá su complemento positivo en el *espectáculo común de Dios*, es decir, en su visión beatífica.

El deseo de ver es uno de los fuertes que hay en el hombre, que lo quiere saber todo, verlo todo, tocarlo todo con su mano. De aquí la creación de infinitos espectáculos para recrear la cusiosisdad de su espíritu. Por eso la

---

[22] *Enarrat. in ps.* 84,10: PL 37,1075.
[23] Ibid., 10: PL 37,1076.—*Enarrat. in ps.* 62,6 (PL 36,752): «Non stat ergo aetas nostra: ubique fatigatio est, ubique lassitudo, ubique corruptio».
[24] *Enarrat. in ps.* 84,10 (PL 37,1074-75): «Commune spectaculum habebimus Deum; communem possessionem habebimus Deum: communem pacem habebimus Deum».

visión va unida a la bienaventuranza, y sin la de Dios el hombres sería eternamente infeliz. Toda la vida cristiana es un esfuerzo de purificación de los ojos interiores para ver a Dios: «Todo cuanto hacemos, todo el bien que obramos, todos los esfuerzos que realizamos, todo lo que sudamos, todo lo que inculpablemente anhelamos, cuando llegue la visión de Dios estará de sobra. Pues cuando tendremos a Dios, ¿qué vamos a buscar? ¿Y qué nos basta, si Dios no nos es suficiente? Queremos ver a Dios, buscamos ver a Dios, nos apasiona ver a Dios»[25].

Esta pasión por ver a Dios alimenta la espiritualidad agustiniana, porque la visión beatífica sacia todos los deseos humanos, y es «el fin de todas las acciones buenas, y el descanso perpetuo, y el gozo que nunca se quitará a los que han llegado a él, porque será el premio supremo prometido a los justos»[26].

La visión facial significa una presencia clara, invasora, irresistible de Dios, que llenará con su deleite todas las aspiraciones humanas elevadas a su máxima capacidad de aprehensión. Esto es lo que llamamos *intuición* o *visión intuitiva,* opuesta a toda otra forma de aprehensión mediata o discursiva. No hay ningún mensajero de comunicación, sino un careo personal del Creador y las criaturas. Es lo que llama la Biblia *ver cara cara Dios,* o, en otros términos, hacerse partícipes y consortes de la misma divinidad: «Si tú, siendo hombre, niegas la humanidad (a tus prójimos), también te negará Dios su divinidad, es decir, la incorrupción de la inmortalidad, con que nos hizo dioses»[27].

No nos dará la divinidad en retrato, o imagen, o palabra de mensajero, sino en su plenitud de hermosura, poniéndose cara a cara con nosotros y tocándonos y penetrándonos con toda su gloria y majestad.

Esta visión recibe en San Agustín el nombre de *intelectual,* y es superior a las otras dos, que son inferiores, la *sensible* y la *espiritual.* Nosotros percibimos las cosas con los sentidos corporales, de donde resulta un conocimiento o percepción sensible; v.gr., la visión o el abrazo de la persona con quien estamos hablando. También la fantasía tiene la facultad de representar las cosas como haciéndolas ver, porque «la imaginación es una fuerza del alma, inferior a la mente, donde se imprimen las semejanzas de las cosas corporales»[28]. Y así nace la que se llama *visión espiritual,* como las que se tienen en los sueños.

Superior a ambas es la visión propia del mismo espíritu o la mente racional, «donde hay una especie de ojo del alma, al que pertenece la imagen y conocimiento de Dios»[29]. Este «ojo del alma» no tiene en la vida presente la facultad de ver cara a cara a Dios, sino, por medio del discurso o por rodeos dialécticos, la mente construye o reconstruye el contenido de los objetos que

[25] *Sermo* 53,6 (PL 38,366): «Videre Deum volumus, videre Deum quaerimus, videre Deum inardescimus. Quis non?»
[26] *De Trin.* I 10,20: PL 42,834. En este mismo lugar afirma que la contemplación de Dios incluirá la visión de las tres personas: «Contemplabimur enim Deum Patrem et Filium et Spiritum Sanctum»...
[27] *Sermo* 259,3: PL 38,1108.
[28] *De Gen. ad litt.* XII 9,20 (PL 34,461): «... vis animae quaedam mente inferior, ubi corporalium rerum similitudines imprimuntur».
[29] Ibid., XII 7,18 (PL 34,460): «Dicitur spiritus et ipsa mens rationalis ubi est tanquam quidam oculus animae, ad quem pertinet imago et cognitio Dei».

pertenecen al mundo visible. Y así conoce o vislumbra a Dios por medio de oscuros retratos, que va componiendo o con los datos de la fe o los que recibe de las percepciones de los sentidos o de la misma mente; v.gr., la hermosura, la sabiduría, la bondad.

Ahora bien: en la visión de Dios, el ojo del alma es elevado a una capacidad superior de conocimiento, en que intuye a Dios, en sí mismo y por sí mismo, en su propia majestad y grandeza infinita, como los ojos corporales perciben inmediatamente los objetos sensibles; v.gr., los rasgos del semblante de una persona. Tal será la visión beatífica de Dios. Ningún mortal es capaz de vislumbrar la bienaventuranza de tal visión sino con muy remotas semejanzas.

5. «Amaremos y alabaremos»

Con la visión inmediata de Dios, la vida afectiva ascenderá a un grado altísimo de amor y de alabanza de Dios, en que se consuma la felicidad. Porque, si el conocer o ver es una exigencia o necesidad del hombre, el amor no lo es menos y sigue la condición de la mente racional. Somos racionales y afectivos, y tanto la racionalidad como la afectividad deben hallar un objeto adecuado que los llene y plenamente satisfaga, porque nuestro corazón está inquieto en medio del mundo finito y no descansa hasta reposar en Dios. El hambre de San Agustín, *amare et amari amabam,* quería amar y ser amado [30], es el grito espontáneo y natural de todo corazón humano. No sólo queremos amar, sino también ser objeto de amor o ser amados por otras almas fraternas. Pero este deseo de amar y ser amado pasó en San Agustín por una tragedia, que describe en sus *Confesiones* «como una breñosa vegetación de siniestros amores» [31]. Entonces vivió lejos de la hermosura que después le había de cautivar, poniéndole en el camino del verdadero amor y descanso. Es el reposo de las tres grandes aspiraciones humanas de que se ha hablado otras veces, pues no quedamos totalmente desterrados de aquella fuente de gozo, hasta el punto «que, aun en las cosas temporales, buscamos la eternidad, la verdad, la bienaventuranza, pues no queremos morir, ni vivir en la mentira, ni padecer en la aflicción» [32]. Vamos en pos de lo eterno, de lo verdadero, de lo dichoso, y todo se nos da en la vida verdadera, eterna y feliz.

San Agustín enlaza la felicidad con la posesión de la verdad, hasta el punto de definir: «La vida bienaventurada es el goce de la verdad» [33]. Sin la verdad sólo se dan falsas felicidades: «Todos desean el gozo de la verdad, pues a muchos he conocido que querían engañar, pero a nadie que quisiera ser engañado» [34]. Mas se trata de una Verdad con mayúscula, porque es la Verdad por la que son verdaderas todas las cosas [35]. Por ella es también verdadera la felicidad eterna, en que se aquieta todo apetito.

[30] *Conf.* III 1: «Amare et amari dulce mihi erat»...
[31] *De Trin.* V 2: PL 42,887.
[32] *Conf.* X 23,33.
[33] Ibid., 23,34: «Gaudium de veritate omnes volunt».
[34] Ibid., 23,34: «Beatus ergo erit, si nulla interpellante molestia, de ipsa per quam vera sunt omnia, sola veritate gaudebit». Ya desde su conversión, San Agustín considera la verdad como beatificante. La vida eterna es el conocimiento de la verdad: «Aeterna igitur vita est ipsa congnitio veritatis» (*De mor. Eccl. cath.* I 25,47: PL 32,1331).

Ya se puede suponer que esta Verdad tiene particular conexión con la segunda persona, que es el Verbo de Dios, cuya posesión significa la entrada en el reino de Dios para siempre.

Toda la vida afectiva halla aquí su reposo, es decir, su centro, al que el espíritu humano gravita con todo su peso, pues en última instancia no es más que fuerza gravitatoria hacia donde se halla su descanso.

Ir al centro donde está el reposo es la misma vida del espíritu. Por eso la posesión gozosa de la verdad significa la quietud de todos los apetitos.

Pero una verdad que ha de traer al hombre la paz completa, calmando todo anhelo, es aquella «en que se contempla y se posee el sumo Bien» [35]. En otras palabras, ella se encarna en el Hijo de Dios, «el Verbo inmutable y eterno, cuya contemplación nos hace bienaventurados» [36]. En El están todos los tesoros de cosas que pueden desearse. El es igualmente el Mediador de la visión de paz. Porque si al Verbo se añade su condición de Dios-Hombre, resumen de todas las cosas creadas e increadas, su contemplación nos incorpora a la visión de la creación entera con todas sus bellezas, transfiguradas en la hermosura de Cristo. La visión de la humanidad glorificada de Cristo será la síntesis de toda contemplación, cima altísima desde la cual han de abrazarse todos los panoramas del ser, sin excluir los de Dios Padre, porque el que ve a Cristo, ve al Padre. Cristo glorioso iluminará y hará palpables con su verdad las profundidades más oscuras, los horizontes más bellos del universo visible e invisible.

Con esta sed de verdad, cuyo reposo total da la bienaventuranza, se enlaza otra no menos vigorosa y fuerte: la de la hermosura. Ambos estímulos—la búsqueda de la verdad y de la hermosura—explican la trama de la vida de San Agustín y de la nuestra. Pero la hermosura va vinculada a la Verdad, «que es incomparablemente más hermosa que la Helena de los griegos» [37]. San Agustín aprobaba el dicho de Cicerón contra Anaxímenes de que hay que dar a Dios una forma bellísima, porque nada hay tan bello como la verdad inteligible e inmutable [38]. Se da por cierto también que entre las *Enéadas* de Plotino conoció la que trata acerca de la hermosura, citada en la *Ciudad de Dios*: «Aquella visión es de tanta hermosura y dignísima de tanto amor, que al que carece de ella, por muchos bienes que posea en abundancia, no duda Plotino en considerarlo como infelicísimo» [39].

La concepción estética de la divinidad y del universo tuvo barruntos sublimes en la filosofía griega, y pasó a la cristiana reformada y transformada por los nuevos elementos de la revelación [40].

[35] *De lib. arb.* II 13,37 (PL 32,1260): «In veritate cognoscitur et tenetur summum bonum».

[36] *De Trin.* XIII 1,2: PL 42,1013.

[37] *Epist.* 40,7 (PL 33,157): «Incomparabiliter pulchrior est veritas christianorum quam Helena graecorum».

[38] *Epist.* 128,23: PL 33,443. Cf. CICERÓN, *De natura deorum* 1.

[39] *De civ. Dei* X 16: PL 42,293-94. Cf. PLOTINO, *Ennéades* I 6,7: «Ella es la verdadera y primera hermosura que embellece a sus propios amantes y los hace dignos de ser amados... El que llega a ella es dichoso por la visión de la felicidad; es verdaderamente infeliz quien carece de ella».

[40] Cf. J. STAUDINGER, *Das Schöne als Weltanschauung im Lichte der platonischaugustinischen Geisteshaltung* (Wien 1948).
Trata ampliamente de Dios como fuente de toda hermosura, y de Cristo encarnado y redentor como síntesis de toda belleza.

La hermosura se considera como el remate último y perfección de nuestro ser: «Nuestras almas todavía no son tan bellas como esperamos lo serán cuando se nos mostrare el que es infinitamente bello, en quien creemos ahora aun sin verlo; mas entonces seremos semejantes a El cuando lo veremos tal como es» [41].

Plotino y San Agustín notaron la fuerza transformadora que tiene la contemplación de la hermosura [42]. Lo mismo el mito del unicornio, el animal feroz que se doblega y se rinde a los pies de una doncella hermosa, como el Orfeo, que amansó a los animales con la armonía de su flauta, dan expresión a esta realidad; la vista de la hermosura calma y serena los movimientos más violentos del alma. También Fr. Luis de León experimentaba los buenos efectos de la contemplación de la noche serena.

Según esto, podemos vislumbrar cómo la vista de la hermosura de Dios causará inefables cambios en los bienaventurados: «Todos los buenos cristianos en esta vida van progresando continuamente con el deseo de llegar no a un reino de los mortales, sino al reino de los cielos, a las riquezas imperecederas de los ángeles. No buscan los bienes de acá, en medio de los cuales se vive con miedo de perderlos, sino en pos de la visión de Dios, cuya suavidad y deleite excede toda hermosura de cuerpos terrestres o celestiales; excede toda hermosura de las almas más justas y santas y la belleza de los ángeles y de las virtudes; excede toda ponderación de lengua y todo barrunto de pensamientos» [43].

El anhelo apasionado que Agustín repetía a los amigos cuando vivía lejos de Dios: *Num amamus aliquid nisi pulchrum?* [44], le atormentó toda la vida, y en su predicación resuena el eco de aquella interrogación: «¿Por qué amas estas cosas sino porque son hermosas?» [45] De las hermosuras creadas quería que todos hiciesen escala para subir a la increada: «Dice el Señor mismo: *Bienaventurados los limpios de corazón, porque ellos verán a Dios* (Mt 5,8). Hemos de ver, hermanos, una visión que *ni ojo vio, ni oído oyó, ni barruntó corazón de hombre* (1 Cor 2,9); una visión que dejará muy atrás todas las hermosuras terrenas del oro, plata, parques y campos; la hermosura del mar y del aire, la hermosura del sol y de la luna, la hermosura de las estrellas, la hermosura de los ángeles; una visión superior a todas, porque por ella son hermosas todas las cosas» [46].

Tan incomparable visión nos transformará y nos hará semejantes a El, porque le veremos tal cual es: como fuente y plenitud de todo lo que pueda dar gozo y alegría; y descanso perpetuo que sacia y no sacia, porque no causa hartura.

---

[41] *Epist.* 64,1: PL 33,232.
[42] *De lib. arb.* II 14,38 (PL 32,1262): «Cernentes se commutat omnes in melius: a nullo se in deterius commutatur». Aunque habla de la verdad, también se aplica a la fuerza de la hermosura que ella posee.
[43] *Epist.* 89,3: PL 33,855.
[44] *Conf.* IV 13,20.
[45] *Enarrat. in ps.* 79,14 (PL 37,1028): «Quare autem amas ista nisi quia pulchra sunt?»—*Enarrat. in ps. 34* sermo 1,12 (PL 36,331): «Omnia cara sunt, quia omnia pulchra sunt».
[46] *In Io. epist.* 4,5: PL 35,2009.

6. La ciudad de la perfecta hermosura

El reino de Dios que poseerán los justos es la ciudad de la perfecta hermosura. Cuando un cristiano pide: *Venga a nosotros tu reino,* desea un nuevo mundo de serenidad, de luz y armonía. San Agustín, siempre deseoso de comunicar a sus oyentes y de hacerles sentir y pregustar, en lo posible, lo que es el objeto de su esperanza, recurre a la fuerza de las imágenes, empleando un lenguaje analógico y sensible, porque sabía que hablaba con seres carnales y sensuales. De su experiencia común quería que hicieran el trampolín de sus ascensiones: «Considerad este mundo. ¡Cuánta hermosura encierra! ¡Cuántas hermosuras en la tierra, en el mar, en el aire, en el cielo estrellado! Todas esas cosas, al considerarlas, causan espanto. ¿No es verdad que su hermosura es tan sobresaliente, que nada más bello puede imaginarse? Y aquí viven, en medio de tantas hermosuras, los gusanos, los ratones y los reptiles; ellos viven contigo en medio de este esplendor de hermosura. Pues ¿cuál será la hermosura de aquel reino en que no vivirán contigo más que los ángeles? Era poco decir *la gloria de su hermosura,* pues esto podría entenderse también de cualquier tipo de hermosura terrestre o celestial; por eso dijo: *la grandeza de la hermosura de su reino,* insinuándonos algo que no vemos todavía y creemos antes de verlo, y por la fe lo deseamos, y por su deseo soportamos los trabajos presentes. Hay, pues, una grandeza de hermosura; amémosla antes de verla para que lleguemos a su visión»[47].

Esta dialéctica de ascensión por la escala de las hermosuras lo mismo para buscar noticias de Dios que para vislumbrar la grandeza de la futura gloria, era muy familiar en los discursos agustinianos, en los que tampoco deja de señalarse la dificultad de expresar «la hermosura inefable, cuya visión constituye la suma felicidad»[48].

Por eso en estado tan dichoso no falta la alabanza: «Toda nuestra ocupación, ¿cuál será? Alabar a Dios, amar y alabar. Alabar en el amor, amar en las alabanzas. *Bienaventurados los que habitan en tu casa, porque te alabarán por los siglos de los siglos* (Sal 83,5). ¿Por qué, sino porque te amarán por los siglos de los siglos? ¿Por qué, sino porque te verán por los siglos de los siglos? ¡Qué espectáculo, pues, será aquel de la visión de Dios! ... ¿Qué será vivir en aquella ciudad, cuando tanto gozo sentimos hablando de ella?»[49].

«Aquella será la mansión de la alabanza perfecta cuando seremos hechos iguales a los ángeles (Mt 22,30), cuando ninguna necesidad corporal nos moleste, ni el hambre, ni la sed, ni el calor nos fatiguen, ni el frío nos encoja, ni la fiebre nos abata, ni la muerte amenace acabar con nosotros. Para aquel ejercicio de perfectas laudes ejercitémonos ahora con las buenas obras»[50].

«La alabanza sigue al amor, lo mismo que el canto, que brota de un rebosamiento de gozo. Por eso cantar es propio de los que aman. Y la voz

[47] *Enarrat. in ps.* 144,15: PL 37,1879.
[48] *Enchir.* 5 (PL 40,233): «Ubi est sanctis et perfectis cordibus nota ineffabillis pulchritudo illius cuius plena visio est summa felicitas».
[49] *Enarrat. in ps.* 147,3 (PL 37,1916): «Laudáre Deum, amare et laudare: laudare in amore, amare in laudibs».
[50] *Enarrat. in ps.* 146,2: PL 37,1900.

del cantor es el encendimiento del amor santo. No hay ya trabajo, sino placer» [51].

El gozo del bien poseído se hace música y deleite lo mismo en el cielo que en la tierra, donde se alaba a Dios cantando, como lo hace la Iglesia en las celebraciones litúrgicas, siendo el amor, la alabanza y el canto como tres hermanas gemelas en el cielo y en la tierra. Ya se ha apuntado esto a propósito de la liturgia pascual, en que la música del *Alleluia* llena nuestros templos, haciéndolos gozar anticipadamente de la alegría celestial [52].

«Ahora canta la esperanza, ahora canta el amor; también cantará entonces el amor; pero ahora es un amor sediento, y entonces será un amor de fruición... Pues si tanto gozo nos da el rocío, ¿qué será la fuente?» [53].

La alabanza que brota al contacto o abrazo de Dios arrebata al hombre entero, que pone todo su ser en cantar sus grandezas. Todo se hace voz, confesión y *Alleluia,* que quiere decir *Alabad a Yahvé.* No es música que embriaga los sentidos o estimula los instintos bajos, sino se eleva siempre a lo alto con vuelo de admiración, de asombro, de gratitud, de gozo: «Alabemos al Señor con la vida y con la lengua, con el corazón y la boca, con las voces y las costumbres. Así quiere Dios que le cantemos las alabanzas, sin que haya ninguna división en los cantores... ¡Oh alabanza feliz del cielo, donde el templo de Dios son los ángeles! Allí reina suma concordia entre los que alaban; allí hay gozo seguro en los que cantan, donde ninguna ley de los miembros repugna a la ley de la mente, donde no hay conflictos de codicia, ni peligro para la victoria de la caridad» [54].

La unión y la unidad en la alabanza divina era para San Agustín la expresión de la verdadera paz y de la unidad que debe reinar en los que cantan, y que es contraria a todo cisma y herejía. El suspiraba siempre por la música coral, ordenada y gobernada por los mismos sentimientos de fe y caridad común.

7. La asamblea coral del paraíso

Por los pasajes anteriores puede llegarse a la conclusión de que la ciudad celeste de los bienaventurados forma una inmensa masa coral. Esta imagen nos dan igualmente muchos textos del Apocalipsis de San Juan, en que el canto forma parte de sus ocupaciones. Ya los antiguos comparaban una ciudad pacífica y bien ordenada con un concierto musical. Acogiendo esta idea, dice San Agustín: «Porque la consonancia concertada y moderada de diferentes voces nos representa la unión de una bien ordenada ciudad, trabada entre sí con una concorde variedad» [55]. Amor, música y coralidad se hermanan en la visión agustiniana del paraíso. Del coro está desterrada toda discordia, toda disonancia: «El coro significa la concordia, que consiste en la caridad» [56].

[51] *Sermo* 336,1 (PL 38,1472): «Cantare amantis est, Vox huius cantoris fervor est est sancti amoris. Non iam est labor, sed sapor».
[52] Cf. p.424ss.
[53] *Sermo* 255,5: PL 38,1188.
[54] *Sermo* 256,1: PL 38,1190-91.
[55] *De civ. Dei* XVII 14 (PL 41,547): «Diversorum enim sonorum rationabilis moderatusque concentus concordi varietate compactam bene ordinatae civitatis insinuat unitatem». La traducción es de Antonio Roys y Rozas, fol.527 (Madrid 1614).
[57] *Enarrat. in ps.* 87,1: PL 37,1009.

Ya la vida de la Iglesia en este mundo exige la armonía coral, la unidad de los corazones en la profesión de la fe y de las alabanzas divinas: «¿Qué significa el coro? Muchos lo saben ya; porque hablo en la ciudad (Cartago), casi todos saben lo que es. El coro pide la consonancia común de los cantores. Si cantamos en el coro, cantemos en conformidad con él. Si alguien de los cantores no concuerda con los demás, ofende el oído y desconcierta el coro»[57].

Este concierto armónico de una incontable masa coral adquiere en el cielo su más perfecta expresión. La vida cristiana en la tierra es canto perenne, como lo hemos recordado en páginas anteriores: *cantate ambulantes*[58], aliviad el camino de vuestra peregrinación cantando. En el cielo todo se mejora: las voces, la música, el canto.

Al terminar sus comentarios al salmo último, San Agustín nos ha dejado una estupenda representación musical de la bienaventuranza. Los instrumentos musicales de la liturgia del pueblo de Dios se espiritualizan para hacer del hombre un órgano plural de alabanzas y concierto: «*Alabad al Señor con címbalos bien sonoros, con címbalos de jubilación; todo espíritu alabe al Señor* (Sal 150,6). Los címbalos (especie de platillos) suenan tocándose uno con otro; por eso muchos los han comparado con los labios. Pero mejor inteligencia me parece ver en ellos, como instrumentos de alabanza divina, el mutuo honor que se dan entre sí unos a otros los prójimos, no el que se da uno a sí mismo. Por eso, para que no se creyera que se trataba de címbalos inanimados, añadió: *címbalos de jubilación.* Porque la *iubilatio* (= aclamaciones con gritos de alegría), como expresión de una alabanza inefable, procede del alma. Hay que recordar aquí lo que dicen los peritos en el arte musical: que hay tres clases de sonidos, procedentes de la *voz,* del *aire* y de la *percusión.* Así tenemos el sonido de la *voz humana* en los que cantan, el *de la flauta* y otros instrumentos de aire y el de la *percusión,* como en las cítaras y otros instrumentos. No se ha omitido ningún género de sonido: hay voces corales, soplo en la flauta, pulsación en la cítara. Es, como si dijéramos, la mente, el espíritu y el cuerpo; entiéndase esto por analogía, no según la propiedad. Lo que dice, pues: *Alabad al Señor en sus santos,* ¿a quiénes se dirige sino a ellos mismos? ¿Y en quién han de alabar a Dios más que en sí mismos? Vosotros sois, dice, sus santos, su virtud, la que hizo El en vosotros; y sois su potentado y la multitud de sus grandezas, que obró y manifestó en vosotros. Vosotros, pues, sois trompeta, salterio, cítara, tímpano, coro, instrumento de cuerda, órgano y címbalos jubilantes que suenan bien, porque consuenan. Vosotros sois todo esto; pero aquí nada se imagine de vil, transitorio y jocoso. Y, porque es muerte sentir según la carne, todo lo que tiene aliento alabe al Señor»[59].

En esta concepción, el hombre es elevado a la categoría de instrumento universal, que recoge en sí todos los sonidos y voces que el salmista ha reunido para alabar al Señor: trompetas, arpas, cítaras, tambores, trom-

---

[57] *Enarrat. in ps.* 149,7 (PL 37,1953): «Chorus est consensio cantantium».
[58] *Enarrat. in ps.* 66,6: PL 36,807.
[59] *Enarrat. in ps.* 150,7: PL 37,1964-66.

pas y flautas con platillos sonoros. Es toda una orquesta la que puede preparar dentro de sí con su mente, con su espíritu y con su cuerpo para glorificar a Dios.

Así el cielo se hace inmenso coro, en que cada santo enriquece con sus instrumentos la variedad de sonidos y la consonancia perfecta que allí reina. La armonía musical no sólo se produce con la total sumisión a la voluntad de Dios y al unísono de sus alabanzas, sino también por la caridad perfecta con que se aman todos a sí mismos, se honran, se comprenden, porque se contemplan unos a otros «llenos de Dios»: «Pues, renovados y restaurados con mayor gracia, estaremos descansando para siempre viendo cómo El es Dios, de quien estaremos llenos cuando El será todas las cosas en todos» [60]. El estar «llenos de Dios» es la razón de la ventura de los moradores del cielo, pues estarán vestidos, penetrados, sublimados por la presencia de la majestad y hermosura divina, hechos otros dioses por participación de su misma naturaleza. Y, según esto, toda la persona humana estará deificada y transformada, y aun todas las partes del cuerpo humano se convertirán en un órgano musical, invitando al cántico de las alabanzas.

8. El órgano del cuerpo glorioso

El cuerpo glorioso recobrará con ventajas la función ministerial que en parte perdió con la culpa primitiva y las consiguientes, y se hará espiritual no en sentido ontológico, sino en el moral, «porque estará a las órdenes del espíritu» [61].

No será ya carga y pesadumbre, sino fuerza de elevación. Todos los miembros serán restituidos con nuevo decoro, aun los miembros, que no tendrán el uso que tuvieron en este mundo, para «auge y recomendación de su hermosura» [62]. No habrá, pues, en él «nada indecoroso, sino suma paz; nada discordante ni monstruoso, nada que ofenda la vista, y Dios será alabado en todos» [63]. No habrá tampoco necesidad de vestidos para cubrirse o abrigarse, porque todo se hallará vestido de luz y de la gloria divina.

Pero San Agustín no se atreve a describir «cuál y cuán grande será la gracia del cuerpo, porque, sin experiencia de ello, temo que no sea temerario todo lo que pueda decir» [64]. Aunque sí le aplica plenamente la definición de la hermosura corporal corriente en su tiempo: «Pues toda la hermosura del cuerpo resulta de la congruencia de las partes con cierta suavidad de color. Y así, donde falta la congruencia de las partes suele ofender alguna cosa, o porque está mal formada, o porque es pequeña o

---

[60] *De civ. Dei* XXII 30,4 (PL 41,803): «... videntes quia ipse est Deus, quo pleni erimus»... Esta llenura de Dios da el Santo como razón de la visión divina en *Sermo* 243,6 (PL 38,1146): «Divine videbunt, quia Deo pleni erunt»: Verán divinamente, porque estarán llenos de Dios.

[61] *Sermo* 242,8,11 (PL 38,1148): «Quare dicitur spirituale corpus nisi quia ad nutum spiritus serviet?»

[62] *Sermo* 243,4 (PL 38,1115): «Caetera ergo membra nostra erunt ad speciem, non ad usum; ad commendationem pulchritudinis, non ad indigentiam necessitatis».

[63] *Sermo* 242,7 (PL 38,1148): «Nihil indecorum erit ibi, summa pax erit, nihil discordans, nihil monstruosum, nihil quod offendat aspectum; in omnibus Deus laudabitur».

[64] *De civ. Dei* XXII 21: PL 41,784.

excesivamente grande. Y así no habrá deformidad alguna originada de la incongruencia de las partes, pues lo que está mal se corregirá, y lo que es menos de lo conveniente, lo suplirá el Creador con lo que ·El sabe, y lo que fuere demasiado, lo quitará sin merma de la integridad de la materia.

¿Y cuánta será la suavidad del color allí donde *los justos resplandecerán como el sol en el reino de su Padre?* (Mt 13,43). El cual resplandor hemos de creer que no faltó al cuerpo resucitado de Cristo, sino más bien fue encubierto a los ojos de los apóstoles, porque no lo podría sufrir la flaqueza de la vista humana» [65].

La hermosura humana en toda su plenitud funde su armonía en la asamblea coral de los bienaventurados. El cuerpo humano se convierte en órgano coral, cuyas notas enriquecen y varían el canto de las alabanzas divinas. No hay parte en el organismo humano que no ponga mano en la orquesta celeste.

«Todos los miembros y partes interiores del cuerpo incorruptibles—que ahora se hallan repartidos en varios usos y ejercicios necesarios, porque entonces cesará la necesidad y habrá plena, cierta, segura y sempiterna felicidad—se mejorarán en las alabanzas de Dios. Porque todos aquellos números de la armonía corporal de que ya he hablado, que ahora están ocultos, no lo estarán, y, estando dispuestas por todas partes del cuerpo por dentro y por defuera, con las demás cosas que allí se verán grandes y admirables, inflamarán en la suavidad de la belleza racional el amor racional de la alabanza del grande Artífice. Cuáles serán los movimientos que allí tendrán estos cuerpos, no me atrevo a afirmar temerariamente, pues que no alcanzo a concebirlo» [66].

Estas palabras muestran el elevado sentimiento estético que San Agustín tenía del cuerpo humano y de su nobleza y de la nueva revelación de gloria con que resplandecerán los ojos de los beatos, como obra de suprema sabiduría y hermosura de su Creador y Redentor. La creación entera, vestida de la nueva luz, será el teatro de la felicidad futura, porque toda ella será irradiación del esplendor de la belleza infinita de su autor y estímulo de su alabanza. Dios será todas las cosas en todos, y todos recibirán también su gloria, «porque allí habrá verdadera gloria, donde nadie será alabado por error o lisonja del que alabe. Habrá verdadera honra, que no se negará a ningún digno ni se tributará a ningún indigno; aunque ningún indigno la ambicionará, porque no se permitirá que esté allí sino

---

[65] Ibid., XXII 19 (PL 41,781): «Omnis enim corporis pulchritudo est partium congruentia cum quadam coloris suavitate». San Agustín es un admirador de la hermosura del cuerpo humano, todo él labrado según una ley de simetría y proporciones admirables. «Aunque, dejadas también las necesidades y utilidades de sus obras, es tan numerosa la congruencia de todas sus partes y tienen entre sí tan hermosa y tan igual correspondencia, que no sabréis si en su fábrica fue mayor la consideración que se tuvo a la utilidad o a la hermosura. Porque verdaderamente no vemos en este cuerpo cosa criada que no fuese útil o que no tenga también su lugar de hermosura» (*De civ. Dei* XXII 24,4: PL 41,791). Cf. J. Tscholl, *Gott und das Schöne beim Hl. Augustinus* p.3ss.
[66] *De civ. Dei* XXII 30: PL 41,801.

el que sea digno. Allí habrá verdadera paz, donde nadie padecerá contra-riedad ni de sí mismo ni de otro alguno» [67].

Si en todas las especulaciones agustinianas tiene mucha parte la luz, no sólo como elemento estético, sino también como elemento ontológico, no lo es menos en la gloria del paraíso, en que todas las cosas se harán transparentes a los ojos de la contemplación.

En un texto poco antes citado, San Agustín nos ha hecho ver cómo todas las hermosuras interiores del cuerpo resucitado se harán patentes a la contemplación y admiración común. Pero la transparencia llegará también a los secretos de los pensamientos, deseos y ocupaciones del mismo espíritu. Todo bienaventurado será como un palacio de cristal inundado por la luz de la gloria. Y si, en la vida presente, uno de los tormentos más peno-sos es el trasfondo oscuro que se encierra dentro de cada uno, invisible a nuestros ojos, y mucho más a los ajenos, entonces no habrá secretos para nadie ni velos que oculten vergüenzas, sino todo resplandecerá con divina luz, porque de tal «manera será Dios notorio y visible, que se vea con el espíritu por cada uno de nosotros en cada uno de nosotros, y se vea por uno en otro, y se vea en sí mismo en el cielo nuevo y en la nueva tierra, y en todas las criaturas que entonces hubiere se vea también por los cuerpos en todo cuerpo; dondequiera que pusiéramos la vista del cuerpo espiritual, veremos también patentes los pensamientos unos de otros» [68]. Cada conciencia será un espectáculo de belleza espiritual, «pues los pensamientos, que ahora sólo ve Dios, serán mutuamente patentes a todos en aquella sociedad de los santos, pues nada habrá en ellos sino lo que es honesto, lo que es verdadero, lo que es puro, lo que es sincero. Como ahora quieres que sea vista tu cara, querrás entonces que tu conciencia esté a la vista de todos» [69]. Será la misma hermosura de Dios, reflejada en las augustas interioridades de los resucitados, la que se exhibirá, dándose en espectáculo agradable a los demás. De suerte que lo que llama San Agustín *societas sanctorum,* la compañía de unos con otros vestidos del mismo esplendor de belleza interior y exterior, dará auge a la felicidad, siendo Dios siempre el autor y consumador de la misma. Todos se gozarán en la gloria y her-mosura de los demás y en la suya propia cuando Dios será todas las cosas en todos. Cada conciencia será un templo de claridad y hermosura.

9. El fin que no tendrá fin

Las grandes aspiraciones humanas a la verdad, al bien y la hermosura, que son los tres pesos que mueven a los hombres, no tendrían su plena hartura si a ésta les faltara en el cielo una condición: la de ser eterna. Vivir lejos de este ladrón que es el tiempo, romper la cadena eslabonada

---

[67] Ibid.

[68] Ibid., XXII 29 (PL 41,801): «Patebunt etiam cogitationes nostrae invicem nobis». En la versión de estos textos seguimos, con ligeras modificaciones, la anteriormente citada traducción de la *Ciudad de Dios,* de Roys y Rozas.

[69] *Sermo* 243,5 (PL 38,1145-46): «Cogitationes quas modo non videt nisi Deus, omnes invicem videbunt in illa societate sanctorum».

de ansias y temores, engaños y desengaños, esperanzas y sobresaltos, es una profunda aspiración de los hombres.

San Agustín hubiera suscrito esta afirmación de Miguel de Unamuno: «El ansia de inmortalidad es la esencia del alma racional..., que está soñando siempre con un descanso eterno». «Todos sentimos en nosotros—dice por su parte el Santo—el deseo de ser inmortales». Y al mismo tiempo hay un barrunto universal de que ello está dentro de nuestras posibilidades, porque «no desearíamos todos los hombres, por instinto natural, ser inmortales y felices si ello no estuviera dentro de nuestras posibilidades. Pero este sumo bien no puede darse a los hombres sino por Jesucristo, y éste crucificado, por cuya muerte fue vencida la muerte, por cuyas heridas es sanada la naturaleza humana»[70].

La existencia misma de la espiritualidad va vinculada a esta verdad, pues, como razona Pascal, «la inmortalidad del alma es una cosa que nos importa tanto y nos afecta tan directamente, que hay que haber perdido todo sentimiento para ser indiferentes en buscar la verdad sobre este punto.

Todas nuestras acciones y pensamientos deben ir por caminos tan diversos, según haya bienes eternos que se han de esperar o no, que es imposible dar ningún paso con derechura y juicio si no se mira a esto, que debe ser el objeto de nuestro mayor interés. La negligencia en este punto, en que se trata de sí mismo, de su eternidad, de su todo, me irrita más que conmueve; es algo monstruoso para mí»[71].

A San Agustín no le faltó esta sensibilidad de Pascal y de Miguel de Unamuno, y en sus primeros escritos disertó seriamente muchas veces sobre el problema de la inmortalidad, sin dejarlo nunca de sus manos. Su cultura filosófica y literaria alimentaron su curiosidad y sus reflexiones, porque los sabios gentiles, desde Ferécides, maestro de Pitágoras, quien fue el primero en afirmar la inmortalidad del alma, hasta los pensadores de su tiempo, disputaron mucho acerca de la supervivencia del alma después de la muerte[72].

Rabatió la teoría pagana de la metempsicosis y dio a la doctrina filosófica un fundamento cristológico, porque en realidad Cristo es el Medianero de la bienaventuranza inmortal. Las cosas que están muy distanciadas entre sí, como las mortales y temporales y las inmortales y eternas, sólo pueden enlazarse en un medio que participe de aquéllas y de éstas. Y tal es la condición de Cristo: «Hemos de buscar un medio que no sólo sea hombre, sino también Dios para que lleve a los hombres de esta miseria mortal a la bienaventurada inmortalidad... Por eso convino que el Mediador entre nosotros y Dios tuviera la mortalidad tranistoria y la bienaventuranza permanente, a fin de que con lo que es transitorio se acomodara con los que han de morir y para que los incorporara en aquello que permanece. El mortal y bienaventurado se interpuso para hacernos, de muertos, inmortales, después de pasar El por la mortalidad,

---

[70] Contra Iul. Pel IV 19: PL 44,747.
[71] PASCAL, Pensées n.194.
[72] Enarrat. in ps. 88,5 (PL 37,1114): «Nam de animi immortalitate multi etiam philosophorum gentium multa disputaverunt». Sobre Ferécides, cf. Contra Acad. III 17,37: PL 32,954; Epist. 137,12: PL 33,521.

lo cual mostró en sí resucitando, y para hacernos, de miserables, bienaventurados, que es lo que nunca dejó de ser» [73].

Así la mediación de Cristo lo abraza todo: el principio, el medio y el fin; el renacimiento, por la gracia, el progreso de la santidad y la consumación del premio, haciendo a todos los suyos bienaventurados en inmortales.

RESUMEN Y CONCLUSION

Llegados ya al término de nuestra jornada, sólo nos resta resumir lo expuesto en unas palabras de admirable síntesis con que San Agustín define la vida eterna: «Vita sub Deo, vita cum Deo, vita de Deo, vita ipse Deus» [74].

La vida bienaventurada será una vida bajo el señorío de Dios, una vida de intimidad con Dios, una vida recibida de Dios, una vida que es el mismo Dios».

Lo mismo aquí en el tiempo como allí en la eternidad, donde la bienaventuranza es concebida como plenitud de vida, el Doctor de la gracia siempre la define en términos de relación o participación; en su origen, en su dinamismo funcional, en su subordinación, en su plenitud última, la vida siempre vive unida a su fuente. Estas cuatro relaciones definen la vida cristiana lo mismo en el tiempo que en la eternidad.

Por eso la más lúcida expresión de la espiritualidad agustiniana es la gracia, que viene de Dios y nos hace vivir en Dios, nos pone en todo bajo la voluntad de Dios y nos premia con la plena participación de Dios.

San Pablo llegó en su experiencia mística a un sentir en sí mismo la vida de Cristo, hasta parecerle que no era él quien vivía, sino Cristo vivía en él: *Vivo yo; mas no yo, sino Cristo vive en mi.*

Aquí, más que un vivir, es un ser vivido por otro, en otro y con otro. Así concibe San Agustín la dicha suprema de la gloria, que parcialmente también se disfruta en la vida de la gracia o espiritualidad cristiana. Es el vaso del espíritu que se ensancha y entra y cae dentro de la fuente misma de la vida, como la esponja que se sumerge en lo interior del mar. La inmersión en Dios, concebida con nuestras categorías temporales, no nos da la verdadera idea de la vida eterna. Toda forma de tensión dialéctica, que se origina de la indigencia radical del hombre, que le impulsa a buscar lo que le falta y hace de él un viador, un buscador, un peregrino, un soñador de paz y descanso, cesa de llegar a esta fuente de aguas vivas, donde todas las grandes aspiraciones—la verdad, la hermosura, la dicha, la eternidad, la paz—se aplacan y amansan.

Mas nótese al mismo tiempo que estas formas de relación que nos dan la plenitud de la vida nos sirven para conocer mejor el *status gratiae*, el estatuto temporal de los cristianos que viven en gracia. Pues también el estado de gracia significa una vida espiritual que viene de Dios, se desarrolla bajo su influencia y sumisión y va en compañía de Dios; y es el mismo Dios que habita en los justos.

Es decir, que la vida eterna es una continuación de la vida de la gracia en la agonía del tiempo, bajo la misericordia de Dios. La recibimos como una donación total, de suerte que, desde el principio de la fe hasta el gran don de la perseverancia, la mano de Dios socorre y ampara, conforta y ayuda, libera y premia, a los que le aman y siguen. Estamos siempre frente al pelagianismo o naturalismo de todo tipo...

[73] *De civ. Dei* IX 15: PL 41,268.
[74] *Sermo* 297,5: PL 38,1363.

Ahora es tiempo de conversión incesante y de agonía dialéctica, pues lo que califica el tiempo actual es la presencia de los contrarios, que nos provocan a pelear. Ellos están dentro y fuera de nosotros y no se dan reposo en inquietarnos, haciendo de nuestra vida el *agon christianus* de San Agustín, que da un sentido tan dramático a la historia humana. Pero en la ciudad celeste no habrá contrarios, ni enemigos, ni cismas, ni herejías, ni odios, ni motines, ni discordias, ni sediciones y banderías. La bandera de la paz perpetua será la reina que allí impere.

Bajo la bendición de Dios, todos los ciudadanos gozarán de suma paz para siempre.

INDICE DE AUTORES

ACABÓSE DE IMPRIMIR ESTE VOLUMEN DE «AGUSTÍN DE
HIPONA», DE LA BIBLIOTECA DE AUTORES CRISTIA-
NOS, EL DÍA 16 DE SEPTIEMBRE DE 1974,
FIESTA DE SAN CIPRIANO OBISPO, EN LOS
TALLERES DE LA EDITORIAL CATÓLI-
CA, S. A., MATEO INURRIA, 15,
MADRID

LAUS DEO VIRGINIQUE MATRI

BIBLIOTECA DE AUTORES CRISTIANOS

B A C Enciclopedias

HISTORIA DE LOS DOGMAS. Edición dirigida por M. Schmaus, A. Grillmeier y L. Scheffczyk.
T. I cuad. 3b: **La inspiración de la Sagrada Escritura,** por J. Beumer, S. I. (ISBN 84-220-0435-6).
T. II cuad. 2b: **Los ángeles,** por G. Tavard (ISBN 84-220-0438-0).
T. IV cuad. 2: **Bautismo y confirmación,** por P. Burkhard Neunheuser, O. S. B. (ISBN 84-220-0666-9).
T. II cuad. 2a: **Creación y Providencia,** por Leo Scheffczyk (ISBN 84-220-0438-0).

B A C Maior

COMENTARIOS SOBRE EL «CATECHISMO CHRISTIANO», por B. Carranza (2 vols.). Ed. crítica e introducción por J. I. Tellechea (1-2) (ISBN 84-220-0014-8).
MARTIN LUTERO (2 vols.), por R. García Villoslada (3-4) (ISBN 84-220-0422-4: T. I; ISBN 84-220-0423-2: T. II).
LA TEOLOGIA EN EL SIGLO XX (3 vols.). Ed. dirigida por Herbert Vorgrimler y Robert Vander Gucht. T. I: **El entorno cultural** (5) (ISBN 84-220-0432-1). T. II: **Teología general y disciplinas teológicas** (6) (ISBN 84-220-0660-X). T. III (último): **Disciplinas teológicas: Dogma, Moral, Pastoral** (7) (ISBN 84-220-0674-X).
AGUSTIN DE HIPONA. Maestro de la conversión cristiana, por V. Capánaga (8) (ISBN 84-220-0692-8).

B A C Normal

I. FUENTES Y AUTORES CLASICOS

1. Ediciones de la Biblia y del Nuevo Testamento

BIBLIA VULGATA LATINA (4.ª ed.) (14) (ISBN 84-220-0049-0).
SAGRADA BIBLIA, de Nácar-Colunga:
— Tamaño BAC, 24 láminas en color (33.ª ed.) (1) (ISBN 84-220-0417-8).
— Tamaño mayor (16 × 25 cms.), lugares paralelos y 50 láminas de códices en color (2.ª ed.), tela especial labrada (ISBN 84-220-0013-X).
— Tamaño breviario (11 × 17 cms.), 1676 págs. Gama variada de encuadernaciones (ISBN 84-220-0048-2).
— Edición de bolsillo (9 × 13 cms.) (12.ª ed.) (ISBN 84-220-0046-1).
— Edición popular (10,5 × 17,5 cms.) (24.ª ed.) (ISBN 84-220-0258-2).
SAGRADA BIBLIA, de Bover-Cantera (6.ª ed.).—Agotada (25-26).
NUEVO TESTAMENTO, de Nácar-Colunga, con 20 láminas en color (2.ª ed.) (40) (ISBN 84-220-0087-4).
NUEVO TESTAMENTO, de J. M. Bover.—Agotada (43).
SINOPSIS CONCORDADA DE LOS CUATRO EVANGELIOS, por J. Leal (2.ª ed.).—Agotada (124).

2. Textos del cristianismo primitivo y Santos Padres

A) Cristianismo primitivo

LOS EVANGELIOS APOCRIFOS, por A. Santos Otero (2.ª ed.).—Agotada (148) (ISBN 84-220-0069-5).
PADRES APOSTOLICOS, por D. Ruiz Bueno (3.ª ed.) (65) (ISBN 84-220-0151-9).
ACTAS DE LOS MARTIRES, por D. Ruiz Bueno (2.ª ed.) (75) (ISBN 84-220-0152-7).
TEXTOS EUCARISTICOS PRIMITIVOS (2 vols.). Ed. bilingüe, por J. Solano.
I. **Hasta fines del siglo IV.**—Agotada (88).
II y último. **Hasta el fin de la época patrística** (118) (ISBN 84-220-0320-1).
OBRAS COMPLETAS DE AURELIO PRUDENCIO. Ed. bilingüe.—Agotada (58).
ORIGENES. Contra Celso, por D. Ruiz Bueno (271) (ISBN 84-220-0146-2).

B) Santos Padres

PADRES APOLOGISTAS GRIEGOS (s.II). Ed. bilingüe, por D. Ruiz Bueno (116) (ISBN 84-220-0147-0).
OBRAS DE SAN JUAN CRISOSTOMO (2 vols.). Ed. bilingüe, por D. Ruiz Bueno.
I. **Homilías sobre San Mateo** (1-45) (141) (ISBN 84-220-0206-X).
II y último. **Homilías sobre San Mateo** (46-90) (146) (ISBN 84-220-0125-X).
OBRAS DE SAN JUAN CRISOSTOMO. Tratados ascéticos. Ed. bilingüe, por D. Ruiz Bueno.—Agotada (169).

ENCHIRIDION THEOLOGICUM SANCTI AUGUSTINI, por F. Moriones.—Agotada (205).

OBRAS DE SAN AGUSTIN. Ed. bilingüe dirigida por el P. Félix García.

CARTAS DE SAN JERONIMO (2 vols.). Ed. bilingüe, por D. Ruiz Bueno.

OBRAS DE SAN AMBROSIO. Tomo I: Tratado sobre el Evangelio de San Lucas. Ed. bilingüe, por M. Garrido (257) (ISBN 84-220-0169-1).

OBRAS DE SAN CIPRIANO. Tratados y Cartas. Ed. bilingüe, por J. Campos (241) (ISBN 84-220-0148-9).

OBRAS DE SAN BENITO. Su vida y su Regla (2.ª ed.) (115) (ISBN 84-220-0082-2).

OBRAS DE SAN GREGORIO MAGNO. Regla pastoral. Homilías sobre Ezequiel. Cuarenta homilías sobre los Evangelios (170) (ISBN 84-220-0153-5).

ETIMOLOGIAS, de San Isidoro de Sevilla.—Agotada (67).

SAN LEON MAGNO. Homilías sobre el año litúrgico, por M. Garrido (291) (ISBN 84-220-0247-7).

SANTOS PADRES ESPAÑOLES (2 vols.).

3. Cristianismo medieval

A) Filosofía y Teología

OBRAS COMPLETAS DE SAN ANSELMO (2 vols.). Ed. bilingüe.

OBRAS DE SAN BUENAVENTURA (6 vols.).

SUMA CONTRA LOS GENTILES, de Santo Tomás de Aquino. Ed. bilingüe.

SUMMA THEOLOGICA. S. Thomae Aquinatis, cura fratrum eiusdem Ordinis in quinque volumina divisa.

SUMA TEOLOGICA, de Santo Tomás de Aquino. Ed. bilingüe (16 vols.).

XIV.   **Penitencia. Extremaunción** (163) (ISBN 84-220-0215-9).
XV.   **Del orden. Del matrimonio** (145) (ISBN 84-220-0216-7).
XVI y último.   **Tratado de los novísimos.** Indice de conceptos de los 16 vols. (197) (ISBN 84-220-0217-5).
OBRAS DEL DOCTOR SUTIL JUAN DUNS ESCOTO. Edición bilingüe.
Dios uno y trino.—Agotada (193).
Cuestiones cuodlibetales (277) (ISBN 84-220-0315-5).

B)   ESPIRITUALIDAD

OBRAS COMPLETAS DE SAN BERNARDO (2 vols.).
I.   **Sermones. Sentencias** (110) (ISBN 84-220-0037-7).
II y último.   **Sermones sobre el Cantar. Tratados. Cartas** (130) (ISBN 84-220-0038-5).
SAN FRANCISCO DE ASIS. Escritos completos. Biografías y Florecillas (5.ª ed.).—Agotada (4) (ISBN 84-220-0078-4).
SANTO DOMINGO DE GUZMAN. Su vida. Su orden. Sus escritos (2.ª ed.).—(22) (ISBN 84-220-0085-7)
OBRAS DE SANTA CATALINA DE SIENA. El diálogo, por A. Morta (143) (ISBN 84-220-0027-X).
BIOGRAFIA Y ESCRITOS DE SAN VICENTE FERRER (153) (ISBN 84-220-0080-6).
ESCRITOS DE SANTA CLARA Y DOCUMENTOS CONTEMPORANEOS. Ed. bilingüe, por I. Omaechevarría.—Agotada (314).

C)   LITERATURA

OBRAS LITERARIAS DE RAMON LLULL.—Agotada (31).
OBRAS COMPLETAS DE DANTE. Versión de N. González Ruiz y José Luis Gutiérrez García (3.ª ed.) (157) (ISBN 84-220-0096-2).

4. Clásicos de la Edad Moderna (s.XVI-XIX)

A)   ESCRITURA Y TEOLOGÍA

COMENTARIOS A LOS CUATRO EVANGELIOS, por J. de Maldonado.
I.   **San Mateo.**—Agotada (59).
II.   **San Marcos y San Lucas.**—Agotada (72).
III y último.   **San Juan.**—Agotada (112).
MISTERIOS DE LA VIDA DE CRISTO, por F. Suárez.—Tomo I. Agotada en tela (35) (ISBN 84-220-0226-4). Tomo II y último. Agotada (55).
OBRAS DE FRANCISCO DE VITORIA. Relecciones teológicas. Ed. bilingüe por T. Urdánoz (1404 páginas) (198) (ISBN 84-220-0188-8).

B)   ESPIRITUALIDAD

OBRAS COMPLETAS DEL SANTO MAESTRO JUAN DE AVILA. Edición crítica preparada por L. Sala Balust y F. Martín Hernández.
I.   **Introducción biográfica. Audi, filia** (302) (ISBN 84-220-0278-8).
II.   **Sermones: Ciclo temporal** (303) (ISBN 84-220-0022-9).
III.   **Sermones: Ciclo santoral. Pláticas espirituales. Tratado sobre el sacerdocio** (304) (ISBN 84-220-0276-9).
IV.   **Comentarios bíblicos** (315) (ISBN 84-220-0314-7).
V.   **Epistolario** (313) (ISBN 84-220-0295-7).
VI y último.   **Tratados de reforma y Escritos menores.** Indices de nombres y materias (324) (ISBN 84-220-0280-9).
OBRAS COMPLETAS DE SAN IGNACIO DE LOYOLA. Ed. crítica de C. de Dalmases e I. Iparraguirre (2.ª ed.) (86) (ISBN 84-220-0019-9).
OBRAS DE SAN IGNACIO DE LOYOLA. Autobiografía y Diario espiritual, por V. Larrañaga.—Agotada (24).
VIDA Y OBRAS COMPLETAS DE SAN JUAN DE LA CRUZ (6.ª ed.) (15) (ISBN 84-220-0016-4).
OBRAS COMPLETAS DE SANTA TERESA DE JESUS (3 vols.).
I.   **Bibliografía. Biografía. Libro de la Vida,** por E. de la Madre de Dios y O. del Niño Jesús.—Agotada (74) (ISBN 84-220-0204-3).
II.   **Camino de perfección. Moradas del castillo interior. Cuentas de conciencia. Apuntaciones. Meditaciones sobre los Cantares. Exclamaciones. Libro de las Fundaciones. Constituciones. Visita de Descalzas. Avisos. Desafío espiritual. Vejamen. Poesías. Ordenanzas de una cofradía,** por E. de la Madre de Dios.—Agotada (120).
III y último.   **Introducción general,** por E. de la Madre de Dios y Otger Steggink. **Epistolario. Memoriales. Letras recibidas. Dichos** (189) (ISBN 84-220-0024-5).
OBRAS COMPLETAS DE SANTA TERESA (en un solo vol.), por E. de la Madre de Dios y Otger Steggink (4.ª ed.) (212) (ISBN 84-220-0033-4).
CARTAS Y ESCRITOS DE SAN FRANCISCO JAVIER (2.ª ed.) (101) (ISBN 84-220-0083-0).
TRATADOS ESPIRITUALES. Melchor Cano: La victoria de sí mismo. Domingo de Soto: **Tratado del amor de Dios.** Juan de la Cruz: **Diálogo sobre la necesidad de la oración vocal,** por V. Beltrán de Heredia (221) (ISBN 84-220-0032-6).
OBRAS DE SANTO TOMAS DE VILLANUEVA. Sermones de la Virgen María y Obras castellanas (96) (ISBN 84-220-0181-6).
SAN JOSE DE CALASANZ. Estudio. Escritos.—Agotada (159).
MISTICOS FRANCISCANOS ESPAÑOLES (3 vols.).
I.   **Arte para servir a Dios y Espejo de ilustres personas,** por A. de Madrid. **Ley de amor santo,** por F. de Osuna (38) (ISBN 84-220-0039-3).
II.   **Subida del monte Sión,** por B. de Laredo. **Oratorio de religiosos y ejercicio de virtuosos,** por A. de

Guevara. **Infancia espiritual,** por M. de Medina. **Doctrina de las tres vías,** por el Beato Nicolás Factor (44) (ISBN 84-220-0040-7).

III y último. **Meditaciones del amor de Dios,** por D. de Estella. **Declaraciones del «Pater noster»,** por J. de Pineda. **Manual de la vida perfecta y Esclavitud mariana,** por J. de los Angeles. **Exhortación a la verdadera devoción de la Virgen,** por M. de Cetina. **Homiliario evangélico,** por J. B. de Madrigal (46) (ISBN 84-220-0036-9).

TERCER ABECEDARIO ESPIRITUAL de Francisco de Osuna. Ed. crítica preparada por M. Andrés (333) (ISBN 84-220-0311-2).

OBRAS SELECTAS DE SAN FRANCISCO DE SALES
I. **Introducción a la vida devota. Sermones escogidos. Conversaciones espirituales. Alocución al Cabildo catedral de Ginebra** (109) (ISBN 84-220-0020-2).
II y último. **Tratado del amor de Dios. Constituciones y Directorio espiritual. Fragmentos del epistolario. Ramillete de cartas enteras** (127) (ISBN 84-220-0120-9).

OBRAS ASCETICAS DE SAN ALFONSO MARIA DE LIGORIO.
I. **Obras dedicadas al pueblo en general** (78) (ISBN 84-220-0021-0).
II y último. **Obras dedicadas al clero en particular** (113) (ISBN 84-220-0028-8).

SAN VICENTE DE PAUL. Biografía y escritos (2.ª ed.) (63) (ISBN 84-220-0084-9).

OBRAS DE SAN LUIS MARIA GRIGNION DE MONFORT.—Agotada (111).

BIOGRAFIA Y ESCRITOS DE SAN JUAN BOSCO (2.ª ed.) (135) (ISBN 84-220-0079-2).

SAN ANTONIO MARIA CLARET. Escritos autobiográficos y espirituales (188) (ISBN 84-220-0081-4).

SOR ANGELA DE LA CRUZ. Escritos íntimos. Ed. crítica, introducciones y notas, por J. M.ª Javierre (362) (ISBN 84-220-0688-X).

C) Literatura

OBRAS COMPLETAS CASTELLANAS DE FRAY LUIS DE LEON (4.ª ed.).
I. **El Cantar de los Cantares. La perfecta casada. Los nombres de Cristo** (3a) (ISBN 84-220-0121-7).
II. **Exposición sobre Job. Poesías. Indice** (3b) (ISBN 84-220-0122-5).

OBRAS SELECTAS DE FRAY LUIS DE GRANADA.—Agotada (20).

HISTORIAS DE LA CONTRARREFORMA, por Ribadeneyra.—Agotada (5).

TEATRO TEOLOGICO ESPAÑOL, por N. González Ruiz.
I. **Autos sacramentales** (3.ª ed.) (17) (ISBN 84-220-0155-1).
II. **Comedias teológicas, bíblicas y de vidas de santos** (3.ª ed.) (18) (ISBN 84-220-0156-X).

OBRAS DEL P. LUIS DE LA PALMA. Historia de la Pasión. Camino espiritual. Práctica y breve declaración del Camino espiritual, por F. X. Rodríguez Molero (261) (ISBN 84-220-0034-2).

D) Filosofía. Historia. Pensamiento social y político

OBRAS COMPLETAS DE DONOSO CORTES (2 vols.) (2.ª ed.) (12-13) (ISBN 84-220-0269-8).

OBRAS COMPLETAS DE JAIME BALMES.
I. **Biografía y Epistolario** (33) (ISBN 84-220-0106-3).
II. **Filosofía fundamental** (2.ª ed.) (37) (ISBN 84-220-0107-1).
III. **Filosofía elemental y El criterio** (2.ª ed.) (42) (ISBN 84-220-0108-X).
IV. **El protestantismo comparado con el catolicismo** (2.ª ed.) (48) (ISBN 84-220-0097-0).
V. **Estudios apologéticos. Cartas a un escéptico. Estudios sociales. Del clero católico. De Cataluña** (51) (ISBN 84-220-0098-9).
VI. **Escritos políticos** (1.º) (52) (ISBN 84-220-0127-6).
VII. **Escritos políticos** (2.º) (57) (ISBN 84-220-0126-8).
VIII y último. **Biografía. Misceláneas. Primeros escritos. Poesías. Indices** (66) (ISBN 84-220-0116-0).

ANTOLOGIA GENERAL DE MENENDEZ PELAYO, por José María Sánchez de Muniáin.
I. **Biografía. Juicios doctrinales. Juicios de Historia de la Filosofía. Historia general y cultural de España. Historia religiosa de España** (155) (ISBN 84-220-0115-2).
II y último. **Historia de las ideas estéticas. Historia de la Literatura española. Notas de Historia de la Literatura universal. Selección de poesías. Indice** (156) (ISBN 84-220-0114-4).

HISTORIA DE LOS HETERODOXOS ESPAÑOLES, de Menéndez Pelayo.
I. (2.ª ed.) (150) (ISBN 84-220-0112-8).
II y último. (2.ª ed.) (151) (ISBN 84-220-0111-X).

5. *Derecho canónico y documentos pontificios y conciliares*

CODIGO DE DERECHO CANONICO Y LEGISLACION COMPLEMENTARIA, por L. Miguélez, S. Alonso y M. Cabreros (3.ª ed.) (7a) (ISBN 84-220-0248-5).

DERECHO CANONICO POSCONCILIAR. Suplemento al Código de Derecho canónico bilingüe de la Biblioteca de Autores Cristianos, por L. Miguélez, S. Alonso y M. Cabreros (3.ª ed.) (7b) (ISBN 84-220-0088-1).

COMENTARIOS AL CODIGO DE DERECHO CANONICO (4 vols.), por profesores de la Universidad Pontificia de Salamanca.
I. **Cánones 1-681,** por M. Cabreros, A. Alonso Lobo y S. Alonso Morán (223) (ISBN 84-220-0090-3).
II. **Cánones 682-1321,** por A. Alonso Lobo, L. Miguélez y S. Alonso Morán (225) (ISBN 84-220-0089-X).
III. **Cánones 1322-1998,** por S. Alonso Morán y M. Cabreros (234) (ISBN 84-220-0091-1).
IV y último. **Cánones 1999-2414,** por T. García Barberena. **Apéndices. Repertorio alfabético de materias de los cuatro tomos** (240) (ISBN 84-220-0092-X).

CATECISMO ROMANO, de San Pío V.—Agotada (158).

DOCTRINA PONTIFICIA.
I. **Documentos bíblicos,** por S. Muñoz Iglesias.—Agotada (136).
II. **Documentos políticos,** por J. L. Gutiérrez García (174) (ISBN 84-220-0172-1).
III. **Documentos sociales,** por F. Rodríguez (2.ª ed.) (178) (ISBN 84-220-0173-X).
IV. **Documentos marianos,** por C. Hilario Marín.—Agotada (128) (ISBN 84-220-0174-8).
V y último. **Documentos jurídicos,** por J. L. Gutiérrez García.—Agotada (194) (ISBN 84-220-0174-8).

CONCILIO VATICANO II. **Constituciones. Decretos. Declaraciones. Legislación posconciliar** (7.ª ed.) (252) (ISBN 84-220-0265-5).

CONCILI VATICA II. **Constitutions. Decrets. Declaracions. Legislació postconciliar. Amb el nou test** llatí oficial per concessió de la Santa Seu. (Distribuidor exclusivo, Publinter, avenida José Antonio, 270, Barcelona.) (265).

EL CONCILIO DE JUAN Y PABLO. **Documentos pontificios sobre la preparación, desarrollo e interpretación del Vaticano II,** por J. L. Martín Descalzo (266) (ISBN 84-220-0128-4).

DICCIONARIO DEL VATICANO II, por M. A. Molina Martínez (2.ª ed.) (285) (ISBN 84-220-0237-X).

COMENTARIOS AL DECRETO «OPTATAM TOTIUS», SOBRE LA FORMACION SACER- DOTAL. Obra dirigida por el Dr. D. José Delicado Baeza (309) (ISBN 84-220-0275-2).

II. AUTORES CONTEMPORANEOS (s.XX)

1. Sagradas Escrituras

BIBLIA COMENTADA, por profesores de la Universidad Pontificia de Salamanca.
  I.   **Pentateuco,** por A. Colunga y M. García Cordero (3.ª ed.) (196) (ISBN 84-220-0067-9).
  II. **Libros históricos del A. T.,** por L. Arnaldich (3.ª ed.) (201) (ISBN 84-220-0234-5).
  III. **Libros proféticos,** por M. García Cordero (2.ª ed.) (209) (ISBN 84-220-0068-7).
  IV. **Libros sapienciales,** por M. García Cordero y G. Pérez Rodríguez (2.ª ed.) (218) (ISBN 84-220-0059-8).
  V.   **Evangelios** (2 vols.), por M. de Tuya (2.ª ed.) (239a y 239b) (ISBN 84-220-0290-6).
  VI. **Hechos de los Apóstoles y Epístolas paulinas,** por L. Turrado (243) (ISBN 84-220-0061-X).
  VII y último. **Epístolas católicas. Apocalipsis,** por J. Salguero. **Indice de los siete volúmenes,** por M. García Cordero (249) (ISBN 84-220-0062-8).

LA SAGRADA ESCRITURA. **Texto y Comentarios,** por profesores de la Compañía de Jesús.

ANTIGUO TESTAMENTO

  I.   **Pentateuco,** por F. Asensio, S. Bartina, F. L. Moriarty y R. Criado (267) (ISBN 84-220-0052-0).
  II. **Conquista de Canaán y monarquía,** por F. Asensio, F. Buck y F. X. Rodríguez Molero (281) (ISBN 84-220-0250-7).
  III. **Israel bajo persas y griegos,** por L. Moriarty, J. Vílchez, C. Bravo, J. Alonso, F. Marín, F. Asensio y L. Brates (287) (ISBN 84-220-0240-X).
  IV. **Salmos y Libros salomónicos,** por R. Arconada, F. Asensio, S. Bartina, F. X. Rodríguez Molero, J. J. Serrano y J. Vílchez (293) (ISBN 84-220-0278-7).
  V.   **Eclesiástico, Isaías, Jeremías, Ezequiel,** por J. Vella, L. Moriarty y F. Asensio (312) (ISBN 84-220-0294-9).
  VI y último. **Daniel y profetas menores,** por J. Alonso y F. Buck (323) (ISBN 84-220-0070-9).

NUEVO TESTAMENTO

  I.   **Evangelios** (2 vols.), por J. Leal, S. del Páramo y J. Alonso (3.ª ed.) (207a y 207b) (ISBN 84-220-0328-1 y 84-220-0327-3).
  II. **Hechos de los Apóstoles y Cartas de San Pablo,** por J. Leal, J. I. Vicentini, P. Gutiérrez, A. Segovia, J. Collantes y S. Bartina (2.ª ed.) (211) (ISBN 84-220-0053-9).
  III y último. **Carta a los Hebreos. Epístolas católicas. Apocalipsis. Indices,** por M. Nicoláu, J. Alonso, R. Franco, F. X. Rodríguez Molero y S. Bartina (2.ª ed.) (214) (ISBN 84-220-0054-7).

COMENTARIOS AL SERMON DE LA CENA, por J. M. Bover (2.ª ed.) (70) (ISBN 84-220-0073-3).

VIDA DE NUESTRO SEÑOR JESUCRISTO, por A. Fernández.—Agotada (32).

CRISTO VIVO. **Vida de Cristo y vida cristiana,** por J. M.ª Cabodevilla (4.ª ed.) (232) (ISBN 84-220-0267-1).

INTRODUCCION A LA BIBLIA, por M. de Tuya y J. Salguero.
  I.   **Inspiración bíblica. Canon. Texto. Versiones** (262) (ISBN 84-220-0050-4).
  II y último. **Hermenéutica bíblica. Historia de la interpretación de la Biblia. Instituciones israelitas. Geografía de Palestina** (268) (ISBN 84-220-0051-2).

COMENTARIOS A LA CONSTITUCION «DEI VERBUM», SOBRE LA DIVINA REVELA- CION. Ed. dirigida por L. Alonso Schökel (284) (ISBN 84-220-0196-9).

LOS METODOS HISTORICO-CRITICOS EN EL NUEVO TESTAMENTO, por H. Zimmermann. Trad. de G. Bravo (295) (ISBN 84-220-0254-X).

TEOLOGIA DE LA BIBLIA: I. **Antiguo Testamento,** por M. García Cordero (307) (ISBN 84-220-0270-1).

TEOLOGIA DE LA BIBLIA: II y III. **Nuevo Testamento,** por M. García Cordero (335 y 336) (ISBN 84-220-0309-0 y 0308-2).

LOS DESCUBRIMIENTOS DEL MAR MUERTO, por A. González Lamadrid (2.ª ed.) (317) (ISBN 84-220-0425-9).

PROBLEMATICA DE LA BIBLIA, por M. García Cordero (318) (ISBN 84-220-0285-X).

LOS PAPIROS GRIEGOS DE LA CUEVA 7 DE QUMRAN, por J. O'Callaghan (353) (ISBN 84-220-0668-5).

2. Dogma

COMENTARIOS A LA CONSTITUCION SOBRE LA IGLESIA. Ed. dirigida por D. Casimiro Morcillo (253) (ISBN 84-220-0159-4).

SACRAE THEOLOGIAE SUMMA (4 vols.), por profesores de la Compañía de Jesús.
  I.   **Introductio. De revelatione. De Ecclesia. De Scriptura,** por M. Nicoláu y J. Salaverri (5.ª ed.) (61) (ISBN 84-220-0180-2).
  II. **De Deo uno et trino. De Deo creante et elevante. De peccatis,** por J. M. Dalmáu y J. F. Sagüés (4.ª ed.) (90) (ISBN 84-220-0205-1).

III. De Verbo incarnato. Mariologia. De gratia. De virtutibus, por J. Solano, J. A. de Aldama y S. González (4.ª ed.).—Agotada (62).
IV y último. De sacramentis. De novissimis, por J. A. de Aldama, F. de P. Solá, S. González y J. F. Sagüés (4.ª ed.). (73) (ISBN 84-220-0204-3).

TEOLOGIA FUNDAMENTAL PARA SEGLARES, por F. de B. Vizmanos e I. Riudor (229) (ISBN 84-220-0193-4).

LA EVOLUCION HOMOGENEA DEL DOGMA CATOLICO, por F. Marín Sola (2.ª ed.) (84) (ISBN 84-220-0227-2).

EL CUERPO MISTICO DE CRISTO, por E. Sauras (2.ª ed.).—Agotada (85).

LA IGLESIA. Misterio y misión, por A. Alcalá Galve (226) (ISBN 84-220-0192-6).

TEOLOGIA DE SAN PABLO, por J. M. Bover (4.ª ed.) (16) (ISBN 84-220-0224-8).

DIOS Y SU OBRA, por A. Royo Marín (222) (ISBN 84-220-0190-X).

DIOS EN EL HOMBRE, por A. Turrado (325) (ISBN 84-220-0298-1).

TEOLOGIA DE LA CARIDAD, por A. Royo Marín (2.ª ed.) (192) (ISBN 84-220-0187-X).

TEOLOGIA DE LA SALVACION, por A. Royo Marín (3.ª ed.) (147) (ISBN 84-220-0184-5).

JESUCRISTO SALVADOR, por T. Castrillo (162) (ISBN 84-220-0185-3).

TRATADO DE LA SANTISIMA EUCARISTIA, por G. Alastruey (2.ª ed.).—Agotada (71).

TRATADO DE LA VIRGEN SANTISIMA, por G. Alastruey (4.ª ed.) (8) (ISBN 84-220-0223-X).

MARIOLOGIA, por J. B. Carol (242) (ISBN 84-220-0194-2).

LA ASUNCION DE MARIA, por J. M. Bover (2.ª ed.) (27) (ISBN 84-220-0225-6).

TEOLOGIA DE SAN JOSE, por B. Llamera (108) (ISBN 84-220-0182-9).

TEOLOGIA DE LA ACCION PASTORAL, por C. Floristán y M. Useros (275) (ISBN 84-220-0200-0).

SACERDOCIO Y CELIBATO, bajo la dirección de J. Coppens (2.ª ed.) (326) (ISBN 84-220-0401-1).

MARIA EN LA PATRISTICA DE LOS SIGLOS I Y II, por J. A. de Aldama (300) (ISBN 84-220-0266-3).

LA ESPERANZA ECUMENICA DE LA IGLESIA (2 vols.), por J. M. Igartua (305-306) (ISBN 84-220-0271-X).

LA RECONCILIACION CON DIOS, por G. Flórez García (329) (ISBN 84-220-0005-9).

LA NUEVA TEOLOGIA HOLANDESA, por M. Schmaus, L. Scheffczyk y J. Giers (357) (ISBN 84-220-0677-4).

CRISTO, VIDA DEL MUNDO, por B. de Margerie (361) (ISBN 84-220-0686-3).

HISTORIA SALUTIS

TEOLOGIA DEL MAS ALLA, por C. Pozo (282) (ISBN 84-220-0202-7).

DIOS REVELADO POR CRISTO, por J. M.ª Dalmáu y S. Vergés (292) (ISBN 84-220-0249-3).

TEOLOGIA DEL SIGNO SACRAMENTAL, por M. Nicoláu (294) (ISBN 84-220-0252-3).

MINISTROS DE CRISTO, por M. Nicoláu (322) (ISBN 84-220-0293-3).

DE LOS EVANGELIOS AL JESUS HISTORICO, por J. Caba (316) (ISBN 84-220-0284-1)

LA IGLESIA DE LA PALABRA (2 vols.), por J. Collantes (338 y 339) (ISBN 84-220-0307-4 y 0306-6).

LA SALVACION EN LAS RELIGIONES NO CRISTIANAS, por P. Damboriena (343) (ISBN 84-220-0424-0).

EL MATRIMONIO CRISTIANO Y LA FAMILIA, por J. L. Larrabe (346) (ISBN 84-220-0443-7).

MARIA EN LA OBRA DE LA SALVACION, por C. Pozo (360) (ISBN 84-220-0685-5).

3. Moral

THEOLOGIAE MORALIS SUMMA, por M. Zalba.
I. Theologia moralis fundamentalis. De virtutibus. De virtute religionis (2.ª ed.).—Agotada (93).
II. Theologia moralis specialis. De mandatis Dei et Ecclesiae. De statibus particularibus (2.ª ed.).—Agotada (106).
III y último. Theologia moralis specialis. De sacramentis. De delictis et poenis (2.ª ed.).—Agotada (117).

THEOLOGIAE MORALIS COMPENDIUM, por M. Zalba.
I. Theologia moralis fundamentalis. De virtutibus moralibus (175) (ISBN 84-220-0170-5).
II y último. De virtutibus theologicis. De statibus. De sacramentis. De delictis et poenis (176) (ISBN 84-220-0171-3).

TEOLOGIA MORAL PARA SEGLARES, por A. Royo Marín.
I. Moral fundamental y especial (4.ª ed.) (166) (ISBN 84-220-0441-0).
II y último. Los sacramentos (3.ª ed.) (173) (ISBN 84-220-0228-0).

TRATADO DE MORAL PROFESIONAL, por A. Peinador (2.ª ed.) (215) (ISBN 84-220-0244-2).

4. Espiritualidad

EL DIALOGO SEGUN LA MENTE DE PABLO VI. Comentarios a la «Ecclesiam suam». Ed. preparada por el Instituto Social León XIII (2.ª ed.) (251) (ISBN 84-220-0142-X).

TEOLOGIA DE LA PERFECCION CRISTIANA, por A. Royo Marín (5.ª ed.) (114) (ISBN 84-220-0183-7).

JESUCRISTO Y LA VIDA CRISTIANA, por A. Royo Marín (210) (ISBN 84-220-0189-6).

LA VIDA RELIGIOSA, por A. Royo Marín (2.ª ed.) (244) (ISBN 84-220-0195-0).

LA EVOLUCION MISTICA, por J. G. Arintero (2.ª ed.) (91) (ISBN 84-220-0029-6).

CUESTIONES MISTICAS, por J. G. Arintero (154) (ISBN 84-220-0026-1).

SEÑORA NUESTRA, por J. M.ª Cabodevilla (3.ª ed.) (161) (ISBN 84-220-0025-3).

5. Liturgia

6. Homilética

7. Patrología

8. Historia y hagiografía

HISTORIA ECLESIASTICA de Eusebio de Cesarea. Ed. bilingüe preparada por A. Velasco (349 y 350) (ISBN 84-220-0657-X; 84-220-0658-8).

HISTORIA DE LA IGLESIA CATOLICA.
   I.   Edad Antigua, por B. Llorca (4.ª ed.) (54) (ISBN 84-220-0134-9).
   II.   Edad Media, por R. García Villoslada (3.ª ed.) (104) (ISBN 84-220-0133-0).
   III.   Edad Nueva, por R. García Villoslada y B. Llorca (2.ª ed.) (199) (ISBN 84-220-0132-2).
   IV y último.   Edad Moderna, por F. J. Montalbán (3.ª ed.) (76) (ISBN 84-220-0131-4).

HISTORIA DE LA IGLESIA EN LA AMERICA ESPAÑOLA.
   I.   México. América Central. Antillas, por L. Lopetegui y F. Zubillaga (248) (ISBN 84-220-0130-6).
   II.   Hemisferio Sur, por A. Egaña (256) (ISBN 84-220-0129-2).

CRISTO Y LAS RELIGIONES DE LA TIERRA, por el Dr. Franz König.
   I.   El mundo prehistórico y protohistórico (2.ª ed.) (200) (ISBN 84-220-0233-7).
   II.   Religiones de los pueblos y de las culturas de la antigüedad (2.ª ed.) (203) (ISBN 84-220-0137-3).
   III y último.   Las grandes religiones no cristianas hoy existentes. El cristianismo (2.ª ed.) (208) (ISBN 84-220-0145-4).

LA EXPRESION DE LO DIVINO EN LAS RELIGIONES NO CRISTIANAS, por V. Hernández Catalá (334) (ISBN 84-220-0310-4).

LA MISTICA DEL BUDISMO, por J. López-Gay (356) (ISBN 84-220-0675-8).

AÑO CRISTIANO (4 vols.), bajo la dirección de L. de Echeverría, B. Llorca, L. Sala Balust y C. Sánchez Aliseda.
   I.   Enero-marzo (2.ª ed.) (182) (ISBN 84-220-0075-X).
   II.   Abril-junio (2.ª ed.) (184) (ISBN 84-220-0074-1).
   III.   Julio-septiembre (2.ª ed.) (185) (ISBN 84-220-0076-8).
   IV.   Octubre-diciembre (2.ª ed.) (186) (ISBN 84-220-0077-6).

LA TUMBA DE SAN PEDRO Y LAS CATACUMBAS ROMANAS, por Kirschbaum, Junyent y Vives. Agotada (125).

HISTORIA DE LA PERSECUCION RELIGIOSA EN ESPAÑA, 1936-1939, por A. Montero Moreno. Agotada (204).

ISABEL LA CATOLICA, por T. de Azcona (237) (ISBN 84-220-0113-6).

TIEMPO Y VIDA DE SANTA TERESA, por E. de la Madre de Dios y O. Steggink (283) (ISBN 84-220-0232-9).

SOLEDAD DE LOS ENFERMOS. Soledad Torres Acosta, por J. M.ª Javierre (2.ª ed.). (296) (ISBN 84-220-0442-9).

DIARIO DEL P. MANJON. Edición crítica, por J. M. Prellezo García (348) (ISBN 84-220-0652-9).

EL MONACATO PRIMITIVO. T. I. Hombres, hechos, costumbres, instituciones, por García M. Colombás, O. S. B. (351) (ISBN 84-220-0665-0).

9. Filosofía

PHILOSOPHIAE SCHOLASTICAE SUMMA.
   I.   Introductio. Logica. Critica. Methapysica, por L. Salcedo y C. Fernández (3.ª ed.) (98) (ISBN 84-220-0099-7).
   II.   Cosmologia. Psychologia, por J. Hellín y F. M.ª Palmés (2.ª ed.) (137) (ISBN 84-220-0101-2).
   III y último.   Theodicea, Ethica, por J. Hellín e I. González (2.ª ed.).—Agotada (92).

CURSUS PHILOSOPHICUS. T. V. Theologia naturalis, por J. Hellín.—Agotada (60).

HISTORIA DE LA FILOSOFIA, por G. Fraile.
   I.   Grecia y Roma (3.ª ed.) (160) (ISBN 84-220-0007-5).
   II.   El judaísmo, el cristianismo, el Islam y la filosofía (2.ª ed.) (190) (ISBN 84-220-0007-5).
   III.   Del Humanismo a la Ilustración (259) (ISBN 84-220-0144-7).

HISTORIA DE LA FILOSOFIA ESPAÑOLA. Desde la época romana hasta fines del s.XVII, por G. Fraile (327) (ISBN 84-220-0001-6).

HISTORIA DE LA FILOSOFIA ESPAÑOLA. Desde la Ilustración, por G. Fraile (330) (ISBN 84-220-0017-2).

HISTORIA DE LA ESTETICA, por Edgar de Bruyne.
   I.   La antigüedad griega y romana (227) (ISBN 84-220-0109-8).
   II y último.   La antigüedad cristiana. La Edad Media. Indices (228) (ISBN 84-220-0110-1).

PENSADORES CRISTIANOS CONTEMPORANEOS, por A. López Quintás (274) (ISBN 84-220-0100-4).

GNOSEOLOGIA, por J. M.ª de Alejandro. (En prensa la 2.ª ed.) (290) (ISBN 84-220-0367-8).

FILOSOFIA ESPAÑOLA CONTEMPORANEA, por A. López Quintás (298) (ISBN 84-220-0260-4).

MITO. Semántica y realidad, por L. Cencillo (290) (ISBN 84-220-0263-9).

LA LOGICA Y EL HOMBRE, por J. M.ª de Alejandro (308) (ISBN 84-220-0273-6).

LOS FILOSOFOS MODERNOS. Selección de textos, por C. Fernández (2.ª ed.).
   I.   Descartes-Kant (310) (ISBN 84-220-0276-0).
   II y último.   Fichte-Ayer (311) (ISBN 84-220-0276-0).

INTRODUCCION A LA ESTETICA. Historia. Teoría. Textos, por J. Plazaola (342) (ISBN 84-220-0412-7).

FILOSOFIA DE LA EXISTENCIA, por Leo Gabriel (352) (ISBN 84-220-0661-8).

10. Pensamiento social y político cristiano

OBRAS SELECTAS DE MONS. ANGEL HERRERA (233) (ISBN 84-220-0143-8).

COMENTARIOS A LA «MATER ET MAGISTRA». Ed. preparada por el Instituto Social León XIII (3.ª ed.) (213) (ISBN 84-220-0154-3).

COMENTARIOS A LA «PACEM IN TERRIS». Ed. preparada por el Instituto Social León XIII (reimp.) (230) (ISBN 84-220-0144-6).

CURSO DE DOCTRINA SOCIAL CATOLICA, por profesores del Instituto Social León XIII (269) (ISBN 84-220-0141-1).

SOCIOLOGIA Y TEOLOGIA DE LA TECNICA, por M. Brugarola (270) (ISBN 84-220-0198-5).

COMENTARIOS A LA CONSTITUCION «GAUDIUM ET SPES», SOBRE LA IGLESIA EN EL MUNDO ACTUAL. Ed. dirigida por el Card. A. Herrera Oria (276) (ISBN 84-220-0140-3).

LA POLITICA DOCENTE. Estudio a la luz del Vaticano II, por J. García Carrasco (289) (ISBN 84-220-0243-4).

LIBERACION MARXISTA Y LIBERACION CRISTIANA, por A. López Trujillo (354) (ISBN 84-220-0671-5).

LOS ORIGENES DEL MARXISMO, por C. Valverde (358) (ISBN 84-220-0678-2).

11. Ciencia

ORIGEN DE LA VIDA Y DEL HOMBRE, por A. Haas.—Agotada (231).

CIENCIA MODERNA Y FILOSOFIA, por J. M.ª Riaza (3.ª ed.) (105) (ISBN 84-220-0238-8).

EL COMIENZO DEL MUNDO, por J. M.ª Riaza (2.ª ed.) (179) (ISBN 84-220-0102-0).

AZAR, LEY Y MILAGRO, por J. M.ª Riaza (236) (ISBN 84-220-0105-5).

LA EVOLUCION, por M. Crusafont, B. Meléndez y E. Aguirre (2.ª ed.) (258) (ISBN 84-220-0676-6).

DIALOGOS SOBRE LA FISICA ATOMICA, por W. Heisenberg (340) (ISBN 84-220-0403-8).

12. Arte y literatura

EL ARTE SACRO ACTUAL, por J. Plazaola. Con 48 láminas en negro y 16 en color (250) (ISBN 84-220-0035-0).

SUMA POETICA, por Pemán y Herrero García (2.ª ed.).—Agotada (2).

LOS GRANDES TEMAS DEL ARTE CRISTIANO EN ESPAÑA.
I. Nacimiento e infancia de Cristo, por F. J. Sánchez Cantón, 304 láminas.—Agotada (34).
II. Cristo en el Evangelio, por F. J. Sánchez Cantón.—Agotada (64).
III. La pasión de Cristo, por J. Camón Aznar, 303 láminas (47) (ISBN 84-220-0319-8).

BAC Minor

1. CONCILIO VATICANO II. Constituciones. Decretos. Declaraciones (25.ª edición) (ISBN 84-220-0646-7).
2. OCHO GRANDES MENSAJES. Rerum novarum. Quadragesimo anno. Mater et magistra. Pacem in terris. Ecclesiam suam. Populorum progressio. Gaudium et spes. Octogesima adveniens (5.ª ed.) (ISBN 84-220-0645-6).
3. EL DERECHO A LA VERDAD. Doctrina de la Iglesia sobre prensa, radio y televisión, por J. Iribarren (ISBN 84-220-0139-X).
4. NUEVO TESTAMENTO. Traducción Nácar-Colunga (ISBN 84-220-0303-1).
5. LA REGULACION DE LA NATALIDAD. Texto bilingüe de la «Humanae vitae» y fuentes del Magisterio. Comentarios de M. Zalba (ISBN 84-220-0138-1).
6. EL CREDO DEL PUEBLO DE DIOS, por C. Pozo.—Agotada (ISBN 84-220-0203-5).
7. JUAN DE AVILA. Escritos sacerdotales, por J. Esquerda Bifet (ISBN 84-220-0242-6).
8. RAICES HISTORICAS DEL LUTERANISMO, por R. García Villoslada (ISBN 84-220-0245-0).
9. NUEVAS NORMAS DE LA MISA, por J. M.ª Martín Patino, A. Pardo, A. Iniesta y P. Farnés (9.ª ed.). Agotada.
10. LAS CORRECCIONES AL CATECISMO HOLANDES, por E. Dhanis, J. Visser y H. J. Fortmann. Complementos a la edición española por C. Pozo (2.ª ed.) (ISBN 84-220-0251-5).
11. FREUD Y LA RELIGION, por Albert Plé. Estudio introductorio por el Dr. Rof Carballo (ISBN 84-220-0253-1).
12. JUAN XXIII. Mensaje espiritual, por J. M.ª Bermejo (ISBN 84-220-0255-8).
13. TEOLOGIA DE LA ESPERANZA, por A. Royo Marín (ISBN 84-220-0274-4).
14. LA EUCARISTIA. Textos del Vaticano II y de Pablo VI, por J. Solano (ISBN 84-220-0256-6).
15. PRIMADO Y COLEGIALIDAD, por A. Antón (ISBN 84-220-0261-2).
16. LA FE DE LA IGLESIA, por A. Royo Marín (2.ª ed.) (ISBN 84-220-0648-0).
17. DOCTORAS DE LA IGLESIA. Doctrina espiritual de Santa Teresa de Jesús y Santa Catalina de Siena, por A. Royo Marín (2.ª ed.) (ISBN 84-220-0417-0).
18. LA CARA OCULTA DEL VATICANO I, por J. Collantes (ISBN 84-220-0279-5).
19. DIOS EN LA POESIA ACTUAL, por Ernestina de Champourcin (2.ª ed.) (ISBN 84-220-0281-7).
20. EL INCONFORMISMO DE LA JUVENTUD, por J. A. del Val (2.ª ed.) (ISBN 84-220-0287-6).
21. ESPAÑA AL ENCUENTRO DE EUROPA, por L. Sánchez Agesta (ISBN 84-220-0289-2).
22. LAS BIENAVENTURANZAS DE MARIA, por L. Castán Lacoma (3.ª ed.) (ISBN 84-220-0009-1).
23. IGLESIA Y SECULARIZACION, por J. Daniélou y C. Pozo (2.ª ed.) (ISBN 84-220-0450-X).
24. SOBRE EL SENTIDO DE LA VIDA, por M. Benzo Mestre (2.ª ed.) (ISBN 84-220-0008-3).
25. TEOLOGIA PROTESTANTE. Sistema e historia, por J. María G. Gómez-Heras (ISBN 84-220-0348-1).

26. ARTE Y PENSAMIENTO EN SAN JUAN DE LA CRUZ, por J. Camón Aznar (ISBN 84-220-0305-8).
27. LA CRISIS DE LA IGLESIA. Criterios de renovación, por M. Nicoláu (ISBN 84-220-0304-X).
28. LA POESIA DE SANTA TERESA, por A. Custodio Vega, O.S.A. (ISBN 84-220-0404-6).
29. EL GRAN DESCONOCIDO. El Espíritu Santo y sus dones, por A. Royo Marín, O.P. (2.ª ed.) (ISBN 84-220-0405-4).
30. EL HUMANISMO EN LA ENCRUCIJADA, por B. Hansler (ISBN 84-220-0416-X).
31. LOS MOVIMIENTOS TEOLOGICOS SECULARIZANTES. Cuestiones actuales de metodología teológica, por J. A. de Aldama, K. J. Becker, C. Cardona, B. Mondin, A. de Villalmonte (ISBN 84-220-0447-X).
32. HABLA EL AGUILA. Versión poemática del Apocalipsis, por J. Camón Aznar (ISBN 84-220-0667-7).
33. EL ARZOBISPO MENDIGO. Biografía de Marcelo Spínola, por J. M.ª Javierre (ISBN 84-220-0684-7).

EDICIONES ESPECIALES EN TAMAÑO MANUAL

NOVUM TESTAMENTUM. Edición en latín preparada por J. Leal, S.I. (ISBN 84-220-0071-7).
NUEVO TESTAMENTO, de Nácar-Colunga (26.ª ed.) (ISBN 84-220-0452-6).
LIBRO DE LOS SALMOS. Edición bilingüe, con el texto castellano de la Nácar-Colunga. Exposición exegético-doctrinal por M. García Cordero, O.P. (ISBN 84-220-0066-0).

Este catálogo comprende la relación de obras publicadas hasta septiembre de 1974

Al formular su pedido haga siempre referencia al número que la obra solicitada tiene, según este catálogo, en la serie de la BAC

LA EDITORIAL CATOLICA, S. A.—Mateo Inurria, 15. Madrid-16

B.A.C.